SECOND EDITION

ECOTOURISM
and Sustainable Development

Who Owns Paradise?

Martha Honey

監修:高梨洋一郎・真板昭夫

日本語翻訳

赤間亜希・奥野玉紀・海津ゆりえ
菰田誠・下休場千秋・高梨洋一郎
東畑るり子・法眼玲子

くんぷる

To my parents, John and Mark Honey, who encouraged exploration of less traveled roads.

Martha Honey

Second Edition
Ecotourism and Sustainable Development
Who Owns Paradise?

COPYRIGHT© Martha Honey
COPYRIGHT©2008 Island Press

First published in United States in 2008 by Island Press,1718 Connecticut Ave., NW, Suite 300, Washington, DC 20009.

Japanese edition published by Kumpul Co.,Ltd.,2016 by arrangment through Japan Uni Agency

日本語版発行にあたって

　本書は Martha Honey の「ECOTOURISM and Sustainable Development―Who Owns Paradise?」(Second Edition) の国別事例の一部を割愛して邦訳したものである。

　80 年代から 90 年代にかけ自然資源の保全の手段として徐々に形成されてきたエコツーリズムは、環境の保護と開発の両立をテーマに開催された 1992 年のリオデジャネイロでの国連環境会議（地球サミット）を機に、持続型観光の中心的な理念であり手法として一挙に脚光を浴びるようになり、国連は 2002 年を「国際エコツーリズム年」として、本格的な普及を図ることになる。

　しかし、「環境」と「開発」の両立は難しい。地球温暖化問題が一段と深刻さを増しているにも関わらず地球サミットで生まれた「気候変動に関する枠組み」はいまもってダッチロールを続けているように、観光分野でも従来型マスツーリズムが爆発的に増え続け、観光の未来に不安を投げかけている。

　「環境」に軸足をおくか「開発」を重視するかによって捉え方が微妙に違ってくるエコツーリズムは、国際的に合意された概念や定義もなく、それぞれ置かれた国や地域の自然や社会そして時には政治状況によって、解釈も実行方法も違ってくるだけに、一段と難しい。21 世紀型の新しい観光と言われながらも、エコツーリズムは単に観光分野にとどまらず、国の政策やすべての行政、産業や人間社会とのかかわりを問いかける運動とも繋がっているだけに、定着するまでにはまだまだ相当の年月を要すると考えられる。

　しかし、観光が地球的規模で拡大を続け、一方では環境問題が深刻の度を増すにつれ、持続型観光（サステイナブル・ツーリズム）やその代表としてのエコツーリズムは、国を越え地域を越えて確実に拡がりはじめている。

　本書は、エコツーリズムの置かれた状況を真正面から見据え、エコツーリズムの課題と本来目指すべきものを描きだしており、数あるエコツーリズム関連本の中でも出色の一冊である。特に、ブームに乗って表面だけをつくろう「似非エコツーリズム」や「ご都合主義のエコツーリズム」については厳しい。それが「楽園はだれのもの?」という副題ともなっている。

　著者のマーサ・ハニーは、ジャーナリストとして永らくアフリカや中米に滞在、経済・社会問題の一環としてエコツーリズムも取材、帰米後米国エコツーリズム協会（現在の TIES：国際エコツーリズム協会）の専務理事として活躍すると共に、現在は Responsible Tourism 協会代表として忙しい活動を続けている。2011 年日本で開催された APEC（アジア太平洋経済会議）エコツーリズム会議（仙台）では基調講演も行った。

　本書の中で著者も断っているようにエコツーリズムは、理念や概念を共有しつつも展開の手法において捉え方も進め方も大分違う。ともするといまなお植樹や清掃旅行、またはエコツアーという旅の一種そして教育旅行の一環としてとらえられがちな日本からみると、社会そのものを変えて行く環境観光運動論と捉えてゆく著者の主張は厳しいかも知れない。しか

し、エコツーリズムを社会改革の手段と考え地域社会からの発信を続けている実践家や研究家、あるいは観光・旅行産業の新たな役割に心を砕いている産業人やそれらを含めた行政の関係者、そしてエコツーリズムを勉強している若い人たちには是非読んで欲しい入門書でもある。

　本書は早くからインターネットでエコツーリズムの発信をしていた東畑るり子（訳者の一人）さんが、数あるエコツーリズム読本の中から是非日本語版を発刊したいと米国のエコツーリズム協会（TIES）に打診し、当時協会のアジア地区の窓口を担当していた江崎絢子さんが賛同、それに続いてNPO法人日本エコツーリズム協会（JES）を創設した海津ゆりえさんをはじめとする仲間が呼応、またその協力者を加わえて分担・訳出した。このため、章によって多少訳文のトーンが違っているが、ご容赦いただきたい。

　また、紙幅の関係から第2部の国別事例ではタンザニア、ザンジバル、南アフリカを省きアフリカについてはケニアのみを訳出するに留まった。そのうちガラパゴス、コスタリカ、ケニアについては初出から相当の年数がたっているため訳者による補遺を付記した。また本書は巻末に掲載された膨大な文献リストが大きな特徴でもあるため、原著のリストをそのまま掲載した。本書を読み興味をもった読者は割愛した他の国の事例を学ぶ意味でも是非原著も手にしてほしい。

　本書は起案から完成まで少なからず多くの時間を要した。多忙な中、ほぼボランティアベースで翻訳を担当してくれた訳者の方々をはじめ、終始丁寧で辛抱強く編集作業を進めてくれた編集者の皆さんには、心より感謝を申し上げたい。

訳者・代表
高梨洋一郎

日本語版出版によせて （日本の読者の皆様へ）

　このたび私の著書（本書）が日本語に翻訳され、研究者の方々をはじめ政府関係者、観光産業従事者、地域の活動家の皆さん、そして旅行者の方々にお届けすることができたことは誠に喜ばしく名誉なことと思っております。本書の多くはラテンアメリカとアフリカに焦点を当てていますが、エコツーリズムの原理・原則は普遍的なものであり、それが適切に実施されれば、環境や地域社会や文化保全に明らかな利益をもたらし、旅行者に皆さんに楽しみを提供すると同時に教育的効果をももたらす本質的なことに変わりはありません。

　日本におけるエコツーリズムはまだ十分確立されたものとはなっていません。事実、大勢は息吹を吹き込むという段階にあります。しかし、エコツーリズムの基本的な考え方を取り入れようとする力強い試みと日本の皆さんによる多くの組織がエコツーリズム推進のために献身的な努力を重ねはじめています。ほぼ15年前日本の観光担当官庁のお招きを受け、1週間ほどのモデル"エコツアー"に参加しました。それは古い田舎の町や公園、トレイル、茶室、温泉、そして美しい観光地などを訪れるものでした。その時の私の役割は、日本が提供してくれる文化と自然の魅力は何かということと、それを個人旅行で訪れる外国人旅行者（イングリッシュ・スピーキング訪問者）に理解してもらうためにどのような取り組みをしているか、注意深く評価することでした。私の結論は、日本はエコツーリズムを推進するうえで正にピッタリの条件を備えているということでした。

　そして2010年末仙台市で開催されたAPEC（アジア太平洋経済会議）の「エコツーリズム会議」にスピーカーとして招待されました。その数カ月後、同市と周辺地域は大地震と津波そして福島原発のダウンというあの東日本大災害に遭遇しました。自然災害と人類社会の悲劇に見舞われたどこの地でも、エコツーリズムは地域社会復興のための役割を果たすことができます。私の理解するところ今日の日本では、市場ニーズに基づく解決策や新たなソーシャルメディアの有効活用といったことに焦点を合わせ、地域社会開発のための多くの新しくて革新的なアプローチをはじめられ、多くのアントレプレナーが活躍し始めています。このことは大変勇気づけられることです。エコツーリズムや持続可能な観光について国際的な動きや標準的なあり方を学ぶ一方、日本独自の特性を踏まえそれに合わせた方法を適合させることが重要です。つまるところ、エコツーリズムの核となる構成要素は、正真正銘の地域の宝を見つけ出し、その地の特性を伝えることにあるのです。

　日本は年間1,300万人の外国人旅行者を受け入れましたが、夏季オリンピックが開催される2020年には2,000万人、さらに2030年には3,000万人を目標にしています。日本政府観光局（JNTO）代表の松山良一氏によると、日本観光が目指すべき真の挑戦は、外国人旅行者の目を富士山や東京のような大都市から日本各地にある自然や文化の"隠された宝"に目を向けてもらい、それらの地に足を運んでもらうことにあります。本書が、日本独自のユニークな形を築き強化することにより、世界各地の経験が日本型エコツーリズムの形成に資

することを願ってやみません。

　最後に一言。これまで私は多くの有能な方々や組織に働く日本のエコツーリズム専門家と共に働く幸運に恵まれてきました。特に身近で共に働いてくれた江崎絢子さんとは彼女が米国の大学を卒業し国際エコツーリズム協会（TIES）に入った時から一緒でした。彼女は私がこれまで共にしたエコツーリズム専門家の中でも最も有能で情熱的な人であると共に、TIESの理事にまでなりました。日本語版が発刊されたことに関し、彼女にも一言お礼を申し上げます。

マーサ・ハニー
ワシントンDCにて
2015年9月27日

目次

日本語版発行にあたって ･････････････････････････ 3

日本語版出版によせて（日本の読者の皆様へ） ･････ 5

第1章　オレンジヒキガエルはどこへ? ････････････ 13
　1.1　現代の文脈で ････････････････････････････ 16
　1.2　歴史的な背景 ････････････････････････････ 18
　1.3　エコツーリズムの進化 ････････････････････ 20
　1.4　保護団体:自然地域のより良い保護を目指して ･･ 22
　1.5　多国間援助機関:環境保護と債務危機に応じて ･･ 25
　1.6　発展途上国:外貨獲得と持続可能性の模索 ････ 31
　1.7　旅行業界:大衆感情のグリーン化をくみとる ･･ 33
　1.8　エコツーリズムの定義:どのように判別するのか ･･ 36

第2章　世界の観光業界はグリーンに向かうのか ･･ 43
　2.1　旅行業界の構造 ････････････････････････ 45
　　2.1.1　業界大手 ････････････････････････ 46
　　2.1.2　航空業界 ････････････････････････ 48
　　2.1.3　ホテルチェーンとリゾート ････････ 51
　　2.1.4　クルーズ船業界 ･･････････････････ 55
　　2.1.5　海外旅行代理店 ･･････････････････ 61
　　2.1.6　海外・国内ツアーオペレーター ････ 62
　　2.1.7　旅行プレス ･･････････････････････ 64
　　2.1.8　マーケティング ･･････････････････ 68
　　2.1.9　エコ大賞 ････････････････････････ 71
　2.2　エコツーリズムライト（もどき）の危険性 ････ 74

7

第 3 章　昨今のエコツーリズム ・・・・・・・・・・・・・・・・・・・・・・・・・ 79

- 3.1 マホベイ：理念の欠如か、真のエコツーリズムか ・・・・・・・・・・・・・・ 79
- 3.2 本物のエコツーリズムをさがして ・・・・・・・・・・・・・・・・・・・・・・・ 84
- 3.3 アメリカのエコツーリズム構造 ・・・・・・・・・・・・・・・・・・・・・・・・ 86
  - 3.3.1 海外エコツアーオペレーター ・・・・・・・・・・・・・・・・・・・・ 86
  - 3.3.2 小規模エコツアーオペレーター ・・・・・・・・・・・・・・・・・・・ 88
  - 3.3.3 大規模エコツアーオペレーター ・・・・・・・・・・・・・・・・・・・ 89
  - 3.3.4 中規模ツアーオペレーター ・・・・・・・・・・・・・・・・・・・・・ 90
  - 3.3.5 ツアーオペレーター集団 ・・・・・・・・・・・・・・・・・・・・・・ 91
  - 3.3.6 非営利団体によるエコツアー ・・・・・・・・・・・・・・・・・・・・ 92
- 3.4 途上国におけるエコツーリズム構造 ・・・・・・・・・・・・・・・・・・・・・ 95
  - 3.4.1 国内ツアーオペレーター ・・・・・・・・・・・・・・・・・・・・・・ 95
  - 3.4.2 環境保護 NGO ・・・・・・・・・・・・・・・・・・・・・・・・・・・・ 97
  - 3.4.3 多国籍融資と援助機関 ・・・・・・・・・・・・・・・・・・・・・・・ 100
- 3.5 エコツーリズムが保証するものと落とし穴 ・・・・・・・・・・・・・・・・・ 103
  - 3.5.1 先住民、保護区とエコツーリズム ・・・・・・・・・・・・・・・・・ 104
  - 3.5.2 地元や先住民文化への効果 ・・・・・・・・・・・・・・・・・・・・ 108
  - 3.5.3 自由貿易　対　地元のコントロール ・・・・・・・・・・・・・・・・ 109
  - 3.5.4 エコツーリズムのマーケティング ・・・・・・・・・・・・・・・・・ 110
  - 3.5.5 国家の役割 ・・・・・・・・・・・・・・・・・・・・・・・・・・・・ 112
  - 3.5.6 リーケージ（流出） ・・・・・・・・・・・・・・・・・・・・・・・・ 113
  - 3.5.7 適正人数と訪問者のタイプ ・・・・・・・・・・・・・・・・・・・・ 114
  - 3.5.8 ブームと急激な落ち込み ・・・・・・・・・・・・・・・・・・・・・ 116
  - 3.5.9 旅行者の慈善活動、ボランティア観光（新タイプの発展） ・・・・・ 117
  - 3.5.10 基準、モニタリング、評価（グリーン評価基準の躍進） ・・・・・・ 119
- 3.6 国家の文脈におけるエコツーリズム ・・・・・・・・・・・・・・・・・・・・ 120

第 4 章　エコツーリズムの聖地・ガラパゴス ・・・・・・・・・・・・・・ 123

- 4.1 ガラパゴス諸島の歴史 ・・・・・・・・・・・・・・・・・・・・・・・・・・・ 125
- 4.2 エコツーリズムブーム ・・・・・・・・・・・・・・・・・・・・・・・・・・・ 127
  - 4.2.1 ガラパゴス諸島における現在の観光の潮流 ・・・・・・・・・・・・・ 129
  - 4.2.2 1998 年ガラパゴス特別法「保全とコミュニティの勝利」 ・・・・・・ 133

4.2.3　保全への取り組みにおけるエコツーリズム産業の役割 ･････････ 138
　　　4.2.4　国立公園における観光客の影響 ････････････････････････････ 142
　　　4.2.5　エコツアーの質の低下 ････････････････････････････････････ 145
　　　4.2.6　外来種による脅威 ･･ 148
　　　4.2.7　移民と入植 ･･ 149
　　　4.2.8　漁業と海洋保護区：人と国立公園との衝突 ････････････････････ 150
　　　4.2.9　エコツーリズムの気がかりな流れ ･･････････････････････････ 151
　4.3　ガラパゴス諸島のエコツーリズムの得点表 ････････････････････････ 152
　　　4.3.1　自然への旅が孕むもの ････････････････････････････････････ 153
　　　4.3.2　影響を最小限に ･･ 153
　　　4.3.3　環境意識の構築 ･･ 154
　　　4.3.4　保全への直接的金銭利益の供給 ････････････････････････････ 154
　　　4.3.5　地元住民への金銭的利益と権限の付与 ･･････････････････････ 155
　　　4.3.6　地域文化を尊重する ･･････････････････････････････････････ 155
　　　4.3.7　人権と民主主義への動きを支援する ････････････････････････ 155

第5章　コスタリカ―踏み固められた道の上で ････････････････ 157

　5.1　政府の政策とエコツーリズムの始まり ････････････････････････････ 159
　5.2　海沿いのリゾート：もうひとつの観光モデル ･･････････････････････ 162
　5.3　真のエコツーリズム開発 ･･ 164
　　　5.3.1　プンタ・イスリータホテル ････････････････････････････････ 165
　5.4　国立公園と保護区 ･･ 166
　　　5.4.1　国立公園、貧困、そしてエコツーリズム ････････････････････ 169
　　　5.4.2　カリブ海側のコミュニティ・ベースド・ツーリズム ･･････････ 175
　　　5.4.3　民間自然保護区 ･･ 179
　　　5.4.4　熱帯研究機構の民間自然保護区 ････････････････････････････ 188
　　　5.4.5　民間自然保護区の2つの顔 ････････････････････････････････ 196
　5.5　持続可能な観光の基準の設定と評価 ･･････････････････････････････ 197
　　　5.5.1　持続可能な観光の認証制度（CST） ････････････････････････ 198
　　　5.5.2　コミュニティベースのルーラルツーリズムとベストマネジメントの実践 ･･ 202
　　　5.5.3　エコツーリズム団体：CANAECO ･･････････････････････････ 203
　5.6　コスタリカのエコツーリズムに関する得点表 ･･････････････････････ 204

9

	5.6.1	自然を旅行の目的地に組み込む ······················· 205
	5.6.2	インパクトを最小限にとどめる ······················· 205
	5.6.3	環境意識の芽生え ··································· 206
	5.6.4	環境保全のための直接的な資金援助 ··················· 206
	5.6.5	地元の住民のための経済的な利点とエンパワーメント ······ 207
	5.6.6	現地の文化を尊重する ······························· 207
	5.6.7	人権及び民主主義運動への支援 ······················· 208

第6章　ケニア　エコツーリズムの「先輩」 ······················ 211

- 6.1 サファリにおける自然観光の台頭 ·································· 212
- 6.2 新世紀の受難 ·· 215
- 6.3 公園、野生動物と地域社会:良い理論と乏しい実行力 ················ 217
- 6.4 地域社会の環境保全と初期のエコツーリズム:アンボセリとマサイマラでの実験 ··· 227
  - 6.4.1 マサイマラ狩猟鳥獣保護区 ··························· 228
  - 6.4.2 アンボセリ国立公園 ································· 233
- 6.5 ケニア山を望んで:ライキピアの民間牧場とコミュニティロッジ ······ 238
  - 6.5.1 映画「愛と哀しみの果て」:民間牧場と保護区 ············ 238
  - 6.5.2 地域共同体の所有による牧場と管理委員会 ··············· 241
- 6.6 「先輩」の再起 ·· 246
- 6.7 ケニアのエコツーリズム得点表 ···································· 249
  - 6.7.1 自然目的地への旅 ··································· 249
  - 6.7.2 影響を最小限にする ································· 249
  - 6.7.3 環境に対する意識を構築する ························· 250
  - 6.7.4 環境保全のために直接的な金銭的利益を与えること ······ 250
  - 6.7.5 金銭的利益と地域雇用を提供する ····················· 251
  - 6.7.6 地域文化を尊重する ································· 252
  - 6.7.7 人権と民主活動を支援する ··························· 252

第7章　アメリカのエコツーリズム・・・・・・・・・・・・・・・・・・・・・・・・・255

7.1　アメリカの観光産業とエコツーリズムの発展・・・・・・・・・・・・・257
- 7.1.1　エコツーリズム市場のサイズ・・・・・・・・・・・・・・・・・・・・・・・258
- 7.1.2　観光に関するアメリカ政府の政策と行政・・・・・・・・・・・・・259
- 7.1.3　エコツーリズムに関わる他の政府機関・・・・・・・・・・・・・・・260

7.2　エコツーリズムのルーツ：国立公園と「森林保全」・・・・・・・・・・264
- 7.2.1　国立公園と組織的なネイチャーツアー・・・・・・・・・・・・・・・266
- 7.2.2　レクリエーション、開発、保全のバランス・・・・・・・・・・・・・267
- 7.2.3　国立公園とエコツーリズムの今日・・・・・・・・・・・・・・・・・・・269
- 7.2.4　全米エコツーリズム・サミット：メイン州バーハーバー・・・272

7.3　州レベルのエコツーリズム：政策とエコツーリズム協会・・・・・・273
- 7.3.1　アラスカのエコツーリズム・・・・・・・・・・・・・・・・・・・・・・・・274
- 7.3.2　ハワイのエコツーリズム・・・・・・・・・・・・・・・・・・・・・・・・・・276
- 7.3.3　米本土（Lower Forty-eight）のエコツーリズム・・・・・・・278

7.4　米本土におけるエコツーリズムのさまざまな形・・・・・・・・・・・・281
- 7.4.1　農地・牧場と田舎暮らしの保全・・・・・・・・・・・・・・・・・・・・281
- 7.4.2　観光牧場からエコ牧場＆グリーン・カウボーイへ・・・・・・・281
- 7.4.3　エコツアー・オペレーター・・・・・・・・・・・・・・・・・・・・・・・・286
- 7.4.4　グリーンからエコ認証ホテルへ・・・・・・・・・・・・・・・・・・・・288
- 7.4.5　グリーンホテルと見せかけのエコツーリズム・・・・・・・・・・288

7.5　新たなグリーン革命へ・・・・・・・・・・・・・・・・・・・・・・・・・・・・・・295

7.6　アメリカのエコツーリズムに関する得点表・・・・・・・・・・・・・・・296
- 7.6.1　自然型観光地への旅行に必要なもの・・・・・・・・・・・・・・・・296
- 7.6.2　環境への負荷を軽減する・・・・・・・・・・・・・・・・・・・・・・・・・297
- 7.6.3　環境問題への認識を高める・・・・・・・・・・・・・・・・・・・・・・・297
- 7.6.4　環境保全に関し直接経済的な利益を与える・・・・・・・・・・・297
- 7.6.5　地域社会に対する経済的利益と元気を与える・・・・・・・・・298
- 7.6.6　地方文化の尊重・・・・・・・・・・・・・・・・・・・・・・・・・・・・・・・・298
- 7.6.7　人権と民主主義の擁護・・・・・・・・・・・・・・・・・・・・・・・・・・・299

第 8 章　　旅の裏街道 ··· 301

日本語版補遺 ··· 307
文献 ··· 315
組織名など和英対応表 ··· 367
索引 ··· 371
監修者・翻訳者紹介 ··· 379

第 1 章
オレンジヒキガエルはどこへ？

　1987年、コスタリカ人のジョバンニ・ベジョたち調査員がモンテベルデ自然保護区[訳者注1]で目撃した成体のオレンジヒキガエルは1,500匹より多かった。しかし翌年目撃されたのはたった10匹で、1989年には1匹見つかっただけだった。同年後半、未確認目撃情報が2件寄せられたのを最後に、オレンジヒキガエルは見つかっていない。多くの科学者が、モンテベルデだけに生息していたとされる鮮やかなオレンジ色のヒキガエルを"絶滅種"と結論づけている。同じ頃、世界中の科学者は、カエルの数が激減していることに注目しはじめていた。これについては諸説あり、火山の噴火、エルニーニョ現象による風向きや潮流の変化、酸性雨、オゾン層の破壊、化学薬品公害、生息環境の破壊、寄生虫よる致死的な病気の蔓延などの理由があがっている。あるものたちは、カエルの件は警鐘だという。坑道のカナリアと同じように、生存環境がおぞましいほどバランスを崩していることへの生態学的なサインであって、差し迫った危機の予兆だというのだ。そして、ごく最近、カエルツボカビとして知られる真菌が、中米を含む世界中の両生類を絶滅に追いやっていることがわかった。

　ベジョとナチュラリストたちは、オレンジヒキガエルが保護区の豊かで湿ったバイオマス地中深くに潜り込み、ただ隠れているだけで、春の日にシダや蔓（つる）、根っこの間からひょっこり姿を現してくれることを願い続けている。こんな望みをかけるのも、いったんコスタリカでハーレクインカエルがいなくなってから、エール大学の研究者が2003年に再発見したことがあるからだろう。モンテベルデの訪問者たちは、今ではもう、オレンジヒキガエルを絵葉書か保護区内でいちばん有名なエル・サポ・ドラド観光ロッジ入り口の看板でしか見ることができない。

　オレンジカエルが姿を消した時期は、ちょうど観光が驚異的に伸びた時期 ── とりわけエコツーリズムと呼ばれる"新種"が出現した頃 ── に重なる。ネイチャーツーリズムとよく混同されるが、正確には、より進歩的な概念であって"保護区域"および「保護区やその周辺部で生活を営む人たち」を尊重し利益をもたらそうとするものである。実のところオレンジヒキガエルとエコツーリズムの話は相関関係がある。というのも、このモンテベルデ一帯の熱帯雨林に、1人のエコツーリスト（おそらく科学者）がカエルの伝染病を引き起こす外来生物を持ち込んだとの噂があるからだ。もし本当なら皮肉なものである。科学者も住民も、しっかりと自覚して保全補助金やエコツーリズム収益をオレンジヒキガエルや世界一まばゆ

注1　モンテベルデ自然保護区は5章コスタリカ地図 P.158参照

13

い鳥ケッツアルなどの、貴重な希少種を保護するために使っていたのだから。

　モンテベルデの農村と保護団体は周辺の土地を次々に買収し、2005年までに1万ヘクタール以上を私有公園に併合させていった。最初のうち保護区に魅せられてやってくるのは、科学者、一部の学生、関係者の友人や家族と、体力自慢の旅人がちらほらいるくらいだった。しかし1980年代半ば（オレンジヒキガエルの消滅直前）を発端に、世界的にエコツーリズムが盛んになり、訪問者が殺到してこの小さなコミュニティに大変動をもたらすこととなる。旅行者の数は、1974年450人以上、1980年3,100人、1989年1万7,500人、1993年5万人、2005年20万人となった。モンテベルデにあるホテルのほとんどが1990年以降に建設され、エコツーリズムは酪農業をしのぐコミュニティの主な収入源となる。

　世界中でエコツーリズムは万能薬ともてはやされてきた。それは環境保護や科学研究に資金を提供し、脆弱で手付かずの生態系を保護し、地方のコミュニティに利益をもたらし、貧しい国の開発を促し、生態学的で文化的な気配りを高め、環境意識と社会的責任感を旅行産業界に植えつけ、目の肥えた観光客を満足させかつ啓蒙する手段だからである。なかには世界平和を築く手段だと主張するものもいる。"グリーン"な旅行は、第三世界、環境、観光客、旅行業界に関わる当事者たちすべてにメリットをもたらす解決策として強引に売り込まれているものの、綿密な調査により現実は一筋縄ではないことがわかってきた。

　この本は、エコツーリズムを模索するものである。現在アメリカ合衆国、カナダ、ドイツ、オーストラリア等々先進諸国を含むほとんど全ての国が、エコツーリズムに携わっているが、おそらく、エコツーリズムのもっとも刺激的な可能性は、途上国の経済発展と環境保護の手段としての利用であろう。筆者の私は、ほぼ20年間にわたり東アフリカと中央アメリカに住んでいた。最初は大学院生として、のちに解放闘争、紛争に端を発した内戦と冷戦、自然災害と人災、民衆の抗議行動、政治勢力に絡んだもろもろの経済発展戦略を守備範囲とするジャーナリストとしてかの地にいたのである。観光（ツーリズム）は、ときおり私の取材対象になるだけだったが、東アフリカや南アフリカ、ラテンアメリカ、カリブ諸国の現場で観光が繰り広げるその複雑さと矛盾に魅了されてしまった。

　海外生活数十年の間に気づいたことがある。途上国の多くは、経済的に貧しくとも、恵み豊かで、ユニークで、自然がほとんど損なわれていない国立公園や大自然の驚異に恵まれていて、観光が外貨獲得の有望な手段となっていた。しかし、従来型の観光では、インフラ整備費用は高額で、多くの場合、社会的悪影響が大きく、ほとんどの収益はホスト国にとどまらないため経済利益は大概わずかなものである。1970年代、世界有数のゲームパークを共有する社会主義国タンザニアと資本主義国ケニアが観光をめぐり激しい政治論争を繰り広げているのを私は目の当たりにした。1990年代前半まで、この両国とザンジバルの島は、積極的にネイチャーツーリズムとエコツーリズムを推進してきた。そこでは歴史的に社会から取り残された田舎のコミュニティが観光の恩恵の分け前を要求していた。1980年代にコスタリカに住んでいたときは、自然愛好者がやってくる地味な辺境の地であったコスタリカがア

メリカでもっとも人気が高いエコツーリズムの行き先に変わるのも見届けた。1990年代初頭にはガラパゴスについて警告する報告書も発表された。特有の生態系を有し、世界有数の脆弱なこの島が（しばしばエコツーリズムが始まった場所として引用される）制御できないほど殺到する旅行者、島への移住者、漁業関係者で永久に様変わりしてしまったのだ。同時期、それぞれ別の政治的な理由ながら国際社会ののけ者だった南アフリカとキューバが、観光（そしてエコツーリズムそのものも）を経済成長と世界自由市場への復帰手段として推進しているのをみて興味をそそられた。2005年にはエコツーリズムは南アフリカで急成長していた。フィデル・カストロが引退したものの、キューバは将来図がみえてきた。ただ初期の革新的なエコツーリズムは、政府後援の広範囲なエコプロジェクトとして展開していくことはなかった。代わりに、開発モデルは、オーソドックスなカリブ海のリゾート観光をベースにして発展していくようだった。不確実性とキューバでの現地調査が難しいことから、私は方向転換を決め、相対的に未開拓なアメリカのエコツーリズムの章をこの第2版に加えた。国際エコツーリズム協会（TIES:The International Ecotourism Society）が米国初のエコツーリズム会議を開催した2005年以前は、アメリカのハートランド[訳者注2]でのエコツーリズムの成長はほとんど注目されなかった。今日、アメリカのエコツーリズムは、海外の教訓や経験、自国の歴史（何より大切なのは、環境保護主義の伝統と磨き上げられた国立公園システム）を参考にしながら発進中だ。

　私はコスタリカ、ガラパゴス諸島、タンザニア、ザンジバル、ケニア、南アフリカ、アメリカ合衆国の状況を掘り下げて、エコツーリズム本来の趣旨である環境保護、そして地元の人々や発展途上国に利益をもたらすことに成功しているのかどうかを評価した。そのためには、各国の観光戦略、政治制度、変化する経済政策の枠組みの中でエコツーリズムの成長を考察する必要性を認識するようになった。この30年で科学者たちが、固有種を隔離した環境ではなく生態系の中で分析しなければならないと気づき始めたのと同様に、観光もエコツーリズムも国家の総合的な発展政策の枠組みをふまえると同時に、グローバル経済（周到に貿易障壁を取り払って、外資の進出を促すもの）の文脈の中で見ていかねばならない。

　本稿の研究調査は、主題国への取材旅行、それ以外の場所への短期訪問と国際会議への参加を基にし、改訂にあたり貴重な情報を加え、事例集を最新版にする手助けをしてくれた多くの研究者の貢献から成り立っている。現場で見たものは誇大広告と実験、薄っぺらさと創造力の混ざりあったものだった。ツアーオペレーターたち、政府官僚たち、そして最貧国や社会から取り残された人たちが国立公園や保護区域の利用のあり方をめぐり、いがみあう一方で、国際会議用の業界公約や、豪華パンフレットに掲載される"グリーン"なイメージがひしめいている。最悪の場合、十分な配慮がないまま実施されればエコツーリズムはその拠り所となる生態系を脅かす。最善の場合、エコツーリズムは観光産業のあり方を根底から変え

注2　アメリカ中西部の保守的で伝統的な価値観が支配的な地域のこと。

る可能性をもつ一連の理念や実践を提供してくれる。新世紀の初めの得点表は善悪混合だ。正真正銘のエコツーリズムを見つけるのは大変なことだが、オレンジヒキガエルと違って絶滅からは程遠いものである。

1.1 現代の文脈で

エコツーリズム団体である国際エコツーリズム協会（TIES）は1990年にエコツーリズムの定義を作成した。その定義は簡潔ながら包括的なもので、「環境を保護し、住民の幸福度を高める自然地域への責任を伴った観光」とある。エコツーリズムは観光分野のなかでもっとも急成長しているとよくいわれる。しかしその成長を測定する際、ネイチャーツーリズム、ワイルドライフ、アドベンチャーツーリズムとひとくくりにされてしまっている。だが実のところ、これらとは一線をひくべきである。ネイチャーツーリズムは、自然を体験し楽しむために手付かずの場所へ行くことだ。ハイキング、サイクリング、セイリング、キャンプといった穏やかで安全な体験を普通は含む。野生動物観光（ワイルドライフ）ツアーは、動物、鳥類、魚をその生息地まで観察しにいく旅行だ。アドベンチャーツーリズムはスリルを伴うネイチャーツーリズムのことである。肉体的スキルや持久力（ロープクライミング、深海ダイビング、自転車またはカヤック）が求められ、ある程度の危険もはらみ、土地のことにはほとんどおかまいなしだ。ネイチャーツーリズム、ワイルドライフ、アドベンチャーツーリズムがもっぱら娯楽活動として定義される一方で、エコツーリズムは環境保護とホスト国の住民たちに利益を与える一連の理念として定義される。

「本物のエコツーリズムは自然を楽しみ賛美する以上のもの」とツアーオペレーターのカート・クタイは書いている。「環境や文化的悪影響を最小限にし、途上国の環境保護とコミュニティのプロジェクトに貢献し、環境教育や政治的意識（例えば旅行者向けの行動規範確立、旅行業界の各分野にわたる多種多様な認証プログラム設定）を高めることにある。」

観光産業におけるエコツーリズムセクターの規模を測定するのは難しい。残念ながら、ネイチャーツーリズム、ワイルドライフ、アドベンチャーツーリズムと区別した組織的なデータ収集は世界でほとんどなされていない。だが一連の概算はある。1990年代のエコツーリズム需要の年間成長率は10～34%といわれている。2004年の国連世界観光機関（UNWTO:United Nations World Tourism Organization 以下UNWTO）の概算では、エコツーリズムとネイチャーツーリズムは観光産業全体より3倍早く伸びている。また2005年にはツーリズムネットワーク（The Tourism Network）[訳者注3]が、エコツーリズムを旅行産業界内の著しく成長率の高い分野の1つだと評した。年間成長率は5%、世界中の国内総生産6%、消費支出の11.4%を占めている。

注3　イギリスの観光マーケティング・コンサルタント会社

将来的に、広義のエコツーリズムは、成長が期待される。一方で、従来型観光タイプのいくつかは飽和点に達している。2001年の国連世界観光機関（UNWTO）の分析によると、何十年もカリブ海諸国で主流であったリゾート型観光は、今は"成熟市場"となり成長は見込めない。対照的にクルーズ観光と"体験型観光"（エコツーリズム、自然、遺産、文化、ソフトアドベンチャー、農村、コミュニティツーリズムなどを総括して）は今後20年間でもっとも躍進が期待されている。

この予測はそれほどびっくりすることでもない。エコツーリズムや少なくとも改良版のネイチャー、ワイルドライフツーリズムは、第三世界諸国の多くで経済発展戦略や環境保護手段の中核をなしている。現在ほとんどの発展途上国がなにがしかのエコツーリズムを促進している。国際会議または観光や環境の文献で、引き合いにだされる国は枚挙にいとまがない。ドミニカ、ボリビア、ベリーズ、モンゴル、ベトナム、カンボジア、ブータン、フィジー、インドネシア、ペルー、セネガル、ナミビア、マダガスカル、タイ、ウガンダ、オーストラリア、ニュージーランド、カナダなどだ。なかでも、この本でとりあげた国は世界でも積極的にエコツーリズムを売り出し中である。2002年5月、国際エコツーリズムサミットのために132か国から1,000人を超える代表者が、ケベック市（カナダ）に集結した。イベントはエコツーリズム・ケベック宣言の起草で完結した。全ての関係当事者の利益となりえる包括的で明確なビジョンを示す声明で、「エコツーリズムは"経済、社会、環境に与える観光の影響を配慮するという持続可能な観光の理念"を包括するものである。」宣言は「小規模かつ地元が運営する企業の設立」「地場産の素材や商品利用の重視」「上述のような活動を促進させる法体系の成立」「国際金融機関の資金が直に、中小エコツーリズム企業の推進に当てられるよう奨励」することに焦点をあてている。

有力な国際環境保護団体は、エコツーリズムに関連した部門、プログラム、研究、現地プロジェクトに着手しており、多くがネイチャーツアー、アドベンチャーツアー、エコツアーを会員向けに実施している。国際援助金融機関は、持続可能な農村開発という大義のもと、地方の所得創出、生物多様保全、制度上の能力構築、貧困削減、インフラ整備のため観光を柱とするプロジェクトに何十億ドルをつぎ込んだ。ほとんどはエコツーリズムまたは持続可能な観光旅行プロジェクトと評される。2005年の分析によると、世界銀行（World Bank）、米国国際開発庁（USAID:US Agency for International Development）、国連開発計画（UNDP:United Nations Conference on Trade and Development）米州開発銀行（IDB:InterAmerican Development Bank）を含む12の国際資金援助機関が、ほぼ100億ドルを約370の観光関連プロジェクトに投入している。主だった旅行業界団体はプログラム設定、定義やガイドライン作成、何十というエコツーリズム関連会議を開催してきている。同時にマスツーリズムの主力選手たちが"グリーン"運営に取り組みだしている。アメリカだけでも、エコツーリズムに特化した雑誌、コンサルタント、PR会社、大学プログラムなどがたくさん出てきている。地球規模では、ケニア、ザンジバル、ラオス、パキスタン、オーストラリア、イタリア、

第 1 章 オレンジヒキガエルはどこへ？

フランス、日本、エクアドル、メキシコ、インドネシア、スリランカ、ベリーズ、ブラジル、カリブ諸国のような国々で、エコツーリズム団体が国レベル、地域レベルで誕生している。

上述したことはたったこの 30 年間に起こったことだ。

1.2　歴史的な背景

言葉としての観光——旅行を余暇活動として定義——が初めてオックスフォード英語辞典に掲載されたのは 1811 年である。しかし概念そのものは、古代ギリシャとローマの裕福な市民が、ヨーロッパ内や地中海地方周辺の温泉やエキゾチックな場所を求めて休暇をすごした時代までさかのぼる。フランスの修道士エメリック（アイメリ）・ピコー[訳者注4]は、旅行ガイドを初めて記した人だといわれる。1130 年に発表された彼の本は、スペイン[訳者注5]に向かう巡礼者を対象としていた。初期の旅は巡礼、科学調査、地理的探査、文化人類学的研究、奴隷や資源の開拓や征服にまつわるものだったが、旅人は、探検や癒やしのために最初から自然の美しさも求めていた。20 世紀後半まで、旅行者数は少なく、旅のペースも遅かった。徒歩、帆船、ウマ、ラバ、ラクダで旅をしており、つい最近になって船、電車、車、飛行機で旅をするようになった。

18、19 世紀になると、ヨーロッパ貴族、イギリス紳士階級、そして徐々に裕福なアメリカ人たちも大陸の自然や文化を楽しむのんびりした"グランド・ツアー"にでかけるようになった。産業革命が起こり、初の有給休暇体制がしかれ、鉄道のおかげで旅行が安くなり、ヨーロッパの海岸保養地に毎年恒例の集団移動がはじまった。1841 年、トーマス・クックはイギリスの中部地方を電車に乗って禁酒運動集会に参加する、初の周遊旅行を企画した。1850 年代中頃までには、大陸への鉄道旅行もはじめた。同じ頃、アメリカでは、アメリカンエキスプレス社がトラベラーズチェックと為替を取り入れた。

だが何をおいても飛行機ほど根本的に観光旅行を様変わりさせたものはない。飛行機での娯楽旅行は 1948 年から始まった。パンアメリカン航空がツーリストクラスを導入した年である。アメリカとヨーロッパ間に商業航空機路線が開設され、国際マスツーリズムが一挙にはじけた。そして 1957 年、ジェットエンジン導入で航空機の旅が一般大衆にも身近なものとなる。1970 年代に広胴型の高速航空機が出現して、初めて、第三世界諸国に多くの人が行けるようになった。それが 1970 年代中頃には、休暇旅行の 8%が先進国から発展途上国への旅となり、1980 年代半ばには 17%にのぼった。次いで 1990 年代半ばは 20%になり、2000 年以降、旅行先としてのアジア、アフリカ、南北アメリカは、成熟してしまっている

注 4　12 世紀に『カリクストゥス写本（Codex Calixtinus）』を記したとされるフランスの修道士 Aimery Picaud（または Aimeric Picaud）

注 5　キリスト教の聖地、サンティアゴ・デ・コンポステーラ

ヨーロッパより急速に伸びをみせている。1992年から2004年にかけて、全世界の国際観光客訪問数は年間4億6,300万人から7億6,300万人に増大しており、国連世界観光機関（UNWTO）によれば2020年までに15億6,000万人に達すると予測されている。これに加えて多くの人が4、5回の国内旅行をする。

　労働形態の変化は、交通機関の改良と同じく、余暇をどこでどのように過ごすかを様変わりさせた。国際労働機関（ILO:International Labor Organization）などの団体によって「余暇と有給休暇は基本的人権である」と着実に認識されるようになってきた。1936年に採択された国際労働機関（ILO）の年次有給休暇に関する条約7条では、単に年間1週間と定められていただけだが、1970年の総会で、すべての労働者の有給休暇期間は最低3週間と延長された。有給休暇、労働時間短縮、肉体労働の軽減、教育向上が背景となって、人は休暇旅行に寛ぎや娯楽同様に自己啓発を求めるようになった。2005年時点で、アメリカは平均12日、欧州では最低4週とばらつきがある。フィンランドとイタリアは、それぞれ37.5日と37日でトップクラスにたった。

　こうした背景から、1990年代、観光産業はオイル産業と競り合う世界最大の合法的ビジネスとなる。2006年、国際観光（輸送を含む）は8兆8,000億ドルを稼ぎ出し、2億件にのぼる世界最大の雇用数を提供した。これは世界の12人に1人に相当する。観光が支出総額の15％を占めるアメリカが、世界最大の供給者かつ受益者であることをはじめ、観光は170か国のうち125か国で経済的に重要な役目をはたしている。

　多くの人が経済的で便利な（9.11テロ攻撃の後は特に安全な観光を求め）、前払い制のクルーズ船パッケージツアー、あるいはクルーズほどではないけれど（実際需要は減っている）ビーチリゾートを好むようになった。過去40年にわたりマスツーリズムは"4S"つまり太陽Sun、海Sea、砂Sand、セックスSexと同義語となり、軽蔑的なニュアンスを含み（あたっていることも多い）典型的観光客という固定観念を植えつけてしまった。ホスト国も観光客もこの手の観光にうんざりし始めた。当初、マスツーリズムは雇用を拡大し国民総生産成長率を高める"煙の出ない"（無公害の）産業とされていたが、結果を見ると経済効果はわずかで社会的影響や環境負荷が大きいことがわかってきた。観光収益のほとんどがホスト国に残らず、多くの場合地元コミュニティが唯一享受できるものといえば、メイド、ウェイター、運転手といった低賃金の接客仕事くらいのものである。マスツーリズムは、過剰開発、不均等発展、環境汚染、文化に鈍感で経済秩序を乱す外国人観光客をホスト国にもたらす。1980年の宗教関係者が主催したマニラ会議で、発展途上国の世論は、次のような強い言葉に凝縮された。世界観光におけるマニラ宣言でははっきりと「観光は、第三世界社会に有害無益だ」と述べられている。この会議で設立された「第三世界の観光に関する全キリスト教会連合（The Ecumenical Coalition on Third World Tourism）」はセックスツーリズムや他の搾取型観光に立ち向かい、新しい形の観光を呼びかけるリーダーとなった。

　多くの場合、人気の高い休暇先は、工業化による人間の営みで劣化してしまった。アドリ

ア海では藻の異常発生で水泳客は敬遠するようになった。ビーチでは、イギリスは放射能（汚染）、アメリカのニュージャージーは病院からの廃棄物（汚染）、ハイチは下水（汚染）のために閉鎖された。カナダでは、酸性雨でサケが激減し、釣りロッジ600軒が閉鎖の瀬戸際にたたされている。国際自然保護連合（IUCN; 現在は World Conservation Union）のエコツーリズム専門家であるエクトル・セバロス・ラスクレインによると、こうした被害例は、制御できないマスツーリズムによることもある。また工業化や、過剰な天然資源開発の場合もあるし、消費者主義や現代西洋文明化といわれる持続可能ではない別種の開発によることもある。また近年は、ハリケーン、台風、サンゴ白化現象、海面上昇、氷河や万年雪の融解といった、地球温暖化に少なからずとも関連性のある災害が頻繁に起きて世界各地で観光に支障をきたしている。

あらゆるところで大自然が脅かされ劣化してきたものの、自然志向の観光の人気は高い。アメリカの3,342世帯を対象にした1998年の調査によると、約半分（48.1%）が直近の休暇の中に自然体験を組み入れている。そして14.5%は、直近で自然体験が主体となる休暇を企画していたと述べている。自然（ネイチャー）は観光産業の鍵となり、エコツーリズム開発のいくらかは本物の自然体験という需要に応えるためでもある。

1.3 エコツーリズムの進化

アメリカでは恒常的にネイチャーツーリズムが催行されている。手付かずの場所へ行き、通常、体を動かす活動を含むネイチャーツーリズムはおそらくシエラクラブ野外活動プログラムに端を発する。ハイ・トリップス（山岳旅行）として知られる毎年恒例の探検プログラムは1901年に始まり、約100人の登山者（これ以外に中国人コック、荷物を積んだラバと荷車）がシエラネバダ山脈の懐深い大自然に出かけていった。そもそもの目的は、山脈にシエラクラブ会員を連れて行って大自然の美しさを見てもらい、クラブが関与する森林保全や他の自然プログラムの活発なサポーターになってもらうことなのだが、巨大キャラバン隊の人数は平均115〜125人に増えて「環境負荷という意味では"エコからかけはなれたもの"であった」とシエラクラブ野外活動プログラム代表のチャールズ・ハーディはいう。ハイ・トリップスは1972年まで続いたものの、脆弱なシエラネバダに人間が与える影響を懸念する声が出てきてシエラクラブ幹部はハイ・トリップス中止を決定し、12〜15人程度の小グループツアーに方針転換した。小グループツアーは、バックパッキング、自転車、ラフティング、登山などを組み込んだツアーで、アメリカのいろいろな場所へ行き、1964年には海外ツアーも始まった。

従来の観光にも火をつけた近代交通システムの手軽さとアクセスのしやすさが、近年のアメリカ国内と海外でのネイチャーツアーの急成長をも促した。以前は辺境の地であった場所

1.3 エコツーリズムの進化

にアクセスできる人が増えて、人気の高かったいくつかの観光地は深刻なダメージを受けている。アメリカの国立公園は世界屈指の歴史あるトップクラスの公園管理制度下にある。その国立公園の訪問者数は、1980〜2000年にほぼ30%増え、およそ2億2,000万人から2億8,500万人になった。ハイシーズンである7〜8月、イエローストーンやヨセミテのような人気の高い公園は心休まる場所とはいいがたい。都会の交通渋滞のように車があふれ、排気ガスと騒々しい音楽が撒き散らされ、何百万人もの訪問客は何トンものゴミを置いていく。年間440万人の観光客がやってくるグランドキャニオン（アメリカで2番目に訪問者数の多い国立公園）では、訪問者が多すぎて峡谷の生態系に悪影響が出ている。1990年代半ばには悪影響がはっきりしていた。報道によると、ファントム・ランチ（Phantom Ranch; 渓谷の谷底にあるホテル）で餌付けされスナックやキャンディに病み付きになった2ダース以上のミュール・ジカを公園管理官は殺処分している。生来の植物消化能力をシカたちが失いつつあるとの報告もある。グランドキャニオン国立公園資源管理長デイビッド・ハスケルはジャンクフードを「シカ世界のクラック・コカイン」と呼ぶ。幸いなことに公園管理局はホテルや観光客に向けて、シカや野生動物に食物を与えないようキャンペーンをはり、成果があがっている。

混雑や好ましくない状態に嫌気がさしたり、航空路線が比較的手ごろな価格になって充実したことから、多くの大自然愛好家たちが静寂な無垢の自然を求めはじめた。そして1970年代後半から1980年代半ばにかけて、エコツーリズムとして知られる新分野が徐々に形になりはじめた。定義はおおむね漠然としている。旅行業界は、エコツーリズムを一般的にネイチャーかアドベンチャーツーリズムと同じ分類に入れている。また"レスポンシブル"（責任を伴う）、"サスティナブル"（持続可能）、"グリーン"（環境に優しい）、"ローインパクト"（環境負荷の少ない）と呼ばれることも多い。2000年までに"プロプアー"（貧困対策観光）"ジオツーリズム"（ジオは地質を意味する。地域の地質遺産等の資源の発掘や洗練化行い、その地域特有の地質などを生かす観光）といった新語も出てきて事態は複雑になり、人々を混乱させている。定義が統一されない要因の一部はその成り立ちにある。一般的にエコツーリズムは4方向から発生したとされる。つまり（1）科学組織、保護団体、非営利・政府団体（NGO:non-governmental organizations）（2）多国間援助機関（3）発展途上国（4）旅行業界と旅行者である。ほとんど時期を同じくして、しかし全く異なる理由で、エコツーリズムの理念と実践が上記4分野のそれぞれの内側から形をとりはじめたのである。そして1990年代初めごろまでに、その概念が"環境的、社会的に責任を伴う観光"というホットな新ジャンルに収斂していくのである。

1.4 保護団体：自然地域のより良い保護を目指して

　典型的なエコツーリズムは、政府、環境保護団体、学術組織、個人や企業が環境保護のため何らかの管理下においている場所を訪問する。世界中の保護地域は、アメリカの国立公園システムを手本につくられた。1872 年にアメリカの国立公園法が制定され、特定区域周辺を素のままの保全区域と、直接利用できる場所とに線引きしたのだ。議会は国立公園を、訪問者のためのレクリエーション場所として法令を定めた^{訳者注6}。従って、最初から観光とリンクしていたのだ。他国もこれに続いて国立公園の制定をはじめた。オーストラリア (1879 年)、メキシコ (1898 年)、アルゼンチン (1903 年)、スウェーデン (1909 年) となっている。1970 年代の 10 年間は地球規模の環境ムーブメントがわきおこり、それまで以上の保護地域が世界中に制定された。1992 年までには、およそ 4 万 8,000 サイト、合計約 1,230 万 km^2 となった。2003 年、南アフリカのダーバンで開催された第 5 回世界国立公園会議で発表された保護地域に関する数字は、世界全体で 10 万件以上、1,700km^2 でこれは地球の陸地の 11.5%を占める。

　目覚しい進展ぶりなのだが欠点がある。いくつかのエリアでは単に名ばかりの"書類上の公園"で、多くが資金不足であり、大半が時代遅れの公園管理哲学に基づいているということが徐々にわかってきた。1960 年代後半の、ラテンアメリカとアフリカの環境保護主義者、科学者、コミュニティのまとめ役は、2 つの同種の結論に到達した。アフリカでは、人間と国立公園を分ける（しばしば強制的に）保護主義者^{訳者注7}に基づく環境保護手法は無効だと気づき始めた。元々、アフリカの国立公園のほとんどは、狩猟、科学者または観光客のためにつくられたもので、地元住民のことを考えたものではなかった。公園管理は監視警備（柵、罰金、射撃）に重点をおいていて、政治的、民族的に取り残された地方の貧しい住民たちを強制的に追い立て締め出すものであった。住民たちは、公園からも観光からもほとんど、あるいは全く利益を得ることなく、信仰や経済的に意味を持つ場所から追い立てられ、公園周辺部のなおさら持続可能でない地域に縛られ、深い怒りを募らせている。密猟行為、公園資源の劣化、公園と観光に対する住民の敵意が増大してきた。「保護主義者的アプローチは、基本的に軍事的な防御戦略が欠かせず、ほとんどの場合対立を高めることになる」とある研究は結論づけている。

　公園と住民たちとの対立に関わっていた科学者、環境保護者、公園当局、環境保護団体た

注6　「景観、自然および歴史的な対象物と、そこに存在する野生生物を保護し、それらを享受できるようにすること、また同様の手段を通じて、それらを損なうことなく、未来の世代が享受できるようにすること」。

注7　Preservationist（保護主義者）歴史的遺産、絶滅危惧種、自然環境の保護を求める人、Conservationist（保全主義者）とは立場が違う。保全＝ conservation「人間のために自然を守る」、保存＝保護＝ preservation「自然のために自然を守る」

1.4 保護団体：自然地域のより良い保護を目指して

ちの中には、公園管理の指標となる"保護主義者的アプローチ"の再考を始めるものもいた。そして、周辺部住民が公園と観光から金銭利益を得られるなら、保護すべき種と地域と生態系が存続できるのだと主張をはじめた。ケニア・ワイルドライフサービス（KWS）の所長（1994～1998年）かつ国際エコツーリズム協会（TIES）初代代表であるデイビッド・ウェスタンは次のように記述している。「こうした良心的な論は、すぐさま自然だけではなく住民（通常、先住民）にも対象範囲を広げた。"エコツーリズム"という用語が暗黙に示唆するのは、自然と暮らす地元コミュニティが観光から利益を得て、その過程で自然を守っていくという前提である」この新しいアプローチに基づいたアフリカの公式実験はケニアで始まった。1970年代初め、政府はいくつかの保護区域（マサイマラとアンボセリ国立公園を含む）を地方州議会の管理下におくことに同意した。公園入場料、ホテルや観光施設からの収益を、地方州議会は受け取りだした。この利益が出るなら人はそれを守るという"ステークホルダー"セオリー（利害関係者理論）は、貧困脱却のためにはコミュニティ外部から作用を及ぼすだけではなく、内部から始める必要があるという経済開発理論にぴったり適合する。1980年代中頃、エコツーリズム概念が東と南アフリカに広まり始めて、ステークホルダーセオリーは環境に敏感で、負荷の少ない、文化的配慮のある旅行（これらは旅行者や地元コミュニティメンバーを教育するにも役立つ）まで含んで拡大解釈されるようになった。

これと平行して、ラテンアメリカで、違法伐採、大規模放牧、石油掘削、採掘、新参の移住者たちのために、残存する熱帯雨林の多くが破壊されていくことに科学者と環境活動家たちは大きな危機感を抱き始めていた。熱帯雨林は、土着コミュニティの生活基盤、生物多様性の宝庫、地球大気バランスを保つ酸素供給元として不可欠だ。最初のうちメキシコからチリにわたるラテン国は、エコツーリズムを狭義に解釈しがちだった。すなわち、侵略的で搾取的な経済活動の代わりとなり、人々の環境認識を高め、保全の財源を増やす環境保護策としてである。コスタリカを中心に環境活動をしていたジェラルド・ブドウスキは、1976年、草分けとなる記事を書いた。そこで観光と保全の関係が、対立、共存、共益関係のどれにでもなりえると主張した。またどういった観光形態が環境保全に役立ってきたのか概説した。メキシコのセバロス・ラスクレインは、エコツーリズムを「野生動植物はもちろん、その場所のあらゆる文化的側面をも含めて、その光景を学び、賞賛し、享受するという具体的な目的で、比較的手がつけられていないか汚染されていない自然地域へ旅すること」と定義した。そして人はエコツーリズムを実践するうちに、環境問題に対する熱い意識が生まれてくるのだと論じた。これらラテンアメリカの学者たちが力説したのは、環境保護活動に関わった一般旅行者たちの中から活発な支援者を生み出すことだ。

コスタリカのエコツーリズム初期の関連ニュースだったと記憶するが、1980年10月の週刊英字誌『ティコ・タイムズ』は、人気ツアーオペレーターのマイケル・ケイの"大自然と冒険"の新しいツアーメニューは、これまでの博物館、教会、村訪問のツアーを"お払い箱"にするものと絶賛した。そしてケイが新しく設立したラフティング会社コスタリカ・エクスペ

23

第1章 オレンジヒキガエルはどこへ?

ディションを「伝統的観光の代役をこえたリーダー的存在」と評した。そして次のような彼の言葉を引用している。「観光は土地を食い物（乱開発）にするのではなく、土地に貢献するべきなのだ。受け身ではなく能動的になるべきで、単なる見学だけでなく文化交流に重点をおくべきだ」先駆的な発言だった。その後何年かたち、ケイはコスタリカでもっとも成功しているエコツーリズム会社をたちあげた。

　このように理由はやや異なるものの、ラテンアメリカとアフリカで、エコツーリズムの考え方がほぼ時を同じくして出てきた。そしてすぐさま、今日のエコツーリズムでは当たり前の脆弱な生態系や地元コミュニティに利益をもたらすといった概念が相互にかけあわさってきた。保全、地元コミュニティ、観光を融合させるという考えは、1978年、ケントン・ミラー[訳者注8]がラテンアメリカの国立公園計画で明確に述べたのが最初だろう。著名なアメリカの環境保全論者であるミラーは、環境と人間、この両者のニーズにみあうよう経済・社会・政治的要素と生物学的配慮とを統合して開発することを主張した。そしてエコ開発に寄与する国立公園の可能性を指摘した。より多くの訓練された人材が、より多くの公園で、より大きな予算のもとで働けたため、エコ開発は、1970年代に発達することになった。観光を通じたミラーのエコ開発哲学は、すぐに持続可能な開発論議に発展した。続いて1983年に建築家で熱心な野鳥観察者であるセバロス・ラスクレインが、"エコツーリズム"という言葉を始めて提唱する。彼はプロナチュラ（PRONATURA）代表として、観光客の数を増やせばメキシコのユカタン半島北部にある湿地帯（アメリカフラミンゴの繁殖生息地）保全を推進できると主張した。

　1980年、国際自然保護連合（IUCN:International Union for Conservation of Nature and Natural Resources）は世界保全戦略[訳者注9]（World Conservation Strategy）を発表する。保護区域の管理と地元の経済活動の連携が不可欠と強調する団体組織が増えてきており、そうした見解を反映するものだった。1982年、インドネシアのバリで開催された国際自然保護連合（IUCN）世界公園会議の席上で、環境保全プログラムがコミュニティに優しいものだったり、経済発展を推進するものだったりする必要があるのかどうかを議論しながらも、環境保全者たちはこの見解を承認した。10年後の第4回世界公園会議（1992年、ベネズエラのカラカス）で、国際自然保護連合（IUCN）はこの概念を発展解釈させて、「観光業界と保護地域の両者間で緊密に協力を高めていき、最優先事項を自然環境保全と地元コミュニティの"質の高い生活"とする」という会議勧告をした。

　1992年の世界会議で、国際自然保護連合（IUCN）はセバロス・ラスクレインを団長に、小規模のエコツーリズム・コンサルタントプログラムをたちあげた。これはエコツーリズム開発企画のため、国際自然保護連合（IUCN）メンバーに「技術的なコンサルタント支援サービス

注8　IUCNの元代表、2011年没、彼の名前を冠した環境と保全のための賞が設けられている。
注9　国連環境計画（UNEP）の委託で、IUCNが作成した「地球環境保全」と「自然保護の指針」を示すもの。

と幅広いアドバイス」を提供するためのものだった。その後 1996 年に観光と保護地域のタスクフォースに拡大された。任務は保護地域観光に関するデータ収集といった広範囲の業務、保護地域の事例研究と観光管理のガイドラインの開発、世界保護地域委員会（WCPA:World Commission on Protected Areas）へのアドバイスなどを使命とする。世界保護地域委員会（WCPA）は 1000 人を超える保護地域マネージャーと専門家を抱える、国際自然保護連合（IUCN）が支援する世界的ネットワークである。2003 年の国際自然保護連合（IUCN）世界公園会議（南アフリカ:ダーバン）の主要議題は観光ではなかったが、観光関連のセッション、補助イベント、発表者数の多さには目を見張った。元南アフリカ大統領ネルソン・マンデラは開会の辞で、エコツーリズムは、「保護地域の持続可能な管理」と「保護地域の周辺部に住む住民たちの貧困削減」両方に解決の糸口を与えるものと評した。このとき、主に原住民を代表する小グループが抗議活動をおこなった。彼らはタスクフォースから観光について意見を聴取されることはなかったと主張し、産業界や大手 NGO たちが、エコツーリズムを彼らの土地や文化を搾取する方便としていることに強い懸念を表明した。

　1 世紀以上にわたり、NGO は生物多様性保護と娯楽のために、地球上のかなりの公園を温存する役目を果たしてきた。成果はかなり出たものの、先住民と公園側の緊張はなお続いている（別章で考察する）。NGO の立場は混在していて、あるものは伝統的な保護主義をとりつづけ、一方で別のものは周辺部住民のサポートがあるなら、その場合のみ公園は長期存続できるだろうという。

1.5　多国間援助機関：環境保護と債務危機に応じて

　1970 年代後期は、環境保護運動が盛んになり、第三世界の負債が増加した時期でもある。そこで国際援助および金融貸付機関は、開発と環境保護の手法として観光に目をつけ始めた。多国籍機関の中で旗振り役は、第 2 次世界大戦後に設立された国際復興開発銀行[訳者注 10]（IBRD:International Bank for Reconstruction and Development 通称、世界銀行または世銀）だ。

　世界銀行が国家と締結した観光開発融資第 1 号は、1966 年のモロッコとチュニジア向けのものだった。この時期の 10 年間の観光プロジェクト貸付額は、銀行ポートフォリオ全体のわずか 2.8%と推定される。ポートフォリオの中で観光が占める割合は少なかったものの、1969 年、国際復興開発銀行（IBRD）は観光プロジェクト部門をたちあげた。そして 1970 年代に、世界銀行は観光関連プロジェクトの主たる公的財源主となる。世界銀行グループの

注 10　発展途上国の経済発展と、それによる世界経済の安定を目的に、加盟国や民間企業などに長期的な資金融資を行っている国際金融機関。一般には「世界銀行」と呼ばれている

一部門である国際金融公社[訳者注11]（IFC:International Finance Corporation）による観光関連融資第1号は1967年だった。国際金融公社（IFC）の役割は、政府貸し付けではなく、民間部門プロジェクトへの投資と融資である。これは、インターコンチネンタルホテル社（倒産して今はなきパンナムの子会社）が部分所有するケニアのホテルへの融資だった。近年は、世界銀行グループの3本目の柱となる多数国間投資保証機関[訳者注12]（MIGA:Multilateral Investment Guarantee Agency）も関与を始めて、世界に散らばる観光プロジェクトへの投資保証を発表し、投資促進のアドバイスをおこなっている。

　1969年から1979年の世銀観光プロジェクト部門の戦略は、外国資本投資を促して外貨獲得を目的とする従来型観光投資で、投資先は、経済活動がほとんど成り立たない地域である。"輸出産業"である観光は、成長と経済多様化の源で、豊かな国から貧しい国に富を再分配する手段としてみなされた。この期間中、世銀が国家政府に直接貸し付けた額は約4億5,000万ドル、18か国にわたる24件の途上国プロジェクト（観光の植林といわれていた）であった。貸付金はインフラ、職業訓練、ホテル開発の融資限度額引き上げなどに使われて、今日国際的に有名な観光地であるバリ（インドネシア）、シワタネホ（メキシコ）、プエルトプラタ（ドミニカ共和国）、などをつくりあげた。しかし、銀行貸付金の獲得競争が熾烈化するにつれ、銀行投資は、国際観光や企業支援のための高級ホテルや大規模インフラ整備にではなく、低コスト住居や貧困削減プログラムにすべきではとの声があがりはじめる。こうした懐疑論と、エジプト、韓国、モロッコのような国でのプロジェクトが環境的、財政的に破綻したこととあいまって、世銀の観光プロジェクト部門は1979年に閉鎖においやられた。

　1980年代、世界銀行の名を下げたのは観光関連プロジェクトの失敗だけではない。環境破壊を招く巨大ダムやその他のメガプロジェクトは、何十万人もの立ち退きを招き、同時に、その融資パターンが時によって弾圧政権を優遇していると世界中から非難されていた。1980年代初め、世銀は融資案件に構造調整政策[訳者注13]を導入。これは貧しい国に政府の公的支出と社会計画の削減をせまり、民営化を促し、外国人投資家や外資ビジネスに経済の門戸開放を強要するものだった。これでまた世銀はいっそうの酷評を浴びることになる。第三世界の対外債務は増えつづけ、世銀は新方針を模索した。1980年代半ば、輸出振興と債務返済戦略の一環としてツーリズムが再浮上する。クラーク大学教授のシンシア・エンローは「国際

注11　開発途上国の民間部門への投資を促進する世界銀行グループの国際機関
注12　世銀グループのもう1つの姉妹機関として1988年4月に設立される
　　　MIGAは投資家が途上国に投資を行う際の非商業リスク（収用、通貨の兌換停止・送金制限、戦争や内乱、契約不履行など）を保証することで、途上国に対する外国直接投資を促進する
注13　構造調整プログラムとは、対外債務の返済に支障をきたした国に対して世銀・IMFが提案する政策パッケージである。1980年代の初めに累積債務問題が深刻になってきたときから本格的に採用された政策。　具体的には（1）通貨の引き下げによる輸出力の強化と輸入の制限、（2）政府の公的支出の削減、（3）価格統制の撤廃、（4）輸出入や為替の管理の撤廃、（5）国営企業の民営化などの一連の政策の採用を条件に、債務国への貸し出しが行われる。

債務政策と世界の享楽追求願望はしっかりつながっている」と1990年に書いている。

1980年代後期、銀行のレトリックは持続可能な発展と環境保護を含むものに移った。そして1986年、「開発計画にあたり、比較的人間が手をつけていない野生の生息地」と定義づけた野生地（ワイルドランド）の保護について初の公式声明を出す。ガイドラインは当初、実践策より奨励策として始まった。「世銀は野生地保護を促進支援し、ますます増加する観光も含めて、プロジェクトの土地活用を向上させる」と書かれている。また野生地管理プロジェクトに必要なのは、地元住民の参加と利益であることを強調。さらに「農村部の開発投資は、野生管理地周辺部に住む農夫や村人たちに代替物を支給することにより、不法侵入をくいとめ公園や保護区を守ることができる」と記載されている。

1990年、世銀は地球環境ファシリティ（GEF:Global Environment Facility）を2つの国連機関、国連環境計画（UNEP）と国連開発計画（UNDP）と共同でたちあげる。当初パイロットプロジェクトだったが、1994年に恒久戦略になった。地球環境ファシリティ（GEF）の目的は、環境懸念に対処するため開発プロジェクトに資金投入をして、1992年6月の国連環境開発会議（地球サミット）時に合意された地球環境問題の取り組みを支援するものだ。地球環境ファシリティ（GEF）の対象4分野のうち、1つは生物多様性の保全で、なかでも「自然を主体にする環境的に持続可能な観光開発」と「地元（コミュニティ、先住民グループ、その他セクター）参加型の自然資源管理スキーム」の手法をつかうものである。

1990年代半ばごろまでに、世銀は、成長と輸出発展に絞った限定的プログラムとしての観光利用を検討しはじめた。観光専門局の再建はなかったものの、90年代は多くの観光調査研究を実施し、インフラ整備、環境と生物多様性保全、農村開発、技術指導の名目で数百万ドルの観光関連融資をおこなった。例えばアフリカでは、観光開発（マダガスカル、モーリシャス、モザンビーク、セネガル）、国立公園と保護区のインフラ整備と管理体制の改良（タンザニア、ケニア、ザンビア）、などの地域密着の零細ビジネスの発展支援などを実施した。加えて国際金融公社（IFC:International Finance Corporation）観光部門（世銀と違って閉鎖されたことはない）は、ポートフォリオに大規模ホテル開発だけではなく、たとえひと握りのエコツーリズムプロジェクトとはいえども、多彩なものを組み込み始めた。（第3章 P.101参照。）2005年までに世銀が政府と公共部門当局（加盟国184か国）に融資した経済と発展プロジェクト件数は、6,000件以上、総額は、4,074億ドルにのぼった。世界銀行グループ3本柱の2006年度ポートフォリオをみると、観光主体プロジェクトとプロジェクトに観光要素が含まれるもの両者をあわせて114件のツーリズム案件を抱えている。融資額は30億ドル相当である。

ツーリズム競争に参加してきたのは世銀だけではない。新世紀にはいり、世銀、米州開発銀行（IDB）、アジア開発銀行、アフリカ開発銀行、カリブ諸国開発銀行、米州機構（OAS:Organization of American States）、米国国際開発庁（USAID:US Agency for International Development）、いくつかの国連機関と国際援助機関が、エコツーリズムを含む多岐にわたる観光案

件を支援している。2005年の調査によると、何十とある主要援助機関の観光プロジェクト投資額は、現在全世界で約94億ドルで、その内訳は地球環境ファシリティ（GEF）25％、世界銀行22％、米国国際開発庁（USAID）12％、米州開発銀行（IDB）10％、となっている。

米国国際開発庁（USAID）は貧困国に開発援助を提供する政府主体機関で、政策方針の転換にともない1980年代から積極的にネイチャーツーリズムとエコツーリズムに関与するようになった。最初のうちエコツーリズムは、米国国際開発庁（USAID）が掲げる4つの政策のうち2つ（国家経済成長と生物多様性保全）にぴったりだったため、多くのプロジェクトへの関与を促した。1985年、米国国際開発庁（USAID）は、世界自然保護基金（WWF:World Wide Fund for Nature）が途上国で実施する約20の保全と開発プロジェクトに投資を行う形で、エコツーリズム（USAIDは自然主体の観光と広義に定義）への支援を開始した。1989年には破綻状態にある国立公園（Parks in Peril program）への支援に着手し、ラテンアメリカやカリブ諸国にある国立公園20箇所の管理体制と、娯楽および教育的な活用体制の向上に努めた。そして1992年、アメリカの環境保全NGOのコンソーシアム（国際借款団）を通じ、アジアと太平洋地域の生物多様性プロジェクトの援助にも尽力しはじめる。1992年の米国国際開発庁（USAID）調査報告書は次のように要約している。「国際開発庁（AID）の主な環境目標は、環境的、社会的に健全で長期にわたる経済成長である。同時に、民間投資、自由市場、自由企業体制（政府規制がほとんどない）振興に高い優先度をおいてきた。機関職員の多くは自然主体の観光を上記の二方向の目標にうまく合致するものとみている。結果として国際開発庁（AID）のエコツーリズム関連の取り組みが増加してきたのである。」

1990年代半ば、米国国際開発庁（USAID）はエコツーリズムの要素を含む105件のプロジェクトを抱えていて、融資総額は20億ドル以上だった。これらのセクター別参入件数は、民間に52件、コミュニティに37件、政府能力開発（キャパシティ・ビルディング）に46件、非政府系能力開発に47件で、対象国はベリーズ、コスタリカ、エクアドル、ネパール、ケニア、ザイール（コンゴ）、マダガスカル、ジャマイカ、タイといった国々である。1993年、新しく独立したナミビアは米国国際開発庁（USAID）と世界自然保護基金（WWF）の援助を受けて法律を制定させた。それはコミュニティを自然管理組合として登録し、獲物の管理方法を採用するものである。これが減少していた野生動物の数を回復させるのに役立ち、民芸品販売、"トロフィー・ハンティング"契約、狩猟動物の肉の販売流通などで多くの共同体が収入を得ることができるようになった。80以上の共同組合が生まれてきており黎明期にある。ワイルドライフ（野生動物）観光はナミビア経済の3番目の柱となった。

新世紀最初の5年間、米国国際開発庁（USAID）は98のプロジェクトを72か国で実施している。それらは自然資源管理、生物多様性保全、経済発展といった幅広い目的を達成するために、観光セクターに関連したものか、観光を柱にすえたものだ。米国国際開発庁（USAID）

の一部プロジェクトは、クラスター戦略（cluster based competitiveness）訳者注14をとっている。援助国のいくつかの産業部門にターゲットを絞り、観光は焦点領域となってきた。この手法で実施された大規模プロジェクトは1998年にレバノンで開始され、農業分野と観光分野に的を絞っている。

　米国国際開発庁（USAID）は、広域生態系保全の重要性を認識しながら、国家をまたいだ自然資源管理にも力をいれてきた。例えば、コンゴ民主共和国、ルワンダ、ウガンダで"地域的保全手法"を使いマウンテンゴリラの個体数の保護に取り組んでいる。米国国際開発庁（USAID）の融資はコンゴ民主共和国東部のタニャ（Tayna）ゴリラ保護区設立に貢献し、地域共同体が管理する観光地となった。この他にも観光プロジェクトにジェンダー平等、教育、健康の視点を組み込む役割を果たしてきた。タンザニアプロジェクトは、村の女性たちに起業させ、観光客相手に民芸品の売り上げを増やすための訓練である。ボツワナでは、初等教育の課程に環境保全の重要性を植えつけた。そしてマダガスカルのアンダシベ・マタディア（Andasibe-Matadia）国立公園の観光収入は、公園周辺部に学校と診療所の建設を実現させた。このように多くの米国国際開発庁（USAID）プロジェクトは、より幅広い開発目標にむけて地元エンパワーメント、キャパシティビルディング、観光開発の一本化、に重点をおいた。

　上述したようなプロジェクトにもかかわらず、1990年代半ばにエコツーリズムプロジェクトを評価査定した米国国際開発庁（USAID）のコンサルタントは、次のように結論づけた。「往々にしてプロジェクトスタッフは、全方位視点をもたず実施にあたっての複雑さを理解していない。米国国際開発庁（USAID）は、共同体開発の促進と表明しながら、むしろ実態は民間セクターやアメリカ系NGOと協働したい本音が見え隠れしている。そのうえ、議会から"援助資金の見返りを回収しろ"との圧力も増えている」そして次のように結んでいる。「米国国際開発庁（USAID）の職員の多くは、エコツーリズム参入に絡む複雑性を自覚していない。援助を"線的"にとらえている。最初は大変な意気込みだったものの、実践は机上論と違って難しいことに気づき始めた。素晴らしい構想ながら、成功させるのは困難なのだ」

　2006年、ブッシュ政権は米国国際開発庁（USAID）を国務省内に吸収統合させた。この動きを大方は機関の独立性と重要性を減らすものととらえた。2005年の白書に記載された機関の主要目標は地球戦略的な利益のサポート、赤字国家の補強、人道支援を施すことで、水は例外ながらその他の環境問題にはほとんどふれていない。2006年、持続可能な観光のためのグローバル開発同盟（GSTA:Sustainable Tourism Global Development Alliance）が新しくたちあげた。これは米国国際開発庁（USAID）への融資依存率と同庁（USAID）の主導権を減らし、代わりに鍵を握るツーリズム当局や組織、民間企業と共同出資することをあてこんだ新手法である。

注14　企業や事業体などが集積し競争しつつ協力している状態でクラスター（房）を形成することによりイノベーション（技術革新）を誘発し地域経済の成長を実現する戦略

もう1つの鍵となるアメリカの機関は、米州開発銀行（IDB）である。1959年に設立され、ラテンアメリカとカリブ海地域の国々に対して経済的、社会的、制度的な開発援助をするため多国間融資と技術協力を提供する機関である。1971年、米州開発銀行（IDB）はインフラ、ホテル、文化的アトラクション融資を始めた。その中にはメキシコのカンクンとウアトゥルコ（Huatulco）湾[訳者注15]、ペルーのクスコといったメガ開発も含まれる。1977年は米州開発銀行（IDB）が初めてツーリズム政策（融資）を採用した年で、ラテンアメリカの国家金融機関に融資を始めた年でもある。これで地方銀行は小規模な観光インフラ開発へ融資ができるようになった。ところが1970年代終盤、マスツーリズムは開発ツールとしては不適切との批判から世銀のように米州開発銀行（IDB）も観光投資を中止する。

それでも1990年代、米州開発銀行（IDB）は持続可能な観光またはエコツーリズムの名の下に観光投資を再開した。1994年、観光融資方針を改訂して、以下の投資先を最優先させた。内部分析によると「地元住民と旅行者両方に有利で、自然遺産と文化遺産に価値をおき、観光開発企画をおこなうための制度的能力を向上させ、競争力をつけるため中小規模ビジネスを支援し、観光開発プロセスに地元住民が関与できるようにする」プロジェクトである。2006年度米州開発銀行（IDB）内部文書には次のように記載されている「観光関連プロジェクトの融資方針は民営化、環境保護、社会的影響を重視する」。1970年代から米州開発銀行（IDB）が承認した観光プロジェクト援助融資件数は29件、総額15億ドル以上である。内訳はブラジル（43%）、メキシコ（30%）だ。2005年の観光融資額は2億8,400万ドル、うち2億5,100万ドルはブラジルにつぎこまれた。残る観光助成金は他国の技術協力や地域研究に交付された。

米州開発銀行（IDB）は世銀のように観光専門局の設置はしなかった。観光プロジェクトはそれぞれの地域や部門で処理され、単発的に観光ワーキンググループや専門家を通じ、非公式に調整されてきた。最近、米州開発銀行（IDB）は民間部門局のもとに、多数国間投資基金（MIF:Multilateral Investment Fund）を設立し、積極的かつ革新的に観光プロジェクトに関わり始めた。多数国間投資基金（MIF）は"クラスター戦略"を採用し、プロジェクト間の関係構築をはかっている。「同じゴールと、似通う専門的な取り組み方法を共有することで、ばらばらのプロジェクトを1つの集合体として管理監督できる」と報告書に記載している。加えてクラスターの目的は、マーケティング機能および中小企業の能力と競争力を向上させて持続可能な観光開発を支援する、そうしたプロジェクトに融資することだ、としている。2006年までに多数国間投資基金（MIF）は14のプロジェクトに融資、このなかには

注15　オアハカ州にあるリゾート地

レインフォレスト・アライアンス[訳者注16]が主導する4か国の多年度認証プロジェクトも含まれる。すなわちブラジルの国家グリーン認証開発、コロンビアとコスタリカの農村観光プロジェクト、ベリーズの小規模観光ビジネス振興である。2007年にはラテンアメリカの7か国で"持続可能な観光の開拓"のための技術協力補助金600万ドルが承認された。今日、このひと握りの国際開発機関が、持続可能な観光プロジェクト、インフラ整備、マーケティングの財源となっている。だが未だ持続可能な発展とは何かとの明確なガイドラインが欠如しており、それゆえ大手NGOや企業へ支援しがちで、後発組みや草の根グループ、先駆的なプロジェクトには勝ち目（融資を受ける）がない。

1.6　発展途上国：外貨獲得と持続可能性の模索

　エコツーリズム開発における3番目の主体はホスト国政府である。1980年代半ばから後半、多くの第3諸国は外貨獲得の手段としてエコツーリズムに目を向け始めた。それは、林業伐採、石油採掘、牧畜、バナナ栽培、漁業、従来型マスツーリズムよりも環境に優しい代替経済となりえるものだった。環境負荷の少ない建設、訪問者数の管理、現地の動植物や住民との接触への心配りに力点をおくため、マイナス面を最小に抑えると考えられていた。さらにいうと、可能性として、いくつかの事例では、より採算性が高くなっている。さまざまな国の調査で、エコツーリズムやその関連活動は、牧場経営や農業より有効な土地活用方法であることが判明している。とりわけ乾燥または半乾燥地帯では。南アフリカの調査では、野生動物ツーリズムの純利益は牧場経営のほぼ11倍、雇用創出は15倍だった。ケニアの調査では観光によって、ライオン1頭が年間7,000ドル、象の群れは61万ドルを稼ぎ出すと試算されている。

　2001年のタークス・カイコス諸島調査によれば、レジャーダイバーたちはイセエビを珍重しているがエコツーリスト向けには、食卓にのぼるイセエビより水中のイセエビのほうが実際の価値が高いかもしれない。アイスランド調査でわかったことは、ホエールウォッチングの経済価値は世界中で10億ドルとなり、アイスランドが再開せざるをえなかった商業捕鯨よりはるかに経済的価値は高い。

　1990年代初期より、非工業国国家のほとんどは開発戦略の一部としてエコツーリズムを振興していた。国によっては、自然主体の観光が急成長して、バナナ（コスタリカ）、コー

注16　レインフォレスト・アライアンスは次のような活動をしている。「貧困の緩和のために、技術支援を通じて、レインフォレスト・アライアンスとパートナーは、農家や森林管理者と活動し、天然資源を管理するためのツールや知識を提供している。生態系を保護し、地元共同体の福祉を保障した農園・森林・観光事業体などに認証を与えている。認証を受けることで、商品を差別化し、新しい市場を開拓し、よりよい価格で交渉し、信用貸しを利用しやすくなり、彼らと地域社会は貧困から脱することができる」http://www.rainforest-alliance.org

第 1 章 オレンジヒキガエルはどこへ？

図 1-1　タークス・カイコス諸島

ヒー（タンザニアやケニア）、繊維や宝石（インド）をしのぐ外貨獲得手段として、最大もしくはそれに準じる主要産業になっている。1990 年に独立を勝ち取ったナミビア共和国は、新憲法に"エコツーリズム施策"と異名をとる綱領をもうけた。そして「持続可能性に根ざして、生態系、重要な生態学的プロセス、生態系の多様性を保護する」と表明した初の開発途上国といわれるようになった。1994 年、オーストラリア政府は 10 カ年計画の国家エコツーリズム戦略に 1,000 万ドルを拠出した。続いて 1997 年、ブラジルがアマゾン 9 州における 2 億ドル相当のエコツーリズム開発実施計画をたちあげると発表。2003 年は、アフリカ大陸南東部のマラウイ共和国が食糧危機にひんし、経済刺激策としてエコツーリズム計画を発表。一時は観光に不信感をだいていたザンジバルやビルマ（ミャンマー）、一時観光を厳重統制していた旧ソ連国家、東欧諸国、中国、ベトナム、一度は国際社会からつまはじきになった南アフリカとキューバ、そんな国々でさえエコツーリズムは時代の趨勢となってきた。1991 年、旧ユーゴスラビア連邦の一部だったモンテネグロは新憲法のもとエコロジカル国家宣言をし、10 年後には中北部山岳地帯の経済成長の起爆剤として"持続可能な観光"を採用した。従って観光は林業とエネルギー産業と肩を並べる三大産業の 1 つとなり、政府は環境に優しい観光を誓約した。コスタリカ、ベリーズ、ドミニカ共和国はエコツーリズム国家として PR をした。そして秘境が宣伝された。それはザンジバル、キリマンジャロ、タンザニアのサファリパーク、アマゾン、南米高地、エクアドルのガラパゴス諸島、ウガンダやルワンダのマウンテンゴリラ生息地、南ヨルダンのペトラといったところだ。1998 年に世界観光機関（UNWTO）は「観光ブームによる途上国の収益獲得は今後も続くと見られる。また国際的にみて観光客は、今後も環境の損なわれていない場所を訪問し、また環境保全にも興味をもつだろう」としている。

世界中で、エコツーリズムの勃興は、自由貿易振興と経済のグローバル化、また開発の原動力として奨励される民営化と同時に起こっている。ほとんどの国営企業は観光分野も含めて売却か閉鎖された。民営化は国際開発金融機関や大企業によって推進され、共産体制崩壊で正当化された。また人気だった"官民協力"は、政府の交付金と民間運営という意味の婉曲表現となった。国営の観光サービス運営（宿泊、観光所、交通機関）は、大概（絶対ではないものの）あまりにも官僚的で、国際観光サービスの基準に照らすと満足のいくものではない。1990年初めには、国有のツーリズム資産が外国人投資家や国際ブランド企業にあいつぎ売却され、国際観光市場統合への足がかりとなる。それらの国はアフリカのタンザニアとモザンビークからロシア、旧ソ連、東欧、中央アジアにまで至り、社会主義国家の最右翼だったニカラグア、ベトナム、ラオス、アルバニア、クロアチア、ボスニア、セルビア、モンテネグロなども含まれる。そしてキューバでさえ1990年代前半の経済危機に対応した"特例期"訳者注17ごろから、外国資本所有やマネジメント契約に門戸を開放しだした。中国は歴史的遺産の民営化を始めており、2001年の報告書で、すでに中国国内の多くの記念碑、公園、寺院、景勝地、文化的な場所が民営化済みであることが明らかにされた。

　ヒマラヤ山系の小さな国、ブータン王国は異色である。観光ビジネスは政府の厳格な管理下にあり公営であった。また入国者数を制限し、幸運にも入国許可が出た旅行者には高額の日割り滞在公定料金を課している。しかし、1991年、国営ブータン観光公社は民営化され、その後2006年までに民間ツアーオペレーターは、少なくとも180になった。民営化はなされたものの、入国ビザ発給数は年間約1万5,000件、滞在公定料金は1日165〜200ドル（季節による）という厳しい政府管理方針は変わらない。観光収益は年間1,050〜1,400万ドル、輸出総額の15〜20%を占めると試算される。宿泊やサービス部門の民営化で訪問客は満足しても、国家にとっては高くつくかもしれない。もし規制なし、非課税となると民営化は外資企業の殺到を意味し、利益はほとんどホスト国から流出してしまう。

1.7　旅行業界：大衆感情のグリーン化をくみとる

　エコツーリズムの概念は旅行業界に端を発したものではないが、導入、普及、主流化するのは早かった。ついでにいえば陳腐化も。環境や社会に対して問題意識を持ちマスツーリズムでは物足らない旅行者が増えてきたため、観光業界（報道機関を含む）は、"グリーンな旅"を効果的なマーケティングツールととらえるようになった。世間の環境懸念、アウトド

注17　1990年代前半のキューバ経済は大幅なマイナス成長を記録。この経済危機を克服するため、キューバ政府は外貨所持解禁、個人営業の拡大、農産物自由市場の創設等、部分的に市場原理に基づく経済改革を導入したが、国民の所得格差の拡大、国営企業内の汚職蔓延等の問題が深刻化したことから、2002年末頃より党主導による中央集権化及び経済引き締めを強化。http://www.mofa.go.jp/Mofaj/area/cuba/data.html

第1章 オレンジヒキガエルはどこへ?

アー指向の旅行人気、従来型マス観光への不満といった要因が重なり、エコツーリズムは巨大な潜在市場なのだ。1982年という早い時期に、世界観光機関（UNWTO）と国連環境計画（UNEP）は「満足感を得るために、観光地住民の社会、経済、環境、自然（最重要観光資源）に不利益を与えてはいけない」と共同宣言している。

2005年、エコツーリズムと持続可能な開発センター[訳者注18]（CESD:Center on Ecotourism and Sustainable Development）が実施した多くの調査分析でわかったことは、アメリカとオーストラリアでは旅行者の3分の2、イギリスでは90％が、地元コミュニティ支援といったことも含めてホテルの環境対策に積極的に協力したいと考えている。75％以上のアメリカの旅行者と87％のイギリスの旅行者は、環境にダメージを与えない訪問は大切だと感じていて、英米両国の旅行者の3分の1以上は、環境保護に関わる旅行会社に多めにお金を払ってもいいと思っている。2001年時点で、イギリスの半数の旅行会社は何らかの責任をもった観光のためのポリシーを作成していることもわかった。昨今の旅行者たちのグリーン感情の高まりに応じて、数多くの協会も結成されている。例えば、アメリカのグリーンホテル協会（Green Hotels Association）、欧州のツアーオペレーター・イニシアチブ（Tour Operators Initiative）などで、もっと環境に優しく、文化的にも配慮した旅行ができるように、旅行者、ホテル、その他観光サービス業者に情報提供するための団体である。

1980年代後半から、主要観光協会は、程度の差はあってもエコツーリズムを支持してきた。世界旅行経営評議会（WTTC:World Travel & Tourism Council、ロンドンとブリュッセルに拠点を置き、主要な航空会社、ホテルチェーン、外食産業、クルーズ会社の最高経営責任者約70人から構成される評議会）は、観光の重要性を啓蒙し、「関係者全員の持続可能な利益」を自覚させることに従事している。ワシントンDCに本部をおく米国旅行産業協会（TIA:Travel Industry Association of America）は、アメリカ国内及び海外の会員で構成される観光促進団体で2,200以上の旅行関連企業が会員である。米国旅行産業協会（TIA）はナショナル・ジオグラフィックのサスティナブル・ディステネーション・リソースセンター（Sustainable Destinations Resource Center）と協働し、ジオツーリズム[訳者注19]（社会・環境に責任をもつ観光を別な観点から解釈したもの）の消費者需要を探る革新的な調査を何件か実施した。加えて、国連の下部組織である世界観光機関（UNWTO）は"ツーリズム部門の持続可能な開発"というセクションをもつ。メンバーは観光大臣や、民間企業、学術団体やNGOからなっており、産業統計と市場動向の編集、業界調査とモニタリングなどをおこなっている。やはり持続可能な観光部門を備えている国連環境計画（UNEP）と共同で、国際エコツーリズム年（2002年）を後援した。

しかし業界のエコツーリズム導入は、形骸化したものが多かった。世界最大の観光業者組

注18 2003年に設立。政策研究所、ワシントンDC、スタンフォード大学の共同プロジェクト
注19 Ecotourismとsustainable tourism. 両者の概念を含む新しい用語

1.7 旅行業界：大衆感情のグリーン化をくみとる

合は米国旅行業者協会（ASTA）である。バージニア州のアレキサンドリアに本部があり、会員は世界140か国の業界関係者2万人である。実質的にすべての米国旅行代理店が所属するため、エージェント教育、エコツーリズム基準の開発、モニタリング実施などに関し、組織としての米国旅行業者協会（ASTA）の潜在能力は高い。あるアナリストは「旅行代理店は関係業者の環境パフォーマンスや責任を明確に査定評価する必要がある」と指摘する。それが真のグリーンを求めて予約してきた顧客を満足させることができるただ1つの方法なのだ。1991年米国旅行業者協会（ASTA）は環境委員会を設置した。マリー・ウォルターズ委員によると「環境保全のために業界はよい方向に進んでいる」ことを提示するものであった。委員会の主要プログラムは2つある。エコツーリズム十戒と2つの環境大賞（年次単位）で、実態というよりPR的なものだ。大賞の1つはスミソニアン誌と、もう1つはブリティッシュ・エアウェイズ（BA）との協賛である。実際、業界努力は控えめなものだった。委員会は数年後になくなり、賞は他のスポンサーに移管された。現在米国旅行業者協会（ASTA）は、いかなるエコツーリズムや持続可能な観光問題も特別プロジェクト委員会を通じ個別に対処している。

　観光産業は、何をおいても健全なる環境に依存しているので、生き残りの手段としてエコツーリズムの実践を採用しなければならない。1992年の地球サミットは（リオデジャネイロで開催）、環境と開発に関するリオデジャネイロ宣言とアジェンダ21をもたらした。それは共同で将来の環境青写真を作るものである。観光業界を含めた産業界に、持続可能な発展戦略を練っていくことを呼びかけた。旅行業界は"アジェンダ21旅行産業界版"で応じた。1995年に公開された文書は非常に長いもので、世界旅行ツーリズム協議会（WTTC）、世界観光機関（UNWTO）、アースカウンシル（本部コスタリカ）の三者が作成し、地球サミットの指令を履行監督するものとされている。レポートはこう謳っている。「詰まるところ観光商品は、きれいな海、自然のままの山の斜面、汚染されてない水、ゴミのない街路、保存状態のよい建物や考古学的なサイト、多彩な伝統文化に依存したものである」。産業界は"既得権"と"持続可能な発展になるようリーダーシップをとる道義的責任"の両方があることを強く主張する。そして観光関連企業が、行動に移さなければならないトップ10（エネルギー効率、下水管理、持続可能なデザインなど）項目が挙げられている。地球サミットの10年後、2002年に国連の国際エコツーリズム年が催され、初めてエコツーリズムが地球規模で重要性をもつものに格上げされた。

　しかし、統一定義、明確な基準、グローバルな認証制度なしでは「自然に関連するものか、マスツーリズムに関連しないものなら何でも見境なくエコツーリズムと定義されてしまう」とツアーオペレーターのクタイは語る。エコツーリズムは、1990年代初めに始まり、新世紀に向かって成長を続け、初めは観光や環境プレスの間で話題となった。そして徐々に主流メディアさえとりあげるホットな話題となる。ケニア・ワイルドライフサービス（KWS）の前所長デイビッド・ウェスタンはエコツーリズムという言葉について「ネイチャーツーリズム

第 1 章 オレンジヒキガエルはどこへ?

やワイルドライフツーリズムから不死鳥のごとく現れ、世界的に環境保護のキャッチフレーズとなり、持続可能な利用のお手本になり、さらにエコという接頭辞がネイチャーツーリズムに欠けている妥当性や認知度を補った。これほどまで急激に普及した単語もないし、これほどまで将来性に満ちた用語もかつてなかった。エコツーリズムと生物多様性という言葉は、新鮮で、示唆に富み、元気づけられる単語なのでメディアは飛びついた」と書いている。

1.8　エコツーリズムの定義：どのように判別するのか

　過去数年、エコツーリズム専門用語にさらなる術語が加わって混乱も増えた。貧困削減観光（pro-poor tourism）、ジオツーリズム（geotourism）、責任ある観光（responsible tourism）、持続可能な観光（sustainable tourism）など、いくらでも出てくる。用語の乱立、正確な定義の欠如、多様な起源、複数の関係者たち、そうしたことが重なりあって、2つの相反する潮流が、今日、対立している。1つは本物のエコツーリズムで多くの理念を実践しようとするものである。単独の宿泊設備、ツアー会社、公園、デスティネーション（目的地）であることが多い。もう1つはエコツーリズム・ライト（みせかけのエコまたはエコツーリズムもどき）である。うわべだけで、根本的にはマスツーリズムと何ら違いはないのだ。究極的には、単なる新しいネイチャー旅行のニッチを越えたものにならねばならない。観光のあり方そのものを転換させる重要な手段、かつ業界全体を"グリーンウォッシュ[訳者注20]"ではなく"グリーン化"させる媒体たるべきだ。

　正しいエコツーリズムの最初の道筋は、この章で前述[訳者注21]したように国際エコツーリズム協会（TIES）の定義であった。コスタス・クリスト（国際エコツーリズム協会創設者の1人）は、1998年のインタビュー時、次のように振り返った。1991年のことだ。彼、デイビッド・ウェスタン、世界中の環境保全専門家が定義作成のために集まった。定義が決まったあとのことだった。皆、互いに顔をみあわせて「ところで、一体、誰が、この定義どおりに実践しているのかな?」誰も答えなかった。正しく理解するなら、エコツーリズムが重要視するのは一連の理念と、それをどうやって実践するのかということ。どういう意味をもつのか、どのように基準が実行されているのかということだ。「ここにいる皆、定義のさまざまな面を成し遂げてきたが、誰一人として（私たちはより抜き部隊だというのに!）、我々のエコツーリズム実践論の全てに合格するものはいなかった」とクリストが発言した。

　言葉としてのエコツーリズムはどちらかというと生まれて間もない。しかしツアーオペレーター、旅行代理店、ホテル建設者、ホテルオーナー、公園や観光当局者、科学者、環境保護活動家、NGO、コミュニティ活動家たちは、非常に多くの実験を行い創造力も発揮した。環

注20　グリーン［環境保護］を考慮しているふりをしながら利益をむさぼる
注21　16ページ参照

1.8 エコツーリズムの定義：どのように判別するのか

境に優しいロッジ建設、よく訓練されたネイチャーガイド、共同体と NGO と民間部門間の多岐にわたる所有権スキームなどといった、コンセプトに関わってくる部分を変革しようと数多くの実験をしてきた。またリオデジャネイロの地球サミットに応じて、環境と社会的インパクトを測定するグリーン認証制度も生まれた。このように健全なイニシアチブも積み上がってきたので、必要最小限だった国際エコツーリズム協会（TIES）の定義を広げてもいいだろう。拡大された定義は、この書籍の基本背景となるもので、多元的なものである。本物のエコツーリズムとは以下の 7 つの特性をもつ。

1. 自然地区への旅を含む

これらのデスティネーションは多くの場合、辺境で、人が住んでいたり、住んでいなかったりする。通常、国家、国際、共同体、民間、いずれかのレベルで何らかの環境保護区域となっている。

2. 影響を最小限にする。

観光は弊害を引き起こす。ホテル、遊歩道をはじめとするインフラ設備設置の悪影響を最小限にすることに尽力する。そのためにはリサイクル素材、あるいはふんだんに利用可能な地元の建築資材、再生可能なエネルギー資源、廃棄物やゴミのリサイクルと安全管理、環境・文化的に配慮された建築デザインなどを考慮する。負荷を最小限にするためには、生態系にダメージを与えないよう、観光客の人数や行動を規制する必要もある。エコツーリズムは一般的に非搾取で、消費をしない産業に分類される。しかしザンビアの革新的な企業キャンプファイア（CAMPFIRE）などは含めてもいい。1980 年代にたちあげられた、共同体経営の狩猟会社で、再生可能な資源の上にたつ持続可能な産業なのだ。似たようなもので、アメリカの自称エコロッジの 1 つパポーズ・クリーク／サンランチ（Papoose Creek/Sun Ranch、モンタナ州）は、狩猟パッケージを提供している。狩猟できる獲物の数に制限をかけ、お 1 人様 1 頭のヘラジカまで OK だ。

3. 環境への認識を高める

エコツーリズムは、旅行者と共同体の近くに住む住民にとって啓発を意味する。旅が始まるずっと前から、国、環境、地元の人々、行動指針について書かれた副読本を、旅行者と業界関係者に対してツアーオペレーターは支給するべきだ。事前情報は旅行者の準備を助ける。国際エコツーリズム協会（TIES）のガイドラインにもこう記載されている。
　1）訪問先の事柄や生活について学ぶこと。
　2）環境的、文化的に敏感な場所を訪問する際に与えてしまう負の影響を最小限にすること。

第 1 章 オレンジヒキガエルはどこへ？

　　優れたエコツーリズムに不可欠なのは、よく訓練された多国語を話すネイチャーガイドで、自然や文化の歴史についての知識、生態系の解説能力、倫理感、効果的なコミュニケーション能力も持ち合わせているべきだ。
　　エコツーリズムプロジェクトは、コミュニティ周辺部住民、児童はもちろんのこと、もっと広くホスト国の人々までも啓蒙していくべきである。そのためには、国民に対して、入園料やロッジ宿泊費用を大幅に減額し、地元の学生や周辺住民に対して無料で見学ツアーを実施すべきである。

4. 環境保護のための直接的な資金源となる

　　エコツーリズムは、入園料、旅行会社、ホテル、航空会社と空港税、ボランティアの貢献といったさまざまなメカニズムを通して、環境保護、調査研究、啓蒙のための資金調達に役立つ。多くの国立公園という仕組みは、そもそも土地を守り、科学研究振興のために作られたものだった。（アフリカはスポーツハンティング促進という目的だった）。公共一般に公開されたのはあとになってからである。そして科学的調査と保全の資金源となる可能性に注目しだしたのは、ほんの最近になってからである。

5. 地元コミュニティに経済効果とエンパワーメントが与えられる

　　エコツーリズムは国立公園や保護区の存続を握っている。コスタリカで活動するエコロジスト、ダニエル・ジャンセンがいうように、それは周辺部に住む人たちが幸福な場合だけ可能である。住民が関与し、収益を得て、保存地域や観光施設から恩恵（飲料水、道路、クリニックなど）を受けねばならない。キャンプ場、ロッジ、ガイドサービス、レストランその他の営業権限は、観光地や国立公園周辺部コミュニティが直接運営するか、提携して共同運営としなければならない。エコツーリズムは、ホスト国公営のツアー、レンタカー会社、ホテル、航空会社、その他関連企業の利用をさらに促して、途上国に利益をとどまりやすくする。より大切なのは、エコツーリズムを農村開発手法としてみるなら、経済や政治的な統制機能を地方共同体、村落、協同組合、企業に移行させる助っ人とならねばいけない。第2部の事例研究で示すように、これはエコツーリズム黄金律のなかでも最難関で時間のかかるものである。外国人オペレーターや提携者はほとんどの場合、見過ごそうとするか、部分的か表面的にとりつくろうだけである。

6. 地元文化を尊重する

　　エコツーリズムは、グリーンなだけではなく、従来型観光に比べれば文化的に土足でふみいることはせず、搾取はしない。一方で売春、闇市場、薬物はマスツーリズムの副産物であることが多い。エコツーリズムは文化を尊重し、自然環境とホスト国の人たち

に与える影響を最小限に抑える努力をする。これは簡単なことではない。とりわけエコツーリズムは辺境の地を訪問することが多い。人里はなれた小さな共同体では住民は、外国人との接触はほとんどない。従来の観光のように、訪問者と受け入れ側の間に金銭授受をはらむので不平等な関係ができ、また交流は商品化されてしまう。模範的なエコツーリストでいるには、事前に風習を学び、身なりのエチケットや社会的ルールを尊重し、個人、グループを問わず、招待を受けるまでは生活に侵入してはならないことも大切だ。

7. 人権と民主的活動を支持する

　　国連のWTO憲章[訳者注22]では「観光は国際理解、平和、繁栄、人権の普遍的な尊重に寄与し、すべての人の人権と基本的自由を遵守するための一助となる」とある。だがこのような所感は従来のマスツーリズムにはほとんど反映されていない。国際理解や平和構築のためにと、安易にもろ手をあげて観光を利用しがちだが、自動的に効果が出るわけではない。実際、観光は弾圧的で非民主的国家の経済を強化することが多い。通常、マスツーリズムはホスト国の政治制度やいざこざに注意をほとんど払わない。それが市民の暴動として観光客にまで飛び火してくれば話は別だが。

　エコツーリズムはもっとホリスティック（包括的）な旅である必要がある。参加者は尊重し、学び、環境とコミュニティの両方に利益があるよう頑張ろうとする旅だ。国際エコツーリズム協会（TIES）の定義にははっきり書かれていないが、地元コミュニティに経済利益を与えて、かつ文化的に配慮を示すことは、国家の政治状況を理解することと切り離せない。多くの発展途上国において、国立公園やエコツーリズム訪問地周辺に住む地域住民は、彼らの所有資源や利益を握る国家や多国籍企業との争いに縛られている。したがって、エコツーリズムはホスト国の政治環境と社会背景に敏感である必要があるし、民主改革、多数決原理、人権支持者たちが呼びかける国際ボイコットの利点を考慮することも問■題トいる。アフリカ民族会議[訳者注23]（ANC:African National Congress）のキャンペーンは、投資、取聞き、スポーツ、観光旅行をボイコットし南アフリカを孤立させ、アパルトヘイトに終止符をうたせた。

　近年、ナイジェリア、ビルマ（ミャンマー）、チベットでも民主主義を勝ち取るために同じ

注22　経済的発展、国際間の理解、平和及び繁栄に寄与するため、並びに人権、性、言語または宗教による差別無く、すべての者のために人権及び基本的自由を普遍的に尊重し及び遵守することに寄与するため、観光を振興し及び発展させることを根本目的とする。http://www.wto-osaka.org/mokuteki.htm（WTOのHPから抜粋）
注23　南アフリカ共和国の政党である。アパルトヘイトの期間は、獄中のネルソン・マンデラをシンボルに白人政権に対して果敢な闘争を繰り広げた。

ようなボイコットの呼びかけがあった。アメリカのすぐ近くの国でも、厳しい政治的選択はあった。アメリカ政府は、キューバ亡命者たちの圧力のもと、40年以上にわたりキューバへの渡航と貿易を禁じた。しかしキューバの民主化を進め、キューバ革命の本質を米国側が理解するためには隔離ではなく交流が大切だと多くの米国人が気づき始めた。2005年までに、年間約5〜10万人の米国人がキューバ旅行をしている。その多くは許可なしで、アメリカ政府の封鎖政策を無視する形である。

渡航ボイコットの是非は判断が難しい。アムネスティ・インターナショナル事務局長ウィリアムF. シュルツは1997年にこう指摘した。「深刻な人権侵害の事例がないのは唯一アイスランドだけである」。旅行先を判断する材料として、こう問いかけてほしい。「観光によって経済成長が進めば、人権尊重の機会が向上するのか」。場合によっては、シンガポールの様に、景気好況と観光交易が、個人の自由を尊重する約束とはならなかった。ボイコットで貧困労働者をさらに苦境におとしめることにはならないか。それとも短期的な経済制裁が、変化による究極の利益を相殺して余りあるのか。中国、インドネシア、ペルー、シリアなど弾圧された国を訪問するならば、個人にとっても政治的にみても、旅行する価値はあるかもしれない。そのためには、事前に意識的に学び、現地では反体制派の人、一般人、役人たちに会って、帰国してからもお天気の話をするだけではなく政治情勢についても語ることが必要だ。責任を伴った旅行者は、生態系や文化的な規範および社会政治の民主化と人権のムーブメントに与える観光の影響を慎重に評価しなければならない。例えば、最近、意識的な旅行者、企業、団体組織がビルマ（ミャンマー）への渡航の是非を討論している。ビルマ（ミャンマー）は、民主投票で選出されたアウンサン・スー・チー（ノーベル賞受賞者）を軍事政権が引きずりおろし、自宅監禁している国である。

エコツーリズムの定義を広げるために、たくさんの信条や考慮すべき問題がある。**正確に定義するなら、エコツーリズムは脆弱、手付かず、保護されている（通常影響を低く抑えるため）地域への旅で、通常は小規模なものである。旅行者を教育し、保全に資金を提供し、経済発展と地元共同体の政治的エンパワーメントに直接貢献し、異なる文化や人権を尊重する心を養うものである。**

長期的チャレンジは、多方面にわたるエコツーリズムの特性を厳格に保ちながら、一方で個人的なプロジェクトを越えて、一般の観光概念に融合させることだ。エコツーリズムの原則は、従来型観光をどのように再構築できるのか、うわべだけでなく、どうすれば根本的にマスツーリズムに変化をもたらすことができるのだろうか。あらゆる分野で逆の傾向が支配的だ。エコツーリズムの原則は表面的で、耳に心地よいレトリック、費用節約のささいな改善により"グリーン・ウォッシュ"されている。これでは環境保護、住民の利益、旅行者教育にはなりえない。

一部専門家は、エコツーリズムは"絵に描いたもち"という。色あせ、効果は薄まりすぎた。だが表面的な盛り上がり、販売合戦の中にも素晴らしい例を現場で目にする。たくさん

1.8 エコツーリズムの定義：どのように判別するのか

の熱心な人々、活気ある草の根運動と闘い、多くの創造力と実験、いくつかの初期モデルや基準などに出会った。私の評価では、エコツーリズムは本当にまれで、定義もちょくちょく間違っており、高い頻度で不完全ながら、まだ青春期にあり、臨終にあるわけではない。21世紀に成熟期に到達するかどうか、それが永続性を得て、旅行で自然や文化と交流をするときの優勢な方法になるかどうか、無数の要因がかかわっている。エコツーリズムの存続を確実にする1歩は、より目の肥えた知識のある旅行者を増やすことだ。エコツーリスト、実務家、専門家、教育者、支援者は、エコツーリズムが直面する主要な問題と課題を把握し、観光産業界や国家の発展戦略の中でどう適合できるか理解する必要がある。

第 2 章
世界の観光業界はグリーンに向かうのか

　観光産業も他のグローバル産業と同じく、自由貿易とグローバリゼーション、もしくは反グローバリゼーションやフェアートレード^{訳者注1}といった時勢のあおりを受けてきた。他の産業部門のように明示できないものの、観光業界内にも矛盾や分裂が存在する。例えばホテルチェーン、エアライン、多国籍ツーリズム企業は、環境保護や持続可能な開発を支持していても、通常は国境を開放した自由貿易を望んでいる。対照的に、エコツーリズムの信条でもある地場産業、地元雇用、地元産品購入の支援は、増え続ける国際通商協定や団体によって制約を受けてしまっている。

　「持続可能な観光」の提唱者たちが抱える矛盾を早くから示唆していたものの1つに、観光業界向けのアジェンダ21（Agenda21）がある。このアジェンダ21は「環境と開発における1992年の地球サミット宣言」に観光業界が応じて作成した。文書は、多くの国際有力企業が承認したもので、自由貿易、民営化、政府規制をもって、持続可能な開発と環境保護に業界一体となって取り組んでいくことを表明している。12の指針のうち2つは「旅行業務を国際通商の枠内でとりおこなうため、経済システムの門戸開放を進めるよう国家は協力すべき」「観光業界における保護貿易主義はとりやめ無効にすべき」と書かれている。

　自由貿易の原理に重点をおくのは、ちょっとピンとこないかもしれない。でも、現代の観光は、鉄鋼、穀物、自動車のように、国際貿易協定の統制下にあるグローバル産業なので、観光行為も通商やガバナンス（統治）といった大きな文脈で理解しなければならないのだ。1990年代に締結された貿易・投資自由化の国際協定は、多国籍企業の途上国参入を加速させた。時にはこれまで統制市場だった国もあり、ツーリズム参入の姿勢や利益方針について地域の取り組みと真っ向から食い違うことが多かった。関税および貿易に関する一般協定（GATT）を受け継ぎ1995年に設立された世界貿易機関（WTO）は、経済のグローバル化や自由貿易のうねりを促した。関税および貿易に関する一般協定（GATT）は貿易障壁を抑えるため第2次世界大戦後に創設されたものだ。それを継承した世界貿易機関（WTO）はより影響力をもつグローバル組織となり、貿易、投資、資本の流れを地球規模でルール化するために旗揚げされたものである。初代所長レナート・ルジェロは1995年に「世界貿易機関（WTO）は、もはや単独国家間相互の取引ルールを決めるのではなく、世界単一の経済取引ルールをつくっているのだ」と所見を述べている。

注1　公正取引

第 2 章 世界の観光業界はグリーンに向かうのか

　加えて、北米自由貿易協定（NAFTA）のような対米国の地域協定や 2 国間同意が増えている。これらは外国人投資家の途上国での権限を強め、観光などサービス業務の自由化を進めることを趣旨とする。世界貿易機関（WTO）と地域間協定は、多くの場合、芽生えたばかりの国内産業を弱体化させ、環境保護のための法律を無効にし、環境監査の取り組みやプロジェクトを監視する国民の努力をはばんでしまう。なかでもサービスの貿易に関する一般協定（GATS）は観光業務にとりわけ重要なものだ。これは世界貿易機関（WTO）加盟国に対して、サービス分野における外貨投資の自由化を求め、本国業者を外国業者より優先する政府優遇措置を無効にするものである。現在の通商法では、サービス分野は商品よりも制約が少なく、今日まで観光に関する訴訟事件はほとんどなかった。だが法教授バートン・トンプソンは警告する。「今後、サービス分野の通商自由化は、おそらく"持続可能な観光"の最大リスク要因となる」またエコツーリズムを装った「グリーン・ウォッシング」を早くから歯に衣を着せず批判していたアニータ・プレウマロムも「南半球の国々の観光通商業務を牛耳るため、多国籍企業グループが財力と技術力をふりかざして強引に割り込んでくれば、小さな単独企業をはじきだすことになる」とサービスの貿易に関する一般協定（GATS）を警告している。

　1992 年にリオデジャネイロで開催された地球サミットをうけて、国際的観光組織も、国際通告や行政指導に準じたものではなく、業界内の自発的認証制度の類である自主規制を奨励した。例えば世界旅行観光評議会（WTTC）の環境指針は、規制枠から免れるために先手を打ったことが明らかだ。「国家や国際社会の規制はもはや避けられず、対策は必須と心得、観光業界は自主規制をもって、健全なる環境基本方針の履行を模索すべきである」観光業界の取り組みにもかかわらず、新世紀に入り、自由貿易がもたらす負の影響を地球規模で懸念する声と「持続可能な観光」の要請が盛り上がってきた。

　多くの非政府・営利組織（NGO）や国際非政府組織（INGO）が「事実認識は緊急課題」と音頭をとって、新たなる国際観光協定を定めようとしてきた。国連環境計画（UNEP）と国連世界観光機関（UNWTO）がスポンサーをつとめた 2002 年の国際エコツーリズム年は、世界中で開催された 18 の予備会議を含め、熱い議論を引き起こした。アメリカと東南アジアの先住民人権問題活動家が陣頭指揮をとった国際エコツーリズム年の批判者たちは、国連環境計画（UNEP）と国連世界観光機関（UNWTO）の大規模事業入札を糾弾した。これらの事業がエコツーリズムを利用して新しい地域を開拓し、先住民の土地と権利を踏みにじり、労働者を搾取し、環境を破壊すると告発したのだ。開発事業が歪曲したエコツーリズムブームを引き起こし、正しくいえば「マス・ネイチャーツーリズム」をもたらすと由々しき懸念を示した。

　それでもカナダのケベック市で 2002 年 5 月に開催された世界エコツーリズムサミットは、街頭闘争もなく混乱なく終了した。活動家たちの街頭闘争は世銀や G-8 会議につきものでワシントン D.C.、シアトル、ダヴォス、シンガポールと至るところで起こっている。3 日にわたったエコツーリズムサミットの発言のニュアンスや内容、最終声明書は、成果にきわめて

重要な意味をもつ。それは世界でわきおこる懐疑論「たががが外れた自由貿易のメリットとは」を反映したものだった。132か国から1,000人以上の代表が参加したサミットは、ケベックエコツーリズム宣言となって結実した。この包括的で将来をみすえた文書は、地球サミット時代の自由市場的な言い回しはまったく含まず、むしろ、小規模な地元企業の設立、地産材料と製品の利用、そしてそれに準じた活動を促進する法制度の整備に焦点をおいている。つまり、中小のエコツーリズム企業振興のために、国際金融機関と政府に全方位の直接資本投下を要求するものだ。さらに大切なのは、観光の果たす次のような役目を強調していることだ。「自然と文化遺産の保護に積極的に貢献する」、「地元と先住民コミュニティを企画、開発、運営に巻き込み、彼らの幸福と利益に貢献する」、「目的地の自然と文化遺産の価値を訪問客に伝える」、「少人数グループのツアーと同じように個人旅行者にとっても役立てる」

　業界はメッセージを受け取っただろうか。少なくとも、レトリック（自由貿易のメリットについての巧言）はトーンダウンした。世界旅行観光評議会（WTTC）が2003年に出版した「新しい観光のための青写真」は、貿易の自由化にほとんどふれず、より広範囲の関係者に利益をもたらすニューツーリズムに焦点をあてた。世界旅行観光評議会（WTTC）は主要観光産業界の代表たちから構成されており、取り引き、交通、通信を自由化して、旅行と投資の障壁を撤廃したいという思いを青写真にこめている。「経済と人々と文化と環境とのバランスをとるビジネス」といった「新しい展望」を文書に盛り込むことで矛盾に対応している。その間、大手国際観光企業相手にエコツーリズムが挑んだ大きな訴訟はなかった。とりわけ、門戸開放の圧力がかかっているのは、成長著しいリゾート向け沿岸の地域や別荘、クルーズ観光であり、マスツーリズムはなお拡大を続けている。このように言葉（投資への障壁を撤廃したいという思い）が少しやわらぎ、マスツーリズムのグリーンな取り組みがいくぶんでてきたとしても、国際観光産業は、今も自由貿易の範疇にある。

2.1　旅行業界の構造

　途上国に旅行者を送り出す旅行業界は複雑で、幾重にも入り組む迷宮である。発地国の旅行業界というのは、代理店（販売業者）、ツアーオペレーター（卸売業者）、航空会社、クルーズ船舶会社、レンタカー会社、クレジットカード会社、PR企業、広告代理店、観光案内所、メディアなどをさす。ホスト国では、インバウンドツアー・オペレーター、陸上輸送業者、ガイド、宿泊施設、政府観光局、国立公園や私立公園、レクリエーション施設、文化民芸センター、営業免許が必要な気球、ラクダ、ボート業者などをさす。国際観光業界を支えるのは、政府方針と規制、インフラ整備プロジェクト、そして多くの場合、直接の助成金である。また様々な民間銀行や国際的財政援助機関も資金提供をしている。エコツーリズムは、保護団体やNGOなどの支援を受けているが、支援団体の大半がアメリカやその他の先進国を拠点

としており、運営そのものは主に途上国で行われる。海外旅行の現実に目をやると「旅行費用の大半、つまり経済効果は、ほとんどアウトバウンドツアー・オペレーターと発地の航空会社の懐に入る」とクレグ・リンドバーグは記す。ある程度まではツーリズムの宿命なのだ。相当量の資金が目的地に到着する前に、マーケティングと手数料と交通費に消えてしまうのだから。エコツーリズムの根本理念の1つは、もちろん、多くの観光マネーをホスト国とコミュニティに落とすことである。

2.1.1　業界大手

　旅行業界は多国籍企業が席巻している。一方ではますます連携や統合編成が行われ、他方では世界に散らばり新しい市場に食い込んでいる。業界では、60年代から同時多発的に縦横の合併統合が加速した。ハーグの社会科学研究所在籍のベトナム人教授タンダム・トルーオンは、第三世界（グローバルサウス）の立場から次のように説明する。「途上国で業務展開をする場合、大量生産とサービスや質の標準化が求められます。ですが市場参入後再編は、持てる知識を発展させていく可能性や、業務管理能力に限界があります。既存の業界標準を採用しなければなりませんでした。ですから、業界の主要セクター運営のためには、外資に依存せねばならないのです」。

　世界銀行、国際通貨基金、米国国際開発庁（USAID）といった多国籍組織は、経済のグローバル化と自由貿易を助長してきている。アメリカが後押しする国際貿易協定（特にアメリカ大陸での）は急増していて、投資規制、労働基準、環境保護といった障壁の撤廃をもくろんでいる。それにも関わらず、アメリカの国際観光業界、とりわけ民間航空会社は政府助成金と援助に大きく依存している。アメリカ政府は、第2次世界大戦後、軍用機の余剰予算を航空機業界の助成にまわしていた。そして米国輸出入銀行といった金融機関をたちあげ、米国製航空機や部品を購入する企業に低融資をおこなっている。さらに米国援助計画では、海外で新規飛行場建設や拡張工事をおこない、長距離航法を向上させ、長距離かつ広胴型の機体開発に資金提供をおこなっている。ごく最近にはフェデラル・ファンド[訳者注2]と有力金融機関が、航空座席、ホテル、レンタカーのコンピュータ予約システムのための調査・開発・アプリケーションソフトの費用負担をおこなった。これで航空業界の規制緩和政策とあわせて、旅行業界の統廃合が進んだ。1991年に破産したものの、パンナム（1927年設立）は、ブリティッシュエアーとホリディインと協働して総合グローバル予約システムの開発を行った最初の企業の1つである。他の航空会社も速やかにこれに倣った。

　グローバル化が進むにつれ、先進工業国の非観光系企業も重要な役目を担うようになってきた。都市銀行、ビール会社、食品加工、ギャンブル、メディア、通信、配送、不動産業者が航空会社やホテルチェーンの株を購入している。例えば米国国際電話電信会社（ITT）は1968

注2　アメリカの銀行が連邦中央銀行に預けている無利息の準備預金

年にシェラトンホテルチェーン株を100％買収した。ミッドランド銀行はトーマスクックグループの78％株式を保有し、ロスチャイルドグループもクラブメッド（地中海クラブ）のかなりの株を購入している。先のタンダム・トルーオンは1990年次のように述べている。

「国際観光企業の統合では、全般的な傾向として、先進国企業が市場における知識を支配し、流通の方法（トラベルエージェント、銀行、デパート、ビジネスセンターなど）についても支配し、広告業界（観光需要を生み出し決定付ける力がある）についても支配している。それゆえ市場を独占しがちである。このため第三世界諸国になるほど、ほぼ例外なしに分業（分担された作業）^{訳者注3}の役目になる。観光客へのサービスや関連業務を国際レベルにし流通させるには、社会インフラや設備がほとんど不十分であるからである。」

この傾向は続いている。世界観光機関（WTO）職員のアンドレー・シュレコフは2004年のスピーチで次のように語っている。「激しい競争にさらされる世界の観光業界は、グローバリゼーション、集約、統合の風潮がはっきりみてとれる。たった4つのディストリビューション・システムがオンライン予約システムを独占しており、5つのエアー・アライアンスが世界の航空交通量の60％を占めている。主だった需要を生み出す欧州の国々でも、ひと握りのツアーオペレーターが甘い汁を吸っている。その勢力で時には観光地を生み出したり、台無しにしたりもする」。

トルーオンが「4つの主たる国際観光の経済主体」と言うところの、航空会社、ホテル、ツアー・オペレーター、旅行会社は、サービス、財務、マネジメント、リサーチと開発の分野でどんどん統合が進んでいる。アメリカン・エキスプレス社の例をあげてみよう。同社の観光関連業務はトラベラーズチェック販売という銀行業務に限定されていた。しかし1960年代に今までの業務を超えて、ツアー・オペレーション、金融会社、コンピュータ化された予約システム企業の株式を取得した。つづいて1971年にオンライン宿泊予約システムの米大陸諸国間電気通信委員会（CITEL:Inter-American Telecommunication Commission）を買収した。これで50か国の50万ホテルルームと5,000のレンタカー会社の予約が可能となった。今日のアメリカン・エキスプレス社は全米最大のトラベルエージェントで、世界の主要都市に事務所をかまえ、2004年の収益は291億ドルにのぼる。同年、全世界でのカード利用額は史上最高4,160億ドル（前年比18％増）に達した。ほかにも現在、以下にあげた多くの観光関連サービス業務を取り扱っている。宿泊予約、エアライン、クルーズ、旅行手配、トラベラーズチェック、クレジットカード、融資、ビジネスアドバイス、コンピュータサービス、ガイドブック、パスポート取得サービス、不動産である。同社は旅行業界の枝分れしていた部門を近代化し、合併、統合してきた業界の流行仕掛人だ。このような企業は世論に応じてアクションをとることができる。"グリーン"な企業の横顔をもとうと、環境保

注3　分業のデメリットの1つは仕事の細分化により低賃金の単純作業労働者を生み出してしまうことがあげられる。

護プロジェクトに助成金を提供したり、リサイクルや省エネを導入したり、世界記念物基金（World Monument Fund）や持続可能な観光のためのカリブ連合（Caribbean Alliance for Sustainable Tourism）とパートナーシップを組んだりしている。

2.1.2　航空業界

　昔から海外旅行費用で大きな部分を占めるのが航空券だ。航空業界は部分的に（クルーズ、レンタカーと並んで）エコツーリズムの理念や実践がいきわたっていない。距離、グループの規模、航空会社、季節で割合は変化するが、1995年、全米旅行代理店の売り上げの61%が航空券だった。続く14%がクルーズ船で、10%が宿泊関係、7%がレンタカー、8%はその他の項目の売り上げである。だが米国旅行業協会（ASTA）によると、2005年、旅行代理店の航空券の販売高は25%落ち込んだ。主な原因はインターネットの急成長である。旅行プランをたてたり、予約のためにネットを利用するアメリカ人の比率は、2001年から2002年の間に25%伸びた。2002年、オンライン購入全体の77%は航空券であった。ホスピタリティ・マーケティングのエキスパート、ピーター・アイサウィッチによると、2006年度、レジャーで旅行プランを立てるときにインターネットをもっぱら利用する人は56%、また旅行者の51%が事前にホテル予約や航空運賃のチェックのためにネットを利用している。旅行代理店からネットへの移行はあっても、海外旅行で航空券の占める割合がいちばん大きいことにかわりはない。

　大抵の途上国や新しく独立した旧植民地国家にとって、国旗を掲げた国営航空会社（政府全所有あるいは部分所有にしろ）の設立が主権国家のシンボルとして重要であった。1950年代、ヒルトンホテルの創設者は（途上国投資のパイオニアでもある）「国連議席と国営航空会社、ヒルトンがないうちは国家じゃない」とジョークを飛ばしたものだ。しかし国連加盟国であることはかわらず、ヒルトンや他の国際ホテルチェーンの数が倍増していたとしても、今日の国営航空会社の運命はいかにである。

　シンボルとして重要であっても、このような新設国営航空会社が所有する機体はたった2、3機で"ダビデとゴリアテの戦い[訳者注4]"（巨人との戦い）なのだ。新興航空会社の多くが、ジェット機、ナビゲーションシステム、サービスをボーイング社や他の米国籍の会社から購入している。大体が米国輸出入銀行から資金提供を受けていて、同銀行は「海外航空会社への直接融資」と「商業銀行の融資保証」の二役を担う。それ以外の国は、航空機をリースする方法をえらび、パンナムやエール・フランス、ブリティッシュ・エアウェイズ（BA：以下BA）などの大手と機体のリース契約やマネジメント契約を結んだ。スタートしたばかりの航空会社は国際市場の参入にあたり苦戦を強いられる。先進国の大手航空会社は、輸送能力の高い新型航空機の導入にふみきり、運営コストを下げる努力をしたり、販売・宣伝強化や格

注4　旧約聖書/羊飼い少年ダビデが巨人戦士ゴリアテを倒す物語

安パックツアー提供のため大手国際ホテルチェーンや旅行代理店、ツアーオペレーター、レンタカー会社とすぐさまタイアップを始めた。さらにチャーター機利用のパックツアーも国営航空会社から乗客を奪う脅威となった。国営航空会社はお国柄が感じられるサービスを搭乗者に提供しているので、旅の雰囲気を楽しめるが、大手エアラインのサービスは画一化され個性がなくなっている。

1990年代の経済自由化と規制緩和をうけ、大手航空会社は、巨額のマーケティング費と知名度を携え、旅行業界の他のセクターと提携し、甘い蜜が吸える途上国の市場に参入してきた。コスタリカのナショナルフラッグ・キャリアLASCAは、小ぶりながら経営がうまくいっていたものの、この10年間にすこしずつ国際コングロマリットに身売りしていった。カリブ海諸国ではイギリス西インド諸島航空（本拠地トリニダード・トバゴ）とエア・ジャマイカが1995年に民営化され、エア・アルーバが2000年に業務をストップし、バハマスエアーとLIAT（本拠地アンティグア）がコードシェア便[訳者注5]を開発していった。競合や価格コントロール、コンピュータシステムや最新技術、ホテルチェーン、レンタカー会社、ツアーオペレーターとの統合、そうしたものを締め出す保護貿易障壁はないので、多くの弱小国営航空に勝ち目はなく、外資系航空会社に身売りしていった。

1997年、世界上位6社は、USエアーウェイとユナイテッド主導のもと「世界初の本物のグローバル・エアラインネットワーク」と称するスターアライアンスをたちあげた。アライアンスに属する航空会社は共同でマイレージプログラム、地上業務、空港ラウンジなどのサービスをおこない、発券業務を簡略化し、スケジュールをリンクさせ、世界均一サービスを提供することとなった。2006年、スターアライアンスに加盟する航空会社は18社、152か国で842にのぼるデスティネーションをもち、乗客はマイレージポイント獲得サービスを15種類のプログラムの中から選ぶことができる。スターアライアンスに加入している国営航空会社もあるが、財政難を保障してくれるものではなかった。かつてはラテンアメリカで首位にいたヴァリグ航空（ブラジル）が、2006年に破産宣告し売却にだされた。同じころにアメリカンとユナイテッドは提携先である各ラテンアメリカの航空会社に対して圧倒的に優位な立場となっていた。というのも両社は「巨大な国際ネットワーク」をもち、ラテンアメリカ人の海外渡航先の75%は実質的には北米に限定されていたからだ[訳者注6]。この事実とあわせて、業務運営費がかさみラテンアメリカ系国営航空会社は民営化、合併統合、あるいは業

注5　共同運航便とも呼ばれ、1つの定期航空便に、複数の航空会社の便名を付けて運航される便を指す。事実上は同1便の複数社による販売形態といっても差し障りない。この運行形態は、複数社による座席の販売強化や、運航効率の向上を狙って実施される。
注6　多くのラテンアメリカの国営航空会社（ナショナルフラッグ）は、北米・ヨーロッパ・南米間路線、さらにアジアの主要国への路線なども持つ会社もあった。しかし一番の稼ぎ頭である北米路線の旅客は、規制緩和により参入してきた、アメリカ国内線での大きなシェアをもつ世界最大規模のアメリカン航空やユナイテッド航空などに取られる結果となった。また、他の地域への路線も赤字が拡大した。

務停止においこまれた。国営航空会社（ナショナルフラッグ）などの民営化、合併統合はアメリカやラテンアメリカだけではなかった。2005年、スイス航空が独ルフトハンザの傘下にはいることを発表、また同年アジアでは、中国東方航空が中国雲南航空と中国西北航空公司との併合可能性を発表した。だから良心的なエコトラベラーやツアーオペレーターがたとえ国営や地域航空会社を応援しようとしても、実のところ、多くのいわゆる「国営航空」が大手外資系航空会社所有物だと気づくことになる。

環境保護とエコツーリズムのうねりで、多くの航空会社が環境プログラムに取り組むことになる。航空機燃料効率化という形をとることが多く、企業としては収益効果をあげることにもなる。アメリカで始まった試みの1つはジェットブルーで、新機種を導入し、旧機種より50%燃料消費量を減らしてCO_2排出も削減するというものだ。またJALは「環境行動指針」をつくり、2004年までにリサイクルプログラム（アルミ缶、航空券、ユニフォーム、荷物梱包用紙などが対象）をもうけた。そのうえ燃料効率がよい新機体の導入にふみきり、有害化学物質の使用を減らし、廃水処理システムを備えた。数ある航空会社のなかでもBAは環境対策の先陣をきってきた。世界旅行観光評議会（WTTC）と共同で「明日へのツーリズム賞」（Tourism for Tomorrow Awards）を1992年から、毎年運営してきており、かつスポンサーとなっている。航空会社は燃料効率化、騒音と廃棄物対策、地方の大気環境向上に努めている。

航空機製造会社や政府、さまざまな機関もまた新技術、政策、国際協定を取り入れ、燃料費高騰と環境認識の高まりに取り組んでいる。GEが開発した新型航空機エンジンGEnxは燃料効率を15%あげ、CO_2排出を2008年の規制制限枠よりも低い94%レベルに削減するものである。一方で大々的に「グリーン主導企業」としてのキャンペーンをはった。ボーイングやエアバス社もボーイング787ドリームライナーやエアバス320など新型で燃料効率のよい機体開発をつづけている。航空業界の代表であり世話役を使命とする国際航空運送協会（IATA:International Air Transport Association）の会員数は、世界の大手航空会社約265社で国際運行便の94%をしめる。人件費につぐコストである燃料の消費量を削減するため、国際航空運送協会（IATA）は燃料とCO_2排気のチェックリストをつくった。業界のベストプラクティスとしてトレーニングプログラム作成、フライト時間縮小への取り組み、飛行場交通量の改善、効率よいオペレーション手順の採用などを提示して航空燃料費削減を目指すもので、年間何十億ドルもの経費削減になる。2005年米連邦航空局（FAA:Federal Aviation Administration）は、航空機が最適な高度や飛行ルートをとれる新手順を採用。これにより次の10年間で53億ドルの燃料費が節減されるとみられている。2004年欧州議会は単一欧州空域パッケージ（通称シングル・スカイパッケージ）を構成する4つの規制を承認した。これは飛行ルートの最適化、飛行時間縮小、燃料効率改善、航空交通管理の改革をするものである。

環境イニシアチブにもかかわらず、航空機の気候変動への影響を懸念する認識が高まって

きた。航空機は温室効果ガスのいちばんの原因とされ、交通機関が排出するCO_2総量の4〜10%を占める。過去40年で世界の航空機は、燃料効率70%アップに成功しているが、空の交通量は1970年から4倍に増えており、飛行距離（旅客マイル数）は年間3,500億マイルが1兆5,000億マイルとなった。ということで、遠方まで出かけるエコツーリズムは「ひょっとして地球に負担なのでは？」という問題がでてくる。ライターのジョアンナ・ウォルターは2002年のエコツーリズムサミットのときに「旅行業界のリーダーたちは"エコ"と"ツーリズム"が共生できるかどうかという議論をしている。でも、裕福なサンダル履きのエコツーリストたちがペルーの奥地にあるエコリゾートへの往復に、各自6トンものCO_2を排出している事実をほとんど議論していないのにはゾッとする」と語っている。

とはいえ、エコツーリズムが生物多様性保全や途上国やコミュニティの開発ツールとして重視されるようになってきたので、解決策はほとんどない。地球温暖化問題は幅広い側面から対処する必要がある。例えば、より賢い観光の仕方、どんな手段で行くのか、可能なら車や飛行機よりバスか汽車を利用するといった、色んなやり方で温室ガス削減を行うのだ。2005年までにたくさんのカーボンオフセット・プログラムがでてきている。これは飛行中に乗客や航空会社が排出する温暖化ガスの総量を計算して、排出分を相殺するために再生可能燃料または代替燃料プロジェクトに貢献するというものだ。BAは、世界の持続可能なエネルギープロジェクトに資金提供する「カーボンケアー」に寄付をすることにより、乗客は自分の排出した温暖化ガスを相殺することができるプログラムをたちあげた。2006年ヴァージンエアーの代表取締役であるリチャード・ブランソンは、地球温暖化に立ち向かうため向こう10年間で30億ドルを寄付するとして注目を集めた。今後ヴァージングループ（電車からエアラインまで）が導入する手順は100%温暖化に立ち向かうため、そのために投資することをブランソンは誓った。同じその年、ナツレアー（コスタリカに拠点をおく地域航空会社）は、全便でカーボンオフセット・プログラムに参加することを発表し、世界初かつ唯一の「エミッション・ニュートラル」航空会社となったのである。他社もカーボンオフセットに便乗しはじめた。旅行サイト、エクスペディアとトラベロシティは、オンラインのチケット購入時にカーボンオフセットの同時購入を奨励するプログラムを開発した。シューズの大御所ナイキはCO_2の足跡を減らすプログラムをはじめた。デルタエアラインとハーツと組んだエコクラス・プログラムを通じて、ナイキ従業員が出張時に利用する飛行機とレンタカーからの排気を相殺しようというものだ。

2.1.3　ホテルチェーンとリゾート

　航空会社とツアーオペレーターが大規模の経済統合を始める以前の50年代、ヒルトン、インターコンチネンタル、ホリディインはどこよりも早く海外投資を始めたホテルチェーンである。続く半世紀、多くの大資本ホテルが、余剰資本の新規投資先として魅力的な途上国へ

進出していった。労働力は安く、観光の他セクターとの合併統合によるチャンスも多いからだ。1995年、国際メジャーホテル20のうち19は（残り1つは香港ベース）先進国に本拠地があり、オペレーター上位20のうち12はアメリカの多国籍企業である。これらの多国籍系列ホテルは世界中で業務展開をしている。アコーとインターコンチネンタルは90か国で、ベストウェスタンは83か国、スターウッドは81か国、ヒルトン73か国、マリオット67か国といった具合だ。米国籍のホテルフランチャイズ、センダント・コーポレーションは、2002年時点では、世界最大のホテルグループで所有するホテル6,513軒、部屋数は約53万6,000ルームであった。他の大手ホテルはインターコンチネンタルが51万5,000、マリオット46万3,000、アコー44万、チョイスホテルインターナショナル37万3,000、ヒルトン33万7,000の部屋数をもつ。

国際ホテルチェーンは、5種ある途上国投資方法の1つを選ぶことが多い。そのほとんどが投資リスクを最小にし、かつ競争力を最大にして、小さな地元資本のホテル、ロッジ、リゾートを骨抜きにするのである。

多国籍企業の投資方法とは、

1) オーナーシップまたは株式投資
2) マネジメント契約
3) ホテルリース契約：多国籍ホテルがホテルオーナーに収益の何パーセントかを支払うもの
4) フランチャイズ契約：一定レベルの運営基準を維持する条件で、オーナーに多国籍ホテルの名前、サービス、商標利用を許可するもの
5) 技術提供契約：多国籍ホテルがマネジメント、マーケティング、テクノロジーのコンサルトを提供するもの

今は大手ホテルチェーンのほとんどが自己所有を求めていない。それよりも財政的なコミットメントを少なくし運営リスクを減らすお手軽な方法を求めている。リース利用、マネジメント契約、フランチャイズは展開率をあげることになる。成長率はブランドホテルのチェーン展開の肝にならねばならない。国内外への展開率があがればあがるほど安定した業務サービスを保証できるので、要になる大手ホテルやツアーオペレーターとのカスタマー契約は有利になる。またホテルの所有物件が幅広く普及するほど、どこでも世界均一の宿泊設備レベルと安全を保障できるため、いっそう完璧なサービスを多くの法人契約者に提供できる。もっともよくあるパターンが、物件管理を許可するマネジメント契約で、財政的にもリスクも最小限である。途上国はそのような契約に割増金を払ってきた。先進工業国の管理手数料率は6〜15%の間で平均は12%、これが途上国となると平均17%でなかには23%という場合もある。加えて宣伝費、販売サービス手数料、コンピュータ予約システム設備費、日常業務点検とコンサルタント費用なども搾り取っている。

国際チェーンとの業務提携は金がかかるだろうが、地元の投資家が現地ホテルに対抗する

には多くの場合不可欠とされる。とりわけマーケティングや予約、技術、人材指導、サービス標準化、そしてぎりぎりまで安価な商品へのアクセスにおいてである。サービスエリアを大きく拡大することよって、ホテルチェーンは、世界均質の宿泊設備と安全を顧客に保証して、安定したビジネスの流れを維持できる。西ヨーロッパでは、多国籍系列ホテルとのマネジメント契約提携率がたった2%程なのに、途上国では50%にせまるか、それ以上に跳ね上がる。中近東で75%、アフリカで72%、アジアで60%、中南米は47%である。

1990年代にはインターコンチネンタルホテルズ&リゾーツ、ホリディ・イン、フェアモントホテル&リゾートといった大手系列ホテルもエコ経営にのりだしている。典型的なのが環境にやさしい節水と省エネでコスト削減にもなる。1992年には、ヒルトンと他のホテルグループが「環境認識を高め、グローバルホテル業界に確かな指針をもうける」ため国際ホテル環境イニシアチブ（IHEI:International Hotels Environmental Initiatives）を設立した。国際ホテル環境イニシアチブ（IHEI）は68を超えるホテルブランドと5大陸にある1万1,200件のホテルを代表するほど成長し、ロンドンにあるプリンセス・ウェールズ・インターナショナル・ビジネスリーダーズ・フォーラムの観光プログラムである国際観光業パートナーシップ（International Tourism Partnership）に併合された。同様に、グリーンホテル・イニシアチブ（GHI）は、アメリカの投資関係団体や環境保護団体その他関連団体のネットワーク、セリーズ[訳者注7]（CERES）が開発したものである。グリーンホテル・イニシアチブ（GHI）設立の目的は、観光市場の「環境に責任もったホテルサービスの需要」を増やし、それを提示すること、ホテルサービスの利用者たちを教育すること、利用者の要望を形にする方法を作成すること、ホテルの環境パフォーマンスの取り組みを伝達するメカニズムを提供することである。とりわけ力をいれているのが、大企業に出張やビジネス会議でグリーンなホテルを利用してもらうことである。

だが社会的・環境的なパフォーマンスの明確な基準はまだ存在しない。そのためマスツーリズムリゾートは、実体が伴わなくてもエコという名前をつかってきた。例えば1990年代初期、代理店向けのエコツーリズム雑誌でエンシャッテド・ガーデンの広告がでた。そこには、やしの木が茂る庭でタオルをかけてマッサージテーブルに横たわる女性の写真が掲載されていた。ユニフォームを着たジャマイカ人の女性がマッサージをしており、キャプションは「自然派志向の・・」とある。だがエンシャッテド・ガーデンはエコリゾートではない。ホテルメジャーチェーンのDHCホテル&リゾートが経営する、客室数112の贅沢なスパリゾートである。この手のホテルは、アメリカで予約が完了し、収益のほとんどが本部にあがり、ジャマイカ人はホテルの雑用以外ほとんど利益を得ることはない、典型的な例である。

注7　アメリカの環境保護団体や投資関係団体などからなる連合組織である「Coalition for Environmentally Responsible Economies（環境に責任をもつ経済のための連合）」の頭字語。

第 2 章 世界の観光業界はグリーンに向かうのか

　エコラベル^{訳者注 8}は、測定可能な基準をすえて、この問題に対処する 1 つの方策である。この 15 年間以上にわたり、ホテルが環境、社会、経済に与える影響を測定するために、多くの自発的な観光認証がたちあがってきた。今日、60 から 80 の認証プログラムが存在し、ほとんどがホテルを対象とする欧州発のもので、今も何十という認証制度が開発中である。しかしラテンアメリカやその他の地域でもプログラムが増えてきており、そのうちのいくつかは大手ホテルを対象にしている。

　実のところ認証制度は、観光業界では古くから存在し定着した概念である。1900 年代はじめ、フランスのタイヤ企業ミシュランが、初めてホテルやレストランの格付けガイドブックを刊行した。そのすぐあと全米自動車協会:通称「トリプル A」（AAA）が、全米オートクラブを設立し、1 から 5 の星の数で等級づけたドライバー向けガイドブック出版をはじめた。今ではほとんどの国が、この「星の格付け制度」と「安全評価」の変形版を宿泊設備の評価に利用している。目新しいのは"グリーン"な観光認証プログラムで、持続可能性を測定する。ほとんどが 1992 年のリオデジャネイロの国連地球サミット後に作成されたものだ。

　次章（3 章）で考察するように、観光業界内には多くの「グリーン」認証プログラムが存在する。大手ホテルやリゾートで最も一般的なのは、ISO14001 シリーズを含む環境管理システム（EMS:Environment Management System）である。ISO 系列の認証制度はプロセス重視型で、環境管理システム（EMS）を発展または改正するために「受け入れ可能なプロセス」の導入を条件とする。環境管理システム（EMS）を実施しているから認証されるわけではない。現在、環境マネジメントシステム（ISO14001）や他の環境管理システム（EMS）タイプ認証を取得したホテルはわずかしかなく、独立系のホテルが世界にちらほら散らばっている程度だ。環境マネジメントシステム（ISO14001）の長所は、国際的に認知度が高いこと、地球規模かつ旅行業界内をまたいで運営できること、個々の業務ニーズにあったオーダーメイド基準であることだ。しかし欠点はかなりのものである。まず費用がかさむこと（中規模の企業で 2 万から 4 万ドル、大企業となればこれをはるかに上回る。）おまけに承認プロセスは複雑で技術志向で、内部の運営システムに焦点があたっていて、周辺環境に与える社会的・経済的な影響は含まない。こうした限界があることから、新規のグリーン認証プログラムの多くは、ホテルやその他の業務の負荷を測定するパフォーマンス型となっている。実施費用もはるかに少なくてすむ。

　今のところ、グリーングローブ 21 だけが観光業界全体と地球全体をカバーする重要な国際認証プログラムである。プログラム参加者は 40 か国以上の国、消費者、企業、コミュニティと協同している。でも残念ながらそれほど進捗があったわけではない。100 以下のホテルとリゾートが認証を取得しているだけだ。そのほとんどは観光地のホテルで、2008 年初頭は、

注 8　エコラベルについては、この本の著者 Martha Honey による「Ecotourism and Certification: Seting Standards in Practice」に詳述されている。

57軒がカリブ海のものだ。宿泊施設のエコラベルは欧州勢の独壇場で、80%が欧州を拠点にするか、そこで運営されている。いくつかの地域的なエコラベルスキームも存在する。ヨーロピアン・フラワーはEUが資金提供をしており、欧州18か国を対象とした統一エコラベルを策定する試みである。ブルー・スワローは民間主導で1990年にドイツで設立され、スパ、ホテル、会議場を対象とし、オーストリア、フィンランド、グリーンランド、ドイツ、フランス、ポルトガル、スイスで実施されている。宿泊施設は、飲食業務、交通、エネルギー、水、廃棄物、清掃品、庭に関する持続可能性の評価基準リストに適合せねばならない。小額の年会費と引き換えに、メンバーは有力業界紙に掲載され、ドイツ国内のたくさんの見本市でPRしてもらえる。ノルディック・スワンはスカンジナビア諸国で実施されていて、世間の認知度がかなり高い。このプログラムは政府助成金を受け、欧州全体の評価基準となるものとされてきた。ほかの多くのプログラムが、とりわけアメリカ大陸で始まっていて[訳者注9]、2007年後半にむけて、レインフォレスト・アライアンスは、地球規模の認定団体「持続可能な観光管理協議会」[訳者注10](STSC:Sustainable Tourism Stewardship Council)の創設を目指し躍進している。

2.1.4 クルーズ船業界

　クルーズ船観光は旅行業界でもっとも急成長している分野だ。船の大きさや船舶数、乗客数、港湾数、収益、どれもが伸びている。1970年からクルーズ観光客数は10倍に増えた。1990年から2005年の間の乗客数増加率は3倍で、この傾向がその後も続いている。2004年の乗客数は1,320万人、2010年には倍になると予想されている。1970年代には船の定員数は500～800人であったが、今はいわば"水上都市"ともいえる新型船になり、2,600～3,000人の客と1,000人からそれ以上のクルーが乗船できるものとなった。クルーズ船の90%近くがたった6海域で定期運行を行っている。すなわちカリブ海（50%）、地中海（15%）、アラスカ（6.7%）、メキシコの西海岸[訳者注11]（6.6%）、西北ヨーロッパ（5%）、アジア太平洋（5%）、である。9.11同時多発テロ以降、クルーズ会社は地中海を引き上げカリブ海運行を展開した。安全、テロの脅威がない、そうしたカリブのイメージに乗っかり、値引きで幅広い客層をひきつけ、アメリカに新たに出発港をオープンし、メキシコとカリブ諸国に寄港地を拡張していった。2002年の旅行業界は9.11テロ、SARS騒動、景気後退で動揺したが、クルーズ業界の収益は143億ドルを記録した。2004年は165億ドルに達している。これら収益のほとんどがカーニバル、ロイヤルカリビアン、ノルウェー・スタークルーズの3社によるもので、北米市場の90%をおさえ、カリブ運航船の定員75%をしめている。

注9　アメリカ大陸での認証プログラムについては3章コスタリカP.120、7章アメリカP.291～参照
注10　2010年にGlobal Sustainable Tourism Criteria and Council (GSTC) に統合された。
注11　メキシカン・リビエラ、カボサンルカスやプエルトバジャルタなど

第 2 章 世界の観光業界はグリーンに向かうのか

　大手クルーズ船会社たちが 1976 年に設立したクルーズライン国際協会（CLIA:Cruise Lines International Association）は、旅行代理店と緊密に協力しあって、カリブ海のクルーズ船が陸上ホテルより安くて魅力があることを PR した。クルーズ船観光はアメリカ旅行代理店のドル箱業務になってきており、毎年、手数料で 6 億ドルを稼ぎ出す。航空会社も、主要港があるマイアミやフロリダへのフライトチケットを売って 6 億 5,000 万ドル以上を稼いでいる。しかし大半のお金は、旅の出発前か、船上におとされる。それに比べると以下で検討するように、上陸で消費する額はわずかで、港湾税やその他のクルーズ船雑費は低い。米国旅行業協会（ASTA）代表ジョー・ギャロウェーの発表では、1998 年のクルーズ代理店売上総額は推定 80 億ドル、2003 年までに 540 億ドルまで成長することをみこんでいる。トラベル・ウィークリー誌が 2005 年に実施した調査によると、旅行代理店のクルーズ取扱額は（回答者の半分以上が、数字は航空券代やホテル代なども含んでいると付け加えながらも）売り上げの 29%、国内売り上げでは 22% を占める。クルーズライン国際協会（CLIA）は、北米クルーズ市場の 95% をおさえる 19 の企業メンバーからなりたっている。クルーズビジネスの 90% が旅行代理店経由で受注されることから、クルーズライン国際協会（CLIA）は 1 万 7,000 近くの会員代理店が、ブームで採算性の高いクルーズ市場から最大限の利益を生み出せるよう尽力する。

　クルーズ観光は、おそらく、マスツーリズムの他のどの分野よりもエコツーリズムの理念と実践からかけ離れている。大型客船で大勢の客たちが、前払い制、パックツアーで、太陽と享楽を求めてくりだす旅は、過剰消費で、自由気ままで、観光客が島のお土産や免税店でブランド高級品を買うために港へちょこっと停泊するだけで、エコツーリズムの小規模、地元密着、文化的、配慮、最小限の環境負荷、教育的な趣旨とは対極にある。エコツーリズムは、旅行者に世界を深く理解することを求めるが、クルーズは船上と上陸でのファンタジーの上になりたっている。例えばロイヤルカリビアンの寄港地は、カリブ海でもっとも貧しい紛争色のつよいハイチにある。ターコイズブルーの海にはうっとりする白い砂浜が広がり、なだらかで緑茂る陸地に、月に何度か何千人という乗客たちをロイヤルカリビアンはおろし、客はビーチでお祭り騒ぎをして、ジェットスキーに興じ、お土産屋さんで買い物をし、船上で用意された食事に舌鼓をうつのだ。そしてハイチ政府がクレームをつけるまで旅程表にはイスパニョーラ島[訳者注 12]と記されていた。しかし乗客たちは島の現実をまだみていない。ガリガリの子供たち、ゴミの山、汚物がたまるドブ、都市部に広がるスラムを隠そうと躍起になっている重装備の平和部隊員たち・・・。少なくとも乗客の何割かは現実をみるツアーを好まない。ある客がニューヨーク・タイム誌に語っている。「貧しさを目にしたくはありません。今は休暇なんです。彼らが食べるものに困っていると考えたくはないのです」。

注 12　イスパニョーラ島（Hispaniola, La Espanola）とは、カリブ海にある大アンティル諸島に属する島であり、西側 3 分の 1 をハイチ共和国、東側 3 分の 2 をドミニカ共和国が統治している。東はモナ海峡、西はウィンドワード海峡およびジャマイカ海峡となっている。

その他の面でも、クルーズ船や乗客たちはエコツーリズムの理念をふみにじっている。観光はカリブ海諸国の主要産業ながら、多くの島で失業率は20%に達しており、アメリカとカリブ間を就航しているにもかかわらずクルーズ船の乗組員5万人強のほとんどが、西インド諸島やアメリカ系ではない。こうした低賃金労働者の多くが、東欧やアジアの著しく経済状態の悪い国から低賃金契約でリクルートされ、仕事の多くはチップか手数料を糧にしている。またほとんどの船が外国船籍で、非課税のリベリアやパナマ船籍である。外国船籍で国際海域運行のため、多くの場合、規制外で非課税である。ミンテル[訳者注13]の調査では、乗客の大半がアメリカ人で、アメリカの港に出入港するにも関わらず、アメリカの労働法や、所得税、安全基準、消費税、環境基準が適用されない。同様にカリブ海にある20か国あまりの国家、植民地、保護領の課税や法律を免れている。ジャーナリストのジェームス・アンダーソンは「クルーズ業界の儲けは、世界の低賃金労働者グループの存在と、アメリカ労働基準の最低賃金と税金を外国船籍取得によって免れているからだ」。と記している。

　さて、つぎに廃棄行為の問題である。1980年代クルーズ船からのゴミがフロリダやメキシコの海岸に打ち寄せられるようになった。1990年代初め、グリーンピースの活動家「エコ戦士」たちがクルーズ船を密かに追跡し不法投棄現場を撮影した。そして1993年、プリンセス・クルーズラインは、フロリダキーにクルーがプラスチック袋20個を投棄する場面をビデオ撮影されて、50万ドルの罰金を科せられた。この件で、乗客や、US沿岸警備隊その他の監視の目が光るようになり、罰金を払うケースがふえた。1998年から2002年の間にクルーズ業界が支払った罰金総額は5,000万ドルを超え、3社には重罪としてアメリカの裁判所から5年間の執行猶予の判決がくだされた。しかしNGOの専門家や活動家にいわせると、問題は違法投棄を超えてしまっている。現在のところ、豪華客船がいったん岸から3マイル離れると下水投棄はOKなのだ。また他の汚水にいたってはアラスカをのぞいてほとんどの地域で許されている。船が積んでいる3,000人以上の乗客とクルーは、毎日、小都市と同じくらいの3万3,000トンガロンの未処理下水を生みだしている。北米のクルーズ船が年間に出すゴミの推定量は、残飯5万トン、ガラス、缶、焼却ゴミがそれぞれ10万トンである。海洋保全団体のブルーウォーター・ネットワーク（Bluewater Network）のテリ・ショアは次のように書いている。「不適切でほとんど拘束力のない連邦政府の法律は、処理済みの下水や洗濯水を港湾や沿岸部に投棄することを合法的に許可しているのだ。未処理下水、残飯、ゴミは、大きさや種類によって、沿岸3マイルかそれ以上であれば捨ててもかまわない。プラスチックと油だけが船から捨てることをはっきりと禁じられている」。

　マスコミの悪評、政府の罰金、NGOキャンペーンで、クルーズ業界も業務内容や悪いイメージの払拭に真剣に向き合うこととなった。2003年、大手クルーズ会社15社から成る事業者団体、国際旅客船評議会（ICCL：International Council of Cruise Lines）[訳者注14]

注13　Mintelは40年前に創業し、イギリスの食品、飲料分野の調査会社としてスタート、今では、レジャー、消費財、小売、金融、販売促進、社会トレンドなどを調査対象にする。

は、環境とビジネスパートナーシップ・センター（CELB）と手を組んで海洋保全と観光の同盟（Ocean Conservation and Tourism Alliance）を結成した。国際旅客船評議会（ICCL）とコンサベーション・インターナショナル（CI）[訳者注15]が財政支援するアライアンスは科学者委員会（パネル）を召集した。パネルはクルーズ船排水管理の優良モデルを見い出し、先進の汚水処理システムの開発を急ぎ、続いて船上に導入を急ぐことを使命とする。2006年、国際旅客船評議会（ICCL）はクルーズライン国際協会（CLIA）に吸収併合され、コンサベーション・インターナショナル（CI）と新しいジョイント・イニシアチブを発表した。一部のNGO関係者はこの提携に眉をひそめた。しかし、他のNGO関係者たちは業界改革キャンペーンの成功には、内部議論やクルーズ業界との交渉が重要な条件だと認識している。

　排水管理や汚水投棄（合法も不法も）といった環境問題は活発に調査され、討論され、是正されてきたが、沿岸部や諸島の貧しいコミュニティにクルーズ観光が与える社会的、経済的影響はほとんどかえりみられてこなかった。クルーズ業界団体クルーズライン国際協会（CLIA）とフロリダ・カリビアンクルーズ協会は、クルーズ業界がアメリカや地元にどの程度経済効果があるか、定期的に統計をとって発表している。クルーズ観光がコミュニティの複雑な社会、経済、環境に与える影響調査は、紐つきでおこなわれてきた。アラスカ、ハワイ、メキシコ、ホンジュラス、ドミニカ、ベリーズ、コスタリカ、ホストコミュニティと政府は、急成長するクルーズ観光がもたらす経済効果にしがみついている。

注14　国際旅客船評議会。前身は1967年に任意団体として発足したICPL（The International Committee of Passenger Lines）で、1990年に現在の名称に変更。本部をワシントンおよびロンドンに置く。加盟船社は、北米を中心とするクルーズ客船会社で構成される。ICCLは、法的／政策的枠組みの構築作業に参画し、IMOやILO等主要な国内／国際機関に対して業界の意見を開陳するとともに、安全、安心かつ健全なクルーズ環境の策定を確保することを目的とする。

注15　自然生態系の保全活動などを行っている国際的な自然保護団体（非営利機関）の1つ。本部はアメリカワシントンで、1987年に設立。世界で最初に「自然保護債務スワップ（DNS）」手法を南米ボリビアの熱帯林保全活動に取り入れたのをはじめ、1990年代には「ホットスポット」概念を取り入れて世界25箇所の陸上ホットスポットを発表するなど、生物多様性保全を推進している。現在は、エコツーリズムの推進にも力を入れている。また、ホットスポット保全活動を実施している地域保護団体助成のため、GEF、世界銀行、日本政府などと共同で、「クリティカル・エコシステム・パートナーシップ基金」（Critical Ecosystem Partnership Fund: CEPF）を2000年に設立している。出典：ECIネット

2.1 旅行業界の構造

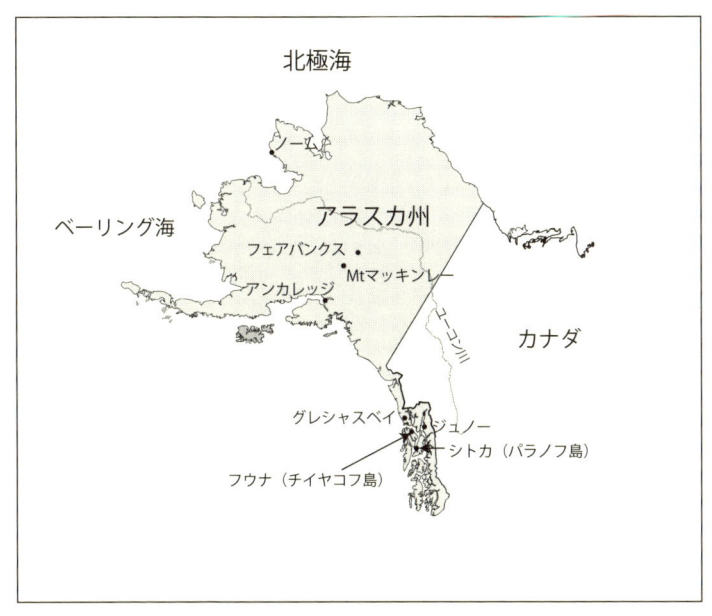

図 2-1　アラスカ (フウナ)

　魅力は大きいだろう。例をみてみよう。ワシントンポストは、突如として大金がふってきたアラスカ南西部の小さな島フウナ[訳者注16]の小さな先住民の村をとりあげた。夏場に500隻以上のクルーズ船が75万人以上の観光客をつれてくるクルーズ観光が、アラスカで年間5億9,500万ドルを生み出しているという業界紙レポートには驚かない。林業とサケ・マス漁業が落ち込んでいたフウナにとって、クルーズ観光は新たな救世主であった。にもかかわらず、アラスカのほかのコミュニティの至るところで起こっていた教訓は酔いを覚ますものだった。例えばヤクタットの例である。自給自足の資源を守るため領有権を主張し、クルーズ業界に課税すると主張したのである。一方でクリンギットとハイダ族[訳者注17]中央審議会（Central

注16　ホワイト・アリス山のふもとに位置するフウナは、アラスカ最大のクリンギット族居住地です。クリンギット族の1つであるフナ族は、数千年にわたりアイシー海峡地域に暮らしていましたが、現在、フナ族の人口は850人で、そのほとんどは1.6km程先にあるクルーズ観光船が訪れる「アイシー・ストレイト・ポイント」で働いています。2004年に自然保護港が開港して以来、多くの観光客がクルーズ船でフウナに訪れるようになりました。港のサケ缶詰製造工場を修復した建物には、1930年代の製缶工程が展示されている他、博物館・地元工芸美術品やレストランも併設されています。（出典：アラスカ州政府観光局HP）

注17　クリンギットとハイダは、何万年もの昔、氷河時代にアジアと北アメリカが陸続きだった頃にランドブリッジ経由でシベリアから渡って来た最初のグループです。彼らはアラスカ南西部全土、そして一部はブリティッシュ・コロンビアに定住を始めました。（出典：アラスカ州政府観光局HP）

Council of the Tingit and Haida Indian Tribes）はクルーズ船の不法投棄を提訴した。ジュノー、シトカ、ヘインズをはじめとするアラスカの町では抗議運動がはじまった。2006年、委員会同盟がクルーズシップ・投票イニシアチブ（Cruise Ship Ballot Initiative）に一般投票を求めるため2万7,000人の署名を集めたところ、一挙に懸念が噴出した。2006年8月、アラスカの有権者たちは新方策をとった。これは乗客1人あたり50ドルの課税、環境モニタリング実施、陸上のツアーオペレーターや船上広告をだしている店からの手数料を明らかにするなどである。クルーズ業界は経済的、政治的に苦戦することになった。

中央アメリカとカリブ一部地域で実施されているクルーズ観光は、滞在型のエコツーリズムと肩を並べるものだ。今のところ、カリブ海ではクルーズ観光客と滞在型観光客数は同じくらいで、それぞれ1,500万人である。どちらの市場も活発で成長している。国連世界観光機関（UNWTO）によると自然、遺跡、文化、ソフトアドベンチャーなどの要素を含むエコツーリズム、いわゆる「体験型観光」が今後20年間でいちばん急成長する分野だとしている。またクルーズ観光も世界中で最有望商品であり続けると予測している。

世界旅行観光評議会（WTTC）のカリブ海観光調査で、訪問人数はかなり増えているのに、クルーズ観光の経済的貢献度はわずかということが判明した。国際観光収入の8〜10％程度で、90％あるいはそれ以上はいまだ滞在型ツーリズムによるものである。同じようにカリブ海観光協会（CTO：Caribbean Tourism Organization）がカリブ19か国を対象に行った調査では、滞在型観光が2003年度に73億ドルを生み出している一方で、クルーズ観光の収益は、11億ドルでしかない（同カテゴリー内での訪問人数は一緒でも）。また前者は1人当たり994ドルを滞在先で使うのに、後者は港ごとにたった77ドルである。差異は13対1である。税金に関してはカリブ海観光協会の見積もりからすると、クルーズ観光は寄港地で1人当たり平均17ドル、滞在型ツーリズムは133ドルである。違いはおよそ8対1である。ただしバミューダは目立った例外である。ここでは乗客各自に60ドルを課税し、船側に、港で使える30ドル相当の「お買い物券」を上陸者に渡すことを求めている。そしてバミューダの若者のトレーニング費用として150万ドルの資金提供も請求している。こうした規制にもかかわらず、2004年から2005年にかけてバミューダの訪問者数は20％の上昇。この数字から、クルーズ業界はバミューダを人気があり採算のとれる寄港地としてみなしていることがわかる。

でも多くの国にとって、クルーズ観光と滞在型観光のバランスをとるのはとてつもなく大変なことである。ロサンゼルス・タイムズが「ベリーズは、クルーズ船からくる日帰り観光客が多すぎて、エコツーリズムという金の卵を産むガチョウを殺している」。と書いたように、ベリーズにはためらいがある。ベリーズでは2000年から2005年にかけて中央アメリカあるいはカリブ海諸国でクルーズ観光がもっとも急成長した国である。2005年までに滞在型観光の3.5倍の客数がやってきた。にもかかわらず、消費金額は1人あたりの訪問につき平均44ドル、一方滞在型は653ドルである。ベリーズ政府は、環境保護と社会文化的な

サスティナビリティ（持続可能性）を保証する強いエコ倫理を伴った「責任ある観光」を新世紀の戦略として推進することを決めた。だが方針は実務の現状を反映していない。ベリーズのクルーズオペレーターは、体質強化のために、下請け業者を買収したり、陸上業務をコントロールする。また、船上の消費を最大限にするため、上陸を管理したり、船上の商品を増やしたりする傾向がある。そのためクルーズ業界、ベリーズ人、ほかのホスト国の間で緊張がうまれている。

いくつかの調査では団体交渉を代替案として奨励している。すなわちカリブ海諸国と中央アメリカの国が共同歩調をとり、乗客手数料（人頭税）、港運営、キャリング・キャパシティ（最大収容人数）、インフラ整備といった複数の懸案事項をもりこんだ地域協定をクルーズ側と交渉することだ。

2.1.5　海外旅行代理店

ツアーオペレーターと旅行代理店の役割機能は曖昧で重複するところが多い。普通、旅行代理店とは、ツアーオペレーターと卸売業者による航空券と既存パッケージツアーをセットにして売る販売店である。パッケージツアーはパンフレットに掲載され全国組織の代理店ネットワークを通じて配布される。代理店の取扱業務の大半がパッケージツアーである。パッケージは通常、航空運賃、国内移動の交通費、宿泊費、食事代（一部あるいは全負担）、空港からホテルまでの送迎費、その他諸経費やビザ、公園の入場料金、ラフティングや登山や気球遊覧旅行などの費用を含む。つまり、お土産代やチップ代などの雑費を除いた全ての旅行諸経費である。パッケージツアーは出発日、日数、行程、経費、旅行者の最少（あるいは最大）人数があらかじめ決まっている。取り分は近年、減少してきているものの、通常8～12％の手数料を代理店は手にする。例えばコスタリカではオペレーターが作成したパッケージツアーは利幅20～30％で、このうち10～12％が販売した代理店にいき（アメリカの場合）、残りがツアーオペレーターの取り分である。加えて大手代理店とオペレーターは航空会社とホテルから大きな手数料をもらっている。

1998年、アメリカエアトラベルの75～80％、クルーズの95％は代理店を通じ予約が行われた。しかし近頃はインターネットの急成長でこの傾向が確実にかわってきている。インターネット革命10年目にあたる2006年、航空券は70％、ホテルは50％がオンライン予約であった。例えば、コスタリカにやってくる海外からの観光客は、半分以上が代理店経由ではなく個人旅行であると推定されている。ネットを使えば、ホテル、レストラン、交通、ロッジ、ツアーガイドサービス、税関など目的地の豊富な情報にアクセスできる。パッケージツアー販売にあたって、こうした情報を握っていたのが代理店の強みだったが、旅行者は自分たちでネットから情報を得るようになり、代理店に支払う手数料を余分な経費とみなしている。そのため多くの代理店は、付加価値商品に焦点をあてなければならなくなった。例えば

旅行保険や特殊なツアー、パッケージツアーに彩りをそえる特別な目的地といった具合である。アウトドアーと自然志向の旅の人気を受け、一般の旅行代理店たちもエコツアーや"エコ体験"ができる旅行を売り始めている。つまり熱帯雨林日帰りウォーキングつきクルーズや、"グリーン"を冠したツアーである。少数のよりぬきエコツーリズム卸売業者のパッケージを販売する代理店もある。例えばベリーズはクルーズ観光地としての成長を利用して、免税店での買い物よりも自然や文化的遺跡を訪ねる幅広いツアーを提供しはじめた。クルーズ船乗客たちの反応はよく、船からおりてベリーズに上陸する人は85%で、これはカリブ海ではトップである。残念ながらベリーズのモットーである"最強の秘境"と、"強力なエコ倫理"にのっとった"責任ある観光"をPRする戦略は、もはや適切とはいえない。

1991年、『ニューヨークタイムズ』は全米で500近くの"旅行販売会社"（代理店とツアーオペレーター）が環境をテーマに商品を売り出していて、そのほとんどが途上国を行き先とする。と報じた。その5年後、米国旅行業協会（ASTA）の環境委員会（今は存在しない）メンバーのマリーウォルターは言う「このところ、ほとんどの代理店が"エコツーリズム"扱っている。このなかには、まあ、他と比べると少しは専門的ではあるかもしれないが、パッケージのネイチャーかアドベンチャーのツアー、通常の観光旅行に付け加える"エコツアー"なども含めて」確かに現実としてほとんどの代理店は、エコツアーパッケージを売る時間、専門家、トレーニングがそろっていない。その代理店が、次項ツアーオペレーターで記載するように、エコツアーを大量に扱っているのだ。1997年『ワシントンポスト』がDC地区で特殊旅行を扱う代理店を対象に行った調査では、グリーンアース・トラベルだけがエコツーリズムを取り扱っていた。こんにち同社はベジタリアン・ホリディーのスペシャリストである。一方ワシントンDCを拠点にするソリマール・トラベルはカスタムメイドのサービスを提供し、サスティナブルツーリズムに関わる旅行会社としてPRしている。

アメリカ国内の認可代理店は2万店舗、未登録の在宅自営代理店まで含めれば、かなりの数にのぼる。ほとんどは米国旅行業協会（AST:American Society of Travel Agents）の会員である。トレーニングや認可手続きが緩やかなので、代理店の質は玉石混合である。お目付け機関として唯一存在するのは、エアライン・リポーティング・コーポレーション（ARC:Airline Reporting Corporation）と、代理店に航空券販売認可を行う国際航空トラベルエージェントネットワーク（IATAN:International Airlines Travel Agent Network）だけである。公認旅行代理店協会（Institute of Certified Travel Agents）がプロの旅行カウンセラー資格をもうけているが、このプログラムの認定をうける代理店の数は少ない。

2.1.6　海外・国内ツアーオペレーター

ツアーオペレーターは代理店にも直接一般向けにもツアー販売を行うが、卸売りに分類される。これらの会社は独自企画のツアー販売や、ホスト国のツアーオペレーターが企画した

ツアーをパックにして再販している。俗に「海外ツアーオペレーター」、「アウトフィッター」といわれ、ツアー企画、旅程表管理、行き先で利用するツアーオペレーターの選択と契約、航空券手配、保険や賠償業務を行う。ツアーは代理店経由販売にくわえ環境団体、校友会、博物館など特殊法人経由でも販売されている。オペレーターのなかには、雑誌、新聞広告、カタログ、パンフレット、ビデオ、CD-ROM、インターネット上で販売をしているものもある。利幅は15～40％でツアーのカスタマイズの度合いによって決まる。競争は激しく、割高の手数料還元、ボーナスプログラム、豪華な広告、ニュース記事、コンテスト、無料あるいは減額ツアーを提供して、代理店をひきつけようとしている。

ところが、ツアーオペレーターの基準は無く、承認機関も免許手続きもない。資本はほとんど必要ないので、事実上誰でも看板を掲げることができる。会員は基盤のしっかりしたオペレーター会社に限定される全米ツアーオペレーター協会（USTOA）は、会員に百万ドルの損害保証証券の準備を求めている。これは「利用者（旅行者と代理店）の保護策」に適用される。だが会員評価基準は財政規模だけで、旅行業界やメンバーからの推薦や、高品質で倫理観の強い旅行を扱っているかどうかは評価されない。

2001年国連世界観光機関（UNWTO）は、主だったエコツーリズム市場であるヨーロッパと北米（具体的にフランス、ドイツ、スペイン、イタリア、イギリス、カナダ、アメリカ）のツアーオペレーターを対象に洞察に富む大掛かりな調査を行った。上記7か国のオペレーターにインタビューして、エコツーリズムに関する規模とマーケットシェア、商品と価格幅、販売チャンネル、市場のトレンド、行き先、エコツーリスト特有の行動や特性などを聞き取った。結果は、エコツアーオペレーターは小規模で広告費が少なく、口コミに頼っており、プロモーション媒介をアフィニティ・グループ[訳者注18]（大学、保全団体など）旅行番組や雑誌の特集にしぼっている。インターネット予約の伸びがかなり目立つ一方で、代理店は販売方法としては不適である。エコツーリズムはまだ業界ニッチながら、将来も成長していく分野であると調査報告書にある。ドイツ旅行代理店&ツアーオペレーター協会（DRV）は少なくとも122のツアーオペレーターが存在し、全オペレーターの6～8％がエコツアーに特化したものであると報告している。スペインでは、ネイチャーツアーかエコツアーだけを取り扱う海外オペレーターは5～6％、アメリカでは62社でナショナル・ツアー協会（登録1200社）のうち5％がエコツアー提供を行う。

海外オペレーターは通常、ホスト国の国内オペレーターと下請け契約を結んでいる。国内オペレーターの業務は、空港、港、国境地点での旅客送迎、旅程中の移動交通手段の提供、地元業者の選択、スタッフ採用、宿泊手配（ロッジ、キャンプ場、旅館など）、国立公園来訪、特別なアクティビティのアレンジなどがある。地理学教授でエコツーリズムの専門家ブライアン・ヒギンスはこう言う。「国内オペレーターは、ホスト国と先進国の双方向に不可欠な架

注18 アフィニティとは、友好関係、親和性、共感できる人たちといった意味。特定の目的や共通性を持つ人々の組織を指す。

け橋である。ホスト国から先進国につなぎ、ホスト国の地元企業に経済的な橋渡しをする媒介なのだ」。

こうしたオペレーター会社は都心に拠点をおく。たいてい首都かエコツーリズムアトラクションへのゲートウエイとなる町（タンザニアでいえば、アルーシャ）である。政府直営であるキューバは例外ながら、最近はほとんどの国で国内オペレーターは、民間か民営化の途上である。規模は、ロッジや乗り物も所有するアバクロンビー＆ケントやCCアフリカのような多国籍企業から、コスタリカのオリゾンテス・ネイチャーツアーのような全国規模のオペレーター、机と電話、数人のスタッフがいるだけの低予算の家族経営オペレーターまで大小いろいろである。

2.1.7　旅行プレス

人は休暇のプランをたてるとき、ガイドブック、旅行雑誌、新聞の旅行記事、TVのドキュメンタリー番組、ネイチャーチャンネル、旅ブログ、インターネット情報（急増）を参考にする。近頃、旅行情報専門の雑誌、TV、ラジオ、ガイドブックシリーズ、ウェブサイトがあふれだしきている。アメリカ、カナダのデータベースによると、出版物や放送といった旅行情報発信源は2007年初頭、2,417存在する。世間は、旅行メディアを公明正大で旅行先を鋭く評価するものと思っていることが多い。対照的に、特定のホテルやレストランから国家にいたるまでディスティネーション側は、プレスを、旅行業界お抱えの、面倒見のよい、役に立つ低予算の「宣伝マン」だと考えている。旅行ジャーナリストは、いくつかの理由で、何年もかけて、同盟をくみはじめた。

旅行情報を手がけるライター、カメラマン、TVジャーナリストに色目をつかうものとしてトップにあげたいのが、いわゆる「ファムトリップ（招待旅行）」である。FamとはFamiliarization（慣れ親しんでもらうこと）の意味だ。これは取材旅行費を「ご招待」にするか、かなりの部分を負担する仕組みで、国や地方の観光局、航空会社、リゾート、宿泊施設、大手ホテルチェーン、レストランや海外旅行オペレーターなどが資金提供をおこなっている。アメリカの「ファムトリップ」は通常、ディスティネーションに雇われているツーリズムオフィスやPR会社が担っている。ジャーナリストに楽しい時間を提供するかわりに明るいニュースをかき集めてもらうことが目的である。

自称「アドベンチャートラベルの代弁者」である月刊誌アドベンチャートラベル・ビジネスの「プレス利用の手引き」という記事で「プレス招待旅行はPR戦略の要である。これ以上詳しい記事は、ジャーナリストに他の場面では書いてもらえない。あなたが買える最高の広告方法なのだ」と綴っている。記事は続く。「ジャーナリストをその気にさせて記事を書いてもらうには・・・」「長文の好意的な記事を書いてもらうためにジャーナリストをもてなす方法・・・」云々。「とどのつまり、いちばん大切な部分は楽しい時間をすごしてもらうこと

である」プレスにとって、特にフリーのライターやフォトグラファーには、ファムトリップは当たり前のことだ。「取材費のほかに高い原稿料を払うナショナル・グラフィック誌に寄稿するなら別だが、支援金なしに取材は不可能だ」と 1970 年代後半からファムトリップを企画してきた PR ウーマンのダイアン・スタッツは言う。フリーライターは通常、記事やガイドブックの取材で微々たる原稿料しかもらっていないし、新聞社も 1 件の記事に数百ドル支払う程度である。一方でガイドブックの出版社は、完了に 1 年からそれ以上かかるだろうプロジェクトの稿料として最初に定額で$1 万〜1 万 5,000 を支払う。

　こうした現実をみるとファムトリップは不可欠とはいえ、明らかに記事の独立性を失う恐れがある。メディア関係者は、お目付け役ではなく PR お助けマンに（ファムトリップが意図するところだが）なってしまうかもしれない。ワシントンポストは、「ご招待旅行」についてガイドブックライターが書いたものをすっぱぬいた。「いちばんの勘違いは、ガイドブックがレストランやホテルを正当に評価すると思っていることだ。現実といえば、コンプ "便宜供与" によってガイドブックの客観性は薄まる。"便宜供与" とは、ライターが業務中に、食事、宿泊を無料提供してもらい接待をうけることだ。」

　フォダーやフロマーのガイドブックでライターを勤めるエディ・ジャロリムは、「ファムトリップ」やその他の招待イベント「便宜供与」を「業界の汚い小さな秘密」と呼んでいる。この書籍の執筆のために数ダースのファムトリップ熟練者にインタビューしてみたところ、「影響はない」ときっぱり言い切ったのはたった 1 人だった。他の人たちは、親切にもてなされた場所を否定的に書くのはやはり気が引けると認めている。「影響がないとはいえません。こきおろすような記事を書くのは躊躇がありますね」あるベテランライターは語った。ほとんどの人がマイナス面は書かないという選択をしている。批判的な旅行記事は売れ行きがよくないので、ライターのキム・リサガーはいやな経験をしたときネットのトリップアドバイザー（Tripadvisor.com）に批判を投稿すると認めている。また雑誌に批判記事を掲載するよりも、ホテルやその他ビジネス管理部門に時には助言の手紙をだすこともある。

　ファムトリップとコンプの問題はライターや編集者たちによって長い間討議されてきた。発行部数の多い新聞社の多くは、取材で金銭援助を受けたライターの記事を表向きは却下することにした。これらには『ニューヨークタイムズ』、『ワシントンポスト』、『ロサンゼルスタイムズ』、『フィラデルフィア・インクァイラ』ー、『マイアミ・ヘラルド』、『ニューズディ』などが含まれる。『ワシントンポスト』は便宜供与のすっぱぬき記事を書きながら、同時に、繰り返し「ワシントンポスト社では、寄稿者が無償提供、宿泊、飲食割引を受諾することを許可していません。お抱えレポーターは大抵お忍び取材をおこなっています」と記述している。加えて「我社が取材費を支払うか、ライター自身が経費負担をしている」と語っている。ニューズディ誌はライターに自分で支払った領収書を提出することまで要求している。他、いくつかの出版社もライターに、匿名での取材旅行と、特別待遇のおもてなしを避けるために予告なしに出かけることを求めている。が、実際のところライターたちによると、「人目

第2章 世界の観光業界はグリーンに向かうのか

につかないところでやってくれ」ということらしい。編集者も出版社もライター本人や記事が気に入れば目をつむってくれる。"旅行の真実"をモットーに元ジャーナリストたちが創刊した『コンデナスト・トラベラー』は、旅行雑誌の中でもいちはやく、取材先の費用にのっかって記事を書くことを禁止した雑誌である。特定の記事を執筆してもらうためにライターや写真家と契約し、取材費をすべて支給し、肯定的な記事にばかりとらわれないようにしている。同誌は「グリーンリスト（後述）」監修者であるライターのブルック・ウィルキンソンが説明するように、ファムトリップやメディアトリップ[訳者注19]に応じない編集方針をとっている。ライターも編集者も常に匿名で旅行をし、現行価格を支払っている。残念ながらすべての旅行関連メディアが同じ方針とはいえない。

プレスツアーをお膳立てしてもらったライターは、好意的な記事を期待されているということは周知の事実だ。ほとんどの旅行メディアが、取材中に発生する旅費交通費全額を負担する余裕はないというだろう。でも手軽な代案として、記事、ドキュメンタリー、ラジオレポートや書籍に、無償提供や特典サービスを受けた企業名を明記するようにしてはどうだろうか。この"買い手がリスクを負う"[訳者注20]式の情報開示で、少なくとも、企業が取材費を全額あるいは一部なりとも負担している事実を一般の人に周知できる。

トラベルライターいわく、広告もファムトリップ同様に、出版物を中途半端なものにしてしまう。旅行広告は出版費用をまかなうために欠かせない。でもなかには掲載料金を要求したり、掲載先の宣伝文を相手に書かせたりするガイドブックも何社かある。また広告を載せなければ掲載拒否をする雑誌社も存在するのだ。それゆえに旅行プレスというものはジャーナリズムの「明るいニュース」、つまり俗世間の諸々の煩悩を忘れられる記事ジャンルを担っている。あるライターにいわせれば、批評家というよりチアリーダーなのだ。ワシントンポスト、ニューヨークタイムズ、その他大手新聞社は「旅行アドバイス」の枠を紙面にもち、警告記事も掲載する。例えば、空港の荷物盗難、危険地域、さらにはトラベルライターを招待して書かせる旅行ガイドブックの信憑性といった記事さえ扱うが、特定の会社、アトラクション、レストランや宿泊場所を糾弾することはない。批評は、バランス上、肯定的なコメントがある場合だけある程度許される。あるライターは「怖い話はこの分野にはそぐわない」と説明し、こう続けた。「僕は一度、多くのクルーズ船上の深刻な衛生上の違反行為をまとめた一連の書類を受け取ったことがある。でも深追いはしなかったよ。そんな記事を誰が掲載するというんだい。もちろん旅行記事コーナーではないさ。なぜかって。広告主への配慮さ」。

注19 観光地・観光産業などがTV局や旅行雑誌社などのメディアを招待（ファムトリップ）して、PR活動をする。
注20 買い手の危険負担。／買い物をする者は用心を心がけよ。／買ってしまってからでは遅い。ラテン語のCaveat emptor."の英語表現。買い手は取引の前に目的物を自己責任のもと検査すべきであるから、取引成立後目的物について欠陥などを発見しても買い手の危険負担となるという慣習法上の原則。

2.1 旅行業界の構造

また別の業界団体、つまりプロ集団の組合団体たちが旅行記事の内容を和らげてコントロールしている。なかでもアメリカで有力な団体は、1,300 名の会員を有するソサエティ・オブ・アメリカン・トラベル・ライターズ（SATW:Society of American Travel Writers 以下 SATW）で、会員の半分はフリーランスライターが占め、残りはリゾート、観光局、エアライン、その他旅行関係の PR 担当者だ。プレスの主体性や権利、業界を批判的に分析する義務を推進するよりも、旅行プレスと業界の PR・広報マンたちの心地よい関係を築くことを手助けしている。入会基準は厳しく会員数は限定され比較的高い会費を払う。会員になるには現行会員 2 人の推薦が必要。一方、会員は年間 2 人の新規会員を推薦することしかできない。そのうえ所属先をもつ旅行ライターであるか、もしくは前年度に少なくとも 12 本の主要記事あるいは独自のガイドブックを 1 冊発表している必要がある。あるライターは SATW を「結社」だという。またある者は「意図的に部外者を閉め出す仕組みになっている」と語る。取材陣は SATW を通してファムトリップを確保してもらうことが多い。例えば、バージニア州の PR オフィサーの説明では、プレス行事の招待状を出す前に、SATW 会員リストの中で誰がふさわしいかチェックし、次に PR 関係の同僚たちに招待候補者の評判を確認している。

SATW の倫理コードは「取材旅行では職務をまっとうするために慎重な行動を心がけるべきだ」とうたっている。また「好意的な記事を書くのと引き換えに、金銭や品物の受領は慎まなければならない」ともある。だが何の強制力もない。「ルールは日常的に歪められている」とライターたちは語る。2006 年、インタビューで SATW の元会長エドウィン・マロンは次のように語った「SATW は以前にも増して厳しくなった。ジャーナリストたちには正直な記事の執筆と、取材協力をする業者やディスティネーションへの肩入れはしないよう奨励している」SATW は、ジャーナリストが取材先のパトロンへのお返しに、好意的な報道をお約束することに反対している。また倫理コードを見直し、「応援記事執筆の確約」と引き換えに「取材費を受領する行為」を禁止することも考えている。

もしライターの見つけた話がネガティブなものだったら。その場合、通常旅行記事枠ではなく、新聞の硬派記事ページに掲載される。例えば、2003 年、ワシントンポストの旅行記事担当記者スティーブ・ヘンドリックスが派遣されたビルマ（ミャンマー）は、民主的に選ばれた指導者アウンサンスーチー（ノーベル平和賞受賞者）から権力をもぎとった非人道的な軍事政権が国をおさえていた。ヘンドリックスの微妙かつバランスがとれた旅行記事は主要観光ルートである古い寺院、水上集落、美しい湖水、ビーチリゾートだけではなく、彼が称するところの「アジアでもっとも物議をかもす旅行先」に旅行することの賛否にもふれていた。記事掲載のちょうど数日後、軍事政権はスーチーの車列を襲い、彼女を再逮捕し、多くのスーチー支援者を殺害し拘束した。2 週間後、ヘンドリックスは別の記事を書いた。

「スーチー襲撃で、私がビルマ（ミャンマー）訪問で目にした風景はポチョムキン[訳者注 21]

の絵葉書になってしまった。美しい風景の裏側で、民主主義が失速したというより、破壊されてしまったのだ。スーチーは"その時"がきたら観光ボイコットを呼びかけることをほのめかしていた。明らかに、悲劇的に時計は止まってしまった。彼女は"来るな"と言った。今、私はその言葉に耳を傾ける」と結んでいる。

ワシントンポストは今回、彼の記事を日曜の「オピニオン」セクションに掲載した。「渡航をやめよ」のメッセージは旅行記事としてはふさわしくないのだ。

とはいえ、このエピソードは旅行メディアの風向きが何かと変化してきた兆しの1つである。第1に多くのライター、編集者、プロデューサーたちが、観光業界（エコツーリズムも含めて）を、オイル、兵器、自動車といった他の巨大産業でなされたのと同様に、報道プレスの吟味が必要だと感じている。ここ数年、多くの場合、若いジャーナリストの、エコツーリズムや社会、環境的に責任ある旅行のさまざまな側面を伝える綿密な報道が増えてきている。同じく、少なくとも折りにふれて、観光産業の重大問題やスキャンダルが浮き彫りにされている。私は喜ばしいことだと思っている。

批判的な論評は、旅日記、ブログ、フォーラムの急増に伴い草の根でも広がっている。書き手たちは広告費や編集者といった重荷は抱えておらず、生体験を詳述し、心から感じたことを書き綴っている。ウォールストリートジャーナルによると「旅ブログは個人の経験に基づいたものだから価値あるソースである。ブログはタイムリーで独自性があってとても詳しい。ガイドブックにない微妙なヒントが含まれていることも多い」一例として、ロンリープラネットは、メッセージを投稿したり、ディスカッションに参加できるソーツリー「棘のある木」という、ウェブ上のフォーラムのコンセプトをいかしたオンラインガイドブックを実現化した。欧州ではヨーロッパ観光委員会（European Travel Commission）が、ビジットヨーロッパ・コムという新しいポータルサイトをたちあげた。世界中の旅行ネットワークである週刊国際トラベルニュース、トラベルモール、トラベルプレス、またエコツーリズムをカバーするエコトランスといったサイトにリンクしている。

2.1.8　マーケティング

観光業界の健全さ、持続可能性、収益性の大部分が環境保護の上になりたっていることを、業界リーダーたちは認識している。しかし、観光業界のマーケティング手法は根本改革や費用のかかる改革をせずに"グリーン"と名乗ることが多い。マーケティングは業界の中でももっとも重要な要素だ。業者の多くは、無料または格安でマスコミに取り上げてもらうため、インターネット、ファムトリップ、プレス発表、アワードプログラム、巧妙なPR仕掛け戦

注21　「取り繕い」、1787年にロシアのエカテリーナ2世がウクライナとクリミアを巡業した際、随行したポチョムキン将軍が行く先々で絵のような美しい書き割りの村を作り、女帝はそれを本物だと喜んで見物したことよる。好ましくない事実を隠すため、政治的に企てられ、派手で見事な外観を意味するようになった。

術などを用いている。ネイチャーツーリズムやエコツーリズム用の販促材料はずっとマーケティングの定番品で、「商品」のみならず「経験」を売りにして差別化している。ある観光コンサルタントが書いている。「効果的な広告を通じて、消費者の中にディスティネーションのイメージが文字通りできあがるのだ」パンフレットは従来のイメージや言葉使いを掲載しながら"冒険と安全""未知とおなじみ""素朴と今風""荒々しさと快適さ"などを用心深くつむぎあわせている。

ラテンアメリカでネイチャーツアー、文化ツアーを催行する15社の販促パンフレットを分析した博士論文で、ロニー・カセラは旅行者が「タイム・トラベラーズ」として描写されていることを見出した。例えばボイジャーズ・インターナショナル社のガラパゴスツアーのパンフレットで約束しているのは「旅する先は小さなエデンの園です。理想的な平和の園があなたを癒やすでしょう」とある。カリフォルニア・サイエンスアカデミーのパナマ向けパンフレットでは、離島の海岸におりたつ観光客の写真のキャプションに「ゾディアックは意志があればどこにだって降り立つ自由を与えてくれます。島は自給自足で、コミュニティに住むクナ族は、伝統的な生活スタイルを原則的に手付かずのまま保っています。彼らは色鮮やかな刺繍がほどこされた布地をまとい、私たちゾディアックグループが村に着けば必ず挨拶してくれます。」よくできたタイムトラベルである。このツアーグループは、はるか彼方の異文化の発見と、友好的かどうか事前に確認済の土着民の温かいウェルカムを保証するのである。

クルーズ会社、グリニッチも未知の土地への訪問を提供している。この場合はコスタリカ最大の国立公園の１つである。コルコバード[訳者注22]は、コスタリカ人でさえほとんど訪れることのない辺境にあり、人を寄せ付けず、静かな眠りについたままの場所である。クルーズ船の乗客たちがコルコバードのうっそうとした、険しい、雨がしたたる熱帯雨林を鉈で掻き分けながら進む姿なんてのはありえない。でもそのイメージが魅力的なのである。同様に馬鹿馬鹿しいのがオーバーシーズ・アドベンチャーのパンフレットにある「手付かずのセレンゲティ17日間サファリへのご招待」である。そこは年間何万人もの観光客が訪問するタンザニアでもっとも有名なゲームパークである。ツアーパンフレットが保証するのは肉体と頭脳のチャレンジ、えてして生物学者の案内や船上ラボ付きボートがついていて、常連さんは環境団体、大学、NGOなどということをカセラはつきとめた。

マーケティングで主流を成すエコツーリズム、またはエコツーリズム・ライトは、「地球に優しい旅」「とるのは写真だけ、残すのは足跡だけ」といった万人受けするフレーズで描写される。広告、パンフレット、エコ関連誌はお決まりの、静寂、熱帯雨林、澄んだ空気、混じりけのない、緑したたる、手付かずの、大自然、息を呑むような、生態系、そしてもちろんエコやグリーンといったうたい文句が目に付く。近年はマスツーリズム産業もほとんどが"グリーンな言葉"を導入し、環境部署をおくところさえある。だが従来のパッケージツアーは、

注22 5章コスタリカ P.158地図参照

第2章 世界の観光業界はグリーンに向かうのか

熱帯雨林をちょっとだけ歩いてみるとか、シーツやタオルを毎日取り替えないとかいった表面的な変化でしかない。1999年、プレスリリースの見出し「タオル交換を控えて世界を救おう!」は、BAのホテル部門と国際ホテル業者たちが、省エネタイプのシャワーヘッド導入とタオル交換を宿泊客のリクエストベースノして、同業者たちに"環境"を考えさせるように仕組んだものである。気の利いた取り組みながらも、いちばんの恩恵はホテル側の洗濯費用が節約されるということだ。今日、ほとんどのホテルチェーンが客室に案内をおいて、リネン類を取り替えるかどうかといった類似オプションを与えている。案内は多くの場合、環境利点を誇張したものである。トラベルホリディ誌の『フロンマーの世界』の執筆者アーサー・フロンマー[訳者注23]は、初期のコラムの中で「環境意識が高い多くの旅行者の希望と、業界の実態にはずれが生じている」とまとめている。もちろん彼は過激論者ではない。そしてこう続く。「世界中の旅行関連業者がブームに乗り遅れまいと躍起になって、エコツーリズムの実践と理念を支援していると吹聴しているのだ。多くの場合、実態は違う。再生紙メニュー導入、生物分解される文房具や石鹸を客室におく、といった取るに足らない実例をあげている。半分は真実でもそれを大げさに喧伝すれば、脆弱で有限な地球の自然を保全しようと真剣に決意している旅行者たち（その数は増えてきている）を惑わせてしまうこともある」。

アメリカの主要なネイチャーツアーとエコツーリズムオペレーター業者は、昔から色とりどりの写真、旅行出版物や旅行用品の広告、スペシャリティ・トラベル・インデックス[訳者注24]やその他業界向け出版物が載った豪華なパンフレット類に依存してきた。その他ダイレクトメール、トレードショーや商談会への出展、新聞広告といった手法も使う。広告費もパンフレット類も高くつく。現在は多くの業者が費用のかからない、費用対効果の高いマーケティングを重要視しており、よりターゲットを絞ったメーリングをおこなっている。カリフォルニア拠点のマウンテン・トラベル・ソベック社は、膨大な顧客管理データベースの中から以前参加した客や見込み客に定期的にカタログやパンフレット類を発送し、年間35万ドルを費やす。費用対効果を最大にするために、インターネットマーケティングに力をおきつつ、米国内の各種旅行イベントでスライドショーをながし、旅行出版物に小さな広告スペースをさいている。しかし新規客獲得ナンバーワンツールは、やはり口コミである。マサチューセッツ本拠のオーバーシーズ・アドベンチャー・トラベル（OAT）はアメリカの50代以上をターゲット層としており、客の70%はリピーターからの紹介、広告費用の98%は以前に参加した顧客に送る発送物である。4万3,000人の活発な顧客を抱え、功を奏する紹介プログラムをもっている。新規客獲得も口コミに大きく頼っている。費用がかさむ広告費やパンフレットからすると、この「常連さん活用」は有利だと会社は語っている。

オンラインでの本音の旅行体験談が盛んになるにつれて、マーケティングやPR会社の中に

注23 アメリカ人なら誰でも知っている「1日10ドルの旅」シリーズでヒットしたガイドブックの著者
注24 1980年にできた、ネイチャーツアーやスペシャルインタレストツアー専門のリソース

はこれを利用して、クライアント企業のベタボメコメントを投稿する輩がでてきた。ある調査では、ほとんどの場合アンダーカバー・マーケティング、[訳者注25]バズ・マーケティング、[訳者注26]ゲリラ・マーケティングと称されるもので、客観的な消費者、メンバーの動向、ファン投票を装った企業の行為である。企業が仕掛けていると疑わせず、消費者に商品やサービスを売り込むのだ。また別の調査によると、同じ理由で仕掛けるブログ投稿も、消費者の信頼感を獲得するのに雄弁で、見込み客や既存客にアプローチするために時間と費用のかからない新ツールになりつつある。

2.1.9 エコ大賞

　同じく数が増えてきたエコツーリズム大賞はマスコミがかなり取り上げており、受賞者はマーケティングツールとしてウェブや販促資料に活用している。1990年代の賞はほとんどが低予算で運営されており、自己推薦に基づき、曖昧な審査基準で、第3者の現地視察もなかった。とはいえ本領発揮で、賞は宣伝となり、知名度が低くても有益なプロジェクトの認知度をあげることができた。例えば1997年に『コンデナスト・トラベラー』誌の年次エコツーリズム賞はクライブ・ストッキルに授与された。彼はザンジバルの南西の端っこにあるゴナレゾウ国立公園で実施されているキャンプファイア[訳者注27]（CAMPFIRE：Communal Area Management Programme for Indigenous Resources）プロジェクトの創設者である。ストッキルは、地元のシャンガーン[訳者注28]と、豪華なエコロッジMahenyeを建設しようとしたジンバブエのホテル経営者サンとの間にたって交渉の手助けをした。とはいえ1990年代の様々なエコツーリズム大賞の受賞者たちは業界ビッグかすでに知名度のあるエコツーリズムプロジェクトが多かった。実際、スキャンダルに巻き込まれている受賞者もいた。同じ名前が何度も候補にあがり、とりわけ最初のうちは、ぐるぐると受賞者をまわしていた。例を挙げると1991年から1996年の間、米国旅行業協会（ASTA）・スミソニアン誌環境大賞は航空会社7社、クルーズ船企業2社、国際ホテルチェーン2社を表彰した。受賞者の中にはブリティッシュ・エアウェイズ（BA）、インターコンチネンタルホテル&リゾート、プリンセスクルーズ、アメリカンエアライン、カナダパシフィックホテル&リゾートが見受けられる。BAは世界旅行観光評議会（WTTC）と太平洋アジア観光協会（PATA）の「環境コミッ

注25　ステルスマーケティング、消費者に宣伝と気づかれないように宣伝行為をすること。略称はステマ。アンダーカバー・マーケティングとも呼ばれる。ゲリラ・マーケティングの1つ。
注26　「バズ」は「蜂がぶんぶんと飛ぶ音」という意味で、人の口から口へと伝えていくマーケティング手法のこと。いわゆる口コミではあるが、従来の口コミ手法と異なる点は、販売ターゲットを明確にしている。
注27　先住民資源の地域社会による管理プログラム
注28　シャンガーン人とは主にモザンビークのマプト州及びガザ州に居住する大規模な民族集団であり、南アフリカ共和国のリンポポ州にも大規模なシャンガーン人の集団が存在する。南アフリカではシャンガーン人はツォンガ人と呼ばれる。

トメント」賞も受賞している。今度は逆に、BA主催の「明日へのツーリズム賞」は（当時は米国旅行業協会（ASTA）、アジア観光協会（PATA）と他のイギリスの旅行団体2つと協催）、インターコンチネンタルホテルとカーニバルクルーズが授与した。またもう1社、ザンジバルの小さな島にあるムネンバクラブも賞をもらった。そのときムネンバはイタリア人が所有しており賛否両論の渦に巻き込まれている最中であった。同時期にムネンバは世界旅行観光評議会（WTTC）のグリーングローブプログラムの特選エコツーリズム賞も受けていた。もしエコ大賞が現地視察をおこなっていたなら、ムネンバと近郊の村との対立関係に気づいていたはずだ。

もっと露骨なグリーンウォシングの例は、「寄港地の環境保護に献身的に関与した企業」ということで、プリンセスクルーズに「環境賞」を与えた米国旅行業協会（ASTA）とスミソニアン誌の1996年の決断である。プリンセスクルーズ社は、1993年に、50万ドルの罰金を科せられている。リーガル・プリンセス号に乗船していた客が、フロリダキーの5マイル沖で、乗務員が真夜中に満タンのゴミ袋20個を海に捨てる場面を撮影したビデオがきっかけだった。プリンセスは罰金を支払い、消費者の怒りを鎮め名誉挽回に努めた。米国旅行業協会（ASTA）環境委員会のニュースレターは「プリンセスクルーズは事件から学ぶことを選び取り、プラネット・プリンセス・プログラムを1993年にたちあげた。このプログラムは、乗客が普段お世話になっている地域の保全のために、クルーズ会社がたちあげた包括的なイニシアチブである。加えて汚染阻止のために"プリンセス基準"をもって、各船は厳しい環境ガイドラインを順守するために定期検査をおこなっている」と取り上げている。要するに、消費者向けPRキャンペーンをはじめたのである。米国旅行業協会（ASTA）は受賞を報じて、プリンセスクルーズの廃棄物リサイクリングモデル事業などの環境保護実績をもちあげたのだ。海洋投棄による罰金刑についてはふれていない。その後スミソニアン誌が、この米国旅行業協会（ASTA）後援の「環境大賞」からスポンサーをおりたため権威はなくなった。例えば2005年には、応募者は175ワード程度の"環境努力"を記載するだけで、米国旅行業協会（ASTA）の5人の委員が選考をおこなう。現場検証はしない。

ここ何年かでエコ大賞が増えてきた。たくさんのプログラムが名前、スポンサー、対象分野、審査基準を変更してきている。米国旅行業協会（ASTA）はさておいて、総体的にエコ大賞は、徐々に、厳密になってきて、評判があがってきた。私もいくつかの有名なプログラムの審査員をしてきたが、審査の基準や方法がしっかりしてきたのをみて勇気付けられてきた。例えばコンデナスト誌のワールド・セーバーズ（世界の救済者）大賞（以前はエコツーリズム"EcoTourism"とグリーンリスト"GreenList"と呼ばれていた）審査員（私も9人のうちの1人だ）は、「環境イニシアチブ」「地元への貢献」「ゲストの経験」の3つの分野にわたり1～100点で応募者を採点する。応募用紙そのものは入念に作成されており、建設・用地プランニング、周辺の自然環境のプレゼン、エネルギーシステム、廃棄物処理、従業員福利厚生、地元コミュニティへの貢献、問題対処法、今後の事業プランなどの質問に答えるようになっ

ている。2006年は世界各地域のあらゆる分野から80件を超える応募があり、30ページ以上の回答書を寄せる応募者もいた。コンデナストは9月号で受賞者を発表した。各分野の平均点で最も高得点を取得したホテル、ツアーオペレーター、ディスティネーション12を表彰した。ここ近年、コンデナストのグリーンリストとワールド・セーバーズは小規模の知名度のないロッジやツアーオペレーターを表彰している。そのなかにはエクアドルのカサ・モハンダマウンテンサイドイン&ファーム、モンタナのパポース・クリーク・ロッジ、ドミニカのジャングルベイ、タンザニアのフープー・サファリツアーなどが含まれる。審査方法、基準、応募者の質は飛躍的にあがっている。編集長のクララ・グロウチェツカは次のように述べる。

「コンデナスト誌がエコツーリズムに注目するようになったのは、エコツーリズム熱が高まってきた1994年にさかのぼります。その翌年には初のエコ・アワードをつくりました。コンデナスト誌としては、意識の高いトラベラーに役立つので、環境や社会に与える観光の影響が報道されるようになってきたのを喜ばしく思います。でもメディアの注目で"グリーンウォシング"の誘惑にかられる企業がふえました。ほとんどのアワードや記事は、50の質問事項を対象者にチェックするコンデナスト誌のように厳しく審査されたものではありません。コンデナスト誌では現地検証を行い、少なくとも2003年度からは最終選考に残った応募者を、お忍びかつ費用はコンデナスト誌もちで、審査終了後、受賞発表前にチェックしています」。

他にもエコ大賞はたくさんあってエコツーリズムの注目度をあげるのに役立っている。中でも新しいファーストチョイス・リスポンシブルツーリズム・アワード[訳者注29]はイギリスで2004年にはじまった賞で、めきめきと堅実な評判を固めている。2006年には「この種の賞としては世界最大規模」の賞となるだろうといわれる。オンラインベースの旅行代理店リスポンシブルトラベル・ドットコムが、イギリスメディアの『タイムズ誌』、『ジオグラフィック・マガジン』と共同で主催し、協賛にはコンサベーション・インターナショナルやワールドトラベル・マーケットなどが含まれる。賞はツアーオペレーター、ホテル、輸送交通、山間部門、貧困削減など10部門に分かれている。ウェブサイトには「賞の趣旨は、ニッチから大規模まであらゆるタイプのツーリズムが、地元の人や場所を尊敬し且つ利益になるものである、またはそうあるべき、というところにある」。他の賞と違って、推薦は一般から募られる。2006年には1,200の推薦があった。主催者は審査対象者に詳細なアンケートを送り、吟味する。これとは別に独自に参考意見(文献)も加味している。それから、13人の国際的な審査委員たちが王立地理学会で会合し、各部門の最優秀者を決定するのだ。受賞者には南アフリカ、ポートエリザベスのカラバシュトラスト、ザンジバルのチュンバ島コーラルパー

注29 2014年現在 World Responsible Tourism Awards と呼ぶ。スポンサーの名前にタイムズやジオグラフィック・マガジンは見受けられない。かわりにオマーン観光局がスポンサーとなり、BBCの有名は旅行番組のレポーターの名前がサポーターとして並ぶ。http://www.responsibletravel.com/awards/the

ク、ケニアのオル・マロ・ロッジ、ウンゲシロッジ、ベースキャンプ・マラなどだ。リーズ大学の「社会的に責任ある観光」学部教授のハロルド・グッドウィンは、「たくさんの推薦があるということは、旅行者の間で"責任ある観光"の意識が高まっているということだ。そしてその最前線にいる人たちよって進歩してきている。賞は年をおうごとに、競争が高くなってきている。エコツーリズムの理念や、実践の意味するところが認知されてきたことは"責任ある観光"のうねりが先細りではないことを約束してくれる」と語った。

　2005年11月、すでに多くのエコ大賞を受賞していたコスタリカのラパ・リオス・エコロッジは、名誉ながらも、もっと思いがけない賞を受けた。ワシントンの花崗岩でできた記念碑とポトマック川を見下ろす、米国国務省最上階の凝った調度品で囲まれたレセプションルームで、ライス長官は2005年の「優秀企業賞」をラパ・リオスに授与していた。コスタリカ南東のオサ半島の私有熱帯雨林にあるラパ・リオスは、所有地に16のエコロッジをもっている。ライス長官は「環境への責務のモデル例で、企業のリーダーシップを啓発するものだ」と評した。そしてオーナーのアメリカ人カレンとジョン・ルイスを「成功するいちばんの方法は善い事をおこなうことだ」と讃えた。名誉とトロフィー（透明ガラスでできた地球が台座にのったもの）を受け取りながら、カレンとルイスはロッジのスタッフに感謝の辞を述べこう説明した。「この賞は我々の15年間にわたる努力だけではなく、エコツーリズム概念の正当性を立証するものです。エコツーリズムは健全な環境と社会的原理に拠ったものならば、ビジネスとして成功することを裏付けたのです」確かにエコツーリズムが、アメリカ政府からこれほど高い表彰を受けたことはなかった。ライス国務長官は、ワシントンの「テロとの戦い」最高責任者であるがエコツーリズムに興味を示したことなどかつてなかった。カレンとルイスは、コスタリカ辺境にあるオサ半島で長年過ごしており、ワシントン内部事情には疎い。だがどうしたものかエコツーリズムの「よいニュース」は、オサ半島からサンノゼのアメリカ大使館へ、そしてワシントン上部にまで伝わっていったのだ。米政府が国内ではなく、コスタリカの小さなエコツーリズム事例を表彰するのはやや皮肉にみえる。でも現実はアメリカのエコツーリズムは根付き始めたばかりで、意識的な運動として急ピッチで成長し、コスタリカや他国の教訓を幾分生かしている。

2.2　エコツーリズム・ライト（もどき）の危険性

　エコツーリズムの実践度が深まり、幅も広がり、マス観光のグリーン化が進み、しっかりした基準も固まってきた直近10年ながらも、「エコツーリズム・ライト（ちょっとだけエコ）」はいまだ腐るほどある。エコツーリズムとして売り出されるもののほとんどが、以前からあるマスツーリズムを単に薄いグリーンのベニヤ板で覆っただけのものである。旅行代理店、ツアーオペレーター、航空会社、クルーズ会社、大手ホテルリゾートチェーン、国際観光組

2.2 エコツーリズム・ライト（もどき）の危険性

織は、手っ取り早いうわべだけのグリーン訪問を、パッケージツアーの枠内で販売促進してエコツーリズム・ライトを助長している。1990年代半ば「環境を考える世界旅行年次大会」のコーディネータ、ダイアン・ケルゼイは次のように警告している。「私たちはネイチャー、アドベンチャー、カルチャートラベル全部をエコツーリズムとみなしてきました。"日曜午後のドライブ"といった言葉を含む定義さえ発表されています。多くの旅行会社は、売れるのなら注目度を高めようとなんでも利用するのです」。

国際エコツーリズム年だった2002年、イギリスに拠点をおくNGOツーリズムコンサーン代表のパトリシア・バーネットも同じように危惧を表明している。「エコツーリズムはお望みにものになんでも変身可能だ。マスツーリズム業者は"持続可能な観光"の意味をわかり始めてはいる。でも何も変わってはいないのだ」。

おそらく観光業界大手の中ではウォルトディズニー社が、どこよりも旅行者のグリーン志向にのっかりもうけようとしている。エコツーリズム・ライトのテーマパーク、アニマルキングダムである。ディズニーは8億ドルを費やし、フロリダ中央部の牧草地を、偽のバオバオツリーや、ズールー族の村、250種類1,700頭の動物がいるアフリカのサバンナに変えた。このディズニー最大のテーマパークは、米国人が国を出ないでサファリを楽しめるように企画されている。動物愛護団体の抗議と、米国農務省による希少種を含む数十頭の動物の死因調査中、アニマルキングダムは1998年のアースディに開園した。開園から1年以内に死んだ動物は以下のとおりである。凍結防止の薬品を食べたチーターの赤ちゃん4頭、定期健診中にサイ1頭、木材を摂取した希少種の黒サイ1頭、足と背中の感染症でカバ1頭、有毒種子を食べてカワウソ2頭、そしてツアー走行中の車に引かれて死んだ西アフリカのカンムリツルが2羽である。こうした険しい滑り出しと最初の頃のネガティブな報道にもかかわらず、すぐに大勢の客がやってきた。サバンナにやってくる客たちは、サファリジープがよい写真を撮るためにスピードを落とすことはめったにないので"キリマンジャロ500"という異名をとった。テーマパークでいちばん新しい人気アトラクションは、フロリダのディズニーランド最高峰、エベレストである。アニマルキングダムのアジア地区に増設された霧にそびえるこの新しい山は、200フィート（60.96メートル）である。

この手のツーリズムを求める人はかなりの数にのぼる。最近の風潮として、エコツーリストは、知的好奇心度、社会的責任度、環境考慮度、政治的注目度がそれほど高くない場所でもかまわなくなってきた。増えてきた年配の、金持ちの、ソフトを求める旅行者たちは、保護より快適さを選びはじめたのだ。かつては、世界最古のあがめ奉られてきた大自然、つまりガラパゴス諸島、ネパール、タンザニアやケニアのゲームパークのような場所には（コスタリカのモンテベルデでさえ）肉体的にタフで知的好奇心の強い人しか行かなかったのだ。でも今は交通機関が発達し、宿泊施設がよくなり、評判が広がり、大衆観光地となった。ケニアワイルドライフサービスの前所長、デイビッド・ウェスタンは「エコツーリズム・ライトトラベラーは、自然を楽しむが、保全を一生懸命考えているわけではない」と述べた。

第 2 章 世界の観光業界はグリーンに向かうのか

　エコツーリズム・ライトがマスツーリズムのように（伝統的なネイチャーツーリズムでさえも）、貧弱な計画、無秩序、過剰宣伝であれば、わずかな財政的メリットがあるだけで、それ以上に深刻な環境的、社会的ダメージをもたらすのだ。例えばネパールは、1960 年代、体力に自信がある冒険家がやってくるだけで、年間 1 万人以下の訪問者数であった。1980 年から 1991 年にかけて、トレッキングに来る人の数は 225％増加した。ヒマラヤ王国の脆弱な環境に及ぼす影響は大変なものである。配慮のない登山者がトレッキング道をはずれ、植生をめちゃくちゃにし、缶や包み紙やその他のゴミを捨てていった。世界自然保護基金（WWF）によればロッジ建設や、登山者の煮炊き用、暖房、シャワー用に木材が必要なため、森林限界ラインが何百フィート押し上げられ、地元のネパール人たちは薪を探してはるか遠くまで行かざるを得なくなった。石楠花に覆われていた尾根は荒地になって、森林伐採は希少動物のユキヒョウやアカパンダの生態系をこわした。1990 年代の半ばのトレッキングブームで「アンナプルナ地域の繊細な生態系はバランスを崩し、文化的な保全性も著しく失われた」とアンナプルナ保全プロジェクトのチャンドラ・グルンは報告している。「未来型エコツーリズム」と売り出されているものを利用して山頂に到達する訪問者もいる。足を上げるのはヘリコプターに乗り込むときだけである。「ヘリコプター登山」はお客さんを山のてっぺんまで連れて行って、そこで足を伸ばしてもらって、写真を撮って帰るのだ。今日、インターネット上にはたくさんの高額ツアー料金のヘリトレッキング会社が存在するが、保全活動や地元の経済発展に貢献はしていない。

　業界が目先の利益のため"軽い"ものを売ろうとして、エコツーリズムの趣旨を薄めてしまったことで、エキスパートの中には"エコツーリズム"というキーワードを評価せず、単に一時的な流行だとはねつけるものもいる。専門家のボブ・ハーベィは「1990 年代初頭にエコツーリズムは流行語（バズワード）訳者注 30 になってしまった。色んな人が色んな意味で使うので、実質的に意味のない言葉となった」と言う。10 年ちょっとたってエコツーリズムは多数の類似用語と競い始めた。すなわちプロプアー（貧困削減）ツーリズム、ジオツーリズム訳者注 31、サスティナブルツーリズム（持続可能な観光）である。しかし誤用や混乱と言った問題は、細事にこだわり大事を逸することになるので、エコツーリズムの概念はまだ見捨てられてはいない。いちばん大切なことはエコツーリズムをまとまった理念とみなして、実践でモニタリングし測定することである。このようにとらえるなら、エコツーリズムはまだ生まれたばかりといえる。「エコツーリズムの可能性を実現化しても、まだ上っ面を撫でているだけだ」とペンシルバニア大学の生態学者で、コスタリカで何十年かにわたって働いてきたダニエル・ヤンセンは言う。今日、エコツーリズム・ライトとは何かを特定したり、正味のエコツーリズムがどこで実施されているのか品評したりする中で、本来のエコツーリズムが

注 30　人に関心を持ってもらうため、もっともらしい説明が付けられた専門用語のこと。
注 31　その土地の特性を生かし、地域に還元し、地域に根ざしたエコなツーリズム。

2.2 エコツーリズム・ライト（もどき）の危険性

（それが、たとえ様々な名前で呼ばれていたとしても）どのように市場のニッチから、我々の旅行の仕方や観光業界の機能をかえてしまうような幅広い理念と実践物になりえるのかを発掘していく必要がある。偉大な挑戦にもかかわらず、この書籍でも提示するように、保全とコミュニティに利益をもたらす一方で、楽しくてためになる旅行経験ができるエコツーリズムのうねりが明らかに始まっているのだ。

第 3 章
昨今のエコツーリズム

　国際観光ビジネスの現場では、至るところで企業家たちがエコツーリズムとの関わりを売りものにしている。厳密に言えば、エコツアーの実践にあたり、次の原則にのっとるべきだ。すなわち、地元コミュニティとホスト国に恩恵をもたらしながら負荷が少なく、教育的で、生態学的かつ文化的にデリケートなツアーであるということだ。しかし、良心的な旅行者が、ガラクタの中から正真正銘のエコツーリズムを選びだすのはむつかしいかもしれない。ガイドブック、パンフレット、報道、表彰は、必ずしも正確とはいえない。増えてきたエコツーリズム第 3 者認証制度プログラム（持続可能な観光を含む）は大体が信頼性の高いものといえども、まだ観光業界のごく一部分をカバーするにとどまっている。目の肥えた旅行者が、わざわざ目的地にでかけて休暇やお小遣いを使うエコツーリズムとして売り出されているものでも、定義のうち何本かの柱が欠けている。

3.1　マホベイ：理念の欠如か、真のエコツーリズムか

　マホベイは米領ヴァージン諸島のセント・ジョンにあって、環境を意識したユニークな 4 つの造成地からなり、素朴なテントから豪華なコンドミニアムまでが備わったリゾートだ。敷地はヴァージン諸島国立公園に囲まれた私有地で、借地権は所有者で開発者のスタンリー・セレンガットのものである。マホベイリゾートは、有名でよく話題にのぼるエコツーリズムスポットの 1 つとして世界的な評判を確立している。忠実な多くの「お得意様」たちが強みで、数々の国際賞の受賞とメディア露出、セレンガット自身の魅力が PR をはたしている。セレンガットによると広告費はゼロながら、ハイシーズンの稼働率は大体 90% である。この成果は主に、口コミによる照会とリピーター客の獲得、および好意的なマスコミ報道とアワード受賞を同業者よりもたくさん獲得することで達成された。マホベイの PR 用資料は、厚さ 2 インチの絶賛調の報道記事コピーが同封されていて、近年も多くの賞を受けている。

　マホベイの魅力はその舞台装置にある。過剰開発されたセント・トーマス島[訳者注1]やセン

注 1　セント・トーマス島（Saint Thomas）とはカリブ海のヴァージン諸島にあり、アメリカ領ヴァージン諸島の中心地の島である。火山性の島で最高峰が 474m のクラウン山。

第 3 章 昨今のエコツーリズム

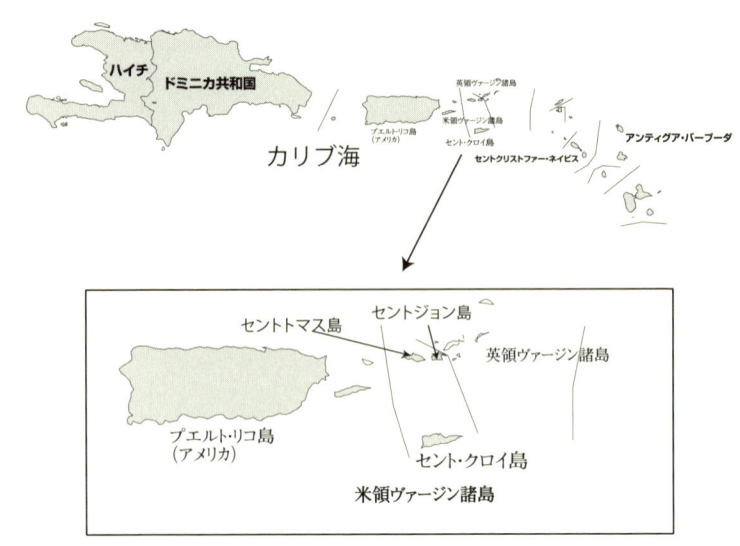

図 3-1　米領ヴァージン諸島

ト・クロイ島^{訳者注2}と違い、約 15 × 8 キロにわたるセント・ジョン 37 島の 3 分の 2 は、米領ヴァージン諸島国立公園に指定されている。慈善家ロックフェラーが、1956 年に保全目的で土地を寄付したおかげである。1976 年にセレンガットは 35 年リース契約にサインし、人里はなれたリトルマホベイのすぐ真上にある、国立公園に囲まれた丘の斜面の私有地 5.7 ヘクタールを取得した。それ以来、彼はセント・ジョン島でタイプの異なった 4 つのリゾート施設を築いてきた。最も古いものはマホベイキャンプである。生い茂る葉でひっそり隠されたテント小屋 114 から成る区画で、コバルトブルーの湾を見下ろせる。木製フレームと麻布でできた、蚊帳つきテントが設置されていて、そこから約 5km の木製の高架遊歩道がビーチにつながっている。

　テント区画すぐ上は、およそ 1 ヘクタールのヴァージン諸島国立公園隣接地で、2 番目の造成地ハーモニー・リゾートだ。ここには 12 の高級で革新的なエコ分譲マンションが建設されている。新設の豪華な別荘は、主にリサイクル素材を使い、ゲスト向け設備としてソーラーパネル、太陽熱温水器、風力による冷房システム、雨水取水装置を備える。居住区域は高架遊歩道でつながり、土壌浸食を減らしたり、周辺のサンゴを保護するように設計された。

注 2　セント・クロイ島（Saint Croix）とは、カリブ海のアメリカ領ヴァージン諸島にある島である。ヴァージン諸島の中ではいちばん大きく、いちばん南側にある島。島の最高峰であるイーグル山（355m）があるが、セント・トーマス島やセント・ジョン島と違い、起伏は少ない。面積は $214km^2$、人口は約 10 万 7,000 人、1733 年にフランスがデンマークに売り払い、デンマーク植民地となった。1917 年アメリカがセント・トーマス島とセント・ジョン島と共に島を買収しアメリカ領になった。

3.1 マホベイ：理念の欠如か、真のエコツーリズムか

各ヴィラにはゲストの消費電力と使用水量を記録するコンピュータがついていて、使い果たし（電力・雨水の）に近づくと警告してくれる（著者の場合はそうであった）。セレンガットがハーモニー・リゾート建設を決めたのは、1991 年に国立公園管理局とヴァージン諸島エネルギー局主催の「持続可能なデザインワークショップ」がマホベイキャンプで開催されたあとである。公園管理局はワークショップに続いて、「持続可能なデザインの手引書」を作成した。セレンガットはこれらの理論を実践に移したのだ。彼を支援するためにエネルギー局はコンピュータを支給し、アメリカエネルギー省のサンディア国立研究所はソーラーオーブン（太陽熱利用の調理器具）ソーラー製氷機、エコ洗剤（生物分解性洗剤）、などの試供品を提供した。セレンガットはこう言う「脆弱な環境の中で、心地よく過ごすためのご機嫌な方法をハーモニー・リゾートが実証したのさ」建設費は 1 ユニット 7 万ドル、賃貸料はダブル利用で 1 泊 120 ドル～230 ドルで、投資をすぐに回収するのは不可能であった。

マホベイやハーモニー・リゾートのしたたる緑とは対照的に、乾燥して不毛で灼けつく丘陵が広がる島の反対側にセレンガットの残り 2 つの所有物件がある。1990 年代前半に始まった最新プロジェクトはコンコールディア・エコテントで、高床式になっておりソルトポンド湾と彼方に広がる荒々しいカリブの海が見渡せる。エコテントは 25 あって、どれもが環境負荷の少ない網戸付き木造建築アパートメント形式になっており、太陽・風力発電設備、省エネ台所製品、堆肥化トイレを備えており 6 人定員である。自然密着型のマホベイキャンプと、環境重視の建築物でありながら贅沢な空間を提供するハーモニー・リゾートのよいところをあわせたのがエコテントなのだ。2002 年ディスカバリー・チャンネルが世界最高の代替エネルギー利用ロッジに指名した。加えて設備のうち 4 つのテントは車椅子やハンディキャップのある人でもアクセスできるようになっている。部屋代は 1 泊 95～155 ドル（プレミアムは 175 ドル）である。エコテントに隣接してコンコールディア地所がある。ここには 9 棟の瀟洒なコンドミニアムがあって、太陽熱単純利用型（パッシブソーラー）[訳者注3]設備と完全装備の台所、丘の斜面のプール、オープンエアーの大きな部屋が備わっている。賃貸料は 1 泊スタンダードで 95～140 ドル、ロフトデュプレックスで 150～215 ドルである。セレンガットは 2007 年コンコールディア拡張に着手し、新ユニットに「環境に優しいデザイン」を採用した。

1993 年、マホベイの売り上げは年間 300 万ドルになり純益は 75 万ドル近くに上った。セレンガットは「濡れ手に粟だね」とフォーブス誌に語っている。リゾートの大成功は続く兆しである。マホベイのテントがシエラクラブ（アウトドアー派）タイプの客をターゲットにしている一方で、「ハーモニーは、世界最高のエコ重点型・ハネムーンリゾート」とトラベル・ウィークリー誌に評された。ユナイテッド・エアラインの機内誌が「観光業界のグリーン教祖」と呼んだごとく、エコプロジェクトのトップセールスマンはセレンガット本人であ

注3　太陽熱の集熱にポンプなどの機械装置を用いず、自然の対流・伝導・放射などの伝熱を利用して暖冷房・給湯を行う方式。

る。彼は魅力的な愛想のよいニューヨーカーで、ブロンクス訛りで話し、白いゴルフキャップ、白いポロシャツ、白いあごひげがトレードマークである。彼はエコツーリズムの会議やフォーラムで人気スピーカーになった。「エコツーリズムは劇場の一種で、私は振り付け師なんだよ」と好んで言う。もっと露骨に「私たちがやっていることの多くはショービジネスさ」と語ることもある。「よいエコツーリズムは、いいビジネスだよ」もお気に入りの言い回しだ。マホベイキャンプのテント設置費用は1ユニットたった7500ドル、使用料はダブルユースで一晩75〜130ドル、投資は初年度に回収した。最新式の最高級エコロッジの多くは高くて手が出ないけど、ここのテントは4人まで収容できるので、手ごろな予算で泊まれる。

セレンガットのリゾートは、エコツーリズム開発のモデルケースとなった。しかし見かけによらないことだってありうる。彼が「国際エコツーリズム協会（TIES）国際エコロッジ開発フォーラム＆フィールドセミナー」を1994年10月に主催したとき、マホベイリゾートは世界中から参加したエコツーリズムの専門家からじっくり吟味されることになった。"環境に優しい建築""リサイクル素材""再生可能エネルギー資源"を上手く組み合わせ、効果的かつ創造的に環境に溶け込ませたデザインロッジであることは、出席者のほとんどが讃えるところである。だが会議でインタビューした何人かの専門家は、マホベイキャンプと他のリゾート区画が、エコツーリズムの理念とする地元コミュニティ、保全、旅行者教育にほとんど注意を払っていないことがわかって忍びなかった。アシュトン＆アソシエイツは、フロリダのコンサルタント会社で、政府、民間企業、国際機関、保全団体を対象にした持続可能な観光プログラムを専門とする。代表のレイ・アシュトンは「マホベイへの評価は交錯します」と語った。

彼の評価を要約し、別の専門家はこうまとめた。

「このリゾートはグリーンロッジであって、真のエコツーリズムではない」

ピュー慈善信託[訳者注4]の環境プログラム理事ジョシュア・ライチェルトは、健全なエコツーリズムは4つの指標に合致すべきと主張する。

1) ソフトプリント（影響が少ない）で設計され、建設され、運営されるべきもの
2) 地域経済とコミュニティ事業に金銭的貢献があるべきもの
3) 環境保護を財政的に支援するべきもの
4) 訪問者と地元コミュニティ関係者を啓発するべきもの

ライチェルトはマホベイを検証した上で、他所でエコツーリズムと広告しているもの同様、多くの面で不十分であると結んだ。

例えば、マホベイキャンプも他のリゾート施設でも西インド諸島系はほとんど雇っていない。マホベイのテント区画は約20年たつというのに、スタッフの圧倒的多数は北米出身、ほ

注4　ピュー慈善信託の助成を受けるピュー研究所は、アメリカ合衆国のワシントンD.C.を拠点としてアメリカ合衆国や世界における人々の問題意識や意見、傾向に関する情報を調査するシンクタンクである。2013年1月現在の所長は前ウォールストリート・ジャーナル副編集長のAlan Murrayである。

3.1 マホベイ：理念の欠如か、真のエコツーリズムか

とんどが若い独身者である。ワーク・エクスチェンジ（人材交流プログラム）の一環であるため給与は発生しない。平均して常に25人ほどいるボランティアは、テントとレストランの大幅な食事割引と「南国でのお仕事」と引き換えに、所定の期間に1日4時間働く。2006年、専従の正規雇用の職員は8人だけで、西インド諸島系はその半分だった。2006年6月に家族旅行でやってきたバーバラ・リッチマン（エンバイロメント誌の編集長）は、9日間の間に、島出身スタッフをたった2人みかけただけだった。「とても驚きました。というのも私たちはカリブ海で何度か休暇を過ごしていて、そのほとんどはセント・トーマス島ですけど、リゾートではいつも多くの地元の人たちが働いていましたから。その土地を感じるので、家族も私も地元の人と話すのが好きです」と彼女はコメントしている。

ヴァージン諸島には失業者がいないので、島外の人材を採用しているのだとセレンガットはずっと主張してきた。ところがアメリカ領ヴァージン諸島労働局の発表では、1992～1997年の平均失業率は3.5～5.9%、2007年現在、レジャー産業分野の失業率は7.5%にまであがっている。私がインタビューした島民によると、失業率は高くないものの地元の人たちは観光関連企業の仕事をさがしている。セント・ジョンの他のリゾートやテント施設では、上級職員も含めてほとんどが西インド諸島系のスタッフである。島民の話では、マホベイリゾートは、他のホテルに比べて給料が安く、従業員はテント施設内で寝起きしなければならないので人気がない。

従来型リゾートよりエコリゾートのほうがはるかに儲かるとセレンガットは説く。「環境と保護の面で理にかなうものは節約にもなるのだ」と彼は聴衆に語りかける。ハーモニー・リゾートの雨水収集と廃水リサイクルは、確かに環境と財政面で意味をなすことだ。しかしレイ・アシュトンは「生態学上健全であることと経費の切り詰めは紙一重なのだ」と苦言を呈し、問いかける。「マホベイのシャワーや歩道照明設備をソーラーパワーにすることもできたよね・・・でもそうしなかったのは、敷地がリース物件であるためそうした改修は費用対効果が悪かったんだろう」「エコロジストなら一歩先をいくべきだ。お手本として売り込むなら安価なテント以上のものが必要なのさ」とアシュトンは語る。マホベイキャンプは宿泊者に、生物分解可能な食器とエコ洗濯石鹸の利用を奨励している。キャンプは製品を支給し、食器を洗った水も周囲の草木に撒くよう呼びかけている。またガラスやプラスチックの回収箱を備えて、回収物の大半は「ゴミは宝の山」という工作教室で吹きガラスや陶芸用として使っている。また衣料リサイクルスタジオも運営されており、スタッフとゲスト講師による教室が開かれている。こうした企画は、かなりの量のゴミ（とりわけガラス瓶）をジュエリー、装飾品、お土産に変身させることができる。

「ゴミは宝の山」プログラムは革新的ながら、地元の伝統工芸界に活をいれることはなかった。ゴミ削減は賞賛に値するが、スタジオで働くアーティストは島民ではないため、製品は地元産とはいいがたい。セント・ジョンに民芸品はほとんどなくて、あっても陳列や販売するには高価すぎるからとセレンガットは頑なに主張する。しかし島内のお土産さんでは、地

元産のバスケット、陶器類、絵など安いものから高いものまでたくさん売られている。地域美術工芸を研究するアメリカ人教授バーナード・ケンプは「セレンガットは、地元産民芸品を活用し、陳列し、マホベイ訪問者に PR する努力を怠っている」と語った。

　エコツーリズムの根本理念がいくつか欠けているものの、セレンガット自身と国立公園内にある彼のテントは、島の自然と日光を間近に感じて楽しみたい、上質の常連さんを多くとりこむことに成功した。2012年に借地権が切れるとき、現在の土地所有者は売却に出すであろう。そしてマホベイキャンプは閉鎖され、土地は高級リゾート開発者にわたるだろう。セレンガットは場所を一括確保してリゾート維持ができることに望みをかけているが、「運命は如何に」である。マホベイキャンプでの家族旅行から戻ったばかりのライター、コレットは嘆く「いいものは長く続きません。マホベイキャンプがなくなれば、エコツーリズム界の"ブリガドーン"[訳者注5]になってしまいます。真実にしてはあまりにも素晴らしすぎる場所だったと、永遠に記憶に残るのです」ブリガドーンとはやがて消えてしまう村に惚れ込んだ男の話だ。男は村をいつか去らねばならない。でも戻りたいと思ったとき、どんな地図にも村は存在せず、そこへはもう戻れない。「マホベイが閉鎖されたら、若者が心酔した村に帰れずがっかりしたように、私たちもうっとりするグリーン休暇は想像の産物だったと思うかもしれません」とコレットは記している[訳者注6]。

3.2　本物のエコツーリズムをさがして

　マホベイの例をみてわかるように、「良質のエコツーリズム」と「うわべだけのエコツーリズム」、もしくは「グリーンツーリズム」ですら見分けるのは難しい。実際、エコツーリズムチェーン全体でみてもネイチャーツーリズムと、もっと多面的な概念をもつエコツーリズムとの境目ははっきりしないことが多い。正確さに欠けるため、科学的根拠をもって、例えば「エコツーリストの成長率」を数値化することがむつかしい。2005年、アメリカでは海外に出かける旅行者（娯楽目的）の約13％がエコツーリストだと算定されている。2004年の概算では、エコツーリズムとネイチャーツーリズム分野は旅行業界全体の3倍の勢いで伸びている。ネイチャー旅行、エコツーリズムもどき、正真正銘のエコツーリズムを一緒くたにしているので統計数値は不正確ながらも、一般の人たちがこの手の旅行に関わりはじめたことがわかる。

　エコツーリストとは誰をさすのだろうか。普遍的な定義がないためネイチャー、アドベンチャー、カルチャーツーリズムがかなりの部分重複している。カナダのエコツーリズム研究

注5　現実離れしている、またはある期間にほんの一時だけ出現する牧歌的な地
注6　マホベイのコンコールディア・エコリゾートは現在も営業中である。http://www.concordiaeco-resort.com/contact-us/ 予約受付け確認（2015.4.10）

3.2 本物のエコツーリズムをさがして

者パメラ・ワイトはこう言う

　よくある疑問「エコツーリストとは誰のこと?」は様々な理由から決定的な答えはない。例えば市場調査に限界があること、概念理解が浅いこと、エコツーリスト市場は均質でないことなどがあげられる。エコツーリズムの文献は大量にでているが、ディスティネーション需要、ツアーオペレーターの意識調査、あるいはネイチャーやアドベンチャーツーリストに関する概要調査といった類の市場調査は限られている。

　とはいえ専門家によるとアメリカのエコツーリストは幅広い層にわたっている。大半が35歳から54歳ながら、年配者（55歳以上）もかなり大勢いる。男女差は半々、体力のあるグループだ。大学をでて高学歴の専門職か企業人で、自然や文化を本当に学ぼうという意欲をもった人が多い。また共稼ぎ世帯も特徴だ。ツアーオペレーターのカート・クタイは大雑把に2分類できるとする。1つはディンクス（共稼ぎ、子供なし）、もう1つは子供が巣立った熟年夫婦たちのグループである。目が肥えていて、違いがわかり、対価をおしまない。環境保護団体に属すか、保全に興味をもっているアメリカ人3,000万人のグループである。社会派で、文化、歴史、途上国の人たちに興味を抱くものも多い。新世紀にはいり、新しく大きな2つのグループが出現してきたことにクタイは注目している。すなわち家族旅行グループ（2世代が一緒に休暇をすごすことも多い）と、独身の専門職グループ（ほとんどが女性）である。これらのグループはエコツーリズムの大きな部分を占め、訪問先の現地の人と真にふれあい、環境保護への貢献以上のものであるとクタイは言う。

　北米とカナダの熟練エコツーリストと、ネイチャー、アドベンチャー、カルチャーツアーを提供するグローバル企業を対象にした調査から「地理的にみると、事実上、北米のすべての大都市にエコツーリズム市場が存在する」とワイトは結論づけた。ヨーロッパでは20～30%の旅行者が"持続可能な観光"の必要性と価値を認識している。10～20%は"グリーン旅行"を選択肢にいれており、5～10%は"グリーン旅行"そのものを求めている。ドイツの旅行者65%（3,900万人）は、質の高い自然環境を期待して、42%（2,500万人）は環境に優しい宿泊施設に泊まるのがとりわけ重要であると考えている。同じ調査で、英国人のほぼ半分が、適正な労働条件、環境保護、地元の慈善事業支援といった規約を明記したツアー会社を選ぶだろうといっている。倫理的ツーリズムは新世紀、当然のことながら重要問題となるだろう。英国人は「環境にダメージを与えるべきではない（87%）」「倫理的な保証があるなら5%増しの料金でもかまわない（39%）」と語っている。

　ワイトによると、エコツーリストは、一般の旅行者より情報を多く持っており、経験豊富で、冒険好きであることがわかっている。また幅広いアクティビティを求め、複数の場所を訪問し、手ごろでくつろげる宿を好みがちだ。その他、北米のエコツーリストたちが好むものは、環境保護をうたった旅行者施設、人里離れた場所での野生動植物の観察、国立公園や保護区の訪問チャンスを提供するツアーである。多くが若い頃バックパッカーで、旅行手配

に慣れていて、途上国や環境保全の知識に長けている。普通の旅行者に比べると、シエラクラブのようなネイチャー組織に属する傾向がある。ある調査によると3分の2以上は海外旅行の経験があり、3分の1はリピーターだ。代理店を使うよりは個人で自主的に旅行するか、好みにマッチした旅程を提供するネイチャーツアーオペレーター（アウトフィッター：アウトドアーの会社、卸売り、サプライヤーとして知られる）をつかう傾向がある。オペレーターに直接接触するので幾ばくかのお金が浮くかもしれないが、動機はあくまでも、自分で旅を仕立てたり、生態学的に優しいツアーをさがすためである。ヨーロッパでも似たような結果である。ヨーロッパのエコツーリストは経験豊かで高学歴で高収入である。また友人や同僚に影響を与えるオピニオンリーダーでもある。

3.3 アメリカのエコツーリズム構造

エコな休暇プランをたてるとき、ツアーとしてまとめてくれるいろいろなタイプの会社、組織、出版物、オンラインサービスが存在する。その多くはアメリカにあり、それ以外はホスト国に存在する。

3.3.1 海外エコツアーオペレーター

マスツアー客に比べて、エコツーリストは自分でプランを組み、一般代理店よりもネイチャーツアー専門のオペレーターを利用する。通常、こうした業者は旅行客の住んでいる国にあるが、送り出し国に居住経験があったり、頻繁に行き来していたりするので、生の現地情報を持っている。従って旅行者の重要な情報源である。ツアーオペレーターの選び方如何で、休暇が楽しくも台無しにもなるのだ。ツアーオペレーターは監督責任の一環として、エコツーリズムの目的や遵守すべきルールを請け負うべきだろう。国際エコツーリズム協会（TIES）によると「エコツアーオペレーターは広範囲な守備範囲が求められる。つまり国内オペレーターにガイド、業務、環境保護と同じようにエコツーリズムの指針にそった地元コミュニティとのお付き合いなども徹底させるということだ」1994年、コンデナスト誌は初めてエコツーリズム推奨のため、優れたエコ企業を選び、旅行者がオペレーターや行き先を決めるときに役立つ7つのゴールデンルールをまとめた。理想的なエコオペレーターは、

1）地元の環境プロジェクトと商業観光をつなぐ
2）国立公園の発展と自然資源管理のために財政援助や目に見える形の支援をする
3）地元製品やサービスを購入し、先住民ビジネスを支援する
4）旅行者と地元民の出会いをアレンジし意義あるものにする
5）生態的な調査を推進する

6) 環境ダメージを最小にするため持続可能な観光施設を開発する
7) 既存のダメージを修復する手助けをする（シエラクラブの遊歩道クリーンアップツアーなど）

　エコツーリズムに関わる専門ツアーオペレーターは増えており、代理店とパッケージツアー業者両方の役を担っている。あらかじめ決まった行程ツアーを提供するほか、特定のグループや個人ツアー客の興味、日程、予算にあわせて特別あつらえのツアーも組んでいる。海外ツアーオペレーターの多くが国内ツアーオペレーターでもある。例えばアバクロンビー&ケントは、いくつかの場所で自前の陸上輸送体制と宿泊設備を整えている。余分な時間と費用がかかるので、特別注文ツアーの場合、海外ツアーオペレーターは25～40%増しの料金を課しがちだ。
　カナダのエコツアーコンサルタントのカロリン・ワイルドによると、ネイチャーツアー、アドベンチャーツアーを扱うアメリカの海外オペレーターの数は、1990年代に毎年10%～20%の伸びをみせた。1901年にはシエラクラブが全米で唯一のオペレーターで、1970年でもたった9社だった。しかし、スペシャリティ・トラベル・インデックス（以下STI）によれば、1996年までに、途上国で"エコツアー"を実施するオペレーターは219になった。2006年版STIによると、92のアメリカ業者が途上国の"ネイチャーツーリズム"に関わっている。しかし編者ステーン・ハンセンの話では、最新データはSTIがつかんでいるだけのもので、実際は300くらいの"ネイチャー"と"エコツーリズム"ツアーオペレーターが存在するだろうということだ。STIのリストにあがっている92の個々の業者が扱う顧客数は、年間20人から3,000人と幅がある。2006年版は自然志向ツアーの76%が途上国に向かい、いちばん人気はエクアドル、コスタリカ、タンザニア、チリとメキシコである。アクティビティで人気があるのは上から順に、トレッキング・ハイキング、サファリ、フィッシング、ラフティング、ネイチャーフォト、カヌー、カヤッキング、野鳥観察、キャンプ、登山、植物観察だ。大体が小規模グループで、通常20人を超えることはない。自然資源に与えるマイナス影響を最小にし、ツアー客が自然、外国文化、ツアーリーダー、ガイド、その他の専門家たちと最大限にふれあえるように、ツアーはデザインされている。エコツーリズム専門家カロリン・ワイルドは、ツアーリーダーはインタープリテーション[訳者注7]をしたり、ツアーに彩りを与える重要な役割を担う。ほとんどが訓練をうけた生物学者、生態学者といった何らかの専門家である。会社は彼らを誇りにしていて、パンフレットに掲載している。ツアーリーダーこそが次の旅を売り込むセールスマンで、客に翌年も参加したいと思わせたり、友人に勧めてみようと思わせたりするのだ。

注7　「本物とのふれあい・体験や説明用のメディアを通して事実や情報ではなく、意味と関係性を伝える教育的な活動」1957年に刊行されたフリーマン・ティルデンの「Interprating Our Heritage」で初めて体系化される。

1989年、カレン・ジファーはコンサベーション・インターナショナル（CI）用に実施した先駆的な調査で、エコツアーオペレーターは次の4つのうちのいずれかのカテゴリーに属するか、重複して属していることを提起した。

1) 自然を売る業者。儲かるところから最大利益をだそうとするグループ
2) 敏感なグループ。影響を抑え、文化的にも尊敬をもっている。
3) 寄付をするグループ。収益の一部を地元の環境保護やコミュニティプロジェクトに寄付をする。
4) 行動を起こすグループ。訪問地を保全し、向上させるために活発な役割をになう。

20年近くたっても、この分類は通用し、どの区分もまぎれもなく成長している。とりわけ3）と4）が「旅行者の慈善活動とボランツーリズム」のカテゴリーとしてまとまりはじめている。クタイいわく、金銭援助以上に、コミュニティ開発やコミュニティ基盤のツアーに実質的な貢献をしているのが、このごろのエコツーリズムである。地元コミュニティとパートナーシップを築くことは（正式なビジネスプランや略式の旅程表企画など）、より支援的であるし、本物のエコツーリズムを創造するために長続きするやりかたである。

3.3.2　小規模エコツアーオペレーター

エコツアーオペレーターは小規模で創業者が経営していることが多い。数か国に特化して、ツアーすべてを特注企画する零細会社から、パッケージからカスタマイズまで多岐にわたるツアーを提供する大会社まである。ワイルドサファリ、文化遺産、野鳥観察、登山、ハイキング、ラフティング、自転車などといった特定のアクティビティに専門化していることもある。これらの業者に共通なのは、社会環境や政治的な繊細さだ。それには倫理的な運営、顧客との実際の関わり方、訪問先に対する個人的な奥深い知識なども含まれる。最高の海外オペレーター、ガイド、宿泊先を自ら選んで、ツアー客の興味を反映させた旅程を入念にまとめあげるのだ。

例えばアメリカに拠点をおくタムサファリは、インターネットを活用した運営をしている。サリーとコスタス・クリストが1987年に設立したタムサファリは、小人数（2～15人）の、西アフリカや南アフリカあるいはベリーズ向けのネイチャーツアーやカルチャーツアーをオーダーメイドで企画している。「私たちは、常に小規模で効率的であることを信条としてきました。つまり個人にあわせた質の高いツアーを提供し、ツアー先の地元コミュニティに貢献して、マイナスの影響をなんとか最小限にするということです」とサリーは説明する。エコツーリズム倫理の一環として、小規模のコミュニティ発展と保全プロジェクトをタムサファリは支援する。例えば南アフリカにおいて、「荒野の子供たち」プログラムを支援している。これは、不利な状況におかれているアフリカの学童たちに国立公園訪問のチャンスを与え、

自然をじかに体験して学んでもらおうというものだ。またベリーズでは、新たに海洋国立公園を設立運営しようとするフレンズ・オブ・ネイチャーのために資金を募っている。

サリーとコスタスの"責任をもった観光"への関わりは、西アフリカで何年も働き、生活しているうちに育まれてきたものだ。最初は野生調査官および文化人類学者として、それからアメリカの大学の海外プログラムの長として働き、とうとう最後には私設ツアーガイドになった。彼らは今日、エコツーリズム業界で、国際的に名をはせている。友人や家族向け小グループツアーを企画する以外に、顧客名簿にはABCニュースのダイアン・ソイヤー、やロックバンド、パール・ジャムのエディ・ヴェダーといった有名人の名も見受けられる。タムサファリが推薦するものは、サリーとコスタスが直接知っているもので、エコツーリズムの理念にかなっているかどうかチェック済みで、「学び」と「冒険」が個別のテイラーメイド旅程表におとしこまれている。

広告は選択的におこなってきており、ビジネスを始めておよそ20年が経つ今、客のほとんどは口コミベースでやってくる。米領ヴァージン諸島のマホベイで開催されたエコツーリズムフォーラムで、私はコスタスの西アフリカでのエコツーリズム開発の含蓄あるレクチャーを聴いた。私がはじめてタムサファリに電話したとき、サリーは私の要望、日程、予算を聞くことから始めた。2ヶ月をかけて、サリーはもっとも重要なエコツーリズムサイトを選び出し、どんどん改良して詳細な行程表をつくりあげてくれた。また参考文献や一般的な旅行ヒント集をひとまとめにしたものを準備し、期限ぎりぎりの膨大な変更を快く、てきぱきと処理した。光沢紙使用のパンフレットや規制のパッケージはつかわれていなかった。すべて個人の要望にあわせた特別しつらえだった。

3.3.3　大規模エコツアーオペレーター

グレート・アドベンチャー・ピープル（以下G.A.P）はカナダの企業家ブルース・ポーン・ティップが1990年にたちあげた。約20年以上にわたり、文化、自然、参加型の旅を中心にした小規模グループツアーを7大陸で提供してきて、ツアー客数は年間4万人を超える。100か国で1,000種類ものツアーを開催し、世界最大のアドベンチャーツアー会社となった。社是には「G.A.Pは、旅先の土地と住人を尊重するツアーを育む。他社がアトラクションや欧米スタイルの創造に力をおくなか、私たちの目標は草の根レベルで顔の見える旅をすることだ」とある。この企業は持続可能な観光理念の実践を誓う。実践とはすなわち、環境に与える影響を最小限に抑え、地元の人や文化を尊重し、地元産業やコミュニティに経済的な利益を与え、旅行者にとって思い出深い経験をしてもらうことである。

目覚しい成長をとげながらも、今もG.A.Pはカスタマイズしたサービスと小規模ツアー（12〜16人）を提供している。また多岐にわたる現場の移動交通手段、ひなびた簡易宿泊所、郷土料理の提供も業務範囲である。ツアーのパッケージは、通常すべて込みこみではなく、

第3章 昨今のエコツーリズム

旅行者が地元のアクティビティやアトラクション、はたまたレストランを探索できるように、ある程度の自由度が組み込まれている。「小規模ロッジや地元交通手段の利用、地元運営のビジネス支援、G.A.Pのツアーにコミュニティ主体のエコツーリズムを盛り込む、といった形で、我が社のツアー運営が、環境的、社会的、文化的に責任を担っていることを行動で示すのだ」とG.A.P関係者はいう。

会社は小規模ツアーに焦点をあてながらも、代表者ブルース・ポーン・ティップは、エコツーリズムビジネスは小規模であるべきという通念を払拭しようとしている。また「エコツーリズムは足跡だけを残す」といった考えもしりぞけている。「クルーズ船で1万人の乗客を連れて行き、200の"小規模"グループにわけるのだ。ツーリストの影響は膨大だろうさ」と彼は主張する。

G.A.Pが影響を与えようと試みていることが1つある。独自で設立したNPO、プラネテラを通じ、訪問先の地元組織やコミュニティプロジェクトに財政援助や物資提供をするのである。例えばラテンアメリカの次のようなプロジェクトである。メキシコ、チアパスの児童教育センター、1998年のハリケーン・ミッチで被害をうけたホンジュラスの家族向け短期融資、ペルーの女性機織りプロジェクト、キューバの学校に庭を普及するといった環境NGOなどだ。G.A.Pはプラネテラの運営費をすべてカバーし、ツアー客の寄付金を最適のプロジェクトにふりわけ、資金と物資の提供を年単位で支援プロジェクトに届ける。またコミュニティ開発と保全プロジェクトに関わる国際的な3件の慈善事業を支援し、長期助成を確実にするための基金をたちあげた。

G.A.Pはおびただしい数の賞に輝き、模範事例として認知されている。コンデナスト・トラベラー誌は、2006年、環境や文化は値打ちある地球冒険旅行の素材であり、その保全の最善策を提示しているとして、G.A.Pを他のロッジやディスティネーションと一緒に同誌のグリーンリストに掲載した。

3.3.4　中規模ツアーオペレーター

グレート・アドベンチャー・ピープル（G.A.P）とタムサファリにはさまれて、中規模サイズのオペレーターが存在する。例えばシアトル拠点のワイルドランド・アドベンチャーである。ここは10人のスタッフで、年間1,500人以上のツアー客を取り扱い、年間の総売り上げは約400万ドルである。ツアーの行き先は、中央アメリカ、アンデス地方、アフリカの西と南、モロッコ、トルコ、エジプト、ヨルダン、ニュージーランド、アラスカだ。代表者カート・クタイによると、3タイプのツアーを提供している。

1) 特別注文のカップル、家族、小グループ向けのプライベートツアー（50%）
2) ワイルドランド・アドベンチャーのオリジナル企画限定ツアー（30%）

3) 海外の評判がよいエコツーリズムオペレーターを利用する、あらかじめ日程の決まったツアー（20%）

クタイはコスタリカの国立公園で働いていたことがあり、自然資源管理の修士号をもつ。ビジネスではなく保全活動がきっかけでエコツーリズム界に身を投じた。1980年、ちょうどエコツーリズムに注目が集まりだしたころ、中央アメリカとネパールへ行く、私的なツアーを友人と一緒に企画したのが始まりだ。「お気に入りの国へ友人を連れて行く、というのが僕らのスタイルさ」とクタイは語る。口コミと限られた広告で、徐々に、「正真正銘の文化と博物学を探求する、積極的で知識欲旺盛なトラベラーに特化した会社」の形ができてくる。1986年に、この若い企業家はNPO組織、保全活動基金（Traveler's Conservation Trust）をたちあげる。NPOは法人ワイルドランド・アドベンチャーの傘下で、ワイルドランド・アドベンチャー収益の一部を、訪問先の途上国コミュニティプロジェクトや環境保護団体に寄付する。ワイルドランド・アドベンチャーは、業務の一環として最低25ドルの任意の寄付金をお客さんにお願いしている。クタイの概算では95%の人が寄付をしてくれる。基金が助成するプログラムには以下があげられる。コスタリカの保全とコミュニティ開発プロジェクト、ガラパゴス島のチャールズ・ダーウィン研究所、アフリカ野生動物財団、アフリカのマサイ・コミュニティプロジェクトである。

「我が社の旅行者の保全活動プログラムでは、英語版のニューズレターを発行して地元の団体を支援しようと狙っているんだ」つまりこうだ。「僕らが寄付金と寄付者の名簿をプロジェクト団体に送るだろ、するとお客さんは、最近行ったばかりの国からその年のニューズレターを受け取ることになるのさ。願わくば、今後も寄付を続けてほしいものだね。ナショナル・ジオグラフィック・アドベンチャー誌は、2007年11月号で、地球上で最高のアドベンチャー旅行企業として掲載してくれたよ。これは世界の何百とあるツアー会社に関する大規模調査で、弊社の得点は94.3%、「頑張るアウトドアー企業」として総合4位にランクされたんだ」。

3.3.5　ツアーオペレーター集団

2000年、ヨーロッパの小規模ツアーオペレーターが中心となって、持続可能な観光発展のためのツアーオペレーター・イニシアチブ（TOI:Tour Operators Initiative for Sustainable Tourism Developmnt）という連合組織をつくった。根っこにある考えはこうだ。つまり、大概のツアーオペレーターは綺麗で安全な環境が事業の成功に必然であるとわかっていながらも、環境、社会、経済に与えるマイナス作用を最小にするツアーを企画し、実践する方法や経験をほとんど持ち合わせていない。2006年、会員数は20、ほとんどがヨーロッパを拠点とするオペレーターだが、なかにはブラジル、パキスタン、アメリカ、モロッコのオペレーターも会員となっている。使命は2つある。1つは観光の持続可能な発展とマネジメントを

促進すること。もう1つは、ツアーオペレーターが持続可能な開発に企業として関与するよう後押しすることである。2004年、持続可能な観光発展のためのツアーオペレーターイニシアチブ（TOI）はコンサベーション・インターナショナル（CI）と共同で「持続可能なサプライ・チェーンを築いていくための指針マニュアル」を作成した。つづいて2005年には持続可能性を業務に落とし込むための運営ガイドを作成した。

アドベンチャー・コレクション（Adventure Collection）という別の取り組みをあげる。これはアドベンチャートラベル分野におけるアメリカとカナダのトップ企業が、高級ツアーをマーケティングしブランド化するためには、共同戦線を張ったほうがよいということから生まれたもので、より強固で均一化した標準規格をつくりあげている。2000年に設立され、2007年時、会員企業は10社で、提携して500以上のツアーを提供している。内容はワイルドサファリ、自転車ツアー、ラフティング、フライフィッシング、ヘリースキー、文化探索ツアーまでいろいろである。2005年、連結収益は2億7,040万ドルまで跳ね上がり、前年比23.1%増となった。会員たちは「責任を伴う旅行のための戦略的な理念」（Strategic Principles of Responsible Travel）という共通ルールをまとめあげた。このなかには特定プロジェクトの支援、事業内容や旅行先のコミュニティに関するアカウンタビリティー（説明責任）訳者注8、「責任を伴う旅行」を啓蒙するためのガイドライン、「責任を伴う旅行」に関する企業パフォーマンスを組織的にチェックすることなどが含まれる。（7章 P.287参照）

アドベンチャー・コレクションに加入する企業は、「十分な実績」「卓越したツアーリーダー性」「質の高い旅行体験の提供」「ツアー内容（アクティビティ）の専門家であること」「高い安全性」「保全と環境保護の実践において基準を順守しリーダーシップを発揮していること」などを証明しなければならない。資金源はメンバーの年会費だ。ラリー・モゲロンスキー代表は次のように語る「実体験旅行（新境地を学び体験するカルチャーツアー）を求めるベビーブーム世代の需要が増えていることを反映して、アドベンチャートラベル市場は成長を続けている。この層は、5〜10年後に定年を迎える。彼らの余暇時間が増えるので、マーケット需要がこれからも伸びるだろうと期待している」

3.3.6 非営利団体によるエコツアー

多くの環境、教育、科学関連団体も、ネイチャーツアー、アドベンチャーツアー、スタディツアー、ボランティアツアーを会員に提供している。通常、これらのツアーは、ホスト国にあるツアーオペレーター（インターナショナルあるいは国内専門）と契約を結んでいる。この手の団体としてアメリカで有名なのは、スミソニアン協会、自然保護協会（Nature Conservancy）、アメリカオーデュボン協会（Audubon Society）、アースウォッチ研究所

注8 個人や団体がその行為、政策、製品などについて、法に従っていることを第3者に対して説明する義務。

(Earthwatch Institute)、アメリカ自然史博物館、世界自然保護基金（WWF）、シエラクラブがあげられる。利用するネイチャーツアーのオペレーターや海外のグランドオペレーターは、アメリカで大々的に広告をうっている大手業者で、必ずしも革新的だったり責任を伴う業者ではないものの、これらの団体が提供する旅行プログラムは、徐々にエコツーリズムの理念を取り入れるようになってきている。旅行プログラムの最大の目的は、教育活動の推進、メンバーの専門的知識の向上、団体が実施する海外プロジェクトの見学、ツアー参加者への喜びと癒しの提供、所得控除分の寄付金で団体収益をあげることだ。

　アメリカの大学や高等教育機関もたくさんスタディツアーを実施している。同窓生や大学の賛助会員を、自然や文化とふれる場所へ連れて行っている。なかでもスタンフォード大学はこの分野で有名で、「旅と学び」というツアーを提供している。これは教授の研究分野や興味に関連する場所を慎重に選びだし、教授同行でツアーに行くというものだ。革新的なスタンフォード大学ツアーのなかでもフィールド・セミナーは、教室の授業と、ガラパゴス、アマゾン、コスタリカなどの地域に行く旅行体験を組み合わせて、卒業生と学部生を引き合わせる機会をつくっている。フィールドセミナーを定期的に引率しているスタンフォードの文化人類学者ウィリアム・ダラムは、フィールドセミナーが非営利のエコツーリズムの形としてとりわけ効果的だという。「学部生の若者らしいひたむきさと、卒業生の世知に長けた博識ある視点が絡み合い、"忘れがたき学びの体験" を参加者にもたらすのだ」。

　エコツアーを提供する環境団体のなかでも、自然保護委員会（TNC:The Nature Conservancy）[訳者注9]の海外ツアープログラムは有名だった。年間で約2ダースのツアーをいちどきに開催し、ラテンアメリカ、カリブ諸国、カナダ、アジア太平洋地区の12〜15の国が対象地である。自然保護委員会（TNC）メンバーなら誰でも参加でき、環境保全というテーマを核に、自然と文化の歴史を学ぶツアーであった。しかし2002年、広範囲にわたる組織の合理化と再編のため会員向け海外旅行プログラムは終了した。現在の「環境保護ツアープログラム」の仕組みと考え方は、"高まる環境意識" と "資金集め" を目標に据えて、つきつめてきた結果である。年間20〜25のツアーを企画し、参加者は各ツアー平均10人、行き先は自然保護委員会（TNC）が抱える多くのプロジェクト実施国である。以前のプログラムは、自然保護委員会（TNC）メンバーなら誰でも、また一般人でも参加できたが、現在はほとんどがそうではなくなった。今は過去に寄付をした人や、主だった寄付金見込み候補者を対象に、自然保護委員会（TNC）の努力を実際にみてもらう見学ツアーとなっている。ツアー参加者にユニークで教育的な体験をしてもらって自然保護委員会（TNC）活動への支援と関与をいっそう深めてもらうことをねらっている。旅の引率者は自然保護委員会（TNC）スタッフや専門家である。環境保護ツアープログラムは自然保護委員会（TNC）のエコツーリズム部門と

注9　ワシントンDCに本部をおく、世界的な自然保護のNPO。1951年に設立され、1999年には日本にも事務所を開設。会員は100万人以上で生物生息地の確保や希少生物、生態系の保全活動などを行う。

共同で、すべてのツアーオペレーターを対象とする"グリーンガイドライン"を開発した。ガイドラインは、1）自然保護委員会（TNC）使命の中の重要事項を提示。2）保全活動に財政的貢献。3）コミュニティ観光を支援。4）環境保護の最善策を推進し実施。5）訪問者の行動が責任を伴うよう普及活動。6）影響を監視。7）方針を順守しているかどうか報告。といったことからなる。

世界自然保護基金（WWF）も（北米以外では WWF for Nature として知られる）メンバー向けに旅行プログラムを実施している。行き先はアフリカ、アジア、北米、ラテンアメリカなど20を越える国で、収益は世界中の環境保全プログラムにまわされる。1983年に始まり、現在は年間35～40の会員向けツアーを実施し、400人を超える参加者を集める。ツアー内容は野生動物の観察に焦点をあてており、一部、世界自然保護基金（WWF）プロジェクト見学をおこなうものもある。ツアーはすべてアメリカのツアーオペレーターが運営するものの、ホスト国の現地オペレーターとガイドを雇う。WWFスタッフもツアーグループに同行する。いつもとは限らないが、そのなかにはナチュラル・ハビタット・アドベンチャー社と提携して、実施されるものがある。ナチュラル・ハビタット・アドベンチャーはアメリカ拠点のアドベンチャートラベル企業で、自社HPでは次のように誓約している。「弊社は、社会的責任を持って活動をしている現地ガイドとオペレーターを選び、我々の活動が訪問地に与える影響を最小限とするよう努力し、現地の保全活動、教育活動、調査プロジェクトを支援することで、責任ある観光を実践する」。

大半は博物館、動物園、大学、NGOといった組織であるが、アメリカ国税庁の減免対象団体に関する基準や規定を注視しながら、旅行分野の潮流や変化にいちはやく対応している。そのために、モンタナ旅行研究会が主催する教育トラベルのための年次集会、教育旅行総会以前の"旅行業界のNPO"に参加している。規定では、NPOは収益をあげたり、資金集めの活動をおこなったりしてはならない。

しかしある調査によると、この種のツアーは金持ち層をターゲットにしていて、主たる暗黙のゴールは、現在または未来の寄付金提供者や篤志家たちに気に入ってもらうところにある。自然保護委員会（TNC）などの組織は、会員向け旅行プログラムとうって、寄付提供者をプロジェクトの現場まで連れて行き、エコツーリズムや環境保護プログラムの支援を得ることに成功している。環境保護ツアープログラムの上級マネージャーであるジル・バーニェは次のように語る。「独自に企画したツアーで、支援者たちを現場に連れて行き、私たちの任務を探求してもらい、没頭してもらい、関与してもらうことによって、我々のプロジェクトの質の高さに大きな信頼を寄せてもらえるようになるのです。その結果、善意の支援を、地球上に散らばる重要な保全活動に届けるチャンスというものを自然保護委員会（TNC）としては勝ち取ります」。

3.4　途上国におけるエコツーリズム構造

　エコツーリズムを、経済的に貧しい国の持続可能な開発手法としてみた場合、「旅行者の北から南への移動」という意味合いをもつ。つまり先進国から途上国への移動ということだ。セバロス・ラスクレインはこう記す「観光旅行は、いまだ工業先進国の人たちの大きな特権といえる。にもかかわらず、人気の旅行先は先進国から途上国へと移っている。ということは、国際観光は、北から南へと富の再配分をおこなう手段になる可能性があるのだ」。

　海外旅行者の65％が訪問する欧米は、国際観光地人気トップとして不動の地位を保っているものの、ラテンアメリカ、アフリカ、アジア、南太平洋地域の伸びが著しい。とりわけ、アジア、中米、南米はどこよりもはるかに伸び率が高く、なかでも中国は、世界最大の観光国家に変貌をとげつつある。

　今日、中国における観光産業は海外、国内ともに桁外れの増加率で、2005年の観光客到着数は2,000万人に達し、国内の観光客総数を大きく上回る。世界貿易機関（WTO）予測では、2020年までに中国が世界最大の訪問地となる見込みである。同時に、懸念、それどころか警戒の念さえ増している。十分な管理やコントロールがないまま、おびただしい数の観光客が、臥龍パンダ研究センターから万里の長城といった中国の自然と文化の景勝地に押し寄せることになるだろう。これに応じて、中国国内でたくさんのエコツーリズムプロジェクトがはじまっている。とりわけ保護区周辺やその内部、そしてチベットのように多くの文化遺産が現存する場所でのプロジェクトが多い。2006年には、国際的な建築家や建設業者が地元住民たちと協議の上で造成した、中国初のエコツーリズム計画地が完成した。中国の南、広東省の南崑山保護区[訳者注10]にあるクロスウォーター・エコロッジ[訳者注11]がそうである。

　このロッジは、地域の伝統的な建設素材である竹を利用し、地元の文化と精神を代表する風水思想に基づいて建設された。中国でのエコツアーに力をいれるツアーオペレーターは増えている。その一方で、中国国内で膨らむ中産階級層は海外旅行に目を向け始めている。中国から海外にでかけた旅行者数は2006年に3,500万と推定される。前年比13％増しである。ある試算では、1億5,000万人の中国人がすでに海外旅行するだけの財政的ゆとりがあるとされる。2020年までに、中国人海外旅行者の数は1億人に達する見込みだ。

3.4.1　国内ツアーオペレーター

　途上国の観光産業が成長しても、儲けがでるのは観光収益をホスト国に留め、南から北に戻る（リーケージ）のを阻止できたときだけである。旅行者、旅行代理店、ツアーオペレーター、環境保護団体は、可能な限り、環境に配慮された、社会的に責任を伴う、地元基盤の企

注10　広東省、中国恵州市
注11　2010年　アメリカ建築協会の「持続可能なランドスケープ賞」を受賞

第3章 昨今のエコツーリズム

業や施設を利用することで、途上国に最大限の利益をもたらす手助けができる。海外ツアーオペレーターやNPOは、ホスト国の国内オペレーターやグランドオペレーター^{訳者注12}と契約を結ぶ。これが質の高いエコツーリズムを提供できるかどうかに大きく関わってくる。国内ツアーオペレーターは、ツアーの細々した部分をすべてアレンジする。例えば、アトラクションがある周辺のロッジ情報を集約するといったことだ。エコツーリズムの施設は、バックパッカー向けテントや山小屋、小ぶりながら高級で贅沢な金持ち向けリゾート、お手ごろ価格のエコロッジまで多種多様である。また、その土地ならではの料理を提供する地元運営レストランを選んだり、質のよい民芸品を発掘してきて、協同で観光客に販売したり、文化を紹介することも国内ツアーオペレーターはおこなう。また近年はスローフードブームで、オーガニックフード（有機食品）の人気が高まっている。そこからエコツーリズム、農場、郷土料理がつながって「アグロツーリズム」なるものが生み出された。エコツーリズムに関わる国内ツアーオペレーターは、アメリカのカウンターパート同様に、創立者の運営が多い。彼らは土地の人か、長くそこに住んでいる外国人で、ほとんどの収益を国内にとどめていて、事業が貧困緩和に貢献していると信じ、自らを社会正義の立て役者だと自認している。コスタリカにはレベルの高い国内ツアーオペレーターが、他国よりも多く存在する。実質的にはすべてのオペレーターが何らかのネイチャーツーリズムを扱うものの、エコツーリズム専門業者とされるのは約1ダースの業者だ。1992年初頭、研究者のアナ・バエズは18のツアー会社にアンケートを実施し、環境と社会に対する業者の意識が高いことがわかった。ところが、2003年のエコツーリズム地域に隣接する複数の農村地区を対象におこなった調査でわかったことは、オペレーターたちは、コミュニティで環境意識を高めるには重要な役割ははたしておらず、観光よりも法規制のほうが森林伐採や密猟を軽減するためには影響力があるということだった。著者の私の見解はこうだ。「エコツアーオペレーターたちがしっかりした取り組み姿勢をみせ、観光保護戦略に取り組み、地域へ意義あるコミットメントをするなら、エコツーリズムは、コスタリカの環境保護や開発に、今後いっそうプラスの影響を与えるだろう」。この動きはすでに始まっている。2006年9月、コスタリカ政府は国内ツアーオペレーターを対象としたグリーン認証プログラムを開始して、8つのオペレーターを認証した。そのうちの1つはオリゾンテス・ネイチャーツアーで最多の票を集めた。厳格な「コスタリカの持続可能性認証制度」（CST）のグリーンリーフ5を獲得した^{訳者注13}。

　エコツーリズムブームでたくさんのオペレーターがコスタリカでは成功しているが、他国の小規模国内オペレーターたちは、観光そのものは拡大していても、国際市場に食い込むために苦戦している。例えば1990年代半ばのことである。国内ツアーオペレーター、ユニーク・サファリは、ベテランでかなり能力の高い2人のタンザニアガイドが運営していたが、

注12　国内オペレーターとグランドオペレーターのどちらも、顧客（海外からの）の求めるツアーを組み立て、旅行会社や個人に販売する。同義。
注13　5章コスタリカ参照

2台の乗用車しか所有していなかった。そのため需要にこたえられず、オーバーシーズ・アドベンチャー・トラベルのような国際ツアーオペレーターと契約を結ぶことはできないでいた。その後は、今日にいたるタンザニアのエコツーリズム成長のおかげで、しっかりと躍進を続けている。2006年には100人の従業員をかかえ、北部区域で豪華な移動式キャンプをいくつか運営している。会社オーナーは今もタンザニア人で、運営も現地の人間によっておこなわれており、旅程表には文化、学び、社会的な事柄がもりこまれている。会社は村のプロジェクトも多く支援している。しかしタンザニア地方銀行の貸付利子は30〜40%であるため、小さな企業が資本を増やすことは難しく、すべての国内ツアーオペレーターがユニーク・サファリのように成功しているとはいえない。

多くの場所で、基準や規定が欠落しているために、海外オペレーターがグランドオペレーターを査定するのはむつかしい。とりわけマーケティング上手であれば、なおさらである。目先の利益より長期的な採算を意識しながら、運営している海外オペレーターや国内ツアーオペレーターはいるにはいるが、多くはそうではない。エコツーリズムの原理をしっかり守るには、もっと多くのルールや、第3者の目による評価が、海外ツアーオペレーター、地元サービス提供業者、ロッジ、その他の国内業者に必要である。EU内の援助機関、世界銀行、イギリス国際開発省といった国際援助団体は、貧困削減ツーリズム（プロプアーツーリズム）の取り組みを通じて、途上国におけるツアーオペレーターの能力構築をおこなっている。

3.4.2　環境保護 NGO

ラテンアメリカでミケーレ・ゼビクノスがおこなったエコツーリズム調査によると、「草の根レベルのエコツーリズム開発プロジェクト」においてNGO不在の例は、ほとんどなかった。NGOはトレーニングを行ったり、マネジメントの仕方を教えたりする。現地の人が、必要とするのは、観光インフラ体系化のノウハウ、マーケティングのやり方、高度な専門的知識をもつ外資と上手に駆け引きをしていくための基本的な技術である。今日、アメリカに籍を置く、主要な国際的環境保護団体のほとんどが何らかの形でエコツーリズムに関与している。例えば、世界自然保護基金（WWF）、ナショナルジオグラフィック、世界資源研究所[訳者注14]（WRI:World Resources Institute）、自然保護協会（TNC:The Nature Conservancy）、コンサベーション・インターナショナル（CI）、アフリカ野生動物基金（AWF :African Wildlife Foundation）、環境防衛（Environmental Defense）、熱帯資源保全RAREセンター（RARE Center for Tropical Conservation）、レインフォレスト・アライアンス（Rainforest Alliance）といった団体などであるが、行動指針や政策方針を起草するようなことから、事業部門設立、技術援助の提供、公衆教育、途上国でのプロジェクト運営、ツアーの実施といったことを行う。これらの団体は何億ドルもの助成金を米国国際開発庁（USAID）、米州開発銀行（IDB）、世

注14　地球環境と開発問題に関する政策研究と技術的支援を行う独立機関。ワシントンDCにある。

界銀行、国連機関などから受けている。それ以外にも、フォード、パッカード、ムーア、ロックフェラーをはじめとする慈善団体が大きな資金源であり、これらの基金でプログラムやプロジェクトの評価、実施、調査を、アフリカ、ラテンアメリカ、カリブ海諸国、アジアでおこなっている。

　一般的に、これらのプログラムは危機的状況にある生態系を保護し、種の多様性を保全することを目指している。エコツーリズムは、「自然に価値を与えるもの」、そして、持続可能な開発を実現する手段として、喜んで受け入れられている。支援団体の多くはエコツーリズムを、自由貿易や経済自由化のなかで小規模私企業を振興する手段としてみている。また環境政策や開発計画と同じようにビジネスプランが必要であると気づいている。さらに世界自然保護基金（WWF）、世界資源研究所（WRI）、自然保護協会（TNC）も、米国国際開発庁（USAID）や世銀と同様に、エコツーリズムを事業ベースの環境対策アプローチの1つとみなしている。すなわち市場や民間部門を応援し、成長と投資の活性剤になるべく政府の役割を新しく方向付け、それに加えて必要な公共サービスやインフラ整備を提供するのである。提携先は民間企業、保護区、国立公園などが多い。最近は、モザンビーク、ザンビア、ガボンといった途上国の貧窮な国立公園システムの強化と経済的支援がはやりである。

　1985年の初め、米国国際開発庁（USAID）は世界自然保護基金（WWF）の「野生動物と人間が必要とするプログラム」に支援を提供した。このなかに保全と開発の両立を目指した途上国の約20の試験的なプログラムがある。初期の成功事例の1つとして、ネパールのアンナプルナ保全プロジェクトがあげられる。これは登山者が環境に与えるマイナス影響を何とか食い止め、エコツーリズムから地元の収益を増やそうと始められた。1990年半ばまでに、エコツーリスト向けロッジで働けるよう地域の人たち700人を訓練し、ビジター教育用センターを作り、保全のための費用として1人あたり12ドルを徴収するようにした。そのおかげで年間100万ドル以上の資金が生まれ、植林や遊歩道整備といった地域環境保全や開発事業にあてることができた。ひきつづき類似プロジェクトがエベレスト国立公園、チトワン国立公園でも試みられた。ところが2000年以降、マオイストの反政府運動や学生と知識層が主導する民主化運動のためにネパール国内で政情不安が広がり、観光客数は50％落ち込んだ。2006年4月、ギャネンドラ国王の直轄統治に終止符が打たれ、主権は国会にうつることになった。11月、平和協定が調印され、正式に、マオイスト闘争に幕が引かれ、国王のすべての政治的権限は否認された。新たな楽観論を反映して、2006年末までに観光客入れ込み数は7％上昇して、観光産業は緩やかな回復を示した。つづく2007年、国際観光客入れ込み数はプラス27.1％と大幅に跳ね上がった。この感動的な成長の要因は、継続中の和平プロセス、政治的安定、国際航空会社9社の新規乗り入れ開始によるものとネパール観光局は見る。

　「持続可能な観光事業部」を組織内にもたない世界自然保護基金（WWF）だが、初めて大規模なエコツーリズム分析調査を2件、ラテンアメリカとカリブ海諸国5か国で実施してい

る。また世界中でエコツーリズムの要素をもったプロジェクトを実施している。例えば、中央アメリカの小さな国ベリーズで多様なエコツーリズム関連プロジェクトを抱えている。ベリーズは国土の36%が何らかの保護区に指定されている上、世界で2番目に大きい堡礁（サンゴ礁の1つ）がある重要なエコツーリズムのディスティネーションである。世界自然保護基金（WWF）は1人3.75ドルの保全協力費徴収制度を策定するために協力した。協力費は空港税に付加され、すべての外国人観光客はこれを支払うことになる。資金は生物多様性、文化遺産保全、コミュニティを基盤とするエコツーリズム新ビジネス関連の活動費用として利用される。この仕組みは、他の途上国にとってモデルケースとされており、信託金は保護区保全トラスト（PACT）が管理する。保護区保全トラスト（PACT）は政府役人、観光業界トップ、村の議員、ベリーズのNGOから編成されている。

世界自然保護基金（WWF）は2002年、その他7つの国際NGOと地元NGOと共同で、ベリーズの海岸線沿いに海洋保護区域を築いた。その翌年、世界自然保護基金（WWF）は、海洋保護区の管理向上のために中米機構の漁業・水産養殖業セクターと協同するようになった。またサンゴ礁同盟と一緒に海洋レクリエーション基準を設定し、ベリーズのサンゴ礁がある地域の観光政策推進もおこなった。これには政府、地域コミュニティ、ホテル経営者やクルーズ船、ツアーオペレーターといった産業界も協力している。このほかにも世界自然保護基金（WWF）はアフリカ、アジアでもエコツーリズムプロジェクトに関わってきた。またヨーロッパでは、オランダのレジャー会社モレカーテンと提携し、パン・パークス保全地区ネットワーク[訳注15]をたちあげた。パン・パークスは認証プログラムであり、エコツーリズムと持続可能な経済活動を通して、ヨーロッパにある保全地区とその近隣コミュニティの保護管理、持続可能な開発の推進を目的とする。

自然保護協会（TNC）は主に南米で多くのエコツーリズムプロジェクトにたずさわっている。政府、保護区、地元環境保護団体などと連携した小規模のエコツーリズムプログラムを通じ、環境保護の手法として観光振興をおこなっている。自然保護協会（TNC）の支援は国家政策レベルである。目指すところは、観光収入をもたらし、環境保護と地域に資本投下をし、訪問者による自然地区の脅威を緩和することである。例えば、ボリビアの公園局と連携し、国内初の入園料徴収制度を訪問者数がいちばん多いエドゥアルドアボロア国立アンデス自然保護区で開始した。2006年、年間約20万ドルの入場料収入が、とりわけ困窮度の高い保護区システムに投入された。エコツーリズムプログラム責任者アンディ・ドラムの説明によると、入園料徴収制度が効果をみせているので、ボリビア全土の公園に拡張している。将来は年間150万米ドルの収益を見込む。またエクアドルとペルーで、保護区における観光価値測定調査と、観光客が落とすお金を環境保護とコミュニティに流す仕組みの強化政策案を

注15 パン・パークス(Protected Areas Network Parks)財団は公園のネットワーク形成により、地元住民を巻き込んだ維持可能な観光業を進め、欧州の最も貴重な自然地域を保護することを目的とする欧州のNGOのことです。(ブルガリア観光局より)

提唱している。さらに公園スタッフと環境保護マネージャー向けに研修マニュアルや、国立公園の観光マネジメント向上のための手引書などを多言語で発行している。

　アメリカの主要環境団体の中ではもっとも新しい（1987年設立）コンサベーション・インターナショナル（CI）は、ワシントンDCの本部や現地にある支部やパートナーとともに比較的多くのエコツーリズムプログラムを実施している。またラテンアメリカ、アフリカ、アジアで、多数のホットスポット地域（生物多様性が豊かながらも危機に瀕している地域）プロジェクトに関与している。2007年までコンサベーション・インターナショナル（CI）のエコツーリズムプログラムで働いていたアイリーン・ギティレスの説明では「途上国の地域エコツーリズムプロジェクトを国際的なエコツーリズム市場に効果的につなげるという難題に取り組み中だ。プログラムは地元エコツーリズムの舞台装置（ロッジ、遊歩道制度、営業権）を開発し、マーケティングしている。これらの取り組みは、コンサベーション・インターナショナル（CI）のより大きな目標である、持続可能な生活の提供、生物多様性保全の取り組み支援の一環である」しかし、彼女によるとコンサベーション・インターナショナル（CI）はゆっくり路線変更中である。今までは特定のエコツーリズムロッジといった箱物に焦点をあてていたが、政策基準の策定に移ってきている。これらの政策は、エコツーリズム開発に参加できるよう地元パートナーの能力強化と、民間セクターとの提携強化のためである。またさらに、エコツーリズム推進活動の一環として、コンサベーション・インターナショナル（CI）が後押しするエコツーリズムやツアーオペレーター、ロッジのプロフィールを紹介するウェブサイトをたちあげた。

　また「旅行とレジャープログラム」も実施している。これは観光の主たる担い手たちによる環境負荷を削減するためのもので、産業界内外と提携している。プログラムにおけるクルーズ船業界のイニシアチブは次のとおりである。「クルーズ船企業は、生物多様性保全の取り組みを経営手法に組み込んで、建設的な効力を訪問先にもたらすようにする」。この件について他のNGOも激しい批判を浴びせた。2004年、環境団体グループ30が団結して、実質的で具体的なコミットメントに欠けるとして、コンサベーション・インターナショナル（CI）と国際クルーズライン（ICCL）の「クルーズ船汚染問題に対処するための共同イニシアチブ」を告発した。

3.4.3　多国籍融資と援助機関

　地球サミットとして知られる1992年の「環境と開発のための国連会議（UNCED）」につづき、世界銀行は、「環境的に持続可能な開発」に重きをおいた。1995年の「グリーン化する世界銀行」というタイトルのプレス発表資料は、世銀は62か国で100億ドルの融資を行い、これとは別に独自の環境活動のために年間200億ドルを計上するなど「地球サミット以降、途上国の環境プロジェクトを財政的に支援する世界有数の組織」になったとある。例え

ば、地球環境ファシリティ（GEF）と米国国際開発庁（USAID）はブウィンディ原生ゴリラ保護区の保全のために400万ドルのトラスト（信託基金）をたちあげた。ゴリラ保護区はウガンダの熱帯雨林で生物学的に重要な意味をもち、生き残っているマウンテンゴリラの半数（約300頭）が生存する。トラスト資金は、ウガンダ政府、地元NGOと国際NGO、保護区に隣接する50のコミュニティが共同運用し、純利益の60%を環境保護活動と両立するコミュニティ開発活動にまわしている。また「生態的に健全な観光形態」なるものをウガンダ国立公園と、アフリカ野生動物基金（AWF）、世界自然保護基金（WWF）、国際NGOからなる連合体のコンソーシアムで作成して、1990年代半ばまでに、2つあるゴリラの群れを訪問できるのは一度に最大12人までとした。ゴリラの群れは人の存在に慣れてきてしまった。目が飛び出るほどの金額にもかかわらず（当時1人あたり、1時間、約145ドル）ほとんど満員御礼に近い状態だ[訳者注16]。年間40万ドル近くの収益を生み出し、ブウィンディ公園はウガンダ国内でいちばんの稼ぎ頭となっている。ウガンダ国立公園は、ゴリラ観察と地元コミュニティプロジェクト用宿泊所からの収益のうち10〜20%をコミュニティ開発にまわすよう指定している。

　初期のごたごたでブウィンディ公園に対する地域援助は減少したにもかかわらず、2000年には、コミュニティの利益を強化し、住人たちの森林保護への責任感を高める新プログラムがはじまった。地球環境ファシリティ（GEF）が設立した基金に加え、ブウィンディ公園にやってくる観光客収入の一部を、公園隣接地域の開発プロジェクトに利用するようにした。住民数にして17万である。またコミュニティとの取り決めで、公園内で薬草、ハチミツ、その他の自然の恵みを収穫できるよう制限付き許可を与えた。ケア・インターナショナル（CARE）が実施したコミュニティの意識調査では、公園を好意的にとらえる人の数が増えた。また故意の放火は止み、ゴリラに対する興味があがったことも判明した。

　世界銀行グループの国際金融公社（IFC）は、観光と民間セクターのプロジェクトに、株主と貸手の両方の立場で投資している。1956年の投資から2005年に至るまで、国際金融公社（IFC）は490億ドル以上の資金を自己資本から投入し、140か国にわたる3,319社の企業連合体の設立を240億ドルかけて段取りをした。2004年に48億ドル、2005年に54億ドルを融資し、国際金融公社（IFC）は途上国の民間セクターにとって最大の資金提供者となる。国際金融公社（IFC）も世銀と同じく、メキシコのカンクンのように社会的、環境的に不都合をもたらす巨大観光投機の株主となっている。ところが1979年に観光プロジェクト部門を閉鎖して「持続可能」あるいは「エコツーリズム」という名目の下、1990年代に観光融資だけを再開した世銀と違って、国際金融公社（IFC）は決して観光プロジェクトへの投資を止めなかった。実際、ポートフォリオに占める割合は増えている。1987年まで、国際金融公社（IFC）の観光部署は、毎年1〜3件の新規プロジェクト融資を始め、その後1990

注16　2015年現在、更に値上げされていて、ツアー会社のウェブサイト情報によると、ゴリラを見る入園許可証は1回につき750USドルである。

~1994年の間は、平均で年間13〜16の新規案件を開始している。そして2002年6月現在、国際金融公社（IFC）は観光部門投資に4億6,100万ドルをつぎこんでいる。これらはアジア、ラテンアメリカ、アフリカの途上国で、とりわけ重要なのはアフリカである。国際金融公社（IFC）の観光融資のほとんどはホテルで、多くが都市部中心のホテルだ。1988年、国際金融公社（IFC）は世銀と組んで、世銀グループの多国間投資保証機関（MIGA：Word Bank's Multilateral Investment Guarantee Agency 以下MIGA）と緊密に協同しながら、保険制度を売り出した。これは紛争や民間オペレーターの国有化といったリスクに対するもので、途上国の観光ビジネスも含まれる。1994年、MIGAは最初のエコツーリズムプロジェクトに投資した。それはコスタリカの熱帯雨林空中ケーブルで、すぐさま大人気のアトラクションとなった訳者注17。

　国際金融公社（IFC）は「持続可能な観光基準」を「融資基準」に組み入れる努力をし、幅広い機構戦略を採用した。だが全般的にみれば、あいかわらず観光融資はどちらかというと控えめなものであった。長期間でみると、国際金融公社（IFC）融資の3〜4％が観光プロジェクトである。エコツーリズムプロジェクトのリストをみると、インフラ開発に焦点をあてていることがわかる。とりわけ、生態系保全に配慮すべき場所での宿泊設備建設である。プロジェクト実施にあたり、国際金融公社（IFC）は世銀と同じように、国立公園やその他の生態的に脆弱な地域で、環境負荷調査と環境保護対策調査をおこなっている。また国際金融公社（IFC）は民間セクター、NGOや2国間ドナーと共同で、「環境に意欲的な民間セクタープロジェクト」をたちあげた。これは民間収益と環境保護方針をまとめて、生物多様性、観光保護、持続可能な利用を支援しようと2,500〜3,000万ドルの資金を調達するものである。

　国際金融公社（IFC）は採算があうことを求め、往々にして名の知れたオペレーターをパートナーに選ぶ。そのため過去の観光プロジェクト投資は、大きくて、安定しており、通常、外国籍のプロジェクトにかたよっていた。国際金融公社（IFC）職員の指摘では、観光プロジェクトは企画、実施、仲介に時間がかかるものである。またしっかりした実績をもつ適切な地元投資家を探し出すことは難しい。そのうえ大方のエコツーリズムプロジェクトは投資の限界値を下回る。典型的な国際金融公社（IFC）の融資プロジェクトは500万から1億5,000万ドルであり、小規模プロジェクトをたちあげようと融資する場合、地域のプロジェクト開発ファシリティ（PDF）から資金が提供される。自然志向型観光プロジェクトの場合、国際金融公社（IFC）の投資は、アバクロンビー＆ケントやCCアフリカといった定評あるエコフレンドリーなオペレーターになる傾向がある。

　近年、小規模ビジネス（最高100万ドル）に対する国際金融公社（IFC）支援は急速に増加している。サービス業務を地元ビジネスに外注する、いわゆる「連携」プロジェクトにも融資をおこなっている。例えばペルーで、マンダリン・オリエンタルホテルが魚の仕入れ先

注17　5章コスタリカ P.160参照

との提携を開拓することを手伝った。タンザニアでは世銀が国際金融公社（IFC）と提携し、中小・零細企業を含む民間セクターを支援する開発プロジェクトをたちあげた。このなかには観光業者も含まれる。大手ツアーオペレーターの多くは、地上手配を代行してもらうため、タンザニア企業と提携関係をとっている。ディスティネーションが急成長するにつれ、国際ツアーオペレーターと地元サプライヤーの間に認識ギャップがでてきた。別のイニシアチブは2003年のもので、環境・社会・経済的に持続可能な自然密着型ロッジとエコロッジ、そしてこうしたロッジの成功条件についての調査を委託した。この調査は、国際金融公社（IFC）がエコツーリズムに融資する際の基準を定め、より明確な方針をもとうと努力し始めた兆しであった。

　ナイロビに本部をおく国連環境計画（UNEP）は20年以上にわたり、持続可能な観光戦略を開発してきた。目指すところは環境のセーフガードとなること、ホストコミュニティに利益をもたらすこと、文化を保護することである。パリ郊外にある国連環境計画（UNEP）の観光セクションは、1990年半ばまで、次のように宣言していた。「自発的なグリーン改革の実施という目的をもち、観光業界のビッグプレイヤーと国家政府と直接協働していくというのが、我々の使命である」

　現在の国連環境計画（UNEP）観光戦略の主要目標は、観光開発政策に持続可能性を取り込み、観光産業界内の持続可能な生産と消費パターンを振興し、持続可能な観光の需要を促進することにある。国家の観光局と環境局を支援するために、国連環境計画（UNEP）がとっている手法、活動、助言サービスは主に次のようなものである。すなわちキャパシティビルディング（能力構築）、現地プロジェクト、保護区や生態的に脆弱な地区の管理手法、コミュニケーションや情報、技術と科学的なサポート、他の国際組織、開発団体、NGOとの連携である。

3.5　エコツーリズムが保証するものと落とし穴

　新世紀が幕開けして、エコツーリズムは地球的な意味をもつようになった。国際融資団体、NGO、政府、大小のツアーオペレーターがこぞってエコツーリズムに向かいはじめたのである。もはや影響の少ないニッチではなくなった。重要な意味をもつ経済活動（とりわけ途上国において）であり、環境保護とコミュニティ開発の手法として利用されているのである。加えて、エコツーリズムの原理や優れた実践が、表舞台にいる観光業界に、影響と変化をもたらし始めている。グリーンなホテル、持続可能なスキー場、ブルーフラッグビーチ[訳者注18]、グリーンに献身的なゴルフコースなどは、観光に変化がでてきている兆しである。2006年、

注18　ビーチとマリーナの認証プログラム。国際環境教育委員会が主導しており、水質、環境教育と情報、環境管理、安全などの基準をもうけ、2015年現在世界46か国、3,850箇所で認証されている。

観光に対する意識が活性化し、急激に高まってきたことをうけて、エコツーリズムが加速前進しているのは明らかだ。コンデナスト・トラベラー誌は、際立ったエコツーリズムビジネスを一覧にした2006年版グリーンリスト入賞者を発表した。「グリーンムーブメントがやってきた！証明しようか？アメリカ人は有機食品や産直品を買うようになった。ハイブリッドに向かっている。10ドルは、ハリウッドの人気スターをみるためじゃない、政治家のパワーポイント・プレゼン資料をみるために使うのだ（例、アル・ゴアの不都合な真実[訳者注19]）。旅行者たちは、地球やそこに住む人たちを維持するための方策を探し始めている。コンデナスト誌のアンケートに答えた読者の75%以上は、貧困地区近辺のホテルは、教育、清潔な水、食料、ヘルスケアーを住民が手に入れるための助け船になることが大切と考えている」。

こうして歓迎したいことはたくさんあるものの、地球にもっと優しい観光、正真正銘のエコツーリズムへの道は落とし穴と隣りあわせだ。エコツーリズムは魔法の薬ではない。現在、全方位を向いている理念と実践は、多角的な問題を抱えている。エコツーリズムをとりまく差し迫った多くの問題のために、綿密な調査、厳格な分析、慎重な理論的実践がいっそう強く求められる。次節ではこれらの重要項目にせまってみたい。

3.5.1 先住民、保護区とエコツーリズム

2003年、国際自然保護連合（IUCN）の世界国立公園会議（南アフリカのダーバンで開催）で元大統領であったネルソン・マンデラが基調講演をおこなった。席上で彼は次のように述べた。「クルーガーのような国立公園は国民の誇りとなりえる。だが残念なことに、非常に多くの南アフリカ人はそう思っていない。理由は十分に理解できる。というのもアフリカの美しい保護区の多くが、過去の植民地時代に起源をもち、いわば「立ち退き」になった遺産なのである。結果、地元の民を遠ざけることとなり、民衆は公園を価値がない、もしくは代価が大きいものと見てしまうのだ」

国立公園を作るとき、力づくで土地を獲得し地元の人たちを追いはらう植民地の伝統が、今日に至るまでいくつかの国で続いていることにはマンデラはふれなかった。1960年代の初め、すなわち植民地化が終焉する時代の変わり目に約1,000の保護区が全世界にあった。今日、10万8,000の保護区が存在し、この40年で100倍に増えた。面積は陸地の12%に匹敵し、国際自然保護連合（IUCN）目標の「地球の10%」を超えたと、2003年の公園会議で誇らしげに発表された。「一見すると「こんなに保護区があるのは素晴らしい」と疑う余地がない。善意の人たちが、私たちの地球を救うために、正しいことを行った大きな成果なのだ」調査に関わったジャーナリストで、バークレー大学の教授でもあるマーク・ドウィーはこう記す。しかしである、彼は次のように警告する。「何百万人もの原住民たちを強制退去さ

注19 元アメリカ副大統領アル・ゴアが地球温暖がもたらす危機を訴えたスライド、映画や書籍などになっている。

3.5 エコツーリズムが保証するものと落とし穴

せ、巨大な地域を使用差し止めにする影響を考えあわせると、実績成果への感動はうすれる。退去させられた人々は、「環境保護難民」という新しい階級を生み出しており、南極をのぞくすべての大陸に見受けられる」。彼らの存在は概して公にされず、保護区周辺部のスラムのような場所で暮らしていることが多い。概算で 500 万人から 1,000 万人の人たちがこのような状況にあるとみられている。国際的な注目も浴びた、大掛かりな強制立ち退きの 1 つは、中央アフリカのチャドで起こった。保護区の総面積は 1990 年代に国土の 1%から 9.1%に広がったが、推定で 60 万人が自分たちの土地から追い立てられたのだ。

世界には約 3 億 5,000 万人の先住民がいて、その多くが地球上の絶景地に住んでいる。しかしそこに観光客がどんどん押し寄せてきた。しばしばエコツーリズムという名目でだ。確かに途上国のもっとも活発で戦闘的な社会的活動の 10 件は、国立公園、地元住民、観光をターゲットにしている。エコツーリズムと経済自由化に関するある調査では、草の根レベルの新しい環境活動は 1990 年代に力を得て、「社会的公正」と「環境的正当性」に結びついてきた。地元コミュニティや先住民と、政府、世銀、米国国際開発庁（USAID）といった国際援助開発団体とのいがみあいが続き、往々にして怒りは国際的な環境保護団体の基本方針そのものにも向けられた。地元コミュニティと有力環境保護団体（いわゆる BINGOS:Big International NGOs）の関係を記した評論集（2004 年）で、著者マック・シャピンは次のように述べている。「有力環境保護 NGO が、内外、大小の NGO、先住民や古くからの居住者たちと育んできた協調体制は、この 10 年間で基盤を失いつつある。とってかわったのは激しい競合で、ほとんどが金をめぐる問題である」根本的にこれらの軋轢は、希少で貴重な土地資源の所有権は誰のもので、誰が管理するかというところからきている。クラーク大学教授シンシア・エノーレの次の言葉で、私たちは、はたと気づかされる。「観光は、仕事や日常からの逃避というだけではない。それは覇権であり、国際化する権力なのだ」。

多くの場所で、何十年にわたり、このような趨勢は、植民地制度、軍事政権、オルグ活動[訳者注20]を禁止する一党独裁国家によってけん制されてきた。抵抗勢力は、保護区内で妨害工作、密猟、放火、伐採といった行為を個人あるいは組織立っておこなってきた。しかし 1980 年代半ばから、ラテンアメリカやアフリカでは、農民たちの団結能力を高める多くの材料がひとまとめになってきた。例えば「1980 年代の経済・政治の自由化」「内外の環境保護のうねり」「ラテンアメリカの軍事独裁政権の失墜」「南アフリカの白人支配終焉」「複数政党による選挙態勢が多くの国で整ってきたこと」「持続可能な開発に対する認識の高まり」といったものがあげられる。たとえ国家や国際組織のプログラムや融資であったとしても、実施するにあたって、地元コミュニティを活気づけ、啓蒙し、手法とインフラ整備を提供するものでなければならない。

例を挙げよう。タンザニアのセレンゲティ国立公園やウロンゴロン国立公園周辺に住むマサ

注 20 組織者の意味で、略してオルグともいう。

イ族は、観光利益の相応の分け前と、公園内にある土地および水源の使用権利の返還請求のためにたちあがった。またジンバブエと南アフリカの農村部の人々は、大多数の原則で、国立公園の土地が自分たちに返還されると期待していた。しかし実現しなかった。ときには同盟し（多くの場合、地元の環境グループや農村開発グループと）、国立公園の運営や観光施設の所有権を勝ちとるために団結した。ジンバブエの「先住民資源の地域社会による管理プログラム」（CAMPFIRE：Communal Area Management Programme for Indigenous Resources ）は、狩猟やカメラサファリを運営するコミュニティの緩やかな国内ネットワークを組織している。そして1990年代には、エコツーリズムを通じた農村開発モデルとして国際的にも高く評価されるようになった。「先住民資源の地域社会による管理プログラム（CAMPFIRE）」が、収入やコミュニティ開発のための情報・アイデアを提供してさえも、大多数のアフリカ農民はガイド、ポーター、運送者、民芸品屋、ウェイトレスであって、管理職になることは滅多にない。エクアドルのアマゾン盆地の先住民グループは、キトに本部がある団体や国際環境団体から折りにふれて援助をうけながら、過激に油田採掘に抵抗して、熱帯雨林の環境に敬意を払う代替経済活動を組織してきた。

このように、公園、保留地、保護区や脆弱な生態系の中で生活する人たちは、どこでも段々とエコツーリズム（正しく運営されるという前提で）を、環境保護と財源・物資の両方をもたらす可能性に満ちた経済活動とみなすようになってきた。加えて、地方コミュニティの人たちは、ホテル従業員、ガイド、ドライバー、狩猟ガイドなどの雇用を安定させようと、国立公園認定地の持続可能な土地利用の権利や、元々は彼らのものだった土地の賃貸契約をホテルやツアーオペレーターと交わすことや、入園料やホテルからでる収益の分配を要求した。またキャンプサイト、民芸品センター、レストラン、ロッジといった箱物や、乗馬、ハイキング、フィッシングといったアクティビティ営業権の単独所有権、あるいは提携関係の要求もおこなった。「多数の国家における、"民衆" と "公園" と "民主的な開発" の共同歩調」という美辞麗句にもかかわらず、古いやり方や力関係は、なかなか無くならない。

1992年、多様なエコツーリズムのプロジェクトで「ローカル参入度」を調査した結果は、大いにがっかりするものだった。控えめにいっても、そしていくつかの素晴らしくワクワクするような例外はあるにしても、大部分は旧来のやり方を踏襲しているのだ。ペルーの活動家で学者でもあるミゲル・イラリオは、次のように記す。「先住民はエコツーリズム開発モデルにおいて、重要な主体であるが、主役はいまだ担っていない」そしてこう指摘する。

「エコツーリズムにおいて、通常、先住民は典型的なステークホルダー（利害関係者）とされるが、すべてのステークホルダーが平等な立場というわけではない。先住民コミュニティは相対的に不利である。ノウハウや市場情報が不足しているし、何よりいえるのは、本格的なエコツーリズム事業を維持していくための資金がないのだ。そのうえ、政府、民間団体、国際的組織と自由に対等に交渉していくだけの政治や経済的な力をもたない。したがって、長い交渉の果てにたどりつく合意は、大概、先住民にとって好ましいものではない」。

3.5 エコツーリズムが保証するものと落とし穴

　近年、新規公園建設とエコツーリズムプロジェクトのためにナミビア、ボツワナ、南アフリカ、ルワンダ、ウガンダの農村部で、定住地から住民が追い立てられる事例があった。たとえ補償を提示されても、多くの民が先祖代々の土地から離れることに抵抗した。南アフリカのコシ・ベイ地域に住む長老はこうつぶやく。

　「我々の土地を使って、彼らが金儲けしようという権利は、一体どこからでてくるんだ？
　補償はいらない。私たちの土地を返してくれ。自然を守るためというが、人間だって神の創りたもうた存在じゃないのか？」

　こうした論争の究極的な結論はまだでていないながらも、会談での契約条項や組織形態が変わってきた。環境保護と農村住民たちの土地や経済的な権利は、今は論点の一部である。こうした軋轢から、公平な経済利益分配（現在は頻繁にエコツーリズムも含まれる）を要求するために、農民や先住民たちは国家レベル、ときには国際レベルで同盟を組んでいる。

　2002年の国連エコツーリズム年（IYE）は、ホストコミュニティの権利（自分たちの土地を管理する権利、エコツーリズム参画のための公正かつ平等な条件を特定できる権利）をめぐっての議論が続いた。かつてなかったことだ。力関係の根本ルールを発展向上させていくことは、国連、国家政府、国際融資開発団体、NGO、ツアーオペレーター、エコロッジ、先住民の権利要求グループ、ポーター連合などが文書化した広範囲にわたる行動規範項目の1つである。これらの多くが、ある程度先住民の権利を認識している。例えば、自分たちで判断する権利、自分たちの経済、社会、文化的な発展のための優先順位を決める権利、事前説明による合意納得の権利、最初の段階で観光プロジェクトに「ノー」と言う権利などである。

　公園管理において「要塞地化」する環境保護哲学は徐々に変化してきている。例えば、1990年代にアパルトヘイト終焉後の南アフリカ政府は、コミュニティ単位で保護区内の所有地返還の申し立て制度をつくった。同じ時期、国際自然保護連合（IUCN）は、保護区共同管理権を先住民に許可する決議を支持していた。そして環境経済社会政策委員会[訳者注21]（CEESP：The Commision on Environmental, Economic, and Social Policy）という重要なタスクフォースをたちあげた。これは「コミュニティ保全地区」と「先住民保留地」、2つのユニークな保護区を推進するものである。目的は、先住民グループが「自分たちの土地」を「生態学的保全区」であると国家政府に宣言できる仕組みをつくることである。その結果、鉱山労働者、伐採者、油田採掘者のような外部からの利害関係者の侵入を禁じることができる。2006年末、カラハリ砂漠のサン族（ブッシュマン）は、ボツワナ政府に対して歴史に残る訴訟判

注21　IUCN環境経済社会政策委員会（CEESP）は、350人の専門家から成る、学際的なネットワーク。CEESPの使命は、「自然資源、生物多様性に影響を及ぼす経済的、社会的要因に関する専門的知識の源として尽力し、環境保護と持続可能な開発政策について助言し、支援することにより、IUCNのより大きな使命に貢献すること」

決を勝ち取った。ボツワナ政府は4年前に、自然保護区からサン族[訳者注22]を強制的に移動させていたのである。約1,000人が立ち退きを命じられ、カラハリ狩猟保護区の外にある機能的ながら殺風景な定住場所に移住させられた。政府は学校や診療所など社会保障を提供するとのふれこみだった。しかしサン族は裁判に持ち込んだ。保護区内のダイアモンド採掘のために自分たちを追いはらったのだというサン族の申し立てを、ボツワナ政府は否定した。サブ・サハラ最古の部族であるサン族による訴訟は、国家政府が先住民をその定住地から、法的に退去させられるのかどうかというテストケースとして大きな注目を浴びている。

3.5.2 地元や先住民文化への効果

　上述した住民と公園側の論争をみると、地元文化にエコツーリズムの与える影響の複雑さがうかがえる。定義では、エコツーリズムは手付かずで、地図に載っていない秘境をさがすものとよくいわれる。大抵、そんな場所は隔絶されて脆弱な種族が住む場所である。ところによってエコツーリズムは外国人侵入の最前線であって、社会・環境的劣化のペースを速め、世界に残存する最後の秘境へ外部から踏み入り占拠するといったことを招く。例えば、アメリカのツアーオペレーター、ケリー・ウールフォードは、のぞき趣味の「ファースト・コンタクトツアー」を西パプア、インドネシアで提供している。アウトサイド・マガジン誌によれば、ウールフォードのパプアニューギニアツアーは、3週間の行程で8,000ドル。ジャングルを歩いて、人類に接触した事のない原住民を探しに行くのだ。原住民は、観光客が自分たちの生活に入り込んでくるなどとは思ってもみない。

　エコツーリズムは、従来型観光とは違って、2つの約束事がある。訪問者たちを啓蒙し、地元文化を尊重するということだ。エコツーリズム擁護者はこういう。"エキゾチックな人類の末裔"というお決まりのイメージに出くわすかもしれないチャンスをいかし、参加者には文化差異、先住民たちの抱える問題を深く理解してもらう。しかし確かな基準や規則がなければ、エコツーリズムそのものが、侵略的で搾取的なものとなろう。例えば、ザンジバルの人たちは、安いゲストハウスに寝泊まりするバックパッカーや、文化を学ぼうとして地元の住民宅にホームスティしている輩たちが、もっともズカズカ立ち入ってくる訪問者たちだとこぼしている。"オーセンティシティー"はエコツーリズムでは旬のキャッチフレーズだ。しかし、本当のところ、我々は、ホストの権利を尊重しつつ、訪問者の好奇心を満足させることのできるオーセンティック（本物の）な異文化交流モデルを模索しつづけている。民主的で透明性のある議論を通じて、ホストコミュニティと合意した基本ルールなしには、保護したいはずの文化や生活様式を、エコツーリズムが破壊してしまう危険性をはらんでいる。

注22　南部アフリカのカラハリ砂漠に住む狩猟採集民族である。砂漠に住む狩猟採集民族は大変少なく現在ではこのサン人ぐらいしかいない。かつて3000〜2000年前くらいまでは、南部アフリカから東アフリカにかけて広く分布していた。しかし、バントゥー系の人々や白人の進出により激減し、現在はカラハリ砂漠に残っているだけである。

3.5.3　自由貿易　対　地元のコントロール

　エコツーリズムは地元企業を応援する。しかしグローバリゼーションや自由貿易の波がおしよせる今日、弱小資本の国内企業が強大な外資系企業にたちうちするのは厳しい。貿易障壁をさげ、外国投資自由化のため門戸を開放することで、途上国にある小規模・地元資本のエコツーリズムビジネスの持続可能性は、これでもかこれでもかと基盤をゆるがされている。

　1990年代初頭の経済自由主義は、たくさんの国家を復活させ「強烈な回帰」をもたらした。国連世界観光機関（UNWTO）と、とりわけサービスの貿易に関する一般協定（GATS）、加えて北米協定（NAFTA）や米・中米貿易協定（CAFTA）のような地域あるいは2国間協定が振興する国際自由貿易は、輸出入製品のみならず、観光のようなサービス業務も含まれる。エルサルバドル、グアテマラ、ホンジュラス、ニカラグア、ドミニカ共和国、の国家政府が米・中米貿易協定（CAFTA）をすばやく批准したものの、コスタリカでは反対派の過熱した議論を巻き起こし、2007年10月、歴史的な国民投票がおこなわれた。自由貿易協定史上初の国民投票である。コスタリカとアメリカ政権が積極的に推し進めてきた米・中米貿易協定（CAFTA）は僅差で可決した。「ノー」キャンペーン、とりわけグワナカステ州の勢いは、グローバリゼーションに対する懸念と、観光分野などに無制限に外国投資が流れ込むことへの危機感を反映していた。

　過去15年〜20年、コスタリカの観光産業形態はかなり様変わりしつつあった。外国資本が独立系ホテルを買収し、国際系列のホテルや別荘業者が海岸線の不動産を買い占めつつあった。そして外資系列のエコツーリズムロッジやブティック・インの数が、国家の伝統的基盤である地元運営宿泊施設を凌ぐようになってきた[訳者注23]。コスタリカの海岸線沿いにある小さな町を対象にしたある調査で次のようなことがわかった。「アメリカやコスタリカ政府が雇用機会の増大、経済成長をあおっても、タルコレスのような貧しい寒村の住人の経験からすると、また別の現実がみえる。マングローブ、珍しい真紅のコンゴウインコ、ワニといった豊かな大自然に魅せられてタルコレスにやってくる人たちは少なからずいるものの、町をざっと見ただけで、新しくできた舗装道路をすっ飛ばして、南にある有名ビーチかサーファーリゾートに戻る人が大半である」

　にもかかわらず1990年代、有力観光産業組織や国際融資機関や開発団体は、こうした現場の現実を、大抵、脚色していた。概ね、彼らは、エコツーリズム推進の核心にある矛盾を見落としている。「コミュニティ密着型エコツーリズム」と「市場への自由貿易と投資」の両者が、あたかもスムーズに重なりあうかのように、主張しつづけている。だが近年の多くの研究では、「経済自由化」と「持続可能な観光」の複雑な影響（とりわけ途上国において）について警告がだされている。国連通商オフィサーであるダビッド・ディアス・ベナビデスは洞察あるコメントを寄せている。「観光の自由化とグローバリゼーションで、パッケージツ

注23　5章コスタリカ参照

第 3 章 昨今のエコツーリズム

アー、海外予約、マーケティングや販売、それに準じた業務など主要セクターは、新規参入国際企業による一極集中化が進んでいる。一極集中化で市場勢力が生み出され、巨大国際企業の独占を招く可能性もある。これは途上国にとって新たな課題となる。観光市場を開放して投資や取引を求める反面、巨大資本と小企業の不均衡な力関係から身を守る必要がでてくる。不均衡な力関係は、ますます地元民を追いつめ、貧しくさせてしまう」ベナビデスはこの風潮に対処するよう途上国に呼びかけた。自分たちの経済利益を最大にし、「持続可能な環境」と「国内文化遺産保全」にむけた適切な体制づくりをするためには、「観光貿易において活発な連携アプローチ」をとることだ。例えば、サービスの貿易に関する一般協定（GATS）の方針案作成プロセスに一団となって参加するといったことである。

3.5.4　エコツーリズムのマーケティング

途上国の価値あるエコツーリズムビジネスが訪問客をひきつけることができないのは、おそらくマーケティングが非効率かつ不十分であることが主原因だろう。ラテンアメリカ、アジア、アフリカの至るところで、地元経営の有望なロッジ、ホテル、B&B（家族経営による小規模な宿泊施設）、グランドオペレーター、みやげ物、文化センターなどで、適切なマーケティングをするためのノウハウ、資金源、政府や産業界からの支援が不足している。低予算の旅行者がよく訪れる地域では、多くの農村コミュニティがホームスティ型の宿泊施設を開設して、成功している。収入が目に見える形ではいってくるし、そもそも規模の大きい宿泊施設を建設する費用は持ち合わせていない人たちだ。しかし、この手の観光ビジネスでさえ、ある程度のマーケティング能力と仲介者は多くの場合必要である。農村地方は主要な観光ルートからはずれているし、人気スポットに向かう観光客たちの目をひきつける戦略が必要になってくる。それゆえ、小規模、地元密着型エコツーリズムビジネス関係者は、功を奏するマーケティング、市場へのつながり、仲介者の役割にどんどん重点をおくようになってきている。

地元住民や農村コミュニティを力づけ、彼らに恩恵をもたらせようとエコツーリズムはがんばっているが、商品をマーケティングするために必要な知識、ビジネススキル、手段が欠けたプロジェクトになりがちだ。従って、成功するために、政府あるいは仲介者という外部からの支援が必要である。政府観光局は、地元密着型エコツーリズムプロジェクトをPRし、マーケティングする際、重要な役割を果たす。例えば、ベリーズの観光局は、トレド地区のエコツーリズムに関わるマヤコミュニティを支援するため、国際マーケティングとインフラ整備の面からサポートして大きな成果をあげている。しかしこのような成功例は大変稀である。政府機関は多くの場合、資金不足であるし、大リゾートのPRというプレッシャーがかかっている。

マーケティング面で力になりうる仲介者はNGO、民間企業、国際開発援助団体などであ

る。ある市場調査によれば、仲介役となる機関は、能力開発、マーケティングノウハウ、財政資源、生活への全般的影響といった、異分野の専門家をかかえている。この20年間、とりわけ途上国で、少数先住民による地元密着型の観光ビジネスを推進するための能力開発、マーケティングから支えてきたNGOは、重大な存在となっている。例えば、南アフリカのNGO、マフィサ研究企画エージェンシーは、コミュニティと一緒になって、エコツーリズムのスキルを多面的に底上げするよう取り組んだ。結果、コミュニティは民間企業や公園当局とより上手く交渉することができるようになった。

また民間企業と地元コミュニティが提携をすることで成功した事例もある。企業は資本、インフラ、品質管理、ビジネススキル、市場へのアクセスを提供するのだ。ペルーのポサダ・アマゾナスは、民間ツアーオペレーターと先住民グループがパートナーシップを組むというエコツーリズムの実験をおこなう長期プロジェクトの1つであり、最終的に所有権はコミュニティに完全に帰すというのが目標である。これは、地元エセエジャ先住民コミュニティと、国内有力オペレーターのレインフォレスト・エクスペディションのジョイントベンチャーである。レインフォレスト・エクスペディションは、ポサダ・アマゾナス・ロッジの30室からあがる収益を、メンバー400人からなるエセエジャのコミュニティと4対6で分けあった。また所有権と運営管理をコミュニティに徐々に委譲できるよう尽力した。

これに加えて、世銀、米州開発銀行（IDB）、米国国際開発庁（USAID）国連の各機関といった国際大手開発援助団体も、地元密着型エコツーリズムプロジェクトに資金提供をおこなっている。実現可能なコミュニティ・エコツーリズムプロジェクトにまつわる事柄は煩雑であるが、これにもっとも体系的に取り組んでいる組織は、国連開発計画（UNDP）の小額助成金プログラム（Small Grants Program）をおいてほかにないだろう。

例えばコスタリカではコープレナという地元NGOと組んで、農村観光プロジェクトのネットワークをつくり、マーケティングノウハウを提供している。その中には英語とスペイン語の魅力的なガイドブックも含まれる。ガイドブックのタイトルは「本物のコスタリカ・農村観光ガイドブック」で、初版は国際エコツーリズム年の2002年に発行され、定期的に更新されており、ロッジ、ホームスティ、ツアー、土産品屋などの情報が掲載されている。また近年は、地域密着型エコツーリズムのウェブサイトが増えてきており、小規模エコツーリズムビジネスの重要なマーケティングツールとなっている。インターネット上では中央ヨーロッパのモンテネグロ、中央アメリカのメゾアメリカ・エコツーリズムアライアンス、地球規模でカバーするワールドホテルリンクまで、地域密着型エコツーリズムをまとめてマーケティング展開している。

3.5.5 　国家の役割

　健全なエコツーリズムが、小さな個人事業プロジェクトの域を超えて理念と実践にのっとった観光とするならば、入念な計画と実施が必要である。例えば、途上国においてエコツーリズムは国家の開発総合戦略の一部なのだ。ほとんどの国が国家観光戦略を採用しながらも、中味は販売促進活動に毛が生えた程度のものである。そのうえ、多くの場合、観光部局が企画をたてており、地元振興、保全や環境問題、国家政策を監督する部局との適切な調整がなされていない。エコツーリズム・コンサルタントでライターでもあるカトリーナ・ブランドンは「ネイチャーツーリズムの収益がかなり高い国ですら、戦略と全体プランは、通常共存していない」と記している。

　過去、ソビエト連邦、東・中央ヨーロッパ、中国、ベトナム、タンザニア、キューバといった社会主義政府やコミュニスト国家では、観光産業を国営化し収益をあげていた。だが今日の政府は一般的に直接利益のでない観光事業の連帯保証人になっている。例えば、広範な観光政策の立案、海外マーケティングの販売促進と実施、観光セクターの人材育成（ガイド、通訳、ホテルの従業員や管理職、運転手など）、観光につながる自然アトラクションの構築と管理（国立公園、保全地区、海洋保護区、滝、山頂、森、その他保護区など）、インフラ整備（空港、道路、電気、港湾、廃棄物処理・下水道設備）、民間資本（多くの場合、外資）を優遇税措置などを通じ誘致促進することなどである。

　政府は、主に、ホテル、飲食業、エンタティーメント、販売といった観光事業税と、空港税（このところ増加している）から収益をあげている。課税方法によって、国庫と政策に影響がでる。加えて、政府は多彩な観光事業の中から何を選んで、どれだけインフラ、教育、認可、税金、助成金といった支援をしていくのか、しばしば決断をせまられる。近頃はクルーズ観光業界が非常な勢いで成長してきており、エコツーリズム一色だった多くの国家が軸足をうつしてきている^{訳者注24}。

　他に政府が重要な政治的決断をしなければならない項目は、公園入園料である。この20年間で、二段構えの入園料徴収制度に移行する国が増えてきた。住民でない訪問者は国立公園や保護区を訪問する際、かなり高い料金が課せられる。外国人訪問者の入園料を値上げすれば、大抵収入は増える。人気が高い公園の保全を向上させ、収入の一部が近隣コミュニティに流れることを狙って、より多くの観光収入を地元にとどめようとしたのだ。1990年代後半には、ケニア、ルワンダ、ネパール、タイ、メキシコ、エクアドル、コスタリカは二段構えの入園料でかなりの外貨収入をあげていた。ケニアのアンボセリ国立公園、ネパールのアンナプルナ保全地区、メキシコの蝶の越冬保護区、マダガスカルのラノマファナ国立公園といったような公園では入園料の一部を地域住民とシェアしていた。実際、ラノマファナ国立公園は地元コミュニティ開発に入園料収益の半分をまわしていた。激しい議論のやり取りの

注24　第2章 P.60、ベリーズの事例

あと、エクアドル政府はついに「ガラパゴス特別法案」を批准した。これは入園料の30%を島の地元市議会、40%を国立公園局に留保するというものだ[訳者注25]。

エコツーリズムの現場で、いとも簡単に"官民提携"というが、行政と民間セクター間の公正なバランスをみつけるのは未解決の難問である。多くの国では、「国家」ではなくて「市場」が観光収益再分配の主体である。民間セクターはエコツーリズム事業に関わるものも含めて、大抵、税金が高くなる新税制に反対し、規制は少ないほうがよいと考えている。にもかかわらず、政府が熟練した人材や、インフラ整備、美しい自然が残る上手く管理された国立公園を提供してくれることを期待している。

観光やエコツーリズムが大きく成長しているところでも、国庫にはいる観光収益の割合は、かなり減ってきている。国家が観光施設の所有権を売却して、税収が以前より地元に保留されるようになったためである。おかげで国立公園管理、公共教育、医療制度、あるいはほかの環境や社会的に必要とされる開発プログラムの予算を削減できるようになった。これに加えて、国際組織、援助機関の融資が、民間公園や保護区を含む民間セクターにシフトしてきている。つまり、途上国では政府権限は一般的に弱まり、入念な観光経済活動計画と開発戦略の財源も減ってきているということだ。

3.5.6　リーケージ（流出）

収益の一部を第三国に保留させることはエコツーリズムの約束事の1つで、その割合は実質上、増えていくだろう。また環境と社会への負の影響は、従来のマスツーリズムよりもはるかに少なくなるだろう。パックツアー、クルーズ、何でも込みのリゾートといった途上国のマスツーリズムは、観光収益のほとんどがホスト国から流出か、そもそも決して流れてこないかだ。外貨流出の主要因は、輸入品、管理費用、運営費、管理職の給料、税（額）控除、地元販売用の輸入製品への支払いから生まれる。地元や国家の経済的メリットは、雇用創出、輸入製品への課税、公園入場料徴収、空港や宿泊などへの課税、地元ホテル・交通機関・企業・飲食施設・ツアーオペレーター・営業権の利用、現地製品の販売といったものがあげられる。

1990年代初頭に急速に成長したエコツーリズムであるが、経済のグローバル化、自由貿易、民営化の波が、エコツーリズムの哲学や理念を強烈に打ち消す結果となっている。1990年代のアメリカでエコツーリズム旅行先人気ナンバーワンだったコスタリカに関して言えば、観光収益の半分はアメリカに残り、米国国際開発庁（USAID）の公式発表では、たった20セントがコスタリカの地元経済に流れるだけだった。2001年の調査によると、ほとんどの小さな途上国で、観光収益の平均リーケージは総額の40～50%にのぼる。一方でもっとも進歩的で多様性をもった途上国ではたった10～20%となっている。調査で判明したリーケージ要因は、支払いが外国資本のオペレーター、航空会社、ホテルになされること、また地元

注25　4章ガラパゴス P.137参照

のオペレーターが食料品や生活必需品を輸入品でまかなっているところにある。いくつかの調査では、リーケージ率は算定で80〜90％にまでなりうることがわかっている。

メキシコのエコツーリズム専門家ラスクレインの指摘では、観光の規模と形態がリーケージの総額に影響する。例えばアンティグア島の調査では、大型ホテルのリーケージは小さなホテルよりも大きいとわかった。一方ボリビアではバックパッカー客の経済的影響力は、パックツアー客たちの3倍以上であることが判明している。バックパッカーの1日に使う額は少ないが、より長い時間滞在し、小さな地元運営の施設を好んで利用しがちであるからだ。こうした比較調査は、小規模設備施設を利用する自然志向型の観光が、リゾート型観光よりも経済効果が高いかどうか研究するのに役立つだろうとラスクレインは結んでいる。

3.5.7　適正人数と訪問者のタイプ

エコツーリズムは通常、小規模プロジェクトかつ少人数グループで催行される。しかし途上国は多額の外貨を稼ぐ必要がある。生態系に及ぼす観光産業の影響を分析するならば、保全と観光開発のバランスが問題となってくる。レクリエーション面における最大収容能力（キャリング・キャパシティ）訳者注26という概念は、保全地区を持続可能な状態に保つため訪問者数を決めようとするものだった。しかし、元々環境収容（能）力のフレームワークというものは、動植物が存続する環境資源（森林、水、土壌など）の生態系能力を測定するためのもので、観光負荷の測定には不完全なモデルであることがすぐに判明した。ガラパゴス島、コスタリカのマヌエル・アントニオ国立公園、モンテベルデ自然保護区などあちらこちらで、訪問者数を制限しようとしたが、人数を決定するというアイデアは妥当でないことに科学者たちはすぐに気づいた。科学者でチャールズ・ダーウィン財団の前所長でもあるクレイグ・マクファーランド氏が語るには「人数そのものは答えにならない」と、アメリカ、カナダ、オーストラリア、南アフリカなどの公園当局者や科学者たちが、それぞれ個別に同じことを発見している。

訪問者管理方法の90％は、数そのものを管理するのではなく、訪問者の行動、活動、持ち込みOKの携帯品、特定区域の年間滞在時間（日数、時間）を管理することである。キャリング・キャパシティの不具合に応じて、ジョージ・スタンキー、ロバート・ルイス、フリッセル・シドニーは、国立保護区域内における娯楽利用の管理法を計画・評価するため

注26　一般的には環境汚染物質の収容力を指し、その環境を損なうことなく、受け入れることのできる人間の活動または汚染物質の量を表す。環境基準などを設定した上で、許容される排出総量を与えるものと、自然の浄化能力の限界量から考えるものがある。環境容量の定量化は困難であるが、環境行政の点からは、総量規制の1つの理論的背景となったといえる。近年、エコツーリズムの発達に関連して、自然公園などへの最大受け入れ可能人数などの議論にも用いられている。生態学では、その環境が養うことができる環境資源（森林、水、魚など）の最大値を意味し、環境容量に達した資源は増えも減りもしない定常状態となる。出典EICネット（環境省）

3.5 エコツーリズムが保証するものと落とし穴

の「変化の許容限界（LAC：Limits of Acceptable Change）」モデルを開発した。キャリング・キャパシティとは違って、観光客の類型によって制限をもうける。制限の基礎となるのは生態学的調査と、複数のステークホルダーたちが自分たちの求めるゴールと目標を議論して合意したものに基づく。エコツーリズム自然資源管理専門家ジョン・ショアはこう記す。「環境に与える影響が最小限のトレッカーと、4WD 車でオフロードに乗り入れてくる訪問客の影響は同じではありません。従って、まずは生態系や生息地が許容できる変化の量（受容可能な変化）に上限（リミット）をもうけてから、生態系におよぼす影響と観光負荷のバランスを調整して、その許容限界点以内におさえるのです」今日、多くの変化の許容限界（LAC）変形版が存在する。すべて観光の負荷を管理するためのものである。すなわち訪問者影響管理（VIM：Visitor Impact Management）、利用者経験および資源保護プログラム[訳者注27]（VERP：Visitor Experience and Resource Protection）、観光組織管理モデル（TOMM：Tourism Organization Management Model）、森林レクリエーション計画（ROS：Recreation Opportunity Spectrum）である。

　訪問者の影響を測定するさまざまな方法とあいまって、国際観光と国内観光関係者の間に摩擦が生じてきた。途上国の多くは観光資源を海外からの訪問者をひきつけるために利用している。だが国内観光が幾多の理由から重要であることが明らかになってきた。そのなかには国立自然保護区や地元文化、脆弱な生態系に感謝する保護する支持基盤を作る必要性もあった。何十年にもわたる市民戦争に終止符が打たれた平和協定直後の 1992 年、エルサルバドルの観光協会は、国内の低所得者が国立公園の観光センターを訪問できるように「ソーシャル観光[訳者注28]」という有名な政府助成プログラムをはじめた。また歴史的に、国立公園の訪問者のほとんどが自国民である南アフリカのような国では、国内観光は収入源として重要なツールとなりうる。しかしアパルトヘイトが終焉し、国立公園の門戸が開放されてから、少数の白人専用だった公園がすべての国民のためのものになることが待ち望まれた。加えて国家の力が及ばない理由で、国際観光が落ち込んだときにクッションの役割を果たすのが、国内観光である。例えば 1980 年代に活発化したペルーのセンデロ・ルミノソ反政府ゲリラの活動、1990 年代のメキシコのサパティスタ反乱、今も続くハイチの政治と社会経済の混迷といったような事態がおこったときだ。

　先進国の多くでも国内観光は花盛りだ。日本の観光国内市場は大きく、1 泊旅行の総計は年間で 2 億 5,500 万人であるため、地元密着型エコツーリズムプログラムの推進力となる可

注27　VERP は、植生などの資源の保護と利用者の便宜向上の両立を目指すもの。影響を受けやすい資源を保護しながら、ビジターを比較的影響を受けにくい代替地点に誘導する、国立公園局全体で行われている取り組みである。出典：ECI ネット
注28　ソーシャルツーリズム（Social Tourism）とは、旅行の機会に恵まれない人々に、参加しやすい条件整備を行うこと。経済的事由のみならず、体の不自由な人でも旅行ができる条件を整えるということで「バリアフリー」にもこの考え方は受け継がれている。

能性をもつ。近年の調査によると、日本国内でエコツーリズムの需要がふくらんできている。これはユネスコの世界遺産登録がいくつか相次いだことと、文化や自然破壊に対する懸念が高まってきているせいだ。2006年の5月、環境省は、保全意識と、ラムサール地域を有効活用する認識を一般に広めるため、ラムサール・エコツーリズムプロジェクトをたちあげた。国立公園訪問者数の増加で、過密状態となり、保全区域の観光客数のコントロールが必要となったからである。

3.5.8　ブームと急激な落ち込み

　観光産業は気まぐれで移ろいやすい。長年あるところが流行しているかと思えば、すぐに別のところが人気ランクにあがってくる。普通の観光と同じようにエコツーリズムも、不可抗力な外的要因の影響を受けることが多い。津波、ハリケーンなどの自然災害、AIDS、マラリヤといった疫病、紛争、不安定な株式市場、テロ、ハイジャック、高い犯罪率、ネガティブな報道といったことだ。

　ハリウッド映画「アフリカの日々」(邦題「愛と哀しみの果て」) が1980年代半ばにリリースされてから、ケニアのワイルドライフツーリズムの人気が跳ね上がったものの、1990～1991年の湾岸戦争、大使館爆撃、テロ攻撃の影響を受けて人気は急落し、2007年は不穏な総選挙の余波をうけた。同じようにセント・クロイ島(ヴァージンアイランド)のゴルフコース殺人事件も約10年にわたり観光に悪影響を及ぼし、やっと回復の兆しがみえたかと思ったらハリケーンで港は大被害を受け、クルーズ船が停泊できないというありさまだ。また政治的にごたごたしているところでは、エジプトの観光客殺害事件や、コロンビアやグアテマラの誘拐事件をみてもわかるように、観光客が簡単にターゲットにされるようになってきた。9.11の世界貿易センターのテロ攻撃とハリケーンカトリーナはアメリカの観光に大打撃を与えた。米国旅行産業協会(TIA)によるとアメリカの国際観光市場のシェアは2000年から2006年にかけて20%落ち込んだ。訪問客は5,800万人減り、19万4,000人の職が失われ、940億ドルの消費と156億ドルの税収の損失をうんだ。タイの観光当局発表によれば、2005年の津波のあと、ホテル稼働率は10～15%になった。前年度、同時期の稼働率は60～70%であった。

　もし代替経済活動をコミュニティが維持できるなら、地域密着型エコツーリズムは外界のノイズの影響は少ない。エコツーリズム成功事例のほとんどが、研究科学や農場、漁場などの拠点となり別収入の道をもっている。同じように、国際観光が落ち込めば国内観光がクッションの役目をはたすことができる。さらに、何人かの専門家は、長期的にみれば国際観光は他の外貨獲得経済活動よりも安定したものだと主張する。例えばラスクレインは次のように言う「急激な変動や下落がありがちな他の産業と比べれば、深刻で長期的な落ち込みというものは観光産業では滅多になく、地球規模で不況に強い産業といえる」彼は、途上国の観

光ビジネス成長の事実から明るい見通しをもっている。ワールドウォッチ研究所の調査によると、観光は途上国の83%で外貨獲得の主要産業となっており、世界最貧国でも有力産業である。だがこの一般論が見落としていることがある。観光ビジネスが急落したとき、第三国の経済活動にはクッションとなるものがほとんどないのだ。

3.5.9　旅行者の慈善活動、ボランティア観光（新タイプの発展）

　観光業界の「企業の社会的な責任を伴うイニシアチブ」が拡大してきたのはプラス面である。多くの例でエコツーリズム関連法人が先陣をきっている。意識の高いエコツーリズム企業や観光客は増えていて、いまやエコツーリズムと持続可能な開発センター（CESD）運営の旅行者の慈善活動プログラムは、数ある類似プログラムの1つである。プログラムは、旅先のコミュニティ開発や保全プロジェクトに、具体的な金銭や物資の提供をおこなっている。ボランティア募金源は、法人収益、訪問者の寄付、あるいはその混合型である。エコツーリズムらしく、時間、能力、マネーなどの提供が断然増えてきている。ロッジやツアーオペレーターが独自に動き、地球上で切迫したニーズ（衛生、教育、環境面）に、ボランティア力を提供するのだ。私が最初にこうしたボランティアプロジェクトに出くわした場所は、フィジー、オーストラリア、西アフリカ、南アフリカ、エクアドル、そして私の働いていたコスタリカなどで、多く始めていた。この書籍の初版を書いていた90年代後半のことだ。エコツーリズム会社のオーナーやマネージャーが、倫理的な信念から地元の学校やクリニック、図書館、孤児院などコミュニティサービスの支援を始めたと聞いて、強い印象を受けたものだ。慈善事業というより、もっと的確に記すなら、観光訪問先のとても貧しいコミュニティや自然環境に観光業界やツーリストからの「お返し」なのだ。

　オーストラリアの人気オペレーター、イントレピッドは、当初から税引き後利益の10%をNGOや地元プロジェクトにまわすことを誓約している。レスポンシブルトラベル・コーディネータのジェーン・クローチは次のように説明する。「ヘルスケアー、教育、人権、児童福祉、環境と野生動物の保護といった、多岐にわたる地元NGOやコミュニティプロジェクト支援の運営と発展のために、当社はイントレピッド基金をたちあげました。チベットの盲人学校、東チモールの女性プロジェクト、タイの家畜象と野生象のプロジェクトといったプロジェクトがあげられます。寄付の全てを、「イントレピッドトラベル・ドル援助」を通じて縁組みしています」ミカトサファリ代表のデニス・ピントが説明してくれたところによると、彼のケニアにいる家族（富裕層向けの西アフリカツアー会社を経営）が、AIDSで親を亡くした孤児たちの支援をひっそりと始めたのが発端であった。プロジェクトに興味を持って、学び、何かしたいと思う人たちがゲストの中に大勢いることが次第に明らかになってきたため、非営利部門のアメリカ・シェアーをもうけて、ナイロビ近郊の孤児院で1,000人を超える子供の支援をしている。またスポンサーとなっているホーム、学校、孤児院を訪問してもらう「サ

第 3 章 昨今のエコツーリズム

ファリに救済の手をさしのべて」という特別な旅プログラムを企画した。ゲストは、孤児院で子供たちと数日一緒に働く「時間」を貢献することもできる。

観光系企業の重役スプン・リンドブラッドの会社は、ガラパゴスやバハカリフォルニアの保全プロジェクト支援のために洗練された寄付プログラムを運営している。彼いわく、予期しなかったメリットはスタッフのプライドと会社へのコミットメントが増えたことだ。リンドブラッド・エクスペディションはガラパゴスを訪問する客から平均 250 ドルを受け取り、保全プログラムのために何百万ドルもの資金を集めた。この風潮は、法人や旅行者が "お返し" を支持しているという統計調査結果を裏付けるものである。ある調査では、アメリカの旅行者 4,600 万人が、「売り上げの一部を慈善事業にまわす企業の方をそうでない企業よりも選ぶ」と答えている。また別の調査では「アメリカの旅行者の 31% が、企業は地元コミュニティを支援すべき」だと考えている。旅行者の慈善活動や類似プログラムが新たに重要ツールとなってきているのは明らかだ。この分野は成長しているもののほとんどは記録されていない。おそらく何百万ドルという観光客のポケットマネーがアジア、アフリカ、アメリカのコミュニティプロジェクトに流れている。

しかしスタンフォード大学政治学科の名誉教授デイビッド・アバネシーは「よかれと思ったことが予期せぬ悪影響をもたらすこともある」と、エコツーリズムと持続可能な開発センター（CESD）が主催した 2004 年の会議席上で語った。法人が慈善事業をするならば、実績をもつ地元 NGO との提携をするといったような基準を持つべきだという。コミュニティプロジェクトに関わるエコツーリズムビジネス支援の一環として、エコツーリズムと持続可能な開発センター（CESD）の「旅行者の慈善活動プログラム」は専用のウェブサイトを通じ、世間の関心を高め基金を集めている。また持続可能な開発センター（CESD）はタンザニアで 2008 年に開催されたコンベンションも主催した。

「旅行者の慈善活動プログラム」が観光地にまつわる地元密着型プロジェクト支援に焦点を当てる一方で、旅行者の多くは、ボランティアとして時間、労力、肉体労働を提供できるような、もう 1 歩踏み込んだ休暇旅行を求めている。こうした潮流はボランツーリズム[訳者注 29]として知られ、サスティナブルトラベル・インターナショナルの定義では、"現地でのボランティア活動と観光アクティビティの肝である芸術、文化、地理、歴史、娯楽がドンピシャ融合したものである" ボランツーリズムは娯楽旅行と、地元住民と直接交流ができるコミュニティ活動やボランティア事業を兼ね備えたものである。経済と社会的な側面で世界 2 大柱といえる観光と NPO セクターを融合させ団結させようと、カリフォルニア拠点の NPO、「ボランツーリズム」が設立された。ボランツーリズムは、いろいろあるボランティア活動を旅程に組み入れたいと希望する旅行者への情報提供に特化している。またツアーオペレーター、サプライヤー、ディスティネーションたちにガイドラインや参考資料を提供して、奉仕活動

注 29 ボランティア活動と観光を兼ねた旅行。

タイプのトラベル需要増加にうまく対処できるように手助けをしている。

3.5.10　基準、モニタリング、評価（グリーン評価基準の躍進）

　エコツーリズムを概念から実践に移すのであれば、明確な基準で測定しなければならないことは皆百も承知である。基準を定め、影響を測定するというのは、今日エコツーリズム関係者の間で、とても盛んだ。1992年のリオデジャネイロ地球サミットは、自発的なコンプライアンス、行政規制、国際協定や条約といった、環境基準設定の取り組みにはずみをつけた。こうした改革と規制の混じりあう中で、認証制度は持続可能性を確かなものにする重要なツールとしてみなされるようになってきた。地球サミットが開催されてからエコツーリズム国際年までの10年間で、"グリーン"な観光認証制度は"花盛り"となった。今日では60～80のグリーン観光認証制度が存在し訳者注30、開発中のものはもっとたくさんある。地球規模のものは少なく、その中でいちばん重要なのはグリーングローブだ。ほとんどは一国か地域限定となっている。この事実は、通常、"観光"が国家単位で体系化され市場化されるということを物語っている。

　自発的で、第3者が認証し、複数の利害関係者を対象とし、環境、経済、社会的な基準にのっとり認証ロゴを付与する認証制度というものは、今の時代にぴったりの特別なツールである。学者のギャリー・ゲルフィ、ロニー・ガルシア・ジョンソン、エリカ・サッサーはこう主張する。「決して国家を超えるものではないものの、自由貿易時代の労働者（ホスト国、コミュニティ）の権利を守り、環境を保護するための強力なツールに急速になりつつある」。そして、こう結論づけている「"自発的なガバナンスのメカニズム"としての認証制度は、地球上の古典的な力関係を変容させるものである」。マイケル・コンロイは、さまざまな産業界における認証制度取り組みの歴史を掘り下げた著作（Branded!）で次のように記している。

　「認証革命のおかげで、世の中の企業が社会的、環境的説明責任（アカウンタビリティー）に取り組み始めた。そうした意味で大変な成功をおさめているといえる」2002年のケベック、エコツーリズム宣言では認証制度の重要さが確認され、各国政府に次のような呼びかけがなされた。

　「エコツーリズムの持続可能性を推進するため、認証制度スキーム、エコラベル、その他任意の取り組みを開発する際には、国際的に合意承認されているガイドラインにのっとること」。

　楽観論が多いものの、真に環境と社会的な問題に対処するツールであるためには、グリーンな観光認証はまだ改善の余地が多い。懸念の1つとして、国連世界貿易機関（WTO）や国際協定の枠組みの中で、認証制度が貿易障壁としてとらえられる可能性があることだ。とすればそれらは違法と判断されてしまう。スタンフォード大学教授のバートン・トンプソンは、この問題につい卜調査をおこなチた。そして世界貿易機関（WTO）、関税および貿易に関する一

注30　2章 P.55と8章 P.291参照

般協定（GATT）、サービスの貿易に関する一般協定（GATS）、北米自由貿易協定（NAFTA）、米・中米貿易協定（CAFTA）に絡んだいくつかの訴訟事例を検討した結果、自発的な観光認証が貿易協定を侵食することはないだろうと結論づけている。研究結果は、認証プログラムが、国際的に認知されたものか一般的な国際基準を順守したものである限り、深刻な問題とならないということを示唆している。ただ地元産品購入、地元雇用、業務の所有権といった政府主導分野に観光認証を持ち込もうとすると、難題がでてくるかもしれない。認証を求めるビジネスが公平に扱われる限りは、貿易協定とぶつからないとトンプソンは結んでいる。

観光客は国境を越えて移動するので、グリーン観光認証を標準化することもまた別の大きな問題となっている。標準化されればエコラベルは決定的なものになるだろう。現在の観光認証制度プログラムは、片寄って広まっている。ヨーロッパは、あまりにも多すぎる一方で、アフリカやアジアの大部分には1つもグリーン観光認証制度がない。おまけに統一基準や手順に準じていないのである。観光認証制度が、5つ星のサービス格付け制度のように広く普及し、標準化されたものになる必要性を関係者たちは了解している。

そのためには観光産業のためのグローバルな認証格付け機関か、"スチュワードシップ審議会"を設立する必要がある。レインフォレスト・アライアンスの説明によると「持続可能な観光認証プログラム」の査定と標準化を行い、マーケティング、トレーニング、開発といった役割も請け負うための機関である。実は2000年にこのプロセスが始まっている。20か国から45の認証制度の専門家たちが、ニューヨーク市近郊のモホンク・マウンテンのホテルで一堂に会して、"モホンク協定"を起草した。文書は持続可能なエコツーリズム認証プログラムのたたき台が記載されている。またこのワークショップで、レインフォレスト・アライアンスが、グローバルな認証機関のための予備調査でリーダーシップをとることが確認された。レインフォレストの観光セクションはコスタリカにあって、ロナルド・サナブリアが長を務めている。彼らは新しい認証機関システムをつくりあげるため、問題点を徹底的に洗い出し検討し、ビジネス企画立案用に数年間にわたるプロジェクトを実施した。「持続可能な観光の管理評議会」をたちあげようというこの大変な努力は2008年に結実し、評議会は現実のものになりかけている。

3.6 国家の文脈におけるエコツーリズム

エコツーリズムを考察し、「正真正銘のエコツーリズム」と「エコツーリズムもどき」の混在といったさまざまな現在進行形の事象に取り組んできて、はっきりしてきたことがある。すなわちエコツーリズムという事象は、個々の国家背景と歴史的な文脈で検討せねばならない。というわけで、エコツーリズムの制約や成功の可能性をしっかり理解するために、各国ごとにエコツーリズムの事例をおっていきたい。個々の種は、生態系の枠組みの中で観察す

3.6 国家の文脈におけるエコツーリズム

べきであると環境保全活動家や生態学者が気づき始めたように、エコツーリズムも単独事象として分析できない。各国の政治経済や開発政策の一環としてとらえなければならない。第三世界観光、全キリスト教会連合の前事務総長デスモンド・デ・ソーサはこう言う。

「観光開発は一連の開発過程から切り離すことはできない。むしろその側面であるのだ。したがって、観光は開発論議の文脈でとらえる必要がある」。

私のエコツーリズム探求の旅は、アメリカやアフリカにある途上国をはじめ、ちょっと関わった多くの国や国際会議にまで及んだ。また2003年からエコツーリズムの理念と実践を推進するNGOの運営に関わってきて、世界中のあらゆるところを訪問する機会に恵まれた。この本で考察する国は——コスタリカ、エクアドルのガラパゴス島、ケニア、南アフリカ、タンザニア、ザンジバル——である（日本語版では南アフリカ、タンザニア、ザンジバルは割愛した）。これらの国ではエコツーリズムが開発戦略の重要素となっている。初版では、小国ながら、魅力的なエコツーリズムセクターが息づいていたキューバもとりあげた。そこにはソ連崩壊後の開発ツールとして観光が妥当かどうか、活発ながらもなかなか表面化しない議論があった。しかし第2版の準備を始めた頃、キューバ情勢はかなり不安定な様相を示していた。フィデル・カストロは表舞台からおりかけていて、島の経済や政治情勢の将来は不透明であった。この状況で確かなエコツーリズムの評価ができるとは思えなかった。同僚のエマ・スチュワートは、論文執筆のためキューバの持続可能な観光調査を実施したが、まことに大変な思いをした。そこでキューバははずして、変わりにアメリカを加えることにした。2005年9月、国際エコツーリズム協会（TIE）はアメリカ初のエコツーリズム会議を企画した。メイン州、バー・ハーバーで開催された会議には、300人の参加者が全国から集まり、エコツーリズムの様々な側面を検討した。そして実例をとりあげ、バー・ハーバー宣言として発行し、2007年9月初旬に、ウィスコンシンのマディソンで北米エコツーリズム会議（カナダを含む）を開催することを誓った。

第2部の各章は、エコツーリズムの根本理念が、事例をあげた7か国（日本語版では4か国）でどのように実践されているのかを考察し、得点評価をしたものである。エコツーリズムに至る道は各国違ったルートをたどっている。1980年半ばまで、タンザニアやザンジバルの社会主義政権は、カストロ政権下のキューバでもそうであったように、社会制度の甘い蜜を吸うために観光に大きく投資し、開発をおこなっていた。別の政治的な事例をあげると、南アフリカのアパルトヘイト政府は、少数の特権階級の白人と、ぽつぽつとやってくる白人観光客のために、国立公園をつくり、観光助成をおこなった。植民地独立後のケニアは、汚職と政治家たちの利権にまみれ、ねじれた資本主義となった。コスタリカとエクアドルは（ガラパゴス島を含む）素晴らしい公園制度をもちつつ交錯した経済状況である。政府は活発だが、経済や社会福祉プログラムをうまくまわしていくことができないでいる。コスタリカ、ガラパゴス島、タンザニア、ケニアは世界有数のエコツーリズム・デスティネーションである。アパルトヘイト終焉後の南アフリカはソ連崩壊後のキューバのように、国際観光を成長

と世界経済市場に参画するための主力手段として推し進めている。またネイチャー型観光は貧困削減の手段である。アメリカは国際観光において送客数はトップで、受け入れ数は3番目であるが、エコツーリズムのために訪問する国ではなかった。しかし——アラスカ、ハワイ、ヴァージン諸島——などでエコツーリズムが始まり、このところ米国本土48州（ハワイ州とアラスカ州を除く州）でも動きがある。米国内のエコツーリズム事情にふれている文献はほとんどないため、最終章をアメリカに割くのはふさわしいと考える。

第 4 章
エコツーリズムの聖地・ガラパゴス

　ナチュラリスト・ガイドのホルヘ・マリノは、砂の丘の上から観光客たちを見下ろしていた。真っ白な砂浜にアシカが巨岩のように寝そべり、黄色い花を咲かせた低木の梢でキイロアメリカムシクイがさえずっている。彼らは 1 メートル先から写真を撮る観光客には目もくれない。ガラパゴス諸島は、アシカやウミイグアナ、ゾウガメ、ペンギン、小鳥やアオアシカツオドリ、ガラパゴスコバネウ、アホウドリ、そして 13 種類のダーウィンフィンチにまで、鼻先に近づくことができる世界唯一の場所である。

　かつて神秘の島と呼ばれたガラパゴス諸島は、エコツーリズム発祥地の異名をもとる。ガイドブックには次のように書かれている。「西欧人がガラパゴス諸島に訪れるようになったのは 150 年前である。彼らは船乗り、科学者、冒険者などと呼ばれていたが、その言動や出で立ちは、エコツーリストそのものであった。」この諸島は、世界で最も珍しく価値ある生態系の一つとして知られるようになった。鳥類と昆虫類の半分、植物の 3 分の 1、そして爬虫類の総てが、この惑星の中でガラパゴス諸島だけにいる固有種なのである。

　ガラパゴス諸島では、1960 年代から学術的調査や徹底した公園管理、訓練されたナチュラリスト・ガイド、優れた規範と責任ある自然観光を営む観光事業者が、急増する観光客が動物たちの生息を脅かさないように努めてきた。しかし 1980 年代に入ると、ガラパゴス諸島はいくつもの複雑な問題─新しい移民、外来種、商業漁業、失業、開発と公園管理の対立等─を抱えることになってしまった。これがエコツーリズムブームの顛末である。何年にもわたる討論の末、1998 年に歴史的な環境法「ガラパゴス特別法」が成立したにもかかわらず、諸島の居住人口と観光訪問客数は過去 10 年の倍以上に膨れ上がった。新住民たちは開拓者魂が強く、資源を利用し、新しい文化を持ち込み、諸島の外と強い提携関係を築いたが、ガラパゴスの生態系や外来種の脅威に関する知識は乏しかった。法律では 1,000 人の先住漁業者よりも少人数に抑えることになっているにもかかわらず、商業漁業者は増え続け、深刻な環境影響を引き起こしていた。

　脆弱な自然と政治状況のもとで、エコツーリズムは、資源保護と家計収入の安定供給を実現できる、唯一の公認商業活動であった。だがエコツーリズムはほかにも複合的な要素をもたらした。エコツーリズムによる収益は、自然保護や調査研究、公園管理等を支えることができる。エコツーリズムは観光客を教育し、国民にも諸島の重要性に気づかせることができる。一方で、エコツーリズムは移住を促し、生態系と市のインフラへの圧力を強め、固有種の天敵となる外来種の侵入リスクを高めてしまった。エコツーリズムによる資本の流入は、

第 4 章 エコツーリズムの聖地・ガラパゴス

ガラパゴスの経済を変え、規制への取り組みを困難にした。今やガラパゴスは、世界で最も歴史ある優れたエコツーリズムの地であるという名誉を失いつつある。

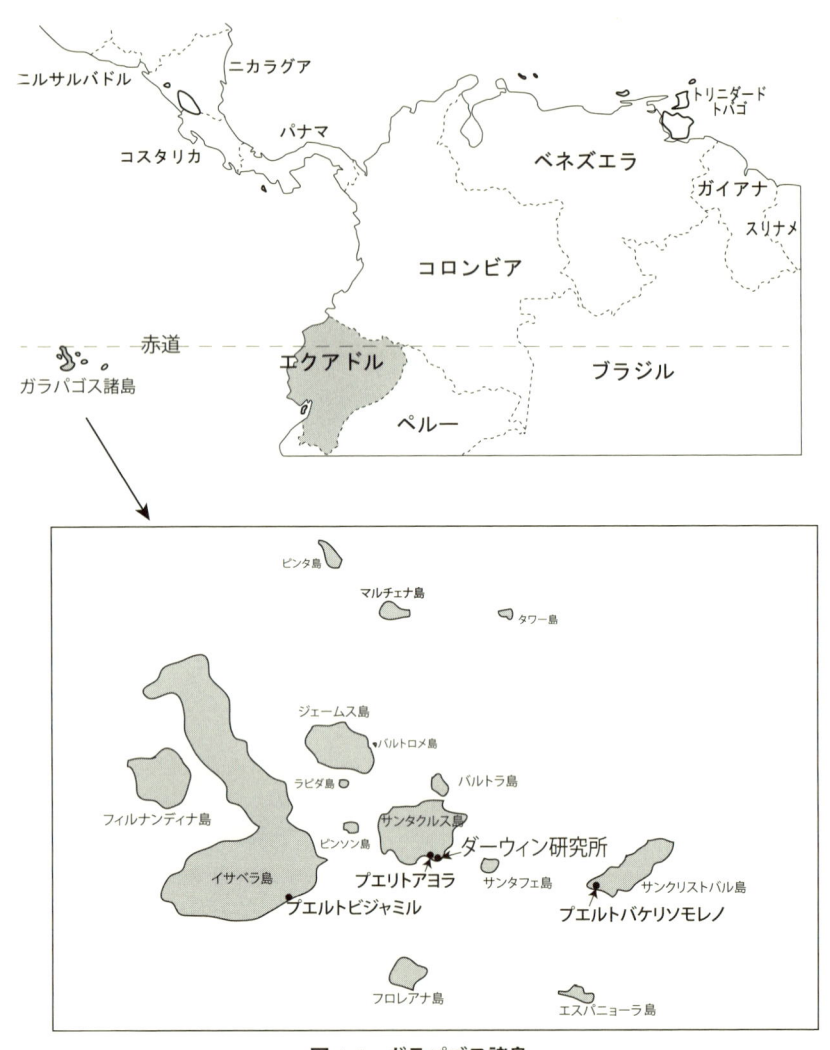

図 4-1　**ガラパゴス諸島**

4.1 ガラパゴス諸島の歴史

エクアドルの西沖合約960kmにあるガラパゴス諸島は、約120の火山島からなる島嶼群である。その生物学的価値が最初に認められたのは1835年だった。5年に及ぶ英国の調査に参加した生物学好きの若き英国人貴族チャールズ・ダーウィンが、世界一周航海をした軍艦ビーグル号で立ち寄った時である。ダーウィンがガラパゴス諸島に滞在したのはたった5週間だったが、これは彼の研究の方向性を変えた。ダーウィンは二つの重要な現象について記述している。捕食動物がいない環境下では野生動物は警戒心を鈍らせるということ、そして島ごとに動物も鳥も植物も固有種を繁殖させていることである。ダーウィンは日記にこう書いている。

> この諸島の自然史上特筆すべき特徴は…島が違えば、そこには―驚くほど多様な―異なる種類の生き物がすんでいることであった…私はそのような島々のことなど想像したこともなかった、たった40か50マイル離れただけ、しかもほとんどの島々は同じ地質の岩から成り立ち、同じ気候帯に属し、同じぐらいの標高をもっているのに、異なる開拓を受けたのだ…それぞれ独自のゾウガメ、マネシツグミ、フィンチ、そして何種類もの植物によって。

牧歌的で、「エデンの園」や「平和の王国」に準えられる島々が、天地創造説への最強の挑戦、すなわち進化論の源となったのは歴史の皮肉と言うしかない。1859年に出版された「種の起源」(On the Origin of Species by Means of Natural Selection)で、ダーウィンは自然淘汰による進化論の概要(すべての生物は環境に適応し、そして進化する)を述べているが、その基礎を造ったのは、ガラパゴス諸島での観察であった。

ダーウィンの業績は、地図上にガラパゴス諸島の名を記すことになった。作家カート・ボネガットは、小説『ガラパゴスの箱舟』の中で、「ダーウィンは島々を変えることはしなかったが、ガラパゴス諸島に対する人々の見方を変えた」と述べている。何世紀もの間に冒険家、ナチュラリスト、夢想家、富裕な旅行者たち、海賊、漂流者、ならず者達がこの海域を航海し、中には島に住みつく者もあった。19世紀初頭までに、ガラパゴス諸島、とくにフロレアナ島(サンタマリア島またはチャールズ島とも称する)は、真水と十分なゾウガメの供給があったことから捕鯨船の寄港地として好まれるようになった。

フロレアナ島はまた、南米最初の郵便局が設置される場所となった。ビーチのはずれにある木の樽がそれである(今も現役だ)。捕鯨に向かう船の乗組員は、少なくとも2年間は家に帰れない。その彼らがこのポストに手紙を投函すると、帰路に向かう船が回収し、本国で配達したのである。

ダーウィンが上陸した時は、既に諸島は人間による負荷影響を受け始めていた。航行する船やいくつかの島の小さな入植地から、在来動植物相に壊滅的な影響を与えるネズミ、ネコ、

ブタ、ヤギ、その他の動物が持ち込まれていた。捕鯨船は新鮮な肉を求めて何百頭、何千頭ものガラパゴスゾウガメを捕獲し、生きたまま仰向けにして船倉に放り込んだ。捕鯨者たちは捕鯨産業が終焉した(そしてクジラとゾウガメの頭数も底を打った)1860年まで、ゾウガメの大量殺戮を続けたのである。捕鯨が終わった時には、大きなダメージは与え尽くされた後だった。フロレアナ島固有のゾウガメ(**Geochelone galapagoensis**)は20世紀に入る時には絶滅してしまった。

　保護と再生への歩みがゆっくりと進むにつれ、破壊の勢いは少しずつ収まった。1935年、ダーウィン上陸100周年を記念して、エクアドル政府は諸島の野生生物を守り、多数ある無人島を保護地域として指定する法案を可決した。だが法は施行されず、本気で保護の取り組みが始まったのは1950年代に入ってからであった。諸島を調査した科学者たちが、国際自然保護連合(IUCN)とユネスコに「ほとんど開発されておらず、侵されていない自然の聖地であり…野生生物を研究するための国際的な研究拠点を設けるべき」場所として推薦したのである。1959年、ダーウィンの『種の起源』の発刊100周年を記念して、エクアドル政府は、諸島の全面積のうち既に人々が居住していた3%の土地を除いた97%の土地を国立公園に指定し、居住を禁じた。それに先立って、研究者たちは人間の居住が始まってから姿を消したと言われていた爬虫類、哺乳類、植物の固有種と固有亜種20種のほとんどが、既に絶滅していると発表した。

　1959年、ガラパゴス諸島チャールズ・ダーウィン財団(CDF：Charles Darwin Foundation for the Galapagos Islands)がユネスコ(UNESCO)と国際自然保護連合(IUCN)の援助のもとで創設された。1964年にチャールズ・ダーウィン財団の運営機関としてチャールズ・ダーウィン研究所(CDRS:Charles Darwin Research Station)が完成し、諸島での研究活動を開始した。1979年[訳者注1]、諸島の広大な面積がユネスコの世界自然遺産に登録され、1986年にエクアドル政府が7万km^2の海域を海洋保護区に指定し、島嶼群の間の海域と、島々の周囲15海里ゾーンの保護に乗り出した。そして1998年には有名な環境法「ガラパゴス特別法」によって、海洋保護区を拡大し、諸島周辺64kmまでを含むこととした。2001年にはユネスコはこの広大な海域を世界遺産に組み入れることを認め、世界遺産の範囲は13万8,000km^2となった。しかし、保護に向けた前向きな歩みと裏腹に、諸島が抱えるリスクはそのままであった。2007年、ユネスコはガラパゴス諸島を「危機遺産」リストに加え、とくに観光の急成長による負荷影響の深刻さを指摘した。1990年には4万1,000人だった観光客は2006年には14万5,000人と膨れ上がっていたのである。[訳者注2]

　政府が運営するガラパゴス国立公園事務所(GNPS:Galapagos National Park Service)と国際的な資金援助を受けているチャールズ・ダーウィン研究所(CDRS)は、サンタクル

注1　正式には1978年
注2　2010年「危機遺産」リストから除外された。

ス島の中心市プエルトアヨラの町はずれで、何十年も隣り合わせで活動を続け、科学調査や保護、教育プログラムにおいて共生関係を維持してきた。ゾウガメとリクイグアナの保護増殖と野生復帰活動は、絶滅の縁にあるこれらの種の復元に寄与してきた。類いまれな生物多様性は、移入種や特定の種の過剰搾取、自然災害や人災、気候変動などいくつもの脅威に対してきわめて影響を受けやすい。今日までガラパゴス諸島の生物多様性は何とか持ちこたえてきたが、今後どうなるかは、今後数年以内に持続可能な開発に関わる意思決定がどうなされるかにかかっていると言ってよいだろう。

4.2　エコツーリズムブーム

　近年まで、離島であることは、進化論の天然の実験場としてのガラパゴス独自の特徴を保つために役立ってきた。諸島への唯一の「公共」交通機関は、1970年に至るまで、快適とは無縁で、まれにしか就航しないグアヤキル港発の貨物船のみだった。英国の名誉弁護士でメトロポリタン・ツーリング社ガラパゴス事業部取締役のデビッド・バルフォーは、彼が初めてガラパゴス諸島に到着した1969年当時を振り返る。「観光はまだ始まっていなかった。貨物船は3か月に1回ぐらい到着し、団体観光客を連れてきた。」と回想する。訪問客数が伸び始めたのは、バルトラ島にあった旧米軍基地を改装して定期航空便を就航させてからのことであった。観光インフラが少しずつ整っていったのである。

　ガラパゴス諸島においてエコツーリズムが始まったのは1960年代後半である。キトに本部を置くエクアドルの2つの旅行会社─メトロポリタン・ツーリング社とツーリスムンディアル社─が、ニューヨークに本社があるリンドブラッド・トラベル社（後にリンドブラッド・トラベル社の一部門であったリンドブラッド・エクスペディション社に併合される）と組んでからである。初のクルーズ船、「リナA号」が58人の乗客を乗せて1969年にガラパゴス諸島に到着したのが、組織化されたエコツーリズムの正式な始まりである。メトロポリタン・ツーリング社のバルフォーはこう回想する。「まずフィージビリティスタディ（可能性調査）から着手した。とりわけ保全の観点から。観光はチャールズ・ダーウィン研究所や新しくできた国立公園局と連絡をとりながら進められた。まさにパイオニアの仕事である。今でも我々が印刷して観光客に手渡している注意書きには、観光客がどのように行動するべきかを書いてあるが、これは最初のツアーの時に作ったものである。ツアー運営者と研究者、そして国立公園は極めて密接な関係にあった。」

　1970年代初頭の観光施設整備はのんびりしたものだった。小さなボートが5艘ばかりあって必要に応じて観光客を日帰り旅行に連れ出し、サンタクルス島のプエルトアヨラ港には、日陰を施した緑の芝生と個室バンガローをもつ「高級」ホテル1軒と、小さなホテルが3軒、2～3軒のレストランがあるだけだった。1974年から1980年にかけて観光は大きく伸び（表

4-1 参照)、大型船の数は 13 艘から 42 艘に増えた。観光産業が成長するにつれ、所有者が変わり始めた。1970 年代初頭から中頃にかけては、メトロポリタン・ツーリング社の 2 艘の船以外のホテルは、早期に移住した人々が所有する水上ホテルだけで、彼らは国際ビジネスに必要な資本も外国語力もマーケティング力も持っていなかった。銀行や情報通信などのインフラもなかった。1982 年になると、本土旅行会社 6 社が 12 隻以上の大型船を所有もしくは共有して外国人に貸し出しをするようになり、メトロポリタン・ツーリング社だけがガラパゴスにオフィスを構えてフルタイムの経営を行う旅行会社だった。

表 4-1 ガラパゴス諸島観光の経済成長：ガラパゴス国立公園への訪問人数推移

(単位1,000人)

年	1972	1975	1979	1985	1990	1993	1996	2000	2004	2005
外国人	6.7	7	10	12	26	37	46	54	75	86
自国	0.1	0	2	6	15	10	16	14	33	35
合計	6.8	7	12	18	41	47	62	68	108	121

Source: Bruce Epler, *An Economic and Social Analysis of Tourism in the Galapagos Islands* (Providence: University of Rhode Island, Coastal Resources Center,1991), 3,15; "Tabla 1: Visitantes al Parque Nacional Galapagos entre 1979 y 2004."obtained from the Charles Darwin Foundation; José Rodriguez Rojas, "Las islas Galapagos: Estructura geografica y propuesta de gesti6n territorial, "(Cayambe,Ecuador: Talleres Abya-Yala, 1993), 107; George Wallace, "Visitor Management in Galapagos National Park," draft (Fort Collins, Colo.；College of Natural Resources,Colorado State University, January 1992), 1; Telephone conversation with Katty　Gallardo,Tourism Department, Galapagos National Park, September 27,2006.

1980 年代にエコツーリズムが爆発的に広まると、ガラパゴス諸島に世界中の注目と新しい資金が流れ込むようになったが、それは諸島の生態系と居住する島民に緊張をもたらすことになった。ある論文は次のように書いている。「観光は、この諸島で起きている変化の速度と種類を、直接的にも間接的にも動かす原動力だ。」1979 年と比較すると観光客の数は 10 倍以上に増え、サンクリストバル島に第二の飛行場が建設され、バルトラ島には臨時便が毎日就航するようになった。1980 年代後半にはお粗末なエコツーリズムや従来型観光の拡大などの事態が生じ、不法移民や商業漁業も見られるようになった。ガラパゴス諸島で許される営利行為は世界中のあらゆる場所よりも高品質で、限定的で、注意深くモニタリングされているエコツーリズムでなければならないはずなのに。このことが、移民と漁業の慎重な規制を通して脆弱な環境の保護と住民の居住とのバランスを取ろうという、1998 年に制定されたガラパゴス特別法の基本的理念に結びついている。もしエコツーリズムに付随して起こる移民の増加や移入種の侵入等の諸問題が管理されることなく野放しにされるとすれば、ガラパゴス諸島の生態系は再生不能な状況に追い込まれてしまうであろう。正しい均衡点を見つけることは難しい。チャールズ・ダーウィン財団（CDF）理事長のグラハム・ワトキンスは 2008 年に『ニューヨークタイムズ』に語っている。「ここにあるのは持続不可能な発展のモデルである。」

4.2.1 ガラパゴス諸島における現在の観光の潮流

　ガラパゴスの自然を活用した観光産業は、徐々に二つの方向性を持ち始めていた。一つは廉価で大人数向けの従来型観光である。太陽、浜辺、大地を資源として陸上のホテルに泊まり、日帰りのボートツアーを伴うものである。もう一つは高価格で少人数で行われ、ツアーボートか水上ホテルに泊まり、生態系に対する負荷影響を最低限に抑えるというものである。前者はガラパゴス諸島の住民が専ら運営し、主にエクアドル人観光客を対象としたが、後者は外国人や裕福なエクアドル人が運営し、主に外国人観光客を対象としていた。日帰りボートか水上ホテルかという違いはあるが、それぞれ「環境と社会への直接的・間接的な影響と、重大な経済効果をもたらした。そのことが、地域や国の行政機関やその他の研究機関による莫大な管理への投資を招いた。」とコンサベーション・インターナショナルのスコット・ヘンダーソンは述べている。

　1980年代半ばに自由経済と構造調整政策[訳者注3]を採用したエクアドルの旅行業界にとって、エコツーリズムは最新の独占事業となった。観光業に莫大な投資がなされ、新しい船や旅行会社、宿泊施設がガラパゴス諸島に次々誕生した。幸い建設には至らなかったが、カジノや高層ホテルの建設まで構想されていた。ロードアイランド大学教授のブルース・エプラーの1990年代初め頃の発言によれば、ガラパゴス諸島の観光は、大陸に本拠地を置いて垂直統合（島外と島内に拠点を持つ）された2つの旅行会社、メトロポリタン・ツーリング社とエコベントゥーラ社が支配していた。両社とも質の高いエコツーリズムを提供していた。両社は複数の水上ホテルを経営し、ガラパゴスだけでなく、エクアドルの他地域へもツアーを出していた。エコベントゥーラの所有者は、2000年まで諸島に就航していたエクアドル航空SAN/Saetaの株も一部所有していた。エコベントゥーラは1980年代後半にロベルト・デューンによってガラパゴスに参入し、その後SAN航空としてガラパゴスへの就航許可を取ったのである。当時は、マイアミやキト、クエンカ便を先に就航させていた米国の航空会社と競合していたため、デューンはフライトと諸島内のツアーボートを組み合わせるという方法によって競合相手を駆逐した。最後の10年以上、両社は他の評判の良いエコツーリズム、オペレーター各社からの挑戦を受け続けた。リンドブラッド・エクスペディションやアメリカ資本のホルブルック・トラベル、マウンテン・トラベル・ソベック、インターナショナル・エクスペディション、ウィルダネス・トラベル、エクアドル資本のガサール・ノーティカ、クレイン・ツアーズ、オーシャン・アドベンチャーズ、エクアドリアン・ツアーズやガラマゾナス、ガラパゴス住民が家族で経営するダフネ・クルーズ、エンチャンテッド・エクスペディションズ、アンゲルマイヤー・クルーズ（アンダンド・ツアーズとして知られている）等である。1990年代後半から21世紀に入るまでの間、諸島には80から90もの登録ヨット、動力付きクルーザー、クルーズ船、そして日帰りボートがあった。1981年から2006年の

注3　1章脚注13参照

間に観光用ボートは40艘から80艘に増え、収容客数も597人から1,805人へと伸びた。2007年には84艘の観光用ボートがガラパゴス国立公園事務所（GNPS）に登録され、そのうち79艘が寝泊まり可能な水上ホテルで5艘が日帰りツアー用大型船、全体の40％が地元民所有であった。

近年、旅行会社とボート所有者は、より快適で安全、衛生的、エアコン完備、質の良い食事、訓練された乗組員等を備えたツアーを提供するようになり、成長を続ける国際旅行市場に応える商品づくりに取り組むようになった。1990年のバルトロメ号の悲劇[訳者注4]の後、安全規則は改善され、毎年の立ち入り検査と救護訓練が行われるようになった。その後もいくつもの事故が続いたが、社会と環境の両面に関心をもつ旅行会社は、ある団体を立ち上げた。「国際ガラパゴス旅行業協会（IGTOA:International Galapagos Tour Operators Association）」である。この団体はガラパゴス諸島固有の自然環境と遺産の保護とともに、高い専門性と安全性、サービスの基準を構築することを目指して活動を行っている。

しかしガラパゴス諸島は時折被害に見舞われ、中にはエコツーリズムに関連するものもあった。2001年1月、エクアドル船籍のタンカー、ジェシカ号が23万4,000ガロンのディーゼルオイルとバンカーオイルを積んだまま、サンクリストバル島のプエルト・バケリソ・モレノの沖合で座礁したのである。数日のうちに漏れ出したオイルは$259km^2$の海域に広がり、一部は3つの島の海岸に到達したと伝えられた。流出事故のニュースが世界中に伝わり、エクアドル政府が非常事態を宣言すると、これ以上の流出を防ごうと奮闘する乗組員を助けるために何百人ものボランティアが集まり、流出油のクリーンアップや、海鳥やイグアナ、アシカ等の野生動物の救出を行った。ガラパゴスの野鳥の本を著したジョナサン・ウェイナーは、「ガラパゴスはいとも簡単にダメージを受けてしまう。"モナリザ"にコーヒーをこぼすみたいに」と述べた。熱に浮かされたような数日の後、偶然吹いた風と強い海流が、流出したディーゼル油を島がない北西方面に押し流した。素早い反応と願ってもない条件によって、推計一日50万ドルもの莫大なコストを食いつぶし、自然保護団体に長期に及ぶ資金的負担を強いた環境災害は急速に収束していった。回収されなかった燃料油は沈殿し、食物連鎖を支える藻類を死滅させた懸念もあった。幸いなことに、その後の研究で沿岸域の海草や水産無脊椎動物、魚類への影響はごくわずかであり、油流出による明らかな影響は検出されなかった。

しかしこの事故は、大手エコツーリズム会社と、近年導入された認証プログラムにとって厄介な存在となった。この安価なバンカーオイルの使用予定者が、ガラパゴス諸島最大規模の100人乗りの客船「エクスプローラⅡ号」だったのである。この豪華な水上ホテルはキャノドロス社が所有していた。キャノドロス社は、エクアドルアマゾンのコミュニティ・ベースド・エコツーリズムの先駆的事例としてよく知られているカパウィ・ロッジを経営するエクアドルの企業である。1990年に建造されたエクスプローラⅡ号は観光商品雑誌に、ガラ

注4　誤った電気配線によって船上で火災と爆発が起き、船は沈没し5人の乗客が亡くなったのである。

パゴスでもっとも優れたクルーズ船であり、「優れた環境教育とガラパゴスについてのインタープリテーションを提供する同船は、エコツーリズムに適合している」と紹介されていた。エクスプローラⅡ号は次に述べる「スマート・ボイジャー認証プログラム」に合格し、認証シールをもつ5艘の船の一つでもあった。

大惨事寸前であったこの事故の後、環境保全団体は、バンカーオイルや有毒物質またはリスクの高い物質の海洋保護区内移動を禁じる特別法施行規則の実効力の向上を求めた。またガラパゴス国立公園事務所（GNPS）は2005年に、陸域と海域を統合した新しい管理計画の運用を開始した。その計画は、国際環境認証ISO9000に示された指針に従っており、技術的、経済的に自己管理できる範囲内で社会と生態系を管理するという理念に基づくものである。スマート・ボイジャーや他の環境認証プログラムとの違いは、9000シリーズのISOには、環境パフォーマンスの継続的な向上を図るための品質管理システムが組み込まれていることである。

地域住民には豪華ボートを買ったり建造したりする資金力はない。だが特別法では、外国の投資家は定住者とパートナーシップを組むこととされているため、住民が所有する多くの漁船のライセンスと交換する形で、新しくて大きな水上ホテル（船上ホテル）が毎年出現している。近年、諸島の銀行施設や情報通信システムが改善され、地域のオペレーターが海外の旅行会社と直接契約を結び、地域のオーナーやオペレーターが国際市場で競争できるようになった。特別法では、旅行会社が必要とする人材が諸島住民にはいないと証明されない限り、地元から人材を雇用することが義務付けられているため、いくつかの企業では語学教育やサービス教育等のホテルマネジメント研修を自前で行った。人々は島々に定住し始め、多くのツアーボート会社では観光客をレストランや住民が経営する農場、地元の学校等に連れていくようになった。1982年にはたった20軒だったレストランとバーは、2006年までに114軒に増えた。大型客船は7泊8日のツアーの間に2つの港を訪れるよう求められ、コミュニティにとっては、エコツーリズムによる新しい収入源になった。観光客が支払うお金はプエルトアヨラで増え続ける土産物屋に流れていった。もっとも、観光客の多くは、売り上げがガラパゴス諸島の奨学金や保護プログラムに還元されるチャールズ・ダーウィン研究所のキオスクを選んでいるが。

ガラパゴス諸島は、多くの国内観光客も魅了した。これは経済好転の起爆剤としても、諸島への環境保全への国の支援を取り付ける意味でも望ましい材料といえる。世界のどの地域をとっても、海外からの旅行者に対して、国内旅行者の数が減少する中で、ガラパゴス諸島だけはエクアドル人観光客数が増加傾向にあり、1970年代後半は15％以下だったのが1985年には40％になり、その後は25～30％で安定推移している。1980年代の通貨切り下げがガラパゴス諸島に多くのエクアドル人観光客を招く要因となったほか、他の国より早く国民に対する航空運賃と国立公園入園料、日帰りボートツアー料金の割引が適用されたこと等が要因である。大陸では国民向けにガラパゴス格安ツアーが提供された。外国人観光客の公園

第 4 章 エコツーリズムの聖地・ガラパゴス

入園料が 100 ドルなのに対してエクアドル人は 6 ドル、航空運賃はガラパゴス住民は外国人の 3 分の 1 以下、大陸のエクアドル国民は半分の料金で済む。ほとんどのエクアドル人はプエルトアヨラやプエルト・バケリソ・モレノ（サンクリストバル島にあるガラパゴスの州都）の陸上ホテルに滞在し、格安の日帰りボートツアーで他の島の国立公園区域を訪れている。

1982 年から 2006 年の間に陸上のホテルは 18 から 65 に、部屋数も 214 から 1,668 に増えたが、この増え方は水上ホテルの船室よりも約 8 倍速かった。これらの施設が急成長し、かつ改良されたことで週末だけ訪れる外国人観光客が現れるようになった。2000 年の研究によると、外国人がガラパゴスのツアーで費やす金額は、エクアドル人のおよそ 3.5 倍（一人当たり。前者は年間 3676 ドル、後者は 932 ドル）に上ることがわかったが、諸島の経済においては、エクアドル人による出費の方が、はるかに大きな割合を占める。外国人観光客の数は国内観光客数の 4 倍（5 万 4,000 人対 14,000 人（2000 年））と、数では勝っているが、エクアドル人旅行者は支出の 95.2% をガラパゴスの地域経済で費やすのに対し、外国人旅行者はたった 15.1% しか消費しないこともわかった。

これは、日帰りボートは地元の木材で造られ、所有者も乗組員も島民であり地域の食材が提供されているからだ。日帰りボートは島民が経営している陸上のホテルと提携している。通常、旅行会社がホテルも日帰りボートも経営している。しかし、これらの日帰りボートは縮減傾向にあり、1991 年には 16 艘のボートで 200 人を運んでいたが、2007 年には 5 艘のボートが 92 人を収容するだけになった。

古いホテルの多くは解体されて、より大型の多層階ホテルに換わった。水上ホテルの稼働率は 80% を超えるが、陸上ホテルは 30% 前後にとどまっていた。客室稼働率を上げるために、国内観光客向けのキャンペーンが計画された。1993 年以降、サンタクルス市は新しいホテル建設に対して一時停止期間を設け、1998 年のガラパゴス特別法にはイサベラ島以外の島における新しいホテルの建設を禁じた。それにも拘わらず住宅やその他商業施設の開発は続き、ホテルのリノベーションや拡張は急速に進められ、市街地エリアは今や商業施設や多層ビル地帯となり、郊外エリアは国立公園との境界線まで拡大された。エプラーは次のように述べている。「地域住民の幸福が課題だったとしたら、日帰りボートと小さなホテルは地域社会の貧困層に経済的恩恵を与える大きな流れを作ったと言えるだろう。」かつてはエクアドル本土の人々にとって苦難と欠乏の地でしかなかったガラパゴス諸島は、今や他のどの地域よりも高収入と社会的サービスが約束され、暮らしやすい恩恵に満ちた地域となったのである。

ガラパゴス諸島への国内観光が、地域経済の活性化と諸島の保護・保全に対する国民の支持層を確立する上で重要であったとはいえ、負の側面もあった。国際ガラパゴス旅行業協会代表を長く務めているデビッド・ブラントンが指摘した問題は、安全性である。「小事業者たちのいくつかは経費を切り詰めたり、安全管理のガイドラインに従わなかったりする。それがボートの転覆や人命にかかわる事故を招いている。このことは格安旅行者に深刻なリスクを与えることになりかねない。彼らは予約する低価格のボートが安全性と健康管理をおろそ

かにしていることを知らない。このカテゴリーのボートは数は少ないものの、政府による危険行為の管理や違反者への制裁はほとんど行われていない。」

　海域、陸域を含めたガラパゴス諸島の観光産業は「島の総生産」の71%、そしてエクアドル政府の観光歳入の3分の1を生み出している。ガラパゴス諸島はエクアドルの中で突出した観光事業収益を創り出しているが、近頃の議論は、どうすればこの利益を島にとどめ、公園と地域コミュニティにより多く還元できるかという点である。航空会社も水上ホテルとなる船会社も、諸島ではわずかな経費しか使わず、ほとんどの収益を島から持ち出してしまう。利益分配の不平等については、エプラーの研究により1993年に既に明らかにされている。それによれば、ざっと85%（2,750万ドル）が船会社または航空会社に支払われ、たった3%ずつが陸上のホテルと公園入園料に還元されている。エプラーはまた、観光客が支払った金のうち92%が水上ホテルに、残り8%が日帰りボートと陸上のホテルに消費されていること、さらに、この金の乗数効果は「極めて低く」、その理由が地元の農家、畜産業者、漁民と、水上ホテルとの間の「産業連関」が「事実上存在しない」からであることも明らかにした。ほとんどの食糧やその他の供給品は輸入品であり、乗組員の家族たちは本土に住んでいるのである。水上ホテルから求められる需要量や品質に対して、地元生産者だけで安定的に応じることは難しいとしても、リンドブラッド・エクスペディション社のようないくつかの企業は、地元漁民や農夫から購入したり、漁民の妻たちの組合が経営している商品を買ったりしている例もある。だが、諸島の農業は不況に陥っており、農地は1986年から2000年の間に減少し、農業はもはや他の就業収入に見合うだけの稼ぎにはならなくなっている。

4.2.2　1998年ガラパゴス特別法「保全とコミュニティの勝利」

　ある米国人科学者は1995年後半の『タイム誌』に、「もし地球上で見過ごしてはならない場所を一つだけ示せと言われたら、ガラパゴス諸島と私は答える。」と書いた。

　1994年2月、エクアドルテレビはショッキングな場面を映し出した。イサベラ島とフェルナンディナ島の「ペピローネス」（ナマコ漁師。スペイン語でキュウリを意味する「ペピーノ」[訳者注5]に由来する）の巨大な秘密キャンプ地である。多数のエクアドル人漁業者たちが、浅海に潜っては日に何万ものナマコを捕獲していたのだ。足の裏ぐらいの大きさの明るい茶色をしたナマコを茹でて乾燥する工程は、産業の様相を呈していた。ゴミや空き缶はその場に捨てられ、漁民たちは生鮮食料品やその他の製品を持ち込んでいるように見受けられた。彼らはまたマングローブ林を伐採して薪に使っていたが、その林はチャールズ・ダーウィン研究所によれば「ダーウィンフィンチのうち最も数が少ない種、道具を使うマングローブフィ

注5　ナマコは海のキュウリと呼ばれる。

第 4 章 エコツーリズムの聖地・ガラパゴス

ンチ訳者注6の唯一の生息地。これまで手付かずだった森を伐採すれば、この種に直接的な危害を加えることになる。」財団は、1995年までに500か所以上もの上陸しやすい浜や岬が違法漁民によって利用されたと報道し、この「ゴールドラッシュのような漁業」を公然と非難した。ガラパゴス諸島から、時折米国を経由して乾燥ナマコとタツノオトシゴがアジア市場に密輸されていたのである。

ナチュラリスト・ガイドやツアーボートの操縦士、研究者や国立公園職員が違法キャンプの発見者となった。ダイビングガイドはサメやアシカ、ウミガメがはえ縄や網にかかって死んでいるのを見つけて報告した。背びれを失ったサメやジンベイザメが、死にかけた状態で浜辺や浅瀬で発見された。これは中央政府や公園当局、研究所への中傷や物理的な攻撃を引き出した。1990年代半ば、違法ナマコ取引の主導者の一人が、プエルトアヨラでガラパゴス諸島へのコカコーラの卸業を営んでいたルイス・コピアーノであることがわかった。コピアーノはナマコの収集と輸出に携わっていたことを認めた上で、政府や公園当局、研究所や研究者が彼のキャンプサイトに近づいて、漁民に対する敵対心と先入観をあらわにしたことを非難した。「私は、なぜガラパゴスで彼らが漁民と敵対するのかがわからない。彼らはキトにいる人の指示で、ここに生まれて暮らしている我々にどこからともなく近づいてきた。そんな権利はないはずだ。彼らは狂っているとしか思えない。」言っておくがコピアーノ自身は港町グアヤキルからの移住者で、グアヤキルでアジア市場に連なる違法漁業者とのつながりを持っていた張本人である。

違法キャンプが摘発されて間もなく、公園監視員とツアーガイドはイサベラ島の5か所で計81頭のゾウガメの死骸を発見した。漁民が殺したものと誰もが疑った。1994年4月には別の事件があった。キャンプファイアが完全に消火されずに燃え移ったと思われる火災がイサベラ島で発生したのである。火は何か月も燃え続け、4,500ヘクタール以上を焼きつくした。ダーウィン研究所と公園管理官は軍隊を出動させ、2機のエクアドル軍のヘリコプターで10頭のゾウガメを救出し、イサベラ島のプエルト・ビジャミルにあるゾウガメ飼育センターに運んだ。

エクアドル政府では、ナマコ漁の状況にどのように対処するかで意見が真っ二つに分かれた。産業・水産省と島民議会は賛成、エドアルド・ベリス議員は好意的、国立公園局と農業省(観光産業、研究者、ダーウィン研究所も)は反対である。その間もナマコビジネスは続いていた。ついに妥協案が示され、1994年10月15日を初日とする3か月間で55万匹を超えない範囲でのナマコ漁が解禁されたのである。だがこの実験は悲劇に終わった。期間終了間際にはダーウィン研究所の推計で600万から1,000万匹のナマコが獲られ、かつタツノオトシゴなどの多種多様な貴重な種を含むその他多くの生物が捕獲され、結局、何の効果

注6 小型の鳥類で、鋭いクチバシで小枝などで道具を作り、木の穴などに差して、虫を捕って食べる、という技を持つ。

的な管理も行えなかったのである。タイム誌によると、「ナマコ回収船は本土から売春婦とドラッグを乗せてやってきた。売春婦たちはナマコで買われ、彼女たちはそれを後で現金に換えるらしい」

　政府が漁業期間を予定より一か月早く 1994 年 12 月に終了すると報じると、すぐに激しい紛争が起きた。1995 年 1 月 3 日の朝、仮面を被り、鉈やこん棒で武装したナマコ漁師の集団がプエルトアヨラ郊外にある国立公園事務所とダーウィン研究所に通じる道路を封鎖した。4 日間に亘り、40 人以上のナマコ漁師たちが公園を占拠して研究所本部を封鎖し、「ゾウガメを殺す」と研究者たちを脅し職員たちを建物内に監禁した。チャールズ・ダーウィン財団は「「事実上」二つの機関の職員、建物、保護増殖中のゾウガメとリクイグアナが人質となっている」と緊急事態速報を出した。包囲が解かれたのは政府が軍隊を出動させ漁業組合の代表者と交渉を始めてからであった。

　するとベリス議員は、キトの国会で、諸島の観光と開発に関する規則を定められる自治権に近いものを与える法案を通すように働きかけた。この人気取り法案は、万人に何かをもたらそうとするものだった。「公務員の給料は倍にし、チャーター船の旅程には海辺のホテルでの 1 泊を入れるように求め、そして国立公園は州議会の新たな官僚機構のコントロール下に置く」というものだった。

　1995 年 9 月、大統領がこの法案を拒否すると、ベリスは軍隊を率いて 3 週間のストライキに入った。何十人もの抗議者がサンクリストバル空港を取り巻いて閉鎖し、バルトラ空港からの道路を通行止めにし、再びガラパゴス国立公園局とダーウィン研究所の建物を占拠した。当時の研究所長だったチャンタル・ブラントンは藪の中に一晩隠れ、一方、サンクリストバル市長のミルトン・アグアスは数百人の過激な島民を伴ってラジオでこう脅した。「観光客を誘拐し、必要とあれば国立公園を焼き払う。」

　ガラパゴス諸島にいた観光客は怖がり、多くの旅行のキャンセルが入った。国際ガラパゴス旅行業協会は、予約率は 15％にまで落ちたと推計し、ツアーオペレーターのアンディ・ドラムは「史上最悪の年」と称した。これに対して、島民は新たな組織「ガラパゴスの平和と豊かな暮らし委員会」（Committee for Peace and Well-being）を立ち上げ、大統領から、地域住民までをも組み込んだ協議会を設立してガラパゴス諸島の保全を図る新しい法律を立案するという約束をとりつけてストライキは終結した。1997 年 3 月、違法ナマコ漁業者がイサベラ島で公園監視者を狙撃して怪我を負わせ、覆面の男たちが公園事務所を襲って保護官らを人質にとった後、300 人以上の漁協の組合員、労働組合、市役所、市民団体、ツアーボート会社、ダーウィン研究所の職員らがプエルトアヨラを行進し、公園管理局との団結をアピールし、暴力と破壊行為に対する反対を示した。

　国際団体もこの政治的紛争と環境の悪化に関心を強めていた。1996 年 12 月、ユネスコの世界遺産委員会は、エクアドル政府が適切な保全措置を図らない場合はガラパゴス諸島を「危機遺産」に指定すると警告した。政府とガラパゴス諸島の観光団体はこの査定に強く反対

第4章 エコツーリズムの聖地・ガラパゴス

し、エクアドルの国際的イメージと観光産業に支障があることを恐れた。ガラパゴスの女性観光業者代表のヒメナ・フローレは「このような分類は私たちの家族、諸島、そして国全体の経済見通しに直接的な打撃を与える。」と述べた。それだけでなく、政府は、もしこれが実行されると国際機関はガラパゴス諸島に資金援助をしなくなるだろうという認識を示した。

1997年4月、エクアドル大統領はついにガラパゴス令に署名し、諸島の保全は国の優先事項であり、移民、漁業、移入種のコントロールに向けて政府内のいくつもの改組を行うことを認めた。5月、政府はガラパゴス常任委員会 (Permanent Galapagos Commission) とファシリテーターの指導により、実施に向けたコンサルティングと交渉の第一歩をしるした。委員会には保護団体、観光業界の代表、そして実業家や環境官庁、国内外の機関の代表等が参画した。

俗に言う「ガラパゴス・コンセンサス」は諸島中を巻き込み、法律の反対者はキトの中央政府で激しいロビー活動を行った。1997年11月半ばに行われた選挙では、圧力団体や労働者、地域の主導権および、海洋保護区への自由な立入や住民に有利で自由な政策を望む商業漁業業者の代表者たちによって妨害された。1998年1月、法案はエクアドルの一院制議会を通過したが、3月に暫定大統領は部分的な拒否権を発動し、海洋保護区内における商業漁業に関する代替条項案を提案した。同年3月、喪服に身を包んだデモ隊が棺を担いで「ガラパゴス諸島の葬列」を催している間に、議会は再度「ガラパゴス州の保全と持続可能な発展のための特別法」(通称：ガラパゴス特別法) を提案し、大統領の拒否を覆したのである。

80もの複雑な条文からなる特別法は、強力な環境保護法であると同時に住民に対する支援を提供するものであった。同法は5年以上ガラパゴス諸島に居住する者を合法的な住民と規定することによって諸島の人口を安定させることを狙いとしていた。時限付きで更新可能な業務許可を雇用者から受け取っている場合は短期住民として認められたが、その他の者は退去させられることになった。国立ガラパゴス研究所 (INGALA:National Galapagos Institute、1980年にガラパゴス諸島全体の政策と計画の調整機関として設立) は環境警察の支援のもとで2000年までの間に94人の該当者を国外へ退去させた。効果的な強制執行ではあったが、長期間にわたる挑戦を課した。チャールズ・ダーウィン財団は見逃しがたい抜け道があることを指摘している。この法案は、ガラパゴス諸島住民に対しては将来を担う子孫に対しても、彼らが諸島に実際に居住している・いないにかかわらず無限の権利を認めていた。そのため、相当数の潜在的な移民層を生む結果を招いたのである。地域コミュニティからの圧力を予想して、同法は、国立ガラパゴス研究所が将来のプロジェクトのために居住地開発以外の目的で保有している無人島の土地をコミュニティ支援のために提供することを求めていた。その面積は国立公園区域の2％に及ぶ。

特別法は、世界で2番目に広い面積をもつ海洋保護区を正式に設定した。保護区はガラパゴス諸島全島の低潮線から64kmの範囲をカバーし、全部で1万3,800km^2に達し、ガラパゴス国立公園事務所によって管理運営されている。利用と保護に関する合意形成には、キーと

なるステークホルダー（現地旅行会社、ガイド、漁民、科学者、公園局と政府機関）が参画するユニークなしくみが採用された。この会議体による提案や決定は組織間管理局（IMA：Inter Institutional Management Authority）によってオーソライズされる。組織間管理局は4つの省（観光、漁業、科学、教育）と3つのステークホルダーから構成される最高決定機関である。その活動目標には、合意に基づく海洋保護区のゾーニング計画や様々な規則づくりが含まれている。その中には商業用の魚種に関する合法的漁業の5年間のカレンダー作りや、イセエビとナマコに関する参加型モニタリングのしくみづくり等が含まれている。

同法は、保護区域を利用区域と保護区域に分けた。永住者による伝統漁法は保護区域内で認められているが、商業漁業は完全に禁止されている。地元漁師は参加型管理協議会（PBM）の一員であり、PMBは地域レベルの漁業カレンダーや漁獲量、ロブスター、ナマコ、特定魚種の漁獲場所の決定等に関わることができる。基本的な課題（たとえば伝統漁業とは何か、とか漁業資源をとりすぎない漁獲方法は何かなど）は交渉段階にあるが、チャールズ・ダーウィン財団は同法が承認されるにあたってこう結論づけた。「エクアドル議会は商業漁業のロビー活動をはねのけ、ほぼガラパゴス諸島での合意をそのまま大胆に採択し、同法は海洋保護区の保全に完璧な枠組みを示すものとなった。」

法令は、外来種の管理に向けた検疫システムと地域管理計画の開発に限られた予算執行を保証するものとなった。また同法は保全と地域振興のニーズを注意深くとりながら、公園入園料の総額の95％がガラパゴス諸島に残るようにした。これは過去10年間で最も早く実行に移された改革である。分配の内訳は入園料の40％をガラパゴス国立公園事務所、20％を町議会へ、10％をガラパゴス州議会へ、海洋保護区、海軍、検疫プログラム、そしてエクアドル森林・自然地域・野生生物研究所（INEFAN：Ecuadorian Institute of Forestry, Natural Areas, and Wildlife）へ各5％ずつ、そして国立ガラパゴス研究所（INGALA）へ10％分配することである。

特別法によって、ガラパゴスの観光業による収益と雇用はガラパゴス内にとどまるように見えた。ガラパゴスの観光は、外資系や本土の企業、既存の観光ビジネスの上に成り立っているが、新たな営業許可は永住者にのみ与えられることが規定されたからである。同法は、新たな観光施設の建設許可や観光ビジネスのための優遇ローンが、地域への貢献を生み出すものでなければならないとした。一方、法では観光客数の規制についてはごくわずかしか触れておらず、年間訪問客数の上限については全く触れていない。

特別法の交渉プロセスと法令そのものは持続可能な開発と地域活性化の推進を標榜する政府の活動の一端として、極めて効果的であった。その究極的な目標——移住をコントロールし、観光からの地域への還元を増やすこと——は、悲しいかな達成されていないが。このプロセスによって、エコツーリズムは、ガラパゴス諸島第一の中心的収益源として中心的かつ複雑な役割を負うに至った。

第4章 エコツーリズムの聖地・ガラパゴス

4.2.3 保全への取り組みにおけるエコツーリズム産業の役割

　エコツーリズムブームは、入園料の一部が諸活動の資金源としているガラパゴス国立公園事務所に資本の増加をもたらし、他の政府機関（たとえば国立ガラパゴス研究所や海軍など）にも、核となる財源をもたらした。これらの組織はガラパゴス国立公園事務所とともに、1998年の特別法の立案にかかわってきた。1990年代初頭には空港で支払われる入園料は外国人40ドル、エクアドル人6セントと低額だ。政府には年間100万ドルの歳入をもたらしたが、ガラパゴス国立公園の支援に還元されたのはたった10～20%で、その他はエクアドル本土の他の公園の維持費に使われた。1993年4月、入園料は外国人80ドルに引き上げられ、国立公園の取り分も引き上げられた。2001年までに観光産業の収益は4億3,000万ドルとなり、石油、バナナに次いでエクアドル第3位の外貨獲得産業となった。ガラパゴス諸島の観光はエクアドル全体の観光収益の3分の1を占めた。1998年のガラパゴス特別法により、外国人観光客の入園料は100ドルに跳ね上がり、そのうち40ドルがガラパゴス国立公園事務所に入るようになった。2004年の入園料は総額7,600万ドル、うち300万ドルがガラパゴス国立公園事務所の収益となった。

　エコツーリズム産業、特に外国人を相手にするツアーオペレーターや水上ホテルは、島で最大の合法的な商業活動であり、経済的にも政治的にも強力な影響力を諸島に及ぼしている。ホテルやボートに課される税金は、国立公園や海軍、自治体などが求める営業許可に関わる様々な税金と合わせて高額にのぼるが、その他にも賃金や保険に関連した税金も支出される。2005年にサンタクルス市観光部は4万2,000ドルを地元のホテル業界から受け取った。水上ホテルは旅行者1人あたり150ドルから250ドルの税金を毎年支払っている。金額は施設のキャパシティ、サービスの質、旅程によって異なり、日帰りの場合は一人当たり年50ドルから150ドルである。政府は、入園料を値上げし続けるよりも、観光に関わるホテル、レストラン、ボート、旅行会社等に課す小さな税を細かく徴収する方が賢いと、クレイグ・マクファーランドは言う。マクファーランドは、1970年代にダーウィン研究所を運営し、1985年から1996年までチャールズ・ダーウィン財団の会長を務めた。しかし彼は、観光業界はこの方法に反対すると嘆く。「観光客数が減るのではないかという懸念に基づく条件反射である。」

　保全に対するエコツーリズム業界の貢献意識はおおむね高い。なぜなら長期にわたるエコツーリズムの成功は、守られた自然に基づくものだからだ。多くのツアーボートのオペレーター──やガイドは違法漁のパトロールをしたり、貴重な生物のモニタリングに協力して、国立公園や研究所と密接に仕事をしている。ツアーボートのオペレーターは、しばしば遠く離れた島での違法なキャンプや採集行為の第一発見者や撮影者、報告者となる。エクアドルの観光業界を再編してエコツーリズムの理念と実践を支えるという試みも何度か実施された。1991年に設立され、キトに本部があるエクアドルエコツーリズム協会（ASEC）は、世界最

初の国レベルのエコツーリズム協会である。2008年初め、エクアドルエコツーリズム協会は67名の会員（そのうち7名はガラパゴス諸島で操業）を擁し、エクアドル社会のエコツーリズムの代表をほとんど網羅している（先住民コミュニティ、民間旅行会社、NGO、大学、地方自治体、観光省、クリーンエネルギーの会社、その他個人等）。これらの会員が扱う額はエクアドルの観光収益の75%を占めている。

1992年に設立された政府公認のガラパゴス旅行業協会（ASOGL）は、よりガラパゴスに特化した組織であり、エクアドルエコツーリズム協会よりもガラパゴスの観光に深くかかわっている。ガラパゴス旅行業協会はガラパゴスの旅行会社10社から構成されているが、中にはキトに本社を置く大会社も含まれている。その多くはガラパゴス諸島のツアーボートの環境面、教育面、安全面の水準向上に取り組むエクアドル人の会社である。ガラパゴス旅行業協会（ASOGAL）は、ISOの品質保証とISM（国際安全管理認証）を融合させた認証制度の試験的プロジェクトの遂行を進めている。この融合認証への取り組み以外にも、使用済み燃料オイルの回収や海洋保護区や国立公園の監視、資源ごみの回収、環境教育やツアーガイドや船員の育成プログラムなど実践的なプロジェクトに多大に貢献している。

ガラパゴス諸島では、家族経営の小さな地元旅行会社は、既に15年以上に亘ってそれぞれの趣味をいかした小規模の観光業を営んできた。2003年に、このグループは、小さな地元旅行会社の声を届けることを目的として、ツーリズムプロバイダー協会（ADATUR：Association of Tourism Providers）を設立し法人化した。「我々はコミュニティに還元したい。我々は地域社会の縮図だからだ。」と、家族経営の旅行会社「ダフネ・クルーズ」の社長、ロシオ・マロは述べる。「我々はここに住み、供給品をここで買い、住民を雇う。（子供の病気や家族の緊急事態など）いざという時にコミュニティが頼るのは我々だ。」

エクアドル内外の大きな旅行会社も大規模な非営利組織を作っている。1995年に設立された国際ガラパゴス旅行業協会（IGTOA）である。ガラパゴス特別法が立案されようとする過程でエクアドル議会が運動し、ツアーボートの信頼性と安全水準を引き上げ、現地での保全活動への資金確保を目的として設立させたものである。それ以後、国際ガラパゴス旅行業協会は12のエクアドル資本の企業や25の世界中の会員、14の海外の協会を含む50以上の会員を得て、成長し続けている。国際ガラパゴス旅行業協会はその使命を「今と未来の旅人に、楽しみと学び、冒険とインスピレーションを与えるユニークで貴重な世界遺産、ガラパゴス諸島を守る」こととしている。国際ガラパゴス旅行業協会はエクアドル政府から補助金やマネジメント契約、合法的支援等を得るための提言をとりまとめる機関になっている。

重要な機関がもう一つある。ガラパゴス県観光会議所（CAPTURGAL：Galapagos Chamber of Tourism）である。1996年に諸島に本部を置いて設立された非営利組織で、エコツーリズムの浸透に貢献した。250名近くの会員には4つの島で観光に関連する広範囲の事業体――ホテルやレストラン、ツアーボート、水上ホテル、ヨット、旅行会社、ディスコ、小さなバーなど――がある。ガラパゴス県観光会議所は会員にマーケティングや品質・安全認証、人材

第4章 エコツーリズムの聖地・ガラパゴス

育成の他、法的助言や技術支援、仲裁など様々なサービスを提供している。またガラパゴス国立公園事務所と親しく、様々な国際機関との関係も常に保っている。2005年にガラパゴス県観光会議所は「ガラパゴス諸島における商品開発セクターの持続的発展」プロジェクトの創設を主導し、観光、漁業、農業分野での商品に対する「グリーン」認証プログラムを開発した。

だがこの認証は、ガラパゴス諸島で用いられている旅行会社向けの環境と社会へのインパクト、品質、サービスに関する評価尺度を持つ、いくつもの認証プログラムの一つに過ぎない。メトロポリタン・ツーリング社やガラマゾナス社のようなより大きな会社や、ガラパゴス国立公園事務所等は既にISO認証を選んでいる。2001年にはガラパゴス諸島のボートは新しい環境認証プログラムとしてスマート・ボイジャーを採用した。これはキトに本部を置く非営利団体であるコンサベーション・アンド・デベロップメント（C&D）と、「グリーン」認証に力を入れている非営利団体のレインフォレスト・アライアンスが開発し、資金提供を行っているものである。（レインフォレスト・アライアンスの持続可能な観光プロジェクトはコスタリカに基盤を置いている。）スマート・ボイジャーは、ガラパゴス諸島のツアーボートが操業全般を通しての環境と社会に対するインパクトを測定し、最小化するように設計され、個別審査により水準を満たした会社にはロゴを提供している。認証条件は、自然生態系の保全や外来種の移入や拡散リスクの低減、雇用者の適切な扱い、安全性、コミュニティとの連携、地域の繁栄等を含む12の原則から成る。この認証を取得するのは容易ではない。認証されたボートオペレーターはスマート・ボイジャーのロゴを使用することができる。このロゴは、環境や野生生物の保護、雇用者や地域社会の幸せに配慮するオペレーターを選びたい旅行者に保証を与える。

本社を本土にもつ大会社エコベントゥーラとキャノドロスは、ともに最初にスマート・ボイジャーの認証をとった企業である。長い間、エコベントゥーラの4つの船艇とキャノドロスの大型クルーズ船（エクスプローラII）だけが認証取得者であった。「我々は旅行者に、最高のサービスを提供しながら環境を守るための手法を手に入れた。」とエコベントゥーラ代表のサンティアゴ・ドゥンは言う。「第一に『認証取得のグリーンシール』は我々の努力と取り組みの重要性を強調するものである。スマート・ボイジャーのシールは我々の顧客や同業者、スタッフに、我々がガラパゴス諸島で最高の環境配慮基準を満たしているというメッセージを発信してくれる。」

スマート・ボイジャーは徐々に勢いをつけていたが、先年にジェシカ号の重油漏れ事故が起きた際、この船が運んでいた燃料オイルが、スマート・ボイジャーが認証したエクスプローラIIに使用される予定だったことから、認証プログラムの有効性に疑念が抱かれるようになった。またスマート・ボイジャーの普及時期は、偶然にも政府がガラパゴス海域内で操業するすべての船舶に、ISM（国際安全管理認証）認証取得の義務付けを進めようとしていた時と一致していた。後者は旅行会社に資金と時間割かせ、結果としてはほとんどの旅行会社の中

でスマート・ボイジャーの認証基準を満たすための投資ができるところはなかった。ある家族経営社のオーナーは、「ボートへの初期投資が必要ないならスマート・ボイジャーには大変興味を持っていた」と述べた。対照的に、ダフネ・クルーズ社は、最初の高額投資は長期にわたる成果を導くはずだという確信に基づき、スマート・ボイジャーの認証を得ることを決めた。「観光客は、オペレーターが確かな活動を行っていると思いたい。また、「緑のシール」は、我々が環境保護とより良いサービスを同時に行うことを認めるものだ。」とオーナーのロシオ・マロは述べている。スマート・ボイジャーは徐々に運営の専門化と認証取得ボート数の両者を増加させた。2007年までにスマート・ボイジャーは8隻のボートに認証を与え、その後、ガラパゴス中のホテルやその他の宿泊設備の認証も行うようになった。

　増え続けるガラパゴス諸島のツアーオペレーターは、国立公園、チャールズ・ダーウィン研究所および各島の保全活動を支援するプロジェクトに関わるようになった。こうしたボランティア活動はトラベル・フィランソロピーと呼ばれているが、今ではコミュニティ開発、生物多様性保全、およびガラパゴス諸島の環境、社会文化、経済の向上の力となっている。この運動のリーダーの一つは、1997年にガラパゴス保全財団（GCF:Galapagos Conservation Fund）の設立に関わったリンドブラッド・エクスペディション社である。観光客と観光業界、および地域の保全機関を連携させたガラパゴス保全財団は「我々が一年間にガラパゴスに連れて来る観光客は、他の脆弱な環境を訪れている観光客よりも多い。」と同社社長のスヴェン・リンドブラッドは語る。「彼らはガラパゴス諸島の長期的な保存と持続的発展を純粋に望み、巻き込まれることを熱望する、選ばれた人々だ。もしガラパゴスのすべての観光事業者が同様のプログラムを持っていれば、観光はガラパゴス諸島の長期に亘る資源管理の主たる担い手になることができるだろう。」ガラパゴス保護財団の基本的な手段は、船上での直接的コミュニケーションによってビジターを刺激し、ガラパゴス諸島の最重要課題である保全プロジェクトに理解を求める戦略である。ほとんどすべての観光客が従ってくれる、この成功率の高いプログラムは、リンドブラッド・エクスペディション社の2隻の船で年間40万ドルの寄付金を上げている。リンドブラッド社が事務経費を全てまかなうので、船上での寄付金は100%がプロジェクトに提供されている。

　他の観光業界団体も、過去10年以上にわたり、それぞれの保全、環境教育、人材育成事業を続けてきた。例えば国際ガラパゴス旅行業協会（IGTOA）は次の2種類のプロジェクトを行うために会員の支援を受けてきた。(1) 移入種管理や公園のパトロール、科学的研究といった直接的に影響を及ぼす保全プロジェクト、(2) ボートの安全性や観光客への対応、船長や船員の人材育成、ガイドトレーニング、その他健康や安全性、旅行者と観光産業に携わる個人の充実感等の基準研究プロジェクトである。数年にわたって、国際ガラパゴス旅行業協会はこれらのプロジェクトに10万ドルを提供してきた。多くの観光事業者は、トラベラーズ・フィランソロピーを慈善事業ではなく、責任あるビジネスにおける重要な要素としてとらえている。スヴェン・リンドブラッドは、ビジターの体験を深化させ、会社のスタッフの

プライドを強め、ガラパゴスの地域社会の中での会社像をより良いものへと変えさせる「良いビジネスだ」と指摘する。

4.2.4　国立公園における観光客の影響

　観光客が1970年からほぼ20倍に増加したにもかかわらず、ガラパゴス国立公園事務所は極めて厳しいルールを課し続け、観光客は動物にほとんど影響を与えていないようであった。外国人観光客の3分の2は米国からの旅行者で、調査では、ほとんどの観光客がガラパゴス諸島に感動して帰っている。

　「私が見たもの、そして諸島の自然に驚愕しました。たぶん地上の楽園に最も近い場所でした」と、英国ノーウィッチから来たグレン・ブリスレイは、帰りの飛行機に乗る時に、物思いにふけるように語った。

　「私が一番魅力的に感じたのは、ここに来る人全てが、島にほとんど痕跡を残さないことでした。人間の手の入っていない地球が、どのようなものかを知ることができるのは、本当に素晴らしいことです」ワシントン州シアトルから来たベン・メジアはコメントする。

　「とてもうれしい驚きだったのは、私たちが訪れた場所が全く変わっていないように見えたことです。私が1992年に最初にここを訪れたときと同じように、野生生物はたくさんいるし、どれも好奇心旺盛、そして人を恐れない。カツオドリは相変わらずエスパニョラ島の観光客の通路に巣を作り、シュノーケリングではアシカが観光客をからかって楽しみ、そしてウミイグアナは岩の上に重なって寝そべっていました。」2005年のリンドブラッド・エクスペディションに参加したジリアン・キーはこう語った。

　ガラパゴスに足跡が残らないということは、観光客が慎重に管理されているということを意味する。陸上の観光地点70箇所、海上の62箇所[訳者注7]を訪れる観光客は、ナチュラリスト・ガイドを伴わなければ公園に上陸することができない。観光客の大半が訪れる地点はそのうちおよそ12箇所に留まり、諸島の大半は、観光客の立入が禁止されている。ナチュラリスト・ガイドはツアー会社に雇われているが、研修を受けさせ資格を与えるのはガラパゴス国立公園事務所であり、資格は毎年更新する必要がある。しかも資格を手にするには、永住権を持った島民でなければならない。1998年のガラパゴス特別法の下では、永住権を持った島民だけが、諸島内で住み、働くことが許されているのだ。1998年より前に資格を取得していた永住権を持たない者は、国立ガラパゴス研究所による一時滞在許可の条件を満たせば、仕事を続けることができる。ガイドの質は千差万別で、生物や科学の学士号を持ち、数カ国語を話せる者もいれば、何も持っていない者もいる。これについては後述する。彼らは教育者であり、公園の監視員でもある。観光客が決められた歩行路内を通行すること、何も触らず何も取らないこと、食べ物を島に入れないこと、ゴミを捨てないこと、動物の邪魔をしな

注7　現在（2014年）は75箇所。

いこと、など、公園の規則に従うよう、観光客を徹底的に管理する。島を離れる際は、他の島に砂粒一つ移さないよう、全員が注意深く洗い落とすことを義務付けている。

　ずっとこうだった訳ではない。国立公園が設立された最初の年には、観光客に対する規則はなかった。1965年にエクアドル政府は、英国の公園設計者たちのチームに「観光によって経済力を引き出す最良の方法」について助言を求めた。1975年に十分な訓練を受けたガイドが起用され、歩行路に印が付けられ、そして厳しい規則が導入されて以降、定期的なモニタリングによって、動物の行動がほとんど影響を受けていないことが分かった（と、科学者たちは報告している）。マクファーランドは、ガラパゴス諸島の観光についての2000年の分析から、「指標となる動物への影響に関する長期的調査は、数十年間、繁殖への目に見える影響がないことを示していた」と述べている。しかしながら、何人かの国立公園当局者やツアーオペレーター、科学者たちは、観光ブームの到来以降、観光客が最も多く訪れる島では、歩行路の侵食、植生の後退、そして特定の動物の行動の変化を含め、自然環境への影響が出始めている、と指摘する。ガラパゴス国立公園事務所は影響を評価するため、観光客上陸地点のモニタリング調査を定期的に行っており、必要ならば回復のためにその地点を閉鎖する措置をとっている。2000年以降、ガラパゴス国立公園事務所は新たなモニタリング技術を構築し、「混雑」または「侵食」のような個別の指標のベースラインを明確にしたり、影響の許容範囲を定義付けたりした。管理戦略は、観光活動が諸島の生態系に与える影響を分析する調査の結果に基づいている。何箇所かの砂浜では、雄のアシカがより攻撃的になっていると報告された。訪れる観光客が多過ぎたからかもしれないし、観光客が動物たちの縄張りを尊重しなかったからかもしれない。しかし、浜辺に生息する他の動物や営巣中の鳥類には、そのような行動の変化は見られなかった。「このシステムが所々でやや弱くなっているのは確かだが、概して機能している。」とマックファーラントは結論づけている。

　ガラパゴス国立公園事務所は、全てのツアー船のスケジュールを管理しなければならないことになっている。しかしその要求を無視したり、旅程ファイルを提出しなかったりする船もあり、最も人気のある観光地点がしばしば大混雑をしている、と不満を漏らす観光客や科学者、船のオーナーもいる。「例えば、あなたの前に90人もの観光客がいて、それを待たなければならないとなると、旅全体の趣まで変わってしまいます」と、古株のツアーオペレーターは愚痴をこぼす。1990年代始め、エクアドル政府は毎年の観光客数に制限を設けようとしたが、そのまま増え続けてしまった。1991年の全ガラパゴス観光管理（Galapagos Global Tourism Management）によると、許容観光客数は、諸島の「受入可能人数」によって計算できる。つまり許可を与えられた各船の許容人数に、船の数を掛けあわせるのだ。1994年、ガラパゴス国立公園事務所は小型船に、16人の乗客を乗せられるよう許容人数を増やす許可を与えた。「間違いなく、より多くの、より大きな船が入ってきました。」と、メトロポリタン・ツーリングの物流部門管理者デビッド・バルフォーは言う。1990年代半ばには、多くの小型船が、それぞれの観光許可を1つに合わせて、より多くの乗客が乗せられる大型船の

143

許可に換えた。こういった船は、だいたいがガラパゴスの外にある会社が運航している。地元のオペレーターは徐々に姿を消し、最も人気のある観光地点における自然への圧力は増加を続けた。明らかに負の結果をもたらしている。

　最も議論になったのは、1994年、ガラパゴス国立公園事務所が、合わせて1,200人以上の乗客を乗せた二つのクルーズ船に、ガラパゴスへの入港を許可する決定を下したことだ。1人80ドルの入園料は、諸島にとってかなりの収益となった。しかし、ガラパゴス常任委員会（Permanent Galapagos Commission：メンバーはエクアドル大統領により任命される）の委員や地元のオペレーター、そして科学者たちの多くが、それに異議を唱えた。委員会の幹部マルタ・ルシア・ブルネオは、諸島の観光産業が悪い方向に向かっている、と指摘した。「私たちは、プールの付いた大型豪華客船で世界中を回るような人たちのための大衆観光に向かうべきではありません。エコツーリズムを推進しなければなりません。」ガラパゴス国立公園事務所は後に、諸島にそれほどの大人数を受け入れることはできないし、そのような観光は地元の業者を足切りすることになると認め、外国のクルーズ船による観光を一時禁止することを発表した。

　しかしクルーズ船の議論は2005年、観光設備が充分に活用されていないあるコミュニティにもっと観光客を呼び込むことを目的にした新しい計画により、再燃した。政府は、500人乗りのクルーズ船一艘に、月に一度、サンクリストバル島の首都、プエルト・バケリソ・モレノを訪れることを許可する規則を作った。2006年にはロンドンのボヤージ・オブ・ディスカバリー社が所有するディスカバリー・ワールド・クルーズ（Discovery World Cruises）がガラパゴスに入ってくるようになった。環境規則は厳しく、外来種の侵入を防ぐために、船は隅から隅まで検査された。毎回の訪問の後には、この事業の継続可能性を評価するために、客の満足度、コミュニティの利益、そして環境への影響について、調査と監査が行われた。クルーズ船は諸島を巡ることは許されなかった。乗客は小さなボートに乗り換え、国立公園のガイドと定められた旅程で島々を回ることができた。ディスカバリー・ワールド・クルーズのマーケティング&セールス部長マーク・フレイジャーによれば、地元の住民は500人乗りのクルーズ船を好意的に受け入れてくれたという。人口の急増と漁業への厳しい規制により、島に失業者が増加していたため、この事業が島に雇用を生む一つの道になっていたのである。船がサンクリストバル島に停泊している2日半の間、地元のオペレーター、ボートの所有者、漁民、その他地元の業者たちはクルーズ船の乗客に陸上あるいは海上のミニツアーを提供した。2007年には別のクルーズ船、クラッシック・インターナショナル・クルーズ（Classic International Cruises）が、2008年に諸島を巡るスケジュールを組むことが発表された。

　しかし、クルーズ船によるガラパゴス観光には強い反発もあった。チャールズ・ダーウィン財団の技術部長フェリペ・クルスは、「ガラパゴス諸島にはクルーズ船は要らない。持続可能だとは思えないからだ。」と言う。彼は、クルーズ船は食料を自分たちで調達し、地元のことは何も考えないので、観光客のお金は島の経済に流れてこない、と指摘する。クルーズ

船に対する別の批判は、船はが外来生物や病原菌を持ち込む機会を増やし、船が通った後には汚れた洗濯水と汚物を残し、しかもほとんどの観光客は、ディズニーランドのように商業化された観光を経験するのみで、環境に対する思慮深さも畏敬の念もない、というものだ。2007年の末に、エクアドル政府はこれらの大型クルーズ船による観光を休止した。

　大がかりで豪華なクルーズの対極にあるような革新的な観光が、最近注目を集めている。2006年半ば、ROWインターナショナルという米国を拠点とする冒険旅行会社が、シーカヤックと島でのキャンプを始めた。チラシには「この熱帯の島々で初の試み。シーカヤックのオール1本で最高の自然をあなたの目で」とうたう。グループサイズは少人数に保たれ、キャンプ場所では後に残るような構造物や道具、発電機などを作ったり使ったりすることは禁止されている。ワシントンポスト紙の称賛に満ちた記事には「どこにでもオールを漕いで行けるような感覚・・・カヤックを引き上げ、見回してキャンプする場所を見つけ、ただのんびりする・・・新しい形だ。それはまるで、誰もいなくなったルーブル美術館で、床に響く自分の足音を聞きながら、一人モナリザについて思いを巡らすかのようだった。」と書かれている。カヤックやキャンプが環境にあまり影響を与えず、環境に配慮しているように見える一方で、ガラパゴス国立公園事務所やチャールズ・ダーウィン研究所などの機関からは、その許容範囲や長期的な影響について懸念の声が上がっていた。バルトラ島の空軍（キャンプの許可の権限を持つ）とガラパゴス国立公園事務所との激しい論争の末、ROWインターナショナルは、ツアー内容を修正し、事業に必要な許可は全て取得していると主張した。今のところ、他の会社に諸島でのキャンプの許可が与えられてはいないが、もしこのユニークな事業の人気が高まれば、他の会社も許可を得られるよう圧力がかかってもおかしくないだろう。

4.2.5　エコツアーの質の低下

　1990年代からガラパゴス諸島への観光客数は鰻登りに増加し、それに伴い、ガイドの「市場」は急激に拡大し、「補助的ガイド」という、新たなカテゴリーを設置せざるを得なくなった。諸島の多くのことを知るのは地元住民をおいて他にないが、彼らは科学の専門教育や知識を欠き、流暢に話せるのはスペイン語だけだった。現在のガイドのカテゴリーは、3階級に分けられている。一番低いカテゴリー1は補助的ガイド、カテゴリー2と3は、科学の専門教育を受け、2カ国語以上を話すことができるエクアドル人や外国人ガイドである。ガイドには時々研修を受ける機会が与えられ、研修で高い点数を得たガイドは上のカテゴリーに上がることができる。研修を受けられる「候補者」は最大30人までで、新しいガイドになれるのは、ガラパゴスに永住権を持つ島民のみだ。

　このように厳しい制度であるにも関わらず、補助的ガイドが、長い間世界で最も高い質を誇ってきたガラパゴスのガイド全体の質を落としているという不安の声も聞かれる。国際ガラパゴス旅行業協会（IGTOA）の理事長デビッド・ブラントンは、「情報や情熱、ガイド技術

第4章 エコツーリズムの聖地・ガラパゴス

が足りないだけでなく、国内外のツアーオペレーターからは、プロとしての意識や社会性に欠ける新しいガイドが多いと苦情が出ています。観光客を歩行路に置き去りにしたり、強い海流のある場所での遊泳やシュノーケリングに監視をしていなかったり、といった、安全管理を著しく怠るガイドもいます。」と力説する。グループを率いた経験や技術が全くないガイドもおり、特に地元のガイドは、ツアー客との間に社会的そして文化的な溝があることもしばしばである。このような事態を改める政府の動きはないに等しい。

さらに、観光客数が増加するにつれ、思慮も興味も少ない観光客が出てきた。ツアー船のオペレーター、ヘオルヒーナ・マルティン・デ・クルスは、最近の観光客の多くが、より「気楽」で、保全よりも快適さを重視し、「夢にまで見て長年貯金して来た場所というより、数ある行き先の1つ」として来ていると指摘する。筆者がクルーズに乗船中に行った非公式な観光客への調査によると、誰もダーウィンの著書を読んだことがなく、ほとんどはガラパゴスの科学的重要性に気付いていないように見え、そして多くが世界中のツアーに参加したことがあるような経験豊富な旅行者たちだった。フロリダから来たある主婦に、ガラパゴスに来た理由を尋ねると、「そうね、去年はアフリカに行ったの。豪華なクルーズ船で地中海からギリシャの島々、世界中を回ったのよ。だからガラパゴスに行ってみたいな、と思って。」と答えた。1993年、既にコスタリカで「ライト」というエコツーリズム市場の開拓を上手く行っていたテンプトレス・クルーズ（現在は「テンプトレス・アドベンチャー・クルーズ」に改名）が、ガラパゴスで事業を展開し始め、「気楽なツアーか自然史を学ぶ本格的なツアーか」を観光客が選べるようした。セレブリティ・クルーズ、アーバークロンビー・アンド・ケント、オーバーシーズ・アドベンチャー・トラベルなど多くの似たようなグループが今では定期的に諸島を訪れている。これらのツアーは他のツアーと同じ場所を訪れ、同じようなコースを提供し、必ずしも「気楽なツアー」ではないが、より豪華なものを提供する傾向にある。国際ガラパゴス旅行業協会のデビッド・ブラントンは、「より大きく、より豪華な船。大企業による売り込みは、快適さ、食事、宿泊設備を強調し、自然史は徐々に強調しなくなっている」と気がかりな傾向に注目している。ガラパゴス諸島の詳しい説明や動植物の生息環境に関心を示さない観光客が多い、と苦情を漏らすレベル3のガイドもいる。多くの専門性の高いガイドが職を離れる一方で、1989年からナチュラリスト・ガイドをしているイボンネ・トレスのように、訪問者の質が変化していることを、機会と挑戦と見るガイドもいる。「良いガイドであるというプライドを持っているガイドは、常に訪問者に最高の経験をあげたいと努力するものです。たとえ興味のないグループだったとしても、良いガイドは、保全のメッセージを伝えようとするのです。」

観光客が増え、競争が激化すると、船会社はコストを節約するようになり、ひいては海洋保護区に悪影響を及ぼす。船から下水や生ゴミを海に捨てるのも、最近まで普通に行われていた悪習だった。しかし、特別法により、この悪習を効果的に規制しているようだ。船の営業許可証更新する際、ガラパゴス国立公園事務所（GNPS）は、全ての船に、使用済み油と

ゴミのリサイクルプログラムに加入し、外来種の侵入を防ぐための燻蒸消毒についても証明を得るよう要求をしている。また、船には下水を貯めるタンクの設置を義務付け、地元議会が港でそれを回収している。使用済み油のリサイクルプログラム（RELUGAL）は、1999年に地元の漁師たちが始めたもので、2005年には、諸島で使われた油の75%にあたる12万ガロンをリサイクルした。ガラパゴス国立公園事務所（GNPS）は疑わしい違反業者について許可証の見直しをする権限を有し、法的処置も辞さない構えだ。しかしながら、2006年の時点で制裁が科せられた例はなく、全ての観光船は規則に従っているという。

　観光の多様化への試みはまた、海洋保護区を脅かしてもいる。1990年代終わり、ダイビング船のオーナーやプライベートヨットのエクアドル人オーナーの圧力にさらされた政府は、「タグ・アンド・リリース（魚に標識を付けて放つ）」というスポーツフィッシングを認めた。支持者たちは、この種のスポーツフィッシングは商用漁業にとってかわって成長するだろう、と主張した。逆に多くのツアーオペレーターやツアー船の所有者、科学者らは、既に過剰漁業が問題を招いており、スポーツフィッシングまでしっかり取り締まることはできないし、更なる搾取を招いてしまうだろう、と強く反論した。ガラパゴスの魚類に関する決定版となる著書を出し、ガラパゴスの海洋保護活動家でもあるジャック・グローブは、このタグ・アンド・リリースの釣りを「見せかけ」と呼ぶ。なぜなら、「マカジキやバショウカジキなどのマカジキ類[訳者注8]は、既にサンクリストバル島の市場に並んでいます。これは何かが起きる前兆です。ガラパゴス諸島は、世界で唯一、ダイバーが巨大魚に接近できる場所です。これは、セレンゲティの「五大動物」に近寄るのと似ています。」つまり、アフリカの野生生物では、ライオン、バッファロー、サイ、ヒョウ、そしてゾウが、伝統的にサファリのハンターにとって最も価値ある獲物なのだ。グローブによると、スポーツフィッシングは「エコツーリズムの旅を売り込むのとは正反対の行為。動植物について学びに来るのではなく、それを捕まえに来る新しい客層を招くだけだ」と言う。スポーツフィッシングは1998年のガラパゴス特別法で許可されたものの、それを規制する規則や管理機構が創れなかったため、結局違法行為となった。

　2005年、組織間管理局が、「体験フィッシング」というスポーツフィッシングへの別のアプローチを始めた。チャールズ・ダーウィン財団、地元漁師、ガイド、地元の観光業者、そしてガラパゴス国立公園事務所（GNPS）の協力の下に、地元漁師たちが、ガラパゴス海洋保護区内で漁をする権利を保ちつつ、観光客に釣りをさせる新しい事業だ。この事業の第一の目的は、漁業者がどのように働き、漁にどのような資源が使われ、家族の生活はどのようなものか、ということなど諸島の漁文化を紹介すること、そしてガラパゴスの漁業社会について観光客がよりよく理解する助けとなることだ。また、この事業での漁獲量には制限を設けており、漁業者が漁よりも観光によって収入を得ることができるため、漁業による自然へ

注8　タグ・アンド・リリースの対象となる魚類

の圧力を軽減することにもなる。

4.2.6 　外来種による脅威

　ガラパゴス諸島における最も厄介な環境問題の一つは、エコツーリズムと移民ブームをきっかけに急増し、脆弱で固有の生物の生存を脅かす外来種の侵入である。科学者や国立公園当局にとって最も重要な課題は、船や飛行によってもたらされた外来種——植物、昆虫、菌類、細菌類—を一掃することだ。モニタリング調査では、2007 年、36 種の脊椎動物（ロバ、ウシ、ヤギ、イヌなど）、540 種の無脊椎動物（様々なアリやハチ、ハエなど）、740 種の植物の外来種が確認され、その数は増え続けている。科学者たちは、植物の外来種が最も深刻な問題をもたらしていると指摘する。そのほとんどは、農作物や観賞植物として諸島に持ち込まれ、中にはブラックベリーやグアバのように、繁茂して拡散し、おそらく駆除するのが不可能なものもある。

　多くの外来種は、ガラパゴスの特異な在来種に生存競争で勝つ。最悪の場合、食物連鎖や営巣場所まで一変させるなど、生物の生息環境や無脊椎動物の生物相まで変えてしまう。生物学者で、ガラパゴスの外来種の全管理の統率者ジリアン・ケイによると、「外来種の問題は世界的にも、生息地の喪失と並んで生物多様性を脅かす最たる脅威として認識されるようになってきました。この 20～30 年、世界中の観光、物流、人の移動などが増えるとともに、生息地内や生息地間の生物の移動も増えてきました。ガラパゴスは無防備です。諸島の人口は今や 2 万 5,000 人を超え、ほぼ 15 万人の観光客が毎年諸島を訪れています。意図的、非意図的に、新たな、そしてもしかしたら破壊的な外来種が侵入してくるリスクは、これまで以上に高くなっています。」

　1989 年、ガラパゴスの科学者たちは、船や飛行機で到着する貨物や人の検疫、燻蒸消毒などの、包括的な検疫計画を作成した。1990 年代、この計画はガラパゴス特別法の下で優先的に確立されたが、実行は不完全であった。現在、ガラパゴス国立公園事務所は外来種の侵入を防ぐためのこの新しい検疫管理システムと共に、駆除に集中している。チャールズ・ダーウィン研究所とガラパゴス国立公園事務所の共同研究・事業として、ラット、ヤギ、ネコ、様々な植物、その他の外来種に対して、管理や駆除が成功裏に行われてきている。いくつかの島では、ゾウガメが、野生化したヤギに餌となる植物を食べられ、ラットには卵を食べられて、絶滅寸前まできていた。ガラパゴスゾウガメの亜種の 3 分の 1 が生息するイサベラ島では、島の南端に住む人々によって持ち込まれた野生化ヤギとロバが 7 万 5,000 頭まで膨れ上がり、著しい土地の侵食をもたらし、ゾウガメの生息場所を奪い、産卵場所を踏み潰していた。このためガラパゴス国立公園事務所は、アルセド火山の観光地点を閉鎖し、大規模な外来種駆除キャンペーンを開始するに至った。2006 年までに、イサベラ島北部とサンティアゴ島でようやく野生化ヤギは完全に駆除されたと報告された。この手間と費用のか

かった駆除キャンペーンは、不可能を可能にしたと大いに称賛された。まとめると、ガラパゴス国立公園事務所とチャールズ・ダーウィン研究所は、外来種による脅威を取り除いて、いくつかの島の生態系を回復させるために、多面的なキャンペーンを取り入れる一方で、人工繁殖、フェンスの設置、種子の貯蔵や在来植物の植林などを通して、減ってしまった生息数を回復させる努力を続けているということだ。

4.2.7　移民と入植

　もっと厄介で、政治的な理由で管理がより難しい問題は、急増している移民や漁業者、密漁者、そして将来を夢見て仕事を探しに来た人など、人間の到来だ。歴史的には、初期の入植者たちの時代は、最低限の農民と漁民しかいなかった。1960年代以降、チャールズ・ダーウィン研究所やガラパゴス国立公園事務所の職員が働き出した。1980年代後半からは、本土の人々の間で、ガラパゴスのエコツーリズムは「宝の山」という言葉が広がり、有り余るほどの仕事と高い給料という噂につられて、新たな移民が殺到した。ところが、島に輸入される食料や日用品のコスト高、観光産業によって高騰した住宅市場、入植可能面積の5%制限により、島での生活費は、本土よりも著しく高かった。島の従業員は、法的に、本土で支払われている基本給の75%増の賃金を受け取る権利を持つが、高い生活費を完全に相殺することはできず、貧困層ではそれが際立っている。ガラパゴスでは、全人口の12%が貧困であると推計されている。

　特別法以前は、エクアドル国民は、21のどの州出身でも、ガラパゴスに自由に移住する権利を持っていた。1990年代、ガラパゴス諸島は、エクアドルの中で、そして世界の中でも、最も人口増加率の高い地区の一つとなり、年6〜10%という全く持続不可能な人口増となった。諸島の人口は、1960年代の数百人から、1982年の6,200人、1990年代の1万5,000人から2万人、そして2007年には推計2万5,000人へと跳ね上がった。1998年の特別法では、移民を規制する法を定める一方で、不法移民の取り締まりは、最大の懸案事項のままだった。国立ガラパゴス研究所によって事前に許可を得た労働契約を持っている一時滞在者の存在もまた、人口増加を招いていた。国立ガラパゴス研究所は2002年から、永住権を登録した1万5,035人の住民と、811人の一時滞在者に、居住カードを発行した。これらの移民たちのほとんどは、観光の主要拠点となるサンタクルス島のプエルトアヨラに集まった。リヒア・アヨベは1990年代初頭の典型的な移民だ。彼女は、とある町の小さな屋台食堂の一つで働いていた。数年後には、彼女と14人の家族は、雑然とした故郷の港町グアヤキルからガラパゴスに移住した。「当時は、本土よりここの方が仕事を見つけやすかったの」とアヨベは言う。今日、実状はかなり厳しい。非居住者は、もはや諸島に住むことも働くこともできない。仕事を見つけるのは容易ではなく、生活費の高騰と失業によって、社会的に取り残された短期滞在者の階級が生まれている。

地理的に、ガラパゴスは異例の場所だ。他の国立公園は、人間社会に囲まれて存在しているのに比べ、ガラパゴスは、5つの島の小さな住民居住区画が、国立公園と海洋保護区に囲まれている。政府当局者や島民によると、新たな居住者は、飲み水や電気、電話、そして学校などの限られた資源にさらに負担をかけ、電気、海水脱塩、車、船、そしてゴミと下水の処理により多くの燃料を必要とし、さらなる漁業権、材木、住居や農場のための土地を要求する、という。同様に厄介なのは、元から島にいる住民は、小さい頃から動物を尊重し生活資源を無駄にしないよう教えられているが、新たな移民の多くは島の脆弱性に敬意を示さない。ツアー船のオーナーで教師のヘオルティーナ・マルティン・デ・クルスは「もちろん子供たちは学校に行くようになると、ガラパゴス諸島について、そして、なぜ石でイグアナを叩いたり、ペットのイヌを放したりしてはいけないのかを教わります。でも移住してきた大人たちは、何も考えていません。そして多くの破壊は、これが原因で起きるのです」と言った。

4.2.8　漁業と海洋保護区：人と国立公園との衝突

　だが、海洋保護区内での商用漁業の問題ほど深刻化した紛争はない。諸島での漁業は、1940年代に始まった。当時、「ホワイトフィッシュ」と呼ばれる魚が、乾燥や塩漬けで四旬節[訳者注9]の時期に大陸に輸出され、また地元ではバルトラ島の空軍基地で売られていた。1980年代末には、ホワイトフィッシュの年間漁獲高は 80％減少し、乱獲が起きていることが暗示された。1986 年 10 月、政府はガラパゴス海洋資源保護区を宣言して積極的な一歩を踏み出し、1998 年の特別法の通過とともに、海洋保護区はガラパゴス国立公園事務所の第一の管理下に置かれ、より多くの資金が、その保全のために充当された。しかしこれは、その後続くことになる不法商業漁業への関心を引き、深刻な搾取の始まりとなった。

　前で述べたように、1998 年の特別法にも関わらず、合法・不法を問わず商業漁業は大きな打撃を与え続けている。「ガラパゴスのナマコの生息数は、科学的調査の結果と関係なく決められた漁獲割り当ての同意により、この 6 年間で劇的に減少しました。」チャールズ・ダーウィン財団の当時の理事長グラハム・ワトキンスは、2005 年に開かれた組織間管理局のガラパゴス海洋保護区に関する会合で報告している。2004 年、ナマコとロブスターの産業が破綻寸前となると、漁業団体からは、海洋保護区内でのはえ縄漁の許可を求める強い訴えが起こった。組織間管理局は 2005 年、1994 年～2003 年にかけて行われたはえ縄漁の試験的調査を受け、保護区内での水面近く（水深 60 メートル以内）のはえ縄漁を禁止する、と返答し、12 月には全てのはえ縄漁を禁止した。

　2005 年までには、ガラパゴスの海洋資源が不法漁業によって過度の圧力下にあること、そしてその圧力を取り除く努力が続けられていることは、周知の事実となっていた。そして、

注 9　謝肉祭（カーニバル）後～復活祭（イースター）前の期間で受難節とも呼ばれ、断食(節食)が行われる。約 40 日間。

例えば、代替の様々な小規模ビジネスを発展させたり、地元の観光産業へ魚の販売を拡充したり、漁民をダイビングのガイドや釣りのインストラクターに転職させたりといった試みが行われている。

4.2.9　エコツーリズムの気がかりな流れ

　2007年6月、世界遺産委員会は、国際自然保護連合とユネスコの共同モニタリング調査団の報告に基づき、10年前に行った警告を遂に実行に移した。ガラパゴス諸島を世界遺産の「危機遺産」リストに登録したのだ。国際自然保護連合の調査団団長デイビッド・シェパードは理由についてまとめ、「ガラパゴス諸島に関する主な問題は、移民と過剰漁業を引き起こした観光の成長による影響が関係している。諸島をリストに加えることは、このような危機への注目を集め、国際的な働きかけの必要性に焦点を当てる前向きな措置なのだ。」と発言した。エクアドル観光省は、観光客の数、活動、そして新たな許可について、制限することを検討すると約束した。

　今日、ガラパゴス諸島はもはや、ダーウィンが地図上に記したような隔離された場所ではない。混雑した港、騒がしい空港、拡大する行政、増大する経済。ダーラムが鋭く結論づけている。「ガラパゴスは、グローバル化と、急成長する観光などのグローバル化の副産物に、苦しめられている。色々な意味で、ガラパゴスの置かれている状況は、グローバル化と資本主義の影響の象徴である。」

　エコツーリズムの概念を、グローバル化が凌駕したことを明確に示していることの証拠は、驚異的な経済成長にも関わらず、ガラパゴスの平均的な島民の生活は変わりがない、ということだ。カリフォルニア大学デイビス校の研究者が行った衝撃的な分析結果では、1999年～2005年のガラパゴスのGDPは、78%という目覚ましい上昇率をもたらし、世界で最も経済成長率が高いとされた一方で、島民一人あたりの収入は年1.8%しか増えなかった。この調査では、「実質的には、一人あたりの収入は、ほぼ確実に減っている」と結論付けている。また、外国人が観光で消費したお金の大部分はガラパゴスには届いていないことが分かった。1998年と2005年を比べると、海外のツアーパック料金の平均は12%上昇したが、その料金のうち、1998年は34.6%、2005年は半分以上（50.2%）が国外で消費されている事が明らかになった。チャールズ・ダーウィン財団が2006年に行った調査でも同じような結論が出ており、「地元の所有権を手放し、多国籍の投資家やオペレーターとなる流れがある」そして「現在、ガラパゴス観光は、総計4億1,800万ドルの価値があり、そのうち、地元経済に入ってくるのは6,300万ドルと見積もられている」と報告している。

　事実上、諸島の経済成長の全ては、健全な自然環境に頼っているものの、急激に拡大し規制のないエコツーリズムが、商業漁業と移民と相まって、観光資源である保護区の自然を脅かしている。ツアーオペレーターのグループである国際ガラパゴス旅行業協会は、ガラパゴ

スのエコツーリズムは、両刃の剣だという。

「エコツーリズムは、エクアドルに莫大な経済的利益をもたらしており、またガラパゴス国立公園を支えるための唯一の実用的な方法でもある。ガラパゴスで発展した環境負荷の小さい観光モデルは、よく機能している。しかしながら、観光産業からは好ましからざる副産物がもたらされている。船の塗料やエンジンからの汚染、オイル漏れ、使われすぎの観光地点、淡水の枯渇、そして大陸からの外来動植物の移入だ。これら全てが、エコツーリズムが取り組まなければならない課題である。観光はまた、持続可能なレベルに保たれる必要がある。つまり、観光客数の制限や観光形態の開発規制、そして観光の影響に関するモニタリング調査の継続などだ。」

観光客数や観光形態の増加を反映して、チャールズ・ダーウィン財団は 2005 年 11 月のニューズレターで以下のように表明している。

「新たな観光形態（スポーツフィッシング、大型クルーズ船、地域密着型観光、日帰りツアー、そしてダイビングツアー）による、昨今の更なる観光産業の成長は、懸念の種だ。今後の開発は、これらの成長の、環境、経済、社会、そして文化への影響を考慮すべきであり、現在のガラパゴスを苦しめている不均衡な問題をまず解決する必要があることを認識しなければならない。諸島の観光モデルは、新たな観光へのアプローチを発展させる前に、子細な考慮と変更が求められている。ガラパゴスでは、長期に亘る持続可能な観光を確かなものにするために、しかるべき規制管理がまず行われるべきだ。」

事実、エコツーリズムはガラパゴスに金銭的な利益と国際的な認識の両方をもたらした一方、諸島は、商業漁業や移民、外来種や持続不可能な観光など、様々な問題に苦しめられ、国際的評価も損ない始めている。2004 年の雑誌ナショナル・ジオグラフィック・トラベラーの国際調査では、専門家が世界の最も知られている観光地 115 カ所を、文化、環境、景観の完全性を基準に評価した。この調査でガラパゴスは、平均をわずかに上回る程度だった。2006 年に行われた継続調査では、評価は 23 ポイントも下がり、他の観光地を大きく下回って、「深刻な問題あり」カテゴリーに入れられた。

4.3　ガラパゴス諸島のエコツーリズムの得点表

ガラパゴス諸島は、地理的隔離、よく機能している国立公園と生物学研究所、科学者とナチュラリスト・ガイドの存在、環境負荷の少ない水上ホテル、そして環境意識の高い観光客など、持続可能で徹底したエコツーリズムの模範および指標として称賛されてきた。しかし 1990 年代後半、ガラパゴスからのニュースは不可解な火災、ゾウガメの虐殺、不法漁業によるキャンプ、鉈を持った怒れるデモ隊、その他、楽園での事件ばかりだった。ガラパゴス

は、十分な計画、政府による管理、地元の利益と参画、観光業の責任、国際的配慮、などが整わないまま、エコツーリズムが急速に拡大し、突然、警報灯が危険を知らせる状態になった。ガラパゴスの脆弱な生態系がもう元に戻れない地点に達したように見えたその時、エクアドル政府は正しい行動に出た。ガラパゴス・コンセンサス（Galapagos Consensus）に譲歩し、1998年、特別法を通したのだ。しかしこれで充分に食い止めることはできなかった。ガラパゴス諸島は、いまだ岐路に立たされている。10年後の今、エコツーリズムの実績と、真のエコツーリズムの7つの条件にどのように立ち向かおうとしているかを評価するにはふさわしいタイミングである。

4.3.1　自然への旅が孕むもの

　ガラパゴスの魅力は、自然である。荒涼とした溶岩と低木林の広がる海の真ん中にある月面のような場所は、世界で最も貴重な生態系の一つである。自然に関心のある旅行者に、進化を理解する手がかりと、風変わりでなおかつ親しみある生きものを間近で見る機会を与えてくれる。

4.3.2　影響を最小限に

　この数十年間、ガラパゴスのエコツアーのオペレーター、ナチュラリスト・ガイド、国立公園職員や研究所の科学者たちは、環境への影響が少なく、質の高いエコツーリズムのモデルを創ることに共に取り組んできた。しかし2007年の危機遺産リストへの登録決定は、観光客の数が、諸島の許容範囲を上回っていることを示している。観光地点の侵食の兆候、ガイドの質と規則の執行力の低下、時折見られるツアーボートから海洋保護区へのゴミの投げ捨てなどもある。スポーツフィッシングの「タグ・アンド・リリース」や、ヤス（水中銃）を使う特殊な釣り、カヤックやキャンプのツアーなどは、エコツーリズムに溶け込んで、不適切に（時に不法に）市場に出されている。最も人気のある観光地点はしばしば人で溢れ、クルーズ船はしばしば大量の観光客を島に下ろすことが許可され、多くの日帰り船と島のホテルは、「リゾート観光」のように、陳腐な旅を売っている。

　陸上と海洋の国立公園は現在ゾーニングされている。しかしながら、ツアー船の数や観光客数を抑制する効果的なシステムは、未だ導入されていない。そして、多くの科学者が、諸島全体の流動的な収容能力よりは、むしろ、ある特定の地点についての影響を分析する方が健全であると信じている。スミソニアン国立自然史博物館の野生生物学者トム・フィッツは、ガラパゴス国立公園におけるエコツーリズムの影響についてまとめ、「結論としては・・・ガラパゴスにはなおも約95％の原生の動植物が残っている・・・。それらは、邪魔されてはいるが、破壊はされていない。」と言っている。

　このようなささいな問題の数々よりもずっと深刻なことは、エコツーリズムブームの幕開

けと共に加速された3つの現象、すなわち、外来種、移民、商業漁業の問題である。この3つは、人の居住区と経済活動の指定区域はもちろん、国立公園と海洋保護区の両方を脅かし、環境保全やエコツーリズムとの衝突を引き起こしてきた。

4.3.3 環境意識の構築

エコツーリズムは、ガラパゴスの重要性に対する認識を広めることに概して良い貢献をしたといえよう。ダーウィンの『種の起源』は、ガラパゴスを「進化の実験室」として地図に記したが、世紀を超えて、ガラパゴスは小さなエリート科学者のグループだけに意味ある場所となった。環境保全やエコツーリズムの成長によって、諸島の固有性や脆弱性の世界的な理解を得ることはできた。一方で、観光客が増えるにつれ、徐々に自然学習は骨抜きになってきている。ナチュラリスト・ガイドの多くは科学者であり、長い間彼らは、クルーズ船で観光客に質の高い教育ツアーを提供してきた。近年、ガイドの人材バンクは、専門性が低くスペイン語だけしかしゃべることができない「補助的ガイド」によって、膨らんできている。これによって地元の人がガイドになる機会は増えたものの、最も経験のあるガイドは高い給料を思いのままにし、より豪華で高級なクルーズで仕事をする傾向にある。

同時に、最近では多くの海外からのエコツーリストが、堅苦しくなく理知的でもない経験を求めており、これが自然学習を骨抜きにしている原因となっている。政府や旅行業界がエクアドル人向けに大幅な割引を適用して、国内旅行を推進する前向きな対応を行っているが、多くのエクアドル人は、割安な島のホテルに滞在し、日帰りクルーズに参加して、最も人が訪れる島の上っ面だけを眺めて帰る。また、手っ取り早くお金になる仕事を探して島に来た移民は、島の将来に深く関わる気がないため、島民全般の環境への理解は浅い。特別法では、後者の問題に配慮し、学校の子供たちや新たな移民を対象にした環境教育を推進する条項を含めている。

4.3.4 保全への直接的金銭利益の供給

ガラパゴス諸島は、エクアドル最大の観光地であり、政府の観光収入の3分の1をもたらしている。訪問者数の増加、外国人観光客の公園入園料の大幅上昇、そして国立公園局への入園料の配分の増加は、環境保護に回す資金の大幅増となり、ガラパゴス国立公園事務所（GNPS）はより多くの職員を雇い、必要な道具を購入することができるようになった。これは保全の完勝である。しかし同時に、諸島と海洋保護区の自然はかつてないほどの大きな攻撃に晒されている。それらのほとんどが、直接的にせよ間接的にせよエコツーリズムの成長に伴うものだ。加えて、クルーズ船やツアー代理店、その他の旅行業界のビジネスは、国立公園のシステムや保全努力に、控え目に貢献しているだけだ。

4.3.5 地元住民への金銭的利益と権限の付与

エコツーリズムは金銭的利益と権限の付与の両方をやってのけた。1980年代後半以降、諸島における生活と雇用機会の水準が上がると、住民の政治的な好戦性も増した。特別法では公園入園料収入の公正な分配を命じている。また特別法は、持続不可能な程の成長を抑制しようと試みている一方で、住民コミュニティの経済力と経済機会、教育水準、技術の熟練、社会福祉を強化する方法もまとめられていた。これは明らかに、島民の勝利だ。

しかし、島社会というのは、分離された社会でもある。エモリー大学の法律学の教授マーク・ミラーと、スタンフォード大学総長で環境科学の教授ドナルド・ケネディーは、1990年代半ば、こう警告した。「これは、裕福な海外の自然保護派と、経済発展が必要な貧しい地元住民との抗争、というよくある話ではありません。」むしろ、ガラパゴスにおける紛争のほとんどが、海外からの漁業への関心と一致し、政治的自律を求める新しい移民と、国立公園当局者、ダーウィン研究所や地元の科学者、エコツーリズムのオペレーター、そして、伝統的に必要最低限の農業と漁業、最近ではエコツーリズムで生計を立てている多くの昔からの島民との、争いなのだ。特別法によって、エコツーリズムを核に据えた安定して豊かな社会を構築する最高の機会が提案されたが、この提案が実行されなければ、双方の深い溝によって、政治的、経済的衝突は繰り返されるだろう。エコツーリズムによる利益の流れを地域社会に向け、特別法の誓約を遂行するには、まだまだやるべきことが沢山ある。

4.3.6 地域文化を尊重する

コミュニティの多くが外から持ち込まれたものであるガラパゴスにおいては、地域文化の尊重はそれほど重要な問題ではない。大陸からの飛行機には、しばしば、エクアドルの高山地区のオタバロという市場から来る女性が、手織りのタペストリーや厚手のセーター、ウールの肩掛けなどを持ってやってくる。しかしこれらの文化は、諸島の生活にウールの服が適切ではないのと同様、異質なものである。ガラパゴスの島民の中でも、19世紀の船乗りや囚人、探検者や開拓者を祖先に持つ者は、独立の精神、諸島の自然に対する深い理解と尊敬、そしてそれを守るための行動規範を持ち、自分たち特有の文化があると信じている。子供たちや新しい住民への環境教育を強化することによって、特別法は、これらの文化や環境の規範を次世代に受け継がせようとしている。加えて、質の高いナチュラリスト・ガイドや科学者、公園当局者らは、諸島の科学的、そして文化的な特異性を観光客に伝えるために、最高の仕事をしている。

4.3.7 人権と民主主義への動きを支援する

長い間、選挙で選ばれてきたガラパゴスの代議員は、地域自治と政治的自治に関して選挙活動を行ってきた。しかし彼らは元々、漁業界や国際資本でしばしば違法に働く新しい移民

第4章 エコツーリズムの聖地・ガラパゴス

の代表だった。だがこの10年首都キトの行政府で、一般参加型の民主主義の推進と特別法の通過を強く要求する動きが生まれ、より幅広く、代表制の高い運動が求められ、展開していった。これは、エコツーリズムの原理と目標に合致した非常に意義深い進展である。

　ガラパゴスでは、エコツーリズムのオペレーターは、保全の促進と地元への利益の還元について、もっと積極的な役回りができるし、するべきである。しかし最終的には、諸島を管理する権限と支援が与えられるべきなのは、意識の高いエコツーリズムのオペレーターでも、チャールズ・ダーウィン財団のようなNGOでもなく、エクアドル政府であり、もっと重要なのはガラパゴス国立公園事務所である。エコツーリズムの利権やNGOが、国立公園の管理に重要な補完的役割を果たすのは明らかだ、とコロラド州立大学のエコツーリズムと環境資源の専門家ジョージ・ウォレスは書いている。しかしこれらによって、公園管理者や監視員、指導員など、保護区の管理に最も責任ある人たちの座を奪ってはいけない。ガラパゴスの長期的な安全と、環境の平和主義的な管理は、代用不可能だ。ウォレスが結論付けているように、「ガラパゴスのような保護区は、全ての人が、全ての人のために、時代を超えて、闘い、守る価値がある。達成可能な目標だ。」

　諸島の長期に亘る健全性と保全を提供するのは、様々なステークホルダーの中でも、ガラパゴス国立公園事務所を最優先に考えなければならない、というのが、ウォレスの徹底した主張だ。この論理に対する最新の、しかし重要な抗議としては、ガラパゴス・コンセンサスの発展に貢献した地元のステークホルダーが民主主義へ参加することを強化する必要がある、というものだ。特別法が1998年に通ったとき、ガラパゴス諸島におけるエコツーリズムと国立公園、地元の人々との均衡を見出すという目標は達成できるだろうという、慎重だが楽観的な見方があった。それ以降の、注意深く徹底した実施によって、それが容易ではないことが証明されてしまった。エコツーリズムが最高潮に達した一方で、ガラパゴスを「危機遺産」リストに登録した決定は、観光、移民、漁業、そして保全のバランスを取るため、さらなる積極的な実行力が必要であることを示している。もう一度、問い直そう。「ダーウィンの実験室はちゃんと生き残ることができるか？」

第 5 章
コスタリカ―踏み固められた道の上で

　中米の小国、コスタリカはエコツーリズムの広告塔だ。1980 年代初頭にアメリカの対ニカラグア戦線の足場となり、アメリカ国際開発庁（USAID:US Agency for International Development）が推進した自由貿易政策および民主化政策の実験場を経て、「グリーンな」観光の実験室へと変貌を遂げたコスタリカ。1987 年にオスカル・アリアス大統領がノーベル平和賞を受賞してその名が世界に広がると、平和な国コスタリカのイメージが定着し、エコツーリズムブームが始まった。1990 年代は、それまで自然の魅力を楽しめる観光地として人気が高かったガラパゴス諸島やケニア、ネパールをよそに人気が急上昇した。1992 年、アメリカのアドベンチャー・トラベル・ソサエティは、コスタリカを「エコツーリズムの訪問先のトップ」と評価した。またコスタリカ政府が実施した調査でも、観光客の多くは何らかの形でエコツーリズムに関わっていたという結果がでている。1996 年、コスタリカ観光庁（ICT:Costa Rican Tourism Institute）訳者注1は、「コスタリカ、全てが自然」訳者注2のスローガンの下で大々的な観光誘致プロモーションを展開した。そして、2006 年にアリアス大統領が再び大統領に就任した時、コスタリカは世界で最も重要なエコツーリズムの観光地として国際的に知られるようになっていた。

　地球の表面のわずか 0.035% の土地に世界の生物種の 5% が生息するコスタリカの素晴らしい自然を知る人はほとんどいなかった。私が家族とともにコスタリカに移り住んだ 1980 年代の初め頃、コスタリカはアメリカの旅行代理店やツアーオペレーターの間では知られていなかった。国内ですら、コスタリカの環境保護政策を知る人は一部の自然科学者と国立公園関係者のみだった。しかし、その 10 年後、私がコスタリカを去る頃にはエコツーリズムと環境倫理はコスタリカ人の国民意識に根付き、彼らの一部となっていた。作家で、レインフォレスト・アライアンス（Rainforest Alliance）のサンホセ事務所に勤務していた活動家クリス・ヴィレは、「エコツーリズムはコスタリカ人のイメージ形成を促し、今では彼らの自意識になっている」と語った。また、「これは非常に重要なことで、大統領に至るまで、環境主義が根付いている。」と指摘する。アリアス大統領は 2007 年に「自然との共存訳者注3」のイニシアチブを打ち出したが、まさにこれはコスタリカの平和主義と環境保護政策という国の価値観に基づく野心的なイニシアチブだった。アリアス大統領は、このイニシアチブの目

注 1　Instituto Costarricense de Turismo
注 2　Costa Rica：No artificial ingredients
注 3　Peace with Nature Initiave（Paz con La Naturaleza）

標として、500万本の植林と2023年までの「カーボン・ニュートラルの実現」、そして「環境保護政策に対する誇りをこれまで以上に高めること」を掲げた。

　コスタリカにはエコツーリズムに必要な基盤が整っている。国立公園を基盤としている点は、コスタリカのエコツーリズム産業も他の発展途上国と同じだが、コスタリカには他の発展途上国にない諸条件が揃っており、これらがコスタリカのエコツーリズムを完成させているといってよい。それは、民主主義の定着と安定した政治情勢、軍隊を持たない中立国、人権尊重、外国人、特にアメリカ人を受け入れる国民性等である。中流層が多く、公共医療制度や学校教育制度が整っており、国立大学もレベルが高い。優秀な自然科学者や環境保護論者を多く輩出し、国内外の環境保護NGOも数多くコスタリカに事務所を置いている。またコスタリカは物理的にコンパクトな国で、舗装道路、電話、電気等のインフラが整っており、快適な気候に加え、海外からのアクセスも良く、アメリカから数時間のフライトで訪れることができる。

　だが、ピュアでシンプルなエコツーリズムは、観光客を魅了するアトラクションのひとつに過ぎない。2005年にコスタリカを訪れた旅行者の61％は国立公園を訪れ、66％は生物多様性の観察をしたが、同じ旅行者の77％以上はビーチを訪れていた。その他にも火山訪問（50％）、キャノピーウォーク（41％）、シュノーケリング（23％）、ラフティング（9％）、サーフィン（18％）などのアクティビティも体験している。一方、農村地域の訪問（13％）やスパ（12％）などの新たなアクティビティが急激に成長しているが、スポーツフィッシングのようにこれまで定番だったアクティビティの利用者は12％に留まっている。ゴルフに至っては3％に過ぎない。2007年、当時の観光大臣はエコツーリズム、アドベンチャーツーリズム、太陽とビーチ、農村地域におけるルーラルツーリズムの4つの観光をプロモーションすると発表した。この多様な観光を提供できるのがコスタリカの魅力のひとつである。しかし、エコツーリズムに従事するオペレーターらは、観光客の自然に対する知識や関心は薄れ、ラグジュアリーなホテルを求める観光客が急増しているという。コスタリカの観光産業の新たな課題は、小規模サイズのエコツーリズムではなく、多様化する観光形態に対応できる「サスティナブル・ツーリズム」なのである。

図 5-1　コスタリカ

5.1　政府の政策とエコツーリズムの始まり

　1960 年代から 1970 年代にかけて、コスタリカ人の事業者によって、コスタリカの中流及び上流階級のための観光リゾート、クラブ、国立公園などの観光施設が開発された。当時のコスタリカの観光は国内観光客が主で、外国人観光客の多くは隣国の中米諸国から訪れていたが、1980 年頃になると観光はコスタリカで第 3 位の大きな外貨獲得産業に成長した。1993 年以降は国内で最大の外貨収入源となり、2000 年以降になるとコスタリカの外貨収入の 20%を観光が占めた。1980 年代にコスタリカ政府は観光庁（ICT）の組織を再編し、財源を確保（一部はホテル税や空港税から）するなど、本格的な観光投資を行い、3%のホテル税と 8%の航空券税を観光庁（ICT）の運営予算に当てるようになった。

　1980 年代半ば以降、コスタリカの旅行者のパターンが変わり始めた。国内観光と中米諸

159

国からの観光客が減少し、北米とヨーロッパからの観光客が増加したのである。また、コスタリカに対する援助パターンも変化した。1980年代はアメリカ国際開発庁（USAID）、世界銀行（WB：World Bank）、国際通貨基金（IMF：International Monetary Fund）からの援助が急激に増え、特にアメリカの援助が増加した。これは、ニカラグアと戦争をしていたアメリカに対する無言の支援や政府の公共事業及び産業の民営化推進、輸出と外資獲得の奨励、そして国立公園、観光庁（ICT）及びその他の政府機関の予算削減などを受け入れる構造調整プログラムを条件としたコスタリカへの支援だった。

1984年、コスタリカ政府はホテル、航空会社、船会社、レンタカー会社、旅行代理店への投資を促す優遇措置法案を承認した。コスタリカの国営航空会社ラクサ航空の株は、日本人やエルサルバドル人の投資家に買われ、政府の同社の株の保有率は3％まで減少した。1985年に観光開発のための優遇措置法案[訳者注4]が通過すると、観光庁（ICT）は観光事業に対し税制上の優遇措置を適用した。この中には、固定資産税の免税、建築・改築資材、小型トラックや乗用車、フィッシングボート、プレジャーボート、ジェットスキー、バギーカー、そしてゴルフカートなど、観光に関連する事業で使用する乗り物や建築資材に課せられる輸入税の免除があった。しかしながら、インセンティブを受ける条件として、宿泊施設の場合は部屋数が20室以上あることや、空間の使い方及び家具に対する厳しい基準が設けられていた。1990年、人類学と地質学を専門とするキャロル・ヒル教授は「こうした条件は、地元の人々の優遇措置の利用を困難にした」と言及した。1985年、観光優遇措置がホテルデベロッパー、レンタカー会社、ツアーオペレーターに適用され、新しい観光事業に投資するかわりに、12年間の免税措置が適用された。その結果、1985年から1995年の間に、コスタリカのホテルの室数は3倍になり、4,866室から1万2,000室に増えた。2005年までに観光庁（ICT）に登録された部屋数は1万6,696部屋に上った。これに登録されていないホテル数を加えれば、その数は更に多くなっただろう。

1987年、観光庁（ICT）はラグジュアリーホテルの建設やリゾート開発に投資する外資誘致キャンペーンを行った。そして観光庁（ICT）はコスタリカ投資促進機構（CINDE：Coalition for Development Initiatives, その後 Costa Rican Investment and Trade Development Boardに名称変更）と観光に関する優遇措置協定を結んだ。コスタリカ投資促進機構（CINDE）は海外からの投資を誘致するためにアメリカ国際開発庁（USAID）によって設立された機関で、民間のコスタリカ銀行を通じて米国人やコスタリカ人の投資家とデベロッパーに観光融資を行った。また、このコスタリカ銀行もアメリカ国際開発庁（USAID）の構造調整プログラムの一部として設立された。初期の観光事業に適用された税制上の優遇措置は、2001年頃までに段階的に終了した。しかし、新たなホテル建設に必要な資材の輸入と購入には免税措置が適用され、免税措置を受けるための諸手続きができる大型ビジネスに有利だった。

注4　Law of Incentives for Tourism Development

5.1 政府の政策とエコツーリズムの始まり

表 5-1　コスタリカの観光成長

	1976	1982	1986	1990	1995	2000	2005 (年)
訪問者数 (千人)	299	372	261	435	792	1,088	1,659
総収入（100万ドル）	57	131	133	275	718	1,229	1,570
外国為替における割合(%)						21	22

source : ICT, "Anuario estadistico", 1998, 2000, 2005.

　1993年までに、観光がコーヒー、バナナ、その他の経済活動をおさえて、コスタリカの外貨獲得産業のトップになった（1990年代後半にマイクロチップの製造が一時的に観光を上回ったことがあった）。今日、観光はコスタリカの外貨収入の20%から22%を占め、対GDP比7%から8%に相当する。しかしながら、コスタリカがエコツーリズムの目的地としての国際的な評判が高まる一方で、政府はエコツーリズム事業を推進しながら、従来の都市部の大型ホテルやビーチリゾートの開発、およびクルーズ船の誘致を同時に推進する二重政策を続けた。

　1990年代の初め、大型ホテルがコスタリカに進出した。1990年以降、首都サンホセにある中型及び大型ホテルの多くはインターナショナル系のホテルチェーンに買収された。これらの中には、ベスト・ウェスタン、バルセロ、ソル・メリア、マリオット、ヒルトン（ハンプトン・イン）、サルバドラン・カミノ・レアル、そして欧米系のホテルチェーンなどがあった。スペイン系のホテル・バルセロは、初めてサンホセにホテルを建設した時、長期にわたり放置されていた建設途中のホテルを完成させることで、建設に必要な申請手続きを行わなかった。その後、太平洋側のタンボール・ビーチに、ホテルを建設した際も、サンホセと同じ手法を使い、地元の法律を無視してホテルをオープンした。彼らのやり方は国内で論争を引き起こした。この論争は長期にわたって続き、ホテルのオーナーとコスタリカ政府の両者のイメージに深刻なダメージを与えた。ドイツの環境団体はラファエル・アンヘル・カルデロン・フルニエル大統領（1990-1994）政権下で観光大臣を務めたルイス・マヌエル・チャコンを「グリーン・デビル」賞に選び、タンボール・ホテル開発での彼の役割を非難した。ホテル建設反対派は、ホテル側がマングローブを伐採し、ホテル建設予定地で立ち退きを拒んだ住民の家に放火し、海岸地域の開発に関する規則を無視したと非難した。これに対し政府は、ホテル側はこの規程の大部分を順守していたとし、法廷での対立は結論が出ないままだった。最終的に地域住民側が負け、自然環境は回復できなかったが、わずかな賠償金を受け取った。

5.2 海沿いのリゾート:もうひとつの観光モデル

　エコツーリズムやサスティナブル・ツーリズムの観光モデルはコスタリカで成功したが、グアナカステ地方などの沿岸では、大型リゾートと別荘建設という根本的に異なるモデルの観光開発が進んでいた。1990年初めの観光庁(ICT)の報告書は、アメリカ人、カナダ人、台湾人、日本人などの海外の投資家がホテル、コンドミニアム、別荘を建設するために海岸沿いの土地を買い占めたと警告した。これは過去20年から30年の間の外国人不動産投資の全てに相当した。専門家は、1990年代初めまでにコスタリカの海沿いの土地の80%は外国人に購入されたと見積もった。こうした現状を警戒した国会議員のヘラルド・ルディンは観光庁(ICT)に「海岸沿いの土地の私有化」に関する調査を要請した。

　ホセ・マリア・フィゲーレス大統領(1994年から1998年)は、エコツーリズムをコスタリカの最大のビジネスチャンスとして売り込んだ。彼は観光事業に投資する多くの人に様々なインセンティブを与えたほか、アメリカとカナダのエコトラベラーを誘致する観光プロモーションに1,500万ドルを費やした。フィゲーレス大統領は、彼の明確な環境保護路線のアジェンダにもかかわらず、「パパガヨ計画」を承認した。この計画は、30億ドルを投資した中米最大規模のメガリゾートプロジェクトで、「グリーン」な開発とは対照的なプロジェクトだった。パパガヨはコスタリカのカンクン[訳者注5]と化した。ラグジュアリーホテルを完備した複合リゾート施設、別荘、ショッピングセンター、レストラン、ゴルフコースが整備され、パパガヨ湾にある17箇所のビーチ周辺にはヨットの停泊所ができた。3段階に分かれた計画が全て終わると、ホテルの部屋の総数は2万5,000室から3万室になるが、この部屋数は1994年にコスタリカにあったホテルの部屋数の合計1万3,000室の2倍に相当する。

　いくつかの例外を除き、パパガヨとコスタリカにある大型ビーチリゾートはエコツーリズムとの関連性にほとんど触れていない。(他方、パパガヨの大型観光開発業者は「エコ開発社」という名称だ。パパガヨ半島のフォーシーズンズホテルはコスタリカの「エコ認証」を取得しており、彼らのゴルフコースには環境に配慮された箇所が数カ所ある。)大型ホテルの中には海岸線から200m以内の建設禁止区域に建てられたホテルがあり、政府はこうした違法な建設を防ぐため、海岸沿いの建設をコントロールしようとしている。区域は50mごとに区切られ、最も海沿いの50m区域内は全ての開発が禁止されている。残りの150mの区域は自治体からのリースで、ゾーニング、課税、所有者に対するガイドラインを遵守すれば建設が許可される。その場合、観光庁(ICT)が承認した管理計画を提出し、コンセッションが地方自治体から与えられる。他方で森林地域と野生生物保護区は環境エネルギー省(MINAE)が管轄している。だが、実際はこれらのガイドラインは守られていない。例えば、外国人は、少なくともコスタリカに5年以上居住しなければ海岸沿いの土地のコンセッションを得ること

注5　メキシコのカリブ海沿岸にある高級リゾート地

5.2 海沿いのリゾート:もうひとつの観光モデル

はできず、また外資系や外国人が所有する会社もコンセッション契約ができないことになっているが、多くの外国人がコスタリカ人の共同経営者の名前でコンセッションを申請しているのが現状だ。

　ホテルの建設が終わった後は、ホテルの運営に反対するグループとの対立が待っている。反対派には地元住民、環境活動家、自然科学者などがいる。タンボール・ビーチホテルとパパガヨを巡る対立は、エコツーリズムの側面では損失は大きかったが、コスタリカ人の環境保全運動を促し、大規模事業と小規模事業の対立を巡る国民の議論を刺激することとなった。太平洋側に位置するグランデ海岸がひとつの発火点になった。この海岸はオサガメの産卵地として重要な場所だが、1995年にイランの企業が5,000万ドルを投資し、ウミガメの保護につながる「環境に配慮したグリーンな」ラグジュアリー・ビーチリゾートの建設計画を発表した。しかし、この事業が環境を配慮していない建前だけの宣伝（グリーン・ウォッシュ）だとわかると、地元住民は反対運動を起こし、この計画を中止に追い込んだ。そしてコスタリカ政府はこの機会を捉え、ここにラス・バウラス海洋国立公園を設立し、公共の海岸線から50m区域を保護した。この国立公園の設立後、ウミガメのタマゴを盗んでいた密漁者はウミガメの産卵などを観にくる観光客のガイドや国立公園の警備の職に就き、密漁者の激減につながった。それにもかかわらず、コスタリカのティコ・タイムズ紙によれば、毎シーズン産卵に来るオサガメの個体数は「激減」しており、1989年から2006年の間に個体数が1,367頭から125頭まで大幅に減少している。環境保護家と自然科学者はウミガメの産卵地を保護するために、公共のビーチ区域にある私有地の75mを更に追加すべきだと主張した。オサガメの長期的な保護は保証されていないが、世間の注目を浴びながら失敗に終わったタンボール・ビーチとパパガヨのメガリゾートを巡る対立と比べれば、このグランデ海岸とラス・バウラス海洋国立公園のケースはある一定の成果をあげたと言える。

　失敗に終わった対立もポジティブな結果につながっている。近年、環境に配慮した取り組みを行う企業が現れるようになった。2007年、「環境に配慮」したメガリゾートプロジェクトが始まった。AOL（America Online）[訳者注6]の設立者の1人で、レボリューション・プレイシズ社代表のスティーブ・ケースは、アリアス大統領同席の記者会見で、グアナカステ県のパパガヨ近くに26万平方kmの新しいタイプのラグジュアリー・リゾート・コミュニティを建設する「カシーケプロジェクト」を発表した。このプロジェクトは、8億ドルを投資したビーチリゾートプロジェクトで、広々とした敷地にゴルフコース、テニスコート、フィットネスセンター、スパなどが完備された別荘地で、2010年にオープンする予定だ。一見普通のプロジェクトだが、同社のプレスリリースでは、「地域の環境と文化に配慮した新たなバケーションの形」と説明し、「サスティナビリティーの全ての要素を持ち地域社会の参加を促す」プロジェクトと紹介した。レボリューション・プレシズ社は、100万本の植林、コン

注6　アメリカの大手インターネット接続サービス会社

第 5 章 コスタリカ―踏み固められた道の上で

ピュータ・ラーニングセンターの設立、地域の非営利団体への 100 万ドルの援助など、特にコスタリカの地域社会のイニシアチブを促す事業を支援する予定だ。

持続可能な開発が進む一方で、拘束力無きに等しい規則のもと、コスタリカの海岸沿いの開発スピードは加速している。コスタリカの元国家計画・経済政策大臣で、2000 年に市民行動党（PAC：Partido Accion Ciudadana）を設立し、2006 年の大統領選挙ではアリアス大統領に僅差で負けたオットン・ソリスは、「1980 年代初めまでは、コスタリカのビーチはコスタリカ人のものだった・・・しかし今やコスタリカの最高のビーチはアメリカ人やカナダ人などの外国人が所有しコスタリカ人の家族はもはや行くことができない。物価は上がり、看板や聞こえてくる会話は全て英語で、まるで外国のようだ。」と語る。エコツーリズムの専門家でライターのアン・ベッヒャーは、1996 年のコスタリカの太平洋側のビーチ沿いのホテルの所有者への調査で、これらの地域のホテルとリゾートの大部分（57%）は外国人が所有していたことを明らかにした。またベッヒャーは「特に有名で豪華な」ビーチは外資系が所有し、あまり人気のないビーチにあるホテルはコスタリカ人の所有が多かったと指摘していた。2002 年頃、ベッヒャーのパートナーのベアトリス・ブレイクは海岸沿いにある高級ホテル、特にニコヤ半島のグアナカステ地方周辺にあるホテルの多くは外資系が所有し、主にアメリカ人が多かったと報告している。2006 年、新たに海岸沿いに建設されたホテルとコンドミニアムの面積は 600 万 m^2 相当に上った。これは対 2005 年比で 64%増、2007 年には更に 20%増が見込まれている。

5.3 　真のエコツーリズム開発

エコツーリズム事業はコスタリカ全土で行われている。発展途上国の中で洗練された本物のエコツーリズムを実践している国はわずかだが、コスタリカは違う。コスタリカには豊富な選択肢がある。それは、素朴なものから高級な路線まで、カウンターカルチャー的なものから先住民の文化、スピリチュアルなものから科学的なもの、純粋なコスタリカの文化から欧米文化、異文化、及びクロスカルチャーまで幅広い。コスタリカの宿泊施設は 1990 年から 2007 年にかけて 8 倍以上増加し、300 軒から 2,500 軒となった。宿泊施設の平均的な規模は 16 室で、大半は小規模サイズのホテルが中心だ。都市のホテル、ホテルチェーン、リゾートホテルは社会・環境面で健全な取り組みを実施しており、エコツーリズムはコスタリカの観光市場の中で広範囲に普及している。これらの環境に配慮したホテルの中で特に優れているホテルはコスタリカの「エコラベル」である「持続可能な観光の認証（CST：Certification for Sustainable Tourism）」を取得している。2007 年までに 61 軒のホテルがこの認証を取得した。

5.3.1　プンタ・イスリータホテル

　数少ないビーチリゾートの中で、エコツーリズムの重要な要素を取り入れ運営しているのがプンタ・イスリータホテルだ。このホテルは長く続くニコヤ半島の南のはずれにあり、サンホセ市から車で5時間か飛行機で30分かかる。このホテルは1990年初めに建設され、太平洋を見下ろす丘の上の斜面にあり、白い漆喰のアドベレンガ造りの客室、手入れの行き届いた庭や芝生、エレガントな屋外のバーとレストラン、透明で「無限大」に広がるプールなどを備えた典型的な小規模ブティックホテルだ。1996年に、プンタ・イスリータホテルはスモール・ラグジュアリーホテル協会への加盟を勧められた。

　プンタ・イスリータホテルのコスタリカ人のオーナーは、近年受賞した数多くの環境賞を誇りに感じている。これらの中には、2006年に世界旅行ツーリズム協議会（WTTC：The World Travel & Tourism Council）が授与する「人材投資部門」の「明日へのツーリズム賞」も含まれている。ホテルの副社長でコスタリカ人のエドアルド・ビジャフランカは、ホテルの理念について、オールインクルーシブリゾートの「数少ないビジネスモデル」のアンチテーゼと表現した。ビジャフランカはプンタ・イスリータホテルが周辺地域の経済発展と住民参加型の環境保全を促すことを意識的に実施していると語った。この町には貧困、環境の悪化、基本的な公共サービスの不足、人口減少などの課題があった。ビジャフランカと彼のビジネスパートナーでホテルの所有者のハリー・ズアーチャーは2002年に財団を設立し、プンタ・イスリータホテルを活用して「観光を通じたコミュニティ発展の模範」を目指す計画に取り組んだ。この中で最も重要なプロジェクトは、ビジャフランカが言うところの、中南米諸国で最初の「アウトドアー・コンテンポラリー・アート美術館」を立ち上げる事業だった。コスタリカの一流のアーティストは地元の住民や海外の職人と協力し、この小さく埃にまみれた寂しい放牧地帯にあるプンタ・イスリータの町を、改修された教会、コミュニティセンター、小学校、診療所、新たなデイケアーセンター、芸術家のアトリエ、様々な店などが立ち並ぶ魅力的で活気に溢れた町に変えた。現在、プンタ・イスリータの町の中にある白い漆喰の壁には、地元の伝承や歴史が明るいタッチで描かれている。彫刻やアートディスプレイも町の中に設置されていて、これらの中には、サッカー場の近くに建てられた4本の木製トーテムポール、鏡や様々な資材で飾られた店先のマリンチェの木、かつてこの地域に住んでいた先住民チョロテガ・インディアンがよく使っていた色で染めたウール素材の服を着た教会の横にある木などがある。町のウォーキングツアーに参加すると、この町の変容を誇りに感じている人々に出会う。ある住民は「かつてはコスタリカで最もみすぼらしい街だったが、今は最高に美しい街だ」と誇らしげに話した。

　この新たな誇りは、新しい雇用の機会をもたらした。プンタ・イスリータホテルと財団は、地元の資材や伝統を取り入れた職人が働いている3つの工房を支援している。これらの団体は、1つ目がジュエリー、洋服、貝殻をちりばめた小財布と伝統衣装をつくる女性グループ、

第5章 コスタリカ─踏み固められた道の上で

2つ目がランプ、鏡、廃材を再利用し家具をつくる男性グループ、そして3つ目が木材に絵を描いた作品やキャンドルをつくる若者グループだ。観光客は彼らのワークショップを訪れ、彼らの名前入りの作品を買うことができる。

プンタ・イスリータホテルの従業員の85%は地元住民で、ホテルに必要な物資やサービスも地元から調達している。また財団は、ホテル向けにサービスを提供する地元の零細企業を支援するため、彼らに貸し付けや研修を実施している。これらの零細企業の中には、農産品、水産加工食品、家具、雑貨店、レストラン、カフェ、タクシー、地元のミュージシャンなどが含まれる。プンタ・イスリータホテルは、カマロナルビーチにあるウミガメの産卵地を開発と密漁者から守るため、環境エネルギー省（MINAE）と共に監視員とガイドの研修を実施している。またこの地域で最初のリサイクルセンターを建設したほか、信用組合の設立、植林プロジェクトへの参加、地元住民への教育の機会と奨学金の提供など幅広い活動に取り組んでいる。2004年から2006年の間に、ホテルと財団は現地調達や零細企業への貸し付けを通じて85万7,000ドルを地域社会に還元した。そして、過去数十年で初めてプンタ・イスリータ地域に移住する人が出始めている。

5.4　国立公園と保護区

1502年、コロンブスが現在のリモン県の南部浜辺に到着した時、彼はこの地域に豊かな鉱山資源があると信じていたので、この地をコスタリカ（Costa Rica=豊かな海岸）と名付けた。自然科学者、環境保護論者、観光客らがコスタリカの類まれな自然の豊かさに気付くまでの過去数十年の間は、この地名はコスタリカにふさわしい名前だった。コスタリカは南北アメリカ大陸の間にはさまれ、両大陸の植物相と動物相を有し、また固有種も生息している。デンマークよりやや大きい国土にはアメリカとカナダをあわせた地域で発見された数を上回る850種の鳥類が生息し、アフリカ全土に生息する種類を超える蝶類が生息している。また、コスタリカには顕花植物[訳者注7]が6,000種類以上（内1,500種類はラン）、哺乳類が208種類、爬虫類が200種類、そして昆虫が3万5,000種類以上生息している。国土の中央を火山帯が走り12の生態系に分けられ管理されている。最高標高3,840mに達する霧に覆われた山頂から太平洋側とカリブ海側の沿岸の白砂や黒砂が広がるビーチまでの多様な生態系がある。元環境大臣のアルバロ・ウマーニャは、コスタリカを「生物学的な超大国」と呼んだ。

今日、コスタリカの国土の25%以上は保護されており、この保護地域は20億ドル以上の価値があると言われている。コスタリカは長く伝統的な環境保護の歴史を持っているが、これはコスタリカに最初の国立公園が誕生した1969年に始まる。2006年までに、さまざまなタイプの保護区は160箇所に及んだ。これらの保護区は8つのカテゴリーに区分され、完

注7　顕花植物（けんかしょくぶつ）：花を咲かせる植物の意味

全に保護された生物保護区から、観光、調査研究及び基礎的なインフラ整備が許可された国立公園や計画的な開発と採取が許可された保護区まで含まれている。近年は、国土を10の保全区域に分けて管理している。これらの保全地域は独立採算で、各地域に配属された保全地域事務所長はそれぞれの保全地域の管理と地域社会の支援を行っている。

　国立公園と保護区を設定する際、コスタリカ政府はその周辺で生活する人々を強制退去させず、彼らから土地を購入する方法を選んだ。これは人道的なアプローチだったが、結果的に時間とコストがかかった。なぜならば、土地所有者に対する政府の支払いが長引き、国立公園当局は支払いが終了するまではこの土地で続けられていた伐採、農業、放牧を法的に阻止することができなかったからだ。2005年までに、国立公園の10%相当の土地は購入手続きがまだ終わっていない。エコツーリズムを含む限定的な活動は私有地で許可されているが、野生生物保護区や森林保護区などの保護区でも一定の活動を推進している。

　エコツーリズムの発展を後押ししたのは、コスタリカの国立公園制度と保護区である。これらの保護区周辺には数多くのエコロッジがある。観光庁（ICT）の統計によると、1990年代初頭まで、コスタリカを訪問する外国人旅行者の63%が少なくとも国立公園をひとつ訪問しており、その後もこの傾向は続いている。1990年から2005年の間に国立公園を訪問する外国人は2倍になった（51万1,233人から106万6,821人）。

　皮肉なことに、観光がコスタリカで最大の外貨獲得産業に成長し民間企業の多くが保護区エリアの観光活動からかなりの利益を得ていた一方で、国立公園局は運営管理の危機に直面していた。国立公園は森林を伐採する人々、金鉱山労働者、入植者、国立公園関係者がアクセスしづらい奥地まで入り込むハードバックパッカーなどの問題を抱え、かつ資金不足、人材不足、そしてインフラ不足に悩んでいた。ポアス火山国立公園、イラス火山国立公園、サンタ・ロサ国立公園など一部の国立公園を除くと、コスタリカの国立公園にはビジターセンター、道路、レストランなどの施設はない。キャンプ場とハイキング・トレイルのみで、宿泊施設はなく、訓練を受けたナチュラリスト・ガイドもいない。民間が運営する保護区が劇的に増加し、観光客の多くはこれらの民間の保護区を訪れ、そこで彼らの時間とお金を費やすようになった。2005年、コスタリカ政府はこの問題に対処するため、米州開発銀行（IDB：Inter-American Development Bank）から2,000万ドルの資金を調達した。そして、この資金を国立公園及びその周辺地域のインフラ整備と国立公園職員の財政及び観光マネジメント分野のスキルアップのための研修費用にあてた。また2005年以降、コスタリカの観光産業界からかなりの支援を受け、プロ・パーク協会（Pro Parques association）やオサ・キャンペーン[訳者注8]など国立公園に対する支援も増えた。

　コスタリカの経済危機は1980年代半ばに落ち着いたが、国立公園は依然として財政難に

注8　コスタリカの環境省や自然保護団体（コンサベション・インターナショナル、ザ・ネイチャー・コンサーバンシーなど）が中心となり、オサ半島の自然を守るための資金集めを行ったキャンペーン。

第 5 章 コスタリカ─踏み固められた道の上で

直面していた。その理由は 2 つあり、ひとつはコスタリカ政府が新たな保護区を設立し続けていたこと、もうひとつは国際通貨基金（IMF）、世界銀行（IDB）、アメリカ国際開発庁（USAID）がコスタリカ政府に国立公園の予算緊縮と人員削減を強いたからだ。1980 年代後半、第 1 次アリアス政権下で環境エネルギー鉱山大臣を務めたアルバロ・ウガルデは、国立公園制度の立て直しのために 4,500 万ドル（現地通貨相当）の資金調達を行った。彼は、海外の金融機関、コスタリカ中央銀行、環境保全団体、各国の政府機関を巻き込んだ複雑な環境スワップを実現した。この環境スワップは、外国政府と海外の金融機関がコスタリカの債務を帳消しにするかわりに、国立公園の土地の購入、森林植林プロジェクトや環境教育プログラムの実施、そしてバッファーゾーンで生活する人々のための雇用創出を含む、環境保全プロジェクトの実施を促した。

　コスタリカの生活水準が向上し、比較的良く保護された国立公園制度が定着すると、コスタリカは援助対象国を卒業した。国立公園に対する海外からの援助が打ち切られ、政府が再び財政難に陥ると、初めて観光が国立公園を維持するための重要な収入源と見なされるようになった。そこで、コスタリカ政府は外国人の入園料を大幅に引き上げた。1 人あたりの外国人の入園料は、当日の入園料が 15 ドル、事前購入が 10 ドル、そして旅行代理店のまとめ買いが 5.25 ドルと設定された。これまでは、コスタリカ人も外国人も観光客も 1 ドル程度の入園料だったので、国立公園の年間収入もこれに比例し 100 万ドル以下しかなかった。入園料値上げの結果は即座に現れた。1994 年から 1995 年に国立公園を訪れた外国人旅行者数は 20%減少したが、1995 年の最初の 9 ヶ月の入園料の収益は 378 万ドルに上った。これは 1994 年の年間収入の 4 倍以上に相当する。しかしながら、この入園料値上げによる追加収入も、これまでの政府と海外の援助機関から得ていた資金の不足分を埋めるには不十分だった。

　外国人と居住者の 2 種類の料金設定は、コスタリカの観光業界からは強い批判がでた。トレイルシステム、ガイド、そして民間が保護区で提供しているような設備を持たず、観光客が短時間しか滞在しないポアス火山国立公園やイラス火山国立公園のような国立公園では日帰りツアーをやめるツアーオペレーターが現れた。1996 年、全ての国立公園は外国人の入園料金を 6 ドルに下げた。国立公園の収益が増加している間は、この妥協策は観光業界の批判を鎮めたようにみえた。この料金設定は、人気がある国立公園の入園料は高く、人気が低い入園料は低く設定した方が良いという市場調査結果が発表された 2002 年まで続いた。この後、国立公園の入園料は人気の高いマヌエル・アントニオ国立公園が 15 ドル、カララ国立公園が 10 ドル、訪問者が少ない国立公園が 6 ドルと設定された。この料金設定のもと、収益の配分は、入園料の 75%はその国立公園がある地域の運営経費に、残りの 25%は観光収益が低い別の保全地域の資金にあてられるようにした。しかし、中央政府は基金の配分の変更を留保したため国立公園を管理する地域が収益のほとんどを使ってしまい、実際に国立公園に還元された金額は僅かだった。

財政赤字の削減をめざして、1998年から2005年の間は緊縮予算が続き、国立公園（と政府機関全体）の予算は著しく制限された。国立公園は他の政府機関と違い黒字だったが、この剰余分は財政赤字を埋めるために中央政府に吸収された。ようやく2006年以降、適切な予算が国立公園についたが、これは国立公園の財政の安定のために米州開発銀行（IDB）から調達した2,000万ドル、そしてプロ・パーク協会などが出資したものを合わせものによる。

5.4.1　国立公園、貧困、そしてエコツーリズム

　国立公園はエコツーリズムブームから僅かな利益を得たが、新たな問題も生じた。マヌエル・アントニオ国立公園、カボ・ブランコ野生生物保護区、カララ生物保護区などの太平洋側に位置する小さな国立公園は、国立公園のキャパシティをこえる過剰な訪問者を受け入れたことから、環境が悪化し、野生動物も減少した。マヌエル・アントニオ国立公園は、湾曲に広がる白い砂浜と緑の山を背景に持つコスタリカで最も有名な国立公園で、2005年の入園者数は21万6,000人と驚くべき人数だった。マヌエル・アントニオ国立公園に向かう道路沿いには100軒以上の小さなホテル、レストラン、バー、ナイトクラブ、カジノなど様々な観光施設が建ち並んでいて、小さな国立公園でも急激で無秩序な成長が最悪の事態を引き起こすことを証明した例だ。国立公園周辺と近隣のケポスの町には下水道が整備されておらず、汚水は海に垂れ流されている。元国立公園局長のアルバロ・ウガルデはマヌエル・アントニオ国立公園を「緊急事態」を告げる警報と呼び、大型リゾート開発だけではなく、全ての観光開発事業に対する政府の規制、厳格なゾーニングとその施行、そして環境アセスメントを実施する必要性を説いた。1990年半ば以降、マヌエル・アントニオ国立公園は毎週月曜日を休園日とし、また一度に国立公園内に入れる訪問者数を限定した。一方で、サンホセ市から15分でアクセスできるブラウリオ・カリージョ国立公園は、広大な面積を持つにもかかわらず基本的なインフラ整備がないため訪問者が少なかった。こうした国立公園は観光による悪影響もないが、収益もほとんどないのが実態であった。

　エコツーリズムブームが始まり、国立公園の財政と管理方法を巡る議論と平行して国立公園周辺で生活する貧しい人々との対立が続いていた。国立公園の職員と自然科学者らは、最初は保護区を国立公園周辺で生活する人々のための収入源や雇用源として見ていなかった。むしろアフリカの保護区と同様に、保護主義の理念に忠実に従って国立公園を隔離し、外部からの侵入を一切防ごうとした。コスタリカの環境保護者がこの立場をとったのはそれなりの理由があった。というのは当時のコスタリカは国立公園の外の環境破壊が急速に進んでいたからだ。1980年代まで、コスタリカは国立公園外での森林伐採の割合が中南米諸国の中で最も高い国だった。多くの地域において無断居住者や入植者らが国立公園内で森林を伐採し、放牧や農業用の土地として整備していた。1995年に森林法が制定され皆伐は重罪となった。この頃、家畜の価格が低下し、観光が浸透したことから森林伐採は10年間で98%減少

した。エコツーリズムが成長するにつれ、観光地の林地は、整備された土地より価値が高くなり、これまでのコスタリカの価値観が逆転した。例えば、オサ半島のラパ・リオス・エコロッジの研究によれば、ロッジが建つ前の1987年の半島全体の森林面積は、建設後の2000年のラパ・リオス・エコロッジの敷地面積の森林面積よりも少なかったことがわかっている。この調査は「ラパ・リオスが一定期間の植林率において島の平均増加の9倍に相当し、この地域社会の模範的存在だった」ことを結論づけた。

■ コルコバード国立公園

コルコバード国立公園はラパ・リオスの近くにある。この国立公園は、自然科学者たちの間では地球上で最も豊かな熱帯として有名で、コスタリカの国立公園の「王者」として広く知られた存在だ。一方でコルコバードは、地域住民と国立公園の間で利益が複雑に絡み合い、一触即発の状況が長期的に続いている場所でもある。ここでの問題は森林ではなく金を巡る対立だ。1980年初め、大規模な鉱山開発会社が国立公園周辺の事業を強化し、国立公園内に大量の「オレロス」と称した金鉱山で働く労働者を派遣した。彼らは国立公園内で魚や野生動物を殺し食糧にしたほか、川底を泥で埋めつくし、彼らがパンニング作業[訳者注9]で行う際に出る水銀で川を汚染した。地元警察と国立公園関係者は、金鉱山で長年にわたり一攫千金を狙う労働者たちを検挙しては釈放するを何度も繰り返していた。また自然科学者たちも国立公園内での調査を阻害され、観光用のキャンプ場が閉鎖されることもたまにあった。コルコバード国立公園の観光収入は年間100万ドルあり、これは鉱山業で得られる利益の2倍に相当する。しかし、貧困地帯で生活する人々の間では鉱山業の方が観光より収益性が高いという認識が行き渡っていた。

1985年、国立公園局長のアルバロ・ウガルデはペンシルバニア大学の生物学者のダニエル・ジャンゼン教授に、コルコバードの金鉱山採掘者が環境に与える影響と彼らを国立公園から追放する方法に関する調査を依頼した。ジャンゼン教授は1972年からグアナカステ県のサンタ・ロサ国立公園に勤務していた。ジャンゼン教授の調査結果は衝撃的だった。調査結果によれば、金鉱山採掘者とその関係者ら約1,400人が国立公園内で生活していて、狩猟対象動物は姿を消し、ほとんどの川は干上がって大量の堆積物が残る「用水路」と化していたことがわかった。そして、国立公園の生態系は金鉱山採掘者が去れば回復すると言及していたが、警察の取り締まりはもはや長期的な解決にはならないと報告した。むしろ、ジャンゼン教授は外部からの侵入を防ぐための方法として「国立公園局が周辺の地域社会や開発業者と深く関わり、国立公園の利点を説明すべきである」と提案した。エコツーリズムの原則のひとつに言及した彼のこの提案は、提案することは簡単だが、実施することは難しいものだった。金鉱山で働く労働者は警察の逮捕を恐れていなかった。というのも、昔からコスタリカ政府は農民が土地を占拠することに対して寛容な姿勢をとってきたためである。政府は

注9 砂の中から砂金をわける作業

こうした対立に慎重に対応し、結局国立公園当局は金鉱山で働く労働者200人に対し「影響が少ない」範囲で国立公園内の滞在を許可していた。そして、彼らはコスタリカ政府が金鉱山で働く労働者全員に賠償金を支払い終えるまで公園内で生活し続けた。

　コルコバード国立公園は、この地域の主要な観光地だったにも関わらずたびたび資金不足に陥っていた。1990年から2002年の間に、国立公園に勤務するパークレンジャー数は63人から僅か10人に減少した。その結果、ペッカリー（イノシシ）のハンティングが問題になり、ジャガーの個体数にも影響を及ぼした。コルコバード財団、オーストリア熱帯雨林協会、ラパ・リオス・ロッジ、ラ・パロマ・ホテル、自然保護協会など多くの団体がキャンペーン活動を行ったことで、パークレンジャーの数が戻り、ハンティングも大幅に減少した。しかし、こうした問題は国立公園ができてから繰り返し起きている。

　そうこうするうちに、コルコバード国立公園周辺はコスタリカのエコツーリズムの中心地となっていった。国立公園、ドゥルセ湾、オサ半島の大西洋側にかなりの数のロッジが建設された。プエルト・ヒメネスにあった金採掘者の町の周辺に小さく簡素なロッジが多く建てられ、金鉱山で働いていた人々が経営又は従業員として働いているロッジもある。他方で、ラグジュアリーなエコロッジもあり、これらは1泊250ドル以上する。コルコバードを訪れる観光客は小型飛行機でプエルト・ヒメネスに行くため、観光客の数は少なかった。またサンホセから車で5時間から8時間かけてコルコバードを訪れる人も少ない。日本の国際協力機構（JICA：Japan International Cooperation Agency）の援助による開発計画の提案に加え、政府は国際線の空港とプレジャーボートの停泊地を建設する計画を打ち出したことから、グアナカステの太平洋沿岸で起きた無秩序で急激な不動産開発とマスツーリズム開発がオサ半島で進む懸念が広まった。

■ ラパ・リオス・エコロッジ

　ラパ・リオス・エコロッジは、エコツーリズムのモデル及びマスツーリズムへの対策として見られる観光開発の模範だ。また、ラパ・リオス・エコロッジはコスタリカ国内及び南北アメリカ大陸の中で最も有名なロッジで、太平洋側のドゥルセ湾を見渡す自然の丘の中腹にそって16軒のバンガローが建っている。このエコロッジは数々のエコ・アワードを受賞しているが、この中には2003年から2005年まで3年続けて受賞したコンデナスト・トラベラー誌のエコ・アワードも含まれている。また、フォーダーズやロンリープラネットなどの主要な旅行ガイドブックでも高い評価を得ている。ラパ・リオス・エコロッジはコスタリカの持続可能な観光の認証（CST）制度で最高評価の「緑の葉」を取得した最初のホテルだ。ラパ・リオスは世界の素晴らしいビジネスモデルに選出され、アメリカ政府の「コーポレート・エクセレンス賞[訳者注10]」を受賞した。これはエコロッジとしては世界で初めての受賞だった。

注10　（賞の参考 http://www.laparios.com/articles/lapa_rios_state_dept_award_2005.html）

第 5 章 コスタリカ─踏み固められた道の上で

　この授賞式で当時の国務長官コンドリーザ・ライスは「ラパ・リオス・エコロッジはホテルの枠を超えた環境管理のモデルであり、コーポレートリーダーシップの模範だ」と言及した。また、彼女は「成功する最良の方法は良いことを行うことだ」と述べ、エコロッジのオーナーのカレンとジョン・ルイス夫妻を賞賛した。

　ラパ・リオス・エコロッジの歴史は、ルイス夫妻が音楽教師と弁護士の仕事をそれぞれ辞め、彼らの全財産及び退職金と家族や知人から資金を借りてミネアポリスからコスタリカに移り住んだ 1990 年に始まった。彼らは 1960 年代にケニアでピースコープのボランディアとして活動したアマチュアのバードウォッチャーだった。そして彼らは 1980 年代後半に新たなプロジェクトを始めることを決意した。彼らはエコツーリズムという言葉を知らなかったが、熱帯雨林の保護と農村部の地域住民の両方に貢献したいと考えていた。コスタリカで土地を探し始めてから 3 ヶ月後、コスタリカ人からオサ半島の土地 389 ヘクタールを約 40 万ドルで購入した。カレンは周囲の反対にも関わらず、劣化した牧草地 82 ヘクタールと手つかずの熱帯雨林 307 ヘクタールを買った。この土地は、プエルト・ヒメネスの町から南に約 20km 離れた僻地にあり、川や小川を渡る橋はなく、舗装されていないでこぼこ道を通らなければならない場所にあった。

　ルイス夫妻は、「切らずに残された熱帯雨林は伐採して売却するよりも価値が高い」ことを示すのが彼らの使命と考えた。彼らは、既に整地された牧草地にあった小さくて質素なエコロッジが原生林を保護するための収入源となり、また地域住民の雇用源になると考えた。ルイス夫妻はオサ半島の地域住民との交流を通じて、地元の人々がこの地域の子供達のために小学校を欲しがっていることを知った。そこで、彼らはラパ・リオス・エコロッジと一緒に、この地域で最初の小学校となったカルボネラ小学校を建設した。この小学校は 2 つの教室を持ち、明るい青色で塗られたセメントの校舎は「コスタリカの典型的な建築様式」をしている。一方で、エコロッジは多様な文化を取り入れた。このエコロッジはミネアポリスの有名な建築家ディビット・アンダーソンが「ランチェーロ」スタイル[訳者注 11]をもとにデザインし、オサ半島の優れた職人やその土地の資材（大部分は再生資材）を活用し、地元の建築技術とスタイルを取り入れ建設された。こうしてシンプルでエレガントなロッジが 1993 年にオープンした。藁葺き屋根のバンガロー、丸天井のダイニングルーム、フロントエリア、そして木の上に造られた展望台に続く螺旋階段などがある。オープン当時から注目されていたこのエコロッジのゲストの中には、観光大臣やディビド・ロックフェラーがいた。

　休暇中の人々は快適なホテルの施設を利用する。テレビ、エアコン、電話、インターネット、そしてサルやコンゴウインコ、オオハシなどの動物が観察できる展望台に上がるエレベーター、バンガローとエコロッジに向かう丘の斜面の 175 段の階段、保護区内のガイド付きハイキング、早朝や夕方のバードウォッチツアー、ナイトウォーク、ジャングル 1 泊ツアー、

注 11 カントリースタイル、牧場スタイル

ナチュラリスト・ガイド付きのボートツアー、島散策ツアー、熱帯雨林ツアー、シーカヤック、フィッシング、サーフィン、スイミングなどが楽しめる。また、植物園の散策、森林やビーチでの乗馬、プール、ヨガ、マッサージ、そしてオーガニックな食材とコスタリカの地元の食が融合した一流の食事がある。

　宿泊者はエコロッジが環境に配慮している取り組みを見学する「サスティナビリティー・ツアー」に参加することができる。このツアーでは、生物分解性が良い石鹸やシャンプー作りから、エコロッジで飼育している豚を利用したバイオガス発電やロッジが所有する車に使用しているバイオディーゼルの作り方まで、ロッジの様々な取り組みを見ることができる。また、エコロッジの宿泊者はカルボネラ小学校の見学もできる。エコロッジと宿泊者は教育財団を通じてこの小学校を支援している。(ラパ・リオス・エコロッジのウェブサイトには、エコロッジが毎年支援している学校の年間活動と旅行者による社会的貢献のイニシアチブの一部として、宿泊者の寄附による支援を望む「ウィッシュ・リスト」が掲載されている。ロッジは、図書館、赤十字、幼稚園、環境保全キャンペーン、リサイクルを推進するイニシアチブなどの地域事業に貢献している。またラパ・リオス・エコロッジは、コルコバード国立公園の警備員の給与を援助し、地元のビーチでブルーフラッグ認証プログラム[訳者注12]に関する取り組みも支援している。そして、ラパ・リオスは自然保護協会とコスタリカのランド・トラスト団体「CEDARENA」(Centro de Conciencia de Derecho Ambiental de los Recursos Naturales)との協定を結び、372万平方kmの土地を生物学的保護区として永久に保護することを約束している。

　経営者が環境保護やその実践に責任をもって取り組む一方で、ラパ・リオス・エコロッジはエコツーリズムの「支え」となる地域社会に還元するアクションを幅広く実施した。エコロッジは地元の人を雇い、研修の機会を積極的に提供している。ホテルの全従業員65人中2人を除き、オサ半島の住民を雇用している。研修や英語そして昇進向けのスキルアップを日常的に実施しており、10年以上勤務している従業員も多い。最近の調査結果のひとつに、ラパ・リオス・エコロッジが「安定した給与と質の高いスキルアップ研修を実施し」、そして「この地域の他の仕事より高い給与を支払っている」ことが言及されている。さらに、調査を担当した研究者たちは、ラパ・リオス・エコロッジがオサ半島の他のロッジとは異なり「地元の生産者と商店の支援を視野にいれたアクションを実施している」ことに気づいた。

　ラパ・リオス・エコロッジは、日々の努力と細部への配慮を積み重ねながら、機能的で高い利益を生みだす精巧なエコツーリズムの枠組みをつくり、環境、社会、経済面においてサスティナブルなエコツーリズムの運営を実践している。エコロッジのオーナーとスタッフは多様な変化を受け入れる姿勢を持ち、持続可能な観光の認証(CST)にかかわる関係者、マスコミやメディア、エコツーリズム分野の専門家、コンサルタント、教育機関の研究者など

注12　ブルーフラッグは認証機関FEEが発行し、ビーチに与えられる国際的環境認証。

外部からの調査を受け入れている。1999年初め、ルイス夫妻はロッジの日常的な業務から離れ、事業のパフォーマンスを更に高めるためカユガ・サスティナブル・ホスピタリティ社と契約した。この会社は顧客の満足度を高めながら環境、社会、財政面での優良事例に取り組んでいるコスタリカのマネジメント会社だ。そして2007年、ルイス夫妻は最も難しい仕事に取りかかった。それはラパ・リオス・エコロッジを彼らと同じ経営理念を持つ「正しい」人に売却することだった。彼らは1人ではなく、従業員を抱えていた。経営者が変わっても健全なエコツーリズムを実践しつづけるということは、エコツーリズム事業者の多くが直面している問題であり、また今後取り組むべき重要な課題である。

■ グアナカステ保全地域

コルコバード国立公園の鉱山開発と金鉱山採掘者の問題は、コスタリカの環境保護家たちに国全体での国立公園の管理と運営を見直させるきっかけをつくった。ジャンゼン教授はインタビューで国立公園について次のように言及している。「中央政府から配置されるスタッフが管理し、銃で守り、手つかずで保存しようと考えられた国立公園というコンセプトは、ここでは死に体だ。私たち自身がその死期を早めている。」

1987年、ジャンゼン教授は、小さくて持続的な維持が困難だった1万ヘクタールのサンタ・ロサ国立公園を12万ヘクタールに拡大して中米及びメキシコで最大の乾燥熱帯林の保護区であるグアナカステ保全地域に再編する際に、これまでの要塞型の管理保全の哲学を捨て、地元の住民を参加させる新しい立場をとった。コスタリカ最初の環境債務スワップで誕生したこの新しい国立公園には、生物学的に貴重で手つかずの土地と、ジャンゼン教授が言うところの「見捨てられた牧場と、経済的な価値はほとんどなく、至る所に人々が住んでいる土地」が混在している。

このジャンゼン教授の計画には2つの目的があった。ひとつは牧草地を乾燥熱帯林に戻すこと、そしてもうひとつは住民の参加だ。ジャンゼン教授は「もし国立公園周辺で生活する人々を追放したら社会問題が起きる。そこで、我々は、人々が生活している場所を保全地域に一緒に吸収し、保全地域で仕事を探している人がいれば、彼らを雇うことにした。そしてこの取り組みが新たな運営管理の形となった」と説明した。農業に従事していた人々は、施設の管理者、消防士、研究助手、ガイドなどの職に就き、彼らの家畜は国立公園内にそのまま残り、乾燥熱帯林が回復する過程で必要な種まきの役割を果たした。国立公園の中間管理職の一部はこの新たな管理スタイルに反対したが、最終的にこの計画は成功した。荒廃していた土地は回復し、国立公園の周辺には国立公園で働く「幸せな人々」が生活しているとジャンゼン教授は語っている。グアナカステ保全地域は国立公園の管理におけるイノベーションセンターになり、環境保全の研究を行っている。また保全地域は独自の寄付金で運営され、資金が不足している保護区を援助している。

5.4.2 カリブ海側のコミュニティ・ベースド・ツーリズム

　カリブ海沿岸の多くの地域では、オサ半島や太平洋沿岸のグアナカステ保全地域と比べて、地域住民の参加レベルは高くない。コスタリカのカリブ海側の地域には独自の文化が根付いている。この地域の人口の3分の1はアフロ・カリビアンで、スペイン語より英語を話し、カトリック教徒よりプロテスタントが多く、サルサよりもレゲエ音楽が浸透している。近年はニカラグアからの移民が多く定住しているが、その多くはニカラグアのカリブ海沿岸地方のミスキート・アフロ・カリビアンだ。この地域の経済活動は国際市場で取り引きされる商品との関わりが高いのが特長だ。最近まで、この地域は経済的に衰退し、孤立していた地域だった。また、この地域の人口は輸出産業の浮き沈みと連動し増減している。輸出品には、木材、カカオ、バナナ、カメの甲羅、肉、卵、そして石けんの材料となるカリピと呼ばれるカメの腹甲の下にある物質などがある。

　カリブ海沿いのリモン港から南に向かってパナマの国境沿いにかけて点在する保護区のほとんどで、地元住民と外部の人が土地の管理、自然資源、観光の利害を巡り対立している。カウイータ国立公園は1970年に誕生したが、国立公園がこの土地の所有者に対し支払いを終えたのは、国立公園の誕生から20年以上経過した後だった。さらに南に位置するプエルト・ビエホやガンドーカ・マンサニージョ野生生物保護区では、1980年代半ばにこの地域に住んでいたアフロ・カリビアンの一部は強制的に退去させられ、カカオの生産が危機に陥った。その時中央高地からスペイン語圏の人々が移住してきた。現在、タラマンカ地域は小規模・中規模の観光開発が進められているが、コスタリカ人及びヨーロッパ人が運営する事業が多く、これらの多くはビーチ周辺に集中している。また先住民が所有する土地ではコミュニティ主導で運営している観光事業もある。

■ トルトゥゲーロ

　トルトゥゲーロのウミガメ産卵地周辺にある集落は国立公園とエコツーリズムがうまく機能し、環境保全と地域社会の経済発展の両方に貢献している場所として最も良く知られている場所だ。これらの集落はリモンから北に向かって流れる運河沿いに並び、トルトゥゲーロ国立公園に囲まれている。遠隔地という地理的条件やリゾート開発に不向きな環境が、この地域を開発の手から守って来た。天候はたいてい曇りか雨、ビーチは黒い砂浜で波も荒く、またサメが生息し、国立公園がビーチのすぐ後ろに迫るなど、ホテル開発ができる土地は限られている。プエルト・ビエホ、カウイータ、タラマンカなどのカリブ海側の地域もエコツアーをプロモーションしているが、環境保全と小規模サイズのエコツーリズムが調和している場所として共感を得ているのはトルトゥゲーロだけだ。

　モデスト・ワトソンは、彼の所有するツアーボート「フランセスカ」（彼の奥さん名前で、ピースコープの元ボランティア）に乗客を乗せ、リモンとトルトゥゲーロを結ぶ80kmの運河に生息するウミガメ、クロコダイル、ナマケモノ、サル、オウム、オオハシ、そして虹色

のブルーモルフォ（蝶）を案内している。エコトラベラーたちは運河に沿って立ち並ぶ農家や高床式の木造建築の家がある集落の前を通る。ワトソンは「私たちはあなた方をただＡ地点からＺ地点に運んでいる訳ではない」と外国人の乗客たちにいつも説明している。そして、「旅行は音楽のようなもので、音符の間の小休止が音楽を美しくするように、この移動も出発してから到着するまでの間の小休止を楽しみながら移動する」と語る。ワトソンは1980年代にサンディニスタ[訳者注13]とアメリカの干渉主義の両方に反対したニカラグア人で、トルトゥゲーロのエコツーリズムブームにのった新たな起業家の1人だ。彼は、「エコツーリズムはトルトゥゲーロの住民を100％良い方向に変えた、そして彼らのメンタリティーにも変化が生じていることがわかる」と語った。また、彼は「今日、人々は環境保全を通じてより良い収入を得られることを知っている」と言及した。しかしながら、エコツーリズムがトルトゥゲーロに起業家精神と環境保護主義をもたらした一方で、地元住民の間ではその効果は様々だという調査報告もある。

　1950年代の半ば、アメリカの爬虫類学者アーチー・カーはトルトゥゲーロに「カリブ保全団体アオウミガメ研究所」（Caribbean Conservation Corporations（CCC）Green Turtle Research Center）を設立した。この研究所は様々な調査や研究を行っているほか、アオウミガメ2万6,000匹のタグ付けと追跡調査を行い、保全に対する活動に積極的に取り組んでいる。1970年代にカメの取り引き売買が減少した。そこで政府は1975年にアオウミガメの産卵地があるビーチ及び低地熱帯林2万ヘクタールとその周辺の川を保護する目的でトルトゥゲーロ国立公園を設立した。カリブ保全団体（CCC）はこのトルトゥゲーロ国立公園の誕生に大きく貢献した。国立公園局は森林に覆われた国立公園内で生活する農民とその土地も一緒に国立公園に吸収した。そして、1980年代後半にトルトゥゲーロ国立公園とバラ・デル・コロラド野生生物保護区を結ぶコリドー（回廊）をつくり、国立公園を拡大した。国立公園の誕生はトルトゥゲーロにおけるカメの捕獲と林業の禁止を意味した。その結果、この地域の生態系と村の経済活動は大きく変った。そして、30年にわたる保護政策の末、毎年産卵に来るウミガメの個体数が増加した。

　観光客の多くは、オサガメ（3月から6月）、タイマイ、アカウミガメの産卵を見るためにカリブ海で最大のアオウミガメの産卵地となっているトルトゥゲーロを訪れる。産卵期は雨季の7月から9月だ。観光客の多くはウミガメが少ないコスタリカのハイシーズン（12月から4月）にトルトゥゲーロを訪れるが、ナチュラリスト・ガイドのカベト・ロペスは、コスタリカの中でも多様な野生動物を見ることができる最も素晴らしい場所だと語っている。

　トルトゥゲーロの交通手段はボートだ。観光客やコスタリカ人の裕福層はリバータクシーを使い、地元の人は「カユコス」（cayucos）と称する丸太舟を利用している。トルトゥゲーロへは公共の交通サービスはなく、「バナネーロ」と呼ばれる地元のボート漕ぎたちが、公

注13　コスタリカの隣国ニカラグアの社会主義政党で、ニカラグアにおけるアメリカ合衆国の干渉に抵抗したアウグスト・セサル・サンディーノの名前からつけられた。

共バスを利用する住民やバックパッカーたちに交通手段を提供している。トルトゥゲーロへは、コスタリカのサンサ航空とネイチャーエアーの国内線が毎日2便到着しているが、チャーター便も入っている。トルトゥゲーロまでは整備された道路はなく、これがこの地域のマスツーリズム化を阻止している。一方でリモン港に寄港するクルーズ船の観光客のツアーが増加していて、近年はフライト数が増加し、ボートに使用するエンジンも大きくなっていることから騒音公害や観光客増加の問題が起きている。

　1970年代、周辺の村の人々がトルトゥゲーロに移住し、この地域の人口が増加した。1986年に観光業に従事していたトルトゥゲーロの人口は約20%未満だったが、1991年頃になると、国立公園やカリブ保全団体（CCC）の労働者を含め、人口の約70%が直接的又は間接的に観光業に従事するようになっていた。この期間に、住民の所得は2倍になり、新たに移住してきた人も加わり、トルトゥゲーロの人口は500人を超えた。2006年頃には、トルトゥゲーロの住民のほぼ全員が観光業に従事していた。トルトゥゲーロには公共サービスや公的な機関の事務所はなく、ロブスターが乱獲されたため漁業に従事する人もおらず、観光以外の選択肢がないのが現状だ。

　リモンやニカラグアで生活している人々は先祖代々その土地で暮らしてきたが、そこからアメリカや他の土地に移住した人もいる。カリブ保全団体（CCC）はウミガメの保護を基準にしたゾーニング（土地区画計画）を策定した。これは中米で初めての試みだったが、計画は地域の住民にも受け入れられた。しかし、トルトゥゲーロのゾーニングは非常に困難だった。というのも、ほぼ全ての土地が海岸の制限区域内にあったからだ。近年、グアピレスからセロ・トルトゥゲーロの山麓地域に無断で侵入する居住者がでてきている。現在、こうした無断居住者数はトルトゥゲーロの人口をはるかに上回っていることがわかっている。密猟者や違法ドラッグなどの社会的な問題も増え、パークレンジャーはこれらの対応に追われている。

　トルトゥゲーロの人口増加は、1990年代に起きたこの地域の急激な観光成長と連動している。トルトゥゲーロ国立公園を訪れる観光客は1986年から2005年にかけて2,000人（外国人1,032人、コスタリカ人972人）から5万6,000人と28倍に増加した。1988年にリモンからトルトゥゲーロに観光客を運んでいたツアーボートは5艘で、ホテルも2、3軒しかなかったが、1995年頃になると、ツアーボートは42艘、ホテルやロッジ、小さなペンションなどの宿は17軒に増えた。そして、その10年後、村の宿泊施設の部屋数は400室を超え、数えきれない程のツアーボートがトルトゥゲーロとリモンの間を往復していた。これらのロッジ全てはツアーボートを所有し、いちばん小さなロッジですらツアーボートを持っている。また大型のホテルは2軒で部屋数が100室以上あり、30人乗りのツアーボートを少なくとも10艘は所有している。トルトゥゲーロ発着の輸送は宿泊、食事、ツアーが含まれたパッケージになっている。

　観光客の足となる輸送機関から生じる騒音や公害のほかに、ウミガメと野生動物の観察に関する別の問題が生じた。ウミガメの産卵地がある海岸に入れる観光客の数が一晩で400人

に引き上げられると、海岸は観光客で混雑するようになったのだ。無数の観光客がビーチを歩き回り、砂浜で産卵しているウミガメの周りに群がった。そこでカリブ保全団体（CCC）と国立公園局はビーチトレイルシステムを導入し、ガイドにラジオを携帯させ、観光客を少数のグループに分けて産卵が行われている場所へ誘導することで、この問題に対応した。

1980年代初頭、夜行性動物を見るナイトツアーの人気が高まると、自然科学者たちはこの夜のツアーが野生動物を脅かす要因になっていると警告した。ナイトツアーとは、スポットライトを使ってボートから野生生物を見学するツアーである。カワセミやサギなどの水鳥は日没前の視界がまだある時間帯に安全な川岸に移動し羽を休める。しかしナイトツアーは、日没後の夜にこれらの動物に移動を強いることから水鳥たちの安全を脅かし、カイマンに襲われる危険性を高めた。野生動物の観察を規制するルールが明文化されていないことから、ロッジはナイトツアーのために強力な光を放つスポットライトの使用を始めた。1996年、国立公園局は多数のロッジの反対意見を押し切って全てのナイトツアーを禁止した。旅行会社のコスタリカ・エクスペディションズ社やトルトゥーガ・ロッジのオーナーのマイケル・カヤなど、ロッジのオーナー達はナイトツアーの再開を要請したが、国立公園局は禁止の姿勢を強く貫いた。

社会経済的な視点からトルトゥゲーロの観光インフラの所有状況に関する調査が実施され、その結果この地域の複雑な現状が明らかになった。急激な観光の発展に地元起業家が対応できていないことがわかった。彼らには観光事業に関するスキルや資金を調達する十分な時間がなかった。そして観光事業を経営するごく少数の住民と観光産業に雇用されていたり観光以外の仕事に従事している住民の間に経済的な格差が広がっていた。またトルトゥゲーロで消費された観光収益は辛うじてコスタリカにとどまるが、最も儲かるパッケージツアーの売り上げは地域社会に還元されていないことも判明した。カリブ保全団体研究所（CCC）の所長を務めたランディ・レヴィットは、この地域を訪れる観光客のうち5%から10%が個人客で、彼らは地元のホテル、レストラン、ボート、ガイドを利用していると述べた。

トルトゥゲーロの住民はエコツーリズムを活用しきれなかった。というのも、彼らが連携をする組織が存在せず、また血縁関係、地域社会、組織的な連携もほとんどなかった。1995年、地理学者のスーザン・プレイスは、彼女の著書の中で、政府の計画や大型観光施設の利権を巡る村の派閥争いが起きていて、これに起因する内外の障害によってコミュニティの結束と参加が妨げられていると言及した。2007年、町には7軒の小さなペンションがあったが、そのうち1軒のみが地元の人の経営だった。残りは新たにトルトゥゲーロに移住した人が経営していた。また大型のラグジュアリーホテルは首都サンホセにいる人や外国人の所有となっていた。

地域住民の生活を向上させる確かな方法は、ガイドやホテル従業員への教育と研修を行うことであろう。カリブ保全団体（CCC）、国立公園局、カナダ人が支援するカボ・パルマ生物学研究所は、ウミガメの観察に同行する地元のガイド研修およびこの地域のガイド協会の

組織づくりに積極的に取り組んでおり、ウミガメの保護と観察の良いモデルになっている。

地域社会におけるエコツーリズムの効果は様々だが、エコツーリズムが保全に貢献している部分は大きい。生態学者でカリブ保全団体（CCC）の元代表を務めたボブ・カールソンは「トルトゥゲーロは本当に小さな場所で周りは国立公園に囲まれている。ウミガメが生き残り、そしてトルトゥゲーロがエコツーリズムでどうすれば長く成功するかを教える良い模範例となっている」と話す。地元の住民はカメとその卵の保護、アメリカンマナティーやコンゴウインコなどの絶滅危惧種の保護が経済的な価値を生むことを理解している。

5.4.3　民間自然保護区

コスタリカの民間自然保護区の歴史は国立公園制度より古い。1950年半ば頃、コスタリカはすでに外国人の環境保護家と自然科学者らの拠り所となっていた。この中には、鳥類学者アレクサンダー・スカッチ、森林学者レスリー・ホールドリッジ、爬虫類学者アーチー・カーなどがいた。彼らは貴重な自然と動植物の保護に関心があった。1960年代から1980年代後半にかけて、民間自然保護区の数が緩やかに成長した。その多くは、自然科学系の調査地で国立公園と密接な関係を築いていた。1980年以降、民間自然保護区が急激に増加し、1996年には数百件になり、その面積はコスタリカの国土の2%から5%に相当した。民間自然保護区の多くは森林で、コスタリカ人の中流階級や農家が所有していたが、外国人や国際的な環境保全団体が保護する目的で購入したものである。10ヘクタールから1万2,000ヘクター規模まで様々だ。このうちエコツーリズムに関与している自然保護区は100カ所程度に及ぶ。民間自然保護区は政府への登録が義務づけられていないが、登録をした場合は、土地の固定資産税の免除、敷地内にいる不法滞在者の3日以内の強制退去、そして生態系サービスに対する支払い（PSA:Pago de Servicios Ambientales）など多くの恩恵が受けられる。

1995年、コスタリカ民間自然保護区ネットワーク（Costarican Network of Private Nature Reserve）が誕生した。2007年には民間自然保護区の数は77件になり、これはコスタリカの国土の1%に相当した。民間自然保護区の半分はエコツーリズムを実施し、ロッジを所有している。コスタリカ民間自然保護区ネットワークは、政府にロビー活動をする際、環境保全推進グループとともに、林業業界に対する大きな圧力となっている。

コスタリカを訪問するエコツーリストは世界的に有名なコスタリカの国立公園を訪れることが目的だが、一方で、宿泊施設やインフラが整備され、質の高いインタープリテーションを提供している民間自然保護区を訪れるエコツーリストも増えている。

■　**モンテベルデ自然保護区:**

コスタリカで最も有名な民間自然保護区はモンテベルデだ。モンテベルデ自然保護区は、パンアメリカンハイウェイを降りて、車のマフラーがつぶれるようなでこぼこした山道をジグザグに数時間運転してたどり着くティララン山脈の中にある。モンテベルデはコスタリカ

の中で最も有名な自然保護区で、コスタリカのエコツーリズムの先駆的な場所でもある。モンテベルデ自然保護区は2つの大きな民間自然保護区「子供の森」と「サンタ・エレナ自然保護区」、そして観光事業者や農家が運営する小規模サイズの数多くの民間自然保護区と隣接している。またモンテベルデは健全な保全と戦略的なエコツーリズムを実践し、国際的に高い評価を受けている。モンテベルデは、アクセスしにくい地理的条件、自然科学者たちの細心のモニタリング、研修を受けた質の高いガイド、ケツァールを始めとする素晴らしい鳥類相、そして地域社会に貢献する住民たちなど数多くの恵まれた条件が揃っている。しかし、1980年代以降の観光ブームでモンテベルデが一躍世界に注目され新たな資金が入ってきた一方で、観光がモンテベルデの生態系と周辺住民の大きな負担となっていった。

のどかな田園風景と霧がかった山頂が広がるモンテベルデは、1951年にアメリカでの徴兵に反対して北米からコスタリカに移住した平和主義者のクエーカー教徒12家族によって「発見」された場所だ。訳者注14。モンテベルデに移住したクエーカー教徒は地元企業から山の頂上周辺の土地1,200ヘクタールを買い、そこで酪農業を始めた。彼らが利益配当制の協同組合をつくり、酪農とチーズ工場を立ち上げると、やがてこの地域の経済活動の中心となった。工場は協同組合のメンバー500人（その地域の住民で、1人の株主は事業の5%以上の株を持てないことを原則とする）で運営され、彼らは設立当初から地域社会の活動に積極的に参加してきた。元チーズ工場長のホセ・ルイス・バルガスは「我々は、教育、道路、様々な事業を通じて常に地域社会に貢献してきた」と説明した。近年、チーズ工場は企業的な経営に向け再編成された。現在、モンテベルデの主要な雇用源はチーズ工場から観光業に移りつつあるが、チーズ工場は今も地域社会との関わりを続けている。モンテベルデのチーズはコスタリカ全土で販売され、モンテベルデ地域の経済活動を牽引している。

モンテベルデに長く住んでいるジョン・トゥロースルと「ウォルフ」ことウィルフォード・グインドンによれば、モンテベルデに移住したクエーカー教徒達は移住当初は強い環境倫理をもっていなかったと語っている。グインドンは「チェンソー職人」としてモンテベルデに移住した。彼は移住した頃は土地を整備し道路や学校を建設することが自分の仕事だったが、その後、生物学者のジョージ・パウエルとの交流を通じて自然保護へと考え方が変わっていったと語る。

クエーカー教徒がモンテベルデに移住した頃は既にモンテベルデの山麓部分まで環境破壊が進んでいた。というのは、コスタリカ政府が推進した農地改革によって、コスタリカ人の伐採業者、農業従事者、牧畜業者らが森林地帯の整地を急速に進めていたからだ。クエーカー教徒は酪農業を営むために山頂付近の雲霧林の伐採を始めた。しかし、彼らはこれが水源を枯渇させる原因となることに気づき、最初に購入した1,200ヘクタールの土地のうち手つかずの雲霧林554ヘクタールを保全することにした。クエーカー教徒たちは、この雲霧林を彼

注14　1948年にコスタリカ内戦が終結した際に軍隊を廃止し、1983年にコスタリカは永世、積極的、非武装中立を宣言した。

5.4 国立公園と保護区

らの水源として保護し、また牧草地に吹く強い風を和らげるバッファーゾーンとして活用した。これが現在のモンテベルデ自然保護区であり、その後、この地域のエコツーリズム産業の中心的な存在となった。1970年代初頭、モンテベルデで調査をしていた生物学者ジョージ・パウエルはモンテベルデに生息していた固有種オレンジヒキガエルの主要な繁殖地がある森林を保護するために、クエーカー教徒が手つかずに残した土地に更に328ヘクタール相当の土地（この土地を購入するためにパウエルは資金を調達した）を追加することを提案した（残念ながらクエーカー教徒らの保全努力にも関わらず、オレンジヒキガエルは絶滅した。）

　モンテベルデの住民たちは、サンホセに事務所がある熱帯科学センター（TSC：Tropical Science Center）と、99年間の自然保護区のリースとその管理にかかる契約を結んだ。この熱帯科学センター（TSC）は自然科学分野の調査研究と教育を目的として設立された非営利団体だ。熱帯科学センター（TSC）は自然保護区の入口付近にフィールド・ステーションを建てた。そしてアメリカの環境団体や一般市民からの援助を受け土地を購入した結果、8つの生態系を含む1万522ヘクタールの自然保護区となった。

　当初、モンテベルデ自然保護区は調査研究及び保護のために設立され、観光目的ではなかった。そこに行くためにはパンアメリカンハイウェイを降り、40Kmの急勾配の道のりを歩き、たびたび通行不可能になる道路を通るため、最初の頃はこの条件に耐えられるたくましい旅行客しかモンテベルデを訪れなかった。しかし、1970年代から1980年代にかけて、モンテベルデと熱帯科学センター（TSC）が管理するこの自然保護区が生物学研究の中心になると、英語圏の自然科学者や環境保護家の間で人気が高まり訪問者が増えた。またこの頃になると、エコツーリズムはサンタ・エレナ周辺の村で農業を営む人々の重要な雇用源となっていた。観光ブームによって土地の価格が高騰すると、小規模酪農業を営んでいた人々は彼らの土地を環境保護家に売った。そして彼らは土地を売ったお金を使い果たすと観光業に職を求めた。また、エコツーリズムのメッカとしてモンテベルデの魅力に惹かれた新たな人々がモンテベルデに移住してきた。

　エコツーリズムブーム以前から、この周辺の森林は酪農による森林伐採が進んでいた。そこで、地元の環境保護家らは1986年にモンテベルデ・コンサベーション・リーグを組織し、新たな民間自然保護区の設立に取り組んだ。このプロジェクトを知ったスウェーデンの学校の児童らは、現在「子供の森」として知られる自然保護区を設立するための資金集めに協力した。最終的に44カ国、600校の学校の児童が協力した。2007年、この自然保護区の大きさは2万2,500ヘクタールにまで拡大し、コスタリカで最大の民間自然保護区となった。また、この自然保護区の一部はレインフォレスト・アライアンスや様々な環境保全団体が関わった54万ドルの環境スワップを通じて購入された。

　モンテベルデ自然保護区と子供の森の周辺には小さな民間自然保護区が数多くある。この中で最も画期的な民間自然保護区は1992年にオープンした314ヘクタールのサンタ・エレナ自然保護区だ。このサンタ・エレナ自然保護区はモンテベルデの地域社会の発展につなが

第 5 章 コスタリカ——踏み固められた道の上で

るエコツーリズムを目指し、カナダの NGO 団体ユース・チャレンジ・インターナショナルと地元の高校が運営している。サンタ・エレナ自然保護区はコスタリカで地域社会が管理した最初の自然保護区のひとつで、入場料から得られる収益は自然保護区の保全と地元の学校教育のために使われている。この地域には小規模の民間の自然保護区がたくさんあるが、そのほとんどはホテルなどの観光事業と関連している。

観光産業は最初は緩やかに成長していたが、1980 年代に入り急激に成長した。この地域で最初のペンションのイルマズは 1952 年にオープンした。またモンテベルデの自然保護区のフィールドステーションの中に宿泊施設もでき、自然科学者の友人、学生、自然科学者らが 1970 年代の後半まで使っていた。1974 年にモンテベルデ自然保護区がオープンした時の訪問者はわずか 471 人だったが、1980 年には 3,257 人、1983 年には 6,786 人、1985 年には 1 万 1,762 人と増えていった。そして 2004 年に 7 万 4,000 人に達したが、その後は横ばい又は減少傾向にある。

エコツーリズムブームはモンテベルデの保全と地域社会に膨大な資金をもたらした。しかし自然保護区の職員は、観光客が増加するにつれ、トレイルの過剰な利用と訪問者の混雑から、自然保護区内での「体験できる質」が落ちてきていることなど様々な問題に気づいた。そこで熱帯科学センター（TSC）は、1991 年に自然保護区に 1 度に入れる人数を 100 人に制限し（その後 160 人に引き上げている）、観光客が利用できるトレイルを自然保護区内の約 2%に限定した。さらにナチュラリスト・ガイドの研修も強化した。続いて外国人の入場料を 13 ドルに引き上げ、自然史に関するガイド付きウォーキングの場合は入場料を 28 ドルに設定し、パッケージツアーの利用者など、自然保護区を訪問する人が減ることを期待した。コスタリカ人の入場料は大人 3.5 ドル、学生 2 ドルとなっている。こうして、トレイルに入れる訪問者数の制限措置とトレーニングを受けたナチュラリスト・ガイドが同行する午前中のウォーキングツアーが定着したことから、自然保護区の入場時における混雑の軽減につながった。

今日、モンテベルデ自然保護区は年間 100 万ドル以上の収益を上げている。その 90%は自然保護区の運営費用、基金設立、調査研究などに使われている。そして残りは、他の調査研究費用やコスタリカの民間自然保護区を援助する資金にあてている。

訪問者がモンテベルデの野生動物に与える影響について自然科学者たちがモニタリングを通じて調査したところ、野生動物によって影響を受ける度合いがそれぞれ違うことがわかった。例えば、ケツァールは人の気配をあまり気にしていないように見える。一方で、個体数や健康状態に必ずしも影響はないが、トレイルに近づかない動物や騒音を嫌う動物がいることがわかった。自然保護区の管理者は、保護区の一部のみを集中的にエコツーリズムに「利用」し、この活動から得られる収益を保護区全体の保全に使うという賢明な決断を下し、結果的に自然保護区の 2%以下がトレイルとして利用されている。トレイルの利用は土壌、鳥やそれ以外の動物の繁殖行動に影響を与えることもあるが、全体的な視点から見れば、その

5.4 国立公園と保護区

影響は極て僅かだ。モンテベルデやサンタ・エレナ村の観光施設の数が増えているが、これらの施設の質は向上している。1977年に2軒しかなかったペンションは、2007年にはエコロッジやホテルを含む宿泊施設は65軒に増えていた。これらの宿泊施設はサンタ・エレナから自然保護区の道路沿いに立ち並んでいる。また観光業と関連した仕事も増えた。1992年頃のモンテベルデ地域にはエコツーリズム関連サービス業が70事業者以上あり、この中には、お土産屋、工芸品店、乗馬、アートギャラリー、レストラン、交通サービス、ディスコバーなどがある。これらの仕事に従事していた雇用者は231人だった。現在の雇用者数は2倍、3倍に増加しているはずだが、近年、国勢調査が実施されていないので正確な数字はわからない。モンテベルデに長く住んでいるリチャード・ラバルによれば、モンテベルデには観光客が楽しめるたくさんのアクティビティがあり、最近ではモンテベルデ地域を訪れる観光客が自然保護区を訪れる人を上回っていると述べている。

モンテベルデを訪問する人の関心や好みは多様化し、かつてのように調査研究を目的とした自然科学者やバードウォッチャーとエコツーリストだけではない。観光客の多くは低予算で多くの楽しみを求めている。ホテル経営者らはこうした観光客の要望に応えようと努力している。観光事業者の多くは、自然を観察し自然環境を理解するエコツーリズムからアドベンチャーツーリズムにシフトしている。その例として、キャノピージップラインがあるが、キャノピーの設備は国内200箇所に設置されていて、今ではどこにいてもキャノピーを楽しむことができる。キャノピーは1994年に商業化されたが、これは、モンテベルデに昔から住んでいるバルベルデ一家が経営する小さなロッジの裏庭で誕生した。セルバトゥラ・パーク・キャノピー・ツアー（Selvatura Park Canopy Tour）のオーナーであるマリオ・ソラーノは、モンテベルデ地域の歴史とモンテベルデ自然保護区が未だにこの地域を訪問する観光客を魅了しているが、新たなアクティビティに関心を示す人も増えていると語っている。キャノピーはスリルや快感を味わえるが、自然に関するインタープリテーションはほとんどない。

モンテベルデ周辺の小規模ホテルやレストランは地元住民が経営しているが、100室を超える大型ホテルはトルトゥゲーロの場合と同じく外部の人が所有し、パッケージツアーを利用する観光客も増えている。しかしツアーオペレーターの業務は良い方向に変わってきている。彼らは観光に必要な物資やサービスを「外から輸入」するのではなく、地元の人が提供するサービスを利用している。これらのサービスの中にはナチュラリスト・ガイドや文化ガイド、レクチャー、マッサージ師、ヨガ教師、美容師、地元住民が運営する交通輸送サービス、レストラン、工芸品店、乗馬、蝶園など数多くある。現地の観光事業はモンテベルデのエコツーリズムブームとともにに成長してきた。新たな事業を行うためにモンテベルデに移住してきた人は利益を目的としているが、昔からこの地域で事業を続けている人は環境や社会貢献のために行っている。

モンテベルデ地域で生活する人々は多様化している。経済的な成功を求めてモンテベルデに移住したコスタリカ人、外国人投資家、建設労働者、観光業経験者や未経験者など様々だ。

第 5 章 コスタリカ―踏み固められた道の上で

1970年代半ば以降、モンテベルデのバイリンガルカルチャーとこの地域の美しさに魅了された英語圏のナチュラリスト、自然科学者、医者、弁護士、教員らがモンテベルデに移住してきた。他方で、こうした移民はモンテベルデ地域の物価上昇と住宅不足を引き起こし、学校、診療所、電気、水道、その他の様々な公共サービスへの大きな重圧となった。また、ホテル建設や環境保全のために土地購入を希望する人が増え、土地の価格が高騰した。モンテベルデに昔から住んでいるネリー・ゴメスとジム・ウォルフは、住民も旅行者も含め、モンテベルデは人で溢れていると感じている。確かにモンテベルデは経済的に豊かになったが、様々な問題も多く発生している。モンテベルデとサンタ・エレナは素朴な山村から近代的な町に変わり、交通渋滞、軽犯罪、若者たちのアルコールやドラッグの常用などの問題が増えつつある。

　かつてはプンタレナスの地方自治体がこの地域の行政を管轄していたが、モンテベルデ地域の発展により、この地域に初めて地方自治体がおかれた。セルバトゥラ・パーク・キャノピーツアーの経営者でモンテベルデ観光会議所会頭を務めるマリオ・ソラーノは、モンテベルデに自治体が誕生したことは歓迎するが、この地域の無計画的な成長をコントロールするゾーニング規制を確立することが喫緊の課題だと指摘している。コスタリカ全体でも言えることだが、ホテルやレストラン、その他の観光関連の施設をこの地域に建設するにあたり、モンテベルデの土地利用計画とゾーニングは適切に施行されるとは言えない。ソラーノは、観光産業の発展はこれまでコントロールされていなかったが、観光業に従事する人の中から「質の高い観光」にシフトしたいと考えている人が増えてきている気がすると言う。また、経営者の多くは、事業の規模を拡大することよりも、事業の質とサービスを向上することに対してより関心を持っているようだと語る。そして彼は「大量の観光客が押し寄せているコスタリカの人気のある他の観光地と同じ道は歩みたくない」と言う。

■　エコツーリズムのモノカルチャー化

　モンテベルデ地域のエコツーリズムへの依存度が高まるにつれ、エコツーリズムの「モノカルチャー化」を懸念する声が出始めている。1980年代のモンテベルデ地域の収入に対する観光収入の割合は10%だったが、現在は65%から70%を占めている。エコツーリズム事業に参入した地元住民は多くいたが、事業に成功した人もいれば、そうでない人もいた。例えば、ホルヘ・ロドリゲスは、モンテベルデのホテル群の近くで野生動物がたくさん生息する場所に農園を借りたが、そこの地形があまりにも険しく急勾配だったので、家畜のウシが谷間に落ちて首を折ってしまう事故が続いた。そこで彼は国外にいるこの土地の所有者の許可を得て、ここにトレイルと駐車場を整備し、農場の名前をエコロジカル・ファーム（Finca Ecologica）に変えた。1994年、彼は「初めて農園から利益が出て、トレイルの維持と家族を養うための十分な収入が入った」と語った。しかし、その10年後、ロドリゲスは彼のアイデアで起こしたこの事業を手放す事になった。というのも、地域住民の1人がアメリカにいるロドリゲスの土地の所有者と協力し彼を立ち退かせ、既に軌道に乗り人気があったこの

5.4 国立公園と保護区

事業を全て横取りしたからだ。新たな経営者はレストランやお土産屋などの新しい事業に投資した。

道路を降りてから 4 マイル先に、ロス・オリーボスの村がある。エコツーリズムが成功している中、ここでエコロッジを始めた 15 軒の農家は厳しい時期を過ごしていた。彼らは 5 万ドルを借り入れ、池が見える場所にシンプルなロッジとキャビンを建て、ネイチャートレイルを整備した。

しかし、彼らが運営しているエコ・ベルデ・ロッジは見つけにくい場所に建てられ、マーケティング不足であった。モンテベルデにある他のエコロッジやホテルとの熾烈な競争など多くの問題を抱え、1997 年頃のホテルの稼働率は 4% に満たなかった。エコ・ベルデ・ロッジの経営者の 1 人で、農場主のフーバー・バルケーロは「エコツーリズムや持続可能な発展について言うのは簡単だが、現実は非常に難しい」と話している。エコ・ベルデ・ロッジはコスタリカのコミュニティ主導のエコツーリズム事業と同じように国際的な環境保全団体の支援を受けたが、質の高いインフラ、適切な運営管理、マーケティング、収支、インタープリテーション、語学力などの基礎的な要素を重視しなかったため失敗した。インターネットを通じた売り込みを続けたが、ついに 2008 年の初め頃に売りに出された。

国際市場向けのホテル開発やその運営には専門的な知識と地元企業のキャパシティを超える資金力が必要だが、エコツーリズムはモンテベルデの地域に多くの還元をもたらした。エコツーリズムから得られた収益はこの地域の教育制度の拡大と向上に貢献し、低所得層の農家の子供達にガイドや事業経営者などの職と大学進学への道を開いた。かつては初等教育を終えるまでが普通だったが、今は広範囲で質の高い教育と高度な技術研修を受けることができる。そして今日、モンテベルデ地域の住民全員が環境保全の社会的、経済的価値を認識している。モンテベルデは未だにコスタリカのセンシティブ・ツーリズムの先駆的な例だが、初期の頃のコンセプトは変化しつつあり、一方では良い方向に、もう一方では悪い方向へと進んでいる。

エコツーリズムの恩恵を受けた団体のひとつにサンタ・エレナ・モンテベルデ手工芸組合（CASEM：Comite de Artesanias Santa Elena Monteverde）がある。この団体は地域の女性たちによって設立され、1982 年の設立当初のメンバーは 8 人だったが、現在は 90 人（内 3 名は男性）いる。手工芸品の質が向上し、その種類も豊富になり、これらの手工芸品を販売するマーケティングも向上した。彼らは、刺繍品、手描きの絵が入った文具、洋服、Tシャツ、ジュエリー、木工芸品、セラミックなどの幅広い手工芸品を作り販売している。設立当初からのメンバーでモンテベルデに住んでいるスー・トゥロースルは、これまで外で働いたことがなかった女性たちが、外部の専門家の支援を受け、「この地域に新たに手工芸の文化をつくりあげた」と言う。またトゥロースルは、「サンタ・エレナ・モンテベルデ手工芸組合（CASEM）は女性たちのエンパワーメントに貢献し、彼女達が自尊心（プライド）を高める素晴らしい手段となった。アルコールやドメスティックバイオレンスなどの家族間の問題

に悩む女性同士の連携を促す役割も果たしている」と語った。
　しかし、この数年の間にサンタ・エレナ・モンテベルデ手工芸組合（CASEM）の中で組合員の不満が募り脱退するメンバーがでている。組合を脱退した女性たちは、彼女達がつくる手工芸品を直接販売してくれる店やホテルを見つけ、サンタ・エレナ・モンテベルデ手工芸組合（CASEM）の厳しい規則に従うことなく、そこで販売を続けている。
　サンタ・エレナ・モンテベルデ手工芸組合（CASEM）の代表ネリー・ゴメスは、「設立当初の目標に従い、教育、エンパワーメント、地域社会の生活水準の向上に取り組んでいる」と話している。他方で、同組合は新たな手工芸品組合との競争に直面している。そのひとつがウィメン・オブ・ザ・クラウド・フォレスト（Women of the Cloud Forest）だ。70人の女性がフェアートレードプロジェクトを推進している組合だ。彼女たちは熱帯雨林から取れる種を活用し、手縫いの刺繍入りのバックやジュエリーなどの手工芸品をつくっている。
　エコツーリズムがより多くの収入や様々なチャンスをモンテベルデ地域にもたらす一方で、社会的、経済的格差も拡大させた。モンテベルデ・インスティチュート（Monteverde Institute）元共同代表者ナサニエル・スクリムショーは、「ホテルを建て事業を始める資金がある人も入れば、ホテルの客室係や料理人の仕事を求めて来る人もいる」と話す。そして、「確かにエコツーリズムは地域社会全体に恩恵をもたらしているが、所得の格差も広がっている」と述べた。1990年初頭にこの周辺の土地の価格が高騰した。コスタリカ人のクエーカー教徒で、サンタ・エレナ信用金庫の代表だったカルロス・バルガスは、酪農業をやめて土地を売却した人や、ペンション、ホテル、レストランなどの経営に職を変えた人が多くでたことを懸念した。また彼は、「私たちが所有している土地を売ることはできるが、これを買うことはできない。つまり、私たちが所有していた土地を失いつつあるのだ」と指摘する。
　モンテベルデで何かを行う場合、地域社会の意志決定が大きく影響するが、舗装道路は例外だった。道路が舗装されれば観光客が多くやってくる。舗装されていない道路は訪問者の数を抑えるが、モンテベルデに1泊しなければならない。つまり、モンテベルデに1泊するということは地元の経済活性化につながる。長年にわたるタウンミーティングを通じた地域社会のコンセンサスは、モンテベルデへの主要道路は舗装されるべきではないという決定を繰り返してきた。一方で、エコツーリズムによるモンテベルデの急激な成長は地域の社会構造にネガティブな影響を与えている。スクリムショーは、この状況について「かつては、何かをする場合、又は誰かが何かをする場合の決定において多くの人の道徳的な判断が必要だった。しかしこの方法はもはや機能しない。皆忙しく人々は多様だ。そしてこのことが、かつて皆で運営していたタウンミーティングの構造に影響している」と言及している。経済的な利益を追い求めてモンテベルデに移住してきた人々は、モンテベルデの地域社会の行動主義と参加型のタウンミーティングスタイルの運営を理解していない。
　エコツーリズムはモンテベルデを変えた。モンテベルデの地域社会はもはや小さくて隔離された理想郷ではない。モンテベルデはエコツーリズムだけではなく、この豊かな自然を自

然科学や教育プログラム、そしてコスタリカの他の地域社会との交流など通じて世界と共有している。これらの結果にはポジティブな面とネガティブな面がある。ナサニエル・スクリムショーは「モンテベルデはあらゆる正しいことを行い、あらゆる間違いも犯した。地域社会ができる最善の方法でエコツーリズムに取り組み、そして過剰な開発による全ての失望も味わった」と述べた。

■ ビジャブランカホテルとロス・アンヘレス自然保護区

ジム・ダマラスは、彼が経営するビジャブランカホテルとロス・アンヘレス自然保護区を、サン・ラモンの村周辺と一緒にモンテベルデに代わるエコツーリズムの目的地として「売り込む」と話す。ビジャブランカホテルは、サンホセから北に車で2時間のところにある。コスタリカの元大統領ロドリゴ・カラソとエストレージャ夫人は、1990年半ばにカラソ前大統領一家が所有する酪農場にホテルを建てた。この酪農場には民間保護区2,000エーカーが隣接している。カラソ元大統領はエコツーリズムの熱狂的な支持者だ。1990年代の終わりに、彼がこの素晴らしいエコロッジを紹介してくれた時、「コスタリカは国立公園と保護区を守り外貨を獲得する以外の方法はない」と説明した。ビジャブランカホテルの食事や家具、コスタリカ国旗と同じ色をした青いトリムと赤の瓦葺き屋根に白く塗られたアドベ煉瓦のコテージなど、このホテルはまさにコスタリカそのものだった。しかし、その数年後に私たち家族がホテルを訪れた時は、この理想的なロッジは古く衰えていて、宿泊客も少なく、非常に残念に感じた。またカラソ夫妻も共に70歳を過ぎ、このエコロッジを維持するための十分な資金とエネルギーを失っていた。

2003年、ビジャブランカの未来に明るい光がさした。マヌエル・アントニオにある有名なラグジュアリーエコロッジ、シ・コモ・ノなど、環境に配慮したホテルを経営するジム・ダマラスがビジャブランカホテルを買ったのである。彼はハリウッドで監督・プロデューサーとして働いていて、カラソ元大統領夫妻とは25年来の知り合いだった。ダマラスは「カラソ夫妻は、私たちが雲霧林を保護し、ホテルが持つ文化を大切にできるか心配していた」と語った。ダマラスは1年かけて、ホテルの改修とホテルの施設の「環境配慮化」を徹底的に実施した。「ハリウッド・ジム」として知られるダマラスは、ビジャブランカホテルに小さなマルチメディアシアターと会議用の設備を新たに整備した。彼は、「元大統領からホテルを買ったアメリカ人としての責任を強く感じていた。そして我々はビジャブランカを変えることなく、このホテルの魅力を引き出した」と話す。新しく生まれ変わったビジャブランカホテルのオープニング当日に、ダマラスはエストレージャ夫人から、「私たちは娘を失ったのではなく、新たにリッチな義理の息子を迎えた気分だ」と聞いた時は安心したと話していた。

ダマラスもサン・ラモン村のプロモーションを積極的に行っている1人だ。ここはまだエコツーリズムの中心地になっていないが、彼はサン・ラモンが素晴らしい魅力を持ち質の高いエコツーリズムを提供できると信じている。ホテルの従業員の95%は地域住民を雇い、ホ

テルで提供している物資も地元から調達している。さらにホテルは宿泊客に自然、文化、歴史を体験するツアーを実施する地元の会社も紹介している。ダマラスは、「私たちの目的はサン・ラモンがモンテベルデに代わる地域だと言わせることだ」と語った。ここを訪問する人はスタッフがロッジとサン・ラモンに誇りをもっていることに気づくだろう。ホテルのマネージャーの1人にホテルを案内してもらっている時、彼はホテルのスタッフがグリーンチームを立ち上げた時の様子やレインフォレスト・アライアンスのサスティナブルツーリズムプロジェクトの認証専門家の支援を受け、持続可能な観光の認証（CST）制度で最高ランクを獲得するまでのホテルの取り組みなどを説明してくれた。ビジャブランカホテルは、この認証取得に向けた取り組みを始めてから1年後の2006年に、ラパ・リオス・エコロッジ、フィンカ・ロサ・ブランカに次いでコスタリカで3番目の最高評価の5レベル（緑の葉5枚）を取得した。

5.4.4　熱帯研究機構の民間自然保護区

　モンテベルデ自然保護区やロス・アンヘレス雲霧林周辺のアメニティに比べ、熱帯研究機構（OTS：Organization for Tropical Studies）が運営する2つの自然保護区内の施設では、より洗練され、管理が行き届いたエコツーリズム、（ロッジ、食事、ガイド）を提供している。

　熱帯研究機構（OTS）はアメリカ、プエルトリコ、コスタリカ、メキシコ、ペルー、オーストラリア、そして南アフリカの63箇所にある研究所と大学が参加するコンソーシアム（非営利団体）で、彼らが所有するコスタリカの研究所では、熱帯生物学、生態系学、植物学、農業、及び熱帯森林学などの幅広い自然科学に関するコースを設けている。熱帯研究機構（OTS）はワシントン D.C. にあるアメリカ国立科学財団（NFS：National Saience Foudation）と、熱帯に関心があるアメリカの生物学者らによって1963年に設立され、本部はアメリカのデューク大学にあり、サンホセには事務所がある。1990年代半ばに副所長を務めた、MBAを持つ生物学者のチャック・シュネルは、「自然科学の観点から熱帯は月の裏側と同じくらい知られていない」と語る。シュネルは、「3つの異なる生態学を持つそれぞれの研究所は自然科学の授業に利用されていたが、次第にエコツーリズムに取り組むようになった」と説明した。

　熱帯研究機構（OTS）が所有する民間自然保護区の中で最も古く、また最も良く知られた保護区は「ラ・セルバ生物研究所」（La Selva Biological Station）だ。この研究所はコスタリカ北部のサラピキ川流域沿いにある低地雨林の湿地帯にあり、面積は1,538ヘクタールある。1968年に熱帯研究機構（OTS）がアメリカの森林学者レスリー・ホールドリッジからこの保護区の中核となる619ヘクタールのカカオ農園を購入した時、この土地は野生生物の宝庫で手つかずの森林の一部だった。熱帯研究機構（OTS）はこの自然を森林伐採から守り、使用していない土地の権利を主張する無断居住者との対立を避けるため、ラ・セルバを自然森林保護区として登録した。しかし、その後15年の間に道路、入植者、農民、森林伐採

5.4 国立公園と保護区

者などが森に入り込み、手つかずの森林を確実に守るためには登録だけでは不十分なことに気づいた同機構は、1980年代初頭に幅僅か3.2km、長さ14.5kmのコリドー（回廊）で、ラ・セルバを1978年に設立された3万1,768ヘクタールの広大な敷地を持つブラウリオ・カリージョ国立公園とつないだ。

コスタリカの森林伐採が驚くべき速度で進んでいたことから、熱帯研究機構（OTS）は森林保護政策と戦略の再考を強いられた。動植物たちの小さな生息地は生物多様性を失いつつあった。ラ・セルバの面積を拡げ、広大なブラウリオ・カリージョ国立公園につなげることがこの地域を生き残らせる方法だった。しかしコスタリカ政府がコリドーの購入資金220万ドルを準備できず、熱帯研究機構（OTS）はアメリカの民間財団や環境保護団体に働きかけ資金を調達し、ラ・セルバの規模を2倍にするために必要な土地を買った。1986年、このコリドーをブラウリオ・カリージョ国立公園に加える大統領令を発効し、ラ・セルバが救われたのである。熱帯研究機構（OTS）のスタッフは、住民の参加が環境保全の成功につながると考え、ラ・セルバの周辺で生活する人々に保護区から得られる利益を還元した。熱帯研究機構（OTS）の学生で、世界自然保護基金（WWF：World Wide Fund for Nature）の副代表になったゲイリー・ハートショーンと当時の熱帯研究機構（OTS）の代表は、「ラ・セルバと5万ヘクタールの土地周辺の3分の2地域には1万世帯が生活している。もし、ラ・セルバが、木の種まき、環境教育、地域社会の事業支援などを通じて彼らに適切な援助をしなければ、保護区は生き残れない」と語った。ラ・セルバは地域の住民を100人以上雇い、ナチュラリスト、ガイド、技術者、研究助手へのトレーニングなど幅広いプログラムを実施している。また、ツアーやセミナーを開催し、学生、教員、両親のための授業を行うなど、様々な環境教育プログラムを実施している。

パナマ国境近くの山岳に熱帯研究機構（OTS）の2つめの保護区「ラス・クルセス生物研究所」（Las Cruces Biological Station）がある。ラス・クルセス生物研究所には、146ヘクタールの熱帯雨林と8.1ヘクタールのウィルソン植物園、そして多種多様の美しい熱帯植物と亜熱帯植物がある。ウィルソン植物園は1960年にフロリダの園芸家ロバート・ウィルソンとキャサリン・ウィルソンによって設立されたが、シダ植物、アナナス、ジンジャー、680種のヤシなどが栽培されていて、世界で2番目に大きな植物のコレクションがある。そして熱帯研究機構（OTS）の3番目の研究所と宿泊施設は国立公園内にある「パロ・ベルデ生物研究所」（Palo Verde Biological Station）である。これはグアナカステ県にある乾燥林地域の保護区で、熱帯研究機構（OTS）のおかげで、ここは比較的快適に宿泊できる数少ない国立公園及び自然保護区のひとつとして知られている。

熱帯研究機構（OTS）の主な活動目的は自然科学に関する調査だが、コスタリカの自然環境に関心を持つ観光客にここでしか体験できないツアーを提供している。これら3つの研究拠点は、ガイド、宿泊、食事付きツアーを手頃な値段で実施し、コスタリカの自然環境に関心を持つ観光客にここでしか体験できないツアーを提供する意味で、エコツーリズムの分野に

189

第 5 章 コスタリカ―踏み固められた道の上で

進出しているといえる。シュネルは、「私たちは自然科学の旅の旅行代理店といっていいだろう。そして熱帯研究機構（OTS）こそが、コスタリカがエコツーリズム市場で優遇されたポジションを維持できている理由のひとつである。」と話す。1987 年の調査結果によれば、熱帯研究機構（OTS）の研究員の家族や友人、かつてここで学んだ学生達の再訪が当時のコスタリカで「自然に親しむ観光」が成長した主たる要因だったことを明らかにしている。これら 3 つの研究所を訪れるエコツーリストは、宿泊施設に空きがある時に滞在するので、熱帯研究機構（OTS）の調査研究や授業の妨げにならず、また観光客を少人数に抑えることができる。シュネルは研究所が観光客から「微々たる料金」を徴収するのは、熱帯研究機構（OTS）が地域社会のために運営している無料の教育プログラムの実施資金源とするためだと説明している。実際、これらの 3 つの研究所は比較的安い料金でツアーを実施しており、宿泊、ナチュラリスト・ガイド、そして 3 食が付いて 1 人あたり 1 泊 100 ドル以下で提供している。

　エコツーリズム振興における熱帯研究機構（OTS）の役割は、これらの施設で観光客をもてなすだけではない。シュネルは生物や自然史に関する興味深いエピソードの多くは熱帯研究機構（OTS）の仕事から生まれ、また、熱帯研究機構（OTS）が育てた人材は世界中で仕事をしていると語っている。この中には、1960 年代に熱帯研究機構（OTS）を通じてコスタリカに来たダニエル・ジャンゼン、レインフォレスト・アエリアル・トラム社（Rainforest Aerial Tram）を設立したドナルド・ペリー、ララ・アビスホテルのオーナーのアモス・ビエン、モンテベルデにいる生物学者、そしてコスタリカ人の自然科学者、教授、資源管理の専門家や国立公園局の職員などがいる。

■　サラピキの台頭

　サラピキは、トルトゥゲーロ、モンテベルデ、オサ半島、セロ・デ・ラ・ムエルテと並んで、コスタリカの 5 つのエコツーリズムの「柱」のひとつとして知られている。サラピキのエコツーリズムの発展は熱帯研究機構（OTS）のラ・セルバ生物研究所の設立から始まっている。というのは、過去 25 年の間に、ララ・アビス・レインフォレストロッジ、セルバ・ベルデ・ロッジ、ラ・キンタホテル、そしてレインフォレスト・アエリアル・トラム社など数多くのエコツーリズム関連施設が造られたが、これらはラ・セルバ生物研究所のスタッフや利用者が始めた事業だった。

　サラピキにおけるエコツーリズムは 1983 年に始まるが、1999 年以降からエコツーリズム関連事業が急激に増えた。現在サラピキでは多様なアクティビティを楽しめるが、そのほとんどは自然体験かアドベンチャーである。これらの中には、エコロッジ、キャノピージップライン、乗馬、蝶園、ヨガセンター、スパ、レストラン、文化系の博物館、民間自然保護区、カヤック、ラフティング、ボートツアーなどの川で遊ぶアクティビティがある。サラピキにある最も大きな宿泊施設スエニョ・アスルは、部屋数が 57 室ある。続いてセルバ・ベルデ・エコロッジとアシエンダ・ポソ・アスルがあり、それぞれ多様なアクティビティを提

供している。スエニョ・アスルにはヨガセンター、スパ、乗馬、クルーズ観光客のためのビジターセンター、蝶園、熱帯雨林のトレイルツアーがある。ポソ・アスルはキャノピージップライン、乗馬、リバーチュービング、蝶園があり、これら全てが自然の中にある。セルバ・ベルデ・ロッジはコスタリカのエコロッジの原型で、ネイチャーウォークや簡素な会議施設があり、熱帯雨林の中で研修が行える。1993年、セルバ・ベルデは、「エコツーリズムと教育を通じて地域社会と保全をつなぐ」ことを目的としてサラピキ・コンサベーション・ラーニング・センター（SCLC：Sarapiqui Conservation Learning Center）の運営を始めた。このセンターはロッジの敷地内に置かれ、センターで働くボランティアらは、農村周辺で生活する住民に対し、環境教育、課外活動、奨学金、そして英語教育などを提供している。セルバ・ベルデ・ロッジと親会社でフロリダにあるホルブルック・トラベル社の援助を受け、地域社会とロッジの宿泊者に向けに地元の手工芸品を扱う店の運営、ダンスや音楽クラスなどの文化的活動を実施している。

サラピキ観光会議所（CATUSA：Camara de Turismo de Sarapiqui）は、この地域の観光事業者の連携を促す重要な組織だ。観光事業者らは、この組織の強みは団結力だと理解しており、プロモーションや様々なアクティビティを提供する際に、サラピキ全体をエコツーリズムの魅力がある地域として売り込んでいる。サラピキ観光会議所（CATUSA）の会員は観光客に互いの事業について紹介し、ジョイントマーケティングやロビー活動を一緒に行っている。2005年、サラピキ観光会議所（CATUSA）の会員と自治体は、今後全ての建設事業において、認証済みの木材しか使用しないことを決め誓約書に署名した。また、サラピキのエコツーリズムの事業者らは、初期のコスタリカエコツーリズム協会（CANAECO:Camara Nacional de Ecoturismo y Turismo Sostenible de Costa Rica）でリーダ的役割も果たしていた。

■ ララ・アビス・レインフォーレスト・ロッジと自然保護区

アモス・ビエンは、あご髭をはやし、長靴を履き、つばの広い麻の帽子をかぶり、マチェテ（なた）を腰に携え勢いよく熱帯雨林の森へ入って行く。その後ろをハイカーたちがついて行く。ビエンは熱帯雨林を良く知っており、話をするのも上手だ。彼は私たちと一緒に、白と黒の蝶々、トケイソウ（パッションフルーツ）、葉っぱについている白い斑点、いも虫、グラナディージャと呼ばれるフルーツなど、森で生きている動植物を見ながら歩く。彼は「良いガイドとは、専門用語を一切使わずに森がどのように生きているかを説明し、また興味深い自然史に基づいて物語をつくっていく」と言う。

アモス・ビエンの名前とその服装は、ペンシルバニア州のオランダ人農夫のイメージを思い出させるが、彼はコスタリカに移住したニューヨーカーだ。今ではニューヨーカーの姿はなく、「生粋のコスタリカ人」となりコスタリカの土地に深く根を下ろしている。あらゆる意味で彼はコスタリカのエコツーリズムのパイオニアだ。モンテベルデと熱帯研究機構（OTS）

はエコツーリズムを選択するしかなかったが、ビエンは、今日のエコツーリズムの原則に基づいて、ロッジと民間自然保護区のララ・アビス（Rara Avis、ラテン語で珍しい鳥を意味する）を設立した。彼は熱帯研究機構（OTS）が運営するラ・セルバ生物研究所で生物学を学ぶために、1977年に初めてコスタリカを訪れた。彼は研究所にいる間、保護区周辺の土地を整備し農業を営んでいた人々との交流に多くの時間を費やした。「彼らと一緒に座って、彼らがどのくらいの収入を望んでいるか、そして彼らが所有する家畜からどれくらいの収入を得ることができるかを計算したが、この2つの間には大きな差があった」と話している。そして彼は、手つかずの熱帯雨林が整備した土地よりも価値があることを証明できると確信した。彼は「熱帯雨林は減少しつつあり、それ故に貴重な存在となる。そして、人々はこの熱帯雨林を見たくなり、観光客として見に来る」と説明する。

1983年、ビエンはバックパックで6ヶ月間コスタリカ中を歩き回り、カリブ海側のサラピキに607ヘクタールの手つかずの熱帯雨林を見つけた。その土地はブラウリオ・カリージョ国立公園に隣接し、気候も良く、素晴らしい滝が4箇所とララ・アビスの最初のロッジとなった古いジャングルの中の刑務所の跡（El Plastico）があった。彼は事業を始めるにあたり、途上国の民間セクター支援を行っている世銀グループの国際金融公社（IFC：International Finance Corporation）にアプローチをしたが、「彼らは私が400万ドル、500万ドル規模で事業ができれば融資をするが、それ以下であれば関心がないと言った」そこで、彼は友人や家族から資金を調達し、残りはコスタリカ銀行から借り入れた。彼は、「我々は地元の銀行がエコツーリズム事業に融資した最初の事業だった。周りからはこの銀行のアクションは思い切った選択だと思われていて、銀行もリスクが高い案件だと感じていた。しかし、最終的に彼らは喜んだ。なぜならば、我々は全額を返済し、これをきっかけに銀行は他のエコツーリズム事業に対する融資をはじめたからだ」とふり返る。地域社会との関わりがなければ、ララ・アビスは成功しなかった。ラス・オルケタス町の住民は、土地探し、道路の整備、小さな橋の建設、収容所の改修、そして車や人が立ち往生している時には助けてくれた。彼は「チェンソーを操るラス・オルケスタ周辺の人々がプロジェクトに参加していなければ、この事業は決してうまくいかなかっただろう」と回想する。

最初は、ララ・アビスは極めて簡素な収容所を宿泊施設として使っていたが、現在はここを訪れる自然科学者と学生が利用し、観光客はウォーターフォール・ロッジの8部屋のいずれかに滞在している。ラス・カビナスはバードウォッチャーのために特別にデザインされた部屋だ。また、木の上にキャビンもあり、そこに行くためにはガイドが同行しロープを伝って上らなければならない。宿泊施設はかなり質素で電気もないが、食事をする共同スペースやバスタブ、暖かい水がでるシャワーがついている。ララ・アビスでの主なアクティビティはガイド付きハイキングで、森の中を歩くとハナグマ、アリクイ、バクに遭遇し、運が良ければ

ジャガーやその他のネコ科の動物の足跡も見られる。保護区の名前[訳者注15]のとおり、ララ・アビスでのバードウォッチングは最高だ。380種類以上の鳥が生息し、ヒワコンゴウインコ、オグロキヌバネドリ、ワタボウシハチドリなどの珍しい種類の鳥がたくさん生息している。

　ガイドを含むララ・アビスのほぼ全ての従業員は近隣の住民で、ロッジで使用するほとんどの物資も現地で調達している。従業員たちは英語、調理技術そしてガイド研修などのスキル向上を目指して様々な研修を受けている。ララ・アビスに2年以上勤務した従業員は株主となり、それ以外の従業員には利益を分配する制度を導入している。また、ララ・アビスは地域社会に様々な形で貢献している。小・中学生のグループに無料でツアーを提供し、地元の診療所や学校に現物寄附を行っている。ビエンはララ・アビスが地域社会に年間約8万ドル相当を還元していると計算しており、ロッジは地域の重要な収入源及び雇用源となっている。

　ビエンは、ララ・アビスがこの地域の人々に「熱帯雨林はエコツーリズムを通じて多くの収入を得る資源になる」ことをうまく示すことができたと語っている。ララ・アビスのウェブサイトは、「エコツーリズムを通じて熱帯雨林を破壊せず、そこから利益を生み出す商業的な熱帯雨林保全の素晴らしい実践プロジェクトである。またこのプロジェクトの普及を通じて他の人にも同じような実践を促す」と掲載している。一方で、ジャンゼン教授のように、ビエンはエコツーリズムを保護区から利益を得られる「商品」のひとつとしか見ていない、と思っている人もいる。ララ・アビスは長年にわたり、コスタリカの植林プログラムのために苗木を育ててきた。蝶のさなぎと観葉植物の固有種のヤシの種子を育て輸出している。また、ララ・アビスは何十種類ものランから種子を集め、これらを試験管につめて海外に輸出することを計画している。

　数年前まで、ララ・アビスで最も人気があったアクティビティは「メカニカル・ウェブ」と呼ばれるケーブルカーで、自然科学者が木々の上を水平・垂直に移動できる乗り物であった。熱帯研究機構（OTS）の生物学者ドナルド・ペリーは、このエンジンで動くケーブルカーを、ララ・アビスの主要な滝と80平方Kmの森林の上に設置した。しかし、ペリーは別の投資家と一緒にレインフォレスト・アエリアル・トラム社を設立し大規模な商業ベースのエコツーリズム事業を始めた。そして観光客がアクセスしやすい場所にこの事業を移した。その結果、ララ・アビスはこの「メカニカル・ウェブ」を失った。メカニカル・ウェブを失ったことに加え、エコツーリズム関連の施設間の競争が激化し、またララ・アビスまでの「悪路」を嫌がる「ソフト路線」のエコツーリストが増え、ララ・アビスのビジネス全般に打撃を与えた。コスタリカを訪れる旅行者が増加したにも関わらず、1996年から2003年の間にララ・アビスを訪問した旅行者は減少し、成長が止まった。ビエンは、近年コスタリカを訪れる旅行者は、ラグジュアリーな路線を好む人が増え、本格的な自然体験に対する関心が薄れてきていると感じている。ビエンも認めているように、ララ・アビスは全ての人向けで

注15　アビスとはシラサギの意味

第 5 章 コスタリカ—踏み固められた道の上で

はない。彼は、「長靴を履き、悪路を移動し、そして泥道を歩き回ります、と伝えると、この場所に合った旅行者が来る」と話している。過去 1 万人以上の「この場所に適した」旅行者がララ・アビスを訪れ、コスタリカに残る本物のエコツーリズムを体験している。

■ ラ・キンタ・サラピキ・カントリーイン:教訓的な事例

コスタリカ人のレオナルド・ジェンキンスとベアトリス・ガメス夫妻はラ・セルバ生物研究所から少し入ったところにあるホテルのラ・キンタを経営している。彼らはラ・キンタを「一生涯のプロジェクト」と呼んでいる。ラ・キンタは、観光業に従事していたコスタリカ人夫妻が試行錯誤を繰り返し、地域住民と協力しながら、コスタリカの自然と文化の美しさを紹介するエコロッジをつくりあげた素晴らしい例のひとつだ。ガメスは、コスタリカのツアーオペレーターのホリゾンテス・ネイチャー・ツアーズに勤務していた 1980 年代後半に初めてエコツーリズムについて学んだ。その後、熱帯研究機構（OTS）や現在のパートナーのレオナルドがマネージャーをしていたリモン県のプエルト・ビエホのホテルでさらにエコツーリズムを勉強したと話している。彼らはプエルト・ビエホのホテルで 4 年間勤務した後、彼らの持ち株を売り、そして「豊富な経験だけではなく、新たな事業を始めるための十分な資金を得てホテルを辞めた」。彼らは新たな事業の場所としてサラピキを選んだ。最初は人里離れた森林を購入しようとしたが、遠隔地は「ロマンチックだが、食事すら出せない環境にある」と考えた。そこで、彼らは主要道路、電気、水道などの「基本的なインフラが整備されたオレンジ農園」を買うことに決めた。農園にあった小さな小屋を改築し、新たに 20 室を建て加えた。1992 年にオープンしたが、最初の年のホテルの稼働率は僅か 6％だった。ガメスは「オープンしてから 2 年間状況が良くなる気配がなく、事業をあきらめる寸前だった」と語った。しかし、やがて幸運が訪れた。アメリカのアウトバンドツアーオペレーターの代表格のオーバーシーズ・アドベンチャー・トラベル社がラ・キンタを訪問し、彼らに「最初の本格的なビジネス」をオファーしたのである。

「この分野で競争力があるホテルになるまで 5 年かかった。私たちはエコツーリズムが私たちの文化と自然を守り、回復できる手段だと考えている」とガメスは語っている。また、「従業員の 99％を地域住民の中から雇っていることは私たちにとってとても重要なことだ。フルーツ、野菜、卵、肉などロッジで使う食材は地元の生産者から調達している。また、私たちは農民のために、彼らが宿泊客に交通手段などのサービスを提供できるように、研修を実施している。私たちのロッジは外国人の旅行者を楽しませるだけではなく、私たちの周りで生活している人々にも影響を与えている」と話す。ラ・キンタは、ラフティング、熱帯研究機構（OTS）のラ・セルバ生物研究所への訪問、熱帯雨林ウォーキングなど様々なアクティビティがある。またラ・キンタは「カクテルツアー」と呼ばれる地元の小学校訪問、パイナップル農園見学、チョコレート（カカオ）ツアー、植林、料理教室なども実施している。ラ・キンタの中では、バードウォッチング、蝶園、植林プロジェクト、カエルを見て川沿いを散

策する「カエル・ウォーク」、地元の昆虫や歴史的な工芸品を展示しているギャラリー、パームヤシ、ユッカ、パパイヤなどコスタリカの野菜などを栽培している庭の見学など、幅広いアクティビティが楽しめる。

　ラ・キンタの運営が軌道に乗り、持続可能な観光の認証（CST）でレベル3（緑の葉3枚）の評価を受けた。しかし、ガメスは近年彼らが「ラ・キンタの質素で環境に配慮したスタイルではなく、快適さや豪華さを求めるツアーオペレーターの要求を満たす努力をしなければならなくなってきた」と話している。残念なことに、私たちは、センシティブ・トラベルの重要な要素である地域社会への支援が薄れつつある現状を目の当たりにしているのだ。彼女は、「ラ・キンタが地域社会とサラピキ観光会議所の両方で積極的な役割を話している一方で、新しい大型のリゾートは、協力して何かをすることや、地域社会を支援する事業にも関心がない」と話している。「彼らはエコツーリズムに執着せず、より充実したサービスを提供し、高い料金で多くの旅行者を誘致し多くの利益を上げることしか考えていない。私たちは地域社会の参加を促す努力をしているが、彼らは私たちが提供するサービスのほとんどをラ・キンタの外でまとめている。私たちは料金をコントロールすることができず、私たちの意思で価格を決定することもできない」と嘆く。

■　レインフォレスト・アエリアル・トラム社

　サラピキの近くで、最も成功している民間自然保護区とネイチャーツーリズムのアトラクションを運営するレインフォレスト・アエリアル・トラム社は、200万ドルを投資した最新の「ソフト」エコツーリズムプロジェクト、すなわち生物学者のドナルド・ペリーがデザインし、ララ・アビスに設置した「メカニカル・ウェブ」の進化版を運営する。サンホセから車で50分の所に建設されたこのトラムは1994年にオープンしたが、瞬く間にコスタリカで最も人気のある観光アトラクションのひとつに成長した。2007年まではコスタリカに立ち寄るクルーズ船乗客向けの日帰りツアーのアトラクションとして主に利用されていた。このトラムは旅行者とナチュラリスト・ガイドを緑色のケーブルカーに乗せ、鳥の目線で熱帯雨林の樹冠の中をゆく1マイルの風景の旅へと誘う。

　広大なブラウリオ・カリージョ国立公園に450ヘクタールの小さな民間自然保護区が隣接している。この国立公園は民間の保護区の100倍以上も広いが、その大部分はアクセスできない。トラム社で働く従業員の多くはかつて農園やバナナ園で働いていた人々で、現在トラム社はこの地域の最大の雇用源となっている。ペリーは彼の事業を「山の上の学校」と呼んでいて、毎年数千人のコスタリカの学生たちをトラムの無料ツアーに招待している。観光客は入場料49.50ドル支払うか、又は交通手段と食事がついた1日のパッケージ料金78.50ドルを支払う。コスタリカ人は同じ内容で20ドルから49ドル支払っている。トラム社はエコツーリズムにおける重要な役割を見つけた。それは、教育分野、高齢者やハンディキャップを持つ観光客に対するサービスである。生態学的にはかなり影響を与えるアトラクションだ

が、明らかに地域社会に貢献している。一方、トラムから見える素晴らしい自然は国立公園のものだが、国立公園自体はこのエコツーリズム事業から直接的な恩恵を受けていないという大きな欠点もある。トラム社の職員は、国立公園に対する直接な支援はないが、トラム社の利益は新たな土地を購入し、民間自然保護区を設立するために使われていると話している。

5.4.5 民間自然保護区の2つの顔

コスタリカ政府と国立公園局の職員、観光産業界、環境保全団体職員、世界銀行（WB）、金融機関、学術機関、そして自然科学者たちは、自然を保護し、エコツーリズムを促進する民間自然保護区の増加を好意的に受け止めている。彼らは、民間が政府に代わり土地を購入し、これらの土地の自然を口護するという自然保護区制度は、コスタリカの保護区域を広げるための最適な方法だと主張している。民間自然保護区は国立公園が資金を提供できない又は提供しにくいエコツーリズム事業を行っている。こうした民間自然保護区は政府の官僚主義の影響を受けず、また非効率的な手続きも少ないため、これらの多くは国立公園よりもはるかに効率よく運営され、環境保全とエコツーリズムのニーズに素早く対応できている。また、民間自然保護区はコミュニティ主導のエコツーリズムと環境保全に携わる機会を促し、そこから得られる収益を調査研究、有機栽培やアグロフォレストリーなどの幅広い活動に還元している。

民間自然保護区は利点が多いと結論づける調査報告が多い。しかし私はコスタリカと当時のアフリカの民間自然保護区を調査し、落とし穴や対処すべき問題が多くあることを確信した。例えば、外国人や資金力のあるコスタリカ人が民間自然保護区を設立するが、そこを立ち退かされる貧しい農民はどうなるのか？コスタリカの国立公園局は、少なくとも原則及び手続き上、国立公園に組込まれる土地の所有者に対し適切な対価を支払うことが義務づけられているが、民間自然保護区の所有者にそのような義務はない。これまでコスタリカの安定した経済と社会の基盤となっていたのは自作農民だったが、近年、小さな土地を安価で売り払う農民が増え、彼らは地方や都市部で労働者になってしまっている。この状況を、環境保護家で元国会議員のギジェルモ・バルケーロは、「エコツーリズムの名のもと、貧しい農民たちは彼らの土地を安価で手放させられている」と話している。外国人が所有している土地は、規制が少ないだけではなく、コスタリカ政府がこの土地から無断居住者を立ち退かせることを約束しており、これまでコスタリカがとってきた貧しい人々への寛容な姿勢も失われつつある。

民間自然保護区は政府に財政的負担をかけないとよく称賛されるが、必ずしも生態学的に重要な土地が含まれているとは限らない。そうした自然地の多くは国立公園に組み込むには小さすぎるか遠く離れた場所にある。コスタリカが抱えている主な問題は、むしろ既存の国立公園制度の財政と保護である。というのも、民間自然保護区が国立公園からNGO団体の援助、自然科学者、そして観光客を全て取り上げてしまっているからだ。かつて国立公園を

援助していた海外の環境団体は民間自然保護区を支援し、国立公園で調査をしていた自然科学者らは、官僚的な事務手続きが少なく、柔軟な対応を受け入れる民間自然保護区で調査をしている。また観光客も国立公園より入場料が高くても、幅広い選択肢がある民間自然保護区を訪問する人々が増えている。

多くの民間自然保護区は、隣接する国立公園と一緒に警備員やガイドの研修を実施し、国立公園会議のために無料で施設を提供するなど積極的に国立公園に協力してきた。しかし、民間自然保護区の経営者らには、訪問者税の支払いや教育プログラムの導入、コスタリカ人のための安い入場料、保護区周辺の地域社会の人々の雇用と研修、コスタリカの大学や国立公園との自然科学分野の調査における協力など、さらなる組織的な貢献が要求されている。もし、このまま民間自然保護区と国立公園の人気と利益の格差が拡大し続ければ、間違いなくアメリカのように国立公園制度の民営化への圧力が高まるだろう。そして、これは悲劇的なあやまちとなる。なぜならば、コスタリカの広大な国立公園は国の遺産の一部であり、外国人の割合が多い民間の所有者ではなく、政府が国立公園の長期的な保護を保証することが最も望ましい状態だからだ。

5.5 持続可能な観光の基準の設定と評価

1996年4月、観光庁（ICT）の職員のバリー・ロバーツはイェール大学の森林環境学部で開催された「エコツーリズム、その影響を評価する」と称する会議に出席した。そこで彼はコスタリカ政府がホテルの持続可能性を環境及び社会経済的な側面から評価する世界で最初の認証制度を始めると発表した。エコロッジの環境評価制度の先駆者としてこの会議に招待されていたベアトリス・ブレイクはこのロバーツの発表に驚いた。ブレイクは1992年から、彼女が執筆する人気ガイドブック『The New Key to Costa Rica誌』において彼女が実施していたホテル評価を掲載していた。

1990年代の大半を通じて、『The New Key to Costa Rica誌』の出版に携わった女性達は、当時エコツーリズムに取り組んでいたコスタリカの全てのロッジを特定し評価していた。彼女たちはコスタリカ全土を歩き回り、訪問した先々でロッジの所有者、従業員、地域社会の代表者らにインタビューを実施した。そして合格レベルに達した65軒のエコロッジに対し「太陽マーク」で1から3の格付けをし、不合格になったエコロッジは『The New Key to Costa Rica誌』の「持続可能な観光の格付け」リストに掲載されなかった。彼女たちが実施した調査の結果は公表されなかったが、ブレイクとアン・ベッチャーは調査結果と今後改善すべき点をまとめ、すべてのロッジの経営者に報告書を送付した。

エコツーリズムの本拠地コスタリカで、低予算かつ労働集約型で実施されたこの調査は、エコツーリズム認証の分野において先駆的だった。コスタリカでの調査に携わったこの小さ

第5章 コスタリカ―踏み固められた道の上で

なグループはコスタリカをよく知っていた。健全なエコツーリズムの原則に従い、彼女たちは「本物の自然体験」を提供している地元の人が所有するロッジに焦点をあてた。これらのロッジは自然保護区を所有し、民間自然保護区や国立公園を利用した持続可能なロッジ運営に取り組んでいた。また彼らは地域社会や環境イニシアチブに積極的に関わり、様々な活動に携わりながら、コスタリカで最も歴史のあるガイドブックを通じて上手にマーケティングを行っていた。しかし、ブレイクは時間の経過とともに、この評価モデルを維持することが困難になっていったと話している。というのも、『The New Key to Costa Rica 誌』の出版社は調査を実施するための十分な資金を提供できなくなり、またコスタリカに関する他のガイドブックの人気が高まるなど様々な要因が発生したからだ。そして、この格付けはベッチャーとブレイクに大きく依存しており、彼女たちがすでにコスタリカを離れていたこともあった。2006年度版の格付けには72軒が掲載されていたが、ロッジの経営者らは『The New Key to Costa Rica 誌』の関係者の訪問を受けていないと話していた。

5.5.1　持続可能な観光の認証（CST）制度

　観光庁（ICT）の2人の若い職員マリオ・ピカードとロドルフォ・リサーノは、1990年代半ば、政府が「持続可能な観光の認証（CST）制度」を設立し、これを運営することを提案した。観光庁（ICT）はこのアイデアをすぐに受け入れた。リサーノはハーバード大学と提携している中米経営大学（INCAE：Central American Institute for Business Administration）のビジネススクールの学生だったが、彼はこの認証制度のコンセプトを開発するのに1年以上を費やした。そして1997年にホテルとロッジ向けの持続可能な観光の認証（CST）制度が発表され、翌年この認証を取得した最初のホテルが誕生した。『The New Key to Costa Rica 誌』の認証制度に刺激は受けたものの、持続可能な観光の認証（CST）制度第一弾はこのモデルを模範としなかった。この制度は単にエコツーリズムだけではなく、より広い範囲の活動を対象とすることを明確にしていた。なぜならばリサーノは、コスタリカの観光が小規模のエコロッジの枠を越えていくことを強く感じていたからだ。また、コスタリカが国際市場の競争に生き残るためには、新しい大型のコンベンション用のホテルや高級志向のホテルも環境に配慮し、社会的な責任を遵守することが必要だと考えていた。認証委員会メンバーで中米経営大学（INCAE）のローレンス・プラット教授は、持続可能な観光の認証（CST）制度は環境、社会、そして地域社会の3つの視点からホテルを評価しているが、これは「エコツーリズムの証明書ではない」と指摘している。この認証制度は全ての種類のホテルに適用され、この中には都市や地方にあるホテル、環境に配慮したホテル、そしてビーチにあるホテルなどが含まれている。これこそが「持続可能な観光の認証（CST）制度」の長所なのだ。

　リサーノとともに、『The New Key to Costa Rica 誌』の格付けと同じく、この認証制度を支持する人々は、コスタリカが観光分野での高い評価を維持し、「グリーン・ウォッシュ」

5.5 持続可能な観光の基準の設定と評価

を止めるには、信頼できる認証制度の普及が不可欠だと確信していた。彼は、「この制度は、持続可能な観光に真剣に取り組んでいる企業とそうでない企業を見分ける適切な情報を公表するため、グリーンウォッシャー（greenwashers、「エコ」や「持続可能」のコンセプトを悪用した事業者）を直接非難することができる」と言及した。初期の評価では、104軒のホテルのほとんどが「エコフレンドリー」や「環境に配慮している」と記載して申請し、「それらしい専門用語を使ったり」していたが、実際には基本的な環境保全にも地域社会の生活の質を向上する活動にも取り組んでいなかったと批判した。

前述したように、持続可能な観光の認証（CST）制度は環境、社会、経済の3つの軸に沿って、その持続性を評価する。具体的には、自然、企業の活動、ホテル設備、ゲストサービス、社会経済環境の4つのカテゴリーにわけた153項目の質問表（はい／いいえ方式）を観光事業者に回答してもらう。153項目の質問は、観光事業者と観光庁（ICT）から派遣された査察者が、比較的簡単に質問と回答ができるようにできている。それゆえ、「こうした調査方法をもとに格付けを実施するので、集中的な研修やコンサルタント、またこれらの調査を行う際に依頼する環境管理などの一般的な業務は必要ない」とエンジニアでもある認証専門官のロバート・トスは説明している。

認証の格付けは4つの分野で得た評価点の合計で決定されるが、4分野で最も低かった分野の点数でそのホテルの格付けが決まる。リサーノは「この採点方式を導入したのは、この認証制度が改善や向上を促すための制度となるようデザインしたからだ」と話している。また「もし平均点で格付けした場合、事業主は最も簡単な分野でしか努力をしない。私たちはホテルに4つの全ての分野における改善、そして4つの分野を同じように重要視してもらいたいのだ」と説明している。

この認証制度は5つ星の格付けと同じように、ホテルを1枚から5枚の「緑の葉」で格付けしている。最高レベル5枚の「緑の葉」を取得するためには、4つの全ての分野でそれぞれ94％以上の評価が必要となる。2007年までに最高レベル5枚の「緑の葉」を取得したホテルは、ラパ・リオス・レインフォレスト・エコロッジ、フィンカ・ロサ・ブランカ・カントリーイン、ビジャブランカ・クラウド・フォレストホテルの3軒だけだ。ラパ・リオス・レインフォレスト・エコロッジのマネージャーのアンドレア・ボニージャは、ロッジが体験した認証プロセスを見て次のように話している。「認証プロセスのステップはスタッフにとって良い経験となった。査察者が数日間ホテルに滞在し調査した後、ホテルが改善すべき点をフィードバックし、次の訪問日を設定する。彼らはホテルがこのフィードバックにそって改善を促しているかを確認するため再訪問する。これを通じて、たくさんのアイデアが浮かび、また私たちが正しいことを行っているということを確認できた。私たちは、私たちの経験と勘によって持続可能な観光の認証（CST）を取得するために、ホテルの様々な点を改善していった。そして、このプロセスを通じて、私たちの事業は成功していると確認できた」

ベアトリス・ブレイクは、この認証制度の評価基準の設定が低すぎると疑視した。持続

第 5 章 コスタリカ―踏み固められた道の上で

可能な観光の認証（CST）制度の中でいちばん低い評価に相当する「緑の葉」を 1 枚取得するには、質問表の「はい」の解答率が 20%から 39%なければならない。このことについて彼女は「学校で最も低い評価 F レベルに相当するこの点数を取るのは簡単だ」と指摘している。その一方で、コスタリカで 2 番目に最高評価 5 枚の「緑の葉」を取得したサンホセ郊外にあるフィンカ・ロサ・ブランカの経営者グレン・ジャンポールは「私たちは正しい行いをしたい、という願望からこの認証制度に参加している。環境に配慮した経営や運営を実践している人々にモチベーションを与えることが大切であり、その意味では最低限のことを実践している事業者に最も低いレベルの「緑の葉」1 枚を与えて、より多くの事業者をこの認証制度に参加させていくことが必要だ。そして、少しずつ彼らのレベルを上げさせるのだ」と話している。

　コスタリカ政府によってこの認証制度（CST）は財政的に支援され、少なくとも最初の 10 年は証明を探している企業は無料で利用できた。ホテルのライセンスを取得するための条件の一つとして政府が求める 5 つ星の格付けとは対照的に、この制度は事業主が自発的に参加するものである。もしこの制度が事業主に義務付けられていたら、間違いなくその普及も早かったはずだ。また、政府が認証制度の普及にあてた予算は少なく、派遣される調査員の数も限られていたため、彼らの訪問や再訪問を待つホテルが多く出た。その結果、ホテルのマーケティングでもこの認証を使えない状況が続いた。さらにこの認証制度に参加しても、調査結果（英語とスペイン語）とホテルが取得した「緑の葉」の枚数が持続可能な観光の認証（CST）のウェブサイトに掲載されるだけだった。ウェブサイトでは、緑の葉を取得したホテルが、レベル別（緑の葉の枚数）、県別、タイプ別（都市、山又はビーチ）に分類されて掲載されているが、宿泊施設ごとに観光客に提供できるサービスなどの詳細な内容は書かれない。またレベル 3 の評価を取得したホテルの中には、サンホセ・パラシオホテルとララ・アビスホテルが入っているが、前者は町の中心にある 254 室を持つ 5 つ星ホテルのチェーンで、後者は田舎にある 8 部屋しかない簡素なロッジで、民間自然保護区を所有し自然の中のハイキングを専門とする宿泊施設だ。そしてこの 2 つのホテルは同じレベルになっている。ウェブサイトを調査したエコツーリズムの専門家は「リンゴとオレンジのように、異なる 2 つのものをひとくくりにまとめて評価していて、本物のエコツーリズムを提供している場所の価値を下げてしまっている」と指摘している。エコツーリズムを実践している人々や専門家らは、こうした状況を考慮しエコツーリズムに特化した「CST-eco」の導入を望んでいる。なぜならば、これによって、貴重な環境保全と地域社会との連携に取り組んでいる小さなロッジも適切な評価を受けることができようになるからだ。

　2000 年の半ばまで、コスタリカにある約 400 軒の対象となるホテルの中で 171 軒が参加したが、そのうちの 37 軒のみが「緑の葉」を取得できた。残りのホテルは調査待ちの状態だ。2002 年頃になると、観光庁（ICT）と観光産業界の間で認証制度に対する関心が薄れたことや政府の予算削減、この認証制度を失敗に追い込みたい国内の政治家の圧力などと結び

5.5 持続可能な観光の基準の設定と評価

ついた官僚的な問題が重なり、持続可能な観光の認証（CST）制度の普及が停滞した。しかし、皮肉にも国外ではこの認証制度の評判が広がり、海外の国々が認証制度を導入する際にコスタリカの認証制度の原則と基準を模範にするようになった。

2005年、持続可能な観光の認証（CST）制度を取り巻く環境が好転した。国際標準化機構（ISO：International Organization for Standardization）が観光標準化委員会を設立すると、コスタリカは観光産業界、政府、学術機関の代表が集まる模範委員会を設立した。この委員会の最初のアクションのひとつとして、委員会は認証制度の普及を活性化するため、政府に資金援助と支援を行うよう圧力をかけた。その後すぐに、ツアーオペレーターのための持続可能な認証「CST-TO」（CST for Tour Operators）が導入され、旅行業界で先駆的存在だったホリゾンテス・ネイチャー・ツアー会社、スイス・トラベル社、カミノ・トラベル社など7つのツアーオペレーターがCST-TOを取得した。そしてCST-TOの認証を受けたツアーオペレーターらは、「緑の葉」を取得したホテルを使用することを次々と発表した。再びホテルは持続可能な観光の認証や再認証に取り組み始めた。認証制度が活気を取り戻し、2004年から2007年にかけて「緑の葉」を取得したホテルは31軒から61軒に増えた。

持続可能な観光の認証（CST）に関する状況が180度転換した理由は他にもある。コスタリカがエコツーリズムの目的地としての競争力を失いつつある現状に直面していたことがその1つである。エクアドル、パナマ、ニカラグアなどが強力な競争相手に成長していた。また、コスタリカ沿岸部に広がっていたリゾート観光と大型のホテルチェーンの進出、カジノやナイトクラブなどを目的とする都市観光の成長も著しかった。空港で定期的に実施されている旅行者向けの調査では、コスタリカを訪れる主な要因に自然観光が挙げられていたが、リゾート観光と都市観光の拡大はエコツーリズムの目的地としてのコスタリカのイメージに悪影響を与えていた。

これに対し、海外から来る旅行者やツアーオペレーターらはコスタリカが国立公園の外では環境保全に対する取り組みを行っていないと非難し始めた。実際にヨーロッパのツアーオペレーターはコスタリカの観光事業者らに対しサスティナビリティーの証明を要求し始めた。そこで、コスタリカ政府と観光産業界は持続可能な観光の認証（CST）制度の実施を強化し、彼らが持続可能な観光に取り組んでいることを示すツールとして使った。ホテルを経営するジャンポールは、「緑の葉は特に重要なコンセプトだ。観光客は今日、5つ星という言葉を当たり前のように使っている。この5枚の「緑の葉」も5つ星と同じように観光客に浸透するコンセプトにすることが必要だ」と話している。

5.5.2　地域主導のルーラルツリーズムとベストマネジメントの実践

　コスタリカのエコツーリズムを後押ししたもう一つの要因は、環境団体が小規模・中規模サイズのエコツーリズム事業者に対して環境分野とマネジメントの教育を続けてきた努力があげられる。2000年からアメリカとヨーロッパで実施された調査で、本物の文化を体験したいと考えている観光客が増加していることがわかった。この傾向はコスタリカの空港で実施している調査結果にも表れており、2006年から2007年にかけて農村の地域社会を訪れた観光客が12%から15%に増加していた。

　他方で、農村地域を訪れる観光客が増加するにつれ、農村地域のコミュニティが運営するロッジやアトラクションの多くで、サービスの質の低さ、マーケティング不足、そして環境に配慮しない運営など、多くの問題を抱えていることが明らかになった。そこで、1990年の半ばから、国連開発計画（UNDP:United Nations Development Program）とオランダ政府などは、キャパシティビルディングや地域社会が運営するコミュニティ主導のエコツーリズム事業に対して研修を実施行っているコスタリカの団体を通じて、コミュニティへの支援を始めた。また『The New Key to Costa Rica誌』も、彼らのガイドブックとウェブサイトの両方を通じてコミュニティが運営するエコロッジを紹介し始めた。2005年頃、レインフォレスト・アライアンス・サスティナブル・ツーリズムのサンホセ事務所は、コスタリカ、グアテマラ、ベリーズ、エクアドルの小規模サイズの観光事業を運営している人々を対象に先進優良事例を教えるプログラムを立ち上げた。このレインフォレスト・アライアン・サスティナブル・ツーリズムが実施したプログラムでは、インターネットと国際見本市でこれらの観光事業を売り込むマーケティングを一緒に実施した。このプログラムに参加した外部の専門家らは研修後もポジティブな変化が続いたと報告している。

　コスタリカにある、エコツーリズム事業者ネットワーク協同組合（Cooprena）、コスタリカ・コミュニティ・ベースド・ルーラル・ツーリズム協会（Actuar）、そして経済・福祉・環境のための中米地域協会（ACEPESA）の3つの団体は、地域社会の発展とコミュニティが運営する小規模なエコツーリズム事業の支援において重要な役割を果たしている。3つの団体の中で最も古いのがエコツーリズム事業者ネットワーク協同組合（Coopresa）で、ロッジの運営と観光に関する様々なアクティビティを提供する観光協同組合18団体が所属する組織だ。ダイナミックなコスタリカ人弁護士レイラ・ソラーノのリーダーシップの下、1994年に活動を開始し、コミュニティ主導のルーラルツーリズムのマーケティングの側面支援を行った。彼らは、地元の人が管理運営する原則、女性の参加、自然資源の保護、地元の伝統の復活、公平な所得分配などに基づき、コミュニティ主導の観光を通じた農村の発展を支援した。エコツーリズム事業者ネットワーク協同組合（Cooprena）は観光事業の運営管理及び環境への配慮に関する研修を実施し、参加者のモチベーションを高めながら、組織内でエコツーリズムを振興していった。また彼らは農村のコミュニティ主導の観光に特化したシン

5.5 持続可能な観光の基準の設定と評価

ビオシス・ツアーズ社も運営している。

経済・福祉・環境のための中米地域協会（ACEPESA）は「トウモロコシ文化の道」と呼ばれるプロジェクトの一環として、優れた管理経営の実践を助け、中米の小規模サイズの観光事業を支援するために2000年に設立された。同協会がコスタリカで実施した支援の中には、バラ・オンダ国立公園の地元ガイドの研修、サン・カルロス地方の農家を支援するホームスティ・プログラムの立ち上げ、コミュニティ主導で運営するツアーオペレーター JAZON（Young Farmers of the Northen Zone の略）の支援、そして小規模の観光事業を運営する女性グループ「グアナカステの娘たち」のスキル向上を目指した支援などがある。

3つ目の団体コスタリカ・コミュニティベース・ルーラル・ツーリズム協会（ACTUR）、は国連開発計画（UNDP）の小規模無償プログラムによる資金的な援助を受けて2001年に設立された。彼らは自らを「環境保全のイニシアチブと地元の観光事業の発展を促す地域社会のネットワーク組織」と呼んでいる。タラマンカ地域では先住民のコミュニティによって運営、所有されているロッジが多くある。同協会はサンホセ市内に予約センターを置き、インターネットを通じたオンライン予約も行っている。

これら3つの団体は国連開発計画（UNDP）がまとめたコミュニティ主導の観光を紹介するガイドブック『本物のコスタリカ：コミュニティ主導型観光ガイド』の出版（スペイン語版・英語版）に協力している。また彼らは、コミュニティ主導の観光を促進するため、国内市場向けの見本市も毎年開催している。2007年、彼らはコミュニティ主導のルーラルツーリズムを促進し、これを支援するための法的な枠組みを確立するよう観光庁（ICT）を説得した。エコツーリズム事業者ネットワーク協同組合（Cooprena）、コスタリカ・コミュニティベース・ルーラル・ツーリズム協（Actuar）、そして経済・福祉・環境のための中米地域協会（ACEPESA）の3つの団体は、質の良いコミュニティ主導の観光事業を目指し、中米の他の国の地域の組織や団体を支援するプログラムも実施している。

5.5.3　エコツーリズム団体：CANAECO

コスタリカのエコツーリズムの発展を後押しした最後の要因が2001年のコスタリカ・エコツーリズム協会（CANAECO：Cmara Nacional de Ecotourismo y Turismo Sostenible）の設立であった。コスタリカのエコツーリズムの国際的な評判と観光事業のリーダーシップ的な役割、そして多くのコンサルタントがエコツーリズムの分野で活躍していたにもかかわらず、国レベルのエコツーリズム協会の設立にこれほど時間を要したことは驚きだった。しかし、一旦設立されると、主要なエコツーリズム関連の企業約100社と専門家らが加盟し、コスタリカ・エコツーリズム協会（CANAECO）は急激に成長した。そして、協会は観光庁（ICT）とともに、エコツーリズム事業者の声を代弁する団体となった。また彼らは「持続可能な観光の認証（CST）」が勢いを取り戻すための活動やワークショップの開催及び2年に

一度開催するエコツーリズム会議の実施など積極的に活動している。またコスタリカ・エコツーリズム協会（CANAECO）のメンバーは、国際エコツーリズム協会（TIES）の理事会メンバーやスタッフも兼ねており、グローバルな会合でも重要な役割を担っている。

　コスタリカ・エコツーリズム協会（CANAECO）のメンバーの多くは、彼らの事業所がある地元の地域社会の発展に幅広く携わっている。これは、彼らが観光事業者としての社会的責任（CSR）を果たすために実施している慈善活動である。彼らの支援プロジェクトの中には、現地の小学校を支援しているラパ・リオス・エコ・ロッジ、コミュニティセンターを運営しているセルバ・ベルデ、そして芸術、手工芸品、地域周辺の零細企業をプロモーションしているプンタ・イスリータなどがある。設立当初のコスタリカ・エコツーリズム協会（CANAECO）の職員には、コスタリカのエコツーリズムの中心地のひとつになっているサラピキの出身者が多かった。2007年、同協会はグレン・ジャンポールを代表とする新たな幹部を選出した。彼はフィンカ・ロサ・ブランカやマヌエル・アントニオの海辺にある自然保護区とロッジのアレナス・デ・マルを経営している。ジャンポールは特に組織再編と再活性化に取り組んだ。コスタリカ・エコツーリズム協会はアリアス政権が打ち出した「自然との共存」のもと、気候変動に関するキャンペーンに乗り出し、コスタリカを世界で最初の「カーボン・ニュートラル」を実現したエコツーリズムの国にするための取り組みを始めた。2004年、コスタリカの航空会社ネイチャー・エアーは文字通り「カーボン・ニュートラル」の実現を目指した世界で最初の航空会社となった。同社の社長は、ネイチャー・エアーが運航する全てのフライトが排出する温室効果ガスのカーボン・オフセットを約束し、これらの資金をオサ半島の森林保護活動に寄附することを決定した。ホリゾンテス・ネイチャー・ツアーズやラパ・リオス・エコ・ロッジなどのコスタリカ・エコツーリズム協会（CANAECO）のメンバーもカーボン・オフセットや代替エネルギープログラムの導入に取り組んでいる。

5.6　コスタリカのエコツーリズムに関する得点表

　1990年から2005年にかけて、コスタリカを訪れる観光客が増加し、年間28%の成長を遂げ観光はコスタリカの外貨獲得産業のトップになった。そして、国際社会におけるコスタリカのイメージは中米のバナナ共和国からエコツーリズムのメッカに変わった。この中米の小さな国はメキシコに次いで中南米で2番目に観光客が多く訪問する国となった。コスタリカはここまで成長する過程で多くの問題や危機に直面してきた。太平洋側に大型リゾート施設と別荘が多くあるが、それ以外の地域の大半は質の高い自然観光を提供している。様々な視点から、コスタリカは健全なエコツーリズムのための主要な7つの基準を満たしている。

5.6.1　自然を旅行の目的地に組み込む

コスタリカでは素晴らしい国立公園と外国人観光客を魅了する民間保護区の数が増えている。

5.6.2　インパクトを最小限にとどめる

コスタリカのホテルの多くは小規模サイズだ。しかしコスタリカホテル会議所（Costa Rican Chamber of Hoteles）によれば、近年、大型の海外のホテルチェーンによるリゾート開発が観光セクターの中で急速に成長している。この開発は国立公園周辺だけでなく、むしろ国の至る場所で進められていて、民間保護区においても開発による環境への影響は著しいが、人気の高い国立公園でも観光客の増加に起因する環境問題が起きている。マスツーリズムの悪影響が最も顕著に表れているのはコスタリカの沿岸地帯で、そこでは明らかな例外を除いて健全なエコツーリズムはない。マヌエル・アントニオ国立公園、モンテスマ、タマリンド、ハコなどの地域では、ロッジやホテル、別荘、観光施設や観光関連事業の乱開発が多発している。例えば、パパガヨやタンボール・ビーチホテルのような国内の論争を引き起こした観光プロジェクトは、大臣から自治体の職員まで多くの政府関係者が関わり、環境基準を満たさないホテル建設の許可と引き換えに賄賂を受け取ったと非難された。また、マヌエル・アントニオは最も顕著なケースで法的拘束力のあるゾーニングで小規模の観光施設が無計画的に建設されている。

政府関係者は環境に配慮した建設に必要な諸条件にほとんど目を向けていない。法的拘束力を持つゾーニング法や環境を配慮した厳しい「建設基準」が無いので環境に配慮して建設されたホテルはほとんどないのが実情だが、他方で、環境に配慮した設備を備えるホテルが出てきている。これらのホテルでは太陽熱を利用した温水やエアコンの代わりに自然の風が入るように工夫された設備とシーリングの活用、また現地で調達できるワラやヤシなどの資材を建設資材として活用している。

環境への影響は、法的拘束力のある規制、政府機関の調整、そして適切な土地利用計画によって最小限に抑えることができる。エリザベス・ブーは1990年の彼女の先駆的なエコツーリズムに関する調査の中で、コスタリカのエコツーリズムがより一層発展するためには、政府のアクションを具体化し、国立公園局と観光庁（ICT）の間の調整努力が必要だと述べている。しかし20年が経過したが、状況はほとんど変わっていない。コスタリカの観光計画は断片的で、調整不足による政府機関の間の責任が重複し、法的拘束力のある規制も確立されていない。

5.6.3　環境意識の芽生え

エコツーリズムは観光客とコスタリカ人の両方に環境意識を芽生えさせ、その形成を促した。

コスタリカには国際的な環境団体が多くあり、多くの学校で環境教育が実施され、大学の中にはエコツーリズムと関連するコースや学位を設けているところもある。そして、初めの頃は『The New Kew to Costa Rica 誌』の「持続可能な観光の格付け」が、そして最近は持続可能な観光の認証（CST）制度の「緑の葉」の格付けがコスタリカのエコツーリズムの水準を引き上げている。またこれらの格付けは観光客やツアーオペレーター、ガイドブック、メディアなどの仲介者の情報源にもなっている。

従来、コスタリカ人は休暇をビーチで過ごしていたが、エコツーリズムの人気が高まるにつれ、国立公園や保護区を訪れる人も増えた。地元の人は手頃な料金で国立公園に入場でき、また民間自然保護区の入場料も低く設定されている。特にグアナカステ保全地域では、学生向けの無料の自然プログラムが実施されている。レイン・フォレスト・アエリアル・トラム社は地元の学生らに無料でツアーを実施している。これら全ては環境保全とエコツーリズムを支援する国の硬い基盤づくりを後押ししている。

観光客に対する教育としては、旅行会社と民間自然保護区は、コスタリカの自然と文化に精通し、2カ国語を話せる質の高いナチュラリスト・ガイドを雇っている。他方で、国立公園は常に人員不足で、彼らが雇っていた優秀なガイドは給与が高い民間セクターに流れてしまう。観光客の多くは体力的にも知的な面でものんびりした休暇を望んでいる。そのため、エコツアーを扱う旅行代理店は彼らが販売するツアーの内容を軽くせざる得ない状況になっている。大型のツアーオペレーターはコスタリカの自然と文化を簡単に体験できる火山ツアーや植物園訪問などの「ライトなツアー」を実施している。

5.6.4　環境保全のための直接的な資金援助

コスタリカのエコツーリズムの成長は、環境保全活動と自然科学分野の調査研究に貢献した。特にモンテベルデ、ラ・セルバ、コルコバードのような古くからの民間自然保護区ではこの分野におけるエコツーリズムの貢献は明らかだ。また、エコツーリズムはコスタリカの森林破壊のスピードを減少させた。一方で、コスタリカの国立公園は世界の中でも素晴らしい国立公園制度だが、外国人の入場料金を引き上げて、エコツーリズムから高い収益を得ているにもかかわらず自立できていない。広大な国立公園を観光活動に活用するための整備や人気が高い国立公園の観光客の人数制限を定めるなど、さらなる努力が必要だ。というのも、ナチュラリスト・ガイド、トレイル、ロッジ、そしてレストランがない国立公園が多く、観光客はサービスが良く、アトラクションも多い民間自然保護区を利用している。政府は知名度の高い国立公園に隣接し利益をあげている民間自然保護区がコスタリカの環境保全と地域

社会の発展と経済及び環境面で貢献する枠組みをつくらなければならない。近年、プロ・パルケ協会は、国立公園のための寄付を設立し、国立公園内にある土地を所有者から購入するための資金集めに協力している。

5.6.5 地元の住民のための経済的な利点とエンパワーメント

　他の発展途上国以上に、コスタリカの地域社会はエコツーリズムブームから経済的な恩恵を享受している。平均して、エコツーリズムブームが始まった1987年と比べると、2005年には観光客1人あたりから得られる利益が2倍になっていた。これはエコツーリズムがコスタリカ全体に貢献しているといえるだろう。控えめなコスタリカ人ですら、なんらかの形でエコツーリズムの市場に参入した（手工芸品、乗馬、ツアーボート、ラフティング、蝶園、ニジマス釣り、バードウォッチング、ランや有機栽培の農園などの経営）。彼らが所有する牧場に観光客用の宿泊施設、ハイキング用のトレイルの整備、コスタリカ料理を提供するレストラン事業などを始める人もいた。

　コスタリカの各地には、地元の人が経営する観光事業がたくさんあり、彼らの多くは農場を経営しながらエコツーリズム事業を行っている。また、ナチュラリスト・ガイド、パークレンジャー、ホテル経営者、ツアードライバー、料理人、数カ国語は話せるツアーオペレーターとして研修を受けたコスタリカ人も増えている。地元の人が所有または経営するエコロッジ、小規模ホテル、レストラン、B&Bが成長するにつれ、コスタリカに基盤を置く旅行代理店やツアーオペレーターが増え、現在では300社以上の旅行会社がコスタリカにある。そのほとんどは自然観光を中心とするツアーを実施していて、質の高いエコツーリズムに特化している。

　他方で、ネガティブな側面もある。コスタリカの農村地帯の貧困やハンティング、森林伐採、酪農、金鉱山を目的とした国立公園への侵入は部分的で一時的だ。外国人投資家の圧力から、政府は観光や他の経済活動のために自然保護区から追放される無断居住者に対する寛容さを失いつつある。また、モンテベルデなどではエコツーリズムブームから土地の価格や生活費が急上昇した。ビーチ沿いの大型観光リゾートも同様に、エコツーリズムブームに参入するための十分な資金がないコスタリカ人は高い利子で資金を調達しなければ経営ができない状況だった。資本が外に流れてしまう他の発展途上国とは異なり、コスタリカは政治情勢が安定しているため、地元の人が運営する観光事業から得られる利益は国内に止まった。しかし旅行前に支払いを終えるパッケージ旅行、チャーターまたはクルーズを利用する観光客が増えているので、コスタリカ人が得る利益は最小限になりつつある。

5.6.6 現地の文化を尊重する

　これは評価するのが難しい。というのも、表面上、コスタリカには国の強い文化的特徴がないからだ。コスタリカ人は、他の中南米諸国の人たちよりは、自分たちの方が親米的だと

考えている。そして、中流・上流階級のコスタリカ人が持つ価値観は、音楽、映画、ディズニーワールドでのバケーションやマイアミでのショッピングなどを通じて、アメリカ人の価値観と繋がっている。エコツーリズムブームとともに、アメリカンスタイルのファーストフードチェーンやショッピングモールがコスタリカに進出し、ドルの流通や英語の看板など、コスタリカの文化を希薄化させるあらゆる出来事が起きた。しかし、その一方でエコツーリズムは現地の手工芸品の質と技術の向上を促し、民族的な踊り、音楽、劇、そして博物館など文化的な関心を高めた。またカリブ海沿いのアフロ・カリブ系、少数派の先住民、グアナカステ地方の牧場経営者やカウボーイの生活様式など、それぞれの地方の文化に誇りを持ち、これらを守ることも教えた。1980 年代以降、コスタリカのガイドブック、歴史や文化に関する本の数が増えた。『コスタリカ：旅行者の文学の友』(Costa Rica:A Travelers' Literary Companion) は、コスタリカの素晴らしい文学作品が英訳された本で、旅行者が各地域の特色を楽しめる作品だ。たくさんの観光客がコスタリカを訪れているが、コスタリカ人は彼らの伝統的な文化や習慣を様々な方法で維持している。家族のつながりを維持し、年長者を敬い、子供に対して寛容的で、またコスタリカ人の平和主義や伝統的な民主主義に誇りを持ち、宗教上の祝日を守り続けている。その例として、イースターやクリスマスシーズンは、観光業界が店や銀行の営業を続けるようプレッシャーをかけているにもかかわらず、全ての店が閉まり、国民は休暇をとるため、文字通り国全体が休みの状態となる。

5.6.7　人権及び民主主義運動への支援

　コスタリカは、中南米諸国の中でも、最も古くから民主主義が定着している国で、また人権を尊重する伝統が強く、軍隊を廃止し、ゲリラ集団もいない国だ。このような社会的・政治的な好条件に加え、国立公園と保護区があり、こうした要素はエコツーリズムの発展を促す基盤となった。エコツーリズムブームは 1987 年にアリアス大統領のノーベル平和賞受賞した頃に始まったと考える人が多い。このアリアス大統領のノーベル平和賞の受賞は、戦争で疲弊し、非民主主義的な国が多かった近隣諸国とコスタリカの違いを世界に示した。エコツーリズムは平和で民主的なコスタリカの存在を世界に伝え、自国の素晴らしい遺産に誇りを持つコスタリカ人が増えた。また、エコツーリズムに基づく価値観は、政府のアクションを刺激し、国立公園の拡大とその保護を促したほか、環境プログラムの実施、NGO との連携強化、そして、アフロ・カリブ系住民や先住民が暮らす国立公園やビーチ周辺の貧困地帯の政治的権利や経済的な条件の改善を促す具体的なアクションにつながった。一方で、従来の観光も同じように成長したため、地元の人から土地（特に海岸沿いにある土地）を奪う結果となり、政府による無断居住者の強制退去が増加した。

　残念ながら、コスタリカはリスクが高い二重政策を続けている。国立公園とエコツーリズムを全面的に押し出した売り込みを続ける一方で、クルーズ観光、チャーター便でのパッケー

5.6 コスタリカのエコツーリズムに関する得点表

ジツアー、インターナショナルホテルチェーンが経営する都市部のホテルを利用する観光客の誘致を試みている。小さなコスタリカの全てがエコツーリズムの目的地として売り込まれているが、現実は極限られた地域にしかエコツーリズムは残っていない。マスツーリズムの急激な拡大が、これまでコスタリカが維持してきた質の高いエコツーリズムの名声を傷つけないか心配だ。持続可能な発展を確実にするためのコントロールがなければ、コスタリカは世界のエコツーリズム「超大国」としての国際的な評価を失いかねない。

第 6 章
ケニア　エコツーリズムの「先輩」
その好調期と低迷期

　保護区へと続く道の悪さは、全てが順調ではないことを物語っていた。1990 年に世界銀行が行ったアフリカのエコツーリズムに関する調査では、ケニアのマサイマラ国立保護区は「アフリカで最も持続性のある成功を収めている、地域社会を組み込んだ自然保護区」とされていた。マサイマラ国立保護区がアフリカで有名な他の野生動物公園や保護区と比べて特に優れているのは、中央政府ではなく、地域社会が選出された郡議会を通して保護区を所有し、管理している点にある。私はマサイマラ国立保護区の周辺には小学校や診療所、揚水ポンプ、家畜用消毒槽等が点在し、良い道もあるものだ、と素朴に思っていた。

　毎年 7 月と 8 月には 100 万頭を越えるヌー、ガゼル、シマウマが、南のセレンゲティから 1,700 平方 km のマサイマラへと流れ込んでくる。この一帯はアフリカで野生動物が最も多く集まる自然生態系を構成し、世界最大の移動陸上動物の生息地となっている。アフリカのエコツーリズム産業の急成長の立役者であるケニアの主要観光地、それがマサイマラ国立保護区だった。だが、現在マラ保護区は誤った管理、開発過剰、収賄と汚職の象徴となっている。地域社会に還元されるべき何百万ドルもの保護区の年間収益の大半は、少数の強欲なリーダー達に吸い上げられている。開発事業の証拠は数少なく、地域の野生動物の個体数は、急激な減少を見せている。ホテルにようやく到着した時、私は、高級ロッジに泊まる大半の観光客が飛行機でマサイマラに来て動物観察のために車を借りることを知った。私は、帰りは飛行機に乗った。

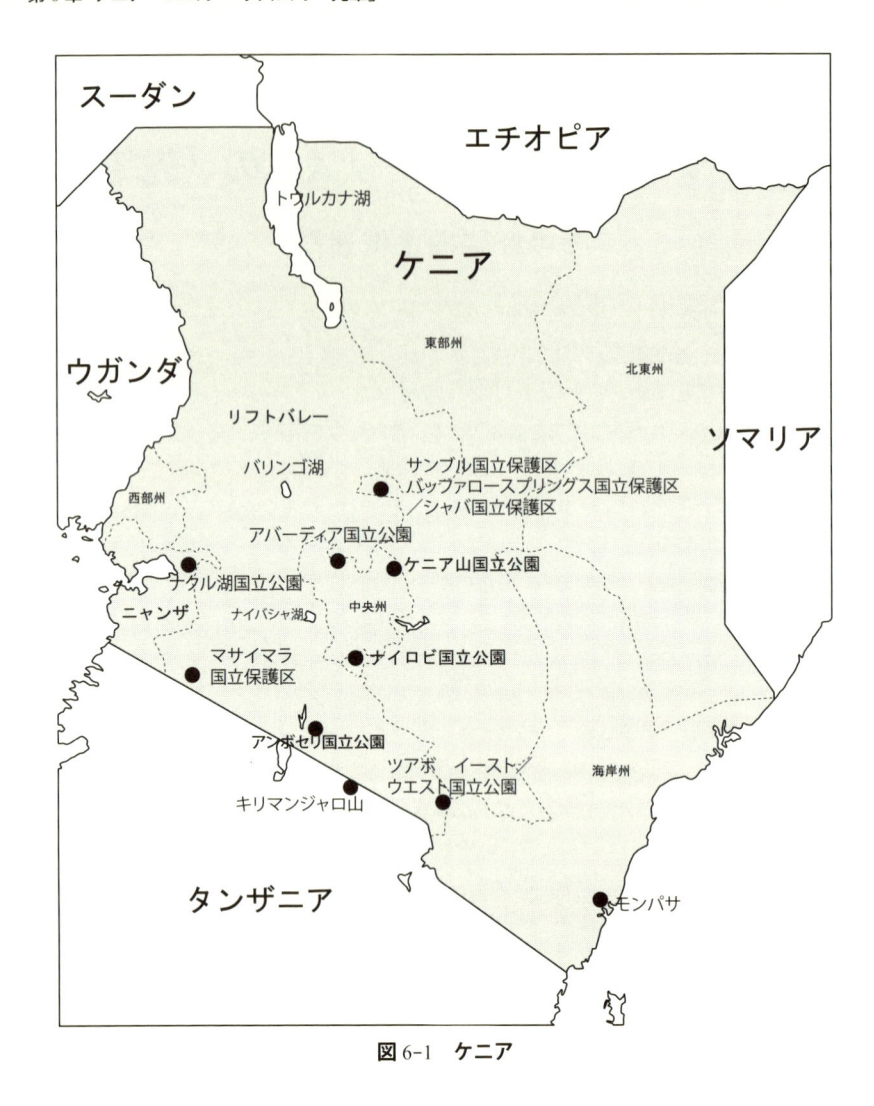

第6章 ケニア エコツーリズムの「先輩」

図6-1 ケニア

6.1 サファリにおける自然観光の台頭

　ケニアは、アフリカにおける自然観光とエコツーリズムの「先輩」である。イギリス植民地政策が終了した1963年以降、活気あふれる資本主義により、ケニアはアフリカで最も人気のある野生動物観光地となった。観光は1987年までに、紅茶とコーヒーをしのいで、外貨収入の第1位になった。1990年代初頭まで、アフリカ諸国にはケニアほど野生動物観光

6.1 サファリにおける自然観光の台頭

から収入を得ていた国は他になく、ケニアは「世界一のエコツーリズム観光地」と謳われていた。1990年代後半の内政混乱、また1998年と2002年に起きたテロ事件による安全上の懸念から、当時ケニアの観光業界全般は衰退したが、デビッド・ジョナ・ウェスタンの下、ケニア野生動物保護局が発信した「公園を越える公園」の概念は、地域社会と民間による新たなイニシアチブがケニアのエコツーリズムの成長を推し進めることを助けた。アフリカ大陸初のエコツアー認証制度、最古かつ最も大きな成功を収めている国規模のエコツーリズム協会、そして地域運営による革新的で多彩なエコツーリズム開発の成長により、ケニアは2007年までにエコツーリズムのリーダーとして再浮上した。だが、これらのイニシアチブは国家戦略ではなく、地域社会や革新的なNGO、民間企業家によって推進されていた。

タンザニアのように、ケニアの自然観光とエコツーリズムは、有名な国立公園と大型動物のハンティング・サファリの過去の恩恵を基盤として築き上げられてきた。ケニアの大学教授で観光学者のジョン・アカマは「東アフリカにおける大型の猛獣狩りは植民地支配の確立と並行し」、また、ハンティング・サファリは「西洋による自然支配の象徴」で、ヨーロッパ人のアフリカ黒人に対する人種的、かつ階級的な支配だと記している。こうした初期のハンティング・サファリでの虐殺の規模は、驚くようなものだった。例えば、セオドア・ルーズベルトは大統領職を辞した後の1909年に、200人のトラッカー(狩猟追跡者)、運搬人、皮はぎ職人、銃の運搬人等を連れて東アフリカへ1年間の狩猟に出かけ、三千種ものアフリカの狩猟鳥獣を船でアメリカワシントンD.C.へ持ち帰った。

ケニア最古の野生動物に関する法律は1898年に制定され、無差別な狩猟を抑制することを目的とした。1907年、植民地政府は狩猟を監督するために動物局を創設した。1945年の国立公園法は「狩猟法による保護から、土地保護による保存へという保全政策の変化」となり、また、新設された国立公園から地域住民を立ち退かせた。ケニアの国土面積の約8%が、徐々に30の公園(4つの海洋公園を含む)と38の保護区(6つの海洋保護区を含む)の保全のために準備されていった。ツァボ東とツァボ西の国立公園を例外に、その多くは大きな生態系の一部である比較的小さな区域だった。野生動物は必然的に周辺地域へと移動するため、人々と家畜の双方と関わりあう。

独立後のケニアの自然観光は、1960年から1972年にかけて300%以上という類まれな率で成長した。野生動物は、1970年代初頭までは「宣伝も管理もさほど必要ではない金の卵」と見なされ、観光客は偶発的に野生動物映画や便利な航空路線、パッケージツアーに引き寄せられて来るように思えた、とウェスタンは記している。だが、この放任主義の管理体制は、1970年代半ばには砕かれた。密猟が増加し、野生動物観賞の質の低下が始まったのだ。1977年、ケニアは増大する密猟への懸念から、スポーツハンティングを禁止した。

1978年から1983年までの間に、このような国内事情、また1979年の石油危機、タンザニアとの国境閉鎖、ウガンダの独裁者イディ・アミンに対しタンザニアが起こした戦争からの地域的影響等により、観光は停滞した。そして1984年、国際情勢の改善と、世界銀行等の

第6章 ケニア エコツーリズムの「先輩」

　国際援助機関から民間投資への新たな刺激策と減税によりケニア経済の自由化が促進されたことを受け、観光は再び急速な回復を見せ始めた。例えば、外国投資法は、資本と利益の本国送還を保証した。国際航空会社に対して資本投資と不動産への免税措置が取られ、ゲーム・ロッジとホテルへの開発投資が奨励された。その結果、多くの航空会社が航空運賃と特定のホテルの宿泊費を組み合わせたパック旅行を推奨した。また、ケニアは観光事業への技術援助と資金をイギリス、ドイツ、スイス、イタリアの開発機関とアメリカ国際開発庁（USAID）から受けた。そして観光は1987年、アカデミー賞を受賞したハリウッド映画「愛と哀しみの果て」に後押しされ、ケニア最多の外貨収入を得て、年間約3億5,000万ドルの収益をあげるようになった。1990年の観光収益は年間4億4,430万ドルとなり、これはケニアの外国為替総額の約40％に該当していた。

　この状況と並行して、観光事業に参入するケニア人企業家と政治家が増えた。1977年の商業的狩猟禁止は、図らずも多くの元ハンター、ガイド、狩猟追跡者に「撮ろう、ケニアを」というスローガンを掲げて展開する自然観光業に転職する刺激を与えた、とケニア野生動物保全管理局（WCMD：Kenya's Wildlife Conservation and Management Department）のペレス・オリンド元長官は語る。スポーツハンティングにおいては白人が優勢で、彼らがツアーオペレーターとガイドである一方、アフリカ人は荷物運搬人、銃の運搬人、皮はぎ職人として働いていた。植民地の様々な規定が、アフリカ人がこの人種差別の境界線を越えることを事実上不可能にしてきた。オリンド元長官は、ハンティングから撮影サファリへの変化は白人独占体制を崩す一助となり、「より企業家精神に富んだ」（もしくは政治的影響力を持つ）黒人ケニア人達が独自の会社を設立する、また旅行会社、ホテル、陸上交通機関で管理職となる機会を与えたと語る。ジョモ・ケニアッタ政府により1966年に設立されたケニア観光開発公社（KTDC：Kenya Tourist Development Corporation）は、公的資金を動かし、選別された民間投資家が観光事業から利潤を得ることを手助けするために機能した。ケニアの法律は、全ての事業に、少なくともその一部はケニア人の所有であることを必須としている。その一方で外国投資家は、面倒な手続きに対処し、不正徴収や追放の防御壁となってくれる、力のある政治家や実業家とパートナーシップを築くことを有利とした。

　ケニアの観光業は1980年代初頭に急成長し（表6-1）、国外からの援助と共に、増大するケニアの輸出収入を財政面で助けた。だが、観光の重要性が増しても、国立公園と保護区の状況は悪化し続けた。1980年代までにゾウやサイの密猟は手に負えなくなり、1989年には車で野生動物を見学していた観光客を武装集団が何度も襲った。

表 6-1　ケニアの観光成長

年	1955	1980	1985	1990	1995	1997	2000	2003	2005
訪問者数（千人）	36	362	541	814	937	1001	1,037	1,146	1479
総収入（単位：100万シリングまたは100ドル）	80	$24.70	$249	$443	$486	$502	$283	$347	$579

Source: Correspondent, "Tourist Arrivals Worse in Kenya," *Nairobi,Daily Nation*,August 5, 1998; Steve Shelley, "Marketing Strategies for Ecotourism in Afhca," in C. G. Gakahu and B. E. Goode, eds., *Ecotourism and Sustainable Development in Kenya*, proceedings of the Kenya Ecotourism Workshop, held at Lake Nakuru National Park, September 13-17, 1992 (Nairobi: Wildlife Conservation International,1992), 133-137; David Western, "Handling the Wildlife Time-Bomb That is KWS," The Eastern African, November 17-23, 1997; Economist Intelligence Unit, Kenya: EIU Country Report, 3rd quarter 1997, 23; Economist Intelligence Unit, Kenya: *EIU Country Report*, 1st quarter 1998, 6; World Tourism Organization (WTO), *Africa: Trends of Tourism Receipts by Country*, 1989-1993 (Madrid:WTO, 1994), 32; World Tourism Organization (WTO), Yearbook of Tourism Statistics, vols. 1 and 2 (Madrid: WTO, 1995); Government of Kenya, *Economic Survey*, 2000, 2002, 2003, 2004, 2005; "Draft Tourism Policy," 2003, 7; *KWS Strategic Plan*-2006, 15; WTO, "Tourism Market Trends" 2006 Edition; Republic of Kenya, "Statistical Analysis of Tourism Trends (Globally and Locally Mistry of Tourism and Wildlife, Central Planning Unit, 2006

ケニアには世界的に有名な狩猟鳥獣保護区に加えて豊かな海浜観光地があり、幾つかの海洋公園と海洋保護区、白いサンゴ礁の砂浜、そして北東部の歴史的集落ラム等がある。海浜リゾート観光が、1970年代後期から主要な海浜都市であるモンバサの南北を中心に大きく成長した。休暇観光客の過半数（約60％）が、ケニアの海浜を訪れる。海浜観光の大半はヨーロッパ観光客向け、特にイタリア人とドイツ人を対象とする、比較的安価な従来型パッケージツアーで成り立っている。だが、海浜観光が伸びても、野生動物が依然としてケニアの観光業の約70％を占めている。また、ケニアは海浜観光よりも野生動物観光から多くの収益を得ている。ケニア観光省によると、2006年の海浜観光客一人あたりの平均支出額1,500ユーロ（約1,875ドル）に対し、野生動物エリアのロッジを訪れる観光客の支出額は3,500ユーロ（約4,375ドル）だった。2002年以降、海浜観光は全宿泊客数の60％に達したものの、観光収益面では40％である。

6.2　新世紀の受難

全般的に、1990年代前半からケニアの観光業は、自然と人工的な要因による国内外の惨事に成長を阻まれてきた。国内においてはインフラの悪化、世界で最も危険な都市の1つとの悪評を確立したナイロビでの犯罪率の増加、1997年のエルニーニョ現象による洪水、それに続いて起きた近年で最もひどい干ばつ、そして政治に関連した民族衝突と殺傷があった。政治的緊張は、1992年以降にケニアが多党国家となってから高まった。また、ケニアは多数決原理が導入された1994年、経済大国の南アフリカがアフリカの主要観光地になったことで、厳しい競争に直面し始めた。ケニアほどのインフラ整備は進んでいないものの、同等かそれ以上の野生動物と海浜資源を持つ隣国のタンザニアは、その経済改革と観光業の急成

長で、新たに強力な競争相手となった。

　ケニアの観光業にとって重大な危機となる事態が、1997年から始まった。国内外の監視者が騙された12月の選挙で、ダニエル・アラプ・モイ大統領が連続5期目の当選を果たした。政治色を伴う民族間の闘争が海岸地域のリコニで起き、死者百人以上を出し、その後半年間に渡り何千人ものリゾート関連雇用の喪失をもたらしたために、観光業は事実上、機能を停止した。1998年半ばまでにケニアの観光ホテルの（その大半は海岸部にある）約50％は閉鎖、もしくは従業員を削減し、業界全体の従業員の30％にあたる約5万人が解雇された。

　1998年8月7日、状況は更に悪化した。テロリストがアメリカ大使館とナイロビ繁華街の建物を爆破して200人以上の命を奪い、何千人もの怪我人を出したのである。その犠牲の大半がケニア人だった。アメリカ国務省は直ちに旅行警告を発し、ケニアとタンザニアへのアメリカ人の渡航禁止を勧告した。これと同時に、ダルエスサラームのアメリカ大使館でも爆発が起きた。ケニア政府と実業界トップ、さらにイスラム評議会も、旅行警告の撤回をアメリカに求めた。ケニア旅行業協会海岸支部のマイク・カークランドが「ケニアには危険性も反米感情も全くない、観光客が休暇旅行を取りやめる理由は皆無」と主張した。数週間後にアメリカ国務省は旅行警告を取り下げたが、デイリーネーション紙が予測したように、多くのケニア人はこの一連の事件が「ケニアの観光業をさらに大きな問題に陥れる」ことを予見した。2000年までにタンザニアが観光収益でケニアを追い抜き、国内においてはコーヒーと紅茶の輸出額が観光を上回り、ケニアの外貨収入第1位に返り咲いた。その年のケニアの観光収益はわずか2億8,300万ドルと、10年前から約40％減った。株の暴落、アメリカの9.11テロ事件、アフガニスタン戦争に続く2000年と2001年の世界的不景気と、新世紀の幕開けの数年間は、既に痛手を受けていたケニアの観光業にとって落胆の時期だった。そして2002年11月、地政学的要因による暴力事件が再発。ソマリアからケニアに侵入したとされるテロリストにより、モンバサ北部キマンバラのイスラエル人経営の海浜リゾートが爆破され、イスラエル人がチャーターした航空機に地対空ミサイルが発射された。2003年5月、イギリス政府は安全上の懸念からナイロビとモンバサ行きのイギリス航空機の運航を禁止し、全ヨーロッパ市場からのケニアへのアクセスを厳しく抑制した。

　一連の出来事により、外国の資本と政府、インフラに依存するケニア観光業の脆弱性がさらけ出され、またケニア政府に指針と計画が欠けていることも明らかにされた。1996年、ケニアはようやく政府観光局を創設したが、適切な予算、特に海外マーケティングの予算組みに失敗した。初の総合国家観光政策が2003年にようやく提案されたが、国会での正式な承認を得ることなく廃案になった。市場の観点から言うなら、ケニアへの外国人観光客の25％はイギリスから、13％はアメリカからである。これに類似してサファリ観光の投資家の多くは、イギリス系白人ケニア人だ。観光に投資した黒人ケニア人の多くは、観光利益を国民に広める長期国家戦略の受益者である。ケニア観光開発公社（KTDC）は公的資金を動かし、選別された民間投資家が観光事業から利潤を得るよう手助けするために機能した。また、彼らは

全ての事業に少なくともその一部がケニア人の所有であることを必須とする、新たな法律の受益者でもある。外国資本の旅行会社、旅行代理店、ホテル、ロッジの株を買い、それらを「有望なケニア企業家に特別な条件で」売るケニア観光開発公社（KTDC）の任務は、金と力があり政治的な繋がりを持つ人々の事業活動を助成した。その一方で外国投資家は、面倒な手続きに対処し、不正徴収や追放の防御壁となってくれる、力のある政治家や実業家とパートナーシップを築くことを有利とした。このように、観光業界はケニア政府を特徴付ける非公式な関係、利益供与、汚職といった大きな相関関係の中にあった。観光業では比較的小規模な国内外のエリート層が優勢なため、多くのケニア人の観光に対するイメージは高値、反道徳的な行為、地域住民への差別、そして一般的に「我々」対「彼ら」的な態度、とするケニア観光省の調査がある。

　1998年のナイロビと2002年の海岸部での2度のテロ事件はケニアの観光業界に甚大なダメージを与え、また近隣国ソマリアの1990年代初頭の分裂による無政府状態に起因する安全課題を明らかにした。2つの事件は、ソマリアの混乱と無秩序に乗じたアルカイダ活動の一部と関連付けられた。ソマリアとの関係は1970年代、1980年代に遡る。当時のケニアの安全課題はイスラム原理主義者によるテロ活動ではなく、ケニア国内の野生動物を壊滅させ、成長していた観光業を危機に陥れた象牙とサイの角の密猟の横行で、その一部は武装したソマリア人盗賊の仕業によるものだった。密猟問題に立ち向かうため、ケニアの野生動物と観光の管理戦略が再構築、改造された。この問題はまだ解決されてはいないが、ケニアのエコツーリズムの未来に中心的な役割を果たすだろうと論議されている。

6.3　公園、野生動物と地域社会:良い理論と乏しい実行力

　1970年代中盤までに、多数のケニアの野生動物専門家には、管理されていない観光は野生動物の保全に害を与え、また観光による恩恵から公園周辺の地域社会を除外し続けるのは困難なことが明白だった。ケニア政府は、観光と環境保全に関する業務改善のために幾つかの行政機関を合併して、野生動物保全管理省（WCMD）を設立した。1975年、政府はエコツーリズムの原則を多数包含する広範で大胆な国家戦略を承認し、マサイマラとアンボセリ国立公園での実験（6.4にて詳細を論じる）を越える概念の展開を試みた。野生動物保護区と国立公園のためのこの野生動物管理政策は「観光、狩猟、食肉や記念品を得るための狩猟、狩猟鳥獣牧場、補充や輸出目的の動物の生け捕り、そして動物製品の関連する付加価値処理を含む野生動物の全利用形態に、地域の参加を基本とするもの」だった。政策は、野生動物は「利益をあげなければ」ならないと明示し、その活力は保全地域周辺の私有地、共有地を含む大きな生態系へのアクセスに依存するものであり、野生動物担当職員は土地所有者と対立する「『警察官』ではなく、彼らと協働するファシリテーター、アドバイザー、補佐役であ

るべき」とした。

　その翌年、ケニアは密猟対策の強化、国内初の観光開発計画の作成、そして公園周辺の地域社会を参加させる計画を含むこの政策の履行に、世界銀行から3750万ドルを借入れた。1977年、世界銀行の資金援助の継続条件としてケニアは狩猟を禁じ、野生動物の記念品と製品の商取引を違法とした。これ以降、国立公園と保護区、そして幾つかの民間牧場に割り当てられた限定的な狩猟鳥獣の捕獲を除いて、野生動物の消費利用は全面的に中止された。だが、野生動物保全管理省（WCMD）の能力の無さ、高級官僚とその家族による汚職、象牙とサイの角の世界的な価格高騰を受け、密猟の波は続いた。ダニエル・アラプ・モイ大統領が1978年に死去した初代大統領ジョモ・ケニアッタの後継者となってからも、縁故主義と汚職がケニアの政治経済活動の特徴となり続けた。1975年から1990年の間にケニアにおけるゾウの生息数は85％近くも減少して20万頭以上から約2万頭に、サイの生息数は97％も減少して500頭以下になった。

　さらに、ケニアの政策と世界銀行の事業による広大な指標は実行に移されることが全くなく、ある論評によると、野生動物保全管理省（WCMD）は人々と公園との対立に「警察官の立場」で対応を続けていた。世界銀行の1990年の報告書さえも、評価は辛辣なまでに厳しかった。膨大な援助の投入にもかかわらず、「公園と保護区のインフラは悪化し、道路、乗用車、植物、備品の管理が実質上不在。野生動物保全管理省（WCMD）は観光客の安全を保証出来ず、貧相な施設に対する観光客からの増大する不満に対処出来ず…無規制の観光が数多くの野生動物生息地に深刻な被害を与えている」ことを、世界銀行の査定は明らかにした。さらに報告書は、世界銀行の事業は、野生動物と公園や保護区周辺で増加している農業活動との間で高まっている対立に対処出来ていないことを明らかにし、「生息地から農地への転換は特定の野生動物の生息地帯を恒久的に破壊するだけではなく、遊牧民と野生動物との共生関係を、定住する農民もしくは家畜所有者と野生動物との間で継続される対立へと変化させた、まるで野生動物がとんでもない厄介者であるかのように」と記した。

　国際自然保護機関やアメリカ大使館からの圧力を受け、モイ政府はようやく行動を起こした。1989年4月に無能な野生動物保全管理省（WCMD）を解体して、半官半民の準政府機関、ケニア野生生物公社（KWS：Kenya Wildlife Service）を新設した。局長には、博物館館長で世界的に有名な古生物学者ルイス・リーキーとメアリー・リーキーの息子であるリチャード・リーキーが就任した。ケニア野生生物公社（KWS）は準自律機関として独自の理事会を持ち、組織内部で業務を管理し、その財政は政府から独立していた。利用料や寄付金による収入が、公園管理のために保たれた。少なくとも理論上、ケニア野生生物公社（KWS）には汚職の撲滅や密猟や入園料の横流に係わる担当官の解雇、観光と野生動物管理の統合計画の履行、地域参加の新事業の導入、そして「観光収益の分配を向上する難題に取り組む」といった課題に際し、モイ大統領の支援と幅広い権限が与えられていた。国立公園と2つの保護区はケニア野生生物公社（KWS）の管理下に置かれ、マサイマラとサンブル野生動物保護区を

6.3 公園、野生動物と地域社会:良い理論と乏しい実行力

含む他の保護区は、引き続き郡自治体により所有、管理された。

1989年終盤、リーキーは「ワシントン条約:絶滅のおそれのある野生動植物の種の国際取引に関するする条約」(CITES:Convention on International Trade in Endangered Species of Wild Fauna and Flora)に基づく絶滅危惧種(附属書Ⅰ)としてアフリカ象を掲載する運動を是認し、国際的な賞賛を得た。これを受け、世界規模で象牙とゾウの他の部分の輸出入の禁止が求められた。レイ・ボナーが解説するように、象牙やゾウの他の製品の販売の全面禁止を招いたロビー活動は、ごく少数の欧米の環境保護論者や野生権利擁護者により展開され、彼らはゾウがアフリカ全土で絶滅しかけているかのように事態を描いたが、実際に密猟が横行していたのはアフリカ東部だけで、アフリカ南部では横行してなかった。彼らはアメリカ、ドイツ、カナダ等の欧米諸国から象牙取引禁止の支持を取り付けることに成功し、1989年10月のワシントン条約(CITES)会議において、アフリカ象は絶滅危惧種として認められた。

同年、この出来事の前に、リーキーはケニア野生生物公社(KWS)の密猟対策の資金を集めるために、ケニアの象牙を売却することを提案した。だが、ワシントン条約(CITES)象牙取引審査団が「持続可能な利用」(管理された狩猟)は理想的な目標ではあるが、密猟は東アフリカのゾウとサイの個体数をあまりにも激減させたため、大量虐殺を防げるのは全面的な禁止のみとの結論に至った際、リーキーは意識を変えた。「何らかの非常に劇的な手を打たない限り、私達が象牙取引を食い止めることは出来ない。私はブリジット・バルドーがパリとロンドンで毛皮のコートを焼いた致命的な一撃に強く影響されていた」と彼は述べている。ワシントン条約(CITES)会議の数ヶ月前に、リーキーはゾウとサイの保護に対するケニアの決意を証明する劇的なデモンストレーションを行った。ケニアは1977年以降、狩猟を禁止していたが、公園管理局には間引きや密猟者からの押収品、自然要因により死んだゾウの象牙等が貯蔵されていた。リーキーは舞台演出家のごとく、ケニア国内の象牙貯蔵品の全てを、公の場で焼却した。ナイロビ国立公園に12トンの象牙が20フィートの高さの巨大な円錐形に積み上げられ、撮影が行われる中、モイ大統領が象牙に着火した。アフリカ人が嘆き、欧米の動物権利擁護者から喝采が沸き起こる中、時価300万ドルの象牙は燃えて煙となった。リーキーの計算に抜かりはなかった。この広報策はケニアの環境保護と野生動物観光のイメージアップとなり、モイ大統領を「環境保護のリーダー」に押し上げ、リーキーが外国からの援助を得ることに貢献した。

さらに、象牙取引の禁止と象牙の焼却は、当面の目標を達成した。象牙の国際価格は急落し、同時にケニアとタンザニアでの密猟も減少した。リーキーは1996年のインタビューで「象牙の焼却は人々の態度に大きなインパクトを与え、欧米での象牙使用に恒久的な影響を与えた。私達は禁止前には年間4,000頭から5,000頭のゾウを失っていたが、禁止後から現在までは年間100頭以下だ」と述べた。象牙取引の禁止と並行して、リーキーは公園内の野生動物を保護する権限は神聖なものとし、新たなケニア野生生物公社(KWS)「軍」のレンジャーに自動ライフル銃を持たせ、密猟者を狙撃するよう命じた。

第6章 ケニア　エコツーリズムの「先輩」

　1989年の象牙論争の後、リーキーは直ちに野生生物公社の再編、大勢の無用な人々の退職、汚職要素の排除、健全な収益徴収方法の履行に着手した。それから1年以内に、単に徴収業務がより厳密に行われるようになったことで、ケニア野生生物公社（KWS）の入園料収入は2倍になった。また、リーキーは職員と共に、健全かつ統合された国の環境保護とエコツーリズム戦略を開発するために新たに一連の目標を作成し、野生生物公社の「ゼブラブック」としてまとめた。ゼブラブックでは、観光が環境に与える影響をケニア野生生物公社（KWS）が最小限に抑えること、国家経済に貢献すること、ガイドと運転手の訓練と認可を行うこと、観光客による影響を監視すること、宿泊施設の環境評価調査を要求すること、観光客により良い情報を提供することが誓約されていた。さらに、ケニア野生生物公社（KWS）には「公園や保護区に隣接する地域社会と有効な協力関係を築く」必要があることを強調し、これには野生動物による被害から住民と彼らの財産を保護することも含まれた。1992年、リーキーは公園と保護区外の地域社会を資金と開発事業により援助する、地域野生生物局（CWS：Community Wildlife Service）の設立を公表した。そして、ケニア野生生物公社（KWS）は全公園からの入園料の25％を周辺の地域社会に与えるという野心的な誓いをたてた。これは、彼が果たすことが出来ないとすぐに気付く約束だった。

　だが、当時の国際的な支援機関や環境保護組織は、この宣言と改革を熱烈に歓迎した。アメリカ国際開発庁（USAID）は、ケニア野生生物公社（KWS）は「野生動物保全管理省（WCMD）下でのかつての環境保護に対するアプローチから革新的な離脱を遂げた」と宣言した。援助は小切手に加え現物支給でも行われ、車80台、飛行機7機等も届けられた。1992年までにリーキーは、世界銀行から1億5,300万ドルという巨額の5年間の借款と、最初の計画が順調に遂行された暁には次の借款を得る誓約を得た。援助機関や外国政府でのケニア政府の全般的な風評は、汚職により壊滅的になっていたにもかかわらず、アメリカ、オランダ、イギリス、日本の政府等の援助機関も、直ちにケニア野生生物公社（KWS）支援に名を連ねた。目標は、国立公園と保護区を蘇生し、収益を生み出す能力を高め、1996年末までの5年以内にケニア野生生物公社（KWS）を自立させることだとリーキーは説明したが、これは彼がすぐに実現不可能だと気付いた2つ目の約束だった。

　アメリカ国際開発庁（USAID）は、生物多様資源地域の保全（COBRA:Conservation of Biodiverse Resource Areas）と呼ばれる事業計画（1993～1999年）を通してケニア野生生物公社（KWS）地域野生生物局を支援し、「野生動物を宣伝し、保護することが人々の財政的、社会的利益に繋がるとするケニア野生生物公社（KWS）の新たな地域社会保全手法の履行」を目的とした。世界銀行の資金の大半、及びケニア野生生物公社（KWS）の初期の優先順位は国立公園に置かれていたが、コブラの「主要目的」は「地域の土地所有者と地域社会の収入を生む活動の開発」と、その権限には「入園料からの収益を地域社会に直接分配する」システムを開発してケニア野生生物公社（KWS）を援助することが含まれていた。だが、当時田舎の地域社会に対して開かれていた事業へのコブラの評価は控えめなもので、「最も利益

6.3 公園、野生動物と地域社会:良い理論と乏しい実行力

を生むチャンスはすでに民間で掌握され」、また「管理に通常必要とされる事柄は、一般的に地域社会の力では対応できないもの」であることが明らかにされた。

コブラの地域社会事業への資金は、部分的にアメリカ国際開発庁のアフリカ開発基金と、リーキーの誓約通りに入園料の25%から提供されることになっていた。アメリカ国際開発庁は、ケニア野生生物公社（KWS）が5年間に830万ドルの収益を選ばれた地域の地域社会に配分することを想定した。だが、そうはならなかった。政府の調査によると、1991年から1994年の間にケニア野生生物公社（KWS）は公園周辺の地域社会に対し、入園料の2%しか支払っていなかった。1990年代にケニア野生生物公社（KWS）が得た収入は、その4分の1を地域社会に渡すには、単純に足りなかったのだ。これら初期の欠点の一方で、期待の持てる事業も幾つかあった。例えば、ケニア野生生物公社（KWS）が創設を支援したケニア南部海岸のムワルガンジェ・ゴリニ地域野生動物保護区は、2002年までに国内でゾウが最も多く集まる場所の1つとなった。地域で自給自足している農民とNGO、旅行会社、そして政府機関による連合は、ゾウと他の野生動物にとって重要な回廊地帯を保護し、観光に利用して、収益を地域社会に還元することが出来るように努めた。だが、小規模な事業によくあるようにマーケティングが極めて不備だったため、利益が出なかった。ある国際NGOの責任者によると、20マイルしか離れていない海浜リゾートは保護区の存在を知らなかったため、観光客を保護区へ案内していなかったという。

入園料の25%を地域社会に還元するリーキーの誓約が果たされなかったことがモイ大統領により問題提起され、これが圧力となり、1994年1月にリーキーは辞任した。その頃までに、リーキー自身もこの事業には疑問を抱き、「地域主導型の環境保護には、一片の希望もないと思う」と報道陣に語っていた。そして2003年、リーキーは南アフリカのダーバンで開催された世界公園会議で、再び論議を巻き起こした。環境保護は地域固有の権利よりも優先され、保護区は「先祖の土地から立ち退くことに不満を訴える人々」に「従属する」には重要すぎる、と宣言したのだ。

リーキーはケニアの野生生物庁の再編成と強化、及び国際的な環境保護援助団体からの支援を得ることにも成功したが、その一方で戦略的な過ちを犯し、強力な敵も作った。1993年終盤にリーキーが搭乗していた軽飛行機が不可解な墜落事故を起こし、彼は両足を失い、瀕死の重傷を負った。それでも義足を付けて働き続けたリーキーだったが、1994年1月までが限界だった。彼は「老齢の政治家等から非難されるストレスと痛みに、私の体はもう耐えられない」と報道陣に語り、辞職した。その後、あの飛行機事故は故意だったとリーキーはほのめかしたが、この疑惑が確証となることは決してなかった。

リーキーのような人材は、なかなかいなかった。世界銀行等の外国援助者は彼が退職に追い込まれたことを好ましく思わなかったが、モイ大統領が白人を選び、デビッド・ジョナ・ウェスタンを保護長官に任命したことで、彼らの不安は解消された。ウェスタンにはリーキーの国際的名声やカリスマ性、管理職の経験が欠けていたが、彼はニューヨーク動物園協会（野

221

生動物保護協会）のケニア事業を監督し、何十年にも渡る現地調査経験を持つ高名な科学者だった。彼はタンザニアで育ち、父はハンター兼名誉狩猟区管理官だった。1960年代後半からウェスタンはアンボセリ国立公園で研究を始め、マサイ人との保全事業を開拓した。その後、20年間の大半をアンボセリで過ごした彼はマサイの人々への深い敬意を育み、ケニアの市民権を得た。

　ウェスタンは、健全な環境保全とエコツーリズムは地域住民の参加と、彼らが恩恵を受けることに依存するという概念にこだわった。環境保全を積極的に推進するために、「エコツーリズムは現金が流通していない発展途上国の経済に巨額の外貨を注入し、林業者、農家、牧畜家と競合しなければならない」と論議し、これは特にケニアでは必要だと主張した。ケニアでは70％の野生動物が国立公園と保護区外で移動もしくは生息し、これらの土地には農家や牧畜家が居住しているためである。この方向性でウェスタンが表現した基本的な保全課題は「野生動物を地域にとって価値ある資源と土地活用の形態として考える」という多くの東アフリカの公園管理者がそれ以前もそれ以後も成し得なかった、あるいはしようとしなかったことだった。

　公園収益の4分の1を地域社会に還元するというリーキーの誓約が野心的すぎたことを認めたウェスタンは、直ちに、ケニア野生生物公社（KWS）は10％を目指すと宣言した。彼は自らの職務をケニア野生生物公社（KWS）のエコツーリズム構想に対する権限を強めることと、組織を（1）生物多様性の保全、（2）環境保全と観光の連結、（3）地域、国内、国際間でのパートナーの創出、という3つの主要目標を反映して再編成することと考えた。ケニア野生生物公社（KWS）は地方分権化を始め、経営部門をナイロビから生態学的に決定された地域単位へと移し、またコブラ計画を通して、分散地域の土地所有者と地域社会の増収活動への投資を強化した。

　1995年末までに約160万ドル（8,000万ケニアシリング）が地域社会、地方団体と地方行政に支払われ、約300の事業が承認され、融資された。一連の事業の約3分の1は学校建設もしくは奨学金（育英資金）に関連していたが、生産的な地域社会投資、能力育成、そして野生動物と環境保全に関連する増収活動の開発にも重点が置かれた。これらには地域の所有、管理による旅行会社を立ち上げるための資金と訓練の提供、宿泊施設に地域の建材と文化を組み込んだデザインを奨励することが含まれた。1996年のコブラ計画の評価は「学校、奨学金、診療所、インフラといった社会投資には地域社会における純な優先順位の高さが表れているが、環境保全に明確に結び付いてはいない。さらに幾つかの事例では、地域社会の野生動物保護と管理への積極的な関与よりも、単に保護区に近接した地域に住んでいることによる権利意識が高まっている」と指摘する。だが、総体評価は肯定的だった。「コブラ計画に明言された目的を達成するための重要な進展は見られた」とし、「主に収益分配によって、また限定的ながら事業開発からも、地域社会へ利益が還元された。おそらくそれ以上に重要なのは、ケニア野生生物公社（KWS）と地域主導型の環境保全からもたらされる経済面や他

の利益の意義のある可能性に対する地域社会の態度が、特にコブラ計画の重点地域において、劇的に変化したことである」。また、ウェスタンは土地所有者が地区レベルの組織を作る手助けをした。「野生動物フォーラム」と呼ばれたこれらの組織は地域管理の立場を代表し、政府とより良い意志の疎通をはかるために機能した。1997年、ケニアの国立公園制度は「公園を超える公園」をテーマに50周年を祝し、地域社会の利益のために、分散地域における野生動物の保全と多様な観光目的地の創造を目的とすることを表明した。

　だが、何もかもが不調だった。観光業界は3年間の不況に陥り、歳入の95%が観光で成り立っていたケニア野生生物公社（KWS）の赤字は山のように積み上がった。ウェスタンは、収益を生み出す次の打開策を打ち出した。「公園収益の依存性を逆転させ、公園外の野生動物から利益を得る」目的の一環として、特定の種に対する限定的な商業狩猟の再開を考えたのだ。特定の民間牧場だけに許可を与えるのではなく、分散地域の地域社会にも狩猟サファリを実験的に提供することで、ジンバブエのキャンプファイア計画のようにまとまった収益を得られるかどうかを彼は見極めようとした。1995年のケニア野生生物公社（KWS）とアフリカ野生生物基金との共同研究、及び1996年の野生生物政策草案の双方で、狩猟禁止の取り止めと、分散地域と民間牧場における特定動物（ゾウ以外）の狩猟、鳥の狩猟、狩猟動物飼育、生きた動物の取引を含む「野生生物利用」の認可が提案された。狩猟を再導入する論拠の一部は、少なくとも自然保護家の観点からは、野生動物から観光収益が得られる土地は、野生動物が生息するケニア全土の約5%に過ぎないという事実による。民間の、その大半が白人である牧場主と、地域社会の幾つかは、管理された狩猟の再開の是認を議論した。結局、これらの改革はウェスタンのケニア野生生物公社（KWS）長官在任中に国会で十分な牽引力を持つことは出来なかったが、狩猟をめぐる議論は、数年後に新たな激しさを伴って再浮上する。

　ウェスタンは、世界で展開された象牙と狩猟をめぐる議論で重要な役割を果たした。1997年にワシントン条約（CITES）会議の開催が近づくに伴い国際機関とアフリカ諸国の間で分裂が生じ、象牙取引禁止に関する合意が弱まり、アフリカ南部で禁猟の取り止めに対する圧力が高まった。力のある狩猟擁護グループとアフリカ南部諸国が、共に禁猟の終結を主張した。1997年の会議で、ケニア（ウェスタンが率いた）と南アフリカは、1989年の禁猟案を部分的に改訂するという特異な妥協を仲介する役割を担うことになった。ワシントン条約（CITES）はナミビア、ボツワナ、ジンバブエに生息する大量のゾウを附属書II（「絶滅のおそれがある」ではなく「保護対象」の生き物）へと引き下げる採択をし、1999年にこれらの国々が象牙の貯蔵品を日本へ売却することを、特定の条件を前提に認めた。ケニア、タンザニアと他の国々に生息するゾウは、附属書I（絶滅危惧種）に区分されたままである。この妥協案は過去10年間続いてアフリカ南部諸国からの限定的な売却が認められていたが、ケニアはこうした国際交渉の中で全般的に象牙取引にする反対の立場を維持してきた。

　ケニア野生生物公社（KWS）は1997年後半までに組織内部の弱体化と外部問題からの打

第6章 ケニア　エコツーリズムの「先輩」

撃を受け、ウェスタンの人評にも、有望視されていた地域自然環境保全事業にも、共に陰りが見えてきた。ウェスタンがケニア野生生物公社（KWS）とエコツーリズムを欧米で精力的にアピールし、ケニア野生生物公社（KWS）がナイロビで国際エコツーリズム会議を主催する中で、地方報道機関は非難運動を始めた。ケニアの「ザ・ピープル」紙は統計数値を引用し、ケニア野生生物公社（KWS）が「親密な間柄の友人達に膨大な給料を」支払い続けていて、それには長官自身の14万8,000ドルという高額な年収が含まれていると非難した。同時に、ウェスタンは出来の悪い行政官で、組織は方向性を失い、組織の地方分権化がケニア野生生物公社（KWS）の財務と中核業務の遂行力を弱める可能性があると非難した。ある地方紙は、ケニア野生生物公社（KWS）が「運営的、財政的な破綻」に向かっていると主張し、別の地方紙はケニア野生生物公社（KWS）を「道徳観のない現地職員による仮面組織」とし、さらに別の地方紙は、外国援助組織は「ケニア野生生物公社（KWS）に見切りをつけた」と主張した。これらに対し、ウェスタンはケニア野生生物公社（KWS）の国外職を撤廃し、他にも経費削減と増収対策を履行し、アメリカ国際開発庁を説得してコブラ計画を1998年まで延長したと反論した。

　より根本的なところでは、援助組織や自然保護組織の中に、ウェスタンはバッファーゾーンでの地域事業に集中しすぎて、ケニア野生生物公社（KWS）の公園と保護区内での環境保全や保護、インフラ改善、収益の増加等の優先事項を軽んじているのではないか、と懸念する声があった。世界銀行アフリカ環境グループの筆頭生態学者アギ・キスは「サイエンス」誌に、「私達はケニア野生生物公社（KWS）の資源管理と優先順位の付け方を大いに疑問視し、不満に思う」と述べた。コブラ計画を査定したコンサルタントのロバート・ホールには若干異なる懸念があり、地域保全事業におけるウェスタンの活発な役割は「ケニア野生生物公社（KWS）を公園外地域での土地管理紛争に巻き込むだろう。外部の問題を解決しようとするケニア野生生物公社（KWS）は侵入者、かつ問題の根源のように映るのではないか」と心配した。

　そして1998年5月、モイ大統領は熟考の末、ウェスタンの解任を発表した。それは彼を引き続きケニア野生生物公社（KWS）長官とする2年の契約延長をしたわずか数ヶ月後のことだった。モイは解任の理由を明らかにしなかったが、ウェスタンはケニア野生生物公社（KWS）の財政等の諸問題とは一切関係ないと主張し、むしろ閣僚が西ツァボ国立公園に新たな宝石用原石鉱山を開発し、他のケニア野生生物公社（KWS）の土地を取ろうとする策を阻止したために解雇されたと断言した。

　自らの立場を全面的に固守したウェスタンは、地域主導型の環境保全事業の履行に問題はつきものだが、それがケニアにとって唯一の実現可能な道だったと主張した。彼は批判を受けたある記事に対し、「世界銀行がケニア野生生物公社（KWS）に望むような公園のみの保護には、難しいことが多々ある。保護区は未だにケニア野生生物公社（KWS）の最優先事項ではあるが、国土面積の8％に満たないため、生物多様性に対する適宜な対応が単純に出来

6.3 公園、野生動物と地域社会:良い理論と乏しい実行力

ていない。さらに、生態学的に実行可能なことは実に限られている。いかに困難であろうと、ケニアの生物種と移動群という財産を守るために、人間と野生動物との対立は解決しなければならない」と回答した。

これらの経営課題をめぐる議論は激しさを増し、ウェスタンが復職しなければ巨額の援助を留保すると援助組織が脅したため、モイ大統領は決意を翻えし、ウェスタンはケニア野生生物公社（KWS）の指揮官に復帰した。だが、戦いはまだ終わっていなかった。1998年9月、アメリカ大使館爆破事件と観光客数のさらなる落ち込みによる不安から、モイは再度ウェスタンに辞職を強いた。そして、モイはかつてウェスタンのライバルで、1994年にケニア野生生物公社（KWS）長官職を自ら退官したリチャード・リーキーを後任につけ、世間を驚かせた。リーキーのケニア野生生物公社（KWS）第2期は、第1期ほどには記憶に残らず、1年ほど後にモイによりケニア政府機関の責任職に転任させられた。リーキーはモイ政権で最も力のある地位の1つに就き、表向きにはケニアの増幅する機能障害と腐敗した行政組織を改善する権限を持っていたが、リーキーはすぐにその任務は不可能だと気付き、2001年3月に辞職した。

以降、リーキーは徐々にケニアの公職の世界から退き、ウェスタンは1995年に設立に助力したケニアのNGO、アフリカ自然保全センターを通して、主に地域社会の自然保護活動とエコツーリズムの促進に力を注ぎ続けた。共に元長官で、時にはライバルだった2人は、ケニア野生生物公社（KWS）が1990年代初頭の姿の影のようになってしまったという点で意見が一致していた。2002年以降のケニア野生生物公社（KWS）は、記憶に残らない長官の交代劇が回転ドアさながらに目まぐるしく展開し、1年以上在任したケースは少なく、汚職疑惑による辞職が何度かあった。リーキーは2006年のある会議で、「ケニア野生生物公社（KWS）は正常に機能出来ていない。負債状態で完全に腐敗し、本来仕えるべき地域社会との間に醜悪な政治関係を創り出して、先が見えなくなっている」と述べた。ウェスタンは、ケニア野生生物公社（KWS）が「もはや独立組織ではなく」1999年以降、方向性とリーダーシップを失っていることを容認した。リーキーとウェスタンは共に、もはや10年前のようにケニアの環境保全界を牽引していないが、彼らが育んだ管理政策をめぐる議論は、ケニアの野生動物と観光業にとって切迫した現実性を帯びたものとなっている。1990年代終盤に長期監視調査の数値が得られるようになったことで、それまでの20年間に、ケニアの野生動物が激減していたことが明らかになった。監視と同時に禁猟も始まった1977年以降、ケニアは約40%もの野生動物を失っていた。特に注目すべきは、最近ウェスタンと2人の共著者がこの動向を調査した論文で指摘しているように、野生動物は広い活動領域と同様に、公園内でも実質的に減少している点である。

この広域に渡る野生動物の損失の原因を究明するのは、1970年代と1980年代の象牙とサイの角の密猟危機の場合とは異なり、難しい。主に、野生動物の肉を目的とする密猟が、引き続き大きな影響を与えている。同じく重要なのは、土地利用の変化、特に人口の増加に

225

第6章 ケニア エコツーリズムの「先輩」

伴う放牧場から農地への転換である。ケニアの著名な環境保護家の一人であるマイク・ノートン・グリフィスは、ケニアの野生動物生息数の減少の影には、経済的性質が機動力として働いていると言う。「大半の（小規模なアフリカ人）土地所有者には農業利益のほうが牧畜利益を遥かに上回っていて、その一方で野生動物からの利益は、両者とは比較にならないほど極めて乏しい。そのため、大多数の土地所有者にとって、野生動物は政府から押し付けられている負担になっている」と彼は記述している。

ケニアの野生動物生息数の減少規模が広く認知され、ケニア野生生物公社（KWS）の能力低下と観光収益の減少という背景の中でその原因が調査されるようになって、スポーツハンティングを復活させようとする動きに活気が出てきた。ノートン・グリフィスは「ケニアが保護区外で相当数の野生動物生息数を維持することを望むのなら、土地所有者が野生動物から得られる収入が農業や牧畜からの収入と競合出来るものでなければならない」、そして、おそらくスポーツハンティングはこのために最も重要な方法だろうと強調する。ウェスタンがケニア野生生物公社（KWS）長官在任中に支援した地域野生生物フォーラムは、東アフリカ野生生物協会等の自然保護団体と協力して、1977年の禁猟廃止の撤廃を推進する先導役を担った。2004年、これらの改革派はベテラン国会議員G.G.カリウキと緊密に連携し、1975年のケニアの野生生物法を改訂する私案を立案して突破口を開いた。法案は運営の分権化を地区レベルへと促し、狩猟の再導入、ケニア野生生物公社（KWS）理事会への地域住民代表の参加、そして野生動物による損失に対する賠償の増加といった事項が含まれた。こうした人民主義的な規定は直ちに国会で政党を超える支持を得たが、公開討論後、2002年に就任したムワイ・キバキ大統領がこの法案に拒否権を行使した。

大統領の拒否権による廃案は、ケニアで活動する影響力のある複数の動物擁護組織の画策によるもので、彼らの攻勢的なロビー活動が大統領に「故意に誤解を与えた」と、マイク・ノートン・グリフィスは非難した。これらの組織はケニア野生生物公社（KWS）と他の地方機関に送金することで、ケニアでの実質的な政治的影響力を得てきた。南アフリカからエチオピアの中で、ケニアは相当数の野生動物を有し、合法的狩猟が許されない唯一の国として残っている。例えば2005年、主にアメリカとヨーロッパに会員を持つ会員数100万人以上の国際動物福祉基金は68万4,098ドルの譲渡金をケニアに支払い、その内50万ドル以上がケニア野生生物公社（KWS）へ直接渡った。

ケニアの自然資源の維持よりも反狩猟理念に関心があるように見受けられる外国組織の影響は、ケニア国内の改革主義者の間で不満を増幅させた。ケニア野生生物作業部隊長で主要な改革支持者の一人であるオマラ・カラシンギャは、これらの組織による影響を「破壊的で利己的」と話す。ケニア人の政治評論家ジェームス・シクァチは「ケニアの野生動物生息数を営利的な手法で維持するのは、すでに手遅れだ。NGOは動物の権利を保護するという名目で何百万ドルもの金をかき集める一方で、人々を貧困に追いやり、人権を侵害している。これが現状だ」と論評している。ケニアの観光業の健全性と将来性は現在の野生動物の動向に

脅かされているが、皮肉にも業界は改革擁護的ではなく、一般的に狩猟再開に反対の立場をとっているように見える。

野生動物利用、地域社会、公園の将来的な役割をめぐるこれらの論議は2007年を通して展開され、長期に渡る国家的協議の前例のない手続きを経て、新たな野生生物政策草案と法案が作成された。だが、法案は動物福祉団体からの断固とした抵抗に直面し続け、彼らが財政的影響力を利用して「全ての行程を乗っ取った」と、ノートン・グリフィスは告発する。東アフリカ野生生物協会会長で元ケニア野生生物公社（KWS）副長官の主要な改革擁護者アリ・カカは、新たな野生生物政策に対するキャンペーンを「甚大なる失望」とし、仲間と「野生動物と土地を共有する人々の暮らしに真の変化をもたらすために、後手に回り続けてきたこと」に今後も取り組むと語った。新政策なくしては、減少を続けるケニアの野生動物生息数の未来に暗雲は立ち込めたままだ、と彼らは主張する。

6.4　地域社会の環境保全と初期のエコツーリズム：アンボセリとマサイマラでの実験

この20年間、ケニアの環境保全政策に関する議論が続く中で、地方レベルでエコツーリズム開発を成功させてきた取り組みが、課題と可能性を共に反映する形で現れてきた。40年以上前、「エコツーリズム」や「地域主導型の環境保全」という言葉が一般に浸透する遥か前に、マサイマラ国立保護区とアンボセリ動物保護区では、地域社会が野生動物の保護と観光に参加する原則を取り入れるための重要なステップが踏み出されていた。これらはアフリカにおける最も初期のエコツーリズム計画とされる場合が多く、有名な保護区での公園収益の分配と観光に関する、ケニアでの初期の実験を表している。

マサイマラとアンボセリは共に、歴史的にマサイの牧畜民が牛、山羊、羊の群れに生草や水を与えるために使ってきた土地にある。マサイ人は伝統的に狩猟をしなかった。彼らの家畜は野生動物と土地を共有したが、タンザニアとは異なり、マサイ人が野生動物から得た金銭的利益はわずかだった。1904年と1911年にイギリス植民地政府と当時のマサイ人リーダーとの間で交わされた条約で、この2地域を包囲する南部保護地域の牧畜民は、「マサイが人種として存続する限り」わずらわされることがないとされた。

当然ながら、この通りにはならなかった。1945年の国立公園法により、アンボセリとマサイマラへのマサイ人の出入りを抑制する動きが始まった。1940年代後半、両地域は共に王立ケニア国立公園内の国立保護区と宣言され、マサイの牧畜民には保護区への限定的な立ち入りと利用しか許されなかった。マサイ人は、これを彼らに残された放牧地、水、聖地を取り上げるための一つの段階として見ていた。彼らはその保護区を、イギリス女王を隠喩する「シャンバ・ラ・ビビ（年老いた女性の庭）」の名で呼び始めた。

1950年代後半、独立が近付いた時期に、新たな計画が提案された。マサイ人は狩猟鳥獣

保護局とケニア政府の野生生物顧問と共に、保護区を公式の国立公園に転向することに反対した。リー・タルボットとペリズ・オリンドは、「それらの地域が国と後世の利益のために保全されるのなら近隣に住む人々によって支持されなければならないという彼らの論拠は、当時としては非常に革新的なものだった。これを実現するためには、人々は地域からの実在的な利益を受けるべきであり、理想的には、彼らは国立公園の設立と管理に全面的に参加するべきである」と記している。実際には、野生動物の70%が牧畜民と家畜が生息するいわゆる分散地域に移動、もしくは定住していた。人々が野生動物を、保護する価値のある有望な経済的利益と見なすようになるのは、避けられないことだった。1961年の協定に基づき、アンボセリとマサイマラ、そしてその他幾つかの保護区は、中央政府ではなく地方自治区あるいは郡議会により管理されることになった。

6.4.1　マサイマラ狩猟鳥獣保護区

現在、マサイマラは東アフリカのどの野生生物保護区よりも多く観光客を受け入れ、ケニアを訪れる観光客の50%がここを訪れる。マサイマラ国立保護区はセレンゲティ国立公園の12分の1の面積だが、同様に有名なこのタンザニアの保護区よりも若干多数の観光客を受け入れている。アフリカの他地域のように、マサイマラ国立保護区は土地、野生動物、観光収益をめぐる苦闘が、いかにエコツーリズムの根源的な望みに傷をつけるものであるかを私たちに見せている。

かつて1961年に、植民地時代の狩猟鳥獣保護区管理官を長期に渡り務めたリン・テンプル・ボレハム隊長が提案した計画に基づき、保護区の管理はナロク郡自治体（NCC:Narok County Council）に譲渡され、狩猟鳥獣保護区の中心部は野生動物の見学観光のためだけに割り当てられた。ナロク郡自治体（NCC）は観光施設の開発、道路の建設と維持、保護区長官、レンジャー、その他スタッフの任命、入園料等の料金徴収の責務を負った。保護局は、職員の訓練を行った。1962年にナロク郡自治体（NCC）は初の常設観光施設を建て、水場近くの美しい場所に自炊用バンガロー（草ぶき平屋住宅）が多数作られた。これらは3年後に民間ホテルのキーコロク・ロッジに変わった。その後、保護区内の全てのロッジとテント式宿泊施設は、民間の開発業者がナロク郡自治体（NCC）から借地して建てられた。

また、保護区周辺の分散地域は保護区の倍の広さで、狩猟用と写真撮影用の特別使用地区に区分された。ナロク郡自治体（NCC）は区画内で観光客から入場料、キャンプ料、狩猟成果品代金、車両使用料を定め、徴収した。マサイマラ国立保護区内と周辺地域での観光から生み出されるこれらの資金は、保護区内の維持管理と周辺地域の集団牧場のために使われると想定されていた。保護区周辺に住むマサイ人の多くは共同牧場のメンバーで、彼らは土地を共有し、選出された委員が共同牧場の管理の責務を負った。

保護区は十年の節目を迎える頃には、保全と地域社会参加の双方の意味合いにおいて「完

6.4 地域社会の環境保全と初期のエコツーリズム:アンボセリとマサイマラでの実験

全な成功」と謳われるようになった。保護区内では密猟と家畜放牧に関する深刻な問題はなく、観光客数は着実に増加し、マサイマラはケニアの自然観光業の大黒柱となった。ナロク郡自治体（NCC）はその収益を、移動もしくは常設の診療所や学校の建設、揚水機、家畜用水浴場、道路維持管理を含む様々な地域事業に使った。ナロク郡自治体（NCC）の収益の公平な分配に関しては、初期には非常にうまくいっていたと言える。

1977 年にタンザニアとケニアの国境が閉鎖されたことで、マサイマラは突然、人気の高いセレンゲティからンゴロンゴロ火口への巡回路の終着点になった。このためにマサイマラを訪れる観光客が激増したことで、「不備な開発計画によるエコツーリズムインフラを牽引した」と、保護区勤務の生物学者でケニアエコツーリズム協会（ESOK:Ecotourism Society of Kenya）創設者のクリス・ガカフは言う。この年、ケニアは禁猟を強制し、マサイ人集団牧場が狩猟区から得ていた賃貸収入は撤廃された。損失の一部は保護区入場料の増加と、多くの狩猟家が野生動物の見学観光へと転向したことに伴い、共有地に新しいロッジとテント式宿泊施設の建設を増やすことで相殺された。1987 年までに観光開発件数の約半数は分散地域で展開され、マサイ人土地所有者は「観光に対して肯定的」だと考えられた。観光が充分な収益をもたらすことが立証され、密猟と、密猟の防止に向けられる努力は、互いにほとんど見られなくなった。ケニアの他の多くの地域での状況に反し、ゾウとサイの生息数は増加していた。1990 年、マサイマラで死んだゾウはわずか 5 頭（3 頭は自然死）、1 頭のサイが殺されたとの記録があり、これは 6 年間で初めてのことだった。

だが、マサイマラは高収入を得て、密猟件数が減少しても、深刻な問題を抱えていた。「問題は常に金で、金がどう使われているかということだった」と、ある反対派のマサイ人リーダーは言う。資金の使い方と管理には、多くの問題が複雑に絡み合っている。その 1 つは、マサイマラの収入の急増を受け、その観光収益をナロク郡自治体（NCC）が保護区内の維持管理と周辺の分散地域での開発事業だけではなく、地区全域の事業の支援に使い始めたことだ。東及び南部アフリカの他の地域と同様に、何をもって保護区周辺の地域社会を制定するかという決断は、デリケートな政治的問題である。保護区に最も近い分散地域に住むマサイ人は、家畜の放牧や水やりを禁止されている彼らの土地に野生動物が生息し、移動してくるのだと強く主張する。歴史的にマサイ人は、家畜を殺し、放牧地を取り合い、病気を伝染し、財産を破壊する野生動物による一連の不利益を被ってきた。彼らは公正な補償を求めたが、象徴的に最小限なナロク郡自治体（NCC）の営業費は公園近隣の居住者のみを対象とせず、ナロク郡自治体（NCC）の全構成組織へと広く配分されていた。2002 年の調査によると、保護区の収益 350 万ドルの約 20％のみがマサイマラに接する集団牧場に再分配され、残額はナロク郡自治体（NCC）の一般財源となった。1990 年代半ば以前には、保護区外、及び集団牧場内で行われた観光開発による支払いも、ナロク郡自治体（NCC）の利益として計上された。

1994 年、オルチョロオイロア野生生物協会が、総面積約 89 平方 km の土地を有する民間土地所有一族のグループにより設立された。小麦農業用に土地を借り入れた白人ケニア人の

第6章 ケニア エコツーリズムの「先輩」

　ウィリー・ロバート率いるオルチョロオイロアは、彼らの土地で行われた開発から生じた利益を徴収する権利のために、ナロク郡自治体（NCC）を訴えた。裁判所は彼らへの権利の授与に加え、ナロク郡自治体（NCC）が協会に対し約46万7,000ドル（1400万ケニアシリング）の収益の払い戻しをするよう命じた。協会は外国人から20ドル、ケニア人から3.3ドル（100ケニアシリング）の入場料の徴収を開始し、これに協会の土地に建てられたパラダイス・ロッジと3軒の豪華な観光ロッジからの土地使用料を加えた平均月間収益は、1990年代中盤までに33万3,333ドル（1,000万ケニアシリング）に達した。ある調査によると、2002年には、集団農場の施設への観光支払いは、その地域を管理する民間土地所有者に直接行われていた。

　マサイマラにおける観光の根本的な問題は、汚職である。ナロク郡自治体（NCC）、あるいは中央政府で力を持つ政治家が単純に観光収益から巨額を着服、もしくは権力を利用してホテル等の利権や農業用地を取得している。入園料収益やホテル税等、様々な利権の搾取が常態化していると観光の専門家は報告する。例えば、熱気球での狩猟鳥獣見学の料金は1時間約300ドルだが、旅行会社の取り分はごく一部で、その大半が地方役人に「行政上の料金」として支払われている。政府の大臣職を長年勤め、ナロク選出の国会議員で元ナロク郡自治体（NCC）代表のウィリアム・オレ・ンティママは、ケニアで最も腐敗した政治家の1人として広く知られている。彼はマサイマラに豪華なロッジを2軒所有している。学友の1人はンティママを「半マサイ」と呼び、彼が伝統衣装を着るのは「私達に会う時だけで、車がナイロビに向かい始めた途端に私達のことを忘れる」と話す。私が取材した人々は、ンティママと数名のマサイ人役人が、マサイマラに観光事業や小麦農業用の土地を入手するために、裏で多くの違法取引に関与していたことを語った。ケニア全域で「土地の収奪」が一般的に見受けられる事態を反映して、マサイ人以外の転入者が増加し、保護区周辺の土地の権利を持つようになった。マサイ人集団牧場の代表者で観光運転手のジェームズ・モリンテは、「土地が欲しい人は偉い人の口利きでナイロビの土地局へ行き、地図を取り出し、具体的な希望を言って所有権を与えられている」と話す。

　その結果、現在集団牧場で展開されている観光の多くは、地域社会全体に利益を還元していない。観光は、繋がりのあるエリート達が所有する土地で行われている。マサイ人社会で最も財力と力のある人々が観光に最適な土地を効果的に入手し、地域社会の大半は寒空の中に放り出されている状態だ。ロンドン大学のミカエル・トンプソンはマサイマラ国立保護区周辺の集団牧場で調査を行い、ある集団牧場では年間予算全体の25%にあたる4,000ドルが委員会メンバーの手当として使われていた一方、年間観光収益から集団牧場のメンバーへ支払われていた分配金は、わずか70ドルだったことを明らかにしている。マサイマラの観光収益の「恩恵を得ているのは主に議員で、彼らが唯一の受益者の場合もある」と、東アフリカ野生生物協会会長アリ・カカは記述する。

　南部ケニアの至るところで見られるように、マサイマラ周辺の集団牧場においても、共有

6.4 地域社会の環境保全と初期のエコツーリズム:アンボセリとマサイマラでの実験

地が私有地に大幅に取って代わられてきた。人口の増大に伴い土地の取り合いが続くケニアは、雨量の少ない乾燥した放牧地なので生態学的な理には叶わないものの、共同所有地が個人区画に置きかわってきた。この土地所有様式の変化は、富裕層による観光の支配が進み、多くの土地が農地に転換されて、牧畜が活力を失っていることを意味してきた。特に小麦農業は、1980年代からマサイマラ周辺で地域外からの投資に刺激され、急速に広まった。1975年に約51万平方Kmだった地域の農地は、約25年後には510万平方Kmに拡大した。

土地利用様式の変化は、野生動物の生息数に打撃を与えた。雨季にマサイマラから東へとナロクに向かって移動するロイタ平原のヌーの生息数は80%以上減少し、12万頭から2.2万頭になった。1977年から1997年の間に、マサイマラ保護区内と周辺地域に生息する狩猟鳥獣の全体数は、60%近く減少した。この期間に安定していたのは、年間のほとんどの期間をタンザニアのセレンゲティで過ごし、マラへと移動してくる野生動物の数だけだった。

このように、過去20年間に保護区、地域住民、観光業の全てが、汚職、土地問題、そして全般的な管理不備に苦しんできた。1991年に行われたマサイマラ鳥獣保護区の調査により、観光の質、インフラ、観光施設、野生動物の保護状況の悪化が明らかになった。「ワジブ」誌の1995年の記事は、「今後も観光客に来てほしいと望んだところで、マサイマラらしい環境を保全するには既に手遅れだ。このままでは観光客のイメージする『野生のアフリカ』は、眼力のある観光客の目には映らない。その代わり彼らが目にするのは動物を取り囲む車の群れであり、期待されていた大自然体験は、乗用車での動物園探訪に成り変わっている」と結論づけた。

20以上のロッジと常設のテント式宿泊施設が保護区内の北西部と南東部の2つの主要地域に集中し、廃棄物処理や調理用、温水用の薪不足等の問題が生じている。道路の区画不備と整備不足により、ロッジに最も近い地域で過利用が起きていたのだ。狩猟鳥獣が見られる場所を知っている運転手はガソリン代を節約し、車への負担も軽減したいため、これらの地域に留まることを好む。違法ではあるが一般的な道路外運行は深い轍を作り、動物達が食べる草や灌木を損なう。乗用車が群を成して動物達を邪魔する場合が多々あり、ある調査結果によると、ライオンとチーターの見学では、車の数と、車と動物の距離に関する規制が遵守されていない場合が90%以上もあるという。2006年にケニア人記者のストーム・スタンレイは、この状況は1980年代からほとんど変わらず、「あまりにも多くの車が野生動物の邪魔をし、あまりにも多くの轍が道路外に作られ、常設ロッジ40軒と多数の『移動式キャンプ』が建ち並ぶ保護区の自然資源は、かつてない緊張感を強いられている」と語った。

マサイマラは観光の過剰開発の象徴となり、観光収益がナロク郡自治体（NCC）内部と集団牧場内での汚職と土地横領を加速させる主要素となっている。マサイの女性達にとって、文化センターと手工芸は長年に渡り観光から得られる最も重要で合法的な収入源であり、このことは特に、土地と家畜の所有が男性にほぼ限定されている社会において価値のあるものだった。マサイマラとアンボセリ一帯に分布している「ボマ」と呼ばれる文化村ではマサイ

231

第 6 章 ケニア　エコツーリズムの「先輩」

人が踊り、歌い、有名なビーズの装身具類が販売されている。観光客は「伝統的」な活動を見学したり、撮影したりすることを許される対価として、入場料を払う。だが、大半のボマではプロフェッショナルな運営がなされていないため、その多くがマサイの伝統と文化を観光客に教えることよりも、金儲けに走っている。入場料の大部分は数名の実業家に、また観光客を連れてくる運転手に手数料として渡るため、あるマサイ人のリーダーは、これらの文化村を「搾取のブラックホール」と呼んだ。マサイマラのセケナニ・ゲート周辺で行われた調査によると、2005 年 6 月から 2006 年 7 月の間に、4 つの村の「ボマ」では観光客 566 人による 1 万 1,859 ドルの収益があったが、住民達が手にした額はわずか 813 ドルで、その 90％以上を運転手が手数料として受け取っていた。

文化村ボマの問題は、ケニアの観光業において文化教育と見なされる広義の搾取を象徴している。「マサイ人」のダンサーは多くのホテルで踊りを披露しているが、実は彼らはホテルの従業員で、最低賃金で、観光客のために踊るように管理職から言われている場合が多い。長い間、マサイマラの密猟監視等の保護区職員はマサイ人が多かったが、1987 年には観光業従事者（ホテルとキャンプサイト経営者、運転手）の 39％がマサイ人で、上層部の経営者の多くがマサイ人ではなかった。露骨な文化搾取の様態は、「スポーツ・イラストレーティッド」誌が 1998 年冬の水着特集にカジアド地域のイルティマル村を訪れた時に新たなピークに達した。雑誌社は「酋長（チーフ）」に千ドルを支払い、彼は村の若者達を集めた。「この場所と人々の、生粋の、無垢の美しさを表現する企画だった」とワルター・チンは書いている。「私達はモデルと到着した。撮影チームにテレビ関係者といった国際的なマルチメディア群で現地入りした。『誰にも迷惑はかけない、これは楽しい企画だから!』と私達は言った。最初のモデルが腰布を落としてビキニとハイヒールだけの姿になった時、マサイの戦士達は彼女に触れようとして前に推し進んだ」。ケニア側の報道は異なり、「マサイの女性達は悲鳴を上げて家に逃げ隠れ、年長者は子供達を遠くに連れ出し、カメラマンが烈火のごとくフラッシュをたいて撮影する間、若い戦士達はその場に佇んでいた」と伝えている。

観光がマサイマラにとって災いのもとになったとするなら、それはまた地域開発と野生動物保護の意味合いにおいて、文化的、経済的に保護区を救済する究極の希望でもある。いかに誤った方法で管理がなされようと、最終的には観光収益が、マサイマラ保護区周辺の集団牧場分散地域で最も深刻な状況となっている野生動物の保護を鼓舞しなければならない。

より管理された、小規模な観光開発へと向かう流れがある。ケニア政府は最近、国家環境管理局を通して、マサイマラ地域での新たな観光施設に関する 36 件の申請を留保し、包括的な管理計画の開発を未決定にした。エコツーリズム・ケニアの会長ジュディ・ケファー・ゴナは、主に集団牧場と分散地域のマサイマラ保護区周辺で開発されている新たな宿泊施設の多くは、エコツーリズムの原則に沿う傾向にあると言う。「エコツーリズムと持続可能な観光の概念は、マサイマラ保護区の共有地で急速に広がっている」。

この新しい流れの主要例に挙げられるのが、保護区外タレク川沿いの 3 万ヘクタールの土

地にあるベースキャンプ・マサイマラである。スウェーデンとノルウェーの経営陣による支援で、北極地方のスピッツベルゲン島とインドのダラムサラでも展開されている、多国籍な世界規模のベースキャンプ・エクスプローラーの一つだ。マサイマラでの展開は 15 の草ぶきテントに限定され、30 人の地元マサイ人をガイドと職員に雇用し、全ての照明と暖房に太陽エネルギーを使い、「観光客が知的に体感できる」文化交流を促進している。社長のラース・リンドヴィストは、ベースキャンプ・マサイマラの「ホリスティックなモデル」は「保全地域を地域社会と共に創造すること」であり、目標は「エコツーリズムの五大要素:教育、健康、エネルギー、水、生物多様性保全」だとしている。マサイマラキャンプは 2005 年の世界旅行博覧会の「責任のある旅行賞」を受賞し、エコツーリズム・ケニア評価計画（このプログラムの後の部分を参照）により、ケニアのエコ評価でわずか 3 つのゴールド指定となった施設の一つに選ばれた。

　ベースキャンプ・エクスプローラーのような経営者が環境に配慮した観光開発の在り方を開拓する中、マサイマラ保護区内ではさらに意義深い試みが始まっていた。1994 年に保護区南西部、（マラ・トライアングルとして知られる地域の）マラ川の西側はナロク郡から分離し、新たに作られたトランスマラ郡に含まれた。2001 年、トランスマラ郡はマラ・トライアングルの管理を、マラ管理委員会として知られる非営利民間会社に委託した。専門的な民間の管理に任せた結果、マラ保護区内のこの地域はインフラの整備、警備、密猟対策が最も行き届いている。マラ管理委員会の成功について、アリ・カカは「地方自治体も地域住民も幸せだ。そうでないのは、政治家だけだ」と述べている。

　このような近年の開発の中には、未来に対して慎重な楽観的展望を持てる理由になっているものもある。だが、マサイマラ保護区は依然として、アフリカの田舎における地域社会エコツーリズム事業が直面している象徴的な課題を抱えている。マサイマラの課題はアフリカの他の多くの地域とは異なり、野生動物が地域住民に十分な収入をもたらさないということではない。ナロク郡、トランスマラ郡、集団牧場、地域の民間土地所有者には、毎年何百万ドルもの金が流れている。むしろ、マサイマラ保護区での大きな問題は、その収益を公平性と透明性をもって管理する方法を探し出すことにある。それは機能的かつ民主的な機関を育成し、現在これらの資源を支配している腐敗した寄生的組織と交換することだ。これはマサイマラに限らず、ケニア全体にとっての課題である。

6.4.2　アンボセリ国立公園

　1930 年代、アーネスト・ヘミングウェイが、それ以前にテディ・ルーズベルトが、アンボセリ狩猟鳥獣保護区（後のアンボセリ国立公園）へトレッキングに赴き、雪で覆われたキリマンジャロ山を背景に、ライオンやゾウを狩猟する大型狩猟鳥獣サファリを行った。一般的に環境保全と開発においてはマサイマラよりも成功していると言われるアンボセリも、地域

第 6 章 ケニア　エコツーリズムの「先輩」

社会の観光事業を形成する上で、何十年にも渡る対立問題に苦しんできた。

　1961 年、植民地政府は 600 平方 km のアンボセリ流域を含む 2 万平方 km のアンボセリ保護区の管理を、カジアド郡自治体に委ねた。自治体は流域内の 78 平方 km の地域を野生動物のためだけに割り当てるとする同意を、地元のマサイ人集団牧場から得た。ナイロビから南へ車でわずか数時間、タンザニアとの国境近くに位置するアンボセリの観光は、急速に成長した。1968 年までに、カジアド郡自治体は年間収益の 75％を保護区から得るようになった。

　だが、初めから郡自治体と地元マサイ人、及び彼らの伝統的なリーダーとの間では保護区とその収益の使われ方をめぐり、深刻な対立が起きていた。必要性にかられ、マサイ人が家畜に水とエサを与えるために流域内への移動を続けていたため、彼らが観光に支障をきたしているとの不満の声があがった。マサイマラのように、アンボセリも観光収益から生まれた開発事業が広域に点在し、保護区に最も近く住む人々は十分な恩恵を受けていないと不満を訴えた。さらに、郡自治体には財政の専門性がなく、研修も受けていなかったため、経営不備による事件が次々に起きた。

　1960 年代後期までに、地域全体の所有権を訴える地域のマサイ人と、アンボセリを国立公園に制定しマサイ人を撤廃することを主張する環境保護家との間で、対立が激化した。1971 年、ケニア大統領ジョモ・ケニアッタは流域の広大な地域を政府が接収し、マサイ人には代替となる水源地を賠償することを唐突に布告した。マサイ人はサイ、ライオン、ヒョウ、ゾウを槍で突き、報復した。彼らのメッセージは明白だった。土地を取れ、マサイ人は野生動物を獲る。

　この時、博士論文のためにアンボセリで研究を行っていたデイビッド・ウェスタンが、協定の交渉に深く関わった。それは元来のマサイ人中心のエコツーリズム実験の大枠を守り、家畜と野生動物の経済活動を統合し、保護区の最も近くに住むマサイ人に観光や野生動物利用の恩恵を与えるためのものだった。地域住民のリーダーと観光野生生物省の職員との間で初めて公開会議が行われたこの展開を、ウェスタンは、この難局で「最も持続力のある影響」と称した。ウェスタンいわく、彼らは「国立公園ではなくマサイ人の公園の創設を求め、それは渋々ながらも政府に受け入れられたが、1960 年代終盤の総選挙で覆された。私達が国と地域住民との間の妥協案を話し合おうとしたのはこの後で、政府がアンボセリを接収した時だった」と言う。最終的に 1974 年に妥協案が作られ、アンボセリは中央政府の管理下で国立公園に制定され、新設された野生生物保護管理省（WCMD）により運営されることになった。この合意には、地域支援を奨励する革新的な条件が幾つか含まれていた。

1) 政府は試掘井戸と導水管を作り、水を沼地から周辺の共有地へ送る
2) カジアド郡自治体は公園内の観光ロッジ周辺地からの収入、及び入園料の一部を保証されるものとする
3) 政府は入園料からの割り当てを公園の維持管理と開発のために使うものとする

6.4 地域社会の環境保全と初期のエコツーリズム：アンボセリとマサイマラでの実験

4）政府は全ての現地職員をレンジャー、見張人、ロッジ従業員として継続雇用する
5）マサイ人の集団牧場は残余土地の所有権を有するものとする。

さらに、世界銀行観光野生生物事業からの 3,750 万ドルから、600 万ドル近くの額がアンボセリの割り当てとされた。

だが、問題は継続し、権力と利権の共有をめぐる交渉が中央政府、郡自治体、集団牧場、公園当局との間で続いた。計画上では、公園外の 4 つの集団牧場に観光ロッジとキャンプサイト、狩猟鳥獣の捕獲、サファリでの狩猟からの増大する収益と共に「野生動物利用料」、もしくは野生動物のために放牧地を失った賠償として賃借料が与えられる、ということだった。さらに学校、診療所、コミュニティセンターが公園の縁に作られ、公園内の道路が改良された。認可された狩猟から生じた 27 万 1,000 ドル（1,900 万ケニアシリング）の支払いが初めて集団牧場に分配された会議で、再びマサイ人は、野生動物には価値があると考えて対応したとウェスタンは詳説する。長老達は「国立公園は、密猟の監視を助ける 2 千組の瞳を得た」と政府役人に言った。この契約の持続を確信したマサイ人は、1977 年までに公園から完全に立ち退くことに同意した。

だが、この同意は書面上で交わされたものではなく、口頭で理解された事柄が十分に履行されなかったため、すぐに対立が再浮上した。野生動物保全管理省（WCMD）は極度の資金不足で、愚行、汚職、縁故主義に染まっていた。野生動物保全管理省（WCMD）は「アンボセリのみならず、全般的な地域主体の取り組みやケニアの野生動物に関しても、絶望的な状態」とウェスタンは記述した。

ところが、1980 年代半ばには観光客数は増加し、またアンボセリの集団牧場が初めて野生動物と観光事業の主導権を握り始め、状況は若干の改善を見せ始めた。この頃、アンボセリ周辺のマサイ人は、他の地域のように放牧主義から農業との兼業、給与雇用、そして牛肉価格の高騰を受けた商業的牧場経営等を取り混ぜた経済活動へと、急速に移行する過程にあった。新世代のマサイ人リーダー達が台頭し、野生動物と観光に関する、これまでにない新しい方法を考え出すようになった。

例えば、200 世帯が暮らす集団牧場では、野生動物を遠ざけるための長さ 9.7km の太陽光発電フェンスを作るために、各世帯が 300 ケニアシリングを寄付した。また、別のマサイ人グループはキャンプサイトを開設し、1987 年までに年間 1 万 8,000 ドル（30 万ケニアシリング）※を越える利益を得るようになった。4 つの集団牧場の全てが、観光客を呼び込むためにサファリ観光会社と契約を結んだ。例えば、1991 年にオラララシ集団牧場は 8 箇所のキャンプサイトに関して 2 つの大きな旅行会社、アバクロンビー＆ケント社、カーアンドダウニー社と年間 2 万ドルの取引をした。このような自発的で利潤性のあるエコツーリズム策は、1980 年代の「象牙戦争」期にアンボセリから密猟の被害を遠ざけることに貢献した。「政府計画の失敗、野生動物保全管理省（WCMD）による公園インフラの悪化、大々的

第6章 ケニア エコツーリズムの「先輩」

に公表された密猟スキャンダルにもかかわらず、マサイ人による野生動物計画は持続し、彼らの開発活動も狩猟鳥獣の数も増大した」とウェスタンは記述している。

アンボセリ国立公園は、1989年までにマサイマラ鳥獣保護区やナイロビ国立公園と並ぶケニアの人気観光地となり、年間数十万人の観光客を受け入れ、入園料から推定約6万7,000ドル（300万ケニアシリング）の年間収益を得るようになった。1984年までに入園者数は急増し、入園料からの収入は推定26万8,000ドル（1,200万ケニアシリング）へと膨らみ、地域社会、郡自治体、中央政府とで分配する大きな収益基盤となった。だが、公園の最も近くに住み、野生動物が農作物を食べ荒らしたり、家畜や時には人間を殺したりする被害を受けている人々が得ていた利益は、依然としてごくわずかだった。1990年代初期、ケニア野生生物公社（KWS）が野生動物保全管理省（WCMD）に代わってから、政府当局者とアンボセリ集団牧場の間で結ばれた幾つかの広義な協定には、収益の支払いを再開すること、そして野生動物を保護するために地域のマサイ人による見張り組織を創設することが含まれていた。入園料の25%を地域社会に配分するというケニア野生生物公社（KWS）長官リチャード・リーキーの誓約の一環として、アンボセリ集団牧場は1991年に初めての支払いを受けた。集団牧場はその10万ドル以上（400万ケニアシリング）の一部で4つの学校と牛の消毒槽を数箇所作り、野生動物を保護するために20人のマサイ人見張りを雇った。

だが、ケニア野生生物公社（KWS）が25％の収益分配計画の完遂とその組織的な履行に失敗したため、アンボセリ集団牧場の幾つかは、保全計画と観光客使用権の履行を目的とする独自の野生動物協会を設立した。1996年、キマナ集団牧場はアンボセリの東に広がる湿地帯に、40平方kmの独自の野生動物保護区を開設した。牧場責任者のポール・オレ・ナンゴロは、この保護区は賭だと認めた。マサイ人の多くが、これは彼らの土地を野生動物保護のために転用するさらなる企てではないかと恐れていたからである。キマナ牧場の原型は、その後数年間でアンボセリ一帯に広がり、その中には約49万平方kmのエセレンケイ保全地域を創設した近隣のセレンゲイ集団牧場が含まれている。この保全地域は、集団牧場とケニアの観光業界の重要人物であるジェイク・グリーベス・クックが経営するポリニ・エコツーリズム株式会社との間で締結された契約に基づいて設置された。エセレンケイ保全地域は地域主導型エコツーリズムの有望なモデルであり、ポリニ・キャンプはエコ水準を満たす施設（5つだけのシルバーレベルの1つ）だが、この計画も地域社会内部の、及び地域社会と経営者間の対立に苛まれていた。ある研究者の2002年の調査によると、問題の核心は「旅行会社に、保護区を地域住民の利益となるように開発しようとする純粋な動機がなかったこと」、また地域に対する金銭的利益が期待に見合わず、透明性をもって提示されなかったことにもあった。

最近賞賛を受けている地域事業のカンピヤカンジは、集団牧場とルカ・ベルピエトロとアントネラ・ボノミが所有、経営するイタリアのサファリ旅行会社、ルカ・サファリとの合弁事業である。「カンピヤカンジ」とは「隠された財宝のキャンプ」という意味で、アンボセリ、西ツァボ、チュール国立公園の間に位置するクク集団牧場にある。ベースキャンプ・マ

6.4 地域社会の環境保全と初期のエコツーリズム:アンボセリとマサイマラでの実験

ラのように、このキャンプはエコ水準の最高認証を受けたエコツーリズム・ケニアのゴールド認証施設で、2005年の「スコール国際エコツーリズム賞」や2006年のWTTC（世界旅行ツーリズム協議会）「明日への環境保全ツーリズム賞」を含む数多くの国際的な賞を受賞してきた。キャンプは70人以上の地域のマサイ人を職員、及びマサイ人の先導によるウォーキング・サファリやマサイ人女性による伝統工芸品製作等の多彩な観光関連事業の従事者として雇用している。南にキリマンジャロ山を望む7棟の高級宿泊用コテージは、最先端の太陽光発電、雨水貯留を活用し、地域の建材で建てられている。キャンプで徴収される1日20ドルの保全料は地域の開発事業に使われ、また集団牧場への追加報酬にもあてられている。

　地域事業は成長していても、アンボセリはマラと同じような多くの課題に直面している。土地利用様式が共有から私有へと変わり、柵が増え、耕地化が進んでいるが、アンボセリ地域は、マサイマラ保護区外で展開されている大規模な商業的農業を支えるには全般的に乾燥しすぎている。最近のアンボセリ周辺における地域管理委員会の成長を駆り立てている主な要因は、共同所有権下で地域を保持しようとする積極的な努力がなければ、土地の大半は徐々に個別化され、柵で囲われてゆくという認識だ。だが、マサイマラとは異なり、アンボセリ周辺の野生動物生息数は、過去30年間、際立って安定していることが立証されてきた。有名なゾウは生息数1,300頭以上となり、現在も数を増やしながら南へ移動し、1年の大半をタンザニアで過ごしている。アンボセリ周辺の野生動物と観光から恩恵を受けている地域社会の長期的な参加が、これらの野生動物数の安定にも寄与している。これは多くの地域事業の未来にとって吉兆である。

　アンボセリは、現在も国の観光業を支えている。だが、2005年にキバキ政府が国立公園を「廃止」し、その管理をキジアド郡自治体に返還する計画を発表した際には、地域一帯で再び論争が巻き起こった。この動きは政府が支援を呼びかけていた憲法上の国民投票でマサイ人の支持票を買うために企てられたものだと広く見なされ、ケニアの環境保護者が反対したものの、廃止が確定となった。現在、軽視されるようになったケニア野生生物公社（KWS）は、結果よりも現状の変化がどうもたらされたのかという点で多くの異議が展開されていて、アンボセリは今後マラのようになるのではないかという明確な恐れが、郡自治体内部の対立や汚職を助長している。東アフリカ野生生物協会のアリ・カカは、「地域社会が住民のために行うことの枠組みを明確にして、マラの二の舞になることを避けなければならない」と警告する。現在アンボセリは1960年代と同じくカジアド郡自治体下にあるものの、ケニア野生生物公社（KWS）が保護区の管理者として存続し、廃止措置の適法性をめぐる法廷闘争が続いている。アンボセリが地方分権化と地方行政レベルにおける管理の1つのモデルとなるのか、それともマラの問題を繰り返すのか。答えはまだ出ていない。

237

第6章 ケニア エコツーリズムの「先輩」

6.5　ケニア山を望んで:ライキピアの民間牧場とコミュニティロッジ

　果てしなく乾燥したライキピア台地はケニア山の北側に位置し、ケニア北部に向かって広がる緩やかに起伏する草原地帯である。ライキピアは、20世紀初頭にマサイ人の大半が南部の指定された保護区への移動を強制され、移住させられたケニア植民地史の立ち退きで、その名を知られることになった。ケニア山に近い台地の最良の土地の大半は開拓移民の資産として接収され、原住民の牧畜民（マサイ、サンブル、ツルカナ）は、北部の乾燥した生産性の低い地域に残った。今日もライキピアは不均衡な白人土地所有の中心地で、土地の権利をめぐる緊張状態が、時には激しさを伴って表面化している。ケニアのエコツーリズム産業は、ここで2つの大きく異なる側面を発展させてきた。1つは20世紀初頭を懐古し幻想と郷愁を築き上げた側面、もう1つは21世紀の現実に根ざした明らかに現代的な側面である。

6.5.1　映画「愛と哀しみの果て」:民間牧場と保護区

　1980年代後期から1990年代にかけて国立公園と地方自治体が運営する保護区が大混雑して酷い状態だった頃、世界の富裕層観光客は「野生のアフリカ」を求めて、環境保護と野生動物の観光地域へと続々と転換したケニアの民間大農園や牧場へと向かった。その所有者の多くは、ケニア独立後に滞留した開拓移民家族出身の白人ケニア人で、多くの場合、彼らは市民権を獲得していた。彼らの中には広大な所有地をクロサイ、ロスチャイルドキリン、グレビーシマウマ等の絶滅危惧種を保護し、飼育するための野生動物サンクチュアリとして活用し始めたものがいた。他にも、母親をなくした動物の子供や傷ついた野生動物の保護をするもの、野鳥観察や釣りに特化するもの、あるいは野生動物公園を作るために土地を柵で囲うものもあった。これらの白人所有地は、急速にドキュメンタリー映画家、野生動物写真家、旅行雑誌記者の人気を博し、野生動物に近寄れる機会を、圧倒的に価値が高く無料に等しい広告費と交換した。

　これら多数の民間牧場の雰囲気は地域の伝統を反映して、明らかに植民地風だった。エコツーリズムの観点から見るなら、デイビッド・ウェスタンが述べるように「時代遅れのケニアのサファリ、1920年代のサファリ」ということになる。宿泊施設の大半には24人以上は泊まれない。彼らはオープン型ジープでの狩猟鳥獣見学（南アフリカ風）にウォーキングツアー、夜間観察、ウマやラクダに乗っての狩猟鳥獣見学、動物の水飲み場近くでのピクニック、草原での夕陽観賞等を提供し、土地所有者が同行する場合も多い。彼らは道路外運転を許可し、奨励さえもした。ヒョウやチーターを見つけた時、周りには数台の車しかない。こうした大自然のサファリ感覚は、周到に準備されている。国立公園には柵がなく、広く、比較した場合に巡回の頻度が少ないのに対し、これらの民間保護区は比較的狭く、柵があり、注意深く管理され、手入れが行き届き、厳重に監視されている。狩猟鳥獣動物見学の乗用車

6.5 ケニア山を望んで:ライキピアの民間牧場とコミュニティロッジ

は無線で繋がれ、動物を見つけるために見張りが先に行かされる。経営者達は多数の動物に名前を付け、その中には人間に慣れて車や宿舎にまで近付くものもいる。偶発的なことは、ほとんどない。代金を支払う観光客には「ビッグファイブ」等、贅沢な動物園が提供できる動物に近付き、遭遇することが大方保証されている。

　平均的にアフリカの民間保護区のほうが中南米よりも面積が広いことが、民間保護区に関する調査で明らかになっている。73％が2,500ヘクタール以上で、これらアフリカ（ケニア、南アフリカ、ジンバブエ、マダガスカル）の保護区の過半数（53.3％）が観光と農業を組み合わせ、4分の1（26.7％）が観光のみ、20％が研究、保護、教育を観光の有無を問わずに行っていた。これらの牧場は絶滅危惧種にとってはサンクチュアリとなり、観光客に親しみやすく教育的な狩猟鳥獣の見学体験を提供することは出来ても、他のエコツーリズムの側面は残念ながら欠けている。広々とした私有地と豊かな資源の保全は少数の特権階級に掌握され、一般的に彼らは地域住民に単純な仕事しか与えず、中央政府に金銭的な恩恵をほとんど提供せず、観光客に歪んだ、多くの場合、人種差別的な現代ケニア像を見せている。根本的にこれらの民間保護区は「保全とエコツーリズムという名目の下」、過ぎ去った植民地時代の財産と生活様式を維持しようとする試みだ、とマサイ人の活動家メイタメイ・オレ・ダパシュは2004年のインタビューで述べている。

　このような不均衡な事態の重大さに私が気付かされたのは、エレメンタイタ湖畔のデラメレズ・キャンプで夕陽を観賞している時だった。この静かなテント式宿泊施設は野鳥と野生動物のサンクチュアリで、1990年代後半のある週末の宿泊客は私だけだった。緑色の広々とした芝生には黄色い樹皮のアカシアが木陰を作り、鳥のえさ箱が沢山取り付けられていた。鳥のさえずりが辺りにあふれ、遠く離れた湖岸をフラミンゴがピンク色に染めていた。私は夕暮れ時に職員にジープで断崖まで連れられ、そこで湖を見下ろしながら、炭火で焼いたトムソンガゼルのシシカバブを食べた。風の強い断崖の上に立ちながら、鳥寄せの特技を持つ若いカンバ人の主任ガイドは、ケニアで最も有名な植民地一族であるデラメア家について語った。彼は腕を広げて、ぐるりと湖のほぼ全周となる円を描き、ケニアのこの地域で一族が所有する土地の広さを示した。実に約260平方Kmという広大な土地が、デラメア卿の玄孫（やしゃご）であるトーマス・チョモンデレイの所有下にある。土地の大半では食肉価格が急落する前まで肉牛を飼育していたが、現在は自然保護区である。

　「そうだ、私たちはこれをエコツーリズムの一部と見ている」と、キャンプのケニア人マネージャーは、私達が壁のないロッジの大きな暖炉の側に座った時に説明した。「全てを出来る限り自然な状態に保っている。連れてきたキリンを除いて、ここには外来種の植物も野生動物もいない」。ゾウや捕食動物（ヒョウを除く）がいないこの野生動物保護区は面積6,475ヘクタールの柵に囲まれた「平和な王国」で、ガゼル、インパラ、シマウマ、エランド、バッファローがいる。柵は人間、特に地域住民を締め出すことも目的としていた。キャンプは主要道路のすぐ近くにあるが、日中の訪問客や立ち寄り客の出入りは許されていない。予約は、

239

第6章 ケニア　エコツーリズムの「先輩」

全て事前にナイロビで行わなければならない。「間違った客層に来て欲しくない」とマネージャーは言う。「ここはナクルとナイバシャ（ケニア人と外国人観光客が共に頻繁に訪れる2つの有名な湖）に近いので、容易く見世物のようになってしまうだろう。地域住民の学校見学は許可していない。ここは大衆が足を踏みいれる土地ではない」。さらに、マネージャーは、土地を野生動物保護区に変えたのは「事業計画だった。デラメア家は、狩猟鳥獣動物で観光から金を得られることを知った」と語り、こう付け加えた。政府は規定上では野生動物を所有しているので、夕暮れ時に料理として出されたガゼルを含む全ての動物の選別淘汰を承認しなければならないのだが、保護区は私有地なので、収益は政府に行かないのだと。

　デラメアズ・キャンプにロッジを建て、宿泊客の大半を自社のオーニソロジカル・サファリ経由で運んできたスティーブ・ターナーは、ナイロビの事務所で、私有保護区を設立する動機について気さくに語ってくれた。ターナーも開拓植民家族の出身で「民間の土地所有者は、自分達の土地を共有する、という甚大なプレッシャーを抱えている。アフリカは、白人が広い所有地をそのままで放っておける場所ではない。デラメア家は、土地を活用するよう、地域住民からの圧力を受けている」と説明した。1960年代と1970年代に広大な土地が白人から取り上げられ、安く売り払われた。その他の白人達は、所有地が遊休土地と見なされたら自分も土地を失うのではないかと恐れ続けている。このため、「彼らは1頭のサイを無造作に置いて、ここは保護区だと言う」と、ある欧米のNGOの理事は痛烈に言い放った。

　民間保護区はサイ等の絶滅危惧種の保護や繁殖を助けてきたが、公立公園や国庫にもたらされる他の恩恵は少ない。一時期、ケニア政府は野生動物用の私有地に対し、家畜に対する税金の数倍にあたる課税を試みたことがある。これは「大変驚愕され、それ故に覆された」と、あるNGOの役員は説明した。環境コンサルタントのロバート・ホールは「開拓移民、あるいは企業が所有する狩猟鳥獣飼育場の問題」は、何を「政府や国家経済に還元しているのかということだ。彼らは正当に課税されていない」と1998年のインタビューで述べ、さらにこう語った。「これらの土地所有者は柵の管理や、ペットのサイの保護に莫大な費用がかかると文句を言うが、真実はもっと複雑だ。彼らは独自の滑走路を持ち、年間に一体どれ程の人数が出入りしているのか、誰も知らない。一般的に彼らの料金は1人1泊、少なくとも250ドルから600ドルだ。財務省は何を受け取っているのか。皆無だろう」。

　スティーブ・ターナーが認知していたように、広大な土地所有に対する地域住民の憤りは増幅していた。2004年にマサイ人の家畜所有者達が白人所有の複数の牧場に侵入し、柵を破って家畜を中に入れて、土地は法的に彼らに返還されるべきだと主張した事件が起き、ライキピアの名は世界中で報道された。干ばつ状況に駆られ、また家畜のためのエサと水が必要だった牧畜業者達には、100年前の法的権利があった。1904年と1911年にマサイ人はイギリス植民地政府との間で、広大な草原地帯をイギリス人入植者に対し99年間、賃貸借するという2つの協定に調印していた。その賃貸借契約が満期を迎えているとする議論と返還要請により、マサイ社会は先祖代々の土地を取り戻すか、もしくは賠償金として約1億3,000

万ドル（100 億ケニアシリング）を受け取るかを提案した。彼らには政治力のあるマサイ人閣僚、ウィリアム・オレ・ンティママ大臣の支持があったが、ケニア政府は、協定は 99 年間ではなく 999 年間有効であるとして彼らの提案の支持を拒否し、この動きは速やかに消滅した。

　くすぶっていた緊張感は、2005 年と 2006 年に再び表面化した。デラメア家の後継者でデラメア・キャンプ所有者のトーマス・チョルモンデレイが、広大な所有地に不法に侵入したとしてアフリカ人を撃ち殺したことで、1 度のみならず 2 度も逮捕されたのだ。世間の抗議の声に反し、覆面レンジャーで 8 人の父親である男を強盗と勘違いしたとチョルモンデレイが供述した最初の殺人に対し、裁判所は無罪の判決を下した。その 1 年後、チョルモンデレイは食肉用にガゼルを密猟したアフリカ人の石工を撃ち殺した。マサイの村人達は、彼が「2 度も逃れることは許されるべきではない」と主張したが、チョルモンデレイは再び自己防衛を主張。法手続は解決を見ずに長引いたが、2 度目の殺人と逮捕は、デラメア・キャンプにとっては耐え難いものだった。平和な王国のイメージを維持することが出来なくなったキャンプは、ウェブ上の告知によると改築のために「一時的に閉鎖」とある。

　デラメア家の遺産から数奇な紆余曲折を経て形になった、遥かに前向きな保全とエコツーリズム事業例に、オル・ペジェタ管理委員会がある。ライキピアに広がる 366 万平方 km の土地は植民地時代にデラメア卿が所有し、主に家畜牧場として活用された。後に所有地の一部は、1980 年代にイランコントラスキャンダルと、また近年ではテロリストのオサマ・ビン・ラディンとに関わりのあるサウジの億万長者で武器貿易商、金融業者のアドナン・キャショギの手に渡った。オル・ペジェタ地域は、後にロンロ・アフリカ社によりスウィートウォーター狩猟鳥獣保護区として管理され、再導入された相当数のクロサイ（よく飼い慣らされ、大きな角を観光客に撫でさせる「モラニ」という名前のサイも含む）や、どことなく場違いなチンパンジーの孤児院があった。2004 年に土地の全てがイギリスを拠点とする評判の高い保護団体、国際野生生物機関（FFI）に取得され、366 万平方 km 全体を見る管理委員会が設立された。現在オル・ペジェタは、ライキピアにおける野生動物保全、エコツーリズム、家畜牧場、地域社会開発の統合に取り組んでいる先進的な一例である。

6.5.2　地域共同体の所有による牧場と管理委員会

　デラメア家のような開拓移民の旧家が固執し、時折エコツーリズムとして市場に売り込まれた、映画「愛と哀しみの果て」が描いたライフスタイルは、現代のケニアには場違いである。現実的に、ケニアの野生動物の運命は、ごく少数の白人が所有する農場ではなく、国立保護区とその周辺の分散地域の未来にかかっている。そして、ライキピア地域に多数見受けられ、増加している観光業の「もう 1 つの顔」が地域共同体の所有と維持管理によるロッジと動物保護区である。ライキピアは過去 10 年間に、地域共同体主体のエコツーリズムの革

第6章 ケニア エコツーリズムの「先輩」

新的な試みを行うことで、これまでにない新しい観光目的地と観光商品を創り出してきた。これらの開発は、特異で一見すると相いれなく思えるが、地域の牧畜業者、白人牧場経営者、外国援助団体、保護団体等が混在して推進していた。

　デラメア家とは対照的に、他の少数の白人牧場経営者達はケニアのこの地域における共同体観光事業を開拓する最前線で活動し、最終的に、彼らはエコツーリズムをケニア全土で新たな段階へと推し進めるモデルを創った。これらの開発で主要な役割を果たしていたのは、2万4,686ヘクタールの野生動物保護区を持つイアン・クレイグが率いるレワ野生動物管理委員会だった。クレイグ家は1922年にケニアに移住し、レワを50年間以上、牧牛場として経営してきた。1970年代後期からクレイグ家は土地の一部を野生動物観光に活用し、当時の東アフリカでは珍しかったウォーキング・サファリを始めた。彼らは4つのテントから始め、15の2人用テント、常設の宿泊施設へと徐々に規模を広げていった。レワは、国立公園と地方自治体運営の保護区での超過密と悪状況という機会をとらえ、また北部ケニアに生息するグレビーシマウマ、アミメキリン、ソマリダチョウ、オリックス等の地域の珍しい、特異な動物を活用して、観光事業をゆっくりと確立していった。クレイグ家は保全トラストを通して土地を守るためにレワ野生動物管理委員会を設立し、サイの保護区を開設した。現在レワにはケニア全土のクロサイの10%が生息し、本来この地域には生息しないシロサイも導入している。また、彼らは牧場の主要な家屋に似た様式で、火山岩と木製の柱、草ぶき屋根を用いた美しい山荘を3棟建てた。現在の宿泊費は、食事と狩猟鳥獣見学を含めて1部屋1泊578ドルである。

　1990年代後期には、レワは「国内で最も先進的な民間の管理委員会」と、ある主要な旅行会社に見なされ、彼らの転換の成功はライキピアの他の多くの牧場にも同様な転換を奨励した。野生動物事業の成長に伴い、1992年に土地所有者達が結成したライキピア野生動物フォーラムはケニアの優秀な保全組織の1つとなり、開発と保全を地方行政レベルで促進する能力を持つ初のフォーラムとなった。2000年までに会員には31の大規模牧場、30の地域共同体、12の旅行業者が含まれた。フォーラムは商業的密猟を止めることに成功し、アメリカ国際開発庁が「世界に通用する地域共同体による観光事業」と評する開発と市場開拓を始めた。さらに、レワに隣接する牧場にムパラ研究センターが作られたことで、ライキピア地域は、東アフリカで長期の野生動物研究を行う人々にとって最良の場の1つとなった。

　レワは1990年代に自らの枠を越え、明確な21世紀型商品を創造したことで、ケニアのエコツーリズム界全体に影響を与えた。レワの北に位置するイル・ングウェシ集団牧場では、野生動物は伝統的に民間牧場と集団牧場、そして北側のサンブル動物保護区の間を移動してきた。より広域の土地を持つ地域社会に対し野生動物から得られる利益を増やし、また新たな観光商品を開発するために、レワはイル・ングウェシと共に独自の野生動物保護区とエコロッジを作った。ケニア野生動物公社、アフリカ保全センター等の保全組織やアメリカ国際開発庁を含む援助組織からの支援でロッジは建てられ、1996年に開業した。

6.5 ケニア山を望んで:ライキピアの民間牧場とコミュニティロッジ

　イル・ングウェシは、初期のケニアのエコツーリズム例とは幾つかの点で違っていた。最も重要な点は、地域団体が資産を所有し、管理するということである。これはイル・ングウェシに到着すると、一見でわかる。観光客が出会う地元のマサイ人は他の多くの観光施設のような荷物運びだけではなく、ロッジの事業を担っている。デイビッド・ウェスタンは、これがイル・ングウェシの最も重要な成果だと考えている。彼らは「地域社会がロッジを所有し、有効に管理し、運営出来ることを示した。他の多くの地域社会にも同じことが出来るという大きな勇気を与えた」。信託財団の委員にはクレイグ家を含む外部の人間が多数いるが、イル・ングウェシ集団牧場も資産所有者である。イル・ングウェシの2つめの主要な改革はデザイン性で、実に斬新である。ロッジは地域の建材のみで建てられ、八つの部屋は広く開放的に配置され、風景に有機的に溶け込むよう、岩や樹木の周りに作られている。それは当時、他のロッジでは試されていない手法だった。

　これらの特徴の結果、イル・ングウェシは「ケニアのエコツーリズムの見本」となったと、エコツーリズム・ケニア（旧ESOK）のジュディ・ケファー・ゴナは言う。イル・ングウェシへの数多くの賞賛には、地域の暮らしと生物多様性保全を統合した世界で6つの傑出した事業の1つとして、2002年のヨハネスブルグにおける国連環境会議にて与えられた国連開発計画（UNDP）赤道賞が含まれている。

　イル・ングウェシの世界的評判とマーケティングは、レワと、関連する幾つかの保全団体によりもたらされた。「イル・ングウェシは、地元の観光業者が知るよりも前に外国で知られていた」とケファー・ゴナは語る。イル・ングウェシの設立と、その事業展開にレワは決定的な役割を果たしたため、地域社会自体がどれほど積極的な役割を果たしているのかと疑問に思う者が多くいた。レワのイアン・クレイグはイル・ングウェシの宿泊施設の経営責任者に残任し、全てのマーケティングと予約はレワと関連旅行会社が取り扱っている。「イル・ングウェシは独自のウェブサイトも郵便物が届く住所も持たない」と述べるケファー・ゴナは、イル・ングウェシの経験は、地域社会主体のエコツーリズムの取り組みが「『監視役』なしに」存続出来るかという疑問を、ケニアの多くのエコツーリズム擁護者に投げかけた、と付け加える。そしてウェスタンは「イル・ングウェシはレワなしでは自立出来ないので、次の段階に移らなければならない」と、より自立した、地域社会主体の施設になるべきだと言及している。マサイマラとアンボセリ周辺のように、経営の透明性も課題である。当初イル・ングウェシは集団牧場委員会により経営されていたが、少数による威圧を防ぐために信託財団が2003年に設立された、とケファー・ゴナは説明する。

　イル・ングウェシが観光からの恩恵を透明性のある手法で配分することを確実に行い、ケニアの多地域での観光事業を特徴づける「エリート搾取」の防止に努める中、他者はその有機的なデザインと地域社会の所有権のモデルを模倣している。当初、イル・ングウェシのモデルはライキピア、サンブル、北部辺境地域といった周辺地域で広がった。例えば、タッシア・ロッジは、イル・ングウェシの北の244平方kmの土地にレクッルキ集団牧場により

建てられた。タッシアはイル・ングウェシに似ているが、ロッジのデザイン過程で、若干の改善と改良が施された。最も目をひくのは、巨大な岩石（カピ）の狭間に巣のように作られたプールである。エコツーリズムからの利益は分割され、60%はロッジに、40%は地域社会に支払われる。その収益を集団牧場は診療所の建設、子供達の中学校への進学、ウシの消毒槽の整備、乗用車の購入に使った。もう1つの例には、イルモティオカ集団牧場にムパラ管理委員会とEUからの支援によって建てられたオルガボリ・コミュニティロッジがある。ここは「サハラ砂漠周辺のアフリカで唯一、女性だけの牧畜業者が所有する観光施設」と謳っている。サンブル地域のマシューズ山脈のさらに北部では、ナムニャク野生動物保全財団が、サララ・テントキャンプと305万平方kmの保護区域を開設した。過去10年間にライキピア、サンブルとその近隣地域では、全体で相当数の新しいロッジや多様なテントキャンプが地域所有地に、地域社会の経営で作られた。

　これら広域の保全と地域社会を背景とするエコツーリズム実験の影響は、様々だ。第1に、野生動物のために保全される地域が民間牧場内の土地を越えて、大いに拡張している。第2に、野生動物観光による利益が特権的な白人土地所有者に占有されず、数多くの地域社会へともたらされるようになっている。第3に、これらのロッジの発展と地域の野生動物生息数の回復により、中央ケニアではこれまでにない新しい観光目的地とエコツーリズム商品が創出され、より多様化した商品が提供されている。最後に、地域社会が国際的な観光と野生動物保護により深く関わるようになったことから、ライキピア地域のロビー活動の力が強まった。例えば、キバキ大統領が（前述したように）最終的に拒否権を行使した2004年の野生生物法案は、ライキピアの国会議員から提出された。さらに、国会議長のフランシス・オレ・カパロ氏は近隣の選挙区選出で、幾つかのコミュニティロッジと密接に繋がっている。

　コミュニティ・エコロッジは全般的にイル・ングウェシ式に作られ、現在ライキピアとサンブル地域を越えて広がっている。南に数百マイル離れたタンザニアとの国境付近のマガディ湖とリフトバレー（大地溝帯）の200万羽のフラミンゴの繁殖地ナトロン湖の間に、約607万平方kmのシャンポール集団牧場がある。ここは2001年にアフリカ保全センター（ACC）からの援助を受け、ケニアで何十年ものサファリガイドと自然保護の活動経験をもつアンソニー・ラッセルとの合弁事業を立ち上げた。彼らは「富裕層向け」（1日330ドル）のエコロッジを作り、牧場の6分の1（102万平方km）を、家畜ではなく保全と野生動物のために活用する共同経営を始めた。この合弁事業はEUの生物多様性保全プロジェクト（BCP）と民間投資家から資金を確保し、地域の白石英、薄い草ぶき屋根やその他の天然素材を使い6つのテント式宿泊用部屋を作った。シャンポール・マサイはロッジの30%を所有し、15年以内にシェアを80%まで増やす計画だ。2002年に開業したロッジは、その建築様式、地域社会の所有、大地溝帯を眺望できる絶景のロケーションが激賞された。その後、シャンポールは「ヴォーグ」誌（2004年2月号）で特集され、国連開発計画（UNDP）の有名な赤道賞（2006年）を含む多くの賞を受賞した。

6.5 ケニア山を望んで:ライキピアの民間牧場とコミュニティロッジ

シャンポールを特集したウェブサイトによると、「4つのC:コミュニティ、保全、商業、能力養成が、この事業の標語である」。シャンポールの国内外の人気は高まりを見せているが、地元での評判はかんばしくない。最初の5年間、地域社会はロッジの全宿泊料金から収益の30%を受け取ることを期待していたが、実際に受け取った金銭的利益はごくわずかだった。宿泊率は比較的高くても、収入は予想に見合うものにはならなかった。現在、アフリカ保全センターはシャンポール周辺の地域社会に1歩踏み込み、南地溝帯土地所有者協会を設立して近接する集団牧場のつながりを作ろうとしている。その目標は、デイビッド・ウェスタンが述べるには「地域社会の繋がりにより、ツァボからマサイマラの西側まで野生動物の連結を作る」ことである。近隣地域社会の開発をコーディネートすることで、ライキピアで達成されたような、これまでにない新しいコミュニティ・エコツーリズムの目的地となることが期待されている。同様の使命を持つ「ケニアのコミュニティベースド観光ネットワーク」（KECOBAT:Kenya Community Based Tourism Network）は「ケニアにおける地域主導型観光の権益を代表する会員制包括的組織」として、2003年に活動を始めた。エコツーリズム・ケニアはより大きな観光業者を代表する傾向があるのに対し、KECOBATは同業者組合として「観光分野の最貧部門」を代表し、また「地方の地域社会がもっと観光業に参加できるように、特に彼らの土地における事業計画と運営の機会が増えるように」創設された。

この数年、国際市場に対応するコミュニティ・エコロッジは、ケニアの観光業で重要な役割を担い始めている。だが、いかに市場参入を果たすかが、この地域主導型事業と同業者組合の最重要課題である。現在、旅行会社とサファリ会社の多くがコミュニティ・エコロッジのマーケティング、もしくはケニア各地の地域社会での社会事業や保全事業の支援に参入している。例えば、ケニアの主要旅行会社の1つであり、エコツーリズム・ケニアの創設メンバーでもあるレッツゴートラベル社は、コミュニティロッジの販売促進を始めている。「この会社はコミュニティ商品を市場に提供してきた」とケファー・ゴナは述べる。国際的な旅行会社でシアトルを拠点とするワイルドランドアドベンチャー社（第3章参照P.92）は、長年に渡りマサイ環境資源連合（MERC:Maasai Environmental Resource Coalition）とマサイ協会と共に、ケニアとタンザニアのマサイ人の土地で模範となる地域主導型のエコツーリズム計画を開発するために活動してきた。例えば、ワイルドランド社がマサイ環境資源連合（MERC）と提携して運営しているマサイランド・サファリは「アウトサイド」誌に「良心的なサファリ」と評され、「2005年の最優秀アフリカ旅行」に選ばれた。新たな「マサイ・サファリでの生活」は、マサイ集落での滞在体験を通して異文化間の理解を促進する。ワイルドランド社とその顧客は、2万5,000ドル以上の額をマサイ環境資源連合（MERC）に寄付してきた。カート・クタイ社長は「地域を巻き込むことで、土着の人々は観光からの経済的利益を、より良い健康と教育、そして生活状況全般を含むものとして共有出来る」と語り、さらに「その結果、彼らの土地で展開される従来型サファリの破壊的な社会的、環境的影響に代わるモデルを持つことになる」と付け加える。

別の主要旅行会社であるミカト・サファリ社は「アメリカ・シェア」という名の非営利部門を設置し、東アフリカの多くはエイズ孤児である子供たちに経済的、物質的な援助を行っている。ニューヨークとナイロビに事務所を持つミカト社は最良な狩猟鳥獣観光を提供し、「トラベル&レジャー」誌の「世界で最も優れた旅行会社、サファリガイド」に4回選ばれている（2003～2006年）。ミカト社はインド系ケニア人の（ゴア州出身）ピント家により所有され、15年以上前に「個人事業」として、東アフリカの「最も若い貧困層」を援助するために作られた。観光客が東アフリカの学校やエイズ孤児院を訪問して物資や経済的な寄付を行うことを通して、プロジェクトは徐々に成長していった。会社が運営費を全額負担するため、寄付の100%が地域社会に渡される。観光客の多くが、コミュニティ・プロジェクト訪問がサファリ体験の中で最も意味深かったと述べていることがわかり、会社側は驚いていると、ミカト社のディレクター、デニス・ピントは言う。

6.6　「先輩」の再起

コミュニティ・エコロッジの広がりは確固たる新機軸となり、ライキピアやシャンポール等の新たな目的地をケニアの観光地図上に確立していった。イル・ングウェシやシャンポール等の新たな取り組みで最も興味深く思えるのは、ケニアの観光業の他の側面が厳しい不況に陥っていた時に浮上し、不景気な業界内に成長株の副次的領域を提供した点である。2004年と2005年に観光業の他の側面は長い不況から脱し、立ち直りを見せ始めた。2006年に観光業は8億ドル以上を生み出して再び茶と園芸を上回り、外貨収入の第1位になった。2007年の間に、ケニアの観光収益は初めて10億ドルに達すると予想された。ケニア野生生物公社（KWS）は広域での野生動物生息数の減少と野生動物政策をめぐる議論の対処に追われていたが、財政基盤は改善し、公園ブランドの再構築と西ケニアの新たな観光周遊コースの開設に乗り出していた。そしてケニアは2007年後期の論議を呼んだ大統領選挙の結果を受けて再び政治的混乱に陥り、史上最も観光客が多くなるはずだった時期に、観光は落ち込んだ。この原稿を書いている2008年初頭、大統領選の候補者ルワイ・キバキとレイラ・キバキの間で歴史的な連立政権の合意がなされ、観光は立ち直りそうに見える。

10年前の厳しい不況からのケニアの驚くべき回復には、様々な要因が幅広く関与している。部分的には、極めて平和的な総選挙によりモイ政権がついに退陣し、新大統領ムワイ・キバキと野党NARC同盟が政権を引き継いだ2002年以降の全般的なケニア経済のはね返りが反映している。キバキ政府はケニアの公的機関に浸透する汚職を食い止めることに著しく失敗し、トランスペアレンシー・インターナショナルの腐敗認識指数では163カ国中の142位となっているが、経済は眠りから覚めた。2006年のGDPは、モイ時代終盤のマイナス成長期と比べて8%以上伸びた。2003年に海岸部で発生したテロ事件を受けてEUと提携した

観光市場回復計画により、キバキ政府は観光の復興を担う役割を演じた。このマーケティングは「マジカル・ケニア」という旗印の下、若返ったケニア政府観光局が推進し、ケニアの頼みの綱であるヨーロッパ市場を取り戻す一助となった。

民間企業とNGOもまた、復活への道を先導する重要な役割を果たした。1993年に設立され、1996年にデイビッド・ウェスタンがケニア野生生物公社（KWS）長官に就任した直後に公式に登録されたエコツーリズム・ケニア（旧ケニアエコツーリズム協会ESOK）は、アフリカ初の全国規模のエコツーリズム協会だった。協会は「商業、保全、地域社会の統合」を目標とする非営利組織で、旅行業者、ホテル経営者、旅行代理店、教育機関、観光専門家、観光組織、保全組織、地域社会及び地方自治体協会から構成されている。

元来のエコツーリズム・ケニアの野心的かつ幾分矛盾のある使命には、創設者のクリス・ガカフいわく、ガイドとツアー運転手の規範を定め育成認可を手助けすること、ホテルが環境に優しい業務とシステムを採用する経済的動機を与えるために政府へのロビー活動を行うこと、「潜在的な投資家に環境に優しい目的地を示すこと」、ケニアのエコツーリズムの多様な選択肢を海外にアピールすること、そしてテント式宿泊施設等のエコツーリズム事業の開発を望む地域社会に対し専門的知識や技術を提供することなどが含まれていた。ガカフは、エコツーリズム・ケニアが「特定の利害を持つグループ」と関係を持たない「プロフェッショナルな協会」になるために苦労した、と語った。ところが、デイビッド・ウェスタンの記憶は多少違い、「初期の段階では、業界の様々な人が業界の道具にするために明白に努力していた」、主に白人開拓移民が所有する会社の小規模だが力のあるグループの道具に、と彼は回想する。こうした形成期に「エコツーリズム・パートナーシップ」をめぐる議論が起きた。この取り組みは、エコツーリズム・ケニアの文献によると「ケニアエコツーリズム協会の目標に適合する事業を商業的に履行する機関」で、「そのような事業への投資、及び経営とマーケティングの能力を持つ観光業の専門家チームを作り、地域主導型の野生動物観光事業の販売促進の弾みをつける機関」だった。

これらの矛盾する目標は、初期からの地域社会の世話役やエコツーリズムの専門家を驚かせ、エコツーリズム・ケニアの会員数は1999年までに10社以下にまで減少した。デイビッド・ウェスタンは、当時エコツーリズム・ケニアは「利益目的でエコツーリズムをアピールするためにエコツーリズム・パートナーシップを立ち上げた白人旅行業者に侵略され、乗っ取られた」と主張した。1999年から2000年の間に創設メンバーは締め出され、レッツゴートラベル社のクリス・ガカフ、ヘレン・ギチョヒ、アラン・ディクソン率いる新しいグループが組織の蘇生と、ボロボロになったイメージの回復を試みた。ジュディ・ケファー・ゴナが有能なCEOになり、エコツーリズム・ケニアは2007年の半ばまでに明確な立ち直りを見せて、ウェブサイト上のリストには約175の事業者がメンバーとして記載された。

他の民間の協会も、ケニアの観光業に一貫性を創出して先導力を発揮する業界組織として、かつ政策に影響を与える試みとして出現した。1999年に多様な観光協会を代表する包括的

第6章 ケニア　エコツーリズムの「先輩」

組織、ケニア観光連盟（KTF）が創設された。ケニア観光連盟（KTF）はカリスマ性のある初代会長イギリス系ケニア人ジェイク・グリーベス・クックの下、すぐに観光業界の代弁者になった。

　ケニア観光連盟（KTF）の支援を得て、エコツーリズム・ケニアは2003年にアフリカ初のグリーンツーリズム認証事業を発動した。いわゆるエコ評価計画が、業界内での幅広い協議と蓄えられた政府支援により展開された。エコツーリズム・ケニアの幹部として計画を推進したジュディ・ケファー・ゴナは、「観光業界に実務、業務査定の尺度を提供し、ビジネスとしてのエコツーリズムに基準を導入することが目的だった」と述べる。彼女は世界各地のグリーンツーリズム認証計画に関する初の会議である2002年のモホンク会議に出席していた（第3章3.5.10基準、モニタリング、評価、参照）。エコ評価認証計画は、企業からの申請を受け、環境面、社会面、経済面での幅広い評価基準を用いて詳細な審査を行い、実務や業績に基づいて格付けし、銅賞、銀賞、金賞を授与する。認証は2年間有効でその後、施設は格上げ、もしくは最新の格付けのために再申請できる。

　エコ評価計画は、導入時から相反する結果を招いた。初年度には100以上の施設がロッジの実務、業績の査定ツールとなる書類を要求した。だが、申請数は少なく、年末までに査定ツールの全事項を記入して提出した施設の数は20以下だった。その年のエコ認証を受けたのは、わずか計6つの施設だった。「参加に対するロッジの戸惑いが、ケニアエコツーリズム協会と観光業界の懸念になった」とケファー・ゴナは述べる。だが、2006年までにイル・ングウェシ、シャンポール、タッシアといったコミュニティロッジを含む30以上のロッジがエコ評価認証を受けた。ベースキャンプ・マサイマラとキャンピ・ヤ・カンジを含む3つの施設が金賞を受賞し、セレケイ管理委員会のアンボセリ・ポリニ・キャンプは、5つの施設に授与された銀賞の1つだった。未だに参加数は比較的少数ではあるが、ケファー・ゴナは楽観的で「エコ評価ツールは施設所有者の自覚を強く促し、彼らの多くが評価基準に適合する方向で努力している」と指摘する。業界内では認証計画の価値に対する懐疑的な声もまだ多く聞かれるが、ケファー・ゴナは「観光業の未来は持続的な実行によってもたらされ、この計画がそうした未来に貢献するのなら、エコツーリズム・ケニアは役割を果たしたことになる」と断言する。

　観光商品とサービスの質を向上させるために、他の認証制度もケニアに出現した。ケニアプロサファリガイド協会（KPSGA：The Kenya Professional Safari Guide Association）は、ツアーガイドに対し自発的な認証プログラムを実施している。協会の向上心のある会員が試験を受け、銅賞、銀賞、金賞の認証を受けている。エコツーリズム・ケニアのエコ評価計画のように、この事業も初めは困難に直面した。政府は何年間もの拒否の後、ようやく認可し、ケニアプロサファリガイド協会（KPSGA）との協働に同意して、現在ケニアプロサファリガイド協会（KPSGA）の基準をツアーガイド育成の国家履修課程に組み入れることを計画している。ケニアにコミュニティベースド観光ネットワーク（KECOBAT）もまた、地域主導型

エコロッジの認証計画を開発している。

6.7　ケニアのエコツーリズム得点表

　ケニアは、エコツーリズムの道を開拓してきた。公園と観光からの収益で地域主導型の環境保全を行うアフリカ初期の試みを具現し、国立公園制度にエコツーリズムの原理と実務を体系的に採用する最初の取り組みを行った。ケニア公園局長官はアメリカの国際エコツーリズム協会（TIES）の初代会長であり、アフリカ初の非政府エコツーリズム協会はケニアで設立された。だが、腐敗と暴力が増長するケニアの政治環境、計画性の欠如、一連の不運な外部的打撃等が1990年代中頃までに観光業を沈滞させた。そして2007年12月の選挙後の政治動乱が速やかに治まらなければ、新たな沈滞を引き起こす恐れがあった。

　1997年にケニアで開催された国際ワークショップ「岐路に立つエコツーリズム」の開会の辞で、デイビッド・ウェスタンはケニアの進展と課題を率直に評価し「ケニアは自然観光の最良の面と最悪な面を具現化している」と述べた。マサイマラのような地域の最近の評判は、今なお継続するケニアのエコツーリズム産業の二重人格的な性質を反映している。共に民間と政府の指導力に助けられた1990年代後半以降の主要な地域社会事業の広がりと、2007年のケニア観光業の驚くべき復活により、ケニアはアフリカにおけるエコツーリズム実験のリーダーに返り咲く準備が出来ているように見える。長引く政治不安を解消することが出来れば、だが。この実験は世界最長のものだが、その記録は非常に相反するものを含んでいる。

6.7.1　自然目的地への旅

　1960年代以来、ケニアはアフリカで最も人気の高い野生動物観光の目的地だった。海浜観光が成長しても、ケニアを訪れる観光客の90％以上は1日だけでも狩猟鳥獣保護公園へ「サファリに」出かけ、取材した観光客の80％近くが、ケニアに来た主な理由に「自然と野生動物」を挙げていた。

6.7.2　影響を最小限にする

　この点におけるケニアの記録はかなり悪く、特に最も人気のある狩猟鳥獣見学地域においては相当悪い。1970年代以降、おろそかな管理によりケニアの国立公園と保護区の質は低下し、最も人気のある6ヶ所では過度な観光が展開されてきた。保護区は様々な問題に苦しんできた。水、木材、電気を消費し、大量の廃棄物を排出する過多なロッジ。土地を傷め、野生動物の邪魔をする道路外での運転。減少してはいるが長年に渡り各地の公園で続いてきた密猟。急増する人口と、大規模及び小規模な農業との競争。

　10年前、デイビｂド・ウェスタンは「なぜ今日、エコツーリズムの先駆者であるケニアは

249

南米や南部アフリカに大きな遅れをとってしまったのか」と問い、こう嘆いた。「ケニアの観光は失敗例のほうがよく知られている。ライオンの周りに密集する小型バス、チーターに嫌がらせをする違法な道路外運転の無神経な破壊行為、公園内にひしめくロッジ、強欲な観光客によるサンゴの破壊。その結果、現在ケニアの評判は、過密し過大評価され、使い古された野生動物界の太陽海岸（コスタ・デル・ソル、南スペインのリゾート地）という有り難くないものとなり、観光客はより良い場所を求めて立ち去っている」。この表現は、現在もケニアの著名な国立公園と保護区の多くに当てはまるが、別のモデルが民間管理の地域事業、エコロッジ、民間牧場に出現し、その中には白人土地所有者や経営者と提携して援助を受けているものもある。さらに、エコツーリズム・ケニアにより導入されたグリーン認証計画が幅広く効果的に採用されれば、観光業を高水準に保つ見込みがある。ケニアは1999年まで開発を規制する統一された環境法を持たず、一般的に環境や社会への影響を真に考慮せずに開発が行われていた。1999年に環境管理調整法と呼ばれる新しい法律が施行され、観光客用キャンプとロッジを含む全ての新規開発は環境影響評価の下で行われ、既存の開発は環境監査を行い、その結果を政府に提出しなければならなくなった。

6.7.3　環境に対する意識を構築する

　これに関する記録は混在している。ケニアには優れた旅行会社があり、優秀なナチュラリスト・ガイド（動植物の専門的知識を持つガイド）もいるが、観光客から最も多く寄せられる不満は、ガイドの説明技能の乏しさが自然観光体験の質全体を落としている、というものである。マサイマラのような地域にある文化村「ボマ」は、文化的要素を野生動物サファリと統合しようとする数少ない主流の試みだが、これらの施設は暴虐なまでに搾取的な傾向があり、運転業者が収益の90%を持っていく。

　ケニアには学童を対象とする野生動物クラブがあり、主要な環境保全活動家の中にはこのようなクラブ出身者もいるが、大半のケニア人は公園や保護区を訪れることが決して出来ない。エコツーリズム・ケニアは観光業界の番犬になるという高い期待の下に始められたが、当初は認知度の低さと政府からの疑念に苦しみ、また有力な白人ケニア人牧場主と旅行会社に操られた。現在、会員数と機能は増大している。認証をより広い基盤で展開しようとするエコツーリズム・ケニアの取り組みと、ケニアプロサファリガイド協会が同様な基準をガイドのために開発する取り組みが、環境に対する意識を大きく向上させるかもしれない。

6.7.4　環境保全のために直接的な金銭的利益を与えること

　1990年代まで、ケニアは観光においてアフリカの他の地域との競争に直面することはあまりなく、国外でのプロモーション、インフラ投資、国家的な計画や規制をしなくても、国内一の外貨の稼ぎ手となった。同様に1970年代以降、国外からの莫大な援助金が、ケニア

の公園と保護区の支援計画に与えられてきた。だが、汚職、誤った経営、見込み違いの事業により、国立及び地方自治体管理の公園や保護区での環境保護と環境改善に渡った額はわずかだった。経済面での可能性を無駄にした最悪の例は、明らかにマサイマラである。狩猟と象牙取引の禁止にもかかわらず（それ故に、とする環境保全活動家もいる）、多数のケニアの公園と保護区における野生動物の生息数は減少を続けている。唯一の例外はアンボセリとライキピア地域だけで、地域住民は直接的利益の大半が撮影サファリ観光と野生動物からもたらされることを知っている。遠隔地域における野生動物からの収益確保の選択肢として観光狩猟を禁止するケニアの政策は成功せず、地域管理下での狩猟の再導入をめぐる長期の議論が展開されているにもかかわらず、変化はまだ見られない。

観光収益は、アンボセリやライキピアのようにケニアの野生動物生息数の比率が上がっている地域に、民間や地域社会による野生動物管理委員会を増やすための刺激を与えてきた。ライキピアとサンブル地区でエコツーリズム事業が広まったことで、これらの管理委員会は急激に成長し、野生動物のために留保される土地が拡張した。一見すると手に負えないマサイマラだが、保護区の一部を運営する民間管理会社が設立したマラ管理委員会は、酷く政治化した郡自治体経営に代わる体制になるかもしれない、という新たな希望をもたらしている。

6.7.5 金銭的利益と地域雇用を提供する

民間保護区と海浜観光は共に成長しているものの、未だにケニアの自然観光とエコツーリズム産業が主軸としているのは、国立公園と保護区、及びその周囲の緩衝地帯である。ケニアはこれらの地域で、最も革新的で長期的なエコツーリズムの実験を行ってきた。30年の間にアンボセリとマサイマラにおける地域保全計画は若干異なる道を歩んできたが、共通の教訓が幾つか生まれた。これらの実験は大規模で、政府支援の新構想として国の主要な観光地、相当数の人口規模、時には国際的な環境保全と関連する融資機関との関わりを持つために重要だ。国家規模でエコツーリズムの原則を適応する、アフリカにおける最も協調的で長期的な取り組みを象徴している。

国際的、また国内的な政経状況が、エコツーリズムを発展させようとするこうした取り組みを阻害し、制限してきた。1990年代のケニア野生生物公社（KWS）による数多くの地域保全事業は、エコツーリズムの原則と実務を公園制度でより幅広く適用することを目的としていた。野生動物の保全と管理を改善するために、利益の分配と前向きな地域社会事業を上手に結び付ける必要がある。多くの地域エコツーリズム事業が存在するが、それらには通常「合弁事業」、または「地域社会主導型」というラベルが貼られて地域の共有地に所在し、その経済的還元の実態はあまり知られていない。ケニアで最も有名な幾つかのコミュニティロッジは、広告とは裏腹に、十分な収益を地域社会に還元しているようには見えない。「全般的に、ケニアの観光は農村部の暮らしを改善することに失敗してきた」と、エコツーリズム・

ケニアのジュディ・ケファー・ゴナは2007年のインタビューで述べている。

観光業界内での雇用に関しては、マサイマラとアンボセリでの郡地方自治体の深い関与は、多数のマサイ人がガイド、運転手、ホテル従業員、工芸職人、文化的パフォーマーとして長期雇用されていることを意味してきた。伝統工芸品の生産は「ケニアの観光開発における必要不可欠な特徴の一つ」であり、資金需要が低いことから、女性を含む小さな起業家がこの分野に参入することが可能だった。所有権に関しては、国レベルでのケニアの観光業の大部分は地域の白人か国際企業の手にあるが、観光業界に関わりを持つ基盤のしっかりとした力のある黒人エリート達もいる。地域のコミュニティロッジの拡がりは、その構造面においてはまだ進化中だが、観光事業の地域所有が時と共に増大していくことを約束している。

6.7.6　地域文化を尊重する

この点に関しては記録が乏しい。着手時から、ケニアの環境保全と観光政策は大型の狩猟鳥獣ハンティング、植民地支配、そしてケニア農村部の農民や牧畜民の価値観や需要と相いれない西洋の社会的、環境的価値観と結び付いていた。ジョン・アカマは、ケニアの環境的価値と自然観光に関する研究の中で、「野生動物保全の公的支持の高まりと、野生動物の美的、倫理的価値に対する理解を促した社会経済状況は、多くの場合、ケニア農村部には存在しない」と強く主張する。新たに小規模でより管理された環境や、より高い社会的意識をもった開発が、これらの主要課題に代わって成長する見込みのある選択肢になるが、ケニアの自然観光は従来型の大衆観光による全ての負の文化的悪弊の被害を受け続けている。外貨獲得に執着した政府と観光業界は、まだこの問題に決意と想像力を持って取り組んでいない。

6.7.7　人権と民主活動を支援する

ケニアの政治的対立は1990年代から激化し、農村の苦闘の中心は頻繁に土地利用をめぐるもので、公園と保護区、また自然観光からの収益を誰が管理すべきかが論じられた。地域主導型エコツーリズム事業の中には政治状況に明白に挑んだものもあったが、多くは利益の還元と社会福祉に焦点を絞りがちだった。デビッド・ジョナ・ウェスタン、及び東アフリカ野生生物協会やライキピア野生動物フォーラム等の環境保全組織に支援された、組織化された地域野生動物フォーラムの拡がりは、政策改革のための重要な新しい地域主導型の動員形態を提供してきた。

2004年、ワンガリ・マータイが、ケニアにおける森林保全の擁護者かつ運動家としての活動で、ノーベル平和賞の環境部門で受賞した。グリーンベルト運動のリーダーとして、マータイはケニアに残存する何千エーカーもの森林を政治目的に分配しようとするケニア政府と、長年に渡り勇敢に戦ってきた。彼女の受賞は、環境問題がケニアの社会経済開発をめぐる議論における中核要素として現れたことを象徴している。野生動物、観光、土地、そして人権

6.7 ケニアのエコツーリズム得点表

が国家的議論の議題として継続し、またこれらは引き続き 2008 年 4 月に誕生した連立政権が平和保持、結束、経済成長に尽力する中で、主要な課題となるだろう。

　私はこの章を校正するにあたり助言いただいた多くの方々に感謝したい。タンザニアを拠点とするアメリカ人コンサルタントのフレッド・ネルソンは、最後の研究を共に行い、文書の内容をより良くするために素晴らしい働きをした。エコツーリズム・ケニアで長年にわたり働いてきたジュディ・ケファー・ゴナには多くの情報と見識ある意見をいただいた。アメリカ合衆国で学んでいるケニア人のカムウェティ・ムトウからは価値のある論文を提供していただいた。デビッド・ジョナ・ウェスタンとは互いの考えを大いに共有することができた。そして、ケニア人建築家のハイテシュ・ミータは特に地域主導型エコツーリズム分野に関する情報を提供していただいた。

第7章
アメリカのエコツーリズム

　1851年金鉱師ラファイエット・バンネルと米西部で最も勇敢な民兵組織の一員マリポサ・バタリオンのふたりは、ヨセミテ渓谷を発見しその地に乗り込んだ。ジェームズ・サーベイジに率いられていた民兵は、4000年にもわたり渓谷に居住していたミオックス族の一部であるアーワニキー・インディアンを強制的に移住させる作業にとりかかった。1964年アブラハム・リンカーン大統領は、ヨセミテ法案に署名、カリフォルニア州に対し「公共のためのリゾート・レクリエーション地域」として認め、アメリカ陸軍が不法な占拠からその地を守ることに法的論拠を与えた。爾来、同地に戻ろうとした多くのインディアンは殺されたり居住地に移された。ただし貴重な労働力としてミオックス族の一部は観光ガイドや漁業、林業、乾草刈り、観光客向けのエンターテイメント要員として帰還を認められた。1880年代までミオックスの人々は観光客に対しバスケットを編み、ダンスを披露し、写真撮影の対価をとるなどの特権を与えられていた。あるライターが記述しているように、彼らは「公園観光に様々な息を吹き込んだ」アメリカ最初の先住民となった。1890年ヨセミテは国立公園として認定され、以来ヨセミテへの居住認可や追放に至るまで先住民に対する公園管理は様々な曲折を経ることになるが、1969年までにミオックス族はヨセミテから完全に姿を消すことになった。

　世界のいずれの地域同様、アメリカにおけるエコツーリズムの経緯は、国立公園システムの成長を辿ることによってほぼ具体的に知ることができる。エコツーリズムは、公園や保護地域の管理をいかに行い支援するかという課題を論議する過程の中で成長してきた。他の国と同じくアメリカでもその地域に生活していた居住民を排除するのにしばしば軍事力が行使され、「永遠の原生自然」に保つという名のもとに監視されてきた。バークレー大学のマーク・ドーヴィー教授は、「原生自然保全の基本的モデルの多くはアメリカ人の発案によるものであり、他の米国製品同様、積極的に輸出されることになった」と書いている。事実、世界中の国から国へとアメリカの公園システムは、物理的モデルとしてまたその論理的根拠として模倣されていった。

　ハッキリしていることは、アメリカや他の国で多くの地域コミュニティがそれまでの収奪・搾取的な経済に変わりクリーンでグリーンな経済活動としてエコツーリズムへの傾斜を強める一方、エコツーリズムが収奪行為や先住民の土地への侵入、文化の乱用に結びつくまやかしの道具として使われていることも、多く存在するということである。このエコツーリズムに対する曖昧さについて、例えばアラスカ先住民科学委員会（ANSC:Alaska Native Science

Commission）は 2004 年のレポートで次のように述べている。

　　春が来ると雪が解け北にはクジラが現れ全土にガンが飛来する。科学者がひとりふたりとやって来てあちこち掘起こしてはわれわれに質問を浴びせかける。彼らはガンがいる間だけ滞在しようとする。彼らとのたった一つの違いは、我々はガンが飛び去ってしまうことを残念に思うことだ。
　　われわれ地域住民はエコツーリズムについて感情的に揺れ動いている。地域観光（ルーラル・ツーリズム）を保護することにつながる開発をとるべきなのか、または地域観光を拒否しても文化の伝承や保全を理想とすべきなのかといったように、それをどのようにうまく操縦し続けることができるのか、ということで境界線を歩み続けている。

　このエコツーリズムに対する迷いは、それが約束事であろうと現実のことであろうと、アメリカ全体を通じ先住アメリカ人が痛烈に持ち続けている感情である。エコツーリズムはアメリカの景観保全に関し依然としてまだ比較的新しい概念であり、伝統的な観光（コンベンショナル・ツーリズム）と質的にどう違うのか明確に証明されていない。しかし、エコツーリズムは新しい名称による収奪行為ではないということを示すだけでなく、文化を守りながらホスト・コミュニティに有形の経済的利益をもたらし、地域に力を吹き込むことができるものであることを実証している。

　アメリカにおけるエコツーリズムは、アメリカの教育機関や知識人による活動、最も大きな位置を占める国立公園システム、そして保全活動家や環境活動家などの諸活動によって構築されている。と同時に、このことは世界中のエコツーリズムの実践を通じ導き出されてきたことでもある。アメリカにおけるエコツーリズムのパイオニアの一部は海外へ旅をすることによってそれを学び、また別の人達にとってエコツーリズムは地域問題の解決手段として進化してきたものであり、多くは土地や資源そして文化の管理に活用されてきた。大自然という地理的特性を有するガラパゴス諸島や東アフリカと違い、アメリカのエコツーリズムは海岸地帯や都市、田舎など広い地域に広がっている。そのことは、ビジネス界をはじめ教育機関、NGO、行政、メディアそして地域グループなど幅広い層を包含していることになる。このためアメリカのエコツーリズムをひとつの章でひとくくりに捉え紹介することは不可能である。従ってここではエコツーリズムに関わってきた代表的な機関に触れながら歴史、発展、潮流を取り上げると共に、この広大な国の中で行われているエコツーリズムのサンプルとして、すぐれたいくつかのケースを紹介しておくことにとどめたい。

7.1 アメリカの観光産業とエコツーリズムの発展

　アメリカは観光大国である。アメリカは世界一の観光収入国であり、フランス、スペインに次ぐ世界3位の国際観光受入国でもある。本書に登場する他のデスティネーションの国々と違って、米国人による観光は国内、国外旅行を問わず圧倒的な大きさを有している。2006年に国外へ旅した米国人は3,010万人にのぼり、通年を通じ高い傾向を示している。アメリカ経済において観光は最も大きな輸出産業であり、車、食品に次ぐ3番目に大きい小売販売業であると共に、最大の雇用を誇る産業でもある。国内旅行者にとって屋外活動は買い物、社会や家族の催しものへの参加に次ぐ3番目の位置を占める。最新の政府評価によると「国内観光のトップはカリフォルニア、フロリダ、テキサス、ニューヨーク、ペンシルバニア州などとなっており」、「アメリカは世界で最も広く、豊富な観光アトラクションに恵まれていると共に、世界レベルのサービス、インフラ、ホスピタリティ施設を有している」。

表7-1　USAの観光

年	1976	1982	1985	1990	1995	2000	2001	2005	2006
訪米外国人 (単位:100万人)	17.3	21.5	25	39.4	43.5	51.3	47	49.2	51
国内旅行者 (単位:100万人)	n.a	n.a	n.a	n.a	1,770	1,892.1	1,869.2	1,992.4	2,000.6
国外旅行者 (単位:100万人)	6.8	n.a	12.7	16	19	26.9	25.2	28.8	30.1
国内旅行消費額 (単位:10億ドル)	n.a	n.a	n.a	n.a	n.a	503	484	572	614
訪米旅行消費額 (単位:10億ドル)	6	12	18	43	63	82	72	82	86
対外取引に占める比率(%)	5	6	8	11	10	10	9	8	7

Sources: Ron Erdmann, Office of Travel and Tourism Industries, U.S. Department of Commerce, correspondence, september-December, 2007; Tien X. Tian, vice president and chief economist, Trave Industry Assocation of America correspondence,2007;ITA,Office of Travel and TourisIndustries,see www. tinet.ita.doc. gov/ outreaehpages/ inbound. genera_ information.inbound_ overview.html; www.tint.ita.doc.gov/view/f-1998-06-001/index.html ; www. tinet. ita.doc. got/ outreachpages/ inbound.exports_ 2001-2006.html ; Travel Industry Association of America, see www. tia.org/uploads/research/do/NationalSummary1006.doc ; www.census.gov/compendia/statabes/07s1243.xls:www.tia. org / researchpubs/us_overview volumes_trends.html.

　1997年の研究調査によると、全米で余暇活動（観光、レクリエーション、ビジネス旅行）に使われた消費額は、4360億ドルから5,120億ドルにのぼると算出されている。（表7-1参照）1992年から1997年にかけ観光消費額は平均年率6.9%の伸びをみせたが、これは同期間におけるGDPの伸び率5.6%を上回るものだった。2001年の9.11同時多発テロによりアメリカの余暇マーケットは縮小に転じ、2005年末まで2000年の来訪者を上回ることがない世界で唯一の地域となった。テロの後遺症とテロとの戦いは観光産業を侵害し続けている：アメリカは世界の観光客にとって「最も行きたい夢のデスティネーション」から6位に落ち込み、旅行者の77%が「アメリカは他の国に比べ行き辛い国」と考えている。「結局、国

257

第 7 章 アメリカのエコツーリズム

際旅行におけるアメリカのシェアは 1992 年以来の統計で 35%を占めるまでに落ち込んだ」。しかしその後、2006 年までにアメリカへの国際旅行者は 9.11 以前のレベルに回復、全米における旅行消費額は国内旅行マーケットが主因となって、7,000 億ドルとなった。

7.1.1 エコツーリズム市場のサイズ

エコツーリズムの重要性をどのような尺度で評価するかは難しい。観光旅行にしろビジネス旅行にしろ特にエコツーリズムについて訊ねた調査も殆どない状態では、適切な数字を得ることはほぼ困難である。アメリカ国務省の 2002 年報告は「アメリカで行われているエコツーリズム活動に関する総合的なデータはないが、米国人は年間数 10 億ドルを消費している」と見積もっている。同じ年、アメリカ商務省は国外への観光旅行者 1,860 万人の約 13%（240 万人）がエコツーリストだっただったと見ている。

いくつかの有益な民間調査もある。ナショナル・ジオグラフィック・トラベラーズ誌と米国旅行産業協会（TIA:Travel Industry Association of America）の 2003 年調査によると、米国人旅行者の 55.1%は、「ジオツーリスト」かまたは自然・文化・ヘリテージ（伝統）に興味を有する旅行者であると分類されている。また、全旅行者の 4 分の 3 以上が「旅先の環境にダメージを与えないことが大切である」と感じている。同調査では 1,700 万人もの米国人旅行者が、ひいきにする旅行会社を選ぶ際に、環境的要素を考慮している。2005 年、ロハス（LOHAS:Lifestyles of Health and Sustainability）は、グリーンツーリズムやエコ・ボランティア旅行、環境に責任ある旅行（Responsible Tourism）などエコ・トラベル関連も含めたエコツーリズムは最も成長著しい分野の旅行であり、その規模は 770 億ドルの規模になると推定している。加えてロハス調査の中で 75%の人が環境に責任ある旅行に興味があると答えている。ただ 2002 年に行われた最も興味深い調査は、米国人旅行者がホテルを選ぶ際環境への配慮を考慮するとしながら、実際にホテルにその有無を訊ねるのは僅か 14%に過ぎないということである。このことは、責任ある旅行——つまりエコツーリズム——に広い範囲の人が興味を持ちながら、米国人消費者の多くは依然その行動に消極的だということである。

エコツーリズムへのニーズを計る一つの指標は、どれだけ多くの人が公園や保護区域（国や州、私有地にかかわらず）に足を運んでいるかを参照することである。2002 年の米国旅行産業協会（TIA）調査は「米国人旅行者は国立公園への認知も満足度も高い」として、成人の 40%近くが過去 5 年内に最低 1 回は国立公園を訪れ、2002 年だけでも海外からの旅行者の 20%が国立または州立公園を訪れている。しかも公園を訪れた殆どの人（93%）が、「高い満足度」を示している。92%が自然の魅力に惹かれ、90%が教育的効果を体験し、89%が文化や歴史をそれぞれ体験し、80%が家族で訪れ、更に 75%が公園内か周囲数十マイル内の宿泊施設に滞在している。

このほかエコツーリズムはアメリカの保護地域への訪問者数でも推し量ることができる。アメリカ国務省の調べによると、国立森林保護地域をはじめ公園、モニュメント、歴史地区、レクリエーション地域、野生生物保護区などへの訪問者は年間延べ9億人にのぼり、その多くは景観観光、ハイキング、野生生物観察、スイミング、シュノーケリングその他のエコツーリズム活動だった。最近の内務省の調査によると、1年間の野生生物保護区への訪問者は3,700万人にのぼり、このことによって2万4,000人の民間雇用と4億5400万ドルの所得効果が生まれ、税収総額は1億5,100万ドルとなった。さらに、漁業、狩猟、野生生物に関する余暇活動調査（2001年）によると、米国人成人人口のうち39%が、野生生物絡みのレクリエーションに参加、野生生物観察者だけでも2001年に380億ドルを消費している。

7.1.2　観光に関するアメリカ政府の政策と行政

　アメリカは観光による稼ぎ頭のリーダーであり1級のデスティネーションとはいえ、連邦政府における最近の旅行・観光行政の位置づけは低くなっている。他の国々が政府をあげて外貨獲得産業として観光を位置づけるようになってきているにもかかわらず、ワシントンでは国の観光政策は盛りを過ぎたものとして、50に及ぶ政府関係部署の中でも最も小さな部署として商務省の中に埋め込まれてしまっている。しかも、益々多くのアメリカ人が国の内外で観光に従事しているにもかかわらず、過去10年間その商務省内の観光部門は、降格されダウンサイズされている。1996年にクリントン政権下で議会はアメリカ観光機関（U.S. National Tourism Organization）に対する予算措置を見送り、観光旅行局（USTTA:U.S. Travel and Tourism Administration）を廃止した。代わって商務省国際貿易局（ITA:Commerce Department' International Trade Administration）のごく小さなひ弱な組織として、観光旅行産業部（OTTI:Office of Travel and Tourism Industries）の中に位置づけた。

　連邦政府の観光担当行政官として働いてきたロン・エルドマンは、1996年の合理化で残ったものの、行政の階段を3段も落ちたものだと振り返っている。彼の言によれば、USTTAはクリントン政権と連邦予算の削減を要求していたニュト・ジングリッチに率いられていた右翼下院議員団との駆け引きのなかで犠牲になった子羊だった。エルドマンによれば、それは組織を守るために必要だった「継続的なロビー活動」の不在であり、「観光産業は民間の手に委ねても大丈夫なくらい大きく健全になった」という議会内の見方だった。

　このような改革により、アメリカは国連世界観光機構（UNWTO:UN's World Tourism Organization）から脱退、外客誘致マーケティング機能や予算の削減、海外事務所の閉鎖と30人いた要員の解雇などで観光旅行産業部（OTTI）を更に縮小した。観光旅行産業部（OTTI）のWebサイトは「海外における諸調査やアメリカ内における外国人観光統計を提供するなど観光政策の調整役を行う」と謳っているが、事実は他の多くの国の観光局などには遥かに及ばないごく限られて役割を果たしているに過ぎない。

一方、商務省内の商務省国際貿易局（ITA）は観光も含めアメリカの貿易振興のために内外の機関を通じ商務サービスを行っている。国内ではアメリカ企業に対し貿易指導を行うと共に、国際社会でのプレゼンスを高めるための諸活動を行い、海外では大使館や領事館内の80箇所の出先機関がセールス・プロモーションを展開している。エルドマンによれば、「これら貿易カウンセラーの一部は観光・旅行について支援業務を行っているが、ごく僅かの役割を果たしているにすぎない」。今日観光産業の実質的なパワー役を担っているのは（少なくともマーケティングやロビーイング活動において）、州政府や民間の企業団体である。その中でも重要な役割を果たしているのが米国観光産業協会（TIA:Tourism Industry Association of America）だ。ミンテルの調べによると、「2005年におけるアメリカ向け観光誘致活動広告のトップ2は、米国旅行産業協会（TIA）と個々の州観光局だった」。アメリカが他の国々との競争に打ち勝つためにはマーケティングを強化しブランド力を高めるための予算増を図り、国連世界観光機関（UNWTO）への復帰や他の国際団体への参加をすべきだとする声が、ここ数年あちこちから上がり始めている。

　エコツーリズムについては、観光旅行産業部（OTTI）のアメリカへの空港到着国際訪問者調査にほんの僅かに存在するのみである。（但しメキシコ/カナダから2大マーケットは陸路での入国が余りにも多いため除く）。と同時に米国人バカンス旅行に関するデータもない。空港での外国人訪問者および米国人海外旅行者への調査項目のひとつに「今回のバカンス旅行には生態系や環境に関する旅行が含まれますか」という質問が挿入されている。（繰り返しになるが、メキシコ及びカナダとの間の旅行は双方向とも殆どが陸路であるため含まない）。海外からの旅行者に対しては出国時にアメリカでの実際に体験した活動が訊ねられたが、米国人の海外へのバカンス客に対しては出発時の意志を訊ねたもので、実際にそれを体験したかどうかは不明である。従って、これまで述べてきたように、海外からの外国人旅行者より海外へ出かける米国人旅行者の方がエコツーリズムに関する興味が高いとする調査結果をそのまま鵜呑みにすることはできない。何故なら一方は意志であり、もう一方は実際の行動を表すものだからだ。

7.1.3　エコツーリズムに関わる他の政府機関

　観光旅行産業部（OTTI）は、もう一つ注目に値する機能を有している。それは観光政策委員会（TPC:the Tourism Policy Council）の事務局としての役割である。観光政策委員会（TPC）は17に及ぶ連邦政府機関を代表する省庁間の連絡委員会でWebサイトによれば「国家の観光に関する損得は連邦政府の決済事項である」としている。1981年に創設され96年に再任された観光政策委員会（TPC）は、観光関係では目立った委員会ではない。1996年以前には一度の会合も開かれたことがなく、2001年の同時多発テロ以来未開催である。それでもなお、観光政策委員会（TPC）は観光に関係する連邦政府機関のメンバーによって構成さ

7.1 アメリカの観光産業とエコツーリズムの発展

れていることにかわりはない。全米に点在する公共の用地や水路における観光やエコツーリズムを推進する上で、州から群、市に至る幅広い分野の代表者を包含している。レクリエーションと環境保全の持続可能なバランスを図るうえで、これらの機関の継続的な挑戦は欠かせない。国立公園局（NPS：National Park System）の前次長のデニス・カルビンは「公園はアメリカ人だけに利用されるべきだとする信頼に足る論議が起こったことはなく、あるのはどのように利用され、時折いつどこでということに集中している」と記している。カルビンは「国立公園がすべて一手にレクリエーションを引き受け続ける必要はない。何故ならわれわれは国、州、地域、私有地など広範囲にわたる他の施設提供者（プロバイダー）を有しているからだ」とも述べている。これらのプロバイダーは、米国内デスティネーションへの自然、文化両面にわたる旅を促進し、すべての施設がエコツーリズムをサポートする明確なポリシーやプログラムを提供している。米国内のエコツーリズムに関する少ない研究のひとつは、「一連の公共の土地がエコツーリズムを含め多様な旅行体験が可能な理想的なデスティネーション」を提供していると記している。そして国務省のレポートは、これらさまざまな政府機関が提供している多様性に富んだ「持続可能なエコツーリズム」活動やプログラムをリストアップしている。

　なかでも最も大きな組織が農業省に所属するアメリカ森林局（USFS:U.S.Forest Service）で全米50州にわたり7億エーカーに及ぶ国有林と原野を管理している。森林局は、「エリア内での各種プログラムやサービスの提供をはじめ環境保全教育、自然解説（インタープリテーション）、地域住民とのパートナーシップなどを通じ、持続可能なエコシステムの管理原則を一貫して貫くことにより、質の高いレクリエーションの機会を提供することに責任」を有している。毎年2億800万人の人々が国有の森林地域を訪れ、2億5,800万人が景観や野生生物を求め森林地帯をドライブしている。アメリカ森林局（USFS）全域では6000人を超すプライベート観光ガイドや公道上の商店業者などが働いているが、同局は地域社会や運輸省のアメリカシーニックバイウエイ部門と一緒になって、その地域のスキースロープに関するポリシー決定などを行っている。また同局は、エコツーリズム体験を広げるためオザーク山塊（Ozark Mountain）やミシガン半島、テネシー、その他の地域での草の根プロジェクトを含めバラエティに富んだエコツーリズム・プログラムを提供している。

　観光やエコツーリズムとの関連でもうひとつの大きな存在となるのが、国立海洋サンクチュアリー・プログラムを担当する米海洋大気局（NOAA:National Oceanic and Atmospheric Administration）である。サンクチュアー・プログラムは、13箇所の水中公園と五大湖を「トラスト」として管理し、レクリエーションとしての活用と長期の環境保全のバランスを保つことをミッションにしている。「エコツーリズムは多くのサイトで人気が高く訪問者が増加傾向を続けている」。国務省の報告によると、米海洋大気局（NOAA）は「エコツーリズムによって野生生物やその生息地が被害を受けないよう」公共教育や奉仕活動、科学的調査、モニタリング等一連の活動を行うため他の政府機関や地域の民間企業とも密接な協力関

係を維持している。アメリカ海洋漁業局（National Marine Fisheries Services）が海浜レクリエーション・サイトでパンフレットやポスターでの告知、音声案内、インターネットなどの手段を使い、安全で深い理解に結びつく海洋生物観察のための一般への教育を行っているのもそのひとつである。同局は、国家及び州の関連機関や保全・アウトドアーグループで構成するコンソーシアム、アメリカ野生生物観察プログラム（National Watchable Wildlife Program）に参加し、安全かつ適正な距離からの野生生物の観察を推進している。米海洋大気局（NOAA）と大学機関との共同事業であるアメリカ海洋助成計画（National Sea Grant Program）は、カロライナ州でのエコツーリズム開発などいくつかの「持続型観光に関連する特別プロジェクト」を開発している。加えて同コンソーシアムは、バードウォッチングに関する「社会教育とエコツーリズム」を推進する一方、トレイル、ボードウォーク、野生生物観察用プラットフォームの建設・メンテナンスを行い、ニュージャージー海浜のエコツーリズム案内といったような自然展示を行っている。

　国立公園局（NPS）に加え内務省には観光並びにエコツーリズムに関わる3つの連邦政府機関がある。ひとつは、アメリカ魚類野生生物局（USFWS：U.S. Fish and Wildlife Service）で、全米の国立公園をすべて合わせたより広いエリアの500箇所以上の野生生物保護区を管理している。それらの地には毎年3000万人近くが訪れ有効活用し、アメリカ魚類野生生物局（USFWS）は様々なエコツーリズム・プログラムに関わっている。もうひとつは、アメリカ野生生物保護局（National Wildlife Refuge System）で、保護区ではビジターが野生生物観察をはじめ写真撮影、自然解説、釣りや狩猟を楽しむことが出来るようになっているが、同時に同局は保護地周辺のコミュニティに対し数百万ドルの収入をもたらす活動も行っている。その他アメリカ野生生物保護局は自治体と共同で環境教育や生息地の改善を行い渡り鳥の保全活動を行っている。毎年1,800万人のアメリカ人がバードウォッチング旅行に出かけ、その中にはオリジナルなエコツーリズム活動とみられる体験をしているものも多い。ニューヨークタイムズは「野生生物保護区の管理者は遥かな理想形を目指し複合的なエコツーリズムに取り組んでいる」と報道、しかし「保護区域を活用したいという人々の要求が着実に高まってきたときに、当局としての方向性を決定するためのまとまった政策も包括的な法律もない」とその問題点を指摘している。

　エコツーリズムに関わる国務省内の第2の組織は、土地管理局（BLM：Bureau of Land Management）で、年間6,000万人以上が利用する107億4,500万平方kmの公有地を管理している。エコツーリズム・プログラムの面では、前出のアメリカ野生生物観察プログラムと共同でフロリダからアラスカに至る土地管理局（BLM）の管理地で300箇所にのぼる野生生物観察ポイントを提供している。土地管理局（BLM）はまたアメリカ森林局（USFS）と組みふたつの全国的な環境計画を推進している。ひとつは「足跡を残すな（Leave NO Trace）」でビジターに屋外でのレクリエーションの結果もたらされる環境への負荷を最小限にする教

育であり、もうひとつは、「踏み跡は小さく（Tread Lightly）」で環境教育を通し自然を護るデザインの実施だ。

　第3の組織は、干拓局（BOR：Bureau of Reclamation）で、年間8,000万人が訪れる3万5,000平方kmの水陸両地でウォーターベースのレクリエーション活動を提供している。エコツーリズムの中心は干拓局（BOR）が管理する西部地域17州に点在する約300箇所の湖で、動植物や地質の観察など、科学的な調査研究を提供すると同時に、環境保護団体や民間企業によるアドベンチャー型の企画旅行などを実施している。

　観光—そしてエコツーリズム—は、公有地の管理を担当しない他の政府機関によっても取り扱われている。そのひとつが「政府による環境保全活動の強化」と「住みやすい環境づくりのための公的役割の実現」のために1970年に設立された環境保全局（EPA：Enviromental Protection Agency）である。環境保全局（EPA）は、調査、モニタリング、基準の設定、査察活動という独自の活動と、州および地方自治体、官民双方のグループ、そして教育機関などとの連携を含めた総合的な政策により「環境汚染を統合的に防ぐ」ことを目指している。そのために環境保全局（EPA）は各種データ、ケーススタディ、技術的支援、そして無料ソフトの提供などを含め、環境教育旅行や旅行産業の支援につながる幅広い多様なプログラムを提供し、さらにアメリカの余暇観光産業の環境面への経済的・環境的な影響を精査するためのすぐれたモデルなども提供している。同モデルは、スキー、釣り、狩猟、ボート、ゴルフ、歴史的場所や博物館、水辺のレクリエーションなど10種の代表的な「レジャー活動」について環境への負荷を定量化すると共に、水使用、消費エネルギー、大気汚染、排出温室効果ガス等を含む9つの環境指標上の値を測定するものである。これらのモデルが幅広く適応されることにより、その理論と方法論はエコツーリズムの環境への負荷を測定し、エコツーリズムの有効性と資源保護の方法を生み出すことを、現場レベルで可能にしている。

　加えて環境保全局（EPA）はパーデュ大学（Purdue University）と共同で「宿泊業のための環境強化策」というオンライン・キットを提供している。これは、ホテルやレストラン経営者に対し日々のオペレーションを見直しエコツーリズムの原理原則を理解することにより、より持続可能な実践活動につなげることを助けるものである。環境保全局（EPA）はまた、水や汚水管理、運輸、公害防止、大気浄化、エネルギー効率化、地球レベルの気候変動などを含め多くの分野で「測定可能な柔軟で協業可能でかつ市場主導型」の技術支援マニュアルを開発している。これらのオンライン・プログラムは特に観光産業のためにデザインされたものではないが、よりしっかりしたエコツーリズムを実践するうえで有効な情報を含んでいる。以下の記述で取り上げているように、近年環境保全局（EPA）は州政府レベルで多くのホテル認証プログラムの設定や運用に関与するようになってきている。

7.2　エコツーリズムのルーツ:国立公園と「森林保全」

　その大半がワイオミング州に属するイエロストーンは、アメリカそして世界で最初に法的に認定された国立公園である。1872 年、アメリカ議会はイエロストーン川源流の 80 万ヘクタールを「公共の公園として、また国民の利益と楽しみに供する行楽地」として指定した。アメリカ公園の歴史研究家であるリチャード・セラーは「広大で美しいイエロストーンは、国立公園の不朽のイメージをつくりあげ、山塊のロマンチックな景観と峡谷、夥しい数の野生生物や幻想的な自然現象を提供してくれている」と書き記している。1866 年、連邦政府は公園を管理し、「自然の造形物をまもり密猟を取り締まる」ため軍隊を派遣した。
　アメリカの国立公園は当初から、購入または征服によって形成され、将来の世代のための「残された最後の地」であり、「現在の世代が観光を楽しむことができる土地である」という 2 つの側面を目指してきた。公園を巡る国内世論は協力的で政治的で利他愛的な動機が複合的に交じりあったものだった。
　レイチェル・コックスがエコツーリズムに関する総合的な記述のなかで触れているように、「北部太平洋鉄道（Northern Pacific Railroad）が乗客向けの景観としてイエロストーンの創設を強く求めるなど、民間の観光推進者は国立公園の創設と拡大に大きな役割を果した」。19 世紀後半、セコイヤ、ヨセミテ、マウント・レイニア、グレイシャーなど米西地区の国立公園創設にも大きな役割を担った。「国立公園の創設と普及」は「人々を誘い込むマーケティング装置」になったとコックスは書いている。ツーリズムは、西部の顔を形成するパワフルな新しい経済エンジンになった。
　保護区の数も範囲も急速に増えて行った。20 世紀に入った最初の 10 年間で、熱心なアウトドアーマンでもあったセオドール・ルーズベルト大統領は歴史的、先史的そして科学的価値があるとみなされながら脅威にさらされている土地を「国の記念碑」としてカバーするため、国立公園の面積を倍増し連邦政府による保護区を拡大した。1916 年ウッドロウ・ウィルソン大統領は国立公園局（NPS:National Park Service）を創設するためのオーガニック法（Organic Law）に署名した。これは自然と歴史的地域や野生生物を保全すると同時に「将来世代の楽しみを損なうことなく」（70 年後のブルントランド委員会へ反映する言葉となる）現世代が楽しむことができることを目的としたものだった。これにより国立公園局（NPS）は 36 箇所の国立公園をひとつの屋根の下に収め、「インディアン業務局」（Bureau of Indian Affairs）は内務省所属となった。

7.2 エコツーリズムのルーツ:国立公園と「森林保全」

アメリカ合衆国の国立公園(58カ所)のうち主な公園

1. Yellowstone National Park:アイダホ州、モンタナ州、ワイオミング州、1872年
2. Yosemite National Park:カリフォルニア州、1890年
3. Mount Rainier National Park:ワシントン州、1899年
4. Glacier National Park (part of Waterton-Glacier International Peace Park):モンタナ州、アラバマ州、1910年
5. Great Smoky Mountains National Park:ノースカロライナ州、テネシー州、1934年
6. Acadia National Park:メイン州、1916年
7. Glacier Bay National Park and Preserve:アラスカ州、1980年
8. Hawaii Volcanoes National Park:ハワイ州、1916年

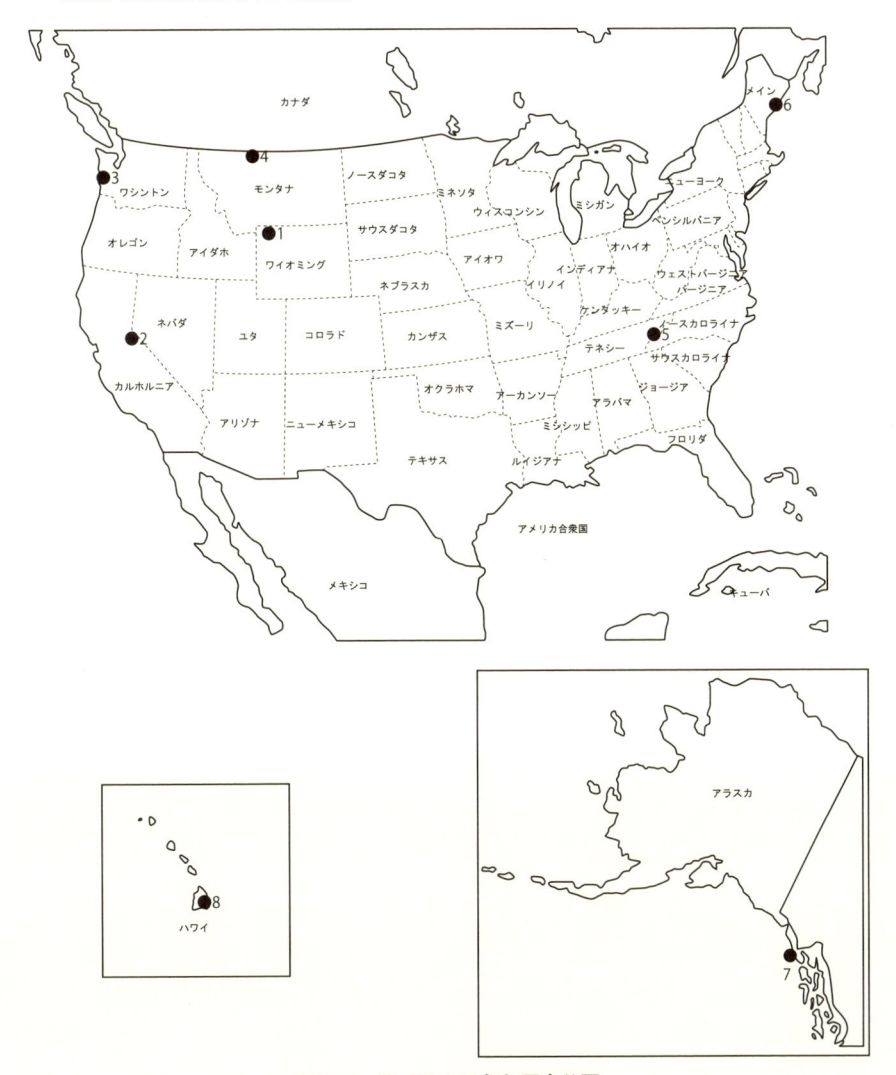

図 7-1　アメリカの主な国立公園

265

国立公園制度は西部地区を越えて広がり、1919年にはメイン州のアカディア、そして1926年にはテネシー州からノースカロライナ州にかけて広がるグレート・スモーキイ・マウンテンがそれぞれ仲間入りをした。1930年代になると時のフランクリン・ルーズベルト大統領は就任後早い段階で再び公園システムを倍増させた。彼が追加した56箇所のうち多くは歴史的な戦場跡であり、植民地施設であり、宗教施設やワシントンDC内の公園や東海岸にあるその他施設だった。1930年代以降国立公園局（NPS）に加えられた多くのエリアは、基本的に文化的な意味を持つものだった。

　ヨセミテが立ち入り禁止となって1世紀後の1964年、議会は国立公園と周辺の公有地の自然景観を、「その地と地域の生態が人間によって制約されず、また人間自身もまたそこに留まることのできないエリア」として保全するため、自然保護法（U.S. Wilderness Act）を制定した。1980年ジミーカーター大統領は画期的な意味をもつ「アラスカ大地保護法」（Alaska Lands bill = the Alaska National Interest Land Consevation Act）に署名した。これは1億エーカーを超える広範囲にわたる開発を制限し、10箇所の国立公園を創設し、既存の3つの公園面積を拡大するという一連の法律群からなる。環境保護活動家から「世紀の保全決議」と評価されたように同法の成立により、アメリカの国立公園面積と野生生物の生息地は倍増され、自然保護区として指定された土地は3倍近くになった。

　今日、アメリカは12箇所の大規模生態系保全地域を含め世界で最も広い法的に保護されたエリア（16億1,500万ヘクタール）を有している。国立公園制度は公園、モニュメント、戦跡、トレイル等を含め20の異なったカテゴリーに分類され、ユニット数は390を超えている。それらはデラウエアを除くすべての州とコロンビア地区、アメリカンサモア、グアム、プエルトリコ、ヴァージン諸島の4つのアメリカ統治領のいずれでも34万平方kmを超す広さである。

　これらはまた砂漠から熱帯雨林まで1ダースに及ぶ多様な生態系地域を含み、「アメリカという国がモザイク模様の生態系の国であるという背景」を物語っている。このように多様性に富み広大な自然地域が、アメリカに幅広いエコツーリズムを展開するうえでの大きな可能性をもたらしている。

7.2.1　国立公園と組織的なネイチャーツアー

　アメリカの国立公園システム（U.S. National Parks System）は、この国の代表的なレクリエーションの場所である。アメリカにおける公園と観光の結びつきは少なくとも1855年まで遡ることができる。その年ジェームズ・マソン・ハッチンはヨセミテへ「観光探訪団」を引き連れて自然保護地域への最初のレクリエーション・トレッキングを行ったと記録されている。組織的なネイチャー探訪旅行が行われるようになるのは、1901年にシエラネバダ山脈への恒例となる山岳旅行（High Trips）をスタートさせてからである（第1章 P.20参照）。

近年における国立公園や保護地域へのネイチャー・ツーリズムの急速な成長は、近代におけるアクセス手段の整備によるもので、最初は鉄道が、そして車が続き、近年は飛行機が登場した。20世紀の初期から自動車産業はハイウエイの拡大を国に働きかけ、車による家族旅行をあおった。第2次世界大戦後の経済成長を背景に多くのヤング・ファミリーが車を持ち、アメリカ自動車協会（AAA：American Automobile Association）発行のガイドブックやアメリカン・エキスプレスのトラベラー・チェックが拍車をかけた。車による夏季休暇旅行は国の年中行事となった。国立公園への訪問者は1980年から1990年の10年間で20％の増加をみせ、1億9,000万人から2億5,000万人へ膨れ上がった。現在では年間3億人近い人々が国立公園を訪れ、すべてのアメリカ居住者が毎年1回国立公園を訪問している計算になる。

7.2.2 レクリエーション、開発、保全のバランス

　国立公園システムは最も存在価値が高いと広く認められている政府機関のひとつであると共に、アメリカの公園制度は世界の羨望の的ともなっている。「独立宣言と同じように」とレイチェル・コックスは書いている。「アメリカの国立公園制度は、すべての人に喜びを与え共通の利益をもたらすかけがえのない世襲遺産として守られるべき、自由にして高潔なものであるというイメージを思い起こさせる」。国立公園に対する好意的な一般のイメージは、「アメリカ人旅行者は国立公園に対し高い認識と満足度を有している」とする2002年の米国旅行産業協会（TIA）調査でも裏打ちされている。

　しかし、このような評価にも関わらず多くの専門家は、国立公園が内部および外部からの圧力により問題を抱かえていると一様に指摘、「全米を通じアメリカの愛すべき国立公園が厳しい時を迎えている」とトム・アランデイルは書いている。問題の多くはゲートウエイ地域の住民、企業、メディア、市民団体からのもので、それに公園に隣接した私有地のオーナーや牧場主からのものが続く。その中には別荘地の開発、生活費の上昇、土地取引に関する思惑、地域住民の移転問題、公園内敷地へのより多くのアクセスを求める余暇事業者、そしてエルク、熊、狼など野生生物の過剰な増加によってひき起こされる出来事など、さまざまな問題が含まれている。

　国立公園内の最も差し迫った問題の中には、予算の不足、公園数の増大と責任の拡大、限りなく増え続ける訪問者数、インフラの老朽化、廃棄物の処理、野生生物との軋轢、外来種の制御、多様性と野生生物生息地の減少、不適切な商行為そしてジェットスキーやスノーモービルといった園内レクリエーション活動などがある。主たるジレンマは、リチャード・セラーズが指摘しているように「公園内での保全対象となるのは一体何か？」ということである。「それは公共の行楽のために自然の景観的な美しさを提供することなのか、または公園の究極的な自然の仕組みを無傷で保全することなのか」と問いかけている。この論議は、アメリカが

第7章 アメリカのエコツーリズム

更に多くの国立公園を必要とするかどうかということが問題になるたびに繰り返されてきた。そして最も極端な主張は、政府は公園を私有化に委ねるべきだという国立公園のコンセプトそのものを変える意見だった。

世界の他地域のケース同様、公園入園料の徴収は長い間論議を呼び起こしてきた。1908年のマウント・レイニア国立公園での実施を皮切りにビジターは入園料の支払いを行い、1916年に公園サービス制度が創設された時点で14箇所のうち7箇所が既に公園への車での乗り入れに対し入園料の徴収を開始していた。しかし近年、入園料やその他の課金による収入は、年間予算の10%にも満たない額になっている。90年代の各種の財源確保策が模索された後、議会は1996年に利用料金制度を導入、2000年にはすべての国立公園への入園を許可する50ドルの年間パスを発行するようになった。環境活動家やその他の国立公園擁護者は、国立公園局（NPS）への3倍もの予算を使っている刑務所制度や衰退している綿花関連予算などを例に挙げ、政府は国立公園への予算措置を優先させるべきだと主張している。

国立公園のより健全な公共支援策として、最初のふたりの国立公園局（NPS）理事は道路や質素な宿泊施設、レストラン等を整備することによって観光を活用する道を広げた。観光産業と慈善事業は一方では国立公園利用の広告塔ともなっている。第2次大戦中公園は予算不足のため老朽化するままに放っておかれたが、戦後の経済復興の中で離陸することになる観光も同じだった。1950年代国立公園局（NPS）理事だったコンラッド・ワースは、1966年までにビジターの公園へのアクセスの利便性を高めるための「ミッション66」を立ち上げた。この野心的なキャンペーンは、3,000kmに及ぶ道路の敷設または修復、114箇所のビジターセンターと、その多くにレストランやギフトショップ、集会場などを建設するものだった。

一方、国立公園は増大するビジターやその行動が引き起こす問題をどうコントロールするかという課題とも闘わなければならなかった。混雑が増せば公園内のキャビンやキャンピング場を求めて長蛇の列ができる。1950年代のイエローストーン国立公園では、観光客が道沿いにやってくる熊に餌を与えることを認めていた。観光客は熊が立ち上がったりグリズリーがごみ箱に首を突っ込むのを見て喜んだ。しかし1960年代になると、公園管理の見直しが行われ、レンジャーはゴミ箱を閉め、餌付けをした観光客には罰金が課されるようになった。

長期的で論議の余地が大きく複雑な課題の一つは狼の再移入に関するものである。野生生物対応策の一環としてイエローストーンでは、狼やマウンテン・ライオンを駆除しエルク、バイソン、鹿といった「絵になる」野生生物を保護してきた。ところが自然の天敵がいなくなることにより、エルクが爆発的に増加、そのことにより公園内の北部地域は裸地化の危険にさらされることになった。だが駆除に対する公共の反対意見が強く、エルクやバイソンを持続可能な数に間引きするというレンジャーの計画は中止せざるを得なかった。1960年代になると公園管理の考え方は徐々に環境保全の方向に傾き始め、1955年クリントン政権は牧場主たちのロビー活動を跳ね返し、エルクとバイソンの数を適正にするためカナダからイエローストーンに14頭の狼を移入することを許可した。これはクリントン政権の内務長官だっ

たブルース・ラビットによって行われたものであった。公園をできるかぎり無垢な形で自然に保全しようというものでレクリエーション活動にも一定の利用制限をつける一連の悩ましい決定のひとつとして行われたものである。だが多くの決定は、ブッシュ・ジュニア政権の支援者となる余暇産業をはじめゲートウエイ地域、牧場主などからの強い反対にあうことになった。そして、狼の数が増えイエロストーン周辺の私有地にも移動するようになると当初狼の再移入を支持した牧場主達でさえ、家畜か野生生物かという難しい問題に関わりあわざるを得なくなってきた。（後述のサン牧場ロッジに関する項を参照）

7.2.3　国立公園とエコツーリズムの今日

　2005年ナショナル・ジオグラフィック・トラベラー誌は、国立公園に関するレクリエーション上のインパクト状況を評価する画期的な調査結果を発表した。これはアメリカおよびカナダの55箇所の国立公園とそのゲートウエイ地区を対象に行った調査である。それぞれの公園はビジターがそれなりの有意義な時間を過ごしているとされる町や地域がゲートウエイとなっているかどうかということに焦点が当てられた。同誌は「公園とゲートウエイはそれ自身同じ歴史や景観、気候をもつそれぞれ単体としてのデスティネーションだがその関わりあい方によって、持続性や旅の質の上でそれぞれ違った結果をもたらしている」と記述している。持続可能な観光やデスティネーション研究家、公園管理者など300名近くの専門家が一問一答式で持続可能性に関する評価をしている。総合評価90点以上を獲得した公園（損傷ゼロやそのままの自然が残されているところ）もなければ、20点以下の壊滅的な公園もなく、総じてカナダの方がアメリカより高スコアをマークしていた。トップを占めたのは、カナダ・ブリティッシュ・コロンビア州のグアイ・ハーナス国立公園保護区（Gwaii Haanas 88点）で、トップ・グループに入ったアメリカの国立公園はウィスコンシン州のアポストゥル・アイランズ国立湖岸保護地区（Apostle Islands National Lakeshore）、ネバダ州のグレート・ベイスン国立公園（Great Basin National Park）、アラスカ州のランジェル・セイン・エリアス国立公園（Wrangell-St. Elias National Park）、ハワイ島のハワイ・ボルケーノ国立公園（Hawaii Volcanoes National Park）、ニューメキシコ州のチャコ・カルチャー国立歴史公園（Chaco Culture National Park）、オレゴン州のクラター・レイク国立公園（Crater Lake National Park）、そしてカリフォルニア州のポイント・レイーズ国立湖岸保護地区（Point Rayes National Lakeshore）などで、これらは78点から72点の間に位置している。これらの多くの公園は一様に交通量が少なく趣があり品のよいゲートウエイを有している。

　同調査では3箇所のアメリカ内の国立公園が、破壊的な外部からの圧力と深刻な内部障害によって「どん底」の評価を受けた。これらは、フロリダ・エバーグレズ国立公園保護区/ビッグ・サイプレス国立保護区（Florida Everglades National Park/Big Cypress National Reserve

34点)、テネシー・グレート・スモーキイ・マウンテインズ国立公園 (Tennessee's Great Smoky Mountains National Park 40点)、バージニア・シェナンドー国立公園 (Virginia's Shenandoah National Park 48点) の3つである。最も多くの人に人気のあるグレート・スモーキイは、これら3つのゲートウエイの中でも最もネガティブな形容詞を冠されることになった。同調査は、Gatlinburg, Pigeon Forge, Cherokee といった言葉で「ぞっとする」「不快」「恐ろしい」といったことを表現している。同じようにエバグレーズについては、「地球上のユニークな場所への不快な楽しくないゲートウエイだ」と表現している。

国立公園の王冠であり世界で最もスペクタクルな自然の不思議と称されるグランドキャニオン (Grand Canyon) については、「トラブルに直面」(53点) との評価だ。ここはユネスコ (UNESCO) の世界遺産であると共に、アリゾナの1級品の観光アトラクションとして、また2番目に観光客の多い国立公園として、毎年500万人近くのビジターが押しかけている。公園の担当者は幾つかの問題(観光客による鹿の餌付けなど)にうまく対応しているというものの、専門家の評価はサウスリム(南縁=South Rim)の観光拠点では、観光客は他の観光客の雑踏や大気汚染、頭上を飛ぶヘリコプターの騒音、夥しい車の群れなどを体験することになると手厳しい指摘をしている。そしてそれがサウスリムのすべてであり、渓谷観光のベターな場所とされているところの実態だと報告している。

そこから400km離れたウエストリム(西縁=West Rim)、そこはフアラパイ・インディアン (Hualapai Indian) の居住区であり公園内立ち入り制限区域の境界線上にあるが、そこにはさらに多くのトラブルが存在している。「われわれ部族はこの辺一帯の渓谷を居住地にしてスタートした」とフアラパイ族酋長のチャーリー・ヴォーンは言う。「われわれはここにずっと住み続けてきたし、これからも住み続けるだろう」。フアラパイ族は、1883年に40万ヘクタールの居留地を確保してここに移り住んできたが、その後1919年になって国立公園に指定されることになった。それ以来フアラパイ族の人々は観光関係の仕事に携わろうとさまざまな努力を重ねてきたが、貧困の中で惨めな生活を余儀なくされてきた。1979年に新たな高速道路が建設されフラグスタッフからサウスリムまでのツアーバスや車の移動が容易になると、ウエストリムへの観光客はパタッと止まった。壮大な景観美において全く劣るところがないにもかかわらず、ウエストリムにはアメニティ——舗装された道路もホテルもレストランもビジターセンターもそして流れる水もなかった。そのためグランドキャニオンを訪れる僅か20分の1の観光客(2006年で25万人)を受け入れるに過ぎなくなった。

2007年3月フアラパイ族はスカイウォーク建設に関する公聴会の開催を要求した。ウエストリムの口元から幅21mの馬蹄形の展望台を建設しようというものだ。部族のリーダーはラスベガスの企業家とパートナーを組み3,000万ドルを投じて、10.6cm厚のガラス製の約500トンの重さのプラットフォームを建設するという計画だった。しかしどこからも目立ったサポートは得られなかった。「われわれの時代の最も偉大な技術の結晶だ」と何度も繰り返し喧伝されたように、そのプラットフォームは岩盤に約14mの鋼鉄製の巨大なボルトを打

7.2 エコツーリズムのルーツ:国立公園と「森林保全」

ち込み渓谷の壁に取り付けられるものだった。政府の土地でもなかったため、環境への影響や水質評価など公的な調査を行う対象にもならなかった。先行きを懸念した最初の契約者はプロジェクトから手を引くことになった。

　プラットフォームは 25 ドルを支払ったビジターに約 1200m の高さからグランドキャニオンを覗きこみ、底なしの地獄をのぞくようなスリルを体験することができる。部族長はスカイウォークはウエストリムの観光を再生させ、フアラパを貧困から脱出させるものだと主張した。「われわれは深刻な貧困と余りにも多くの非雇用者を抱かえており何かをしなければならない」とプロジェクト担当の公的管理官である S シェリー・イエローフォークも説明している。うまくいけば 190km 離れたラスベガスからの日帰り観光客を呼び込み、事業計画書では最初の年だけでも観光客を倍増させ、他のウエストリム地区にも大きな利益をもたらすことができるとしている。

　しかし問題は、スカイウォークとキャニオンがもう一つのラスベガスのアトラクションとなり――狂喜する観光客の財布をこじ開ける、観光スポットになるということに対する恐れだ。実際にフアラパイ・インディアの人々も含めた批判者は、神聖な場所に建つ「悪趣味で」「醜悪で」「茶番な」何物でもないと強く糾弾、「われわれは正にこの地で生を終える霊魂の地だ」とフアラパイ族のある長老は言っていた。とはいえ、オープニング・セレモニーではフアラパイも目をつぶり、大地に息吹を与え、「これは白人のつくりものだ」と決めつけていた精神的指導者さえ、息を吹き込んだ。

　エコツーリズムの提唱者たちはこの公聴会でどのような位置を占めていたのだろうか？ネイチャー・ツーリズムもエコツーリズムも国立公園システムの基盤として成長してきた。ネイチャー・ツーリズムの提唱者たちは、公園や「保全すべき要塞」の基本的な対応として、公園の管理や官制の哲学としての「永遠の原野」という考えを採用してきた。エコツーリズムは、環境保全と地域コミュニティへ利益をもたらすという基本的な原理原則なるがゆえに、創設時多くの公園が入植を全く認めないという考え方ではなく、従来からの居住者との敵対より調和をつくりだす戦略を模索してきた。それ故、エコツーリズムは互いに価値あるものを守りあうという「ステークホルダー理論」を促進し、公園管理やエコツーリズム事業において、時には園内の資源を持続可能な使用を図るうえにおいて、コミュニティを巻き込む政策に繋がって行く。しかしながら、エコツーリズムはアメリカ経済にとって重大なツールではないといった考えや、国家レベルで論議されてこなかったという一部の理由により、エコツーリズムの重要さやエコツーリズムが真の意味で何を意味するかのコンセンサスを構築するうえで、この国の動きは緩慢である。2005 年に国際エコツーリズム協会（TIES）が組織され、初の全国レベルでのエコツーリズム会議が開催されたのが、国家レベルでの最初の対話（ダイアローグ）なのである。

7.2.4　全米エコツーリズム・サミット:メイン州バーハーバー

　メイン州バーハーバー（Bar Harbor）の海岸線に霧が立ち込めた2005年9月中旬、アメリカではじめての全国エコツーリズム会議が開催された。全米50州の約半数から300人前後の代表者が一堂に会し、地元のオーガニック野菜と全米有数のブラスバンドを楽しみながらの開会式が行われた。会議場の後背地に浮かぶエビ漁の浮漂や釣り船、ボートやヨットが転々と並ぶ港には巨大なクルーズ船が錨を下し、隣接したアカディア国立公園を通って午後のショッピングのためバスに乗り込む数千人の船客を降ろしていた。初秋のこの日ここにはマスとエコという二つの観光が、牧歌的な農家、岩肌をむき出しにした海岸に囲まれたおとぎ話の舞台のような、アメリカで最も人気のある国立公園で共存していた。

　観光の両極にあるとしばしば論述されているクルーズ観光とエコツーリズムが、バーハーバーに同居している。大型クルーズ船は中心地であるフロリダから北は東海岸一帯、南は中米諸国へと新たな寄港地を次々と拡大、9.11テロ以来安全で安い旅行手段としての評判を獲得している。こういった傾向の中でエコツーリズムもまたアメリカ市場の中で成長性のある観光として最近認識されるようになった唯一のものである。そしてこれら二つの観光は、バーハーバーからベリーズ、さらにはその後背地へと対象地を広げ、それぞれのパラダイスを求めて競争を繰り広げている。

　その全米会議の時私は国際エコツーリズム協会（TIES）の専務理事の職にあったが、私の関心はアメリカばかりでなく、生物多様性の保全や貧困からの脱出、文化の保全のためにエコツーリズムが必要な世界各地の状況に向けられていた。エキゾチックで魅力的なホットスポットが無数に混在する地球上からみれば、アメリカはごく小さな地位を占め、単調で、正直言って時にはつまらないものに見えた。1990年に国際エコツーリズム協会（TIES）がアメリカで誕生して15年以上が経ち会員の過半数が国内にいるにも関わらず、協会は国内のプロジェクトについては殆ど大した働きをしてこなかった。しかしこの会議で、ホームカントリーアメリカでの状況をより詳細に見ることにより、エコツーリズムはこの国の多くの場所で、時には見えないところで、しかも多様な名称で静かに成長していることを発見することになった。これまで述べてきたように世界中で繰り広げられている理念や原則と実践活動が、アメリカでのエコツーリズムの開発についても起こっていることを教えられた。エコツーリズムを巡る戦いも緊張も似たようなものであり、民間から政府、NGO、地域コミュニティそして研究者に至るまで「マスツーリズムの過剰さや他の破壊的な『開発』を抑制するために働いている」。多くの市民を巻き込んでいるということの発見だった。そしてこのことにより、観光というものがビジターに対しより豊かで見返りの多いバカンスを提供すると共に、環境を保全しコミュニティに利益をもたらすものとして、その地位を与えられるようになってきているという実態だった。

　国際エコツーリズム協会（TIES）と地元商工会議所の共同開催による会議の最後で参加者

は一般も交えた協議の結果、「連邦、州、地域のすべてのレベルにおいて社会並びに環境に責任ある観光を推進する一連の政策を取り入れるべきである」というアメリカ政府への要望をバーハーバー宣言として採択した。そして同宣言は、「それがうまく実施されればエコツーリズムは、観光旅行産業が将来とも依存し続けることになる自然と文化遺産を擁護するプラス勢力になると信じる」と続けた。

バーハーバー会議は国レベルでエコツーリズムについての論議をした最初の場となり、以後2年に1回の割で開催することが決まった。2回目はウィスコンシン州のマジソンで2007年9月に北米全域のエコツーリズムが論議され、アメリカ同様カナダも含むものとなった。これらは国レベルのエコツーリズムを推進する小さなステップに過ぎないが、1990年代以降州から地方都市、地域レベルで積み上げられてきた諸活動が、真の意味で全国レベルで共有されたスタートとなった。

7.3　州レベルのエコツーリズム:政策とエコツーリズム協会

エコツーリズムを含め観光は、公園当局、担当省庁、民間組織をはじめ観光アトラクション、アクティビティ、施設そしてマーケティングなど州レベルに多く集中している。省庁関係では、観光行政そのものをはじめ環境、レクリエーション、自然資源、廃棄物管理、そしてコンベンション・ビジター・ビューローなどの関連部門も含め、エコツーリズムのラベルを推進しているかどうかに関係なく、理念・原理や実践活動に絡み合っているという意味合いにおいて、一連の事業計画に関わりあっている。そしてしばしばこれらの事業活動は、環境組織や民間の観光事業者と一緒になって実施されている。例えば次の節で取り上げるように、「グリーン」宿泊認証プログラムを実施する州が増えているのもそういったことの一環である。州レベルのプログラムの多くは観光客やツアーオペレーターが自然資源を有効活用することに結びついている。バージニア海洋科学学院（Virginia Institute of Marine Science）によって実施されているバージニア・エコツアー・ガイド認定コースは、東海岸における「カヤックやボート・ツアーをより責任あるものにする」ようデザインされている。Webサイト上での説明によると「エコツーリズムを推進することは、自然資源の価値をより広く認識させると共に、自然地域の保全を図るための経済的理由を明らかにすることになる。より訓練されたガイドを用意することにより、われわれは資源の過剰利用による障害を減らし観光によってひき起こされる動物や植物そして自然地域への不用意なダメージを避けることができる」とし、20数名の認定ガイドがリストアップされている。

他に目を転じるとワシントン州では、州の魚類野生生物局（Department of Fish and Wildlife）をはじめアメリカとカナダのいくつかの省庁や鯨博物館などが、会員のボート事業者のための最良のガイド実践活動を開発するため、北西部ホエール・ウォッチング・オペレー

第7章 アメリカのエコツーリズム

ターズ協会（WWOA-NW:Whale Watch Operators Association Northwest）を共同して運営している。サンファン島郡周辺のホエールウォッチング・ツアーは年間50万人以上の見学者を受け入れ1000万ドルの産業収入をもたらしている。これはホエール・ウォッチングに絞った世界最大規模のオペレーションだと言われている。ここではシャチや他の海の生き物に対するインパクトを最小限にして見学できるようボランティア・ガイドがボート業者を手助けしている。1993年以来、鯨博物館のボランティアが鯨の近くでボート業者の活動をモニターするサウスウォッチ・ボーター教育プログラム（Southwatch Boater Education Program）を実施している。類似のプログラムは教育旅行ビジネスでも連動して実施されるなど、自然・文化資源を護るための公的な取り組みは実質的にすべての州で見られ、エコツーリズムの価値を広範囲に確認させる結果になっている。

ただエコツーリズムの価値はまだ全米に採用されているわけではない。例えば過去20年以上もの間、マホベイ・キャンプのオーナーであり米ヴァージン諸島に3軒の他のリゾートを経営するスタンリー・セレンガットが行ったような、パブリックやプレスに対してまたは観光産業や政府関係者に対して、エコツーリズムの人気を高めるような活動は何もしてこなかった[訳者注1]。彼の最もよく知られている施設であるテント式のキャンプは、国立公園内に個人所有物として1976年に建てられたエコ感覚に満ちた建造物だった。エコツーリズムの概念が根付くとマホベイは瞬く間にアメリカにおけるエコツーリズムのリーダーと持てはやされ、セレンガットの白いゴルフ・キャップは陽気なニューヨーカーを惹きつけ、エコツーリズムの格好のスポークスマンとなった。ただ、セレンガットは持続可能なデザインや「グリーン」の建設手法、彼自身のエコへの革新的な取り組みなどに焦点が向けられた割には、エコツーリズムの他の側面である地域社会との関係や利益の還元については注意を払わなかった。

スタンレー・セレンガットがカリブ海におけるエコツーリズムの大きな立役者となる一方で、アメリカで最初のエコツーリズム協会が成功裏に設立されたのは、アラスカでありハワイだった。そのアメリカ内の最も遠い地域では、自然や文化資源の保全のために関わっていたエコツーリズム・オペレーターやロッジ経営者、地域の環境NGOなどが最先頭に立っていた。両州は自然及び文化面での観光的魅力に溢れ、トラベラーの満足度調査でもトップにランクされている。

7.3.1　アラスカのエコツーリズム

アラスカ州には国内最大の公園であるワンゲル・セイント・エリアス、最高峰の山岳であるマウント・マッキンレー（デナリ山）、そして息をのむように美しいグレイシャー湾など19箇所にのぼる連邦政府認定の公園、歴史的サイト、原生の河川がある。観光が始まったのはパシフィック・スティームシップ社がグレイシャー湾へのクルーズを開始した時に遡るが、

注1　第3章 P.79参照

7.3 州レベルのエコツーリズム:政策とエコツーリズム協会

　第2次世界大戦まで観光客の数は少なく年間多くても3万人程度にすぎなかった。これは不便な割に旅費が高くシーズンも短かったことによる。今日では年間100万人が訪れ、およそ100億ドルを消費している。観光は漁業に続きアラスカ州第2の雇用産業になっている。

　州ベースの最初のエコツーリズム活動が始まったのは、「原野依存型ビジネス従事者の声を集めるため」の組織としてアラスカ・ワイルダネス・レクリエーション観光協会（AWRTA:Alaska Wilderness Recreation and Tourism Association）が設立された時だった。今日 AWRTA は300名を超す会員組織となっている。1994年同協会は州レベルのエコツーリズム会議を毎年開催することを決め、1995年には8つのエコツーリズム・ガイドラインからなる総合的な対策をまとめた。ガイドラインはエコツーリズムの総合的な理解を明確に示すため、エコツーリズム事業は「原野や野生生物、先住民の文化、地域社会に対し観光客のインパクトを最小限に抑えると共に、環境面で持続可能な経済成長をもたらすべきである」「地域経済や地域住民への直接的な利益をもたらすべきである」と述べている。ガイドライン7条は、AWRTA 会員各社は「環境保全のために地域の非営利的な取り組みに貢献する事業者とゲスト用の解決策を持つ」べきだと提案している。これに基づきアラスカ・ワイルダネス・レクリエーション観光協会（AWRTA）はアラスカ州内の3つの指定保護団体に対する革新的な献金収集の手段として1日1ドル・プログラム（Dollars a Day）を立ち上げている。この初期の素晴らしい観光客による慈善活動において、参加企業は彼らの顧客に1日1ドルの協力を頼み、それと同額の寄付金を加え、3つの保護団体に寄贈した。ちなみに2001年には35の参加企業が2万5,000ドルの寄付金を集めている。「しかしそれは環境保護団体への財政支援に成功している唯一の例ではない」とアラスカ・ワイルドライフ・アドベンチャー社のオーナーであるカーク・ホースルは言う。「それはわれわれビジネスにとってもいい結果を生んでいる。人々はそのような機会に参加することを望んでいるからだ」。

　ホースルはアラスカで最も評判のいい旅行会社のひとつを経営している。過去30年にわたりアラスカ・ワイルドライフ・アドベンチャー社は少人数で原野のロッジに宿泊するツアーやパッケージ旅行を企画してきた。これらの成果が評価され2005年にはコンデナスト・トラベラーズ誌の「グリーン」賞にリストアップされたが、同社は遠隔地でできるだけ原生な自然が残っている地に焦点を絞り、参加者が訪れる地域の自然や文化について教育することに力を入れると共に、ローインパクトでサステイナブルなテクノロジーを採り入れている。ケナイ国立野生保護区（Kenai National Wildlife Refuge）の奥地にあるロッジでは電気や温水を提供するためディーゼルを止め静かでクリーンな水力発電に首尾よく切り替えているのもそういったことのひとつである。さらにもう一つホースルが行った革新的なことは、すべての企業活動をモニターし、環境への影響を抑えるための「グリーンワーク」のプログラムを立ち上げたことである。

　過去何年にもわたってアラスカ・ワイルダネス・レクリエーション観光協会（AWRTA）やホースルのような会員は、持続型観光に影響を与える多くの主要な環境的社会的課題に取り

組んできた。これらの中には、クルーズ船によるマスツーリズムをどう管理しコントロールするかといった問題をはじめ、仮にあったとしての話だが、狩猟や魚釣りがエコツーリズムの一部としてどの程度だったら認められるのかや、地球温暖化にどう対応するかといった問題をも含んでいる。アラスカ・ワイルダネス・レクリエーション観光協会（AWRTA）のWebサイトは、「アラスカは地球の気候変動が生態系にどのような影響を及ぼすことになるか、そして観光産業にどのような影響を及ぼすことになるか最初に感知するところである」と述べている。

アラスカでまた世界的にみても最も複雑な問題のひとつは、エコツーリズムと先住民との関係である。カルチャー・ツーリズムはエコツーリズムの中心的な要素であり、アラスカ・ワイルダネス・レクリエーション観光協会（AWRTA）のホームページでもアラスカ州の人口の16%を占め、200以上の村やコミュニティでのアラスカ先住民族に関する情報を掲載している。「多くのアラスカ先住民は『時が生まれて以来』独自の習慣や言葉、狩猟や漁法そして生活様式を保っている」とホームページは続けている。アラスカ・ワイルダネス・レクリエーション観光協会（AWRTA）ではアンカレジにあるアラスカ先住民遺産センター（Alaska Native Heritage Center）の情報に基づき、5つの主な文化グループを紹介している。同センターは1999年の開設以来、「催し物や教育を通しユニークなアラスカ先住民の文化や言語、伝統と価値観などを保全保存し祝う集会所」となっている。しかしアラスカ先住民科学委員会（Alaska Native Science Commission）の調査結果では、多くのアラスカ先住民はエコツーリズムのもたらす利点については依然懐疑的である。

7.3.2 ハワイのエコツーリズム

ハワイの観光産業は1950年代から1960年代初めにかけて離陸した。より速く長距離を飛ぶことのできる航空機の登場とアメリカの50番目の州となったことが「政治的経済的な革命」をもたらし、「マスツーリズムに踏み出す全面的な戦略」を採用することになった。1970年代半ばまでに観光産業は軍事、パイナップル、砂糖産業を合わせた2倍の雇用と収入をもたらすことになった。今日観光はハワイの主要輸出産業として、単体で最も大きな経済活動となり、間接的なものも含め州内雇用の22%を支えている。2005年にハワイを訪れた観光客は約750万人（65%が米本土からで21%の日本が続く）にのぼり、116億ドルを消費した。2006年の政府報告書は「ハワイの観光産業は成熟期に入った」として「より進歩的な安定性のある量的な拡大に頼らない観光」を促している。

観光コンサルタントのジョン・ノックスによれば、ハワイの支配的な観光モデルはワイキキ（オアフ島）のような「観光都市」からマウイ島のカアナパリやビッグ・アイランド（ハワイ島）のノースコハラのような自律型の「計画リゾート」にいたるまで、リゾート地区への集中的な開発ということで特徴づけられる。ノックスの観察によれば長い間「ハワイの観

7.3 州レベルのエコツーリズム:政策とエコツーリズム協会

光産業の中心的なパラダイムは、ビジターの殆ど大部分がこれらリゾートの中で多くの時間を過ごし、時折バスやレンタカーを使って他の特別な景勝地やアトラクションに出かけてゆくという考えに基づいていた」。ハワイ観光の半分は消費額の大きな日本人から節約意識の高いカナダ人まで一連の観光客で賑わうワイキキに集中してきた。過去数十年の間、観光開発は田舎や農業用の広大な用地に計画的なリゾートを建設するという方法で行われてきた。これらのゆったりした開発地域にすべてを備えた少数のホテルとゴルフコース、レクリエーション施設、ショッピングセンター、コンドミニアムと住宅棟などが建設された。ノックスは「不動産部分が総合リゾート計画とは何かを理解するキーポイントである」と言う。「そこではホテル群は（少なくとも初期段階では）リゾートの不動産取引を行うバイヤー向けの目玉商品にしか過ぎなかった」。

　エコツーリズムにとって最も活気に満ちたエリアのひとつは、187軒の農家による一連の活動であり、それは2003年時点で339億ドルの価値をもたらした。更に他の145軒の農家がアグリツーリズムをはじめる意思をもっていると伝えられている。主たる活動の内容は農産物の販売、土産品等の物販、野外レクリエーション、宿泊そして各種のエンターテイメントである。

　しかしエコツーリズムそれ自体は、比較的スケールが小さく地味で二次的な位置づけに留まっている。アラスカと同じくハワイでエコツーリズムが提唱されるようになったのは、1994年にハワイの環境活動家をはじめネイチャー・ツーリズムのオペレーターや研究者そしてハワイの先住民活動家らが最初の全州レベルでエコツーリズム会議を開催した時に遡る。1995年にはハワイ・エコツーリズム協会（HEA:Hawaii Ecotourism Association）に発展する委員会の設置を企画、ハワイ・エコツーリズム協会（HEA）は非営利団体として「ハワイのユニークな自然環境と文化を護るためエコツーリズムを活用してハワイの旅行産業を多様化するために献身的な活動」を行っている。1999年ハワイ・エコツーリズム協会（HEA）はエコツアー事業者をはじめ宿泊業者、旅行会社、地域代表と環境団体、旅行作家、行政、研究者など100名を超える組織になった。長年にわたる活動の成果としてハワイ・エコツーリズム協会（HEA）は認証制度のたたき台となっている「エコツーリズム・マニュアル」を発行すると共に、オアフ島クーラポコ（Koolaupoko）地区の一連のパンフレットやホームページを開発してきている。

　ハワイ・エコツーリズム協会（HEA）はハワイで社会的環境的に責任ある観光（Responsible Tourism）を推進してきている唯一の存在である。ハワイ・エコツーリズム協会（HEA）は主に小規模でコミニティベースの自然や田舎そして文化観光に焦点をあてているが、他のNGOや市民グループ、研究者、民間コンサルタントそして行政当局や特別な委員会などはマスツーリズムのもたらす弊害や改善方法に注目している。時としてマスツーリズムに対する懸念は公共の抵抗を呼び起こす。2002年に国際的なクルーズ会社がハワイの寄港地を拡大しようとした時、モロカイ島の住民はビーチでの反対運動を展開、ホーランド・アメリカン社の乗

船客が上陸することをストップさせた。

　最も革新的な市民活動のひとつは、2000年に地区のシエラクラブ（Sierra Club）が行ったハワイ観光機構（HTA:Hawaii Tourism Authority）を相手どって起こした裁判だ。これは国際マーケットを拡大するために1億1,400万ドルの開発契約を結ぶ前に、州全体を対象にした環境アセスメントを行うべきだとして起こされた法廷闘争である。シエラクラブの告訴は、現在のビジター数でも既にハワイ州の環境や文化そして公共のインフラを破壊しているとして、観光産業全体のインパクトを全面的に見直すべきことを要求したものである。2002年に訴訟そのものは最高裁によって却下されたが、この訴訟問題の結果マスツーリズムに対する一般の関心は高まり、議会は「ハワイ観光の収容能力（Carrying Capacity）についての研究を指示することに繋がった。研究者やアドバイザーによる多角的な研究が行われる一方、ノックス氏のチームによる州ベースの公聴会が何度も開かれ、参加者は観光問題について広範囲なコメントを提供することになった。ハワイ先住民からみてハワイの観光産業はどのような意味を持っているかを担当した研究部会は、多くの先住民が観光は神聖な場所の価値を下げ文化の尊厳性を貶めワイキキやその他の町で先住民が受け継いできた「その地らしさ（Sense of Place）」を消滅させていると、発言していることを知った。

　4年の歳月と120万ドルを費やしてまとめられた2,560ページに及ぶ「持続可能な観光のための計画」に関するレポートが2006年4月公開された。調査結果は観光に関する「キャリング・キャパシティ」を算出するという議会からの指示には直接答えず、地理学的観点やインフラそして社会的な仕組みなど多様に変化する条件の中で適正な数を纏めるのは不可能であると主張している。しかしこの研究により、どの程度の燃油や水そして宿泊施設がビジター数によって必要になるかを決める「ハワイの持続可能な観光指標システム（Hawaii Sustainable Tourism Modeling System）」と呼称される新たな経済モデルが、はじめて提出されることになった。同研究書はまた、21世紀の「新たな観光問題となる」クルーズ観光やレクリエーション用の不動産、個人向けバカンス用のレンタル施設などについても言及している。これらの諸問題はその他の問題も含め、将来に残された課題として取り組まれることになるであろう。研究報告書は網羅的なため、問題解決のための新たな前提条件を打ち立てることが出来なかったり、ある地域では既に持続可能性を超え観光客が入り込んでいることを認識するのに失敗したり、幾つかの取りこぼしをしている。

7.3.3　米本土（Lower Forty-eight）のエコツーリズム

　エコツーリズム事業への取り組みや州ベースのエコツーリズム協会の立ち上げ、そしてマスツーリズムをどうコントロールしその影響を和らげるかといった試みが遠隔地で始まると、その影響は米本土でも至るところで地域特性に合わせた様々な動きが急速に広がりはじめた。過去10数年の間に多くの州で全州ベースのエコツーリズム会議やシンポジウムが開かれ、エ

7.3 州レベルのエコツーリズム:政策とエコツーリズム協会

コツーリズム団体の立ち上げや広範囲なエコツーリズム・ビジネス開発、そして「グリーン」ツーリズム認証プログラムの増設などの取り組みが広がり始めている。

そして再三再四にわたりエコツーリズムは、最低の場合でも特別な問題の解決策のひとつとして提案されるようになった。ここでは数多くの具体例の中からごく一部を紹介してみよう。デラウエア州のケースだ。同州は国立公園が一つもない唯一の州だが、ネイチャー・ツーリズムのデスティネーションとしての取り組みをいちはやく開始したところである。1994年同州は全州ベースのエコツーリズム・ワークショップを開催、サセックス郡ではコンベンション・ツーリズム委員会が、デラウエア大学や州公園当局と一緒になって、エコツーリズム活動を開発、ネイチャー観光ガイドの仕組みとなる「デラウエア・エコ発見」をプロデュースした。

たぶん他のどの州よりもエコツーリズムというネーミングを使用するしないに関わらず、実質的に地方の農家や小さな町々を守るためエコツーリズムに取り組んできたのがバーモント州だ。1936年エコツーリズムという概念が生まれるはるか前に、バーモント州は「観光に大きく道を拓き巨額の収入をもたらすが、痛みを伴うことにもなる州間高速道路（Interstate parkway）の建設」を投票の結果却下した。この戦略的な決定は、年間を通じて楽しめる農家経営のB&B型農村滞在や小さな町に滞在してネイチャー・ベースのアクティビティを楽しむことが出来る地方色豊かな小規模観光を売りものにする、緑の山並み州（Green Mountain State）の地位を与えることになった。2000年ジョンソン・ステート・カレッジの教授であるトッドゥ・コメンは地域エコツーリズム会議を企画、1週間にわたり州内の4つの地域で現場ベースのワークショップを開催した。これには州内の至るところから参加者が集まった。中心となったテーマは、アグリツーリズムでありバーモントの家族所有の農家を守るためエコツーリズムをどう活用するかであった。2002年の調査ではアグリツーリズムによる収入は1,050万ドルだった。バーモント州全農家の3分の1（2200戸）がアグリツーリズムにより平均8,900ドルの収入を得ている。2,000平方km以下の小規模農家の多くがアグリツーリズムに関わっており、農産品の販売をはじめ宿泊、野外活動、教育、エンターテイメント事業などにより収入増を図っている。

ミシシッピー州モスポイント市（Moss Point）のパスカウゴラ川では、オーデュボン協会がハリケーン・カトリーナで破壊された沿岸地域の生活再建を支援する活動を行ってきている。彼らはその一部としてモザイク模様のように多様なエコツーリズム活動、自然・教育センターの建設やガイドのトレーニング、バードウォッチやカヤックツアー、B&B型宿泊の提供、植樹、ボート・ツアー会社の経営などを行っている。フロリダではケリーポストをはじめとする州観光局の幾人かがフロリダ州はテーマパークやビーチリゾート以上のものを提供できると確信している。1995年初めエコツーリズム・ヘリテージ観光顧問委員会は地域社会に自然・文化観光を推進するためのビジット・フロリダ・プログラムの一環として設定された。計画には観光資源の棚卸を図ることをはじめ、サイトやエコシステムの保全を確実に

第7章 アメリカのエコツーリズム

し、「オフザビートン・パス(メイン通りから外れた道)や自由行動型ツアー」のマーケティング等が含まれていた。

　アメリカで最も貧しいけれど最も美しいウエスト・バージニア州では行政担当者や大学教授、地域の観光業者、地域活動家、そしてNGOなどが何年もの間エコツーリズム会議の開催を重ねながらエコツーリズム協会の設立や一連の行政主導のプログラム開発を行ってきた。彼らはエコツーリズムは、小川や山々そして野生生物を護ると共に、鉱業や林業など開発しつくされ破壊された斜陽産業に代わる新たな代替手段になるとみていた。2001年環境保全局と観光部はそれらが市民生活の質を高めるとして、州全域にわたり持続可能なエコツーリズム経済を創造するためエコツーリズムを推進するための合意メモにサインすることになった。同じ年ウエスト・バージニア・エコツーリズム協会が「エコ・フレンドリーな信条のもとに州に多くのビジターを呼び込もうという熱意をもった事業者の集まり」として設立され、小さなウエスティン町(Westin)で自然の季節任せのB&B業(Natural Seasons Bed&Breakfast)を開始した。2005年までに同協会はワシントンDCにベースを置くエコ・トラベル旅行業であるソリマー・マーケティング社と共同でウエスト・バージニア州の「グリーン」を推進するまでになっている。その中身は渓流下りやハイキング、バイキング、温泉、農家民宿、ワイナリー、B&B宿泊、体験工房、文化、祭り、スキー、その他のウインタースポーツと実に多彩である。バークレー・スプリングス(Berkeley Springs)をはじめとする幾つかの古い町では、エコツーリズム型宿泊や体験活動を共同で展開、ウエスト・バージニアをエコツーリズムの主導的な州にしようと模索している。「DC首都圏地域に住むわれわれの顧客の多くはこの種のツアーを探し求めている」とソリマー・マーケティング社のベン・アイゼンバーグは言う。2005年ワシントン・ポスト紙は「ウエスト・バージニア州でエコツーリズムはもう一つの自然(Second Nature)になっている」と報じている。

　アイオワ州ではH・ピーター・ヨルゲンセンが北西部の37の郡からなるシロス・スモークスタックス国立歴史的遺産地区(Silos & Smokestacks National Heritage Area)を運営している。この非営利組織は地域伝統歴史遺産観光の開発と観光を通じアメリカの農業のストーリーを伝えていくために設立されたものだ。彼は広い視点からエコツーリズムはアメリカの中心地で生まれたものではないとクリアーな目で指摘しながら、「人々は一般にエコツーリズムは筋金入りの環境保護家や遠隔地のエキゾチックなところに旅することができる急進的な環境保護活動家のためのものだと考えている」、「子供たちをイエローストーン国立公園につれて行くことは、しかし人々は気が付いていないが、それはエコツーリズムに参加することである。あるいはまたアイオワ州でアンクル・マーレとアント・ベティ(Uncle Merle and Aunt Betty)の農家を訪ね農家が環境問題にどう取り組んでいるかを見学すれば、それはエコツーリストなのだ」とジャーナリストのフランシス・フィガルトに語っている。

7.4 米本土におけるエコツーリズムのさまざまな形

これまでの例でみてきたように、エコツーリズムは米本土での地域コミュニティでも深く浸透し始めている。米本土における最も一般的なエコツーリズムの形はアグリツーリズムとエコ牧場（eco-ranching）である。両者とも家族経営型のビジネスでデベロッパーや産業農業、複合リゾート、囲い込み型のバケーション住宅地などによる浸食から、土地や地域特産品、伝統文化、生活習慣などを守ろうとしている。

7.4.1 農地・牧場と田舎暮らしの保全

すべてのエコツーリズムの形の中で農業観光（Agritourism）は欧州やオーストラリア、カナダ、アルゼンチンなどと同様にアメリカでも最も早く成長した分野である。その一般的な活動としては、農家訪問や農業・園芸・農産物加工体験や家族・子供向けの農家ツアー、参加型の雑役体験、収穫作業、農産物・加工品の購入、乾草やそり乗り、宿泊などである。近年アメリカのアグリツーリズムは、「スロー」でローカルな食材、在来の産物、ワインづくりなどのオーガニック農法を含めた新しい形（designer）の農業が脚光を浴び始めたのに伴い一段と増幅している。今日アグリツーリズムは廉価な1日ツアーからグルメやワイナリー訪問を含めたツアーまで幅広い商品を提供している。

米国旅行産業協会（TIA）の調べによると成人米国人の3分の2近くの8,700万人が過去3年の間に田舎の旅行に出かけ、そのうち10人のうち9人までが「観光旅行」だった。全国ベースの統計がないため一部の情報は個々の州ベースのものに頼らざるを得ない。バーモントやハワイ（既述）そしてモンタナ州（後述）に加えカリフォルニアはアグリツーリズムにとって益々重要な州であり、ワイン・ツーリズムにおいてリーダー的な存在でもある。家族経営のワイナリーが一般的なアトラクションとして学習型ツアーやワインの試飲会で訪問客をもてなしている。アメリカには全部で4900箇所以上のワイナリーがあるが、そのうちカリフォルニア州にはナパやソノマ郡を中心に2,275軒が存在する。カリフォルニア州は全米のワインの90%を産出し、ワインは同州の第1位を占める農産物であり、米国内販売の小売ベースで178億ドルを稼ぎ出している。カリフォルニアのワイン・ツーリズムは年間1,970万人のビジターを数え、20億ドルの消費額をもたらしている。これらのワイナリーの成長部分はオーガニックであり、「グリーン」なオペレーションと施設づくりを行っている。

7.4.2 観光牧場からエコ牧場&グリーン・カウボーイへ

観光は米西部の国立公園内と周辺、インディアンの居住区と私有地で成長した。過去20年の間エコツーリズムを導入していた牧場やツアーオペレーターはほんの一握りにすぎなかった。西部でエコツーリズム用のアウトドア用品会社オフザビートンを経営し非公式なエコ

第 7 章 アメリカのエコツーリズム

　ツーリズム歴史家でもあるビル・ブライアンは、「ロッキーでは州も柵地も所有地もすべてが桁外れに大きい」と言っている。例えばモンタナ州では 2006 年に 1,030 万人の非居住民が訪れ、29 億ドルを消費した。イエローストーンとグレイシャー国立公園は総じて最も人気が高く、魚釣り、野生生物の観察、ハイキングとショッピングが主なモンタナでの観光客のアクティビティだ。他の国同様にアメリカでも多くの私有地が保全やエコツーリズム活動のための用地として増大し続けてきた。例えば、1997 年の調査では田舎の私有地オーナーの 47％が家族外の人達によるレクリエーション使用を認め、それはアメリカの個人所有地の 60％を占めている。

　西部地区の各州では観光牧場が 1 世紀以上もの間にわたって展開され、乗馬、キャンプ、魚釣り、ハンティング、ハイキング、その他の野外活動をゲストに提供してきた。その最初の観光牧場のひとつは、モンタナ州南西部のギャラティン・マジソン渓谷（Gallatin and Madison Valleys）の膨大な土地で、ナイン・クォーター・サークル牧場を所有して 1 万頭の牛を飼っていたマーシャル・カニングガムとカール・ビーリングの共同経営によるものだった。1907 年から 1913 年までの夏の数カ月間彼らは 1 週間一人 150 ドルで 30 名ほどのゲストにサービスを提供していた。第 1 次大戦中は一時中断されたが、1928 年には再開することになった。大恐慌とそれに続き 1930 年の干ばつが起こると地域内の他の牧場も畜産業からの収入を補うため接客業（Hospitality operation）をはじめることになった。「今日でも引き続きみられることだが、当初牧場での休暇を楽しむためにマジソン渓谷にやってきた多くの人々がここに土地を所有することになった」。そしてある者は自分自身の観光牧場を立ち上げ、また別のものは別荘として牧場生活を楽しんでいる。

　ワイオミング州で明らかにエコツーリズムとしての最初の牧場民宿「接客業」となったのは、絶景地ビッグホーン・マウンテン（Big Horn Mountains）の麓トング一川沿いに位置する 4,800 ヘクタールのゼット・バー・オー牧場（Z Bar O Ranch）である。ディックとジェーンのマスターズ夫妻によるこの牧場は、1 世紀の間家族経営で続けられてきた。1980 年代初期の経済危機はマスター夫妻に牧畜に頼らぬ事業の多角化を迫ることになった。彼らは既に自分たちの所有となっていたゲストハウスで B&B スタイルの宿泊業をはじめた。創業費は殆どかからなかった。1990 年まで夏季シーズンに約 100 人程のゲストを受け入れ、ビジターから総収入の 25％を得ることになった。「米西部における全く新しいエコツーリズム展開の実例だ」とブライアンが記しているように、マスターズ夫妻は農薬や化学肥料に頼らぬ牧畜への転換や川岸の生息地・湿地帯には手を付けないという持続型農業と、ゲストに農家の生活や西部地域の野生生物そして環境などを教育するエコツーリズムを結びつけたのである。

　他の農家や牧場もこれに続いた。1985 年から 1900 年までの間に多くの農家や牧場が観光産業に進出、ワイオミング、モンタナ、アイダホの 3 州境界地区（Tri-state Region）では一握りのケースから 70～90 箇所へと急成長した。ブライアンは「この現象は西部地区の家

7.4 米本土におけるエコツーリズムのさまざまな形

族経営の農家や牧場主が多くの困難な時を経験し、多くのアメリカ人が大地に再び戻ることを求め始めたということに起因する」と1991年に書いている。農業の経済的危機は多くの小規模農家や牧場主から仕事を奪い土地を失わせたが、エコツーリズムはそれらの幾つかを救った。ブライアンは、この種の牧場エコツーリズムは年間あたり「少なくとも7億5,000万ドル」にまで成長し、「地域社会の持続可能な開発に繋がる可能性を提供、企業経営による環境無配慮型農業へのプレッシャーを与えることになっている」としている。

しかし悲しいことにゼット・バー・オー牧場はもう今日存在しない。資金やマーケティング力不足とオーナーが身体をこわし閉鎖に追い込まれた。ブライアンはエコツーリズムは簡単に「短期間で経済的効果をえられるものではなく、多くの希望や夢が実践され、それがコンセプトとなった時飛躍的に成果をあげる」と警告している。今日米西部にエコ・ロッジの優れたケースは持ち合わせていないと彼は言う。「私は多くを知っているわけではない」が、「ごくごく少ないケースのひとつとして挙げるならモンタナ州カメロン（Cameron）にある以前パポーズ・クリーク（Papoose Creek）だったサン牧場ロッジを挙げることができる」と言っている。

■ サン牧場ロッジ（The Lodge at Sun Ranch）

1998年ロジャーとシンディのラング夫妻はイエローストーンから64kmに位置する南西モンタナの高地 Madison River Valley（マディソン・リバー渓谷）にある1万,520ヘクタールのサン牧場を購入した。サン牧場はほぼ50年の歴史を持つ巨大な牧場（サンフランシスコの4分の3）でイエローストーンに近く、生物学者はロッキーの中で野生生物にとって最も重要な回廊のひとつと見ている。しかしながら地域にとって、ラング夫妻の購入は1990年代における新たな「ゴールド・ラッシュ」――金持ちのカリフォルニア人が別荘用に西部の牧場を買い進んで行く――のように思われていた。しかしロジャーは「私は何もプライベート・ジェット機やフェラーに金をつぎ込むのではなく、継続しえる何か意味のあることをしたいと思っていただけで、金をかけるより良い方法が思いつかない」と説明している。

二人の小さな息子に恵まれた40歳代前半ラング夫妻はふたりともスタンフォード大学を卒業した。人類学修士で5か国語を話すロジャーは、エコツーリズムを学び海外で直に触れた。1980年代彼は人類学者としての仕事が見つけられない代わりに、シリコンバレーやウォルストリートでIT関係の仕事に就いた。そしてラング夫妻は多元的なエコ事業により自然環境や牧場文化と地域社会を保全するための投資資金をつくり確信をもってモンタナにやってくることになった。

ロジャー・ラングはゲスト・グループに対し「このビジネス・モデルの成否は時間との勝負だ；現地の調査によると広域ロッキー・マウンテン地区で伝統的な牧場を営んでいるものの70%が、次の5年間でオーナーシップを放棄することになるだろう」と語っている。その結果は最悪だ。農家と牧場主は全米の私有地の3分の2を所有しており、そして、アメリカ魚

283

類野生生物当局によると絶滅危惧種の70%は私有地で見つけられている。牧場がトロフィーを贈られた成功者たちの屋敷やスイミングプール、ゴルフコース、スキーリフトに変えられ柵で囲われてしまえば、エルクや熊など野生生物のための回廊はずたずたに引き裂かれてしまう。

　ロジャー・ラングは何を避けるべきかは知っていた。しかし当初成し遂げようとすることに関する明解なロードマップは持っていなかった。牧場経験のない身で多くのトライ・アンド・エラーを繰り返し、実験と失敗を重ねたが、他のモンタナの牧場主と違って再調整する手腕を持っていた。カシミアヤギを育てることに失敗したのもその一つだ。「私は『乳牛が阻害要因』だと考える中でシエラクラブの理念にたどり着いた」とラングは回顧する。「私は保守的な所有者とはかかわりを持たない部外者です。しかしもし野生生物の保全管理を行いながらウイン・ウインの関係を築きあげることができれば、次の20年から30年間、乳牛業と他の持続型農業の形は柵の要らない保全策になる」ということを学んだという。

　コスタリカのグアナカステ国立公園再生のために牛を活用したダン・ジャンセンと同じくラングも「牛もここに住み着いているバイソンと同じようなものである」ということに気が付いた。今日サン牧場には1,800頭の草で育てられた牛が飼われ、その多くは成長ホルモンや抗生物質を投与されず牧草地を循環しながら健康に育てられている。それらの牛肉は高値を呼びイエローストーン国立公園内のレストランでは「保全牛（Conservation Beef）」としてメニューにリストアップされている。サン牧場は家畜と牧草と野生生物の健全なバランスを保つという「総体的な資源管理」の哲学を貫いている。サン牧場は、64.4Kmにわたりワイヤー型柵をトゲのないものや可動性のフェンスに付け替え、エルクなどの野生の動物が敷地内を自由に行き来することが出来るようにしている。サン牧場の30％以上はオープンスペースとして、また次世代のための生息地とすることを保証するため、保全用の地役権が設定されている。さらにラングによると間もなく全敷地の95%以上がその保全用地役権に組み入れられることになると語っている。

　当初エコツーリズムはラングのビジョンにはなかった。ビル・ブライアンは、彼らは元々牧場に1軒のレストランをオープンする計画だったが、後にエコ・ロッジを建設すべきだということを確信するに至ったと回顧している。彼らはログハウスを改築し、トウヒとアスペンの木々の間に3棟のキャビンを建て、そして2001年に16人を収容するパポーズ・クリーク・ロッジをオープンした。高所得者層向けにはフライフィッシングから乗馬、ハイキング、バードウォッチング、カヌー、渓流下りそして野生生物観察などを含む3日間で1人あたり1,440ドルというエコ・パッケージツアーを売り出している。冬期シーズンには、エコツーリズム推進派には受け入れられないような牧場内のエルク狩猟を認める高級狩猟ツアー（食事・宿泊・ガイド付きで3,500ドル以上）を提供している。

　ほどなくパポーズ・クリーク（現在はサン牧場に改称）はメディアの注目を集めることになった。そして数年間パポーズ・クリークはコンデナスト・タラベラーズ・グリーン・リスト誌

やメンズ・ジャーナル、USA トゥデイなどに世界でもトップクラスのエコ・ロッジとして取り上げられた。自社のホームページでは「米大陸の高級エコ・ロッジ」と宣伝している。エコ・ロッジとして広く知られ絶賛されるにつれ、パポーズ・クリークは持続型牧場経営のモデルと見られるようになった。ラングは将来のビジョンを次のように説明している。「われわれの基本的考え方（哲学）は、地域社会を巻き込みながら実行性にすぐれ社会科学的に事を進める NGO と全面的に協力して、持続型レクリエーションをはじめとする持続型農業、持続型不動産業を経営することにある」。

2006 年ロジャー・ラングは、牧場、保全、地域と利益にかなう科学的で社会的な研究と教育を専門にする非営利団体サン・ランチ研究所を創設した。スタンフォード大学で MBA を取得した若きジョシュ・スピッザーに課せられた研究所のミッションは、現実的な諸問題に関し革新的で持続可能な解決策を見つけることだった。最も大きくかつ複雑な挑戦は、家畜と狼をどう共存させるかだった。1995 年にイエロストーン国立公園に再入植された狼は、当初の 14 頭から 2007 年には 1,200 頭を超えるまでに増え、エルクの移動に伴い隣接の牧場にも行動を広げ始めるようになっていた。

「わたしは毎日のように狼を見ながら生活している新しい牧場主です」とラングはゲストを前に語る。「サン牧場を買い取った時、わたしの最初の意向は、狼をサポートすることであり、狼の美しいカレンダーを掛けた。たとえ数頭の牛を失うことがあっても構わなかった」。2 年近くの間、牧場の「狼を殺さないように上手に追いつめ、牛を注意深く動かしながら両者が共存させる捕食者管理プログラム」を実行していた。しかし、2006 年 8 月大量の牛が犠牲になると牧場スタッフと連邦政府管理者は、数頭の狼を駆除することで対応した。環境活動家が非難する一方で、牧場主は完全駆除を叫ぶなど「とにかくてんやわんやの騒ぎとなった」とラングは言う。牧場主であり環境保全サイト側にも立つラングは外部の支援を求めた。「われわれは東アフリカからマサイ族の家畜世話人を呼び、どうしたら野生動物との共存ができるか教えを乞うた。そしたらマサイ族は『それは簡単なことだ。あなた達が家畜と一緒に寝ればいい』というものだった」。その結果、2007 年サン牧場とパポーズ・クリークは、家畜を取り囲む豪華テントの中で夜過ごすことによって人の存在が狼を近づかせないというアフリカ・サファリ方式を採用、それをゲストに楽しませるという「家畜及び狼と一緒に過ごす夜」というプログラムを立ち上げることになった。この革新的な対応策は顧客の人気を博したが、しかしながら不幸なことに狼を遠退けるとこはできなかった。サン牧場はさらに数頭の家畜を失うことになり、研究所はもう一度 1 から解決策を考えださなければならなくなった。「われわれは狼との共存に全力を注いでいる。しかし、それは容易な道でないことも分かった」とラングは言っている。

研究所はまた地域への貢献活動に彼らの 3 分の 1 の時間と労力を割いている。2007 年にアメリカ最初の旅行者による社会奉仕活動プログラムを立ち上げたのもそのひとつだ。スタンフォード大学の調査に基づき、研究所は野生動物、魚類、空地、マジソン渓谷の霊地を護る

ため半ダースの地域団体を選んだ。サン牧場の宿泊客はボランティアとしての貢献活動を通しこれらの組織を知り支援活動に喜んで参加するよう働きかけられる。ロッジのハンドブックには、支払額の5%に相当する課税控除が受けられると記されているが、「それは決して小さすぎる贈り物ではない」とも強調している。

ロジャー・ラングは、畜産、余暇、不動産を合わせたサン牧場の複合的な事業は「知の輸出」ともいうべき「純粋な自然保護と純粋な開発の複合的なモデル」を提供していると言う。2007年末に彼は隣接する他の牧場を買い込み、サン牧場のモデルを使って4,046平方kmの保護地区を運営することになった。それと同時にパポーズ・クリーク・ロッジをある家族に売却、2年余りをかけて野生動物の生息地から離れた他の敷地に「本物のグリーンを目指す（very green）」エコ・ロッジを建設する計画を立てている。10年を経ずしてパポーズ・グリーンとサン牧場は、資金供給源や科学の支援を受け持続可能型観光と農家経営、不動産業が家畜と野生動物の広大な土地をまもることになったことを指し示すことになった。この統合的な「エコ開発」の実験は、エコツーリズムの考え方（概念）を深め、急速に進展しつつあった米西部牧場用地の切り売りによって柵で囲い込まれた豪華住宅群やリゾートを建設する手法に対する、修正案としての考え方を提供することになった。しかしながら、サン牧場とパポーズ・クリーク・ロッジの取り組みに見られる持続型開発はアメリカ社会の文脈の中では結局富裕層のための富裕層による実験に過ぎないという疑問も生んだ。ロジャー・ラングは牧場内に従業員用の低コストの家屋を建てるなどその対応策についていろいろと考え中だと言う。ラングにとって、狼との共存を図り、持続可能で実行可能なエコ開発の最適なモデルを開発することは、依然挑戦に満ちたことなのである。

7.4.3　エコツアー・オペレーター

固定客と小グループ向けのツアーを企画するアメリカのツアーオペレーターとアウトドアー用品販売業は、旅行者とデスティネーション[訳者注2]を結びつけるエコツーリズム・チェーンの基本的な構成要素である。米国内の数十にのぼるネイチャー／アドベンチャー・オペレーターが外国向けのツアーを企画する一方では、ごく一握りの会社が米国内のエコツーリズムに特化してきた。その最も古いもののひとつが、モンタナ州ボーズマン（Bozeman）のオフザビートンパス社（Off the Beaten Path）で、1986年にビルとパム・ブライアンのふたりによって創立されたオーナー型ツアーオペレーターである。「われわれは個人向けツアーの企画を行い地域の本当の実情を理解するためモンタナ、アイダホ、ワイオミングの3州でスタートした。われわれはロッキー山脈の西側とその周囲の環境に深く関わりたいと思った。どれかひとつを選ぶのではなく、より多くのものを深く掘り下げることを選んだ。これがそのわれわれの特徴です」とビル・ブライアンは言う。彼らは西部での長い個人的な経験を活

注2　第3章3.3アメリカのエコツーリズム構造 P.86参照

7.4 米本土におけるエコツーリズムのさまざまな形

かし、彼らの顧客の希望に基づき走り書きから完成まで理想的な日程表を作成し、ベストなガイドと宿泊施設そして他のベンダーを手配する。初期のコンデナスト・トラベラーズ誌はオフザビートンパス社を「西部の精神科医」と呼んだ。何故ならとブライアンは言う。「われわれはまず顧客の希望をよく聞く。それがわれわれの顕著な特徴です。そのうえで詳しい情報を提供しアドバイスを加えます。われわれは地域の人達との触れ合いも含め顧客が自分自身だけでは得ることのできない体験を創造しなければならない」

オフザビートンパス社は、ニューヨーカーやスミソニアンなどの高所得者向け雑誌への戦略的な広告にプラスして地味だがエレガントなカタログを作製しているが、基本的には口コミで顧客拡大を図っている。彼らの顧客層は世界中を旅して回っているが、自分たちの住む近くには殆ど旅をしていないという典型的な「旅の達人」である。ブライアンは、ロイヤリティの高い顧客が新しいデスティネーションを求めるにつれ企画旅行の行く先を、徐々にロッキーのホームグランドから外側に広げはじめた。1991年にはカナディアン・ロッキーを、さらに1998年にはチリとアルゼンチンの突端に位置するパタゴニアに拡大していった。何故パタゴニアを選んだのか?「地形や住民のタイプがロッキーにとても似ているからだ」とブライアンは言う。「そして何よりも季節が反対だからいい。それは夏のシーズンが短いという米西部の悩みを緩和してくれることになるからだ」。そして最近では、オフザビートンパス社はペルーとエクアドルへの旅も企画し始めている。彼らは少人数向けの定型企画旅行を拡大、ブライアンによると今日同社は2,200人にサービスを提供、その構成比は手配旅行が55%、企画グループ旅行が45%となっている。3人の社員で始まった同社は現在20人の規模になり、2007年には5,600万ドルの最高売り上げを記録した。

オフザビートンパス社は、米とカナダで最も優れたエコツーリズム・オペレーター10社で構成しているクラブ組織「アドベンチャー・コレクション」のメンバーである[訳者注3]。アドベンチャー・コレクションは、アラスカや北西太平洋への小船による旅行をはじめガラパゴス諸島やメキシコのコルテス海など多くの海外デスティネーションを専門にしたリンドブラッド・エクスペディション社のオーナー、スベン・リンドブラッドの発案によるものである。「スベンの理想はベストなツアーオペレーターが共にできることを分かち合うことだった」とブライアンは回顧している。彼らはアドベンチャー・コレクッションという傘のもとに共同で数々のエコ大賞を獲得すると共に、共同で宣伝活動を行い、顧客リストを交換し、5つの「責任原則」(Responsibility Principles)に同意している。この中で米国内での高品質のエコツーリズムを提供しているのは、オフザビートンパス社に加え2社のみである。創業35年の歴史を持つO.A.R.S社は米西部の河川でラフティングやシーカヤックを専門にする会社で、もう1社は伝説的な登山家ポール・ペツォルトによって1965年に創立されたNOLS (National Outdoor Leadership School) で、山岳登山、ロッククライミング、ラフティン

注3 第3章参照 P.92

グ（激流下り）、原野での乗馬、スキー、バックパッキングなどに関する指導者養成を行っている。

7.4.4　グリーンからエコ認証ホテルへ

　エコツアー・オペレーターが社会や環境面で責任ある旅行の実施に重要な役割を果たしている一方、観光旅行面でもうひとつ中核的な役割を担っているのがホテルである。アメリカ全体では5万4000軒（5室以上）を超すホテルがあり、宿泊業は年間1140億ドルの産業になっている。他の国同様、「グリーン」への取り組みと観光産業内における基準づくりは宿泊部門に焦点を絞ったものである。これはホテル業がアメリカで2番目の巨大な雇用産業になっていることや環境、社会・経済面で大きな影響をもっていること、さらには公共やメディアに対し注意を払う必要があることなどから当然のことである。アメリカトラベル・データセンター（U.S. Travel Data Center）の推測によると、4300万人の米国人旅行者が「環境問題に関心」を持ち、2007年の調査では北米での宿泊客のうち4分の3が「環境面での協力の必要性を知った時」その保全プログラムに参加すると答えている。しかしこれらの調査では宿泊客に対し「グリーン」の実践活動がどういうものなのか十分な情報を与えていなかったり、その実施方法に関し従業員に十分な教育をしていなかったということも明らかにしている。

7.4.5　グリーンホテルと見せかけのエコツーリズム

　1993年パトリシア・グリフィンはテキサス州ヒューストンにグリーンホテル協会（GHA:Green Hotels Association）を立ち上げ、毎日行っているシーツとタオルの交換を宿泊客の「オプション（選択制）」とするよう全米のホテル向けにキャンペーンを開始した[訳者注4]。キャンペーンは賛同を得、今日では浴室やベッドで「われわれの地球を救おう」とか「一人の人間が世界を変える力になる」「地球プロジェクト」「母なる地球を救え」といった太文字で書かれたカードを目にすることが当たり前のことになった。グリフィンによると、グリーンホテル協会は数十万のタオル・ラック・ハンガーやシーツ交換カードを販売、今日宿泊客が滞在中そのようなプログラムを目にして驚くことは殆どなくなった。環境保全費用として宿泊客が負担する費用は、ホテルに重要な経費節減を更に押し上げる結果になった。グリーンホテル協会（GHA）は、使用宿泊室あたり1日約6.5ドルの経費節減となり、用務経費の5％を節約することになった。大規模ホテルの場合はこれにプラス年間数千ドルの経費節減が加わった。「ホテルは 水、洗剤、エネルギー、労務、そしてリネンや装備品の損傷などを含め膨大な経費節減をはかることができた」とグリフィンは語っている。

　「タオル・シート」キャンペーンに加えグリーンホテル協会（GHA）はホテルに対し「経

注4　第2章 P.53参照

7.4 米本土におけるエコツーリズムのさまざまな形

費削減をはかりながら水やエネルギー、固形廃棄物を減らす」ためのアイデアや技術を提供した。僅か年間 100 ドルで各ホテルは会員に加盟でき、「賢く実践的なアイデア集（Packed with smart, practical ideas）」の刊行物を手に入れることができるばかりでなく」、「インターネットによるパブリシティやグリーンホテルとしての評価や投票により一般の認知度を高めることができる」。グリーンホテル協会（GHA）は全州を漏れなく網羅して 300 軒のホテルが加盟しており、B&B の小さなホテルから大型のチェーンホテルまでをカバーしている。

エコのお勧め（eco-suggestion）は微妙だ。このため一部にはグリーンホテル協会（GHA）のプログラムの幅は細かすぎるとか、ホテルは頻繁にメリットに結びつく煩しい要求を突き付けられるとか、一般社会は協会が会員ホテルの「グリーン」実践を点検している、といった誤った懸念が生じることになった。タオル&シーツ・カードの説明など、エコ効果プログラムに関する誇大広告は時折環境への影響を大げさに表現する。更に Web サイト上でグリーン・フラグを付けたり認証会員ホテルのプロモーションを推進すれば、そのことだけでメンバー・ホテルの環境への取り組みを実証したという風に見える。事実グリーンホテル協会（GHA）は簡単な説明を付して、そのことは会員ホテルの基準を示すものでも、オンライン上での査察を行うものでもないと断っている。ただグリーンホテル協会（GHA）は単に環境改善のコスト削減を宣伝しているが故に、経費を節約する以上によりコストのかかる他の必要な試みを放置してしまっているのかも知れない。グリーンホテル協会（GHA）は見かけのエコツーリズム（Ecotourism Lite=ちょっぴりエコツーリズム）である。とうのも、環境的社会経済的な原理原則や真のエコツーリズムをより広げて行くためには、不十分な内容だからだ。

しかしグリーンホテル協会（GHA）はホテル事業者と旅行者の双方に対し環境意識を醸成する上で重要な役割を果たしている。今日では CERES グルーンホテル・イニシアチブ[訳者注5]を含め類似の名称やプログラム、理念、Web サイトなど多くの模倣プログラムが存在する。加えて近年は、増加傾向をたどっている多くのホテル・チェーンが、全社的な環境ポリシーを掲げはじめている。なかでもとりわけリーダー格と見られているのが、古い歴史を持ちかつグリーンホテルであるボストンのザ・レノックスを所有するサンダーホテルグループ、全米に数十の小規模ホテルを有しサンフランシスコを本拠地にするキンプトン・ホテル、北米最大の高級ホテル会社で最初に詳細な全社レベルの環境ポリシーを立ち上げたフェアーモント・ホテル・リゾート、そしてニューヨークにベースをおくスターウッド・リゾートなどである。

■ 歴史的なホテルの環境対応

今日でも依然として真の意味でのエコ宿泊業を見出すのは難しい。2000 年私と仲間たちは「環境」観光認証（Green Tourism Certification）に関する初の国際会議を開いた。われわれは世界中で観光認証制度を創設して運用している 8 人を一堂に集めた。ホテルにとっての環境的社会的な責任を裏付けるために最も重要な認証はどうあるべきなのかを決定したい

注5　第 2 章参照 P.53

ということが、これら専門家の共通した基本的な関心ごとでもあった。タオルやシーツの再利用プログラム以上のものを行っている持続型ホテルがどうあるべきなのか会議を開く必要があるということがはっきりしていた。首都圏ワシントン域内（初のアースデイ会議が開かれたバージニア州のエアリー・ハウス会議センターも含め）の可能性のあるホテルリストをまずチェックした後、その範囲を更に広げ探すことにした。結果、われわれはニューヨークのハドソン・バレーに建つ265室の格調高いヴィクトリア朝の城郭でその地で最も古いファミリー所有のリゾート型ホテルであるモホンク・マウンテン・ハウス（Mohonk Mountain House）を見つけた。コスタリカからやってきたアモス・ビエンは、ニューヨーク出身でもあるためモホンクについてはかねてより聞いていたが、実際に到着してみてぞくぞくしたと表現、「アメリカにおける最初のそして最も古いエコ・ロッジだ」と呼んだ。コスタリカにあるアモスのエコ・ロッジであるララ・アイビスが同じような名声を得ていることもあって、私はこれを福音と捉え安堵の胸をなでおろした。そしてわれわれはエコツーリズム認証制度に関する深淵な歴史的な記録ともなる会議を開くため、この伝統的なリゾートに落ち着くことになった。以来年を重ねるごとに、私はモホンク・マウンテン・ハウスが米東部における富裕層向けのネイチャー・ベースの伝統あるリゾートであり、19世紀のヨーロッパ・グランドツアー[訳者注6]に匹敵するものであることが分かった。自然の景観美に恵まれ健康的な食事を提供するこの伝統的なリゾートは、アメリカのエコツーリズムが今日ある原点でもある。

　エコツーリズムのルーツは部分的にこのような幾つかの古いホテルで見出すことができる。例えば、フロリダ州デルレイビーチ（Delra Beach）やメイン州ケネンブンクポート（Kennenbunkport）にあるコロニー・ホテルもそうだ。70年以上にわたってこれらのリゾートを所有する一族を代表してジェスティナ・ボートンは、彼女の父親は環境保護活動家で廃棄や建替えではなく常に修理と再利用を繰り返してきたと言う。1994年にオーナーになって以来ボートンは持続型観光の分野で今日最も優れた実践活動であるとされているものを活用、「環境に優しい（green）」リゾート経営に計画的に取り組んできた。「それはダイエットと同じですね。思い付きではダメです」とボートンは言う。「われわれは従業員を継続的に教育しているが、ゲストをあまり説教するようなことは望まない」。

　夏季シーズンの最盛期ケネンブンクポートのコロニー・ホテルは様々な世代のファミリー客で賑わう。多くは何十年にもわたってやってくる顧客で、ドンナ・カベイ総支配人は「私たちは環境に優しい（green）からと言ってこのホテルにやってくる多くのお客様をお迎えしている」と言う。彼女はそれにはふたつの傾向があると言う。「ベビーブーマー世代は旅に多くのお金を使い環境にうるさい」「そして一方、アレルギー体質の人が増えていることだ。より多くの人が化学物質や煙、埃といったものに神経質になっており、私たちとしても全面禁煙にしたり洗浄物質に注意を払うなどの対応をせざるを得ない」。コロニー・ホテルはペッ

注6　第1章参照P.??

トの連れ込みを認めているが、イヌや他のペットが去ったあと従業員は絨毯やカーテンを洗い、ベッド回りをはじめ部屋の隅々まで徹底的に掃除するとカベイ支配人は言っている。

　ボートンはホテルの世界でキャリアを積もうとはしなかった。彼女はアムハースト（Amherst）のマサチューセッツ大学で造園学の修士号を取得し教えていた。しかし 1994 年に両親が死去したため唯一の相続人として家業を継ぐため大学を辞めた。「ホテル経営を辞めて売却することなど夢想だにしなかった」と説明する。両方の土地でホテルは地域コミュニティから品物もサービスも購入することに邁進した。と同時に、歴史トラスト協会をはじめアート、動物用シェルター、環境保護団体など一連の市民活動への継続的な寄付を行っている。

　今日コロニー・ホテルの 3 ページにわたる環境改善リストは、「削減、再使用、リサイクル」の極めて優れた基準になると読める。「堆肥化、蛍光灯、大量一括購入、分解可能な洗剤など比較的易しい決定だったが、一方ではホテルの耐用年数やシーズンを広げることは大変なことだった」とブートンは言う。ホテルは多くの電力や水を使用するが、その改善の成果を会計上に反映させることは容易ではない。そして売り上げを増やし古参従業員の定着率を高めるための教育や研修は他の継続的な課題だ。清掃担当者はしばしばシーツやタオルを毎日変えて欲しいという宿泊客の要望を無視することを、私の家族がメイン州のコロニアル・ホテルに滞在中発見したことがある。

　全体的にみて歴史的に長く続くということと環境に優しいということはシナジー効果があると、ブートンは言う。「私の父親は大恐慌の時代に育ち節約家で決して捨てなかった。置き換えるのではなく修理して使い続けて行くということは伝統を大切にするということと重なりあうことだと思う。このことはまた環境に責任を持つことを意味する。何故ならそれは空間・時間を問わず不用なものを生み出さないということに繋がるからだ」。

　「われわれは先端部にいるのだと感じる」とブートンは言う。「メディアは歴史的ホテルをつくりだしてきたと言うが、今私たちは『グリーン』ホテルと位置づけ、その仲間入りを果たそうとしている」と語っている。

■　グリーンホテルからエコ認証へ

　モホンク・マウンテン・ハウスで認証会議を開いた 2000 年には、世界中から代表者が駆けつけてきたが、アメリカからの認証プログラムはゼロだった。それから 7 年後、幾つかの全米レベルの認証プログラムと 1 ダース余りの州レベルのエコ・ラベルがホテルの環境面での取り組みを評価するようになっている。これらのプログラムの多くはエコ・ロッジというより大型リゾートホテルや都市ホテル、チェーンホテルに適合したもので、また多くは社会・経済的なものは含まず環境面での基準のみに限定したものだった。会員制組織だった「グリーン」ホテル・プログラムとの違いは、これらの認証プログラムが独立した監査員による第 3 者の検証を受けたことだった。大部分はホテルからの提出された所定の用紙でのレビューだが、なかには独自に現場（onsite）での査察を行うプログラムもある。幸いなことはこれら全てが

第7章 アメリカのエコツーリズム

今やどこにでもあるタオル再利用カードを超えたものとしてうまく運営されており、環境基準の範囲をより広めて評価していることである。このような認証ホテル数の増大（まだ小さな数だが）は、メディアの注目を集めだす結果ともなっている。USA ウイークエンド誌は「アメリカの多くの都市で旅人は環境負荷を軽減することに取り組んでおり（Earth-friendly）、『グリーン』ホテルを選ぶようになってきてきる」と書いている。スマートマネー誌はもっと強い調子で「エコ革命がはっきりとホテル産業を突き動かしはじめている。落ち着いた旧来型のビジネスホテルから環境関連費用をチャージするブティック型へ」と指摘している。

アメリカには現在全国ベースの「グリーン」ホテル認証制度として少なくとも5つのプログラムがあるが、いずれも規模はごく小さい。このうちアメリカで最も古いのが ECOTEL でこれはあるホスピタリティ産業団体の HVS エコサービス部門が 1994 年に立ち上げたものである。ECOTEL の厳格な環境基準とオンサイト査察制度は、環境保全局（EPA）とコロラドにベースをおく環境シンクタンク、ロッキー・マウンテン研究所の専門家によりデザインされたものである。しかしいろいろな理由から 2007 年までに ECOTEL の Web サイトには全米で5軒の認証ホテル（全世界では 2000 年の 36 軒からたった 13 軒に）が載っているに過ぎない。もう一つの全国的なプログラムとしては、水とエネルギーの効率的な使用を通じた経費節減を重視するカナダのオーウダボン・グリーン・リーフ（Audubon's Green Leaf）がある。2007 年における同プログラムの認証ホテルは2軒のコロニー・ホテルを含め全米で僅か 13 軒である。最も広く認められている認証制度は LEED（Leadership in Energy and Environmental Design）で、これはアメリカグリーン建築物委員会（U.S. Green Building Council）の運営によるものである。LEED は、新旧いずれの建物にも認証制度を適用、「建築物が環境的に責任をもち、収益をあげ、かつ健全な生活環境にあることの証として」4つのレベルに分け表彰している。カリフォルニア州の牧歌的なワイン地区にあるガイヤ・ナパバレー・ホテル・アンド・スパ（Gaia Napa Valley Hotel & Spa）は、ゴールド賞を授与された世界ではじめての LEED ホテルになった。最高の栄誉であるプラチナ賞を受賞されたホテルはまだない。2007 年にはアメリカで5軒の LEED 認証ホテルが誕生、進行中のものが1ダースある。4番目の最も新しい全国レベルの認証制度は、持続型観光エコ認証プログラム（STEP:Sustainable Tourism Eco-Certification Program）で、コロラドに本拠をおく非営利団体 STI（Sustainable Tourism International）と認証制度の専門会社 NSF インターナショナルにより開発されたものである。他の純粋な環境プログラムと違って、持続型観光エコ認証プログラム（STEP）は社会文化や経済的基準も含めオンサイトでの査察や世界中の他の認証プログラムから学んだその成果を取り込むことを求めている。2007 年までに同プログラムは米国内の幾つかのホテルで試験的に導入されたが、認証されたものはまだない。

全米のホテル認証制度で最も成功しているのは、グリーン・シール（Green Seal）である。1989 年以来ワシントン DC に本拠地を置く非営利団体グリーン・シールは、科学的な環境認証制度を設定、環境への影響が少なく良く機能する物財やサービスの購入や生産を推奨し

7.4 米本土におけるエコツーリズムのさまざまな形

ている。グリーン・シールは、多くの用品（ペイント、クリーナー、フロアー・ケアー剤など）に関する認証プログラムを開発すると共に、ホテルに対し環境に配慮した購買を行うよう促している。1999年団体は、環境基準 GS-33 プログラムの基に「ロッジ物件」に関する認証制度を立ち上げ、2007年までに最も多いペンシルバニア州など（ワシントン DC を含め）10 の州で 43 の認証ホテルを擁するまでになった。グリーン・シールはまた、アメリカホテル&ロッジ協会（AH&LA:American Hotel & Lodging Association）や U.S. 環境保全局（EPA）そして州ベースの幾つかのプログラムとも協業しており、これにより州や環境保全局（EPA）の従業員はビジネス出張の時は「グリーン」ホテルを使用するよう指示されている。

実際のところ州レベルの「グリーン」観光認証制度は多くの場合成功裏に推移してきている。ハワイ、バージニア、メインの各州やまだ軌道に乗っていないところも含め初期の観光認証制度が成果をあげつつある一方、ラフに見ても 2007 年後半までに少なくとも 13 の州で「グリーン」宿泊認証プログラムを数えることができる。これらのプログラムは各々別々に開発されたが、多くの類似点を持っている。それらのすべては無料だったり低額で参加でき、任意制であったりで環境基準のみに焦点を絞り、「グリーン」を計画的に進めるための技術的なアドバイスや支援をし、第3者による環境評価（いくつかはオンサイトの考査も行う）を用意し、そして環境保護局や廃棄物・エネルギー局、観光局などを通じ政府のサポートを行っている。「最終的な結果はアイデアを出し利害関係者を集め計画を遂行するまでの役割を担うそれぞれの州の誰かに帰する」とグリーン・ロッジング・ニューズは書いている。これらのプログラムの急速な成長や人気がハッキリ現れるのは、スタッフや人材育成、マーケティングそして収益面などで州がどれだけサポートするかにかかっている。

元も古いもの（認証制度）のひとつに、グリーン・マウンティン州（バーモント州）の僅か年間予算 5,000 ドルのごく控えめな予算だけでオンサイトのための人的資源もなく、州の環境保全局（EPA）と自然資源庁により運営されている、バーモント・グリーン・ホテル（認証制度）がある。2007年までに認証されたホテルは 40 軒を有するまでになっている。州の認証プログラムで最も感動的なのは環境保全局（DEP:Department of Envirmental Protection）によって創設されたフロリダ・グリーン・ロッジである。フロリダ州のプログラムは、風変わりな B&B から州で最も有名なホテルを含む大型複合リゾートまでのすべてをカバーしている。2007年末までに 33 の認証ホテルがあり、さらに 100 軒近くが申請中だった。それ自体素晴らしいことだが、年間 4,000 万人余りのビジターを収容しているのが、ごく小規模な 4,700 軒にも上るホテル/モーテルの類であるということである。州長官のマイケル・ソルによると「宿泊業はわれわれの環境を護るうえで重要な役割を果たしている」。であるがゆえに、政府は認証ホテルになることにインセンティブを引き上げている。2008年初め知事はすべての州の役人は会議やミーティング、出張の際にはグリーン・ロッジ認証のホテルのみを使うよう指令を出した。グリーン・ロッジング・ニューズ誌が「すぐにより多くのホテ

ルがプログラムに参加することを確信している」と報じた時、業界スズメは「それは正にカテゴリー5の報奨のように聞こえる」と叫びあった。

フロリダ・グリーン・ロッジ認証制度は、1本から3本までのヤシの木をあしらった3段階のロゴを与えているが、これは持続的な実践、継続的な改善策の実施、そして「ホテル自身が単にグリーン活動の実施に取り組むだけでなく、環境改善の成果をあげることの意味を理解しその改善に取り組むことを強調する」ためにデザインされている。1本のヤシマークの認証を得るためには、1年にわたり基準となる有効なデータ取得のための自己評価の実施や超短期のゴール設定、ベンチマーク、ベスト管理手法のモニタリングなどを含め、ホテルはそれらのプロセスを監視するための従業員によるグリーン・チームを組織しなければならない。加えて外部の考査人が短期の抜き打ち（オンサイト）調査を行い、認証団体の基準に合格すると1本のヤシマークが初めて授与される。ヤシ2本は、最低1年間1本ヤシを続けた後、環境改善策で追加の対策を示し、外部の考査人によるチェックをパスして授与される。2007年末現在、2本のヤシマークを取得しているホテルは1軒のみで3年連続して継続的な改善策が要求される3本ヤシのホテルはまだない。認証ホテルは、自社施設でのグリーン・ロッジ旗の使用を認められるほか各種のWebサイトや州の推薦ホテルリストへの掲載など一連の利益を受けることができる。フロリダ・グリーン・ロッジ制度はサポートを獲得、ブレイカーズで取締役をしているリック・ホウキンズは「もしわれわれが地球を救うために何もしなかったら、われわれのこの愛すべき歴史的なホテルも1日にして水没してしまうだろう」とサウス・フロリダ・サン・センティネル誌に語っている。「そしてわれわれは収益を押し上げるすべてのことを行ったが、長期的な投資に対する見返りは膨大なものになる」とも言っている。

これらのエコ認証制度が、第3者の評価や共通の評価基準を導入することによって、「グリーン」ホテル・プログラムを意義あるものにする一方、限界や課題もある。ひとつは、他の国の多くの持続型観光（Sustainable Tourism）認証制度と違って、州ベースのプログラムには社会文化的なものや経済的な基準が含まれていないことだ。このことは、雇用政策や労働者の権利と賃金、地場産物の購入、そして地域プロジェクトへのサポートなど良質のエコツーリズムに関する批判的な分野は含まれていないということを意味する。グローバルな認証団体として持続型観光管理委員会（STSC:Sustainable Tourism Stewardship Council）を創設して行こうというレインフォーレスト連盟（Rainforest Alliance）の方針を推進して行こうという計画からみれば、これらのアメリカのプログラムは拡張性において致命的であり、新しい地球規模の基準と適合することはできない。

もうひとつの現実的な問題は、それらはまだ宿泊業の極く一部をカバーしているに過ぎないということである。グリーン・シールズのマーク・ペトルシーは「全米の対象物件の2%以下がグリーン宿泊（認証/所属）プログラムに参加しているだけだ」と推測している。しかし、「グリーン」宿泊プログラムや認証ホテルは増加を続けているようにみえる。2007年環

境保全局（EPA）は環境プログラムを採用しているホテルのみに宿泊することを表明している。さらに大きなことは、米総調達局（General Service Administration）がすべての政府出張は「グリーンのふるいにかけろ」（Screen for Green）、つまりエコ認証ホテルを捜せと指示したことである。加えて、最終的には全米レベルの認証制度が必要になり、州ごとの認証制度はそれにあわせざるを得なくということがハッキリしてきたように思われることだ。というのも、「国の基準づくりには同意しかねる」とグリーン・ロッジング・ニューズ誌のグレン・ハセック編集長は指摘しながらも「たとえどんなに環境問題にうるさい旅慣れた旅行者でも"疑似グリーンホテル（greenwashed hotel）"について語ったり、それが実態以上にエコフレンドリーであるべきだと要求すること」は不可能に近いからだとも言っている。

このことにコロニー・ホテルのオーナーであるジェスティン・ブートンも同意する。彼女は個人的に幾つかの認証制度を試しながらも「われわれは国レベルの認証システムを必要としているのだと思う。ただ、異なったホテルタイプのあいだの違いやエリアの違いについては認めるものをね」と語っている。

7.5 新たなグリーン革命へ

「グリーン」ホテルと「グリーン」認証プログラムの成長は、アメリカにおける環境主義の台頭と、大きな流れの兆候のひとつである。例えば 2008 年ホテル産業のリーダー的業界団体であるアメリカホテル・ロッジ協会（American Hotel & Lodging Association）は、同年の総会で環境に優しいグリーンホテルの重要性と先行事例に関し業界リーダーの教育に焦点をあてると発表した。大会議長を務めたジム・バーバは「ホテル業界のごく少数の人達が数十年の間『グリーン』で持続可能な開発とオペレーションのロジックとメリットを推進してきたが、この過去数年の間にそのことに対する興味がロケットのように噴出した」と表現し、「グリーンは今やデベロッパーやオーナーの関心を捉え、旅行産業の大手会社の役員会で論議されるようになった」とも付け加えている。

事実多くのオブザーバーは新たな「グリーン」革命が創り上げられつつあるとみている。1970 年代地球規模の環境革命が政府の政策決定に影響を及ぼすことに焦点を絞り多数の NGO を誕生させたが、今世紀の初めにおける「グリーン」革命は消費者なかんずくベビーブーマー世代や NGO によって再び拍車がかけられようとしている。幾つかのテーマは政府の課題ではあるが、中心的なテーマは産業社会での任意による企業の社会的責任になっている。新たな環境主義は地球温暖化への恐怖を謳った真の意味の「世界の終わりをわれわれは知っている」によって一段と促進されている。われわれの答えは航空旅行に関しボランタリーベースによるカーボン・オフセット・プログラムを劇的に推進することであり、大手航空会社が彼らの顧客に対しそれらのプログラムを提案するよう働きかけることである。

第 7 章 アメリカのエコツーリズム

　エコツーリズムを含め新たな「グリーン」消費者運動は早くも 2002 年に文書として記録されている。国務省は「アメリカにおけるエコツーリズム産業の増大傾向は、平均的に教育水準の高いエコツーリストが増大し、それらの人達の年間世帯所得が上昇していること、自然教育や環境保全教育プログラムが増えていること、そしてエコツーリズム・デスティネーションにおける過剰利用や貧弱な管理によって資源の劣化が進んでいることなどが広く一般の関心を集めるようになったこと、などを示している」と報告している。

　テネシー州のノックスビル・ニューズ・センティネルズ誌が 2006 年 12 月 31 日で特集しているように 2007 年までエコツーリズムは実にノロノロとした歩みをたどってきた。「かつて旅行産業の中でニッチな存在だったエコツーリズムが、世界的な百万ドル産業に成長し始めた」とも書いている。観光がもたらしてきた利益を一つひとつ取り上げながら、同誌のライターは次のように提案している。「あと数時間で 2007 年が明ける。責任ある旅行 (Responsible Travel) を進展させようという新年の決意を固めることは賢い選択である。国内旅行であろうと海外旅行であろうと、有害な外的要因から環境や伝統的文化を護る必要があるからだ」。

7.6　アメリカのエコツーリズムに関する得点表

　アメリカにおけるエコツーリズムへの関心が高まる一方で、より冷静に実情を把握するためには、残された課題についてもより厳密な考察が必要である。

7.6.1　自然型観光地への旅行に必要なもの

　他の多くの国々と同じくアメリカにおけるエコツーリズムも国立公園の制定の中で築きあげられてきた。しかし国立公園へのビジター増やビジターの満足度を高めながらも、今日のアメリカのエコツーリズムは国立公園を越えて活動の範囲を広げている。2007 年の北米エコツーリズム大会でマジソンやウィスコンシンの例が報告されたように、エコツーリズムは都市部でも増加を見せ始めている。これによりモザイク模様ともいえる最近のアメリカのエコツーリズムは他の諸国同様益々複合的にかつ多様になり始めている。加えてアメリカは他の国へ多くのエコツーリストを排出するアウトバウンド・マーケットとしても重要な役割を果たしており、ベビーブーマー世代の定年退職や新たな環境保護主義者の増大により、国内外とも一段と多くのアメリカ人がエコツーリズムに関わりあうことになる。2002 年国務省は、「都市部における人口増や余暇時間の増大が続くことにより、一般的な余暇活動、特にエコツーリズムへの需要は益々増大することが予想される」と予測している。

7.6.2 環境への負荷を軽減する

　自然型観光に対する継続的な需要増やエコツーリズムの出現にも関わらず、持続不可能な伝統的なマスツーリズムはアメリカ市場で依然支配的である。国立公園でさえ管理不足や予算難そして政治的な攻撃に晒されている。しっかりした頑丈なエコツーリズムは、国の計画的な対応や政府のリーダーシップを必要としているが、アメリカにはまだ存在しない。2002年の国務省報告は次のように総括している。「わが国の陸海両面にわたる豊かな富はエコツーリズム開発の可能性に満ちているが、そのためには適切な計画や規則、教育の振興、そしてすぐれた実践やモニタリングが必要である。それによってそのよりどころとなる資源や生態系を劣化させず、自然観光やアウトドアー型レクリエーションに対する需要に応えることができる」。

　エコツーリズムは州や地域レベルの枠内の中で開発され、環境への影響を小さくすることに役立ってきたが、その成功は比較的小規模だった。より望ましい成果の一つは州を越えて急速に広がり始めているホテルのエコ認証制度にある。加えて環境認証制度は海浜やスキー場、ゴルフコース、そして他の観光産業にも広がり始めている。多くの場合これらは第3セクターやオンサイト監査、そして社会経済的なインパクトをはかることなど新たな基準づくりによって、より強化される必要がある。

7.6.3 環境問題への認識を高める

　今日のアメリカでは新環境保護主義が再び台頭しているが、エコツーリズムはその部品（構成要素）のひとつである。州ベースのエコツーリズム協会やイニシアチブそして最近における定期的な国ベースのエコツーリズム会議の開催は、一般の関心と認識を高めている。業界内ではエコツーリズム・オペレーターや用品販売業者がナチュラリスト・ガイドと一緒になって旅行者に対する環境意識を高める重要な役割を担っている。加えて1世紀前にシエラクラブがはじめたように多くの環境保護団体がネイチャー・ベースの観光を指導し、過去20年余りの間にその幾つかはエコツーリズム・プログラムを開始した。更に多くの大学がエコツーリズム・コースを開講している。しかしこういった進展にもかかわらず、エコツーリズムに関する認識は、まだ広い環境問題活動の中の限られた一部を占めているにすぎない。

7.6.4 環境保全に関し直接経済的な利益を与える

　このことに関する記録は錯綜している。国立公園への入園料は、環境保全に関するエコツーリズムの経済的支援のバロメーターのひとつだが、ごく少なく目立たない。国立公園への入園者は増大しているにもかかわらず、オペレーション・コストの僅か10％を占めているに過ぎない。エコツーリズムはまた多くの農家/エコ観光牧場などに見るように、個人所有地における環境保護の手段として重要な役割を果たしている。アメリカにおける企業の社会的責任

の観点から旅行者による慈善事業の傘の下に、より多くの企業や旅行者が観光地における環境保全や地域社会への活動に参加することになろう。全体的にみてエコツーリズムは、政府によるプログラムや公園入場料などと比べると、特に民間部門では環境保全面に関し見えにくい経済的貢献をしているといえる。

7.6.5 地域社会に対する経済的利益と元気を与える

多くの州でエコツーリズムは、古い民家を守り歴史的な街並みを残す手段として、また林業や鉱業のような衰退産業に代わる手段として、有機農法やワイナリー、B&Bスタイルの宿泊業、ネイチャー・ベースの観光業などにより健全な生活を築くための農業や牧場経営の代替収入または副業収入として、活用されている。目に見える経済的利益は、特に地域観光のいろいろなスタイルの中で記録されるようになってきている。

しかしながら、「グリーン」ホテルやエコ認証制度のように環境面で強調されていることはリフォームに関してであり、労働や雇用条件、地域社会の権利については含まれていない。明確なことは、本物のエコツーリズムに問われることは社会的経済的利益をもたらすものであるということだ。エコツーリズムがより良い雇用を創出しているという実証的証拠や多くの実例があちこちに散在していることを考えると、伝統的な観光業に対しエコツーリズムが社会的経済的な面でどのような役割をし成果をあげているかを推し測るためにも、そのようなデータを定期的にかつ継続して収集する必要がある。

7.6.6 地方文化の尊重

本件に関しても大変複合的である。エコツーリズムは米国内の多くの場所で地域の工芸や音楽、祭り、農産物などを振興する手助けをしている。比較的新しい開発例として市民権の成長をたどる観光、特にアメリカ黒人の戦いをたどる観光がある。加えて、文化やコミュニティを守り不動産開発業者から土地をまもる方法として観光を活用しているアフリカ系アメリカ人の試みもあちこちで見られる。しかし一方では、先住アメリカ人の間にエコツーリズムは新たな搾取と収用の手段であるという深い猜疑心も存在する。エコツーリズムが先住アメリカ人経営のツーリズムに殆ど相互に連結するものがないというのは驚きである。明らかなことは、先住アメリカ人社会とエコツーリズム組織の間により組織的な契約を結ぶことである。このことは他の国の経験、例えば南アフリカの返還運動[訳者注7]などが教訓的なケース

注7　南アフリカではアパルトヘイト時代の1960年から80年の間に350万人以上もの黒人が土地を追われ、「ホームランド」と呼ばれる部族別居住地、あるいは大都市のはずれのタウンシップ（黒人居住区）に追いやられ、彼らは安価な工場や農園・鉱山で働く労働者になった。農民を追い払ったあとで、土地は白人に押さえられ、観光のための「狩猟区」や「サファリパーク」がたくさんできた。アパルトヘイトが終焉した後、黒人が与党となり強制移住させられた土地の返還や農地改革の施策を打ち出した。

になるかもしれない。

7.6.7 人権と民主主義の擁護

　再び必要性に戻ろう。他の国のケースでも論じてきたことだが、真のエコツーリズムは国のリーダーシップと計画性に加え政治的安定性と民主主義が前提である。アメリカは移民を歓迎し民主主義と自由を推進する国として、歴史的に自国民及び他の多くの国からそう見られてきた。悲劇的なことは、ブッシュ政権によって国内外における人権と自由の侵害によりこれらの評価がずたずたにされてしまったことである。このことは観光地としてのアメリカのイメージダウンとなってはね返っている。最近の調査によると、「世界の旅行者にとってアメリカは夢のデスティネーション NO.1 から 6 位に落ち込んでしまった」。世界の民主主義のリーダーとしてまた人権の擁護者としてかつての評判を取り戻すためには、劇的な政権交代と多くの年月を必要とすることだろう。エコツーリズムを成し遂げるためには、私たちの民主主義の原則に戻り、市民の自由を守り続けて行くために声を出していかなければならない。現在のところ、より広く総体的なエコツーリズム観はアメリカに欠如している。この国のエコツーリズムの提唱者も実践者も国内であれ海外であれ、人権や民主主義獲得のための基本的な戦いには当初から関係なかった。エコツーリズム主導の底流には、特にアラスカやハワイには文化・習慣や先住アメリカ人やハワイアンの権利を護るということが流れていた。しかし、これらは一般的に人権という範囲には含まれていない。さらに国立公園を訪れる大部分のビジターは、多くの保護地域が先住アメリカ人を強制的に追い出してつくられたものであることと、彼らの多くが観光をエコツーリズムも含め、もう一つの搾取の形であると見続けていることに気が付いていない。エコツーリズムの核となる教義はビジターにとって楽しみであると共に教育的なものでもある。われわれの民主主義を立て直す一歩は、歴史的現実的な観点から政治的社会的な視点での、全体的かつ総合的なデスカッションによりエコツーリズムとの関係を考えることなのである。

ple
第 8 章
旅の裏街道

　ミレニアム初めの 10 年が過ぎていくなか、エコツーリズムは、私たちが国際社会に乗り出していくときの、全く新しい方向性を打ち出している。観光市場におけるエコツーリズム成長率はもっとも大きく力強い。とはいえロバート・フロストの詩を引用するなら、まだまだ旅の裏街道だ。何億人もの観光客が、今も昔ながらのクルーズ、太陽と砂浜のリゾート旅行、大衆観光地に出かけている。そこで見かける自然は椰子の木で縁取られたプールサイド、テーマパーク、混雑したキャンプ場など歪んだものだ。売り出し中のエコツーリズムの大半は、ささやかな自然と"シーツは毎日取り替えません"といった類のわずかな環境改革を行うだけの、うわべのエコ（エコツーリズム・ライト）なのだ。もっとひどいのは、グリーン・ウォッシング（欺瞞のエコ）で、環境に優しいイメージをまやかしで売り、なんらエコツーリズムの原理と実践に基づいていない。とはいえ増え続ける観光客は、社会的に責任をとり環境に敬意を払う道を歩んでいる。

　エコツーリストが増えたこと以上に重要なのは、過去 30 年間で「保護（保全）」と「ネイチャーツーリズム」に関するパラダイム・シフトが起こり、論調が変わったことだ。

　今日、効果的な保全とは、保護区周辺の住民たちを巻き込んで、利益をもたらし、人間と自然公園の調和を図るものである。ネイチャー観光とは、単なる大自然の体験ではなく、訪問客の影響を最小にする取り組みと、保護区と周辺地域住民たちの利益をも意味するようになった。意識や理解の変化は、たくさんの経験と創造を生んだ。たいていは現場レベルだ。たまに国家レベルもある。ただし国際レベルではほとんどない。

　地域においては、エコツーリズムの原理原則が、土地、資源、観光収益の支配権をめぐる多くの地域紛争の解決策として存在感をましてきた。自然公園や観光利用で対立する人々は世界のどこだろうと、例えばコスタリカのコルコバド国立公園の金採掘者、ガラパゴス諸島の移民、東アフリカのマサイ族、クルーガー国立公園周辺、セントルシア自然保護区、南アフリカ随所で立ち退かされたコミュニティ住民などなどだが、彼らにとって、エコツーリズムは、要求の一部でありかつ解決策の一部でもある。

　ガラパゴスのような最も脆弱な生態系では、上手く運営されるエコツーリズムが唯一の選択肢であり、かつ外貨獲得活動となる。ただし慎重にコントロールされて、回復不可能な環境破壊をもたらさなければという条件付だ。

　またエコツーリズムは他の経済活動より明らかに利益をもたらす。たとえば、中米の 3 カ国で実施された調査では、クルーズツアーの乗客より、泊りがけのエコツーリストのほうが

301

第8章 旅の裏街道

地域に18〜28倍ものお金を落とすことが判明し、一方で、ケニヤの狩猟に関する研究論文では、サファリツアーが放牧より50倍有利であることが明らかになった。別の調査は、ライオンが57万5,000ドル、ペルーで飛んでいるコンゴウインコ一羽が、年間4,700ドルの観光収入を稼ぎ出すと計測された。アフリカ南部のボツワナでは、牧畜は80人の雇用しか生み出さないが、禁猟区に建てられた新しい6つの高級ロッジは、1,200人の雇用創出になるという。そしてエコツーリズムは牧場経営より60倍の利益をもたらすと算出された。見た目には儲かっているように見える南アフリカのセントルシアの鉱業と比べても、エコツーリズムは砂丘や河口を破壊せずに、より長期にわたり多くの雇用機会の可能性があるとされている。

地域または村レベルでは、エコツーリズムへのコミュニティ参加型のモデルがいろいろとある。国際環境開発研究所（IIED）の研究調査では、参加の形が「受身型」から「自発的な召集・行動」に変わってきている。つまり、一方的に事業案を告知されたり、結果報告されるだけだった地元住民が、独自にイニシアチブをとったり、外部機構（政府や企業）と対峙するのである。

同じく、利益分配のモデルにもいろいろあって、自然公園や観光施設の土地利用方法はリース、折半、コミュニティの完全所有までさまざまである。利益の配分方法で多いのは、現金払いか、目に見える形での利益（道路、診療所、粉砕機、教室、電気、トラックなど）で、その元になる収益は、土地のリース料や、訪問者の頭数による設定宿泊料金、公園入園料の歩合、旅行者の慈善活動（Travelers' Philanthropy projects）を通じた客や企業の寄付によるものである。ただし、こうした報酬は地方の貧しい村民の日常生活を大幅に向上させても、教育や技能や政治的ノウハウを地元民たちにほとんどもたらさないかもしれない。それらはプロジェクトや公園管理、あるいは民間企業や政府機関との交渉において大いに必要とされるものなのだが。

理想的にはコミュニティが積極的にマネジメントに関与したり、住民に利益を配分することである。デビッド・グロスマンとエディ・コッチの言葉を借りるなら、「野生動物や自然資源の賢い活用を手段とし、意志と力と技術が伴えば、コミュニティの生活水準は向上する」。しかし実際のところは、多くのコミュニティツーリズムも保護プロジェクトも参加型というよりは関与型である。保護区や観光プロジェクトの所有権やマネジメントを地元コミュニティに委譲するよりは、トレードオフ（交換条件つきの取引）を通して、地元コミュニティと国家（あるいは企業）の関係を改善していこうとしている。グロスマンとコッチいわく、所有権をなくしては参加型のほとんどが「選出（co-optive）、共同、協調」に終わってしまう。多くの場合、環境、開発、人権といった国際団体や、科学者、ジャーナリスト、学術団体との提携が、地元民のスキルや政治力をアップする。こうした団体の役割は、コミュニティと外部の私企業との力関係のつりあいをとったり、政府と条件交渉する手助けをすることである。このような外部との提携は、コミュニティ主導のエコツーリズム宿泊施設を国際的な許容水準

にまで引き上げたり、効果的な国際マーケティングを可能にする。例えば、近年ケニアは国際NGOの支援によって、白人所有の大農場と同じように、コミュニティ所有のエコロッジが先陣をきっている。一方コスタリカは、地元NGOと国連開発計画（UNDP）のサポートによって、小規模で地元密着型のエコツーリズムビジネスのネットワークを形成してきている。

ただNGOや専門家との提携でスキルや財源、政治力を授かっても、政府の強力な支援なくしては、コミュニティ主導のエコツーリズムが踏ん張りさらに拡大していくことは難しい。ジョン・アカマがケニアのケースで述べたように、地元コミュニティ参加の成功には、住民が事業責任を遂行できるよう、お墨付きの権限が必要だ。ケニアやタンザニア、ザンジバルでみられるように、国家はしばしば地方のイニシアチブを抑え付け、儲かる事業を政治力や経済力のあるパワーエリートたちに渡してしまう。そして道路、井戸、学校建設といった伝統的な国家事業だった開発責任を、民間セクターか地元の公園当局に譲渡する。

今日、ほとんどの途上国ではエコツーリズムが推進されているが、実際には多くの事業が民間に託されていて、全体像に欠け、政府の力が及ばなかったりする。ここ何十年かの経済のグロバリゼーション化、自由貿易、構造調整政策は、途上国の政府が最低限の社会福祉事業を実施したり、政府指針を堅実に順守する力を損ねてしまっている。

多くの国の政府が、国立公園周辺部に居住する住民との収入分配スキームを考案し、エコツーリズム推進キャンペーンの国際的な広告（南アフリカやコスタリカ）を打ち出したが、どの国も完全な形では国家戦略としてコミュニティ密着型のエコツーリズムの原理原則を採用はしていない。おそらく、アカマの言うように、地域密着型の野生動物観光ツアー・プログラムが失敗する主な理由は、首尾一貫した方針がないことと、力をもった利害関係者（国、保護団体、観光関係者と地元のエリート集団）が観光開発と野生生物保護の責任と権限を牛耳り、地方の農民に権限を委譲する法律がないからだ。

エコツーリズムの概念は、新しい原理をもたらし、自発的なグリーン認証プログラム、旅行者たちの慈善活動、エコ大賞といったものを通じて、民間セクターのある種の層の慣習を変えた。

過去数十年間、たくさんの起業家たちが（そのうちの多くは環境や政治運動のバックグラウンドを持つ）社会的、環境的に責任ある方法で事業が実施できるとの信念をもって、エコツーリズムに着手している。

本書の事例研究が示すように、

* アウトバウンドツアーオペレーター（ワイルドランド・アドベンチャー、タムサファリ、G.A.P.アドベンチャー）
* インバウンドオペレーター（オリゾンテス、ユニークサファリ、ミカトサファリ、ワイルダネスサファリ、オフ・ザ・ビートンパス）
* 素朴で骨太なプロジェクト（ララアビス）

第8章 旅の裏街道

* テントのキャンプ（ドロボツアーとサファリ）
* 家族経営のロッジ（ラ・キンタ、セルバ・ヴェルデ）
* コミュニティ経営のロッジ（ウンゲッロッジ、ベースキャンプ・マサイマラ、タシアロッジ）
* エコビーチリゾート（プンタ・イスリータ、ロックテイルベイ、チュンベエコロッジ、マテンヴェバンガロー、フンドゥラグーン）
* 科学センター（ラセルバ・バイオロジカルステーション、モンテベルデ・クラウド森林保護区）
* ソフトエコツーリズム（熱帯雨林空中トラム、ビジャブランカホテル、リンドブラッド・エクスペディションズ、ガラパゴスにあるたくさんの洋上ホテル）
* ほどほどからハイクラスのエコロッジ（ラパリオス、オリバーキャンプ、キャンピャカンヅ）
* 超高級リゾート（CCアフリカのフィンダとクレインズ キャンプ、サビサビ、フィンカロサブランカ、サンランチ・ロッジ）

以上は、革新的なエコプロジェクトの中でもとりわけ素晴らしく、保護と地元コミュニティにとって、いろいろな面で、恩恵をもたらしているケースである。

すべての開発途上国で、政府所有や政府経営の観光プロジェクトは下火になっている。冷戦の終結とソビエト連邦の崩壊で、外貨投資と自由貿易が経済発展のスローガンになった。民間セクターは、投資活性化のために自主規制、低税率または無税、政府の産業奨励策を強烈に主張した。

しかし、胡散臭いエコツーリズムの例も山ほどある。民間公園の増加は、それが魅力的で恩恵をもたらすとしても、国立公園システムに回る観光収入が減ってしまう。エコツーリズムプロジェクトの利益が漏れ出し続けることを止め、健全な国家、とりわけコミュニティ型のエコツーリズム企業を支援するために、明確な基準やガイドライン、モニタリング手順、公正な税務政策、投資と宣伝政策を開発・強化し、政府援助が引き続き必要ということだ。

この10年間、観光業界の主流においても、エコツーリズムの有望な活用例やよい実践例が見受けられるようになってきた。サスティナーブルツーリズム（持続可能な観光）と呼ばれるイニシアチブでは、ゴルフコースやスキー場、大型リゾート、ホテルチェーンの建設時において、さらなるグリーン化を目指すようになってきている。サスティナーブルツーリズムもエコツーリズムも勢いよく成長しているものの、近代マスツーリズムの運営形態を変えるにはまだまだ遠い道のりがある。とどのつまり、エコツーリズムはパワーゲームであり、現場での闘争なのだ。活動家、専門家、NGOたちの提携と、国家エコツーリズム戦略（マスツーリズムを抑制するため慎重に起草されて実施される）とあいまって草の根運動はもっと力をつけてくるだろう。今すぐに起こるというわけではなく、戦いはまだ必要なのだ。これまでにも優れたモデルが築き上げられてきた。地元コミュニティのいくつかは力をつけ、生

活は改善された。国立公園と脆弱な生態系はより多くの支援を受けるようになった。過去のように他人の土地を勝手に利用しつづけることはできないとの認識も広まってきた。ロバート・フロストが言うように、制約は受けても今日の旅行者は「わが道」を歩めるのだ。

日本語版補遺

　マーサ・ハニーが原作『ECOTOURISM　and Sustainable Development—Who Owns Paradise？』(Second Edition) を出版した本書の原版が執筆されのは 2008 年であった。本書出版時点で既に 7 年が経過している。ここに収録した各地域では、現在までの間に様々な変化があった。ここでは、本書で紹介した 4 つの地域のうちガラパゴス諸島、コスタリカ、ケニアの 3 地域におけるエコツーリズムの現状と情報源情報を補足する。

1．ガラパゴス諸島

(1) その後の動向

　エクアドル環境省管轄のガラパゴス国立公園局（DPNG）の厳正な管理下にあるガラパゴス諸島の観光は、ほぼ全てが「エコツアー」である。その特徴は、本書で詳述したいくつもの規制や制度による「管理型観光」であり、現在ベースとなっているのは 2014 年に改訂された『島民生活向上のためのガラパゴス保護区管理計画』である。管理計画は、ガラパゴス国立公園のウェブサイトで公開されている。（http://www.galapagospark.org/noph.php?page=institucion_plan_de_manejo）

　「管理」の対象は観光者と観光事業者であるが、その目標には居住区における持続可能な開発や島民生活の質の向上などが掲げられている。観光管理分野においては、1974 年に最初の管理計画が実行に移されて以来、これまで大きな成果も挙がり、また一定の評価も得られてきた。一方で、4 島に広がる人間の居住区内における島民やその生活、社会の管理については、対策や対応が後手に回り、居住区から保護区に侵入した外来種が固有の生態系を脅かしたり、漁民と保全機関との衝突が勃発したりするなど、容易に解決できない状況が現在も続いている。最新の管理計画には、このような状況を踏まえての分析と具体策が記されている。かつてその手付かずの自然によって「進化の実験場」と呼ばれるようになったガラパゴス諸島は、今や「自然と人間の共存の実験場」という難題に挑もうとしている。

　「特別な観光地」としてのガラパゴス諸島の評価が高まるにつれ、ステータスが向上し、観光は「順調に」成長を続けている。2013 年には観光客数は 20 万 4,395 人と初めて 20 万人を超えた。暦年 2014 年の訪問者数は前年比 5.5 ％増の 21 万 5,691 人に達し、外国人が 70 ％を占め、残りがエクアドル人である。外国人のうち 3 分の 1 はアメリカ人である。訪問者の約半数は島のホテルに宿泊してデイツアーなどで諸島を回る割安な「ホテル滞在型」観光、4 割はクルーズ船に乗って諸島を回る割高で贅沢な「クルーズ型」観光、残りは親戚などの訪問や科学者、軍などの一時滞在者である。エクアドルからの訪問者に「アイランドホッピング型」が多く、欧米の旅行者は高額の「クルーズ型」が多い。

日本語版補遺

　エクアドルのドル箱・ガラパゴス諸島へは、1980年代～90年代にかけて観光客を目当てにビジネスを営もうと移住する者が急増したが、1998年に施行された法律で移住が禁止されたことから、人口増加率（2010年）は本土並みの水準になっている。しかし、土地開発や移入種の増加により自然環境を圧迫する状況は大きく改善されてはいない。訪問者数は調査年のあとも増加しており、経済規模も拡大を続けていると推測できる。
　ガラパゴス諸島の観光にみる光と影のコントラストは、世界的にもあまりにも有名であるが、諸島自体も少しずつ明るい方向へと変わりつつある。たとえば次のようなプロジェクトが動いている。

・ネイティブ・ガーデン・プロジェクト
　園芸を目的に移入される外来植物が多いことから、島民の自宅庭や公共施設の花壇や街路樹に、外来植物ではなくガラパゴスの自生/固有の植物を使おう、という取り組みである。学校などで庭を造り、環境教育にも役立ち、島民の保全意識の向上にも一役買っている。

・英語教育
　諸島を訪れる観光客の多くは欧米からの観光者で、英語を話すことができれば、観光業界や保全分野で仕事を見つける可能性が広がる。農業や漁業など一次産業で環境に負荷をかける分野ではなく、なるべくエコツーリズムや保全に従事する人を増やすため、学校などで英語教育を重点的に行っている。

・高校調理科
　調理師を養成することを目的に、エクアドル政府、ユネスコやIUCNの支援のもと公立高校に「調理科」を設けた。英語教育同様、観光業界で従事する人を増やすことが目的である。地元の素材や環境に配慮した素材を使って料理を作り、観光客に提供することで、付加価値を付け、若い人がガラパゴスで生きていけるような仕組みを作っている（ガラパゴスは物価が高く、職がなければ生きていけない）。

　真板と奥野は、2015年8月にガラパゴス諸島を再訪し、現地関係者から以下のような取り組みについてレクチャーをうけた。
　大きなこととして、「ガラパゴス特別法」によって移民コントロールを行ったものの、年々増加する観光客、ガラパゴス州の経済成長に対して、これまでDPNGとチャールズ・ダーウイン研究所（CDRS）主導で行われてきた環境管理が限界を迎えていた。そこで方針を切り替え、中央政府の環境省およびその下部組織に位置づけられるDPNG主導でガラパゴス州、自治体、コミュニティ等の組織との連携を強めつつ観光をコントロールすることにし、地域住民との論議の場を設置して積極的なプラン実施への参画を促して行くという政策へと舵を切ったことである。具体策としてDPNGは地域の管理を全面的に担うため、前後して試行錯誤してきた政策を取りまとめ、今後の方針として、2014年に「良い暮らしのためのガラパゴス保護区のガラパゴス保護区管理計」を策定し、陸域、海域の生態系の多様性の保護と都

市部も含めた伝統文化の保全継承も含めた住民参画による一体的統一的な自然保護管理の実施方針を打ち出した。そして住民の経済的インセンティブを考慮しながら生態系の多様性保護を実現するインフラ整備も含めた観光政策の実現プログラムを動かし始めていた。

また、イザベラ島のプエルトビジャミル市の公立学校において、約10数年前までCDRSが行っていた、島の子ども達約20人を対象とした課外活動としての環境教育活動を引き継ぎ、3歳児から14歳までの260人の子ども達を1クラス約25人で11クラスに分けて「自然を自然のまま残す」、「環境保全への意識を高める」ことを目的とした環境教育を実施している。

観光産業に対する対応においても変化があった。DPNGは、陸域、海域における観光活動へのパテント（ライセンス）の取得条件を強化し、観光客の室や数のコントロールを試み始めている。例えばホテル等の建設においても部屋数を限定し、小規模建設を促進することによった地元住民の宿泊業に有利に働くように法律改正を行うなどして、永住権をもった地域住民に経済的なインセンティブが及ぶ様な誘導政策を実施していた。

また、2013年にDPNGは船舶のライセンス制度を新たに策定し、漁業専用の船を所有しないことを条件に、現在漁業を生業としていない住民であっても15年の期限付きで観光目的の船舶ライセンスを取得できるようにし、クルーズ方式の観光携帯から陸域を拠点とした地域住民主体のデイクルーズ観光への転換を促進し経済的なインセンティブをあげると同時に、海洋への負荷軽減のコントロールを誘導している。

さらに観光客のガラパゴスでの入島税引き上げおよびの滞在可能日数を3ヶ月から2ヶ月と短縮し、観光客の質的な転換を促す政策も検討されている。

(2) 日本とのかかわり

実は、ガラパゴス諸島と日本は、研究者たちによって深く結びついてきた。その一人は東京都立大学（現・首都大学東京）名誉教授の故・小野幹雄氏、もう一人は長崎大学名誉教授の伊藤秀三氏である。小野氏は東京都立大学の海洋調査船「海鷹丸」で1959年にいち早くガラパゴス諸島を訪れた。サンフランシスコから1ヶ月の航海であったという。伊藤氏は、1964年から2000年の間に10回チャールズ・ダーウィン研究所に研究員として滞在し、植生調査を中心に研究活動を行った。伊藤氏の研究テーマはキク科植物スカレシア属であったが、著名な研究成果はサンタクルス島における植物の垂直分布調査であろう。その成果である植生分布図は、ダーウィン研究所やガラパゴス国立公園施設に今も展示されている。

この2人の「日本のダーウィン」はガラパゴス諸島の自然保護について最も憂い、心を砕いてきた人物でもある。彼らを中心に、ガラパゴス諸島を調査研究フィールドとする研究者や写真家、旅行会社、ガラパゴスファン等がメンバーとなって、2006年に立ち上げたのが、「NPO法人日本ガラパゴスの会」（JAGA）である。JAGAは、ガラパゴスに関する勉強会や

日本語版補遺

年1回のツアーの開催、会報の発行等を行うほか、ガラパゴスの自然保護への協力と資金提供を行っている。

(3) 情報源
ガラパゴス諸島に関する国内の主たる情報源を挙げる。
●機関・団体
・NPO法人日本ガラパゴスの会（JAGA）
　チャールズ・ダーウィン研究所と連携し、ガラパゴス諸島の自然保護と日本国内における普及啓発に努めるNPO法人。
メールアドレス：info@j-galapagos.org
・株式会社アートツアー
　メトロポリタン・ツーリングの日本支社を経て、現在ガラパゴス諸島への手配型観光を一手に引き受けている旅行会社。URL:www.galapagos.co.jp
メールアドレス：arttour@galapagos.co.jp
●参考文献
・『ガラパゴスのふしぎ』サイエンス・アイ新書（2010年）NPO法人日本ガラパゴスの会編著、ソフトバンククリエイティブ社
・『ガラパゴス大百科―大洋に浮かぶ進化の小宇宙』（1999年）水口博也写真・文、TBSブリタニカ
・『ガラパゴス諸島―世界遺産・エコツーリズム・エルニーニョ』（2002年）伊藤 秀三、角川選書
・『ガラパゴス諸島―「進化論」のふるさと』（1983年）伊藤 秀三、中公新書690
ガラパゴス国立公園ウェブサイト：www.galapagospark.org/
チャールズ・ダーウィン財団ウェブサイト：www.darwinfoundation.org/

2．コスタリカ

(1) その後の動向
　コスタリカを訪れる外国人旅行者は2008年に200万人を突破した。2009年に米国の経済危機の影響を受け一時的に減少したものの、その後は増加傾向を辿っている。2014年にコスタリカを訪問した旅行者数は253万人、観光収入は26億ドル（クルーズ船を除く）であった。これは対GDP比5．3％に相当する。またコスタリカではホテル及び飲食業など観光産業に従事する人口は労働人口の約5％を占めている。
　ガラパゴス諸島とは異なり、そのすべてがエコツアーの参加者というわけではない。コス

タリカの観光は、アドベンチャーツーリズム、海のアクティビティーを主とするツアーなど、多様化する観光活動の中でマスツーリズムとエコツーリズムが共存しているのが実態であるが、2013年にコスタリカを訪れた旅行者の65％はエコツーリズムを目的としており、エコツアーへの参加者は少なくない。同年の国立公園訪問者数253万人のうち半分近くは外国人旅行者（83万人）が占めていた。一方で、エコツアーは私有地保護区でも実施されており、観光インフラが比較的整備されている民間の自然保護区を訪れる旅行者が多い。SINAC（環境エネルギー省保全地域システム庁）が管理する国立公園は、一部の人気がある国立公園に外国人旅行者が集中しており、国立公園全体を観光活動に十分に生かしきれていない実態もある。こうしたアンバランスな国立公園の活用を改善することがコスタリカのエコツーリズムにおける今後の課題の一つかもしれない。

　しかし、エコツーリズムである・なしに関わらず、本書で紹介されているCST等の環境認証や観光庁に当たるICTは、世界の観光産業に大きな影響を与えている。CSTの制度が導入されてからこれまでにCSTを取得したコスタリカの観光事業者（宿泊施設、ツアーオペレーター、レンタカー会社、テーマパーク）は300企業以上に及び、2014年にはレストランなどの飲食業界、また海と関連する観光活動を提供するツアーオペレーターの2つのカテゴリーが追加され、今日CSTを取得したレストランは6件ある。

　ICTは、財源であった3％の宿泊税が廃止され、現在は空路によるコスタリカ入国者に課す入国税（15ドル）とコスタリカで購入する航空券に対する5％の課税が主な財源となっている。

　また、コスタリカでは、観光促進、輸出振興、外資誘致などのために、2011年から自国のカントリーブランドの確立に向け取り組んでおり、「Esencial Costa Rica」（本物のコスタリカ）というキャッチコピーとロゴを作り、2013年には国内向けに、2014年にはアメリカとドイツの旅行博で対外的に発表した。コスタリカの企業がこのコピーを使うには申請手続きが必要である。（http://www.esencialcostarica.com）

　エコツーリズムとともに成長してきたコスタリカの観光は、近年、CSTの対象を拡大するなど、エコツーリズムを軸としながら、持続可能な観光に向けた取り組みを積極的に進めている。

(2) 情報源

コスタリカに関する国内の主たる情報源を挙げる。
●機関・団体
・外務省 HP「コスタリカ」（日本語）　　http://www.mofa.go.jp/mofaj/area/costarica/
・ICT（観光庁）
http://www.visitcostarica.com/ict/paginas/home.asp?idioma=2

・CST（持続可能な観光の認証制度）
http://www.turismo-sostenible.co.cr/index.php?lang=en
・CANAECO（コスタリカエコツーリズム協会）
http://www.canaeco.org/en
・SINAC（環境エネルギー省保全地域システム庁）
http://www.sinac.go.cr/Paginas/Inicio.aspx
・INBio（生物多様性研究所）　http://www.inbio.ac.cr/en/

●参考文献
日本語
・『コスタリカを知るための55章』（2004年）国本伊代編著、明石書店
・コスタリカエコツーリズムの国（2007年）、辻丸純一
スペイン語
・Plan Nacional de Desarroll（国家開発計画）
大統領が新しく就任するごとに策定する開発計画
・Plan Nacional de Turismo Sostenible 2010-2016（観光計画）
観光庁が定期的に改訂する観光計画
（http://www.visitcostarica.com/ict/backoffice/treeDoc/files/59A5_Resumen%20del%20plan%20%20julio%2020112.pdf）
・Plan General de Uso de la Tierra y Desarrollo Turistico（土地及び観光開発計画）
観光庁がコスタリカを地域別に区分しその土地の利用や観光開発について策定する計画
http://www.visitcostarica.com/ict/paginas/modEst/estudios_estadisticas.asp?ididioma=1）
・JICA（対コスタリカ支援状況他）
http://www.jica.go.jp/costarica/index.html

3．ケニア

　19世紀末からイギリスによる植民地化が始まり、1920年に直轄の植民地となった結果、白人牧場経営者の入植により、牧畜民のマサイとの間で草原地帯の土地利用を巡る利害対立が起こった。1945年に国立公園法が制定されると、牧畜民のマサイはアンボセリやマサイマラといった国立公園への立ち入りと利用が制限された。1961年にアンボセリ、マサイマラなどの保護区は中央政府から地方自治区や郡議会に管理が移管され、現在のマサイマラ国立保護区、アンボセリ国立公園へと至っている。1963年にイギリスから独立した後、世界的な環境保護の動きから、それまでのスポーツハンティングだけではなく、野生動物の鑑賞

対象としての経済価値が評価され自然観光が急成長した一方、観光収入の恩恵を得ることができない人びとによる密猟が横行した。1977年にケニアはスポーツハンティングを禁止し、野生動物観光から収入を得ることができるエコツーリズム政策を導入した。野生動物とその生息地の利用と保全を巡る管理体制の試行錯誤が続く中、ゾウやサイといった絶滅危惧種をはじめとする野生動物の生息数が徐々に回復し、マサイ人を中心とする地域住民や地域行政が環境管理や観光事業に関わる仕組みを作り上げていった。これらの動きと共に、保護区内だけではなく、その周辺地域において、人口増加による小麦などの農地拡大が起こり、野生動物保護、野生動物観光、牧畜、農耕の間で、複雑な利害対立が起こってきた。

そこで、ケニアでは、地域共同体による民間の集団牧場が環境管理委員会を設立し、旅行会社やサファリ会社も参加し、相反する利害対立を解消するコミュニティ・ベースド・ツーリズムを構築し、推進するようになった。

(1) その後の動き

国立公園や保護区の周辺地域での野生動物と地域住民の生活との利害対立(農場、放牧地、集落内に野生動物が侵入する、野生動物の密猟、人口増加や農業用地の拡大による野生動物生息地の減少、観光からの利益が地域住民に及ばず生活が改善しないことなど)が発生しているのは、行政による国立公園管理と野生動物保護の施策の限界の表れである。

ケニアの国立公園や野生動物保護区では、観光客の増加や過度の集中により、野生動物や生息地の生態系に様々な悪影響を及ぼすようになった。しかし、放牧や農業に頼ってきた先住民であるマサイの人びとの生活を改善するためには、観光産業の育成と観光産業の推進による収入の増加や雇用機会の増大と生活文化の持続が求められている。これらの問題を解決するために採用されているのがコンセッション方式である。

コンセッション方式とは、国立公園や保護区の周辺地域に広がる、マサイの人々が共同で所有する共同牧場(group ranch)の一部の使用権を外部の観光業者が借り受け、自然環境保護団体または環境管理委員会(conservancy)を設立し、その土地における野生動物保護、生態系の維持管理、観光利用に必要な宿泊施設や交通手段の整備、観光客の誘致、さらには、地域住民の雇用、地域住民の医療、教育、社会福祉に対する援助活動などを行う長期の契約(10年間、30年間など)を地域住民との間で締結するというものである。

この方式により、質の高い野生動物観光が実現しつつある。自然環境保全、野生動物保護が厳格になり、地域住民の生活や放牧や農業と自然保護の利害対立の減少、野生動物観光が地域住民の生活に利益をもたらすことによる密猟の減少が促され、国立公園や保護区にとっての緩衝地帯としての役割を果たすことにもつながっている。具体例として、ケニアのマサイマラ国立保護区やタンザニアのセレンゲティ国立公園の周辺地域で、コンセッション(concession)方式により、特定の土地に対して、環境保全、野生動物鑑賞、エコロッジの建設・運営などの

エコツーリズムに関する独占的な営業権を民間事業者に与えられているが導入されている。

エコツーリズムの理念である環境保護、観光の推進、地域住民の生活の持続的発展という三つの目的を同時に達成する野生動物観光が徐々に実現しつつあると考えられる。

(2) 情報源

ケニアのエコツーリズムに関する最も有効な情報源は、エコツーリズム・ケニア（Ecotourism Kenya,EK）であろう。

1996年にケニア観光産業界からの支援を得て設立されたケニアエコツーリズム協会（ESOK）はエコツーリズム・ケニア（EK）と名称を変更し、エコツーリズムの知識を広め実践するリーダー的立場に立ち（同協会ホームページより）、「ケニアにおける地域社会と関連する持続可能な観光開発を推進し、自然環境保全と地域住民の生活向上を同時に達成する観光を促進すること」を目標としている。

同協会はケニア観光連盟（KTF）を構成する民間7団体の一つで、学生、専門家、学術機関、観光・自然保護団体、政府部門、ツアーオペレーター、旅行代理店、ホテル経営者等からなる会員組織である。国家環境管理局（NWMA）、アフリカ保全センター（ACC）、国際エコツーリズム協会（TIES）、国連世界観光機関（UNWTO）、ケニア野生生物保全協会（KWCA）など20を超える国際組織、国内組織と連携し、世界自然保護基金（WWF）などからの助成金を得て次の5分野において事業を行っている；①コミュニティ・ベースド・ツーリズムのための企業開発プログラム、②エコ認定表彰制度、③ニュースレター、ホームページ、ワークショップ、大会などによる情報共有と交流、④エコツーリズムに関する研究とコンサルティング、⑤会員に対するエコツーリズムに関する理論深化と実践技能の育成。

エコツーリズムケニアでは、エコツーリズムを「地域における自然保護の重要性を維持しながら、地域住民に対して観光の利益が公平に配分され、観光客が環境保全活動に直接関与できる仕組みをもつ観光」と定義し、その原則は「自然地域への観光を奨励し、自然の魅力に対する観光活動の影響を最小限に抑え、地域社会の環境・文化の保全の重要性を認識し、目的地における地域住民に対して直接的利益とエンパワーメントを提供すること、さらに、地域住民の習慣や文化を尊重し、彼らの直接的な関与と参加型意思決定を通して地域経済の持続的な発展を支援するもの」であるとしている。

したがってエコツーリズムは冒険、海浜、野生生物といった特定の目的をもった観光ではなく、自然・野生生物・聖域の保全、観光企業（ロッジ、キャンプ、トレッキングなど）の社会的責任（CSR）、観光客による地域貢献、観光における官民のパートナーシップへの投資、コミュニティの能力構築（キャパシティ・ビルディング）などがその活動であるとしている。

文献

文献原著では、下記の番号順に脚注として掲載されていますが、日本語版を刊行するにあたり、参照文献・参考文献として原文のまま巻末にまとめました。なお URL などの変更などがあり参照できない場合もあります。

第1章　オレンジヒキガエルはどこへ
Chapter 1: In Search of the Golden Toad?

1. Sandra Blakeslee, "New Culprit in Deaths of Frogs." New York Times, September 16, 1997, F1.
2. Goodman, Brenda, "To Stem Widespread Extinction, Scientists Airlift Frogs in Carry-On Bags." *New York Times*, June 6, 2006, F3.
3. Twan Leenders from Yale University and the Peabody Museum of Natural History rediscovered the Harlequin frog, which was also thought to be extinct, at the Rainmaker Rainforest Reserve near Quepos, Costa Rica. Correspondence with Ann Gutierrez, Rainmaker Conservation Project, July 24, 2006.
4. Blakeslee, "New Culprit in Deaths of Frogs," F1.
5. Nearly 100,000 more acres in the Monteverde area have been acquired for conservation purposes by other scientific organizations; some of this land is also used for ecotourism (see chapter 5). Interview with John and Sue Trostle and Ree Sheck; Ree Strange Sheck, *Costa Rica: A Natural Destination* (Santa Fe, NM: John Muir Publications, 1990), 232.
6. Jose Luis Vargas Leiton, "Principales aspectos del desarrollo de Monteverde, 1920.1995," paper presented at Il Foro Internacional Sobre Ecoalojamiento: Principales Aspectos del Desarrollo de Monteverde (International Forum on Eco- Lodging: Principle Aspects of Development in Monteverde), October 1995; John Burnett, "Ecotourism in Costa Rica," *All Things Considered*, National Public Radio, September 3, 1997; Tropical Science Center, "Monteverde Cloud Forest Biological Reserve," see www.cct.or.cr/english/; "Monteverde Info," see www.monteverdeinfo.com/.
7. The World Tourism Organization has declared that tourism has the potential to be "a great and sustaining force for peace in the world," and the International Institute for Peace through Tourism (IIPT) seeks to demonstrate "the potential of the travel tourism industry to contribute to a sustainable and peaceful world.peace within the global family, and peace with nature." Tourism industry giant Hilton Hotels Corporation has sought to capitalize on this theme, adopting as its motto "World peace through world travel." Conference program, "Building a Sustainable World through Tourism," IIPT Second Global Conference, Montreal, September 12.14, 1994, 2; David Nicholson-Lord, "The Politics of Travel: Is Tourism Just Colonialism in Another Guise?" *The Nation*, October 6, 1997, 12 and "Exploring Tourism," *The Nation*, October 6, 1997, 3.
8. Stewart, Emma. "Achieving Sustainable Development through Corporate Sustainability: An Assessment of Environmental and Social Performance in the Caribbean Tourism Industry (Cuba, Dominican Republic)," Ph.D. dissertation, Stanford University, October 2005.
9. See www.ecotourism.org for a report of this conference. In addition, a CD with conference proceedings is available through the TIES Store. 449
10. Originally called The Ecotourism Society, in 2000 its name was changed to The International Ecotourism Society (TIES) in preparation for the UN's International Year of Ecotourism in 2002.
11. The Ecotourism Society's original definition was somewhat longer, but was quickly honed down to this succinct

315

version. *The Ecotourism Society Newsletter* 1, no. 1 (spring 1991): 1, cited in Katrina Brandon, "Ecotourism and Conservation: A Review of Key Issues," *Environment Department Papers*, Biodiversity Series, No. 033 (Washington, D.C.: World Bank, April 1996), 1; The Ecotourism Society, membership brochure, "Uniting Conservation & Travel Worldwide" (North Bennington, VT: The Ecotourism Society, 1992); Sylvie Blangy and Megan Epler Wood, "Developing and Implementing Ecotourism Guidelines for Wildlands and Neighboring Communities" (North Bennington, VT: The Ecotourism Society, 1992).

12. Barbara Crossette, "Surprises in the Global Tourism Boom," *New York Times*, April 12, 1998, 6.
13. Kurt Kutay, "Brave New Role: Ecotour Operators Take Center Stage in the Era of Green Travel," *Going Green: The Ecotourism Resource for Travel Agents*, Supplement to *Tour & Travel News*, October 25, 1993, 80.
14. Lisa Mastny, "Treading Lightly: New Paths for International Tourism," *Worldwatch* Paper 159 (Washington, D.C.: Worldwatch Institute, December 2001), 37.
15. Solomon, Christopher, "Where the High Life Comes Naturally," The *New York Times*, May 1, 2005.
16. The Tourism Network, April 2005 newsletter, www.tourismknowledge.com/Newsletters/Issue6.pdf.
17. World Tourism Organization. "Global Forecasts and Profiles of Market Segments," *Tourism 2020 Vision*, vol. 7 (Madrid: UNWTO, 2001).
18. The Quebec Declaration on Ecotourism can be found at www.world-tourism.org/ sustainable/IYE/quebec/anglais /declaration.html.
19. George Washington University, International Institute of Tourism Studies. Taken from Development Assistance Network for Tourism Enhancement and Investment Database, see www.dantei.org, 2005.
20. These include the World Travel & Tourism Council (WTTC), Africa Travel Association, and Pacific Asia Travel Association (PATA).
21. Among these are British Airways, Virgin Atlantic Airlines, Lufthansa Airlines, Fairmont Hotels & Resorts, and Scandic Hotels.
22. For a list of the national and regional associations see www.ecotourism.org. TIES, which serves as the umbrella organization, organized (together with Ecotourism Norway) the first ever conference for these associations, held in Oslo, Norway in the May 2007.
23. Hector Ceballos-Lascurain, "Tourism, Ecotourism, and Protected Areas" (Gland, Switzerland: IUCN, 1996), 1.5; Nicholson-Lord, "Politics of Travel," 11.18.
24. Anita Pleumarom, "The Political Economy of Tourism," *The Ecologist 24*, no. 4 (July.August 1994): 142; Anita Pleumarom, "Ecotourism: A New 'Green Revolution' in the Third World" (draft of article obtained from author, 1996), 2; Paula DiPerna, "Caution Must Be Exercised in Eco-tourism Growth," Earth Times, July 7, 1997; Ceballos-Lascurain, *"Tourism,"* 1.5; Nicholson-Lord, "Politics 450 Ecotourism and Sustainable Development of Travel," 11.18; Center on Ecotourism and Sustainable Development (CESD), "Ecotourism Fact Sheet: Global," September 2005, see www.ecotourismcesd.org; Brandon, *Ecotourism and Conservation*, 1.
25. World Tourism Organization's *Tourism 2020 Vision*, see www.world-tour ism.org/facts/menu.html.
26. *International Labor Organization, International Labor Standards:* A Workers' Education Manual (Geneva, Switzerland: International Labor Organization, 1990), 52.54.
27. Helene Jorgensen, "Give Me a Break: The Extent of Paid Holidays and Vacation," Center for Economic and Policy Research, September 3, 2002.
28. UNWTO, Tourism Highlights: 2006 Edition, see www.bmwa.gv.at/NR/ rdonlyres/11944AC0-DA9D-478B-98F2-A0D303E7E8E8/0/Highlights2007.pdf; Mintel Report, "Eco and Ethical Tourism-UK," October 2003, 1.
29. Nicholson-Lord, "Politics of Travel," 14; Ceballos-Lascurain, *Tourism*, 9; Crossette, "Surprises," 5.
30. Ceballos-Lascurain, *Tourism*, 23.

31. Nicholson-Lord, "Politics of Travel," 12. A subsequent conference in 1989 resulted in The Hague Declaration on Tourism, which reflects growing sensitivity to sustainable and community-based development. It calls on "states to strike a harmonious balance between economic and ecological consideration" and to give "priority attention to selective and controlled development of tourist infrastructure, facilities, demand, and overall tourist capacity, in order to protect the environment, and local population." Although such agreements are nonbinding, they do bring social and environmental considerations to the attention of both government and the tourism industry. Ceballos-Lascurain, *Tourism,* 100.
32. Ceballos-Lascurain, *Tourism,* 19.
33. Bruskin Goldring Research of Edison, Nature-Based Activities and the Florida Tourist, New Jersey, 1999. Visit Florida: Research Office.34. H. Stewart Kimball, *History of the Sierra Club Outing Committee,* 1901. 1972 (San Francisco: Sierra Club, 1990), 7.20; Charles Hardy, director of the Sierra Club Outing program, interview, 1996.
35. Hardy, interview.
36. National Park Service Visitation Statistics: www2.nature.nps.gov/stats/ visitbody.htm.
37. Ibid.
38. Associated Press, "Rangers Killing Deer Addicted to Snacks," *New York Times,* January 7, 1995.
39. In the wake of this crisis, park officials began using "pretty blatant and graphic [educational] material" in order to "affect the visitors' behavior," explained Grand Canyon National Park biologist Elaine Lesley in a July 1997 telephone interview. She said they were seeing positive results: "The last deer was put down over a year ago, and the deer are in pretty good health now."
40. Malcolm Lillywhite claims to have coined the term low-impact tourism (LIT) in 1985. He defines LIT as establishing natural resource management through private investment in rural village.based tourism. In a study for USAID, he argues that LIT is distinct from ecotourism because it puts control and regulation of tourism development in the hands of the destination country and local Notes to Pages 000.000 451 communities, not in the hands of foreign travel agents and tour operators. However, Lillywhite's definition in fact fits within the definition of ecotourism used in this book. Malcolm Lillywhite, "Low Impact Tourism as a Strategy for Sustaining Natural and Cultural Resources in Sub Saharan Africa," Mid Term Report (Washington, D.C.: U.S. Agency for International Development, Bureau of Africa, June 1990).
41. The concept of "pro-poor tourism" is focused on increased benefits to poor people, while "geotourism," promoted by the National Geographic Society, emphasizes the geographical character of a place, including its environment, heritage, aesthetics, as well as the culture and well-being of its residents. Both terms have Web sites, see www.propoortourism.org.uk/ and www.nationalgeographic .com/travel/sustainable/.
42. Ceballos-Lascurain, *Tourism,* 35.39.
43. The World Conservation Union: World Commission on Protected Areas. "Outputs on the United Nations List and State of the World's Protected Areas," 2003, see www.iucn.org/themes/wcpa/wpc2003/english/outputs/un.htm.
44. Ibid. Nearly half of these (43,000 protected areas) are found within Europe, while North Eurasia boasts 18,000, 13,000 in North America, 9,000 in Australia and New Zealand, and a meager 7,000 for the entire African continent. Another 1.8 million square kilometers, or 695,000 square miles, was under protection in marine parks.
45. G. E. Machlis and D. L. Tichnell, *The State of the World's Parks: An International Assessment for Resources Management, Policy and Research* (Boulder, CO: Westview Press, 1985), 96, quoted in Michael Wells and Katrina Brandon, People and Parks: Linking Protected Area Management with Local Communities (Washington, D.C.: World Bank, World Wildlife Fund, and U.S. Agency for International Development, 1992), 1.
46. David Western, "Ecotourism: The Kenya Challenge," in C. G. Gakahu and B. E. Goode, *Ecotourism and Sustainable Development in Kenya* proceedings of the Kenya Ecotourism Workshop, Lake Nakuru National Park,

Kenya, September 13.17, 1992 (Nairobi: Wildlife Conservation International, 1992), 15.
47. Gerardo Budowski, "Tourism and Environmental Conservation: Conflict, Coexistence, or Symbiosis?" *Environmental Conservation* 3, no. 1 (1976): 27.31.
48. Ceballos-Lascurain, "The Future of Ecotourism," *Mexico Journal*, January 17, 1988, cited in International Resources Group, *Ecotourism: A Viable Alternative for Sustainable Management of Natural Resources in Africa* (Washington, D.C.: U.S. Agency for International Development, June 1992), 5.
49. Jean Hopfensperger, "Wilderness Adventures Spice Up Local Travel," Tico Times, October 10, 1980, 12.
50. Caballos-Lascurain, *Tourism*, 21; Kenton Miller, Planning National Parks for Ecodevelopment: Methods and Cases from Latin America (Ann Arbor: University of Michigan, Center for Strategic Wildland Management Studies, 1978); Ray Ashton and Patricia Ashton, "An Introduction to Sustainable Tourism (Ecotourism) in Central America," unpublished paper prepared for Paseo Pantera: Regional Wetlands Management in Central America project (Gainesville, FL: Wildlife Conservation International, 1993), 18; Paul Eagles et al., eds., *Ecotourism: Annotated Bibliography for Planners and Managers*, 3rd ed. (North Bennington, VT: The Ecotourism Society, 1995), 41. 452 Ecotourism and Sustainable Development
51. Author's personal correspondences with Hector Ceballos-Lascurain and www.planeta.com /ecotravel/weaving /hectorceballos.html.
52. Ibid., 213. The IUCN brings together some 5,000 experts in governments, government agencies, and NGOs from more than 130 countries, with a central secretariat in Geneva.
53. Wells and Brandon, People and Parks, 2.
54. Ceballos-Lascurain, *Tourism*, 226.
55. Author attended the conference and heard Mandela's address. For details on the 5th World Parks Congress and its Task Force on Tourism and Protected Areas see Paul F. J. Eagles and Robyn Bushell, *Tourism and Protected Areas: Benefits beyond Boundaries* (England: CABI, 2007) and?www.iucn.org/themes /wcpa/ wpc2003/english/outputs/tourism.htm. For the ongoing struggles between indigenous people and parks see Mark Dowie, "The Hidden Cost of Paradise: Indigenous people are being displaced to create wilderness areas, to the detriment of all," *Stanford Social Innovation Review* (Spring 2006): 31.38.
56. Donald E. Hawkins and Shaun Mann, "The World Bank's Role in Tourism Development," *Annals of Tourism Research* 34, no. 2 (2007): 353.354. The United Nations had declared 1967 the Year of the Tourist, an indication that tourism was increasingly viewed by multilateral institutions as an avenue for economic development in nonindustrialized countries.
57. International Finance Corporate, World Bank Group, see www.ifc.org/; Multilateral Investment Guarantee Agency, World Bank Group, see www.miga .org/. The fourth and final arm of the World Bank Group is the International Center for the Settlement of Investment Disputes (ICSID), see http://icsid.world bank.org/ICSID/Index.jsp.
58. This included huge resort complexes in Bali, Turkey, Tunisia, Mexico, and the Caribbean. Total investment in these projects was approximately $1.5 billion. In addition, the bank extended another $250 million in loans and credits for airport projects, for a total of about $2 billion.
59. Hawkins and Mann, "World Bank's Role in Tourism"; Correspondence by Marcus Lenzen and author with various World Bank officials; Thanh-Dam Truong "The Political Economy of International Tourism," in *Sex, Money, and Morality: Prostitution and Tourism in Southeast Asia* (London: Zed Books, 1990), 122; Pleumarom, "Political Economy of Tourism," 143; International Resources Group, Ecotourism, 44.
60. A. Cynthia Enloe, *Bananas, Beaches, and Bases: Making Feminist Sense of International Politics* (Berkeley: University of California Press, 1990), 32.
61. World Bank, "Lending Policies: Sectoral, OP4.04," in World Bank Operational Manual (Washington, D.C.:

World Bank, September 1995); Wells and Brandon, *People and Parks*, 3; Telephone interview by Marcus Lenzen with Lou Scura, senior natural resource economist, Environment Department, World Bank, July 1997.
62. From the late 1960s onward, a variety of United Nations agencies, most importantly UNEP and the UNDP, financed and assisted international mass tourism through research, feasibility studies, master plans, education and training programs, and historic preservation projects.
63. Global Environment Facility, Operational Strategy (Washington, D.C.: Global Environment Facility, February 1996), vii.viii, 18.19; International Resources Group, *Ecotourism, 44.*
64. International Finance Corporation, *IFC Tourism Sector Review* (Washington, D.C.: International Finance Corporation, Tourism Unit, February 1995), 12.
65. Correspondence with Iain Christie, a World Bank tourism expert, August 2006; World Bank Annual Report, Operational Summary, Fiscal 2005, see http://web.worldbank.org/WBSITE/EXTERNAL/EXTABOUTUS/EXTANNREP/EXTANNREP2K5/0,,contentMDK:20635316~menuPK:1512365agePK:64168445iPK:64168309~theSitePK:1397 343,00.html.
66. Correspondence with Iain Christie, World Bank representative, August 25, 2006.
67. George Washington University, International Institute of Tourism Studies. Taken from Development Assistance Network for Tourism Enhancement and Investment Database, www.dantei.org, 2005.
68. Wells and Brandon, *People and Parks*, 3.
69. U.S. Agency for International Development (USAID), Parks in Peril, Project Paper, Project No. 598-0782 (Washington, D.C.: USAID, 1990). 70. International Resources Group, *Ecotourism*, iii.
71. "Table of USAID Environmental Projects with Ecotourism Components," mimeographed seven-page document compiled by Molly Davis, research associate, PPC/CDIE/DI Research and References Services Project, USAID, 1995.
72. "USAID's Sustainable Tourism Portfolio," Section 3 of "USAID and Sustainable Tourism: Meeting Development Objectives," United States Agency for International Development, June 2005, 26, See www.nric.net/tourism/SustainableTourismObjectives.pdf.
73. Ibid., 9.
74. Ibid.
75. "USAID's Sustainable Tourism Portfolio," Section 3 of "USAID and Sustainable Tourism: Meeting Development Objectives," United States Agency for International Development, June 2005. See the report online at www.nric.net/ tourism/SustainableTourismObjectives.pdf.
76. Interviews with USAID contract official, who asked to remain anonymous, March.April 1996.
77. USAID, "The Global Develoment Alliance: Public-Private Alliances for Transformational Development," January 2006, see http://www.usaid.gov/our _work/global_partnerships/gda/pdf/GDA_Report_Jan2006_Full.pdf; author's correspondence with several USAID officials and consultants and review of documents, 2005.2007.
78. Author's interviews with IDB officials, 2005.2007.
79. Altes, Carmen, "El Turismo en America Latina y el Caribe y la Experiencia del BID," Inter-American Development Bank, Washington, D.C., July 2006, 21.24.
80. Ibid. This report concluded that numerous lessons have been learned: that infrastructure investments needed to also prepare local institutions to better handle increases in tourist numbers, while minimizing any detrimental environmental or social impacts and that ecotourism projects needed to be integrated into comprehensive regional development plans. The IDB outlined a range of other strategies that are to be incorporated into tourism development projects, including promoting sustainable environmental practices, revitalizing historical centers, consulting both local populations and large industries, devising simple 454 Ecotourism and Sustainable Development

monitoring strategies, and incorporating tourism specialists as part of the team of experts.

81. Author interviews with various IDB officials and participation in several IDB tourism seminars, 2005.2007.

82. Santiago Soler and Carmen Altes, "Cluster Action Plan: Sustainable Tourism as a Development Strategy," Inter-American Development Bank, Washington, D.C., June 2004.

83. Ibid.

84. IDB/MIF, "International Partnership to Market Sustainable Tourism Services," RG-M113, Donors Memorandum, June 5, 2007; Ronald Sanabria, Rainforest Alliance, personal correspondence, September 2007.

85. David Grossman and Eddie Koch, *Ecotourism Report: Nature Tourism in South Africa: Links with the Reconstruction and Development Program* (Pretoria, South Africa: SATOUR, August 1995), 8; Price Waterhouse (1994) study discussed in Kreg Lindberg, "Economic Aspects of Ecotourism" (draft of article obtained from author, November 1997), 2.

86. Nicholson-Lord, "Politics of Travel," 16.

87. Murray A. Rudd, "The non-extractive economic value of spiny lobster Panuliris argus, in the Turks and Caicos," *Environmental Conservation* 28 (2001): 226.234. Published online by Cambridge University Press, May 10, 2002, see http://journals.cambridge.org/action/displayAbstract;jsessionid=E00B9EAAD96A3E54BA6134095F44A570.tomcat1?fromPage=online&aid=88155.

88. John H. Cushman, "Whale Watching Grows Into a $1 Billion Industry," *New York Times,* September 9, 2001, see http://query.nytimes.com/gst/fullpage.html? res=9B01E1DE1030F93AA3575AC0A9679C8B63&partner =rssnyt &emc=rss.

89. Republic of Namibia, *Constitution* (Windhoek: Rossing Uranium Ltd., 1990), 52.

90. Commonwealth Department of Tourism, Australia, *National Ecotourism Strategy* (Sydney: Australian Government Publishing Service, 1994), iii, 1.6; Barbara Jones and Tanya Tear, "Australia's National Ecotourism Strategy," Tourism Focus, no. 1 (Paris, France: United National Environment Program, January. March 1995).

91. "Program for the Development of Ecotourism in the Legal Amazon Region: Project Abstract," see www.world-tourism .org /sustainable/IYE/Quebec/cd/stat mnts/pdfs/sobrae.pdf#search=%22proecotur%22; The Technical Cooperation Program For the Development of Ecotourism in the Legal Amazon Region or PROECOTUR as it has become known as, has been jointly established with the Brazilian Ministry for the Environment and the Inter-American Development Bank (IDB) provided a total of $13.8 million in order to establish the appropriate framework and implement the necessary condition, including required public investments, to enable the nine Brazilian Amazonian states (Acre, Amapa, Amazonas, Maranhao, Mato Grosso, Para, Rondonia, Roraima, and Tocantins) to prepare themselves for sound and responsible management of selected ecotourism areas.

92. Charles Mkoka, "Malawi Plans to Jumpstart Economy with Ecotourism," *Environment News Service,* January 9, 2003, see www.ens-newswire.com/ens/ jan2003/2003-01-09-02.asp. Notes to Pages 000.000 455

93. Ramesh Jaura, "Tourism: Developing Nations Expect Big Cut from Tourism Income," Inter-Press Service, March 11, 1998.

94. On Croatia, for instance, International Special Reports, 2001, see www . internationalspecialreports.com/ europe/01/croatia/privatized.html.

95. Martha Honey, "Cuba: Tourism/Ecotourism During the 'Special Period,'" in *Ecotourism and Sustainable Development: Who Owns Paradise* (Washington, D.C.: Island Press, 1999); Stewart, "Achieving Sustainable Development," 2005 Ph.D. dissertation.

96. Pomfret, John, "Privatizing China's Parks; As Firms Take Over Scenic Treasures, Government Officials Occupy Executive Suites," *The Washington Post,* July 5, 2001, A.08.

97. U.S. Library of Congress, see http://countrystudies.us/bhutan/44.htm.

98. National Tourism Office, "Welcome to Bhutan," see http://designindia .com/dotbhutan/.
99. Bhutan Tourism Corporation, see www.kingdomofbhutan.com/visitor/ visitor_.html.
100. Marti Ann Reinfeld, "Tourism and the Politics of Cultural Preservation: A Case Study of Bhutan," *Journal of Public and International Affairs* 14 (Spring 2003).
101. Zoe Chafe, "Vital Signs 2005," *World Watch* Institute.
102. Zoe Chafe, "Consumer Demand and Operator Support for Socially and Environmentally Responsible Tourism," Center on Ecotourism and Sustainable Development, Working Paper No. 104.
103. Quoted in U.S. Travel Data Center, Discover America, 15; Grossman and Koch, *Ecotourism Report*, 11.
104. See www.wttc.org/.
105. See www.tia.org/index.html.
106. Travel Industry Association of America (TIA) and National Geographic Traveler (NGT) magazine, "Geotourism: The New Trend in Travel," 2003, see www.tia.org/travel/geo03_es.pdf.
107. See www.unwto.org/frameset/frame_sustainable.html.
108. See www.uneptie.org/pc/tourism/home.htm.
109. See www.astanet.com/.
110. Frederic Dimanche, "Greening Traditional Hotels," *Tour and Travel News*, August 29, 1994, G28.
111. Interviews with Marie Walters, ASTA, 2004; Correspondence with ASTA representative Fred Bursch, July 26, 2006, and telephone communication with ASTA representative Haley Jones, August 25, 2006.
112. United Nations, *Agenda 21: The United Nations Program of Action from Rio* (New York: United Nations, 1992). Even though travel and tourism may constitute the world's largest industry, the Earth Summit's Agenda 21 mentioned it in only a few sections. Chapter 11, for example, advocates that governments "promote and support the management of wildlife [and] . . . ecotourism," and chapter 36 calls for countries to "promote, as appropriate, environmentally sound leisure and tourism activities." Quoted in WTTC, UNWTO, and Earth Council, *Agenda 21 for the Travel and Tourism Industry*, 34.
113. WTTC, UNWTO, and Earth Council, *Agenda 21 for the Travel and Tourism Industry*, 34.
114. Ibid., 1. 456 Ecotourism and Sustainable Development
115. Kutay, "Brave New Role," 40.
116. Western, "Ecotourism: The Kenya Challenge," 15.16 (italics added).
117. Some other organizations posit similar definitions. The Canadian Environmental Advisory Council, for instance, states, "Ecotourism is an enlightening nature travel experience that contributes to conservation of the ecosystem, while respecting the integrity of host communities." However, although this definition speaks of respecting local communities, it does not state that the communities must benefit from ecotourism. Quoted by Pamela A. Wight, "North American Ecotourists: Market Profile and Trip Characteristics," Spring 1996.
118. Trade Environment Database (TED) Case Study, see www.american.edu/ TED/campfire.htm .
119. Correspondence with Lara Goepferd, Operations Manager for Papoose Creek Lodge, August 2006. See www.papoosecreek.com.
120. The Ecotourism Society, *Ecotourism Guidelines for Nature Tour Operators* (North Bennington, VT: The Ecotourism Society, 1993), 3.
121. "The Tourist Trap: Who's Getting Caught?" *Cultural Survival Quarterly* 2, no. 3 (Summer 1982): 3.
122. Telephone interview with Bruno Coulombe, USA Cuba Travel, August 28, 2006, see www.usacubatravel.com/.
123. William Schulz, "Conscientious Projectors: Tourists with an Eye on Human Rights Can Make a Difference," *The Nation*, October 6, 1997, 31.
124. Martha Honey, "Burma: Visit or Boycott?" *The International Ecotourism Society Newsletter*, Washington, D.C.,

文献

4th Quarter 2003.

第2章　世界の観光はグリーンに向かうのか
Chapter 2: The World Travel Industry: Going "Green"?

1. World Travel & Tourism Council (WTTC), World Tourism Organization (UNWTO) Earth Council, *Agenda 21 for the Travel and Tourism Industry: Towards Environmentally Sustainable Development* (London: WTTC, 1995), 34.
2. The World Trade Organization (WTO) enforces more than 100 agreements and regulations the latest of which are in the current Doha Round, see http:// en.wikipedia.org/wiki/Doha_round.
3. Remarks at the United Nations Conference on Trade and Development, October 8, 1996.
4. After passage of the Trade Act of 2002, President George W. Bush negotiated free trade agreements with some dozen countries; a number, however, awaited legislative approval, either by the foreign country or the U.S. Congress, see www.uschamber.com/issues/index/international/default.
5. Barton H. Thompson, Jr. and Jennifer Coyle, "Trade Issues in Sustainable Tourism," draft, Stanford University: Center on Ecotourism and Sustainable Development, January 2005, 17, see under publications at www.ecotourismcesd.org.
6. Anita Pleumarom, "Ecotourism: A New 'Green Revolution' in the Third World," Third World Network, Tourism Investigation & Monitoring Team, Thailand, undated, see www.twnside.org.sg/title/eco2.htm.
7. Faxed copy of the World Travel & Tourism Council's "Environmental Guidelines," 1997. Notes to Pages 000.000 457
8. The Quebec Declaration on Ecotourism can be found at www.worldtourism. org/sustainable/IYE/quebec/anglais/declaration.html.
9. World Travel & Tourism Council, *Blueprint for New Tourism* (London: WTTC, 2003), see http://www.tourism for tomorrow .com/images/WTTCBlue printFinal.pdf.
10. Kreg Lindberg, "Economic Aspects of Ecotourism" (draft of article obtained from author, November 1997), 12.
11. Thanh-Dam Truong, *Sex, Money, and Morality: Prostitution and Tourism in Southeast Asia* (London: Zed Books, 1990), 116.
12. "History: Pan American Heritage," see www.panam.org/newhist1.asp.
13. Thanh-Dam Truong, Sex, Money, and Morality, 110.111.
14. Andrey Shlevkov, "Tourism on the Threshold of the Third Millennium", Prague, the Czech Republic, March 29, 2004.
15. American Express Company, Annual Report 2004, see www.onlineproxy .com/amex/2005/nonvote/ar/AXP_annual04 .pdf.
16. Somerset R.Waters, *Travel Industry World Yearbook: The Big Picture. 1996-97*, vol. 40 (New York: Child & Waters, 1997), 150; International Resources Group, *Ecotourism: A Viable Alternative for Sustainable Management of Natural Resources in Africa* (Washington, D.C.: U.S. Agency for International Development, June 1992), 63; Lindberg, "Economic Aspects of Ecotourism," 12.
17. ASTA, "Agency Profile," see www.astanet.com/about/agencyprofile.asp.
18. Travel Industry of America, press release, "Online Travel Booking Jumps in 2002, Despite Plateau in Online Travel Planning," December 9, 2002.
19. Peter Yesawich, CEO, Yesawich, Pepperdine, Brown & Russel, Keynote speech at the Vermont Travel Industry Conference, Stowe, VT, November 29, 2006.

20. Truong, "Political Economy of International Tourism," 109.
21. Ibid., 104.105.
22. Waters, *Travel Industry World Yearbook*, 77.
23. Star Alliance, see www.staralliance.com/star_alliance /star/frame /main _10.html; Waters, *Travel Industry World Yearbook*, 6.
24. BBC News, "Group Misses Varig Money Deadline, June 23, 2006, see http: //news.bbc.co.uk/1/hi/business/5111690.stm.
25. Ian Katz, "Shakeout in the Latin Skies," *Business Week*, February 28, 2000, see www.businessweek.com/2000 /00_ 09/b3670216.htm; "US Accused of Unjustly Taxing Brazilian and Latin American Crews," *Brazzil Magazine*, March 22, 2005, see www.brazzilmag.com/content/view/1755/; USA Today, June 13, 2005. David Grossman, "Column," see www.usatoday.com/travel/columnist/grossman/ 2005-06-10-grossman_x.htm.
26. Japan Airlines: Environmental Report, Chapter 2, 2004, see www.jal.com /en/environment/report/2004/pdf/all.pdf.
27. "Environmental Auditing: A Tool for Assessing the Environmental Performance of Tourism Firms," *Geographical Journal* 1, no. 161 (1995): 29.37, cited in Pleumarom, "Ecotourism: A New 'Green Revolution,'" 7.
28. G.E. Ecoimagination, see http://ge.ecomagination.com/@v=312005 _0548@/index.html.
29. International Air Transportation Association (IATA), "IATA at the Air Transport Industry Side," see www.iata.org/about/. 458 Ecotourism and Sustainable Development
30. IATA Fuel Conservation See http://www.iata.org/whatwedo/aircraft_op erations/fuel/fuelaction/fuel_conservation.htm
31. FAA, see www.faa.gov/airports_airtraffic/air_traffic/drvsm/.
32. European Commission, "The Framework Regulation, EC 550/2004," "The Service Provision Regulation, EC 551.2004," "The Airspace Regulation, EC 552/ 2004," and "The Interoperability Regulation," see www.dft.gov.uk/pgr/aviation/ atm/ses/impactassessmentsingleeurope2858.
33. Wolfgang Strasdas, "Voluntary Offsetting of Flight Emissions: An Effective Way to Mitigate the Environmental Impacts on Long-Haul Tourism," February 2007, see www.ecotourismcesd.org.
34. Joanna Walters, "Save the planet . . . stay on the ground", The Observer, May 12, 2002, see http://observer.guardian.co.uk/travel/story/0,6903,713881 ,00.html. In addition, according to IATA, the already high technological and operational standards within the air transport industry make additional improvements increasingly difficult and costly to achieve. See International Air Transport Association, "Local Air Quality: Challenges," 2007 at www. iata.org /whatwedo/ environment/laq.htm.
35. Walters, "Save the planet . . . stay on the ground"
36. Green Futures, "Golden Opportunity," see http://www.forumforthefu ture.org.uk/greenfutures/articles/602411.
37. Closer examination of Virgin Atlantic's practices did raise some eyebrows. According to *The Guardian* (London), "In March this year, environmentalists accused Virgin Atlantic of double standards over an initiative to plant trees to compensate for the carbon emissions from limousines used to drive its upper class customers to airports. Sustainable transport activists said the step to make the limousine service carbon neutral would be tiny compared with the amount of harmful pollution caused by the airline's fleet of 33 aircraft. According to the government's formula, each kilometre traveled by an airline passenger on a long-haul flight accounts for 0.11kg of carbon dioxide. The Guardian calculated that offsetting Virgin Atlantic's entire annual flight operation would involve planting 59m trees." Mark Oliver, "Virgin pledges $3bn to Combat Global Warming," *The Guardian Unlimited*, September 21, 2006, see http://environment.guardian .co.uk/climatechange/story/0,,1878131,00.html.
38. Adventure Travel Media Service (ATMS), "World's only green airline expands its efforts with alternative fuels," August 14, 2006, see www.atmstravelnews .com/viewpressreleases.asp?ClientID=381&RID=1355.
39. Michelle Higgins, "Carbon Neutral: Raising the Ante on Ecotourism," *New York Times*, December 10, 2006, see www.nytimes.com/2006/12/10/travel/ 10carbon.html?ex=1169269200&en=748409296d4a830f&ei=5070.

40. Correspondence with Jill Zanger, CR Communications Manager, Nike Inc., November 2006. Zanger said that Nike was using three offset companies. The Climate Trust, NatSource, and the Oregon Office of Energy's Business Energy Tax Credit program.and that in 2005, 45 percent of the total CO2 emissions from Nike business travel was offset through these programs.
41. Waters, *Travel Industry World Yearbook*, 153. The leaders include U.S.- owned ITT Sheraton Corporation, Holiday Inn, Hyatt Hotels and Resorts, and Marriott International, as well as Inter-Continental Hotels and Hilton International (United Kingdom), Accor (France), and Grupo Sol Melia (Spain). Notes to Pages 000.000 459
42. Mintel Travel & Tourism Intelligence, *Mintel Hotel Industry Report*, 2003, accessed by Emy Rodriguez through University of Maryland library system.
43. Stephanie Thullen, "Ecotourism and Sustainability: The Problematic Role of Transnational Corporations in Ecotourism," master's thesis, American University, 1997; Truong, "Political Economy of International Tourism," 109.116.
44. The Tourism Partnership, see www.tourismpartnership.org/.
45. Ceres, "Green Hotel Initiative," see www.ceres.org/NETCOMMUNITY/Page.aspx?pid=761&srcid=563; "Meeting Planners Send Wake-Up Call to Hotel Industry," *GreenMoneyJournal*.com, Fall 2007, see http://greenmoneyjournal.com/article.mpl?newsletterid=1&articleid=50.
46. Advertisement in *Going Green: The Ecotourism Resource for Travel Agents*, supplement to *Tour & Travel News*, October 25, 1993, 11; interviews with a representative of DHC Hotels; brochures from DHS Hotels; Thullen, "Ecotourism and Sustainability," 53.57.
47. Martha Honey, ed., *Ecotourism and Certification: Setting Standards in Practice* (Washington, D.C.: Island Press, 2002).
48. Michelin Travel Publications, see http://www.michelintravel.com/prod ucts/product_list_2006.html#5 .
49. American Automobile Association (AAA), seewww.aaa.com/AAA_Travel/ Travel/travel.htm.
50. International Organization for Standardization (ISO), see www.iso.org/iso /en/ISOOnline.frontpage.
51. European Flower, "The EU Eco Label," see www.eco-label.com/default .htm.
52. Blue Swallow, "Vertraglich Reisen: Blaue Schwalbe.Gastgeber von Ver- traglich Reisen," see www.vertraeglich-reisen.de.
53. Nordic Swan Ecolabelling, see http://www.wiserearth.org/resource/view/ e42b5fe7e8594413700c7cb86dbbdeba.
54. Rainforest Alliance, Sustainable Tourism Stewardship Council documents, see http://www.rainforest-alliance.org/tourism.cfm?id=council/.
55. CESD and INCAE, "Cruise Tourism Impacts in Costa Rica & Honduras: Policy Recommendations for Decision Makers," January 2007, 9, see www.eco tourismcesd.org under "Publications"; Ross Klein, *Cruise Ship Blues: The Underside of the Cruise Industry* (Gabriola Island, BC, Canada: New Society Publishers, 2002), 2; Conservation International CELB (Center for Environmental Leadership in Business), "Travel & Leisure: Cruises," see www.celb.org/xp/CELB/pro grams/travel-leisure/cruises.xml.
56. Ross Klein, "Executive Summary, *Cruising.Out of Control: The Cruise Industry, the Environment, Workers* (Halifax, Canada: Canadian Centre for Policy Alternatives-Nova Scotia, March 2003)*, 1. For this and many other resources, see http://www.cruisejunkie.com/.
57. The International Ecotourism Society, "Facts about the Cruise Industry," *Eco Currents*, Second/Third Quarter 2004, 7, see Resources: Newsletters at www.ecotourism.org.
58. International Council of Cruise Lines, "The Contribution of the North American Cruise Industry to the US Economic in 2002," August 2003, see http://www.iccl.org/resources/economicstudies.cfm; Mintel Marketing Intelligence, 460 Ecotourism and Sustainable Development

Cruises: North America and the Caribbean, June 2004 and *Cruises: US*, April 2005, accessed through University of Maryland library system.
59. Ross Klein, "Charting a Course: The Cruise Industry, the Government of Canada and Purposeful Development" (Ottawa, Canada: Canadian Centre for Policy Alternatives, September 2004), see www.cruisejunkie.com/ccpa2.pdf.
60. General Session Remarks of ASTA President and CEO, Joe Galloway at "ASTA's 69th World Travel Congress," Strasbourg, France, November 11, 1999. Copy in possession of author. Only available to ASTA members on ASTA Web site, see www.asta.org/News/SpeechArchive.cfm?navItemNumber=541#1999.
61. "Agent Highlights: Still Solo, Small and Selling Hard," *Travel Weekly*, 2005, see www.travelweekly.com/multimedia /TWSURVEY2005/agent_hl.htm.
62. Cruise Lines International Association, "Summary of Travel Agency Membership Benefits for 2006," 2006, see www.cruising.org/ travelagents/public /in dex.cfm.
63. Marc Lacey, "Amid the Woe, a Haitian Paradise Beckons," The *New York Times,* February 16, 2007.
64. Mintel, *Cruises*, April 2005.
65. James Anderson, "No Fun in the Sun," Associated Press, 2000.
66. Sierra Club, "Turning on Cruise Control," see www.sierraclub.org/sierra/ 200407/lol.asp; Klein, *Cruise Ship Blues*, 7, 84.85.
67. Teri Shore, "Cruise Ships.Polluting for Fun & Profit," *Eco Currents,* Washington, D.C.: The International Ecotourism Society, Second/Third Quarter, 2004, 5, see Resources: Newsletters at www.ecotourism.org.
68. Michael Crye, President, International Council of Cruise Lines and Jamie Sweeting, Diretor, Travel & Leisure, Center for Environmental Leadership in Business, Conservation International, "Cruise Lines as Responsible Environmental Partners," *Eco Currents*, Second/Third Quarter 2004, see Resources: Newsletters at www.ecotourism.org; Michael Crye, executive vice president, CLIA, "Cruise Port and Tourism," powerpoint presentation to IAPH World Ports Conference, Houston, Texas, May 2, 2007, see www.iaph2007.com/Presentations/IAPH 2007-Crye.pdf.
69. "The Contribution of the North American Cruise Industry to the US Economy in 2002," prepared for the International Council of Cruise Lines, August 2003 by Business & Economic Advisors, see www.iccl.org/resources/economicstudies .cfm. The International Council of Cruise Lines, "Cruise Industry Generates $20 Billion in Economic Benefit to the U.S. Economy in 2001," see www.iccl .org/clc/; Crye, "Cruise Port and Tourism." For Ross Klein's critical analysis of the cruise association figures, see *Cruise Ship Squeeze*, http://books.google.com/ books?id=S5QlSKl3oFEC&pg=PA91&lpg= PA91&dq=economic+contributions+of+the+fcca+member+lines+to+ the+ caribbean+and+florida&source=web&ots =aq T2ZUiGpl&sig=iTi9llL8ZaAhedXV0yamhhBFpyQ.
70. Blaine Harden, "Tourism Buoy Economy of Tiny Alaskan Village," *The Washington Post*, August 7, 2004.
71. Craig Welch, "Rush of Cruise Ships to Alaska Delivers Dollars . and Doubts," *Seattle Times*, February 24, 2004, see http://seattletimes.nwsource.com /html/localnews/2001682132_yakutat31m.html.
72. Karen Gorecki and Bruce Wallace, *Ripple Effects: The Need To Assess the Impacts of Cruise Ships in Victoria B.C.*, Vancouver Island Public Interest Re- Notes to Pages 000.000 461 search Group, 2003, 27, see www.vipirg.ca/publications/pubs/research_reports/ 0305_ripple_effects.pdf.
73. "Campaign to Safeguard America's Waters,"*Earth Island Journal* 21, no. 2 (Summer 2006), see www.earthisland.org /eijournal/new_articles.cfm?articleID =1049&journalID=87.
74. The Associate Press, "Cruise Ship Companies form a New Alaska Association, Group Seeks Better Relations with State," Anchorage, February 7, 2007, see www.juneauempire.com/stories/020707/sta_20070207022.shtml.
75. Fifteen million reflects the total number of port visits by cruise passengers. Since cruise itineraries include visits to a number of ports, the 15 million represents the total number of passengers arriving at all ports. Some 6 million discrete cruise passengers go to the Caribbean each year. In contrast, stayover passengers usually visit only one

country or island and therefore the 15 million represents close to the total number of persons currently vacationing in the Caribbean each year.

76. The UNWTO's January 2006 World Tourism Barometer reported that "the cruise sector shows a continued robust performance." WTO, *World Tourism Barometer* 4, no. 1 (January 2006): 3.
77. World Travel & Tourism Council, The Caribbean: The Impact of Travel and Tourism on Jobs and the Economy, June 2004, see www.hospitalitynet.org/file/ 152001490.pdf.
78. CESD and INCAE, "Cruise Tourism Impacts," 10.
79. Ibid.,
80. CESD, "Cruise Tourism in Belize: Perceptions of Economic, Social, and Environmental Impacts," November 2006, 9; Belize Tourism Board, "Strategic Vision for Belize Tourism in the New Millennium," 2004.
81. CESD, "Executive Summary," Cruise Tourism in Belize.
82. WTTC, "The Caribbean"; CESD and INCAE, Cruise Tourism Impacts.
83. Although travel agents are categorized as both corporate and leisure agencies, the focus here is on leisure. International Resources Group, *Ecotourism*, 23.
84. Telephone interview with Sue DiCicco from Circle Travel, Laurel Springs, NJ., August 2006.
85. Telephone Interview with Chris Seek from Solimar Travel, Washington D.C., August 2006.
86. Telephone interviews with Seek, DiCicco, and others; Karen Ziffer, *Ecotourism: The Uneasy Alliance* (Washington, D.C.: Conservation International, 1989), 21.
87. Telephone interviews with ASTA officials in Alexandria, Virginia, in September 1998, and with Yvonne Rodgers, International Ecotourism Education Foundation, Falls Church, Virginia, in May 1996; Barbara Crossette, "Surprises in the Global Tourism Boom," *New York Times,* April 12, 1998, 5.
88. Peter Yesawich, keynote address at the Vermont Travel Industry conference, Stowe, Vermont, November 29, 2006.
89. Telephone interview, Seek.
90. CESD, "Executive Summary," Cruise Tourism in Belize.
91. E. Weiner, "Ecotourism: Can it Protect the Planet?" *New York Times,* May 19, 1991, cited in Pleumarom, "Political Economy of Tourism," 144, n. 21. Another expert estimates "there are 50,000 travel agencies with over 300,000 travel 462 Ecotourism and Sustainable Developmentagents selling travel in the U.S. alone." M. J. Kietzke, "The Role of Travel Agents in Ecotourism," *Earth Ways*, January 1996, EW4; Interviews with ASTA officials, September 1998.
92. "Travel Agents and Their Specialties," Washington Post, September 28, 1997, E6; Green Earth Travel, see http://www.vegtravel.com/, Solimar Travel, see www.solimartravel.com/index.html.
93. American Society of Travel Agents (ASTA), see www.astanet.com/about/ faq.asp#2.
94. International Resources Group, *Ecotourism*, 23.25; The Ecotourism Society (TES, now TIES), training course packet, Burlington, Vermont, 1996.
95. International Resources Group, *Ecotourism*, 27.28; USTOA, see www.ustoa.com/fastfacts.cfm.
96. Gabor Vereczi, program officer, Sustainable Development of Tourism, World Tourism Organization, "Preliminary Results of the WTO Research Programme on Ecotourism Generating Markets," presented at the Conference on Sustainable Development & Management of Ecotourism in Small Island Developing States and Other Islands, Seychelles, December 2001, see www.world-tourism.org/sustainable/IYE/Regional_Activites/Seychelles/Vereczi-Eco-market.htm.
97. Bryan Higgins, "The Global Structure of the Nature Tourism Industry: Ecotourists, Tour Operators, and Local Business," *Journal of Travel Research* 35, no. 2 (fall 1996): 13.
98. I was very surprised when I first learned about fam trips. As a news reporter, I had always adhered to a creed of

never taking favors from those I was covering. However, in the course of researching this book, I took three fam trips organized by public relations firms.one to Chile's Patagonia and two to the Virgin Islands of the United States. I also negotiated discounted or free hotel accommodations and airline tickets for some of my travels to Costa Rica, the Galapagos, Cuba, and Africa. My motivation was partly to learn how the travel press operates, but the reality is that I couldn't have covered the expenses involved in writing this book without fam trips (and several generous foundation grants).

99. Deborah Cooper, "Turning Press Trips into Client Trips," *Adventure Travel Business*, October 1997, 22.
100. Author's interviews; Tom McNicol, "Misguided," Washington Post, April 19, 1998, E6.
101. Quoted in McNicol, "Misguided," E6.E8.
102. I found myself torn emotionally and ethically by these fam trips. I went, with three other writers, on a fam trip to Chile's Patagonia that was billed by the public relations firm as ecotourism. We were fed the story with a silver spoon: everything was covered but tips; we were accompanied by guides, flown in business class, and even had a day of sightseeing in Santiago en route to Patagonia. There, we were taken to an amazing new luxury hotel, Explora Salto Chico, the only hotel in Torres del Paine National Park that is open year-round. The architect himself arrived to explain his marvelous creation. I was thrilled to hike through the windswept park, with its bonsai-like shrubs in tones of blue green and burnt orange; jagged, snow-dusted Andean peaks; and dazzling blue-and-white icebergs floating across dark, choppy lakes. I never would have been able to visit this Notes to Pages 000.000 463 end of the earth otherwise. But in reality, we were experiencing luxury nature travel, not ecotourism. The hotel, owned by one of Chile's wealthiest families, which also owns the airline on which we flew, has no program for benefiting the park, scientific research, or the scattered homesteaders in the region. The guides working for the hotel are young, hip, bilingual college kids from Santiago without deep knowledge of Patagonia's unique ecosystem. The local park rangers I met on my own were far more informative. Salto Chico, though a beautiful, architecturally sensitive resort, does not qualify as an exemplary ecotourism project.
103. Interview with Kim Lisagor, August 2005.
104. McNicol, "Misguided," E6, E8.
105. Interviews with several *Conde Nast Traveler* editors and writers. 106. Interview with Brook Wilkinson, *Conde Nast Traveler*, July 2005. 107. Interviews with travel writers and editors; McNicol, "Misguided," E6.E8.
108. McNicol, "Misguided," E6.
109. Interviews by the author with some dozen travel writers between 1996 and 2006.
110. Society of American Travel Writers (SATW), "Membership Guidelines"; interviews with SATW officials and travel writers.
111. SATW, "Code of Ethics", see www.satw.org/satw/index.asp?SId=81.
112. Telephone interview, Ed Malone, past president, Society of American Travel Writers, Raleigh, NC, August 2006. For more information on the Society of American Travel Writers see www.satw.org.
113. Steve Hendrix, "Burma in the Balance: Should you go? The politics of travel to Asia's most controversial destination," *Washington Post*, Travel Section, Sunday, May 25, 2003.
114. Steve Hendrix, "I Went To Burma. Bad Move. A Place Where Tourism Carries Political Baggage by Steve Hendrix," *Washington Post*, Opinion Section, Sunday, June 15, 2003.
115. Martha Honey, "Burma: Visit or Boycott?" *The International Ecotourism Society Newsletter*, Fourth Quarter 2003, see Resources: Newsletters at www.eco tourism.org.
116. Jennifer Saranow, "Getting Travel Advice From a Stranger; Online Blogs Emerge As Popular Resource; How to Find Useful Ones," *Wall Street Journal*. Eastern Edition, September 28, 2004.
117. "The Thorn Tree," Lonely Planet 2005, see http://thorntree.lonelyplanet.com.

118. Ziffer, Uneasy *Alliance*, 22.
119. International Resources Group, *Ecotourism*, 26.
120. Ronnie Casella, "Dinosaurs in Paradise: Off the Path with the Time-Traveling Tourist," in "The Educated Traveler," Ph.D. dissertation, Syracuse University, 1996.
121. Brochures quoted are from Casella, "The Educated Traveler," or author's files.
122. News from British Airways, "Keep Your Towels.and Help Save the World!" press release, 1999, in possession of author; British Airways, *Social and Environmental Report 2000*, see www.britishairways.com/cms/masterEN/con tent/company_information/community_and_environmental/supplementary _data2000.pdf.
123. Arthur Frommer, "Frommer's World: Writing Reasonable Rules for Real Ecotourism," *Travel Holiday*, February 1994, 25. 464 Ecotourism and Sustainable Development
124. Denise Ingram and Patrick Durst, "Nature-Oriented Travel to Developing Countries," FPEI Working Paper No. 28 (Research Triangle Park, NC: Southeastern Center for Forest Economics Research, October 1987), 6.
125. Correspondence with Kimberly Beck, Marketing & Sales, Mountain Travel Sobek, September 2006.
126. Correspondence with Karen Hansen, Media Relations, Grand Circle Corporation, Overseas Adventure Travel, September 2006.
127. Marla Pleyte, "Online Undercover Marketing," *Business Law Journal*, University of California, Davis, School of Law, May 1, 2006, see http://blj.uc davis.edu/article.asp?id=637.
128. Richard Ord, "The Blog Marketing Explosion," *iEntry Inc*, October 5, 2004, see www.webpronews.com/insiderreports /searchinsider/ wpn-49-20041005 TheBlogMarketingExplosion.html.
129. I visited Mahenye and interviewed Clive Stckil and others in the mid- 1990s and was impressed with the contributions this small ecolodge had made as part of the CAMPFIRE project to the neighboring village. The Shangaan village received an average of 10 percent of the profits from the Mahenye Safari Lodge and the neighboring Chilo Gorge Safari Lodge and also received a percentage from a trophy hunting concession. These funds were distributed annually to family households and used for village projects including to build school classrooms, buy a grinding mill, and put in electricity, telephones, and water pumps. Through being involved in both photographic and hunting safaris, the Shangaan was being transformed from poachers into protectors of the local wildlife. During the 1990s, Mahenye was one of the most successful projects within CAMPFIRE. However, since then ecotourism at Mahenye and in all of Zimbabwe has been going through difficult times because of the country's ongoing political and economic crisis. This has been compounded at the village level by corruption, clan patronage, and a decline in community participation, but the lodge continues to be marketed in the portfolio of leading ecotourism lodges in southern Africa. Author's visit to Mahenye and interviews with Clive Stokil and others; Marisa Milanese, "Africa's Ghost in the Machine: Clive Stockil's CAMPFIRE Project Generates Tourism, Jobs.and Controversy," *Conde Nast Traveler*, June 1997, 24.31; Judith Mashinya, "The decline of a model community-based conservation project: Governance, capacity, and devolution in Mahenye, Zimbabwe," Ph.D. dissertation, University of Maryland, College Park, 2007, see www.sciencedirect.com/science? _ob=ArticleURL&_udi =B6V68-4JCBM27-1&_user=10&_rdoc=1&_fmt=& _orig=search&_sort=d&view=c&_acct=C000050221&_version=1&_urlVersion=0&_userid=10&md5= dddf7c3b 72a9aab4a1ab39e676275c83#cor1.
130. American Society of Travel Agents (ASTA), Environment Committee, "Destination Earth.Save It, Share It," ASTA newsletter, September 1993; ASTA/ *Smithsonian Magazine* Environmental Awards for 1991.1996; "Princess wins prestigious environmental award; first cruise line to receive top recognition for 'green' efforts," The Free Library, see www.thefreelibrary.com/Princess+wins+ prestigious+environmental+award%3B+first+cruise+line+to... -a018736289.

131. ASTA, "ASTA Announces Call for 2005 Travel Industry Awards Nominations," press release, 2005, see www.astanet.com/news/releasearchive05/04220 .asp; Martha Honey, "The 'Oscars of Tourism': Raising the Bar on Eco-Award Pro- Notes to Pages 000.000 465 grams, *The International Ecotourism Society Newsletter*, Washington, D.C., Second Quarter 2003.

132. Brook Wilkinson, "Conde Nast Traveler Presents the 12th Annual Green List," *Conde Nast Traveler*, September 2006, see www.concierge.com/cntraveler/ articles/detail?articleId=10419&pageNumber=1; Honey, "The 'Oscars of Tourism.'"

133. Correspondence with Brook Wilkinson, February 2007.

134. Responsibletravel.com, "Responsible Tourism Award Competition Rules, see www.responsibletravel.com /Copy /Copy900273.htm and "The First Choice Responsible Tourism Awards 2006," see www.responsibletravel .com/Copy/Copy 102214.htm.

135. The author attended the November 2, 2005 ceremony at the U.S. State Department, Washington, D.C.; Lapa Rios Rainforest Ecolodge, "US State Department Corporate Excellence Award 2005," see www.laparios.com /articles/ lapa_rios_state_dept_award_2005.htm.

136. "Ecotourism Case by Case: Conservation Travel," *Travel World News: The Monthly Review for Travel Agent* no. 72 (June 1994), 126.

137. Tourism Concern, "Press statement and briefing: Why Tourism Concern is cautious about the International Year of Ecotourism," 2001.

138. Mireya Navarro, "New Disney Kingdom Comes with Real-Life Obstacles," *New York Times*, April 16, 1998; Jon Nordheimer, "Disney Goes Live with Its Newest Park," *New York Times*, April 26, 1998, 8.9, 25.

139. Walt Disney World Theme Parks, "Animal Kingdom," see www.wdw info.com/wdwinfo/guides/animalkingdom/ ak-overview.htm; "Disney's Animal Kingdom," see http ://pixiedust-travel.com/DisneysAnimalKingdom.html.

140. David Western, "Ecotourism: The Kenya Challenge," in C. G. Gakahu and B. E. Goode, *Ecotourism and Sustainable Development in Kenya*, proceedings of the Kenya Ecotourism Workshop held at Nakuru National Park, Kenya, September 13.17, 1992 (Nairobi: Wildlife Conservation International, 1992), 16.

141. World Resources Institute, "Ecotourism: Rising Interest in Nature Vacations Has Mixed Results for Host Countries and the Resources They Promote," in *Environmental Almanac* (Boston: Houghton Mifflin, 1993), 150; Jim Motavalli, "Transforming Travel: Eco-tourism Is More Than a Buzzword; It's a Seismic Shift in a Trillion-Dollar Industry," Motavalli, "Africa Wakes," and John Ivanko, "Far- Flung Fantasies," all in *The Environmental Magazine*, April 1995, 38.45; CESD, "Fact Sheet: Global."

142. "Nepal: How to Kill," InterPress Service, June 3, 1995.

143. Imtiaz Muqbil, "German Tourism Activist Sounds Warning on Bogus 'Ecotourism,'" *Bangkok Post*, tourism supplement, April 7, 1994, 3.

144. "Ecotourism Case by Case," 126.

第3章 昨今のエコツーリズム
Chapter 3: Ecotourism Today

1. U.S. Department of the Interior, National Park Service, *Guiding Principles of Sustainable Design* (Denver, Colorado: National Park Service, Denver Service Center, September 1993).
2. Suzanne Oliver, "Eco-profitable," Forbes, 153, no. 13, June 20, 1994. 466 Ecotourism and Sustainable Development
3. "Clipboard," *Travel Weekly*, June 6, 1994.

4. Ann Kalosh, "The Travel Industry's Green Guru: An Interview with Stanley Selengut," Hemispheres, United Airlines flight magazine, April 1994.
5. Stanley Selengut, interviews, Maho Bay, St. John, December 1994 and January 1995; "Ecotourism Investigation," Agenda 21 series, Worldwide Television News, London, March 1995, produced by author.
6. Correspondence with Adrian Davis, resident manager, Maho Bay Camps, September 2006.
7. Correspondence with Barbara Richman, September 2006.
8. U.S. Virgin Islands, U.S. Department of Labor, Bureau of Statistics, see www.bls.gov/eag/eag.vi.htm.
9. Author's interviews on St. John, including with Ray Ashton, Joshua Reichert, and others; with Stanley Selengut, various occasions, 1994 .2007; telephone interview with Jossette Pacquin, Employment and Training Office, Department of Labor, St. Thomas Island, June 1998; Davis, 2006.
10. Ray Ashton, interview, Maho Bay, St. John, October 1994.
11. See Trash for Treasure's at www.maho.org/TTAC.cfm.
12. Interviews and correspondence with Bernard Kemp, 1995.
13. Colette Bachand-Wood, "Commentary: Pioneer Eco-resort's Fate Still Unknown," Travel New England, February 2006.
14. ITA, Office of Travel & Tourism Industries, U.S. Dept of Commerce, "2002 Profile of U.S. Resident Traveler Visiting Overseas Destinations Report From: Survey of International Air Travelers," posted July 2003, see http://tinet.ita.doc.gov/view/f-2002-101-001/index.html.
15. UN World Tourism Organization (UNWTO), press release, June 2004, cited in Center on Ecotourism and Sustainable Development (CESD), "Fact Sheet: Ecotourism in the U.S.," see www.ecotourismcesd.org. 16. Pamela Wight, "Ecotourists: Not a Homogenous Market Segment," chapter 3 in The Encyclopedia of Ecotourism, David Weaver, ed. (New York: CABI Publishing, 2001).
17. CESD, "Fact Sheet: Ecotourism in the U.S."
18. Caroline Wild, Toronto-based ecotourism consultant, interview, Montreal, September 1994.
19. Kurt Kutay, "Brave New Role: Ecotour Operators Take Center Stage in the Era of Green Travel," Going Green: The Ecotourism Resource for Travel Agents, supplement to Tour & Travel News, October 25, 1993, 40.41; author's interview with Kutay between 1995.1997 and in 2006.
20. David Grossman and Eddie Koch, Ecotourism Report: Nature Tourism in South Africa: Links with the Reconstruction and Development Program, Pretoria, South Africa: SATOUR, August 1995, 11.
21. Correspondence with Kurt Kutay, August 2006.
22. Correspondence with Pamela Wight, August 2006; Wight, Ecotourists. Wight defined experienced ecotourists as those who had taken an out-of-state vacation in the past three years or planned to do so.
23. CESD, "Fact Sheet: Ecotourism in the U.S."
24. Correspondence with Herbert Hamale, Ecotrans, Germany. Statistics are from a 2002 survey. Notes to Pages 000.000 467
25. Tearfund, "Tourism.an Ethical Issue: Market Research Report," Tearfund, London, January 2000.
26. MORI, Package Holidays, MORI, September 2002.
27. Pamela Wight, "North American Ecotourism Markets: Motivations, Preferences and Destinations," Journal of Travel Research 35, Issue 1 (Summer 1996).
28. Pamela Wight, "Appealing and Marketing to the North American Ecotourist," paper presented at Shaping Tomorrow's North: The Role of Tourism and Recreation, conference held at Lakehead Centre for Northern Studies, Lakehead University, Thunder Bay, Ontario, October 12.15, 1995.
29. Ibid.

30. Denise Ingram and Patrick Durst, "Nature-Oriented Travel to Developing Countries," FPEI Working Paper No. 28, Research Triangle Park, NC: Southeastern Center for Forest Economics Research, October 1987, 8.
31. Herbert Hamele, Ecotrans, Germany, 2004.
32. The Ecotourism Society (TES) training course packet, Burlington, VT, 1996.
33. Peter Frank and Jon Bowermaster, "Can Ecotourism Save the Planet?" and "Seven Golden Rules . . . and the People Who Stick to Them," *Conde Nast Traveler*, December 1994, 138.139, 161.162.
34. Interviews with Marie Walters and Carolyn Wild, September, International Peace Through Tourism (IPTT) conference, 1994, Montreal, Canada.
35. Brian Higgins, "Global Structure of the Nature Tourism Industry: Ecotourists, Tour Operators, and Local Businesses," *Journal of Travel Research* 35, no. 2 (1996): 15.
36. Specialty Travel Index (STI) publication and interview. According to STI publisher Steen Hansen, some 550 tour operators, or about half the specialty companies in the United States, advertise in the STI, which is distributed to all travel agents. There are 11,000.12,000 tour operators in the United States.
37. Correspondence with Steen Hansen, The Specialty Travel Index, September 2006.
38. Karen Ziffer, "Ecotourism: The Uneasy Alliance," Washington, D.C.: Conservation International, 1989, 19.20.
39. Author's correspondence with Kurt Kutay, August 2006.
40. Numerous interviews with Sally and Costas Christ, 1995.2007, see also Tamu Safari's Web site at www.tamusafaris.com.
41. G.A.P Adventures, see www.gapadventures.com/.
42. G.A.P Adventures Media Kit, 2006, see www.gapadventures.com/docs/ MediaKit.pdf.
43. G.A.P Adventures Mission Statement, see www.gapadventures.com/about _us/mission_statement.
44. G.A.P Adventures Media Kit, 2006.
45. Kali Pearson "10 Trailblazers: Entrepreneurs Who Have Rocked Their Industries," Profit, Toronto, Issue 3, May 1, 2002, 28.
46. Planeta.com, see www.planeterra.org/.
47. Ibid.; the three charities they support are Plan International, Charles Darwin Foundation, and Youth Challenge International.
48. G.A.P Adventures: Awards and Recognition, see www.gapadventures.com /about_us/awards_and_recognition. 468 Ecotourism and Sustainable Development
49. Correspondence with Kutay; "Adventure Travel Companies Rated," *National Geographic Adventure*, November 2007, see http://atr.nationalgeographic .com/outfitters/searchMain.action.
50. Tour Operators Initiative for Sustainable Tourism Development, see www .toinitiative.org
51. Adventure Collection, see www.adventurecollection.com/members. The ten members are: Backroads, Bushtracks Expeditions, Canadian Mountain Holidays, Geographic Expeditions, Lindblad Expeditions, Micato Safaris, Natural Habitat Adventures, National Outdoor Leadership School (NOLS), Outdoor Adventure River Specialists (OARS), and Off the Beaten Path, see www.adventurec ollection.com/ac_html/htdocs/whatsnew.html#no26.
52. Adventure Collection, "Our Travel Ethic," see www.adventurecollection .com/about/ethic.
53. Correspondence with Sandra Townsend, Larry Mogelonsky, and Bill Bryan, Adventure Collection, 2005.2007; see also Adventure Collection at www .adventurecollection.com/home.
54. International Resources Group, *Ecotourism: A Viable Alternative for Sustainable Management of Natural Resources in Africa* (Washington, D.C.: U.S. Agency for International Development, June 1992), 34.40.
55. Correspondence with William Durham, Stanford University, 2007. Durham is also the Stanford director of the Center on Ecotourism and Sustainable Development (CESD).

56. These trips were only advertised in their magazine and through a direct mail brochure to a list from their member database; correspondence with Jill Bernier, TNC Conservation Journeys Program, December 2006.
57. Correspondence with Rebecca Goodstein and Jill Bernier, TNC Conservation Journeys program, August and October 2006; See also the TNC travel Web site at www.nature.org/aboutus/travel/travel/.
58. Telephone interviews with Karen Ferrante, WWF Membership Travel Program, August 2006. See also the WWF travel Web site at www.worldwildlife.org/ travel/.
59. Natural Habitat Adventures, see www.nathab.com/app/cda/nha_cda.php.
60. For details of the annual conference, which is usually held in the Washington, D.C./Baltimore area, see www.travelearning.com.
61. Jan Laarman, Timothy Stewart, and Jeffrey Prestermon, "International Travel by U.S. Conservation Groups and Professional Societies," Journal of Travel Research, Summer 1989, 12.17.
62. E. A. Halpenny, "Ecotourism-related Organizations" in The Encyclopedia of Ecotourism, David Weaver, ed. (New York, NY: CABI Publishing, 2001).
63. Correspondence with Jill Bernier, October 2006.
64. Hector Ceballos-Lascurain, Tourism, Ecotourism, and Protected Areas, (Gland, Switzerland: IUCN, 1996) 6, 9.
65. World Tourism Organization, Tourism Highlights, 2005 Edition
66. This figure excludes arrivals from Hong Kong, Macau, and Taiwan, which constitute the majority of foreign arrivals into China; these international arrivals generated nearly $30 billion in receipts and marked a 19 percent increase in arrival numbers over 2004; the growth of domestic tourism has been even more as- Notes to Pages 000.000 469 tounding, generating $67 billion in 2005. Source: China National Tourist Office: China Tourism Statistics, see www.cnto.org/chinastats.asp#Stats.
67. *The China Daily*, May 13, 2004, see www.chinadaily.com.cn/english/doc/ 2004-05/13/content_330514.htm.
68. Erlet A Cater, "Tourism in the Yunnan Great Rivers National Parks System Project: Prospects for Sustainability," *Tourism Geographies* 2(4), 2000, 472.489; Julie Jie Wen and Clement A. Tisdell, Tourism and China's Development: Policies, Regional Economic Growth and Ecotourism, River Edge, NJ: World Scientific Publishing Co., 2001.
69. In January 2007, for instance, Machik, a Washington, D.C..based NGO, brought a group of Tibetan leaders involved in community-based tourism to meet with TIES experts and learn more about ecotourism , fair trade in handicrafts, and "geotourism."
70. Frances Figart, "China's First Planned Ecolodge Takes a Metaphysical Approach," TIES, *EcoCurrents*, 3rd quarter 2006, see Resources: Newsletters at www.ecotourism.org.
71. Among the tour operators promoting ecotourism trips in China are: Wild China Company, see www.wildchina.com; China Adventure Travel, see www.c-ad venture.com, and Khampa Caravan, see www.khampacaravan.com.
72. In 2006, during China's traditional Golden Week holiday, domestic travelers within China numbered 146 million, an increase of 20 percent over 2005, and tourism earnings grew by 25 percent, some $7.3 billion. "Asia: Golden Years; China and Tourism," *The Economist* 379, no. 847, May 11, 2006, 72, available by subscription at www.economist.com/world/asia/displaystory.cfm?story_id=E1 _GJNRRRR.
73. Slow Food is a nonprofit, member-supported organization, see www.slow food.com/; for its U.S. member organization, Slow Food USA, see www.slow foodusa.org/; Agritourism World, an Internet directory for agritourism, provides links to agritourism projects and destinations around the world, see www.agri tourismworld.com/.
74. Caroline J. Stem, et al., "How 'Eco' is Ecotourism? A Comparative Case Study of Ecotourism in Costa Rica," *Journal of Sustainable Tourism* 11, no. 4 (2003).
75. Horizontes Nature Tours, see www.horizontes.com/en /horizontes-earnshighest-5-leaf-certification-for -sus-

tainable-prac-2.html; correspondence with Amos Bien, consultant for CESD and TIES International Programs director, December 13, 2006.
76. Interviews with Costas Christ, 1995.2006.
77. Correspondence with Meg Katzman, the exclusive direct U.S. agent for Unique Safaris, August 2006; see also Unique Safari Web site at www.uniquesafaris.com/.
78. By 2006, bank loan rates in Tanzania had falling to between 10 and 20 percent due to the privatization of the banking system and increasing numbers of banking options. With free market policies, competition for loans increased and lowered interest rates. Correspondence with Katzman, Unique Safaris.
79. Ibid., For the Overseas Development Institute's program for Pro Poor Tourism, see www.odi.org.uk/. 470 Ecotourism and Sustainable Development
80. Michele Zebich-Knos, "A Good Neighbor Policy? Ecotourism, Park Systems and Environmental Justice in Latin America," working paper presented at the 2006 Meeting of the Latin American Studies Association, San Juan, Puerto Rico, March 15.18, 2006, 4, 37.
81. George Washington University, International Institute of Tourism Studies. Taken from Development Assistance Network for Tourism Enhancement and Investment Database, 2005, see www.dantei.org; Mac Chapin, "A Challenge to Conservationists," *Worldwatch*, Nov/Dec 2004.
82. Anita Pleumarom, "The Political Economy of Tourism," *The Ecologist 24*, no. 4 (July.August 1994): 144.
83. World Wildlife Fund (WWF), The Nature Conservancy (TNC), and World Resources Institute (WRI), "Biodiversity Conservation Network: Getting Down to Business, 1997 Annual Report," 1997, iii.
84. Correspondence with Iain Thornton Christie, Tourism Adviser, World Bank, Washington, D.C., August 16, 2006.
85. Michael Wells and Katrina Brandon, *People and Parks: Linking Protected Area Management with Local Communities* (Washington, D.C.: World Bank, World Wildlife Fund, and U.S. Agency for International Development, 1992), 3.
86. Jonathan Adams, "Ecotourism: Conservation Tool or Threat?" Conservation Issues 2, no. 3 (June 1995).
87. Correspondence with Mingma Sherpa, World Wildlife Fund, August 2006. (Sherpa was tragically killed in a helicopter crash shortly after this correspondence.) Nepal Tourism Board, "Visitor Arrivals in Nepal Show Strong Growth in 2007," January 7, 2008, see www.traveldailynews.com/pages/show_page/24013.
88. In 2007, CESD was commissioned to undertake a study on trends in coastal tourism as part of WWF's internal initiative to decide if they should start a tourism program. Elizabeth Boo, *Ecotourism: The Potentials and Pitfalls*, vols. 1 and 2 (Washington, D.C.: World Wildlife Fund, 1990); This seminal study was financed by USAID.
89. See www.coralreefalliance.org/.
90. Information provided by Gina DeFerrari, WWF, December 2006.
91. PAN Parks, see www.panparks.org/.
92. TNC Ecotourism, see www.nature.org/ecotourism/; correspondence with John Terborgh, ecotourism specialist, The Nature Conservancy, August 2006; correspondence with Andrew Drumm, TNC Ecotourism Program, December 2006.
93. Correspondence with Eileen Gutierrez, ecotourism advisor, Conservation International, December 2006. (She subsequently left CI.) For CI's ecotourism program, see www.ecotour.org.
94. This program is part of CI's Center for Environmental Leadership in Business, see www.celb.org/xp/CELB/.
95. CELB's Travel & Leisure program, see www.celb.org/xp/CELB/programs/ travel-leisure.
96. "Cruise Industry Campaign Splits Environmental Community," Environment News Service, March 16, 2004, see www.ens-newswire.com/ens/mar2004/ 2004-03-16-03.asp. .
97. World Bank, "Greening of the World Bank: Notable Shift Since Rio Signals Billions for the Environment," press

release no. 96/S/13, September 1995. Notes to Pages 000.000 471
98. A. Hamilton, et al., "Conservation in a Region of Political Instability: Bwindi Impenetrable Forest, Uganda," *Conservation Biology* 14, no. 6 (December 2000): 1722.1725.
99. "Ecotourism, What does IFC look for?" presented at Ecotourism Symposium, February 2003, in Rosslyn, Virginia, by Sam Keller, International Finance Corporation Projects Officer, see www.state.gov/g/oes/rls/rm/2003/26092.htm.
100. Shaun Mann, "MIGA: Tourism and the World Bank," Washington D.C., 2006; Correspondence with Christie; Ken Kwaku, Global Program Manager, MIGA, "Challenges and Opportunities for Supporting Ecotourism Projects," speech delivered at International Ecolodge Development Forum and Field Seminar, Maho Bay, St. John Island, October 1994; Various other IFC and MEGA (IFC) documents and interviews officials, 1997 and 2003.2006
101. Interviews with Maurice Desthuis-Francis, International Finance Corporation, Tourism Unit, IFC, Washington, D.C., April 1996 and Christie, August 2006.
102. Interviews with Kwaku, Desthuis-Francis and Carolyn Cain, IFC, 2006; literature and various reports from the World Bank, the Global Environment Facility and the International Finance Corporation.
103. Correspondence with Christie, August 2006.
104. The two-part study was carried out in 2003 by TIES and EplerWood International, see www.ifc.org/ifcext/enviro.nsf/Content/EBFP_Ecolodge.
105. Through its Industry and Environment Program, UNEP "works in cooperation with industry associations, international organizations and NGOs to provide decision-makers in government and industry with information and tools to achieve environmentally sound tourism development and management." United Nations Environment Programme, Tourism Section, "UNEP Industry and Environment: 1996 Achievements," see www.unep.org; various issues of UNEP brief papers, Tourism Focus, and other UNEP documents.
106. Correspondence with Stefanos Fotiou, Tourism Programme Officer, UNEP, December 2006. For more information about UNEP's tourism program, see www.uneptie.org/pc/tourism/.
107. Brook Wilkinson, "Conde Nast Traveler Presents the 12th Annual Green List," *Conde Nast Traveler*, September 2006, see www.concierge.com/cntraveler/articles/detail?articleId=10419.
108. Address by former President Nelson Mandela during the launch of the International Parks Congress, September 8, 2003, copy obtained from the Nelson Mandela Foundation, Houghton, South Africa. See also the WPC Web site at www.iucn.org/themes/wcpa/wpc2003/english/daybyday/m8.htm.
109. Mark Dowie, "The Hidden Cost of Paradise: Indigenous people are being displaced to create wilderness areas, to the detriment of all," *Stanford Social Innovation Review* (Spring 2006): 34.
110. Ibid. Numerous studies have been carried out on how the creation of protected areas has resulted in the evictions of human communities in Africa and worldwide. See, for example, Michael Cernea and Kai Schmidt-Soltau, "Poverty Risks and National Parks: Policy Issues in Conservation and Resettlement," *World Development* 34, no. 10 (2006): 1808.1830; and Charles Geisler, "A new kind of trouble: evictions in Eden," *International Social Science Journal* 55, Issue 175 (March 2003): 69.78. 472 Ecotourism and Sustainable Development
111. Ian McIntosh, "Ecotourism: A Boon for Indigenous People?" Editorial, Cultural Survival, Summer 1999.
112. Zebich-Knos, "A Good Neighbor Policy?" 5.
113. The BINGOs include five U.S.-based international conservation organizations. The Nature Conservancy, Conservation International, World Wide Fund for Nature, Wildlife Conservation Society, and African Wildlife Foundation. which collectively capture over 40 percent of all moneys donated to conservation and have a combined annual revenue of over $1 billion. Dowie, "The Hidden Cost of Paradise," 36.
114. Mac Chapin, "A Challenge to Conservationists," *Worldwatch*, Nov/Dec 2004, 30.
115. Cynthia Enloe, *Bananas, Beaches, and Bases: Making Feminist Sense of International Politics* (Berkeley:

University of California Press, 1990), 40.
116. Numerous case studies have been done on the Campfire program. See, for instance, either of the following: www.globaleye.org.uk/archive/summer2k/fo cuson/mars_pt1.html or www.american.edu/TED/campfire.htm.
117. Wells and Brandon, People and Parks, 34.
118. Miguel Hilario, "Going Beyond Window Dressing for the Indigenous Rights of Consultation, Participation, and Engagement," in *CESD, Rights and Responsibilities: A Compilation of Codes of Conduct for Tourism and Indigenous & Local Communities* , (Washington, D.C.: CESD, new edition forthcoming 2008), see www.ecotourismcesd.org. Zebich-Knos makes a similar point in noting, "Environmental impact does not fall equally on everyone" and greater concern needs to be given to "what is placed in one's 'backyard,'" "A Good Neighbor Policy?" 5.
119. Medico Internacional, "Project Dossier about Maputaland" (Obermainanlage 2, D-60314, Frankfurt am Main, Germany), quoted in Pleumarom, "Political Economy of Tourism, 144.146.
120. CESD, Rights and Responsibilties.
121. Dowie, "The Hidden Cost of Paradise," 37.
122. BBC News, "Botswana bushmen win land ruling," December 13, 2006; and "Bitter dispute over bushmen lands," November 24, 2005, see http://news .bbc.co.uk/2/hi/africa.
123. Pleumarom, "Political Economy of Tourism," 143. For a discussion of these issues, see Deborah McLaren, *Rethinking Tourism and Ecotravel: The Paving of Paradise and What You Can Do to Stop It* (West Hartford, CN: Kumarian Press, 1997).
124. Michael Behar, "The Selling of the Last Savage," Outside, February 2005, see http://outside.away.com /outside/destinations/200502/fist-contact _1.html.; Papua Adventures, see www.papua-adventures.com/.
125. Zebich-Knos, "A Good Neighbor Policy?" 1.
126. Elizabeth Becker, "A Pact on Central America Trade Zone, Minus One," *New York Times,* Dec. 18, 2003, C1; Alternet, CAFTA Wins in Razor-Close Costa Rica Vote, October 8, 2007, see www.citizenstrade.org/caftanews.php.
127. Stephanie Garrett, "Poppies and Mangoes," *Women & Environments International Magazine,* Toronto, Issue 64/65 (Fall 2004/Winter 2005): 23.25.
128. See, for instance, World Wide Fund for Nature, "Preliminary Assessment of the Environmental & Social Effects of Trade in Tourism," WWF International Discussion Paper, Gland, Switzerland, May 2001, WWF International, Discussion Paper, May 2001, see www.wwf.org.uk/filelibrary/pdf/trade_and_tourism.pdf; Notes to Pages 000.000 473
Barton H. Thompson, Jr. and Jennifer Coyle, "Trade Issues in Sustainable Tourism," draft, Stanford University: Center on Ecotourism and Sustainable Development, January 2005, see www.ecotourismcesd.org; "Literature Review: Trade & Environment in North America," 4th North American Symposium on Assessing the Environmental Effects of Trade: Services and the Environment," see www.cec.org/files/pdf/ECONOMY/T-E-LiteratureReview_en.pdf.
129. David Diaz Benavides, Chief Trade in Services Section, Division of International Trade in Goods and Services, and Commodities, UNCTAD, "International Symposium on Liberalization and Trade in Tourism Services: A Think Tank to Show a Way Forward," Madrid, Spain, March 23.23, 2004, 4, obtained from author. Anita Pleumarom provides a similar analysis, "[M]ost of the profits are made by foreign airlines, tourist operators, and developers who repatriate them to their own economically more advanced countries. With increasing privatization and deregulation of the global economy, there are now great and justifiable concerns that Southern countries will lose out even more. More liberalization will lead to more foreign-owned tourist facilities and tour operations, and as a result, less income from tourism will remain in the local economy." Pleumarom, "Ecotourism: A New 'Green Revolution,' " 10.
130. Telephone interview with Bob Davis, president, The Mountain Institute, Washington, D.C., December 2006.

131. Zebich-Knos, "A Good Neighbor Policy."
132. Kathrin Forstner, "Community Ventures and Access to markets: The Role of Intermediaries in Marketing Rural Tourism Products," *Development Policy Review* 22, 5 (2004), 497.514. For abstract and to purchase full paper, see http:// papers.ssrn.com/sol3/papers.cfm?abstract_id=584044.
133. Mafisa Research and Planning Agency, see www.mafisa.co.za/.
134. Natasha Singer, "The Word's Ten Best Eco-lodges: Posada Amazonas, The Amazon through the eyes of the true people," *Outside Online*, March 2003, see http://outside.away.com/outside/destinations/200303/200303_resort_virtue_1.html ; see also Rainforest Expeditions at www.perunature.com/pages/index.htm.
135. United Nations Development Programme, Global Environment Facilities' (GEF) Small Grants Programme (SGP) was launched in 1992 to support activities of nongovernmental and community-based organizations by providing financial and technical support to projects in developing countries that conserve and restore the natural world while enhancing well being and livelihoods. The SGP demonstrates that community action can maintain the fine balance between human needs and environmental imperatives, see www.undp.org/gef/undp-gef_small_grants_programme/undp-gef_small_grants_programme.html.
136. Cooprena stands for the Consorcio Cooperativo Red Ecoturistica Nacional or the National Consortium of Ecotourism Cooperatives.
137. NGO MOST, see www.ngo-most.org/opsirnije_eng.php?id=150&cat=home _page_english.
138. The Mesoamerican Ecotourism Alliance (MEA) is a nonprofit composed of local organization committed to the development and promotion of sustainable tourism as a means for supporting conservation efforts in Mesoamerica (Southern Mexico, Belize, Guatemala, Honduras, El Salvador, Nicaragua, and Panama). See MesoAmerican Ecotourism Alliance Web site at http://www.travelwithmea.com/. 474 Ecotourism and Sustainable Development
139. World Hotel Link, see www.whl.travel/.
140. Brandon, *Ecotourism and Conservation*, 32.
141. Joe Peter, "Sharing National Park Entrance Fees: Forging New Partnerships in Madagascar," *Society & Natural Resources* 1, Issue 5 (July/August 1998): 517.530.
142. Interview with Phil Church, official with Center for Development Information and Evaluation, U.S. Agency for International Development, March 1995.
143. David Diaz Benavides, "The Viability and Sustainability of International Tourism in Developing Countries," presented at the Symposium on Tourism Services, World Trade Organization, Geneva, February 2001.
144. Ibid.
145. Katrina Brandon, *Bellagio Conference on Ecotourism: Briefing Book* (New York: Rockefeller Foundation, 1993), 32.
146. W. G. Meijer, "Rucksacks and Dollars: Organized and Unorganized Tourism in Bolivia," 1989, referenced in Hector Ceballos-Lascurain, Tourism, *Ecotourism, and Protected Areas* (Gland, Switzerland: IUCN, 1996), 11.
147. Ceballos-Lascurain, *Tourism,*, 10.11.
148. For a discussion of carrying capacity, see Robert E. Manning, *Parks and Carrying Capacity: Commons Without Tragedy* (Washington, D.C.: Island Press, 2007).
149. Interview with Craig MacFarland, November 1997. Ceballos-Lascurain discusses several modifications of the traditional methods for measuring carrying capacity. One, the Limits of Acceptable Change (LAC) technique, focuses on identifying what management strategies are necessary to maintain or restore desired conditions. Another, Visitor Impact Management (VIM), seeks to measure the social impacts of increasing recreational use. Ceballos-Lascurain, *Tourism,*, 133.146.
150. "The LAC process consists of four major components: (1) the specification of acceptable and achiev-

able resource and social conditions, defined by a series of measurable parameters; (2) an analysis of the relationship between existing conditions and those judged acceptable; (3) identification of management actions necessary to achieve these conditions; and (4) a program of monitoring and evaluation of management effectiveness. These four are broken down into nine steps to facilitate application." George Stankey, Lucas Robert, and Frissell Sidney, "Limits of Acceptable Change (LAC) System for Wilderness Planning," United States Department of Agriculture, January 1985, see http://72.14.209.104/search?q=cache:EgqF3ugB-7YJ:www.fs.fed.us/r8/boone/documents/lac/lacsummary .pdf+roots+of+Limits+of+ Acceptable+ Change+theories+of+Protected+area+ma nagment&hl=en&gl=us&ct=clnk&cd=1.

151. John Shores, online conference on Tourism and Biodiversity, session title "Limits of Acceptable Change" November 17, 2004, see www.edinburgh.ceh.ac.uk /biota/Archive_researchmatters/6337.htm.

152. Alexandra Mexa and Harry Coccossis, *Challenge of Tourism Carrying Capacity Assessment: Theory and Practice*, (Burlington, VT: Ashgate Publishing, Ltd., 2004), 44.

153. Ceballos-Lascurain, *Tourism*, 9. He writes, "This may not have secured much income for the government, but doubtless considerable national interest in and support for protected areas were created." Notes to Pages 000.000 475

154. Ministry of the Environment Government of Japan, *Launch of Ecotourism in Ramsar Sites*, May 2006, see www.env.go.jp/en/headline/headline.php? serial=83. Ramsar sites are wetlands of international importance, designated under the Ramsar Convention. The Convention on Wetlands, signed in Ramsar, Iran, in 1971, is an intergovernmental treaty that provides the framework for national action and international cooperation for the conservation and wise use of wetlands and their resources. For more information see www.ramsar.org/. As of 2005, Japan had designated 33 Ramsar Sites that were protected under the national law for nature and conservation and wildlife protection, see www.ramsar.org/wn/ w.n.japan_20sites.htm.

155. AFP, "9/11 costs US billion in tourism revenue," *The Sydney Morning Herald*, January 24, 2007.

156. Suchat Sritama, "Post-Tsunami Tourism: Phuket Struggles to Reverse Slump," *The Nation*, June 27, 2005, see www.thaiWebsites.com/tourism.asp.

157. Ceballos-Lascurain, *Tourism*, 9.

158. Lisa Mastny, *Treading Lightly: New Paths for International Tourism, Worldwatch* Paper 159, Washington, D.C.: Worldwatch Institute, December 2001, 15.

159. An early study done in Britain uses this term: Richard Denman and Peter Ashcroft, *Visitor Payback: Encouraging Visitors to Give Money Voluntarily to Conserve the Places They Visit*, The Tourism Company, U.K., 1997, see www.eco tourismcesd.org/webarticles/articlefiles/visitorpayback.pdf.

160. The Intrepid Foundation, see www.intrepidtravel.com/about/foundation/.

161. Micato Safaris has won "Best Tour Operator 2004", *Travel Agent*, "Best African Safari Company," *Porthole*, and the prestigious "World' s Best Tour Operator/Safari Outfitter" award from *Travel + Leisure* from 1995.2006. Micato Safaris, see www.micato.com/.

162. AmericaShare, see www.americashare.org/.

163. "Lend a Helping Hand on Safari" brochure, see www.micato.com/2006 brochurepdfs/LendaHelpingHand.pdf.

164. Travel Industry of Association of America (TIA) and National Geographic Traveler (NGT). "Geotourism: The New Trend in Travel," press release, October 8, 2003. This refers to the second portion of a two-part survey.

165. See Abernathy' s paper and other 2004 conference proceedings as well as other details on the 2008 conference at the Travelers Philanthropy Web site, www.travelersphilanthropy.org. Information obtained from an unpublished memo on the Travelers' Philanthropy 2008 Conference, prepared in 2006 by Wendy Wood, Travelers' Philanthropy Steering Committee Member and Coordinator.

337

166. Sustainable Travel International, see www.sustainabletravelinterna tional.org/documents/op_tp_voluntourism.html..
167. VolunTourism, see www.voluntourism.org/.
168. Gary Gereffi, Ronie Garcia-Johnson, and Erika Sasser, "The NGO-Industrial Complex," *Foreign Affairs* (July.August 2001): 64.65.
169. Michael E. Conroy, *Branded! How the 'Certification Revolution' is Transforming Global Corporations* (Gabriola Island, BC: New Society Publishers, 2007), 287.
170. "Quebec Declaration on Ecotourism," Quebec City, Canada, May 22, 2002, see http://www.world-tourism .org/sustainable/IYE/quebec /anglais/dec laration.html. . 476 Ecotourism and Sustainable Development
171. Rainforest Alliance, *Sustainable Tourism Stewardship Council: Raising the Standards and Benefits for Sustainable Tourism and Ecotourism Certification*, final report to the Ford Foundation, December 2002, version 8.4., see www.rain forest-alliance.org/tourism.cfm?id=council.
172."Mohonk Agreement"and"Minutes of Mohonk Meeting,"and report based on the meeting, see www.ecotourismcesd .org. This conference, organized by the author and Abigail Rome, was the first effort to bring together tourism certification programs from around the world.
173. Rainforest Alliance, see Sustainable Tourism Stewardship Council documents at www.rainforest-alliance.org/. Author's correspondence regarding the STSC with Ronald Sanabria and Michael Conroy, February 2008.
174. Quoted in "Tourism, Environment, and Culture," *Wajibu* 10, no. 1 (1995): 7.
175. World Tourism Organization, "Tourism Highlights," 2004 ed., see www .world-tourism.org/facts/menu.html.

第4章エコツーリズムの聖地ガラパゴス
Chapter 4: The Galapagos Islands

1. In 1535, the archipelago's first recorded visitor, the bishop of Panama, Tomas de Berlanga, landed here and dubbed the hunks of lava rock the Enchanted Isles. The name stuck for nearly half a millennium before being replaced with Galapagos, Spanish for "giant tortoise." Edward J. Larson, Evolutions *Workshop, God and Science on the Galapagos Islands* (New York: Basic Books, 2002), 23; Herman Melville, The Encantadas (New York: G. P. Putnam & Co. ,1854), 143.
2. David Pearson and David Middleton, *The New Key to Ecuador and the Galapagos* (Berkeley, CA: Ulysses Press, 1996), 9.
3. Bruce Epler, *An Economic and Social Analysis of Tourism in the Galapagos Islands* (Providence: University of Rhode Island, Coastal Resource Center, 1993), preface.
4. Bi-institutional video CDF/GNPS (2003).
5. Robert Bensted-Smith, et al., "The Strategy for Conservation of Terrestrial Biodiversity in Galapagos," (Puerto Ayora, Galapagos: Charles Darwin Research Station, 1999.2000).
6. Charles Darwin, *The Voyage of the Beagle* (New York: Penguin Books, 1988), 340.343.
7. Kurt Vonnegut, *Galapagos* (New York: Delacorte Press, Seymour Lawrence, 1985), 16.
8. Jose Enrique Machuca Mestanza, *Cronologia Historica de Galapagos* 1535. 2000 (Guayaquil: privately printed, 2006), 87.
9. Larson, "Evolutions Workshop," 185.
10. Consuelo Albornoz Tinajero, "Galapagos Threatened by Invasion," Inter- Press Service, June 13, 1995.
11.E.Danulat and G.J.Edgar, eds., "Reserva Marina de Galapagos, Linea Base de la Biodiversidad," Charles Darwin Foundation and Galapagos National Park Service, Galapagos, Ecuador, 2002, 10, see www.darwinfoundation.org/down

loads/RMG-Linea-Base-Bio.pdf.

12. UNESCO, "World Heritage in Danger List," see http://whc.unesco.org/en /danger/. Notes to Pages 000.000 477

13. Durin g World War II, the United States constructed a military base at Baltra and stationed several thousand people there. Godfrey Merlen, "Use and Misuse of the Seas around the Galapagos Archipelago," unpublished paper obtained from author.

14. Ecotourism Program Technical Report Series Number 3: Visitor Use Fees and Concession Systems in Protected Areas, Galapagos National Park Case Study by Silvia Benitez P., April 2001, cited in D. Southgate and M. Whitaker, *Development and the Environment: Ecuador's Policy Crisis* (Quito, Ecuador: Instituto de Estrategias Agropecuarias, 1992).

15. Epler, Tourism in the Galapagos Islands, 1.

16. Jennifer Conlin, "Can Darwin's Lab Survive Success," The *New York Times*, travel section, January 27, 2008, 6.

17. Correspondence with Scott Henderson, regional marine coordinator for the Andes and Eastern Tropical Pacific, Conservation International, August 2005.

18. Epler, *Tourism in the Galapagos Islands*, 4.5.

19. Emma Stewart, "SmartVoyager: Environmental and Social Certification Program for Tour Boat Operators in the Galapagos," Stanford University, Graduate School of Business case study, August 28, 2002, see www.rainforest-alliance .org/tourism/documents/smartvoyager.pdf.

20. Bruce Epler and Maria Eugenia Proano, "Cuantas plazas y cuantos cupos hay en Galapagos?", in GNPS, Charles Darwin Foundation, and INGALA, Informe Galapagos 2006.2007, Puerto Ayora, 2007, 36.41, copy obtained by author; Galapagos National Park Service, "Unidad de Uso Publico," 2005 spreadsheet.

21. Barry Boyce, A Traveler's Guide to the Galapagos Islands, 2nd ed. (San Juan Bautista, CA: Galapagos Travel, 1994), 78.

22. IGTOA, see "About Us" at www.igtoa.org/.

23. "Tanker Spills 185,000 Gallons in Fragile Galapagos," *American Maritime Officer*, see www.amo-union. org/newspaper/Morgue/2-2001 /Sections/News/ Galapagos.htm.

24. Ibid.; *Galapagos Report 2000*.2001, (Quito, Ecuador, Fundacion Natura and WWF, 2001), 9.15; "Tanker spills remaining fuel near Galapagos as captain detained,"CNN.com.nature, January 24, 2001, see http://archives.cnn.com/2001/NATURE/01/24/galapagos.spill.02/index.html.

25. At the time of the spill, *the Explorer II* did have permission to be using bunker oil. However, by October 2001, the vessel had changed its propulsion system to be able to use diesel fuel. Correspondence with Mauricio Ferro, Conservacion y Desarrollo, Quito, Ecuador, October 2006.

26. Kapawi Ecolodge was started in 1993 as a $2 million copartnership experiment between the Achuar, an indigenous group in Ecuador's remote Amazon region, and Canodros, a private ecotourism company. "Kapawi: The Outer Limits of Soft Adventure," see www.romartraveler.com/RomarPages/Kapawi.html; "Kapawi: The Story of an Ecuadorian Ecolodge," see www.planeta.com/planeta/00/0006 eckapawi.html; and Kapawi's Web site, see www.kapawi.com/html/en/home/aboutus.htm.

27. See "Galapagos Explorer II Canodros," see www.traveltrade.com/academy _detail.jsp?academyMaster ID=7590& articleID=7594.

28. SmartVoyager criteria does state: "Gas used in the boat must be lead-free. The type of gas to be used must be above 85 octane, that which is known in 478 Ecotourism and Sustainable Development Ecuador as 'super' gas; if diesel is used it must be filtered," see http://rainforest-alliance.org/programs/tourism/smartvoyager/standards.pdf.

29. CNN.com, "Tanker spills," various stories, January 18.24, 2001. In the 1998 Special Law for Galapagos, Chapter

5, paragraph 1, art. 16, "Area Marina De Proteccion Especial," a zone of protection of 60 nautical miles was delineated to regulate the transport of toxic or dangerous products.
30. "Galapagos National Park enhances 'top ten' competitiveness with ISO 9001:2000," *ISO Management Systems*, July.August 2004.
31. Special Law for Galapagos, Title 10 of the General and Transitory Dispositions, Chapter 1 General Disposition, 1998, 12.
32. Epler and Proano, "Cuantas plazas," 39.
33. Airfares on the Ecuadorian government airline TAME (Transporte Aereo Militar Ecuatoriano) are scaled. In 2005, they were as follows: for permanent and temporary Galapagos residents, $113 round trip from Quito and $93 from Guayaquil; for Ecuadorian nationals, $220 from Quito and $180 from Guayaquil; and for international visitors, $390 from Quito and $345 from Guayaquil. See TAME Web site at www.tame.com.ec/tame/english/tarifas/default.asp.
34. Epler and Proano, "Cuantas plazas," 37; E-mail correspondence with Bruce Epler, December 1997.
35. An example of this is the Royal Palm Hotel, which offers weekend packages and day excursions to numerous sites around the Galapagos Islands. See their Web site at www.royalpalmgalapagos.com/tour_en.htm.
36. J. Willen and M. Stewart, "Economic Analysis of the Galapagos Marine Reserve Resources Management Plan," March 2000, cited in *Galapagos Report 2000*.2001, (Quito, Ecuador: Fundacion Natura and WWF, 2001), 65.
37. Epler, Tourism in the Galapagos Islands, 8.
38. CAPTURGAL Web site, see www.galapagostour.org/. All hotels must be registered with CAPTURGAL in order to be legal.
39. Correspondence with Bruce Epler, October 2006.
40. Galapagos Report 2000.2001, 65.70; Epler and Proano, "Cuantas plazas," 37.
41. Epler, Tourism in the Galapagos Islands, 18.
42. Robert Bensted-Smith, ed., *A Biodiversity Vision for the Galapagos Islands*. (Puerto Ayora, Galapagos: Charles Darwin Foundation and WWF, 2002), 6.7.
43. Interviews with David Blanton, executive director, IGTOA, 2005.2006.
44. Ggalapagos Report 2001.2002, 87, table: Balanza de pagos del Ecuador, Central Bank, 2001; J. Edward Taylor,_ Jared Hardner, Micki Stewart, "The Economics of Ecotourism: A Galapagos islands economy-wide perspective," *Economic Development and Clutural Change*, Department of Agricultural and Resource Economics, University of California, Davis, Working Paper No. 06-001,August 2006, Table 6, 25, see http://repositories.cdlib.org/are/arewp/06-001/.
45. Epler, Tourism in the Galapagos Islands, pp. 12.17..
46. Correspondence, Henderson.
47. William H. Durham, "Fishing for Solutions: Ecotourism and Conservation in Galapagos," draft chapter 5 in Amanda Stronzo and William Durham, eds., *Putting Ecotourism to Work in the Americas*, (Wallingford, UK: CABI publishing, forthcoming 2008). Notes to Pages 000.000 479
48. Michael Lemonick, "Can the Galapagos Survive?" Time, October 30, 1995.
49. Craig MacFarland, *Case Study: Biodiversity Conservation and Human Population Impacts in the Galapagos Islands, Ecuador* (Falls Church, VA: Charles Darwin Foundation, 1995), 22.
50. Charles Darwin Foundation, Galapagos Bulletin, special issue, fall 1995.
51. Martha Honey, "Galapagos under Threat," Living on Earth, July 22, 2004, see transcript of this radio documentary at www.loe.org/shows/shows.htm?pro gramID=94-P13-00029#feature1.
52. L. Cayot and Ed Lewis, "Recent Increase in Killings of Giant Tortoises on Isabela Island," *Noticias de Galapagos*, Charles Darwin Foundation, vol. 54, November 1994, 6.

53. Ibid.
54. C. Marquez, G. Gordillo, and A. Tupiza, "The Fire of 1994 and Herpetofauna of Southern Isabela," Noticias de Galapagos, Charles Darwin Foundation, vol. 54, November 1994, 8.
55. Ibid.; Interviews and correspondence with Johannah Barry, executive director, Galapagos Conservancy (previously Charles Darwin Foundation), 1994. 2005; Linda Cayot, "Recent Increase in Killings of Giant Tortoises on Isabela Island, Galapagos Archipelago" (Puerto Ayora: Charles Darwin Research Station, n.d.).
56. Lemonick, "Can the Galapagos Survive?" 82.
57. "Galapagos Crisis," News from Conservation Network International, January 31, 1995, see www.bio.net/bionet/mm /plantbio /1995-February/005195.html.
58. Johannah E. Barry, Charles Darwin Foundation, Inc., "Memorandum: Seizure of Galapagos National Park and Charles Darwin Research Station, September 5, 1995, see http://mailman.nhm.ku. edu/pipermail/taxacom/1995-September /016980.html.
59. Correspondence with Andrew Drumm.
60. Charles Darwin Foundation, *Noticias de Galapagos*, no. 58, May 1997, 2.3.
61. Mario Gonzalez, "Stoppage in Galapagos Urges Passage of Law," InterPress Service, November 20, 1997.
62. Ibid.; Galapagos National Park, "The Future of the Galapagos Marine Reserve," memo obtained from the Charles Darwin Foundation, November 7, 1997.
63. Mario Gonzalez, "New Galapagos Protection Law in Force," InterPress Service, March 9, 1998.
64. *Galapagos Report 2000.2001*, 21.
65. Robert Bensted-Smith,"The Special Law for Galapagos,"Charles Darwin Foundation, n.d., see www.darwinfoundation. org/en /library/pubs/gal-research/ n59000498l6.
66. Johannah Barry, "The Special Law for Galapagos: Comments by the Charles Darwin Foundation," document received via e-mail, March 24, 1998.
67. "Resumen Ejecutivo Reparticion del Tributo desde mayo 1998.mayo 2005" ; Gestion Financiera, Galapagos National Park Service, May 2005.
68. Durham, "Fishing for Solutions."
69. Ibid.; Barry, "Special Law for Galapagos" ; Gonzalez, "New Galapagos Protection Law."
70. Barry, "Special Law for Galapagos."
71. *Galapagos Report 2001.2002*, 87. 480 Ecotourism and Sustainable Development
72. *Resumen Ejecutivo Reparticion del Tributo desde Mayo 1998.Mayo 2005*, Galapagos National Park Service brochure, Gestion Financiera, 2005.
73. Conversation with Ivonne Torres, director, Direccion de Turismo Municipal, Gobierno Municipal de Santa Cruz, Galapagos, August 2005.
74. C. McFarland, "An Analysis of Nature Tourism in the Galapagos Islands," *Bulletin de l' Institut Royal des Sciences Naturelles de Belgique* (2003).
75. Interview, MacFarland.
76. Diego Andrade Ubidia,"The Legal Framework of Ecotourism in Ecuador,"www.planeta.com/planeta/02/0203ecuadorb .html. Andrade was the executive director of the Ecuadorian Ecotourism Association.
77. Correspondence with Aldo F. Salvador-Hidalgo, executive director, ASOGAL, September 2005.
78. Conversation with Rocio Malo, president, Asociacion de Armadores Turisticos (ADATUR), August 2005.
79. IGOTA Web site, see www.igtoa.org/about_us/.
80. CAPTURGAL, Galapagos Chamber of Tourism, Galapagostour.org Web site, see www.galapagostour.org/.
81. "Documento del Banco Interamericano De Desarrollo Fondo Multilateral De Inversiones, Proyecto Desarrollo

文献

Sostenible De Los Sectores Productivos De Galapagos (EC-M1010)", Donors memorandum, 2005.
82. Martha Honey and Emma Stewart, "The Evolution of 'Green' Standards for Tourism," in Martha Honey, ed., *Ecotourism and Certification: Setting Standards in Practice* (Washington, D.C.: Island Press, 2002), 53.58.
83. Conservacion y Desarrollo,"SmartVoyager Galapagos," see www.ccd.org.ec /pages/smart_voyager_galapagos_en.htm; Rainforest Alliance, "Sustainable Tourism: SmartVoyager Program," see www.rainforest-alliance.org/programs/tourism/smartvoyager/; Stewart, "SmartVoyager."
84. Santiago Dunn, EcoVentura owner, see Profiles in Sustainable Development Partnerships at www.rainforestalliance.com.
85. Correspondence with Hugo Andrade Serrano, owner of Angelito tourism boat, resident of Puerto Ayora, Galapagos, August 25, 2002, cited in Stewart, "'SmartVoyager' Environmental and Social Certification Program."
86. Conversation with Rocio Malo, owner/operator of Daphne Cruises, Puerto Ayora, Galapagos, September 2005.
87. "Smart Voyager," Conservacion y Desarrollo Web site, see www.ccd.org.ec/ pages/turismo_en.htm.
88. Interviews, Blanton; IGTOA Web site, see www.igtoa.org/.
89. Various interviews with Sven Lindblad and Mary Jo Viederman, Lindblad Expeditions, 2003.2007; "The Galapagos Conservation Fund" Web site, see www.solutions-site.org/cat1_sol116.htm; "Can tourism save the planet," Lindblad Expeditions press release, New York, September 12, 2005.
90. The GNPS regularly checks sites for signs of impact and closes/rests them if necessary. Animals that nest directly on the paths are the only ones that would likely to be affected if the tourists are following park rules. For more information on park monitoring, see the GNPS See www.galapagospark.org.
91. Various interviews, 1994.2007; Bruce Epler found that 99 percent of tourists surveyed were "very satisfied or satisfied with the nature they observed in the islands." Tourism in the Galapagos Islands, 24. Notes to Pages 000.000 481
92. I. R. Grimwood and D. W. Snow, "Recommendations on the Administration of the Proposed Galapagos National Park and the Development of Its Tourist Potential," June 1966, 1, in Edward Larson, "Evolution's Workshop," 226, footnote 16. Vertical file 333.783, "Parque Nacional," Charles Darwin Research Station library, Puerto Ayora, Galapagos Islands.
93. At this time, the GNPS and Charles Darwin Research Center began to train guides.
94. Craig MacFarland, "An Analysis of Nature Tourism in the Galapagos Island," 2000, see www. darwinfoundation.org/en/library /pubs/journals/br15049801.
95. *Galapagos Report 2000.2001*, 74; Indira Medina, "Elaboracion de un sistema de monitoreo de impactos por visitacion para los sitios de visita terrestre del PNG," master's thesis, 2000.
96. Interview, MacFarland.
97. "El Cuidado de los Ecosistemas," Galapagos Report 1996.1997, Chapter 2, 19.32; interviews, David Balfour, Metropolitan Tourism and Marta Lucia Burneo, Permanent Galapagos Commission, 1996.
98. "Enter the Cruise Industry," IGTOA Newsletter, October 2005, see www.ig toa.org/newsletter/2005/october/. RETANP (Regulacion Especial para Turismo en Areas Naturales Protegidas.Special Regulation for Tourism in Natural Protected Areas) created a special regulation to allow for twelve 500-passenger cruise ships to visit San Cristobal Island each year.
99. Voyages of Discovery, see www.voyagesofdiscovery.com/.
100. Legislacion Ambiental, Galapagos Tomo VI, Libro VII, titulo II Capitulo VI, 2003, 180.
101. Telephone interview with Mark Flager, October 3, 2006.
102. "Galapagos Face Destruction By Tourism," UK News, October 12, 2006, see www.lse.co.uk / Show-Story.asp?story=QO1230000I&news_headline=galapa.
103. Ibid; Conlin, "Can Darwin's Lab Survive Success?".

104. ROW International, see www.rowinternational.com/galapagos_kayak.htm.
105. Telephone interview with Laurie Deans, ROW International, September 29, 2006.
106. Julian Smith, "Galapagos Now," *The Washington Post*, April 2, 2006.
107. Correspondence with ROW International and CDRS, February 2008.
108. Reforms to the Ecuadorian Tourism Law, Executive Decree # 244-Registro Oficial No. 304, March 2004.
109. Interviews, Blanton.
110. Boyce, *Traveler's Guide*, 122; inteviews with tour operator Georgina Martin de Cruz, guides, and tourists, 1996, 2004.
111. Interviews, Blanton.
112. Conversation with Ivonne Torres, Galapagos naturalist guide, Puerto Ayora, August 2005.
113. Galapagos National Park Service, standard letter to tour operators for license renewal, 2004.
114. Personal conversation with Galapagos National Park Service Public Use Department staff, 2005.
115. "Entrevista Alberto Granja," *La Garua* 9, May 2005.
116. Interview with Alberta Granja, who runs the RELUGAL program, October 2006. 482 Ecotourism and Sustainable Development
117. Jack Grove, *Fishes of the Galapagos* (Stanford, CA: Stanford University Press, 1997); Telephone interviews with Jack Grove, November 1997 and October 2006.
118. "Artisanal fishing as a cultural experience, a novel alternative," Charles Darwin Foundation press release, August 2005.
119. Durham, "Fishing for Solutions."
120. George Wallace, *Visitor Management in Galapagos National Park*, draft, (Ft. Collins, CO: College of Natural Resources, Colorado State University, January 1992), 4.
121. Project ECU/00/G31, "Control of Invasive Species in the Galapagos Archipelago," Global Environment, 2001.2007.
122. "Isabela Achieves the Impossible," Charles Darwin Foundation press release, July 5, 2006, see www. darwinfoundation.org/en/newsroom /news-releases /2006-07-05_isabela_achieves.
123. Various Charles Darwin Foundation publications; Richard Harris, "Galapagos Islands at the Crossroads," *All Things Considered*, National Public Radio, December 18, 1995.
124. But as Craig MacFarland, a biologist who was president of the Charles Darwin Foundation for more than a decade, points out, the source of the trouble isn't tourism itself but the economic boom: "If the economic boom were goldmining or petroleum or fishing we might have had the same thing as tourism has brought. So it really isn't a function of tourism, per se. It's just because tourism has become the boom" Interview, MacFarland.
125. *Galapagos Report 2000.2001*, 24.
126. *Las Regulaciones Migratorias de Galapagos: Manual de informacion para el residente insular* (Quito, Ecuador: Fundacion Natura/Ingala, July 2002), 56.
127. Pablo Ospina and Fernando Carrasco, "The economy of the Family in Galapagos: Poverty levels in Galapagos," *Galapagos Report 2000.2001*, 34.
128. Durham, "Fishing for Solutions." Some observers put the size at 30,000. For official population estimates for Ecuadorian provinces, see www.supertel.gov. ec/telecomunicaciones/poblacion.htm.
129. An indication of the magnitude of the problem is the number of deportations. During 2000, for instance, close to 100 people per month were ordered to leave the islands for overstaying their visas.
130. *Galapagos Report 2000.2001*, 21.
131. *Galapagos Report 2001.2002*, table 1, 10.

343

132. Personal interview, Lyjia Ayove, 1994.
133. *Las Regulaciones Migratorias de Galapagos: Manual de informacion para el residente insular* (Quito, Ecuador: Fundacion Natura/Ingala, July 2002), 9.
134. Interview, Martin de Cruz.
135. Graham Watkins and Felipe Cruz, "Galapagos at Risk: A Socioeconomic Analysis of the Situation in the Archipelago" (Puerto Ayora: Charles Darwin Foundation, 2007), 2, see www.darwinfoundation.org/files/library /pdf/2007/ Galapagos_at_Risk_7-4-07-EN.pdf.
136. "Sustainable Fisheries: A Goal for all Users of the Galapagos Marine Reserve," Charles Darwin Foundation press release, June 5, 2005, Galapagos Conservation Trust, see www.gct.org/jun05_1.html. Notes to Pages 000.000 483
137. IUCN, "Galapagos Islands added to the World Heritage Danger List," press release, June 28, 2007, see www.iucn.org/en/news/archive/2007/06/28 _pr_galapagos.htm.
138. "UNESCO adds Galapagos to World Heritage Site in Danger List," News detail: Ecoventura . Tours and Cruises to Galapagos, see www.ecoventura.com/ news_detail.aspx?a=126.
139. Durham, "Fishing for Solutions."
140. Taylor, "The Economics of Ecotourism," 1, 3, 14.15.
141. Bensted-Smith, ed., *Biodiversity Vision for the Galapagos Islands*, 7.
142. IGTOA Web site, see www.igtoa.org/info_for_travelers/issues_facing _galapagos.php.
143. Charles Darwin Foundation (CDF) Newsletter, November, 2005, see http: //darwinfoundation .org/newsletter/english /archives /november05-full.htm.
144. Jonathan B. Tourtellot, "Destination Scorecard," *National Geographic Traveler* 21, Issue 2, March 2004, 64; Personal correspondence with Jonathan Tourtellot, National Geographic Traveler Geotourism editor, September-October 2006.
145. Correspondence,. Tourtellot.
146. Quoted in William Stolzenburg, "Collision at the Galapagos," Nature Conservancy (November/December 1996): 16.
147. Inter-American Development Bank press release, September 23, 2005, see www.iadb.org/news /articledetail.cfm?font=1&artid =887&language=English.
148. Marc Miller and Donald Kennedy, "Saving the Galapagos," *New York Times,* op. ed., October 12, 1995, A23.
149. Wallace, "Visitor Management," 16.17.

第5章 コスタリカ—踏み固められた道の上で
Chapter 5: Costa Rica

1. Martha Honey, *Hostile Acts*: U.S. Policy in Costa Rica in the 1980s (Gaines - ville: University Press of Florida, 1994).
2. "What's Wrong with Mass Ecotourism?" *Contours* (Bangkok) 6, nos. 3.4 (November 1993): 16; Costa Rica Tourism Board (ICT) statistics cited in Polly Jo Morrison, "The Monteverde Area of Costa Rica: A Case Study of Ecotourism Development," master's thesis, University of Texas, Austin, 1994, 31.
3. Gustavo Segura, "Comentarios acerca de la Campana de Promocion Turistica de Costa Rica en los Estado Unidos, 1996.1997," INCAE publication CEN 652, October 1998, see www.incae.ac.cr/EN/clacds/nuestras-investigaciones /pdf /cen652.pdf.
4. Author spoke at symposium to launch the Peace with Nature Initiative, San Jose, Costa Rica, July 5, 2007;

David Sherwood, "Ceremony Inaugurates Peace with Nature Initiative," Tico Times Online, July 9, 2007, see /www.ticotimes.net/ dailyarchive/2007_07/070907.htm; Revolution Places, "Revolution Launches New Luxury Resort Development Company," press release, August 3, 2007, see www.prnewswire .com/cgi-bin/stories.pl?ACCT =104&STORY=/www/story/08 -03-2007/0004639030&EDATE=.

5. Instituto Costarricense de Turismo (ICT), "Airport exit surveys, high season," 2005. 484 Ecotourism and Sustainable Development

6. ICT, "Anuario estadistico," 2005.

7. Costa Rica set up its first tourism board in 1931, and in 1955 it became the Costa Rican Tourism Board (ICT), which continues to the present. Somerset R. Waters, *Travel Industry World Yearbook*: The Big Picture.1996.97, vol. 40 (New York: Child & Waters, 1997), 89.

8. Honey, Hostile Acts, 51.196.

9. Carole Hill, "The Paradox of Tourism in Costa Rica," *Cultural Survival Quarterly* 14, no. 1 (1990): 17.

10. Somerset R. Waters, *Travel Industry World Yearbook*, 89 and "Anuario estadistico" , 2005, Instituto Costarricense de Turismo (ICT).

11. The 1985 Law 6990 for Tourism Incentives was modified in 1992 by Law 7293 and in 2001 by Law 8114. The original tax holiday on income and real estate taxes for 12 years, as well as on import duties and other taxes on all capital purchases were eliminated. Also eliminated was an income tax deduction for 50 percent of the value of investment in new tourist projects.

12. In the late 1990s, INTEL opened a plant in Costa Rica that became, for a few years, the largest source of foreign exchange. "Anuario estadistico," 2005, Instituto Costarricense de Turismo (ICT).

13. Honey, Hostile Acts, 179.180; Hill, "Paradox of Tourism in Costa Rica," 17.

14. Dave Sherwood, "Park Debate Rages as Turtles Vanish," Tico Times (San Jose), April 15, 2007, see www.tortugamarina.org/index2.php?option=com_con tent&do_pdf=1&id=200. For a full account of the "green luxury" development scam and the early struggles on Playa Grande, see the first edition of this book, 165.169.

15. Revolution Places, "Revolution Launches New Luxury Resort Development Company," San Jose, Costa Rica, August 3, 2007, see www.prnewswire.com / cgi-bin/ stories.pl?ACCT=109&STORY=/www/ s tor y /08-03-2007 / 0004639030&EDATE=.; Kendra Marr, "Steve Case's Eco-Getaway," *The Washington Post*, August 3, 2007, see www.washingtonpost.com/wp-dyn/content/ article/2007/08/02/AR2007080203216.html.

16. Anne Becher, correspondence with author, including Becher's notes on hotel ownership on selected Pacific coast beaches, which she used in compiling the Sustainable Tourism Rating Survey for *The New Key to Costa Rica*, 1995.1996.

17. Beatrice Blake, correspondence with author, 2002.2007.

18. "Sector crecio 59% en ultimos 12 meses," *La Nacion*, March 22, 2007.

19. The 18th edition of *The New Key to Costa Rica*, the country's oldest guidebook, lists some 600 accommodations, most of which fall under the ecotourism umbrella, and editor Beatrice Blake estimates that this is only half the true number of ecolodges. Beatrice Blake, personal correspondence with author, August 2007.

20. Eduardo Villafranca, interview with author during tour of hotel and community projects, September 2006.

21. Ibid.

22. "Hotel Punta Islita: Responsible Tourism," powerpoint obtained from Eduardo Villafranca.

23. Villafranca interview.

24. The story is actually a bit more complicated. Columbus did indeed claim that this area was rich in gold, as he said that he obtained a large quantity of it Notes to Pages 000.000 485 when he landed in Cariay (Limon) in 1502. He named the territory Veragua, comprised of land from Panama to

文献

Honduras. The name "Costa Rica," however, came about because of a lawsuit by the Columbus family claiming all of Veragua, as well as conflicting territorial claims by Spaniards in both Panama and Nicaragua. Spain quickly renamed most of the territory in 1539, calling one portion "Costarica," and left a small district of Panama with the original name. This was awarded to the Columbus family as a dukedom, and it remains one of the least developed areas of Panama. See Carlos Melendez Chavarria, *Conquistadores y pobladores: origenes historico-sociales de los costarricenses* (San Jose, Costa Rica: EUNED press, 1982), 16.27.

25. Katrina Brandon and Alvaro Umana, "Rooting for Costa Rica's Megaparks," *Americas*, August 1991.
26. Sistema Nacional de Areas Protegidas, Numero y tamano de ASPs terrestres y marinas, legalmente declaradas, see www.sinaccr.net/planificacionasp.php.
27. Gerencia de Areas Silvestres, Protegidas del SINAC, 2006.
28. Inter-American Development Bank, IDB approves $20 million loan to Costa Rica for sustainable tourism in protected wilderness areas, December 18, 2006, see www.iadb.org/news/articledetail.cfm?language=English&ARTID=3541&FONT=1.
29. ProParques, see www.proparques.org/boletines/.
30. Corcovado Osa, see www.osacampaign.org.
31. "Costa Rica's Megaparks," 29; "Unique Debt Swap to Protect Forest," The Canopy, published by The Rainforest Alliance, Spring 1991, 1.2.
32. See Lisa Chase et al., "Economic demand and differential pricing of national park access in Costa Rica," *Land Economics* 74, 4: 466, for a detailed economic study of the Costa Rican example and the elasticity of park entrance fees in tourist markets.
33. The pricing preference for local residents is used for state universities in the United States, access to municipal beaches in New York and New Jersey, entrance to Colonial Williamsburg, the entertainment parks in Orlando, Florida, and so on.
34. Decreto Ejecutivo No. 30355-MINAE.
35. Pro Parques, see www.proparques.org/index2.html.
36. A 2003 study of the net change in forest cover for 15 ecological corridors found much greater deforestation rates from 1979 to 1986, than for 1986 to 1997. G. Sanchez-Azofeifa, et al., "Integrity and Isolation of Costa Rica's National Parks and Biological Reserves: Examining the Dynamics of Land-Cover Change," Biological Conservation 109: 123.135.
37. Angelica Almeyda Zambrano, Eben Broadbent, and William Durham, "Social and Environmental Effects of Ecotourism on the Osa Peninsula of Costa Rica: The Lapa Rios Case," Center on Ecotourism and Sustainable Development, June 2007, 15.
38. David Rains Wallace, *The Quetzal and the Macaw*: The Story of Costa Rica's National Parks (San Francisco: Sierra Club Books, 1992), 128.
39. Ibid., 134.136.
40. Eduardo Alvarado, "Gobierno plantea pago a nuevo grupo de exoreros," *La Nacion*, September 18, 2005, see www.nacion.com/ln_ee/2005/enero/05/pais4.html. 486 Ecotourism and Sustainable Development
41. Corcovado Foundation, see http://fundacioncorcovado.org/threatwearefacing.html.
42. Vanessa Loaiza, "Aeropuerto de zona sur se construira en valle de Sierpe," *La Nacion*, April 15, 2006, see www.nacion.com/ln_ee/2006/abril/15/pais2.html.
43. Japan International Cooperation Agency (JICA) and Instituto Costarricense De Turismo (ICT), "Estudio para el plan de uso de la tierra en las zonas costeras de las unidades de planeamiento turistico en la Republica de Costa Rica, reporte final," 2001.

44. ICT, 2002, "Plan General de Desarrollo Turistico Sostenible 2002.2012," Anexo 1, 93.
45. Lapa Rios, see www.laparios.com/.
46. The November 2, 2005 ceremony, attended by the author and a handful of other invited Lewis family members and friends, was held simultaneously in the State Department's ornate, top floor Benjamin Franklin Room and at the U.S. Embassy in Costa Rica. Secretary Condoleezza Rice, U.S. Department of State, "2005 Award for Corporate Excellence Ceremony," see www.state.gov/secretary/ rm/2005/55964.htm.
47. Lapa Rios, "The Carbonera School and Community," see www.laparios.com /lapscho.htm.
48. Almeyda, Broadbent, and Durham, "The Lapa Rios Case," 22, 23.
49. Ibid., 22. This study found that slightly more than 24 percent of Lapa Rios's expenditures, not counting salaries, were being made locally. Given the region's lack of development, many supplies for the hotel must be imported from San Jose or from overseas.
50. The two partners, Hans Pfister and Andrea Bonilla, are both Cornel Hotel School graduates (hence the name), and Bonilla worked as the manager of Lapa Rios for five years.
51. This section is based upon the author's several visits to Lapa Rios, numerous interviews with Karen Lewis, as well as in-depth interviews with John Lewis and Andrea Bonilla and correspondence with Hans Pfister, 2000.2007.
52. Blake and Becher, *New Key to Costa Rica*, 202.203; Susan Place "Nature Tourism and Rural Development in Tortuguero," *Annals of Tourism Research*Environmental Conservation, 18, no. 2 (1991): 186.201.
53. Caribbean Conservation Corporation (CCC), see www.cccturtle.org.
54. Eliot Wajskol, "Abstract: Ecotourism-Based Entrepreneurship and Wealth in Tortuguero, Costa Rica: Patterns in a Noncohesive Community with IllDefined Land Rights," proposal for master's thesis, Duke University, 1994.
55. In the midto late 1990s, Anne Becher, Susan Place, and Beatrice Blake all conducted ownership surveys. As of 1995, of Tortuguero's seventeen hotels and lodges, six of the eight very modest ones in town were mostly locally owned; the two less expensive package-tour lodges were owned by nonresident Costa Ricans from the Central Valley; and seven higherpriced package tour lodges were owned by either nonlocal Costa Ricans or foreigners. Two of the three foreign owners, including Michael Kaye, live permanently in Costa Rica. Most of these bigger lodges bring in managers, leaving only the menial jobs for local people. Five simple restaurants, two souvenir shops, and two small grocery stores are owned by Tortuguero residents. Most of the canal boat owners are from Limon; some live in San Jose. Notes to Pages 000.000 487
56. Place, "Nature Tourism," 186.201.
57. Susan Place, "Ecotourism for Sustainable Development: Oxymoron or Plausible Strategy?" *GeoJournal* 35, no. 2 (1995): 170.171.
58. Red Costarricense de Reservas Naturales, see www.reservasprivadascr.org/ paginas/ubicacion02.html#cuadro3.
59. In contrast, Costa Rica's 25 national parks are much larger, comprising over 12 percent of the national territory. Red Costarricense de Reservas Naturales Privadas, see www.reservasprivadascr.org/.
60. "Unique Debt Swap," *The Canopy.*
61. "Santa Elena Cloud Forest Reserve," see www.monteverdeinfo.com/ reserve.htm. For a critical analysis of the Santa Elena Reserve and the role of NGOs and ecotourism in Monteverde, based on research in the late 1990s, see Luis Antonio Vivanco, *Green Encounters: Shaping and Contesting Environmentalism in Rural Costa Rica* (Oxford, England: Berghahn Books, 2006).
62. Elizabeth Boo, *Ecotourism: The Potentials and Pitfalls*, vol. 2 (Washington, D.C.: World Wildlife Fund), 44.
63. According to the municipal government of Puntarenas; Tropical Science Center statistics.
64. Morrison, "Monteverde Area of Costa Rica," 42; author's interviews and correspondence, 1995.2007.
65. Interview with Richard LaVal, April 2007.

66. Interviews with Nery Gomez and Jim Wolf, November 2006.
67. John Burnett, "Ecotourism in Costa Rica," *All Things Considered*, National Public Radio, September 3, 1997. See Eco Verde, www.infoturistica.com/hospedajes/ecoverde_eng.html and Guanacaste Costa Rica Real Estate, www.guanacaste costaricanrealestate.com/index.php?action=listingview&listing ID=186.
68. Interview with Sue Trostle; Ilse Abshagen Leitinger, "Survival of a Women's Organization over the Long Term: Growing Sophistication of Institutional Strategies and Responses at CASEM, the Artisans' Cooperative in the Santa Elena.Monteverde Region of Costa Rica, and New Challenges" (paper presented at the Nineteenth International Congress of the Latin American Studies Association, Washington, D.C., September 1995); Monteverde Info, See CASEM Web site at www.monteverdeinfo.com/casem/.
69. Women of the Cloud Forest, see www.womenofthecloudforest.com/
70. Villa Blanca, see www.villablanca-costarica.com/.
71. Si Como No Resort Spa, see www.sicomono.com/.
72. Interview with Jim Damalas, June 2007.
73. The author visited Villa Blanca at least three times between 1995 and 2006.
74. Jose Luis Vargas, Jon Kohl, "No Reserve Is an Island," Education (September.October 1993): 77.
75. "OTS Palo Verde Lodge," Costa Rican Guide, Toucan Guides, see http:// costa-rica-guide.com/travel /index.php?option=com_content&task=view&id =261&Itemid=460.
76. Jan G. Laarman and Richard R. Perdue. "A Survey of Return Visits to Costa Rica by OTS Participants and Associates," Southeastern Center for Forest Economics Research, Research Triangle Park, NC. FPEI Working Paper No. 29, 1987. 488 Ecotourism and Sustainable Development Laarman, Jan G. and Richard R. Perdue. 1987. "Tropical Science as Economic Activity: OTS in Costa Rica," Southeastern Center for Forest Economics Research, Research Triangle Park, NC. FPEI Working Paper No. 33.
77. Selva Verde Lodge and Rainforest Reserve, see www.holbrooktravel.com/ SelvaVerdeLodge/Sustainability.aspx.
78. Yanina Rovinski, "Private Reserves, Parks, and Ecotourism in Costa Rica," in Tensie Whelan, ed., *Nature Tourism: Managing for the Environment* (Washington, D.C.: Island Press, 1991), 49; Amos Bien, interview.
79. Interview with Beatriz Gomez, La Quinta, September 2006. Beatriz explained that recently she had to move back to San Jose to provide their children with more educational options, but Leonardo stays on site. Together they continue to share responsibilities for management, marketing, and different levels of the project's development.
80. "Special Attractions," La Quinta Sarapiqui, See www.laquintasarapiqui .com/activities_special.shtml.
81. Other fine examples of ecotourism on private reserves include the 486- hectare (1,200-acre) Marenco Biological Station, which is dedicated to "conservation, education, tourism, and adventure" and located on a hilltop overlooking the Pacific Ocean and adjacent to Corcovado; El Mirador de San Gerardo, a 300- hectare (741-acre) primary forest located on a working Costa Rican.owned dairy farm with a simple lodge overlooking Arenal Volcano; the Chacon family's Albergue de Montana Rio Savegre, a 300-hectare forest and finca with cabins, quetzals, trout fishing, home cooking, and mountain walks; the Durika Biological Reserve combines primary and secondary growth and is owned by a community aspiring to self-sufficiency, has impressive terraced gardens with sixty-six crops, and is using its ecotourism profits for purchase of a corridor to La Amistad International Park; and Costa Rican agronomist Peter Aspinall's idyllic Tiskita Lodge, featuring fruit trees, hiking trails, a twenty-meter (sixty-five-foot) waterfall, and a view of the Pacific. Blake and Becher, *New Key to Costa Rica*, 354, 392.393, 423, 439, 446.447. Nicki Solloway, "Back to Nature: Costa Rican Commune Opens Its Doors to Ecotourism," Costa Rica Today, March 2, 1995.
82. Claudia Alderman, Environment Division, Latin America and the Carib - bean, World Bank, "The Economics and the Role of Privately Owned Lands Used for Nature Tourism, Education, and Conservation" (paper presented

at the Fourth World Parks Congress of National Parks and Protected Areas, Caracas, Venezuela, February 1992); Jeff Langholz, "Economics, Objectives, and Success of Private Nature Reserves in Sub-Saharan Africa and Latin America," Conservation Biology 10, no. 1 (February 1996).

83. Costa Ricans benignly refer to squatters as precaristas, a reference to their precarious existence, rather than the common Spanish term, paracaidistas, meaning "parachutists."

84. Anne Becher and Beatrice Blake, "Reflections on 'Green Ratings,'" August 1998, see www.planeta.com /planeta/98/0898rating.html.

85. By 1990, the tenth edition of the *New Key* was number one on the Publisher's Weekly List of "Guidebooks to Warm Weather Destinations." At that point, the publication of guidebooks mushroomed after that, and by the late 1990s, *New Key* had been muscled aside by the larger companies. In late 2002, Lonely Notes to Pages 000.000 489 Planet's Costa Rica guidebook (5th edition) was listed as the first place bestselling travel guidebook to Latin America at Amazon.com, and New Key had fallen behind all the major guidebook chains.

86. Interviews with Blake, Becher, and various lodge owners and managers in Costa Rica, 1995.2007; "Costa Rica ecotourism green rating," see www.keyto costarica.com/green-rating.htm.

87. Amos Bien, "Environmental Certification for Sustainable Tourism and Ecotourism: Can They Transform Social and Environmental Practices," in Honey, *Ecotourism and Certification*, 147.

88. In parallel with the development of CST, the Costa Rican water board (Acueductos y Alcantarillados.AyA) developed a certification program for beaches, modeled loosely based on a highly respected and successful Blue Flag certification program first begun in Europe to certify beaches and marinas. The Costa Rican Ecological Blue Flag Program (BAE or Bandera Azul Ecologica), which was launched in 1996, as part of an effort to greatly improve health and safety conditions on beaches, had by 2007 certified 58 beaches in Costa Rica, including the main tourism sites. Amos Bien, "The Costa Rican Ecological Blue Flag Program," unpublished manuscript, 2002; Xaviar Font and Tanja Mihalic, "Beyond Hotels: Nature-Based Certification in Europe," in Honey, Ecotourism & Certification, 214.222; Programa Bandera Azul Ecologica, See www.guiascostarica.com/bazul/; Blake, Rodolfo Lizano, Amos Bien, Chris Spilsbury, and others, interviews with author, 2002.2007.

89. Author's telephone interviews with Rodolfo Lizano and Lawrence Pratt, July 2000.

90. Rodolfo Lizano, "CST.Towards a New Competitive Advantage," draft paper (San Jose, Costa Rica: ICT, 1997), 7 pages.

91. Robert Toth, "Enhancing Credibility of Costa Rica's Sustainable Tourism Certification System" (Alexandria, VA: R.B. Toth Associates, 1998), 8.

92. Toth, "Enhancing Credibility," 6.

93. Rodolfo Lizano, interview with author, August 2002.

94. Andrea Bonilla, General Manager, Lapa Rios, interview with author, August 2002. Bonilla subsequently joined Cayuga Sustainable Hospitality, a Costa Rican.based company that manages Lapa Rios and other hotels based on sustainability principles.

95. Beatrice Blake, e-mail correspondence with author, September 12, 2002.

96. Glenn Jampol, numerous interviews with author, August 2002.2007. Lizano concurs, contending that the process is more important than the score: "Sustainable tourism is a synonym for responsible tourism. What's important is not arriving at the goal but the work towards getting there. Along the way, you're changing the mentality of businessmen. The goal is never entirely reached. It's a learning process." Lizano, interview, 2002.

97. "'Sustainable Tourism' Can Work, CR Shows the World," Tico Times, January 28, 2000; Jampol, interview, 2002.

98. CST, see www.turismo-sostenible.co.cr and www.turismo-sostenible.co.cr/EN/home.shtml.

文献

99. Jorge Rivera, "Institutional pressures and voluntary environmental behavior in developing countries: Evidence from Costa Rica," Society and Natural 490 Ecotourism and Sustainable Development Resources 17 (2004): 779.797, see http://papers.ssrn.com/sol3/papers.cfm?ab stract_id=904374.
100. The International Ecotourism Society (TIES), "Marketing Strategy for Sustainable Tourism Certification," for Rainforest Alliance project for the IDBMIF, Activity 3.1, 2005, seehttp://ecotourismcesd.org/webarticles/articlefiles/53-3.1.4.5_marketing%20plan%20_final_20-Feb-05.pdf.
101. Jampol, interview, August 2002.
102. Zoe Chafe, "Consumer Demand and Operator Support for Socially and Environmentally Responsible Tourism," Center on Ecotourism and Sustainable Development, 2005, see www.ecotourismcesd.org/webarticles/articlefiles/15 -Consumer%20Demand%20April%202005.pdf.
103. ICT, "Airport Exit Surveys," 2005, 2006.
104. Key to Costa Rica, see www.keytocostarica.com/.
105. Rainforest Alliance, see www.rainforest-alliance.org/locations/costa-rica /tourism.html.
106. Amos Bien, personal correspondence, 2007.
107. Simbiosis Tours, see www.turismoruralcr.com/ingles/ingles.htm.
108. Ibid.
109. Paraphrased from Leyla Solano, 2003, "Simbiosis Tours, COOPRENA: Community-based rural tourism Network in Costa Rica, see www.turismoru ralcr.com/ingles/ingles.htm.
110. Leyla Solano, "Turismo Rural Comunitario en Costa Rica. La experiencia del Consorcio Cooperativo Red Ecoturistica Nacional.COOPRENA R.L. y el Proyecto INFOCOOP-BID/FOMIN," COOPRENA, 2005.
111. SURCO, see www.acepesa.org/surco/english.html.
112. Correspondence with Yorlenny Fontana, 2007.
113. Actuar, Community-Based Rural Tourism in Costa Rica, see www.actuar costarica.com/ingles/pulperia.php.
114. Ibid.
115. Edited by Cooprena and UNDP, The Real Costa Rica is available through Actuar's Eco Shop, see www .actuarcostarica.com/ingles/pulperia.php.
116. CANAECO, see www.canaeco.com/.
117. Amos Bien, personal correspondence, 2007.
118. Glenn Jampol of Finca Rosa Blanca and Karen Lewis of Lapa Rios became TIES board members, while Amos Bien worked as TIES internacional director from 2003 . 2006. CANAECO was one of the most active national associations in the Global Ecotourism Conference, held in Oslo, Norway in April 2007. In the 1990s, Geraldo Budowski, a leading scientist in Costa Rica, served as TIES board chair and his daughter, Tamara Budowski, owner of Horizontes Nature Tours, was one of a number of Costa Ricans actively involved in ecotourism at an international level.
119. Finca Rosa Blanca, see www.finca-rblanca.co.cr/.
120. Nature Air, see www.natureair.com/; The Alternative Consumer, "Nature Air: Carbon Neutral in Costa Rica," August 6, 2007, see www.alternativeconsumer.com/2007/08/06/nature-air-carbon-neutral-in-costa-rica/. In this carbon offset campaign, Nature Air and CANAECO are partnered with the Center on Ecotourism and Sustainable Development (CESD). Notes to Pages 000.000 491
121. From 435,037 to 1,659,167, ICT, "Anuario estadistico", 1998, 2000, 2005.
122. Guillermo Escofet, "Mega-Resorts the Trend in C.R.," Tico Times, special Expotur supplement, May 23, 1997.
123. Boo, *Ecotourism: Potentials and Pitfalls*, vol. 1, 27.28.
124. David Petritz, "Cruise Covers Caribbean," Tico Times, Weekend section, January 3, 1997.

125. Information supplied by Anne Becher; Ana Baez, "Binomio turismoconservacion: Una alternativa desarrollo," *Technitur: Costa Rica International Magazine*, published by the Professional Tourism Association of Costa Rica, no. 46 (June 1993): 48.53.

126. Barbara Ras, ed., Costa Rica: A Traveler's Literary Companion (San Francisco: Whereabout Press, 1994).

第6章　ケニアエコツーリズムの「先輩」
Chapter 6: Kenya

1. L. Talbot and P. Olindo, "Kenya: The Maasai Mara and Amboseli Reserves," in Agnes Kiss, ed., *Living with Wildlife: Wildlife Resource Management with Local Participation in Africa*, World Bank Technical Paper No. 130, Africa Technical Department Series (Washington, D.C.: World Bank, 1990), 67.
2. Joseph Carvahlo, *COBRA Project: Financial and Economic Analysis* (Nairobi: U.S. Agency for International Development, Bureau for Africa, Regional Economic Development Services Office, East and Southern Africa, September 1991), 1.
3. Perez Olindo, "The Old Man of Nature Tourism: Kenya," in Tensie Whelan, ed., *Nature Tourism: Managing for the Environment* (Washington, D.C.: Island Press, 1991), 23.
4. John S. Akama, "Western Environmental Values and Nature-Based Tourism in Kenya," *Tourism Management* 17, no. 8 (1996): 568.
5. Ibid., 568.
6. Grace Lusiola, "The Role of the COBRA Project in Economic Development of Local Communities," in Gakahu and Goode, Ecotourism and Sustainable Development, 125; David Western, "Ecosystem Conservation and Rural Development: The Case of Amboseli," in David Western and R. Michael Wright, eds., *Natural Connections: Perspectives in Community-Based Conservation* (Washington, D.C.: Island Press, 1994), 15.
7. KWS (Kenya Wildlife Service), National Parks, Reserves and Sanctuaries Data. Electronic Media, 2004. Nairobi, see www.kws.org/parks.html.
8. Paul Eagles, Jennifer Ballantine, and David Fennell, *Marketing to the Ecotourist: Case Studies from Kenya and Costa Rica* (Waterloo, Ontario: University of Waterloo, Department of Recreation and Leisure Studies, n.d.), 3.
9. Western, "Ecotourism: The Kenya Challenge," 17.
10. Ibid., 18.
11. Olindo, "Old Man," 29.
12. World Tourism Organisation, *Tourism Market Trends, 2006 Edition- Annex*, see www.unwto.org /facts/eng/pdf /indicators/new/ITR05_africa_US$ .pdf.
13. Olindo, "Old Man," 25.
14. Carvahlo, COBRA Project, 2.3.
15. Raymond Bonner, *At the Hand of Man: Peril and Hope for Africa's Wildlife* (New York: Vintage Books, 1994), 130.131.
16. Institute of Policy Analysis and Research, "Policy Dimensions in Humanwildlife Conflict in Kenya: Laikipia and Nyandarua Districts," Policy Brief 11, No. 3, 2005.
17. Kennedy Manyalla, Kenya Tourism Bureau (KTB), interview, July 26, 2006; Ministry of Natural Resources and Tourism (MNRT) statistics, obtained from Manyalla.
18. Human Rights Watch, "Case Study: Armed Political Violence at the Coast," see www.hrw.org /reports/2002/kenya/Kenya0502-06.htm. Donald. Mombo, Kenya Community Based Tourism Network, Nairobi,

interview, May 7, 2007. Notes to Pages 000.000 505
19. David Western, "Handling the Wildlife Time-Bomb That Is KWS," The East African, November 17.23, 1997; Nation reporter and AFP (Agence France Presse), "Travel Warnings Issued," *Nairobi Sunday Nation*, August 9, 1998.
20. Various other articles regarding the embassy bombings and their impact on tourism.
21. World Tourism Organisation, *Tourism Market Trends 2006*.
22. Kamau Ngotho,"The terrorist next door,"The Standard, July 31, 2005, see www.eastandard. net/archives/cl/hm_news /news.php?articleid=26470.
23. Tourism Marketing Recovery Programme/Tourism Trust Fund, "The Tourism Marketing Recovery Programme," see www.ttfkenya.org/?q=tmrp.
24. Kenya Tourism Bureau (KTB), Annual Marketing Plan, 2005, 4.
25. Olindo, "Old Man," 29.
26. KTB, "Strategic Direction," Annual Marketing Plan, 2006, 15.
27. Ngotho, "The terrorist next door" ; Combating Terrorism Center at West Point, "Al-Qua'ida's (mis)Adventures in the Horn of Africa: Case Study: Kenya," see www.ctc.usma.edu/aq_kenyaII.asp.
28. Bonner, *At the Hand of Man*.
29. Kenya Wildlife Service, "Wildlife Policy 1996," draft, January 15, 1996, 1.2.
30. Western, "Ecosystem Conservation and Rural Development," 37.
31. "Executive Summary," untitled 1991 USAID document on the COBRA project, 4.
32. Lusiola, "Role of the COBRA Project," 125.
33. "Executive Summary," untitled 1991 USAID document, 4.6. Several USAID reports also panned the Kenyan government's performance and the World Bank project. Although wildlife-based tourism was bringing in around $200 million a year, "most of those who border Kenya's parks and reserves received few, if any, tangible benefits from tourism-based utilization," concluded one report. Carvahlo, COBRA Project, 2.
34. Ibid.
35. Bonner, At the Hand of Man, 130.159.
36. Richard Leakey, interview, Washington, D.C., April 1996; Correspondence with David Western, June 1998. Western said that by June 1989, well before the CITES meeting, the Ivory Trade Review Group had convinced the United States, Europe, Japan, Hong Kong, and other countries to impose domestic bans on ivory, and this made CITES's international ban inevitable.
37. Leakey, interview, April 1996.
38. Kevin Fedarko, "When Elephants Collide: Two Legends of Conservation Vie for the Soul of Kenya's Hallowed National Parks," Outside, June 1998, 25.
39. "Executive Summary," untitled 1991 USAID document, 1.
40. Ibid., 6
41. Bonner, *At the Hand of Man*, 132; Leakey, interview, 1996.
42. "Executive Summary," untitled 1991 USAID document, 1.
43. Ibid., 13; Lusiola, "Role of the COBRA Project," 127; Mid-Term Evaluation of the COBRA Project Synthesis of Findings and Recommendations (Washington, D.C.: U.S. Agency for International Development, May 1996), 8.9.
44. Carvahlo, COBRA Project, 6, 13.
45. Lusiola, "Role of the COBRA Project," 126. 506 Ecotourism and Sustainable Development
46. "After the Investigation, a Damning Report," Nairobi Daily Nation, April 2, 1994.
47. Costas Christ, "Kenya Makes Revenue Sharing Top Priority," *The Ecotourism Society Newsletter*, 4, no. 1

(winter 1994): 1.2; Mark Stanley Price, Africa director, African Wildlife Foundation, interview April 1996; IUCN, Pachydern, no. 32, January . June 2002.
48. Fedarko, "When Elephants Collide," 26. In his interview with the author, Leakey explained, "By the time I left, it was very clear that the 25 percent made no sense. The ability for many of the communities to absorb some of that money simply wasn' t there. We were beginning to see problems of accountability, all sorts of political shenanigans as to who should receive and control the money."
49. Rory Carrol, "Land first: conservationist angers indigenous groups," *The Guardian*, September 13, 2003, see www.smh.com.au/articles/2003/09/12/ 1063341771125.html.
50. Donatella Lorch, "Noted Kenya Conservationist Resigning in a Political Storm," *New York Times*, January 15, 1994, 3; "Richard Leakey: His Early Life, Careers, and Presidential Aspirations," 60 Minutes (CBS), February 4, 1996.
51. David Western, "Ecotourism at the Crossroads in Kenya," The Ecotourism Society, 3rd quarter 1997, 1.
52. USAID, Mid-Term Evaluation, 8.9.
53. Ibid., ii.
54. David Western, quoted in Yvonne Baskin, "There' s a new wildlife policy in Kenya: Use it or lose it," Science 265, (1994): 733.
55. Kenya Wildlife Service and African Wildlife Foundation, "Summaries and Conclusions from Five Components of the Wildlife Utilisation Study," draft, September 1995; USAID, Mid-Term Evaluation, 16.17.
56. Mike Norton-Griffiths, " Kenya' s conservation crisis set to continue?" Langata, Kenya, December 2006, 3 p., see www.mng5.com/papers/consCrisisCont .pdf.
57. By contrast, the director of Tanzania' s national park service was earning a mere one-fifth of the salary of Western' s personal assistant. Economist Intelligence Unit, *Kenya: EIU Country Report*, 1st quarter 1998, 19.
58. Reported in Michael McRae, "Survival Test for Kenya' s Wildlife," Science 280 (April 24, 1998): 510.512.
59. Knowledgeable experts say that despite the problems with the COBRA project, USAID was, in reality, reluctant to shut it down because it fit into one of the agency' s priority areas and it justified the size of its mission in Nairobi.
60. Michael McRae, "Crisis Management," *Science* 280 (April 24, 1998): 512; World Bank officials who asked not to be identified, interviews, June 1998.
61. Correspondence with Robert Hall, June 1998.
62. Kipkoech Tanui and Esther Im, "David Western Replaced at KWS," *Nairobi Daily Nation*, May 22, 1998; Kipkoech Tanui and Esther Im, "Why I' ve Lost My KWS Job.Western," Nairobi Daily Nation, May 23, 1998; Njeri Rugene and Kenya News Agency (KNA), "Moi Criticises Western," *Nairobi Sunday Nation*, May 24, 1998; Agence France Press (AFP), untitled story, May 23, 1998; David Western, "Press Statement on Termination of My Contract," press release, May 22, 1998. Notes to Pages 000.000 507
63. David Western, letter, and Kurt Benirschke et al., letter, "Wildlife Conservation in Kenya," both appeared in Science, 280, June 5, 1998, pp.1507.1510.
64. Interviews with officials at international conservation organizations based in Washington, D.C., May.June 1998.
65. BBC News, "Profile: Dr. Richard Leakey," see http://news.bbc.co.uk/2/hi/ africa/1330228.stm
66. Richard Leakey, 'The way forward- as I see it' , *Swara* 301: 67, 69.
67. David Western, interview, CESD office, Washington, D.C., May 2005.
68. David Western, Samantha Russell, and Kamweti Mutu, "The Status of Wildlife in Kenya' s Protected and Non-protected Areas," A paper commissioned by Kenya' s Wildlife Policy Review Team, 2006, see www.conservationafrica.org/ conservation-publications/wildlife_poicy_review_paper.pdf.
69. Ibid.

文献

70. Mike Norton-Griffiths, "Whose wildlife is it anyway?," New Scientist, March 24, 2007, 24.
71. Norton-Griffiths, "Whose wildlife is it anyway?" ; Norton-Griffiths, "Kenya's conservation crisis," p. 2. Norton-Griffiths identifies the Human Society and the International Fund for Animal Welfare as the principal organizations involved in opposing and lobbying against the bill.
72. International Fund for Animal Welfare, Inc., 2005 Income Tax Return, Form 990, see http://dynamodata.fdncenter.org /990_pdf_archive/311 /311594 197/311594197_200606_990.pdf.
73. Omara Kalasingha, chair, Kenya Wildlife Working Group, interview, Arusha, Tanzania, June 7, 2007.
74. James Shikwati, "Ignore profiteers and make use of wildlife,'" Business Daily, April 18, 2007, 23.
75. Norton Griffiths, "Kenya's conservation crisis," 2.
76. Ali A. Kaka. "Society notes.from the director's desk," Swara 30, 1: 72.
77. Western, "Ecosystem Conservation and Rural Development," 15.
78. Ibid., 15.17.
79. Ibid., 18.
80. Talbot and Olindo, "Kenya," 69.
81. Government of Kenya (GOK), Economic Survey 2005, Central Bureau of Statistics, Ministry of Planning, Nairobi, Kenya.
82. It was originally called the Narok District Council, but to minimize confusion I have referred to it as the Narok County Council, the postcolonial name, throughout this book.
83. Talbot and Olindo, "Kenya," 70.
84. C. G. Gakahu, "Visitor Dispersal Strategies in Ecotourism Management," paper presented at Fourth World Congress of National Parks and Protected Areas, Caracas, Venezuela, February 1992, 11.
85. W. Henry, J. Waithaka, and C. G. Gakahu, "Visitor Attitudes, Perceptions, Norms, and Use Patterns Influencing Visitor Carrying Capacity," 57 and J. Sindiyo, "Management Proposal for the Mara Dispersal Areas," 77, in C. G. Gakahu, ed., *Tourist Attitudes and Use Impacts in Maasai Mara National Reserve*, proceedings of workshop organized by Wildlife Conservation International, Maasai Mara Game Reserve, March 1991 (Nairobi: English Press, 1992). 508 Ecotourism and Sustainable Development
86. Koikai, "Most Visited Reserve," 9.
87. Christ, "Kenya Makes Revenue Sharing Top Priority," 1.
88. Michael Thompson and Katherine Homewood, "Entrepreneurs, elites and exclusion in Maasailand: Trends in wildlife conservation and pastoralist development," *Human Ecology* 30, 1 (2002): 126.
89. Correspondence with David Western and Robert Hall, June 1998.
90. Thompson and Homewood, "Entrepreneurs, elites, and exclusion," 127.
91. Quote contained in correspondence from Robert Hall, a consultant who evaluates international development projects in Africa, with a specialization in environmental, community-based, and institutional issues, June 1998.
92. Ibid., 127.
93. Ali Kaka, former KWS Director, interview, Arusha, Tanzania, June 7, 2007.
94. Thompson and Homewood, " Entrepreneurs, elites, and exclusion." 127.
95. Wilber Khasilwa Ottichilo, "Wildlife Dynamics: An Analysis of Change in the Masai Mara Ecosystem of Kenya," Ph.D. Thesis, Wageningen University, 2000, ITC Publication Series No. 76, International Institute for Aerospace Survey and Earth Sciences, Enshcede, The Netherlands, 8.
96. Ottichilo," Wildlife Dynamics," 163.4.
97. David Drummond, "Impacts of Tourism on the Ecology of Maasai Mara," Wajibu 10, no. 1 (1995): 9.11.
98. Geoffrey Karanja, "Tourism Impacts in Masai Mara National Reserve," 5. 16, in Matt Walpole, Geoffrey Karanja,

Noah Sitati, and Nigel Leader-Williams, eds., *Wildlife and People: Conflict and Conservation in Masai Mara, Kenya* (London: IIED Wildlife and Development Series, No. 14, 2001).
99. Storm Stanley, "Uncertain future?" Swara 29, 4 (2006): 49.
100. Interviews in Kenya, July 1995; Carvahlo, COBRA Project, 11; John Ole Kisimir, "Who Is Exploiting the Other?" Nairobi Daily Nation, July 1, 1998, n.p..
101. Stanley, "Uncertain future?" 54.
102. Sindiyo, "Management Proposal," 77.
103. Walter Chin, "Kenya: The Maasai, *Sports Illustrated*, February 20, 1998, 66.
104. Stanley, "Uncertain future?, 50.
105. Basecamp Explorer: Our History, see www.basecampexplorer.com/About /History/en
106. Justin Francis. "Walking with the Maasai," see www.responsibletravel .com/Copy/Copy100782.htm.
107. Lars Lindkvist, managing director, Basecamp Masai Mara, speech at the Global Ecotourism Conference, May 15, 2007, Oslo, Norway.
108. Ali Kaka, interview, Arusha, Tanzania, June 7, 2007.
109. Talbot and Olindo, "Kenya," 70.
110. Western, "Ecosystem Conservation and Rural Development," 30.
111. Ibid., 34; correspondence with Western, June 1998.
112. Western, "Ecosystem Conservation and Rural Development," 35.
113. Ibid., 36.
114. Ibid., 35.
115. Bonner, *At the Hand of Man*, 229.
116. Ibid., 230.
117. Western, "Ecosystem Conservation and Rural Development," 42. Notes to Pages 000.000 509
118. Marcel Rutten, *Linking Western Tour Operators with Community-Based Protected Areas in Kenya: Globalising Paradise for Whom?* (Leiden, Netherlands: African Studies Centre, 2002), 18, see http://dlc.dlib.indiana.edu/archive /00000914/.
119. Western, "Ecosystem Conservation and Rural Development," 42.43; "Executive Summary," untitled USAID document, 18; Bonner, *At the Hand of Man*, 230.
120. Western, "Ecotourism at the Crossroads," 2.
121. Marcel Rutten, Parks beyond Parks: *Genuine Community-based Ecotourism or just another loss of Maasai Land?* IIED Drylands Issue Paper No. 111, London: IIED, 2002, 14.21; Rutten, "Linking Western Tour Operators."
122. Rutten, *Parks beyond Parks*, 23.24; Amboseli Porini Camp, see www .porini.com/amboseli_porini_camp.html.
123. Campi ya Kanzi, see www.maasai.com/98.asp.
124. Based on " Campi ya Kanzi, Kenya, Ecolodge Footprint Case Study 2," TIES Ecolodge Footprint Study, Washington, D.C.: International Finance Corporation, 2003.
125. Western et al., "The Status of Wildlife."
126. Ali Kaka, interview, Arusha, Tanzania, 7 June 2007.
127. David Western, interview, CESD office, Washington, D.C., May 2005.
128. Traditionally the "big five" were the preferred hunting trophies.lions, buffalos, elephants, leopards, rhinos.although nowadays camera safaris often substitute cheetahs for buffalos.
129. Claudia Alderman, "The Economics and the Role of Privately Owned Lands Used for Nature Tourism, Education, and Conservation," paper presented at Fourth World Congress of National Parks and Protected Areas, Caracas, Venezuela, February 1992.

130. Stephen Faris. "The Land is Ours," *Time*, see www.time.com/time/maga zine/article/0,9171,699336,00.html; "Property Issues: General: Both victims and perpetrators of displacements seek compensation from the government," *Profile of Internal Displacement: Kenya*, compilation of the information available in the Global IDP Database of the Norwegian Refugee Council (as of November 30, 2004), see www.ecoi.net/file_upload/625_1161673415_2004-11-30-4914-ken.pdf.
131. Among the numerous press reports are: "The End of a Dynasty? Aristocrat Faces Second Murder Trial in Kenya," *The Guardian* (London), September 22, 2006, see www.guardian.co.uk/world/2006/sep/23/kenya.chrismcgreal; Daniel Howden, "Kenya set to drop murder case against aristocrat," The Independent (London), May 18, 2005, see http ://findarticles.com/p/articles /mi _qn4158/is_20050518/ai_n14631613.
132. Delamere's Camp, The Great Rift Valley, see www.savannahcamps.com/ scl/greatrift.html.
133. Ol Pejeta Conservancy, "What is Ol Pejeta?" see www.olpejetaconser vancy.org/sub-news.php?spageID=1.
134. On Khasshoggi's checkered career, see, for instance, "US arms group heads for Lisbon," *The News*, Portugal's English language weekly, April 4, 2003, see www.globalresearch.ca/articles/NEW304A.html.
135. In the first edition of this book, I wrote critically of the colonial style 510 Ecotourism and Sustainable Development tourism I had seen at the Craig's Lewa Downs ranch and rhino sanctuary. However, since then Ian Craig's work with Il Ng'wesi has been pioneering, paving the way for Kenya's new style of community-based ecotourism.
136. Lewa Wildlife Conservancy, see www.lewa.org.
137. USAID/Kenya, "Natural Resources Management, Success Story: Laikipia Wildlife Forum: Showcasing District-Wide conservation through Capacity Building," n.d., see www.usaidkenya.org/ke.naremgnt/success_laikipia.htm.
138. Western, interview, May 2005.
139. Ibid.
140. USAID/Kenya, "Natural Resources Management."
141. "Ol Gaboli Community Lodge," Mpala News, Issue 3, November 2006, 2.
142. Ralph Johnstone, "Talking ecotourism." Swara, 22(4), 2000, 5.9. 143. Laikipia Wildlife Forum, see www.laikipia.org/laikipia-safari.htm; Northern Rangelands Trust, see www.nrt-kenya.org/conservancies.html.
144. See www.choiceswild.com/holidays/shompole.htm.
145. Enhanced Online News Business Wire, "A Dialogue for the Future: Aveda and its Partners Discuss the Opportunities and Challenges of Indigenous Entrepreneurship: Aveda and its Partners Discuss the Opportunities and Challenges of Indigenous Entrepreneurship," press release, May 31, 2007, see http ://eon.businesswire.com/releases/aveda /indigenous/prweb530248.htm.
146. "Shampole.Great Rift Valley," Africa Mecca, see www.africanmeccasafaris.com/kenya/safaris/lodges/shompole.asp.
147. Western, interview, May 2005.
148. E-mail correspondence with Ole Taiko Lemayian, executive director, Kecobat Network, Nairobi, June 2007; "KECOBAT Profile" obtained from Lemayian; see www.kecobat.org.
149. See www.lets-go-travel.net/.
150. E-mail correspondence with Kurt Kutay, June 28, 2007; "How Are Our Maasailand Safaris Different?," "Living Among the Maasai," and "Wildland Adventures Awarded 'Best Africa Trip of the Year 2005'," see www.wildland.com/.
151. Micato Safaris, www.micato.com; Various interviews with Dennis Pinto, managing director, Micato Safaris, New York, 2002.2007.
152. Reuters, "Kenya tourism on crest of wave," *The Citizen*, May 15, 2007, 22.
153. Transparency International, " Corruption Perceptions Index 2006,' see www.transparency.org /policy_research /surveys_indices/cpi/2006.

154. Reuters, "Kenya tourism on crest of wave."
155. The Tourism Marketing Recovery Programme (TMRP), see www.ttfkenya .org/?q=tmrp.
156. Kenya Tourist Board, see www.magicalkenya.com/.
157. Western, interview, May 2005.
158. Interviews with Chris Gakahu, Costas Christ, and Meitimei Ole Dapash, 1996.2004; documents from the Ecotourism Society of Kenya, including "Mission and Values," and "The Ecotourism Partnership."
159. Judy Kepher-Gona, e-mail correspondence, 2005.2007.
160. Ecotourism Kenya: Promoting Responsible and Sustainable Tourism, see www.ecotourismkenya.org/.
161. Judy Kepher-Gona, e-mail correspondence. Notes to Pages 000.000 511
162. ESOK, Ecotourism Kenya, 1996.2006: The First Decade, (Nairobi: ESOK, 2006).
163. Lemayian, e-mail correspondence, June 2007.
164. Program for Ecotourism at the Crossroads conference, October 31. November 3, 1997, Nairobi; Western, "Ecotourism at the Crossroads," 4; Fedarko, "When Elephants Collide," 26.
165. Nigel Carpenter, Kenya Wildlife Service, "Revenue Generation for the Management and Conservation of Protected Areas," paper presented at The Ecotourism Society workshop, Costa Rica, October 1995, 6.
166. Western, "Ecotourism at the Crossroads, 2.
167. Carvahlo, COBRA Project, 10.11.
168. Akama, "Western Environmental Values," 567.

第7章 アメリカのエコツーリズム
Chapter 7: United States

1. Rachel S. Cox, "Protecting the National Parks," *CQ Researcher* 10, no. 23 (June 16, 2000): 532; Mark Dowie, "The Hidden Cost of Paradise: Indigenous people are being displaced to create wilderness areas, to the detriment of all," *Stanford Social Innovation Review* (Spring 2006): 33.
2. Philip Burnham, *Indian County, God's Country: Native Americans and the National Parks* (Washington, D.C.: Island Press, 2000), 20.
3. Dowie, "The Hidden Cost of Paradise," 33.
4. Ibid., 32.34.
5. Alaska Native Science Commission (ANSC), "Impacts of Eco-Tourism: Alaska Native Perspective," 2004, see www.nativescience.org/html.eco-tourism .html and personal correspondence with Patricia Cochran, ANSC executive director who wrote the report, September 2007.
6. ProQuest,"United States' Travel and Tourism Policy,"see http://proquest .umi.com.proxygw.wrlc.org/pqdweb?index =30?sid+4&srchmode=1&vins.
7. The next five states are Illinois, Ohio, North Carolina, Georgia, and Virginia. Malinda Geisler, content specialist, AgMRC, Iowa State University, "Agritourism Profile," August 2007, AgMRC, see www.agmrc.org /agmrc/commodity/agri tourism/agritourism /agritourismprofile.htm .
8. U.S. Travel and Tourism Advisory Board, *Restoring America's Travel Brand: National Strategy to Compete for International Visitors*, Recommendations to the U.S. Secretary of Commerce, September 5, 2006, 6.
9. U.S. State Department, "Overview of Sustainable Ecotourism in the United States of America," April 8, 2002, submitted to the World Ecotourism Summit, May 2002, 8, see www.state.gov/g/oes/rls/or/19412.htm.
10. U.N. World Tourism Organization (UNWTO), *World Tourism Barometer*, January 2006, cited in Restoring

357

America's Travel Brand, 4.
11. Cited in *Restoring America's Travel Brand*, 5, 6.
12. Tien X. Tian, vice president and chief economist, Travel Industry Association of America, interview with author, September 28, 2007.
13. State Department, "Overview," 1.
14. U.S. Dept of Commerce, "2002 Survey of US Resident Travelers to Overseas Destinations," cited in *CESD*, "*Fact Sheet: Ecotourism in the U.S.*," September 2005, see www.ecotourismcesd.org.
15. Travel Industry Association of America (TIA) and *National Geographic Traveler* (NGT), "Geotourism: The New Trend in Travel. Overview of American Travelers" 2003. This refers to the second portion of a two-part study. Cited in " *Fact Sheet: Ecotourism in the U.S.*" .
16. National Marketing Institute's 2005 LOHAS study, LOHAS Consumer Trends Database, www.lohas8.com/market, cited in Fact Sheet: Ecotourism in the U.S..
17. International Hotels Environment Initiative (IHEI), "Consumer Attitudes Towards the Role of Hotels in International Environmental Sustainability," Press release of report commissioned by Small Luxury Hotels of the World, July 23, 2002, see www.hotel-online.com/Neo/News/PR2002_3rd/Jul02_IHEI .html. Notes to Pages 000.000 521
18. TIA, press release, "U.S. National Parks Enjoy High Awareness and Satisfaction Among American Travelers," February 25, 2004, see www.tia.org/re searchpubs/ra_aug1704.html. TIA is a nonprofit organization representing the whole of the U.S. travel industry whose mission is to promote and facilitate increased travel to and within the United States. It partnered with the National Parks Service and the National Park Foundation to launch a "See America's National Parks" campaign, see www.SeeAmerica.org.
19. State Department, "Overview," 10 pages.
20. Cited in Linda Lange, "Growth of ecotourism reflects travelers' desires for responsibility," *Knoxville News Sentinel*, December 31, 2006.
21. Defenders of Wildlife, "Incentives for Ecosystem Restoration in Wisconsin: A Public-Private Partnership in Agricultural Stewardship," n.d., see www.defend ers.org/resources/publications/programs_and_policy/science_and_ economics /conservation_economics/fact_sheet_wolf_ecotourism.pdf .
22. Erdmann adds, "We don't agree. The U.S. needs a high level tourism office to effectively promote our country and provide services to tourism businesses." Ron Erdmann, OTTI, U.S. Department of Commerce, Washington, D.C., telephone interview and e-mail correspondence with author, September-October, 2007.
23. OTTI is a member of some regional trade association, including the APEC (Asia Pacific Economic Cooperation) Tourism Working Group and the OCED (Organization for Economic Cooperation and Development) Tourism Committee.
24. In recent years, the OTTI and TIA have collaborated in tourism promotion campaigns in the U.K. and Japan, both top sender markets and in 2008, is planning to target the five top markets. As Erdmann put it, "We're fishing where the fish are."
25. International Trade Administration (ITA), Office of Travel and Tourism Industry, Department of Commerce, "Travel and Tourism and the U.S. Department of Commerce," see http://tinet.ita.doc.gov/outreachpages/commerce_team.html.
26. ITA et al., "Travel and Tourism & the U.S. Department of Commerce."
27. Erdmann, interview.
28. Mintel, *Inbound Tourism .US. May 2005, Advertising and Promotion* (UK: Mintel International Group, 2005), 1.
29. For instance, the 2005 Bar Harbor Declaration that came out of the national ecotourism conference urged that the government "Reinstate official U.S. membership in the World Tourism Organization, and endorse the WTO's "Global Code of Ethics in Tourism." A September 2006 study, Restoring America's Travel Brand presented the

U.S. Secretary of Commerce a broad set of reforms for increasing tourism marketing and strengthening federal agencies.

30. ITA, OTTI, Department of Commerce, "Tourism Policy," see http:/ tinet.ita.doc.gov/about/tourism_policy.html.
31. Department of Commerce, "Secretary Evans Convenes Meeting of Cabinet Secretaries to address Travel and Tourism Industry Recovery Efforts," press release, October 29, 2001., see www.commerce.gov/opa/press/Secretary_ Evans/ 2001_Releases/Oct_29_Evans_Tourism_Cabinet.html.
32. Galvin, 830. He notes that taken together, "all these agencies provide for many forms of public recreation . but not all forms of recreation are appropriate in national parks." 522 Ecotourism and Sustainable Development
33. Alicia Pinto, *Ecotourism Case Studies in the United States* (Burlington, VT: TIES, 2000), 6.
34. State Department, "Overview," 10 pages.
35. Ibid., 4.5.
36. Ibid., 7.
37. Ibid., 7; NOAA, Sea Grant National, "Sea Grant's 2006 4th Quarter Highlights," see www.seagrant.noaa.gov /aboutsg/archive_sg_highlights /sghighlights _4qtr_2006.html; and "Sea Grant Communications Fact Book: Mid-Atlantic Region," see www.seagrant.noaa.gov /communicators/midatlantic.html.
38. John H. Cushman Jr., "Wildlife Bureau Weighs Eco-tourism Policy," *New York Times,* January 19, 1997.
39. Cushman, "Wildlife Bureau Weighs Eco-tourism" ; Cushman, "Tourism Venture Ends on Midway Atoll Refuge," *New York Times,* March 31, 2002. Another article concluded that the "promising experiment" in ecotourism turned into "a model of the kinds of problems that can go wrong in managing wildlands through a public-private partnership." Pamela Frierson, "How Paradise Lost a Radical Public-Private Venture," *The Christian Science Monitor,* June 26, 2002, see www.csmonitor.com/2002/0626/p02s01-usgn.html.
40. U.S. Environmental Protection Agency, "Agency Overview," see www.epa .gov/history/org/origins/overview.htm.
41. State Department, "Overview," 8.
42. U.S. Environmental Protection Agency, Software for Environmental Awareness, "Environmental Enrichment for the Lodging Industry: A Toolkit," see www.epa.gov/seahome/hotels.html.
43. U.S. Environmental Protection Agency, "Partnership Programs," see www.epa.gov/partners/.
44. Actually, the first effort by any government to set aside protected lands was in 1832 when President Andrew Jackson signed legislation authorizing creation of the Hot Springs Reservation in Arkansas. However, federal control over these thermal springs and surrounding mountains was not clearly established until 1877.
45. Richard West Sellars, *Preserving Nature in the National Parks* (New Haven: Yale University Press, 1997), 4, quoted in Cox, "Protecting the National Parks," 532.
46. Tom Arrandale, "National Parks Under Pressure," CQ Researcher 16, no. 35 (October 6, 2006): 827.
47. William Cronon, "The Trouble with Wilderness," in William Cronon, ed., *Uncommon Ground: Rethinking the Human Place in Nature* (New York: W.W. Norton & Company, 1996), cited in Emy Rodriguez, "Ecotourism in the United States: A Vehicle for Sustainable Development," submitted to Graduate Program in Sustainable Development and Conservation Biology, University of Maryland, November 2005, 10. Burnham's *Indian Country, God's Country* is a thoroughly researched and devastating account of the abuses of Native Americans in creating the U.S. national parks system.
48. Cox, "Protecting the National Parks," 532.
49. Rachel S. Cox, "Ecotourism," *CQ Researcher* 16, no. 37 (Oct. 20, 2006): 877.
50. Cox, "Protecting the National Parks," 532.
51. Arrandale, "National Parks Under Pressure," 828. Notes to Pages 000.000 523
52. Quoted in Dowie, "The Hidden Cost of Paradise," 32.

53. Arrandale, "National Parks Under Pressure," 830.
54. Cox, "Protecting the National Parks," 523.
55. Commission for Environmental Cooperation (CEC), The Development of Sustainable Tourism in Natural Areas of North America: Background, Issues and Opportunities. Discussion paper prepared for CEC workshop, A Dialogue on Sustainable Tourism in Natural Areas in North America, Playa del Carmen, Mexico, 1999. Author attended this conference. Also cited in Rodriguez, "Ecotourism in the United States," 30.
56. Cox, "Protecting the National Parks," 532.
57. Ibid., 523.
58. Arrandale, "National Parks Under Pressure," 819.
59. This list is compiled mainly from two excellent CQ Researcher articles, Cox, "Protecting the National Parks" and Arrandale, "National Parks Under Pressure." .
60. James Ridenour, "Confronting the Crisis in our National Parks," USA Today, Society for the Advancement of Education, September 1997, see http://find articles.com/p/articles/mi_m1272/is_n2628_v126/ai_19782183.
61. Arrandale, "National Parks Under Pressure," 831.
62. Cox, "Protecting the National Parks," 525.
63. Arrandale, "National Parks Under Pressure," 828.829.
64. Ibid., 830. The Rockefellers were particularly important: John D., Jr. donated $25 million plus land in Grand Teton, Great Smoky Mountains, Shenandoah, and Yosemite, while Laurence donated the U.S. Virgin Islands. The Rockefeller family helped the National Parks Service acquire lands for Big Bend, Glacier, Grand Canyon, Lassen Volcanic, Olympic, and Rocky Mountain national parks; Antietam, Big Hole, and Fort Donelson national battlefields; and Capulin Volcano National Monument. "National Park Stewardship: Vermont Law School Honors the Legacy of Laurence S. Rockefeller," press release, Vermont Law School, November 2, 2004, see www.vermontlaw.edu/media/emp_medpre_ template.cfm?doc_id=969.
65. Arrandale, "National Parks Under Pressure," 829.
66. For an excellent account of the changing views on how to use science to manage parks see Robert Manning, *Parks and Carrying Capacity: Commons Without Tragedy* (Washington, D.C.: Island Press, 2007).
67. Arrandale, "National Parks Under Pressure," 830.
68. Ibid., 830.832.
69. "Destination Scorecard: The List," *National Geographic Traveler*, July/ August 2005, 82.
70. Ibid., 92. The Everglades has long been on a downward spiral. When the Everglades became a national park in 1947, it was a vast unspoiled marshland ecosystem. By the early 1990s, rampant development in South Florida had reduced the wetlands to half their original size and the bird population had declined 70 percent. Cox, "Protecting the National Parks," 523.
71. "Destination Scorecard," 91, 92.
72 "Great Divide: The Fight for America's Heritage," *The Independent* (London), March 9, 2007.
73 "Great Divide," *The Independent*. 524 Ecotourism and Sustainable Development
74. Ibid.; Another report notes that the platform offers "a vantage point more than twice as high as the world's tallest buildings." Devika Bhat, "Glass Platform Opens up Grand Canyon Chasm," Times Online (London), March 20, 2007.
75."In the News,"*The Scout Report*, March 23, 2007, see http://scout.wisc.edu/Reports/ScoutReport/2007/scout-070323-inthenews.php.
76. "Great Divide," *The Independent*.
77. References in this paragraph are from the various newspaper reports of the opening ceremony, cited above.

78. These issues are discussed as well in chapters 1 and 3.
79. The U.S. National Parks Service ranks Acadia the tenth most visited National Park. Cited in Arrandale, "National Parks Under Pressure," 820.
80. Todd Gabe, "Economic Impact of Cruise Ship Passengers in Bar Harbor, Maine," REP Staff Paper 518, March 2003, Department of Resource Economics and Policy, University of Maine, see www.umext.maine.edu/topics/cruise.pdf; CESD, Cruise Tourism in Belize: Perceptions of Economic, Social & Environmental Impact, November 2006, see www.ecotourismcesd.org.
81. In the minds of much of the traveling public, ecotourism is perceived as rooted most strongly in developing countries, a number of first world countries have active and in some cases high profile ecotourism sectors. These include Australia, New Zealand, Canada, Sweden, Norway, Germany, and Italy.
82. "Bar Harbor Declaration on Ecotourism in the U.S.: A Road Map for Responsible Tourism Development," drafted by Martha Honey, executive director, TIES and Costas Christ, executive director, Bar Harbor Chamber of Commerce and approved by conference participants, September 2005, see www.eco tourism.org/ webmodules/webarticlesnet/articlefiles/36-bar%20harbor%20de claration.pdf.
83. "Virginia Ecotour Guide Certification Program," Virginia Department of Environmental Quality, see www.deq.state.va.us/coastal/seasidewatertrail/tour guides.html.
84. Among the various Web sites are Whale Watch Operators Association Northwest, see www.nwwhalewatchers.org/; The Whale Museum, see www .whale-museum.org/education/library/whalewatch/watchmain.html.
85. In 1994, United Airlines' in-flight magazine dubbed Selengut "the travel industry's green guru." Since then he's garnered a string of accolades and honors, including, in 2008, the American Hotel & Lodging Association (AH&LA) "Pioneer Award" as one of the "fathers of 'ecotourism.'" Ann Kalosh, "The Travel Industry's Green Guru: An Interview with Stanley Selengut," *Hemispheres*, United Airlines flight magazine, April 1994; "ALIS Programming Goes Green," AH&LA News Release, August 22, 2007, see www.ahla.com/news_view_reease.asp?mstr=602.
86. Stanley Selengut, interview, Maho Bay, St. John, December 1994 and January 1995; "Ecotourism Investigation," *Agenda 21*, Worldwide Television News, London, March 1995, produced by author and Tony Avirgan.
87. Cited by Ginny Fay, director , DCED Division of Tourism, "Marketing and GuidingAlaska Tourism.Defining Our Roles," AWRTA, 7th Annual Ecotourism in Alaska Conference, Anchorage, Alaska, February 3, 2000.
88. Alaska Wildland Adventures, see www.alaskawildland.com/.
89. "Overview," Alaska Wilderness, Ecotourism, & Cultural Trip Planning Information, AWRTA, see www.awrta.org/index.cfm?section=native . Notes to Pages 000.000 525
90. Alaska Native Heritage Center, see www.alaskanative.net/.
91. Department of Business, Economic Development & Tourism (DBED&T), State of Hawaii, *Planning for Sustainable Tourism*, April 2006, 21.26. Copy in author's possession.
92. DBED&T, Planning for Sustainable Tourism, 25.
93. Geisler, "Agritourism Profile," 2007.
94. Hawaii Ecotourism Association, see hawaiiecotourism.org .
95. In 2003, I was invited to give presentations at one of these lively and wellattended public meetings, organized by John Knox, as well as to attend some community meetings organized by the Sierra Club to discuss cruise tourism. Both HEA and the Sierra Club, along with several dozen other tourism experts were part of the study's advisory group.
96. DBED&T, *Planning for Sustainable Tourism*, 50.
97. While the commission was publicly criticized for its failure to come up with a precise figure for the acceptable carry capacity for tourism in Hawaii, I would agree with the report's assessment that "it has been very difficult to

361

apply the notion of "carry capacity" developed for specific environmental areas, to the level of regional tourism." DBED&T, Planning for Sustainable Tourism, 12. The notion of carrying capacity has evolved over the last several decades, as Manning outlines in his book, *Parks and Carrying Capacity*.

98. One of the conclusions of the report is that "residents have a larger overall impact on key infrastructure and resources than do tourists," which would imply that sustainable long-term development will involve looking at consumption by the permanent residents and not simply the tourist population. DBED&T, *Planning for Sustainable Tourism*; "Sustainable tourism study breaks little new ground," *Pacific Business News*, April 28, 2006, see www.bizjournals.com/pacific/ stories/2006/05/01/story1.html.

99. "Sustainable tourism study breaks little new ground."

100. "Sussex County, Delaware . Embraces Ecotourism," in Alicia Pinto, *Ecotourism Case Studies in the United States* (Burlington, VT: TIES, 2000), 30.34.

101. "About Vermont: The Green Mountain Character," see www.visit-ver mont.com/about_vt.html.

102. Program, "Ecotourism and Regional Sustainability: Foundations for Tourism Development," July 2000, Johnson State College, Johnson, Vermont. The main organizer was Professor Todd Comen. I was privileged to be one of the keynote speakers.

103. Geisler, "Agritourism Profile," 2007.

104. In April 2006, I was invited by Audubon to participate in a workshop on ecotourism in Vicksburg, Mississippi. Subsequent correspondence with Bruce Reid, Lower Mississippi River programs director, National Audubon Society.

105. "Florida . Rethinking Tourism," in Pinto, *Ecotourism Case Studies*, 20.28.

106. I took part in several statewide conferences, as did a number of other international ecotourism experts. Ron Mader, "Exploring Ecotourism: What West Virginia can learn from ecotourism in the Americas," Planeta.com, see www.plan eta.com/planeta/99/1299wv.html.

107. West Virginia Department of Environmental Protection and West Virginia Division of Tourism, "Memorandum of Agreement: Growing the WV Ecotourism Industry," 2001, cited in " Fact Sheet: Ecotourism in the U.S." . 526 Ecotourism and Sustainable Development

108. "Berkeley Springs: What is Ecotourism in Morgan Country, West Virginia?" see www.berkeleysprings.com/ecotourism /econotes.htm.

109. Christina Talcott, "In West Virginia, Eco-Tourism is Becoming Second Nature," *The Washington Post*, August 26, 2005, see www.washingtonpost.com/wp -dyn/content/article/2005 /08/25/AR2005082500706.html; Tara Tuckwiller, "States Aim to Attract Ecotourists," *The Charleston Gazette*, July 19, 2005, Environmental Network News, see www.enn.com /top_stories/article/2088?PHPSES SID =00aadd909b9226aa340bd8d19df517d0 /print/print.

110. Silos & Smokestacks National Heritage Area, see www.silosandsmoke stacks.org/.

111. Frances Figart, "Goodness Sells: A Modest Proposal for the Rebranding of Ecotourism in the United States," Planeta Forum, updated October 12, 2006, see www.planeta.com/planeta/05/0509goodness.html.

112. Sometime the even clumsier term "agriecotourism" is used.

113. Geisler, "Agritourism Profile," 2007.

114. Ibid.

115. State Department, "Overview," 1.

116. Sun Ranch, Papoose Creek Lodge, "Guest Directory," 2007, 25.

117. Bill Bryan, "Ecotourism on Family Farms and Ranches in the American West," in Tensie Whelan, ed., *Nature Tourism: Managing for the Environment* (Washington, D.C.: Island Press, 1991), 75.78.

118. Bryan, "Ecotourism," 77.82.
119. Ibid., 82.
120. Paul Rogers, "Betting the Ranch," *Stanford Magazine*, November/De cember 2004, see www.stanfordalumni.org /news /magazine /2004/novdec/fea tures/ranch .html. Roger and Cindy Lang have since divorced, but both remain a financial and personal interest in Papoose Creek Lodge and Sun Ranch.
121. Roger Lang, discussions with author and other guests, Papoose Creek Lodge, August 2007, January 2008.
122. Rogers, "Betting the Ranch."
123. Hitesh Mehta, a TIES board member, argues that no forms of hunting and fishing (even catch-and-release) can be considered ecotourism. Roger Lang, in turn, defends sustainable hunting and fishing as part of keeping a balanced wildlife.
124. Sun Ranch, Papoose Creek, "Guest Directory," 27.
125. Sun Ranch press release, "Two Wolves Killed on Sun Ranch," August 2, 2006; Press release, "Sleeping with Cattle.and Wolves," n.d., see www.papoose creek.com/news/releases/releases.asp.
126. Bill Bryan, interviews via telephone and e-mail, September 2007; "Interview: Bill and Pam Bryan: The Intricate Balance," August 22, 2007, Adventure Collection, see http://donsplace.adventurecollection.com/interview.php; Off the Beaten Path, see www.offthebeatenpath.com/about-obp/company-history/.
127. Bill Bryan, interview.
128. Adventure Collection, see www.adventurecollection.com/about/timeline.
129. Lindblad Expeditions, see www.expeditions.com/.
130. "Our Travel Ethic," Adventure Collection, see www.adventurecollection .com/about/ethic.
131. "Our Member Companies: O.A.R.S.," Adventure Collection, see www.ad venturecollection.com/members/oars. Notes to Pages 000.000 527
132. "Our Member Companies: NOLS," Adventure Collection, see www.adven turecollection.com/members/nols.
133. Green Hotel Association, "Green Travel: How Green are Your Travels?," see www.greenhotels.com/grntrav.htm.
134. Doreen Hemlock, "South Florida Hotels Find Going Green Helps Bottom Line and the Planet," South Florida Sun-Sentinel, August 26, 2007, see www.ho tel-online.com/News/PR2007_3rd/Aug07_FlaGreen.html. .
135. From samples of cards collected by the author from various hotels.
136. Patricia Griffin, "'Green' Hotels Association Impacts Entire Hospitality Industry," press release, "Green" Hotel Association, www.greenhotels.com.
137. "Green" Hotels Association, various sections and press releases; Kristen Bellstrom, "Eco-Lodging," *SmartMoney*, September 14, 2007, see www.smart money.com/mag/index.cfm?story=september2007-eco.
138. A quick Internet search turns up dozens of "green" or "environmentally friendly" sites, all listing hotels. In 2002, for instance, Griffin was given ASTA's Environmental Award for "elevating environmentalism in the hospitality industry." "Green" Hotels Association, press release.
139. In 2004, for instance, the American Hotel and Lodging Association (AHLA) created the Good Earth-keeping Alliance in partnership with the EPA, to help hoteliers assess energy performance. Marge O' Conner, "Sustainable Travel: Bright Ideas.Saving Energy Improves Guest Comfort and Bottom Line," see http://blog.sustainabletravel.com/bright_ideas_saving_energy_imp.html.
140. See www.mohonk.com/.
141. Jestena Boughton, telephone interview with author, September 7, 2007. Both hotels were founding members of the national Green Hotels Association (1995) and have been certified under the Audubon Green Leaf Eco-Rating (2004). The Colony in Delray Beach is among the first hotels certified under the Florida EPA's Green Lodging Certification Program (2006), and the Maine resort was voted one of the 50 best hotels in the world (1998), and

lays claim to being Maine's first environmental hotel.
142. In the interview, Boughton said that while there's often "no easy answers" to various problems, on the whole, the various "green" certification programs have been beneficial. "The good thing," she notes, "about audits is that they give a framework for measuring performance and an incentive to do better." But, she suggests, certification programs should have a special category for historic hotels: "We should get points for conserving and preserving, for fixing up, not knocking down."
143. "Eco-lodging," *SmartMoney*.
144. Kimberly Lisagor, "TravelSmart: Tap a 'green' hotel," USA Weekend Magazine, July 24, 2005.
145. "Eco-Lodging," *SmartMoney*.
146. Martha Honey and Emma Stewart, "The Evolution of 'Green' Standards for Tourism, in Honey, *Ecotourism and Certification: Settings Standards in Practice* (Washington, D.C.: Island Press, 2002), 61.62.
147. ECOTEL, see www.concepthospitality.com/ecotel/ECOTEL.htm; Correspondence with Harinakshi Nair, Senior Associate, HVS Eco Services . Mumbai, September 2007. Nair wrote that Ecotel is still "very much active." 528 Ecotourism and Sustainable Development
148. Audubon International,"Green Leaf Eco-Rating Program,"see www.terrachoice.ca/hotelWeb site/indexcanada.htm. The Colony owner Boughton, described the Green Leaf criteria as "very very difficult." Boughton, interview.
149. U.S. Green Building Council, "LEEDS," see www.usgbc.org/Display- Page.aspx?CMSPageID=64&; Hotel Chatter, "Taking the Eco-Lead: Hotels Jump on Green LEED Certification Bandwagon," July 16, 2007, see www .hotelchatter .com/story/2007/7/16/141131/304/hotels/Taking_the_Eco_Lead_Hotels_ Jump_On_Green_LEED_ Certification_Bandwagon_; Bellstrom, "Eco-Lodging."
150. "Eco-Certification, Sustainable Travel International, see www.sustain abletravelinternational.org/documents/op_ ecocertification.html.
151. Green Seal, see www.greenseal.org/certification/standards/lodgingprop erties.cfm.
152. In late 2006, The AH&LA, the voice of the lodging industry announced that it was going to "increase the volume of conversation about the environment" because growing interest among its member hotels. Mark Petruzzi, Green Seal VP of Certification, "Achieving Certification: Greening the Hospitality Industry," February 6.8, 2007, powerpoint, see www.greenmeetings.info/presentations/2007/ AchievingCertification_GHIC2007.pdf .
153. The states include Florida, Maine, Michigan, Virginia, California, North Carolina, Vermont, Pennsylvania, Maryland, Georgia, New Hampshire, Wisconsin, and the District of Columbia.
154. Glenn Hasek, "More States Should Develop Green Lodging Certification Programs," Green Lodging News, July 29, 2007, see www.greenlodgingnews.com /Content.aspx?=1258.
155. Laura McLendon and Abigail Rome, CESD, "Marketing Strategies for Tourism Certification Programs and Lessons Learned for Sustainable Tourism Certification: Programs in North America," September 29, 2004, 10.11, see www.ecotourismcesd.org; Green Hotels in the Green Mountain State, see www.vt greenhotels.org/.
156. Florida Department of Environmental Protection, "About Green Lodging," see www.dep.state.fl.us/greenlodging/ about.htm.
157. "Two Key West Resorts Get Florida 'Green Lodging' Approval," *Hotel Chatter*, August 23, 2007, see www.hotelchatter.com/tag/Green%20Hotels; Hasek, "More States."
158. In March 2006, the Hyatt Regency Coconut Point Resort and Spa in Bonita Springs was awarded Two Palm Certification status. Press Office, Florida Department of Environmental Protection, "Florida Resort Achieves the State's First Two Palm Green Lodging Certification,"
159. Hemlock, "South Florida Hotels."
160. Rainforest Alliance,"Sustainable Tourism: Sustainable Tourism Stewardship Council,"see www.rainforest-alliance.

org/tourism.cfm?id=network; Michael E. Conroy, "Can Tourism be Tamed: Toward a Sustainable Tourism Stewardship Council," in *Branded: How the 'Certification Revolution' is Transforming Global Corporation* (Gabriola Island, BC, Canada: New Society Publishers, 2007), 149.168.
161. Petruzzi, "Achieving Certification."
162. Hasek, "More States."
163. "Eco-lodging," *SmartMoney*. Notes to Pages 000.000 529
164. AH&LA News Release, August 22, 2007.
165. State Department, "Overview," 1. 166. Lange, "Growth of ecotourism."
167. State Department, "Overview," 4.
168. Ibid.
169. The Anholt-GMIK Nation Brands Index, quoted in Restoring America's Travel Brand, 6.

第8章 旅の裏街道

Conclusion

1.CESD and INCAE, "Cruise Tourism Impacts in Costa Rica and Honduras: Policy Recommendations for Decision Makers," January 2007, see http://eco tourismcesd.org/webarticles/articlefiles / 42-Cruise_Tourism_Impacts_in _Costa_Rica_Honduras.pdf; CESD, "Cruise Tourism in Belize: Perceptions of Economic, Social & Environmental Impact," November 2006, see www.eco tourismcesd.org; Eddie Koch, *Reality or Rhetoric? Ecotourism and Rural Reconstruction in South Africa* (Geneva: United Nations Research Institute for Social Development, August 1994), 6, 10, 2.
2.International Institute for Environment and Development (IIED), *Whose Eden? An Overview of Community Approaches to Wildlife Management* (London: Overseas Development Administration, July 1994), 19.
3.David Grossman and Eddie Koch, Ecotourism Report.Nature Tourism in South Africa: Links with the Reconstruction and Development Program, report prepared for SATOUR, August 1995, 22.
4.Ibid., 22; Marshall Murphree, "The Role of Institutions in Communitybased Conservation," in David Western and R. Michael Wright, eds., *Natural Connections: Perspectives in Community-Based Conservation* (Washington, D.C.: Island Press, 1994), 403.427.
5.John S. Akama, "Western Environmental Values and Nature-Based Tourism in Kenya," *Tourism Management* 17, no. 8 (1996): 573. 530 Ecotourism and Sustainable Development

組織名などの和英対応表

名称	略称	日本語訳
African Development Bank	AfDB	アフリカ開発銀行
African Wildlife Foundation	AWF	アフリカ野生動物基金
Airline Reporting Corporation	ARC	エアライン・リポーティング・コーポレーション
American Automobile Association	AAA	全米自動車協会：通称「トリプルA」
American Society of Travel Agents	ASTA	米国旅行業協会
Asian Development Bank	ADB	アジア開発銀行
ASTA/Smithsonian Magazine Environment Award	ASTA	米国旅行業協会（ASTA）・スミソニアン誌環境大賞
Bank for Reconstruction and Development	IBRD	国際復興開発銀行
Britain's Department of International Development	DFID	英国国際開発省
Caribbean Development Bank	CDB	カリブ開発銀行
Caribbean Tourism Organization	CTO	カリブ海観光協会
Center on Ecotourism and Sustainable Development	CESD	エコツーリズムと持続可能な開発センター
Central American Free Trade Agreement	CAFTA	米・中米貿易協定
Central American Organization	SICA	中米機構
Conservation International	CI	コンサベーション・インターナショナル
Conservation International's Center for Environmental Leadership in Business	CELB	環境とビジネスパートナーシップ・センター
Cruise Lines International Association	CLIA	クルーズライン国際協会
Cruise Ship Ballot Initiative	CSBI	クルーズシップ・投票イニシアチブ
Environment Management System	EMS	環境管理システム
Export-Import Bank of the United States	EIB	米国輸出入銀行
Federal Aviation Administration	FAA	米連邦航空局

名称	略称	日本語訳
General Agreement on Tariffs and Trade	GATT	関税および貿易に関する一般協定
General Agreement on Trade in Service	GATS	サービスの貿易に関する一般協定
German Travel Agency and Tour Operator Association	DRV	ドイツ旅行代理店＆ツアーオペレーター協会
Global Environment Facility	GEF	地球環境ファシリティ
Green Hotel Initiatives	GHI	グリーンホテル・イニシアチブ
Institute of Certified Travel Agents	ICTA	公認旅行代理店協会
InterAmerican Development Bank	IDB	米州開発銀行
Inter-American Telecommunication Commission	CITEL	米大陸諸国間電気通信委員会
Internal Revenue Service	IRS	国税庁
International Air Transport Association	IATA	国際航空運送協会
International Airlines Travel Agent Network	IATAN	国際航空トラベルエージェントネットワーク
International Council of Cruise Lines	ICCL	国際クルーズライン
International Finance Corporation	IFC	国際金融公社
International Hotels Environmental Initiatives	IHEI	国際ホテル環境イニシアチブ
International Labor Organization	ILO	国際労働機関
International Monetary Fund	IMF	国際通貨基金
International Union for the Conservation of Nature	IUCN	国際自然保護連合
International Year of Ecotourism	IYE	国際エコツーリズム年
Multilateral Investment Fund	MIF	多国間投資基金
Multilateral Investment Guarantee Agency	MIGA	多数国間投資保証機関
National Tour Association	NTA	全米・ツアー協会
North American Free Trade Agreement	NAFTA	北米自由貿易協定
Ocean Conservation and Tourism Alliance	OCTA	海洋保全と観光の同盟

名称	略称	日本語訳
Organization of American States	OAS	米州機構((米国と中南米諸国が加盟)
Pacific Asia Travel Association	PATA	太平洋アジア観光協会
Sustainable Tourism Stewardship Council	STSC	持続可能な観光の管理評議会
Sustainable Travel International		サスティナブルトラベル・インターナショナル
The Commision on Environmental, Economic, and Social Policy	CEESP	環境経済社会政策委員会
The International Ecotourism Society	TIES	国際エコツーリズム協会
The Nature Conservancy	TNC	自然保護協会(ザ・ネイチャー・コンサーバンシー)
The World Bank's Internaitonal Finance Corporation	IFC	国際金融公社
The World Travel & Tourism Council	WTTC	世界旅行観光評議会
Travel Industry Association of America	TIA	米国旅行産業協会
U.S. Agency for International Development	USAID	アメリカ合衆国（米国）国際開発庁
UN Development Program	UNDP	国連開発計画
United Nations Conference on Environment and Development	UNCED	国連環境開発会議
United Nations Environment Programme	UNEP	国連環境計画
United Nations World Tourism Organization	UNWTO	世界観光機関
US Agency for International Development	USAID	米国国際開発庁
US Energy Department	DOE	米国エネルギー省
World Comission on Protected Areas	WCPA	世界保護地域委員会
World Resources Institute	WRI	世界資源研究所
World Trade Organization	WTO	世界貿易機関
World Wide Fund for Nature	WWF	世界自然保護基金

索 引

ア

- アースカウンシル･････････35
- アースサミット･････････44
- アースサミット宣言･････････43
- アウンサンスーチー･････････67
- アカディア国立公園･････････272
- アグリツーリズム･････････281
- アジア開発銀行･････････27
- アジア観光協会･････････72
- アジェンダ21･････････35, 43
- 明日へのツーリズム賞･････････50, 72
- アドベンチャー・コレクション･････････92, 287
- アドベンチャーツーリズム･････････21, 183
- アドリア海･････････19
- アパルトヘイト･････････39
- アフリカ開発銀行･････････27
- アフリカ自然保全センター･････････225
- アフリカ民族会議･････････39
- アムネスティインターナショナル･････････40
- アメリカ魚類野生生物局（USFWS）･････････262
- アメリカ国立科学財団･････････188
- アメリカ野生生物観察プログラム･････････262
- アラスカ･････････57, 59, 262
- アラスカ・ワイルダネス・レクリエーション観光協会･････････275
- アラスカ先住民科学委員会･････････255
- アラスカ大地保護法･････････266
- アルバニア･････････33
- アンナプルナ保全地区･････････112
- アンナプルナ保全プロジェクト･････････76, 98
- アンボセリ･････････23, 222, 227, 234, 251, 252

イ

- イエローストーン･････････21, 264, 268, 269, 280, 282--284
- イスパニョーラ島･････････56
- イラス火山国立公園･････････167, 168
- インターコンチネンタルホテル&リゾート･････････53, 71

ウ

- ヴァージン諸島･････････79, 83, 89
- ウガンダ･････････32, 101, 107, 213

エ

- エクアドル･････････28
- エコロッジ･････････284--286, 290
- エコ大賞･････････72, 171
- エコツーリズム・ケニア･････････232, 243, 247
- エコツーリズム・ケベック宣言･････････17
- エコツーリズム・ヘリテージ観光顧問委員会･････････279
- エコツーリズム事業者ネットワーク協同組合･････････202
- エコツーリズムと持続可能な開発センター･････････117, 118
- エコツーリズムライト･････････69, 74, 75, 301
- エコ認証制度･････････294
- エコ評価認定計画･････････248
- エコ牧場･････････281
- エコラベル･････････53, 55, 120, 164
- エコリゾート･････････83

371

エコロッジ 82, 172, 173, 183, 242, 244

オ

王立地理学会 73
オーウダボン・グリーン・リーフ 292
オーガニックフード 96
オーストラリア 32
オサガメ 163, 176
オルチョロオイロア野生生物協会 229
オレンジヒキガエル 13

カ

カーボン・オフセット 51
カーボン・ニュートラル 158
カボ・ブランコ自然保護区 169
ガラパゴス 32, 75
ガラパゴス諸島 15
ガラパゴス特別法案 113
カリブ海観光協会 60
カリブ諸国開発銀行 27
カリブ保全団体 (CCC) .... 176 -- 178
カリブ保全団体研究所 (CCC) 178
環境イニシアチブ 72
環境管理システム 54
環境行動指針 50
環境団体 NGO 158
環境と開発のための国連会議 100
環境とビジネスパートナーシップ・センター 58
環境保全局 263, 292, 293
環境保全プロジェクト (コスタリカ) 168
環境モニタリング 60
観光政策委員会 (TPC) 260
観光組織管理モデル 115
観光認証制度 119
観光旅行産業部 (OTTI) 259, 260
関税及び貿易に関する一般協定 (GATT) 43
干拓局 (BOR) 263

キ

危機的公園管理プログラム 28
キマナ集団牧場 236
キャリング・キャパシティ 61, 114
キューバ 15, 33, 40
魚類野生生物局 273
キリマンジャロ 32, 233

ク

グアナカステ国立公園 284
グアナカステ保全地域 174, 175
クエーカー教徒 179, 180
クク集団牧場 236
草の根レベルのエコツーリズム開発プロジェクト
.... 97
クラスター戦略 29
グランド・ツアー 18
グランドキャニオン 21
グリーン・ウォッシュ 44, 163, 198, 301
グリーン・シール 292
グリーン・デビル賞 161
グリーングローブ 21 54
グリーングローブプログラム 72
グリーン宿泊認定プログラム 273
グリーン主導企業 50
グリーン認証プログラム 54, 295
グリーンピース 57
グリーンホテル・イニシアチブ 53
グリーンホテル協会 288, 289
クルーズシップ・投票イニシアチブ 60
クルーズライン国際協会 56, 58
グレイシャー 264
グレイシャー湾 274
グレート・アドベンチャー・ピープル .. 89, 90
グレート・スモーキイ・マウンテン 266
クロアチア 33
グローバル開発同盟 29

索引

クロスウォーター・エコロッジ............95

ケ

ケナイ国立野生保護区................275
ケニア.............15, 27, 28, 31, 32, 121, 157
ケニアエコツーリズム協会...............229
ケニア観光開発公社................214, 217
ケニア山.........................238
ケニアのコミュニティ基づく観光ネットワーク
...........................245
ケニアプロサファリガイド協会...........248
ケニア野生生物公社........218 -- 220, 223, 224, 236, 251
ケニア野生生物作業部隊................226
ケニア・ワイルドライフサービス........23, 35
ゲリラ・マーケティング................71

コ

構造調整政策.......................26
公認旅行代理店協会...................62
国際エコツーリズム協会 (TIES).....15, 16, 23, 36, 37, 39, 82, 86, 121, 249, 271, 272
国際エコツーリズム年..............35, 44
国際環境開発研究所（IIED）...........302
国際観光業パートナーシップ.............53
国際協力機構（JICA）................171
国際金融公社 (IFC)..........26, 27, 101 -- 103
国際航空運送協会（IATA）..............50
国際航空トラベルエージェントネットワーク
............................62
国際自然保護連合 (IUCN).......24, 25, 104, 107
国際通貨基金 (IMF)................160, 168
国際標準化機構（ISO）................201
国際復興開発銀行（IBRD）..............25
国際ホテル環境イニシアチブ.............53
国際野生生物機関....................241
国際旅客船評議会..................57, 58

国際労働期間 (ILO).....................19
国立公園......15, 21, 22, 24, 27, 38, 86, 112, 163, 166, 196, 208, 234, 242, 258, 267
国立公園局（NPS）...........264, 266, 268
国連エコツーリズム年.................107
国連開発計画 (UNDP)....17, 27, 202, 203, 243, 303
国連環境計画 (UNEP)..........27, 34, 44, 103
国連世界観光機関 (UNWTO)....16, 34, 35, 44, 63, 109, 259, 260
コスタ・デル・ソル....................250
コスタリカ.....14, 15, 24, 28, 31, 32, 38, 49, 87, 96, 109, 111, 114, 121
コスタリカエコツーリズム協会..........191
コスタリカ観光庁.........159, 160, 162, 197
コスタリカ投資促進機構（CINDE）........160
国家グリーン認証.....................31
コブラ計画........................222
コルコバード..................69, 206
コルコバード国立公園.............171, 174
コロンビア..........................31
コンゴ..............................29
コンサベーション・インターナショナル....58, 88, 92, 100
コンデナスト...................73, 104
コンベンショナル観光.................38

サ

サービスの貿易に関する一般協定 (GATS)....44, 110, 120
ザイール（コンゴ）...................28
サスティナブル・ツーリズム.......158, 162
サスティナブルトラベル・インターナショナル
............................118
サファリ観光......................216
サラピキ・コンサベーション・ラーニング・センター
............................191

373

索引

サンゴ礁同盟 99
ザンジバル 14, 15, 32, 71
サン族 107
サンタ・エレナ・モンテベルデ手工芸組合 185
サンタ・エレナ自然保護区 181
サンタ・ロサ国立公園 167, 174
ザンビア 27
サンファン島 274
サン牧場 283, 285

シ

シエラクラブ 278
シエラネバダ 20
ジオツーリズム 21, 34, 36
資源保護プログラム 115
自然保護委員会 (TNC) 93
自然保護法 266
持続型観光エコ認証プログラム 292
持続型観光に関連する特別プロジェクト 262
持続可能な開発センター 34
持続可能な観光管理協議会 55
持続可能な観光認証プログラム 120
持続可能な観光のためのカリブ連合 48
持続可能な観光の認証 (CST) 制度 171, 173, 188, 198, 199, 201
市民行動党 (PAC) 164
ジャマイカ 28
巡礼者 18
商務省国際貿易局 259
シロス・スモークスタックス国立歴史的遺産地区 280
シングル・スカイパッケージ 50
ジンバブエ 106, 223
森林再生プロジェクト (コスタリカ) 168
森林レクリエーション計画 115

ス

スターアライアンス 49
スタディツアー 93
スペシャリティ・トラベル・インデックス ... 87
スモール・ラグジュアリー協会 165

セ

世界エコツーリズムサミット 44
世界銀行 17, 97, 160
世界国立公園会議 104
世界資源研究所 (WRI) 98
世界自然保護基金 28
世界自然保護基金 (WWF) ... 76, 94, 98, 99, 189
世界貿易機関 (WTO) 43, 44, 119
世界保護地域委員会 (WCPA) 25
世界保全戦略 24
世界旅行ツーリズム協議会 (WTTC) 34, 35, 44, 45, 50, 60, 72, 165, 188
赤道賞 244
責任のある旅行賞 233
セコイヤ 264
ゼット・バー・オー牧場 283
セネガル 27
セリーズ 53
セルビア 33
先住民資源の地域社会による管理プログラム 106

ソ

ソーシャル観光 115
ソサエティ・オブ・アメリカン・トラベル・ライターズ 67

タ

タークス・カイコス諸島 31
タイといった国々である 28
太平洋アジア観光協会 71

太陽マーク · 197
多数国間投資保証機関(MIGA) · · · · · · · · · · · · 26
多数国間投資基金(MIF) · · · · · · · · · · · · · · · · 30
タンザニア · · · · · · 14, 15, 27, 32, 33, 87, 97, 213, 222

チ

地球環境ファシリティ(GEF) · · · · · · · 27, 28, 101
地球サミット · 35, 37
蝶の越冬保護区 · 112
チリ · 87

ツ

ツアーオペレーター・イニシアチブ · · · · · · · · 91
ツーリズムネットワーク · · · · · · · · · · · · · · · · 16

テ

DHCホテル&リゾート · · · · · · · · · · · · · · · · 53
デラメアズ・キャンプ · · · · · · · · · · · · · · · · 240

ト

途上国プロジェクト · · · · · · · · · · · · · · · · · · · 26
土地管理局(BLM) · · · · · · · · · · · · · · · · · · 262
ドミニカ · 32
トルトゥゲーロ · · · · · · · · · · 175 -- 177, 179, 183
トレードオフ · 302

ナ

ナイロビ · 216
ナイロビ国立公園 · · · · · · · · · · · · · · · · 219, 236
ナショナル・ジオグラフィック · · · · · · · · · · · 34
ナショナル・ジオグラフィック・トラベラーズ
· 258, 269
ナチュラリスト・ガイド · · · · · · · · · · · · · · · 182
ナミビア · 107, 223

ニ

ニカラグア · 33
認証制度 · 119
認証ホテル · 292

ネ

ネイチャーツーリズム · · · · 13, 14, 16, 20, 28, 84, 271
熱帯科学センター(TSC) · · · · · · · · · · · · · · 181
熱帯研究機構(OTS) · · · · · 188 -- 190, 192 -- 194
熱帯資源保全RAREセンター · · · · · · · · · · · · 97
ネパール · · · · · · · · · · · · · · · · · · 28, 75, 91, 157

ノ

農業観光(Agritourism) · · · · · · · · · · · · · · · 281
ノルディック・スワン · · · · · · · · · · · · · · · · · 55

ハ

バーハーバー会議 · 273
ハイチ · 56
パパガヨ計画 · 162
バミューダ · 60
ハワイ・エコツーリズム協会 · · · · · · · · · · · 277
ハワイ観光機構 · 278
ハワイの持続可能な観光指標システム · · · · · 278
パン・パークス保全地区ネットワーク · · · · · · 99
ハンティング・サファリ · · · · · · · · · · · · · · · 213

ヒ

ビッグホーン・マウンテン · · · · · · · · · · · · · 282
ピュー慈善信託 · 82
ヒルトンホテル · 48
ビルマ(ミャンマー) · · · · · · · · · · · · · · · · · · 32

フ

- ファムトリップ 64, 65, 68
- ブータン 33
- フウナ 59
- フェアートレード 43
- ブラウリオ・カリージョ国立公園 169
- ブラジル 32
- ブリガドーン 84
- ブルーウォーター・ネットワーク 57
- ブルーフラッグビーチ 103
- ブルーモルフォ 176
- プロ・パーク協会 167
- プロプアーツーリズム 97
- フロリダ・グリーン・ロッジ認証制度 294
- プンタ・イスリータホテル 165

ヘ

- 米・中米貿易協定 109
- 米海洋大気局 261, 262
- 米海洋大気局（NOAA） 261
- 米国観光機関 259
- 米国観光産業協会 260
- 米国魚類野生生物局 262
- 米国国際開発庁 (USAID) .... 17, 27 -- 29, 46, 97, 98, 101, 105, 111, 113, 157, 160, 214, 220
- 米国森林局 261, 262
- 米国旅行業者協会 (ASTA) 35, 56, 62, 71
- 米国旅行産業協会 (TIA) 258, 267, 281
- 米州開発銀行 (IDB) 17, 27, 30, 97, 111, 167, 169
- 米州機構 (OAS) 27
- ベトナム 33
- ベリーズ 28, 31, 32, 58, 99, 110
- ペルー 30
- 変化の許容限界 115

ホ

- ポアス火山国立公園 167, 168
- 北西部ホエール・ウォッチング・オペレーターズ協会 273
- 北米自由貿易協定 (NAFTA) 44, 120
- ボスニア 33
- 保全活動基金 91
- ボツワナ 29, 107, 223
- ホテル認証プログラム 263
- ボランツーリズム 88

マ

- マウイ島 276
- マウンテンゴリラ 29
- マウント・マッキンレー 274
- マウント・レイニア 264, 268
- マガディ湖 244
- マサイ 227, 232
- マサイマラ .... 23, 228 -- 230, 233, 252
- マサイマラ国立保護区 211
- マス・ネイチャーツーリズム 44
- マダガスカル .... 27 -- 29
- マニラ宣言 19
- マヌエル・アントニオ国立公園 169
- マホベイ 79, 80, 82, 83, 89, 274
- マラウイ 32

ミ

- 緑の葉 .... 199 -- 201, 206
- 南アフリカ 15, 39, 107
- 民間自然保護区 179
- ミンテル 57

メ

- メキシコ 87

モ

モーリシャス 27
モザンビーク 27, 33
モノカルチャー化 184
モホンク協定 120
モンテネグロ 32, 33
モンテベルデ .... 13, 75, 114, 179 -- 182, 184
モンテベルデ・コンサベーション・リーグ 181
モンバサ 215, 216

ヤ

野生動物ツーリズム 31
野生動物保全管理省 217, 218, 235

ヨ

ヨーロピアン・フラワー 55
ヨセミテ 21, 255, 264

ラ

ラ・セルバ生物研究所 194
ライキピア野生動物フォーラム 252
ラオス 33
ラス・バウラス海洋国立公園 163
ラパ・リオス・エコロッジ 170, 171

リ

リーガル・プリンセス号 72
リオ宣言 35
リゾート型観光 17
リチャード・ブランソン 51
旅行者の慈善活動プログラム 117
旅行者の保全活動プログラム 91

ル

ルワンダ 32, 107

レ

レインフォレスト・アライアンス 55, 157, 188, 202

ロ

ロシア 33
ロックフェラー 98
ロハス（LOHAS） 258

ワ

ワーク・エクスチェンジ 83
ワールド・セーバーズ 72
ワールドウォッチ研究所 117
ワールドホテルリンク 111
ワイルドライフツーリズム 17
ワイン・ツーリズム 281
ワシントン条約 219, 223

監修者/訳者紹介

日本語版監修

高梨洋一郎・(翻訳第 7 章担当)

早大政経学部卒。サイバー大学客員教授。トラベルジャーナル等の編集記者を経て観光関係のマーケティング会社代表。日本エコツーリズム協会設立に参画、理事。「建国の舞台バージニア」(日経 BP)、「宝探しから持続可能な地域づくりへ」(学芸出版社:共著) など。

真板昭夫

1973 年東京農業大学農学科卒業。財) 政策科学研究所、(株) 未来政策研究所、財) 自然環境研究センター、京都嵯峨芸術大学を経て 2015 年より北海道 { 大学観光学高等研究センター特任教授。1991 年よりエコツーリズムの研究を開始し、西表島、二戸市、フィージ、ガラパゴス等、国内外のエコツーリズム調査研究を実施している。

翻訳者紹介 (50 音順)

赤間亜希 (第 5 章担当)

立教大学院異文化コミュニケーション研究科卒。文教大学非常勤講師 (2015 年)。JITR 会員。

奥野玉紀 (第 4 章担当)

NPO 法人日本ガラパゴスの会 (JAGA) 理事・事務局長。1992 年エクアドル留学中にガラパゴス初訪問。大学卒業後研究所勤務などを経て、2005 年日本からガラパゴス保全を支援する団体の創設を呼びかけ JAGA を設立。以降、会の運営を担当。

海津ゆりえ (第 4 章・第 5 章)

文教大学国際学部教授・農学博士。エコツーリズム研究者として四半世紀にわたり国内外のフィールドを渡り歩く。著書『エコツーリズムを学ぶ人のために』(世界思想社)、『日本エコツアー・ガイドブック』(岩波書店) 他。

菰田誠 (第 6 章担当)

東京大学大学院博士課程単位取得退学。農学博士 (1982 年東京大学)
外務省専門調査員として在スイス日本大使館に勤務、2009 年まで政府代表団の一員として、CITES、ラムサール条約の締約国会議、常設委員会等に参加公益財団法人長尾自然環

境財団常務理事。著作：地球環境条約（西井正弘編、2005年有斐閣、第3章ラムサール条約を担当）他。

下休場千秋（第6章担当）

大阪芸術大学教養課程教授・博士（芸術文化学）。アフリカを主として民族文化と環境アセスメントに関するフィールドワークを行っている。著書『民族文化の環境デザイン』（古今書院）他。

東畑るり子（第1章、第2章、第3章、第8章担当）

オランダ・ワーヘニンゲン大学のレジャーと環境学科修士課程卒業。
ネパールで政府観光局のインターンや大阪観光コンベンション協会・大阪城のPR職を経て、現在フリーランス、海外書き人クラブ会員、通訳案内士。

法眼玲子（第6章担当）

上智大学文学部新聞学科卒。日英バイリンガル言語職、フリーランス。
観光、文化交流、コミュニケーションデザイン、ライフスタイル事業等における翻訳、通訳をはじめネーミング、ナレーション等、響きの美しさを体現する多彩な言語業務に携わる。

ECOTOURISM and Suatanable Development
Who Owns Paradise? *Second Edition*

監修:高梨洋一郎・真板昭夫
エコツーリズムと持続可能な開発　楽園はだれのもの？

日本語翻訳	赤間亜希・奥野玉紀・海津ゆりえ
	菰田誠・下休場千秋・高梨洋一郎
	東畑るり子・法眼玲子
初版発行	2016年3月7日
	（有）くんぷる
印刷・製本	（株）モリモト印刷

ISBN978-4-87551-226-1　本体価格はカバーに記載しています。
本書に関するお問い合わせはメールにて infio@kumpul.co.jp 宛にお願いします。
COPYRIGHT© Martha Honey